O HOMEM QUE QUERIA SALVAR O MUNDO

SAMANTHA POWER

O homem que queria salvar o mundo

Uma biografia de Sergio Vieira de Mello

Tradução
Ivo Korytowski

1ª reimpressão

COMPANHIA DAS LETRAS

Copyright © 2008 by Samantha Power
Todos os direitos reservados

Grafia atualizada segundo o Acordo Ortográfico da Língua Portuguesa de 1990, que entrou em vigor no Brasil em 2009.

Título original
Chasing the flame — Sergio Vieira de Mello and the Fight to Save the World

Capa
warrakloureiro

Foto de capa
Graeme Robertson/ Getty Images
Bullit Marquez / AP/ Imageplus

Índice remissivo
Luciano Marchiori

Preparação
Cláudia Cantarin
Isabel Jorge Cury

Revisão
Marise S. Leal
Valquíria Della Pozza
Ana Maria Barbosa

Atualização ortográfica
Verba Editorial

Dados Internacionais de Catalogação na Publicação (CIP)
(Câmara Brasileira do Livro, SP, Brasil)

Power, Samantha.
     O homem que queria salvar o mundo : uma biografia de Sergio Vieira de Mello / Samantha Power ; tradução Ivo Korytowski. — São Paulo : Companhia das Letras, 2008.

     Título original: Chasing the flame : Sergio Vieira de Mello and the Fight to Save the World.
     ISBN 978-85-359-1284-5

     1. Diplomacia 2. Diplomatas — Brasil — Biografia 3. Mello, Sergio Vieira de, 1948-2003 4. Nações Unidas 5. Paz I. Título.

08-06486   CDD-327.2092

Índice para catálogo sistemático:
1. Diplomatas : biografia e obra   327.2092

[2020]
Todos os direitos desta edição reservados à
EDITORA SCHWARCZ S.A.
Rua Bandeira Paulista, 702, cj. 32
04532-002 — São Paulo — SP
Telefone (11) 3707-3500
www.companhiadasletras.com.br
www.blogdacompanhia.com.br
facebook.com/companhiadasletras
instagram.com/companhiadasletras
twitter.com/cialetras

Para Morton Abramowitz,
Stephen Power e
Frederick Zollo

Sumário

Cronologia 9

Introdução 19

PARTE I

1. Deslocados 35

2. "Jamais voltarei a usar a palavra 'inaceitável'" 54

3. Sangue azul 75

4. Botando pra quebrar 96

5. Caixa-preta 119

6. A síndrome do carro branco 138

7. "Sanduíches nos portões" 158

8. "Sérbio" 184

9. Em retrospecto 206

10. Você erra se agir, e erra se não agir 218

PARTE II

11. "Uma chance à guerra" 253

12. Independência em ação 279

13. Vice-rei 295

14. Ditador benevolente 317
15. Acúmulo de poder e de culpa 335
16. "Um Sergio novo" 356

PARTE III
17. "O medo é mau conselheiro" 381
18. "Não pergunte quem provocou o incêndio" 410
19. "Não dá para ajudar as pessoas a distância" 433
20. Rejeitado. 459
21. 19 de agosto de 2003 490
22. *Post-mortem* 535

Epílogo 557
Agradecimentos. 577
Notas. 585
Lista de entrevistas. 637
Créditos das fotografias. 641
Índice remissivo. 643

Cronologia

Janeiro de 1942

Em Washington, D.C., representantes de 26 países em luta contra as potências do Eixo assinam uma Declaração das Nações Unidas, em apoio à Carta do Atlântico, que foi firmada pelo presidente Franklin Roosevelt e o primeiro-ministro Winston Churchill em agosto de 1941. Trata-se do primeiro uso oficial do termo "Nações Unidas", expressão sugerida por Roosevelt.

1945

A Alemanha rende-se em 7 de maio, e o Japão, em 15 de agosto, encerrando a Segunda Guerra Mundial. Mais de 6 milhões de judeus e outros 5 milhões de pessoas foram exterminados no Holocausto.

1946

A primeira Assembleia Geral da ONU, que congregava então 51 nações, reúne-se em Westminster, Londres. A ONU se instala em Nova York no final desse ano.

O Tribunal de Nuremberg condena 22 dos 24 líderes nazistas, acusados de crimes de guerra, de crimes contra a humanidade e de crimes contra a paz.

15 de março de 1948

Sergio Vieira de Mello nasce no Rio de Janeiro, Brasil.

Junho de 1950

Os soviéticos boicotam o Conselho de Segurança, que apela aos Estados membros a fim de que enviem tropas para proteger a Coreia de uma invasão do Norte. O presidente norte-americano Harry Truman declara: "Não podemos desapontar a ONU" e envia 50 mil soldados para a Guerra da Coreia, que termina com um armistício em 1953.

Novembro de 1956

A Primeira Sessão Especial de Emergência da Assembleia Geral da ONU reage à captura britânica e francesa do canal de Suez e envia ao Egito a primeira força de paz da história das Nações Unidas.

Setembro de 1960

No maior aumento de membros em um único ano, dezessete Estados recém-independentes, dezesseis da África, aderem à Organização.

Março de 1964

Os militares dão um golpe no Brasil e iniciam 21 anos de regime militar.

1966-1969

Após concluir o ensino médio no Liceu Franco-Brasileiro, no Rio, e após um breve período na Universidade Federal do Rio de Janeiro, Vieira de Mello muda-se para a Europa, onde estuda filosofia na Universidade de Friburgo e, em seguida, na Sorbonne, em Paris.

Maio de 1968

Estudantes e trabalhadores realizam manifestações de massa em Paris, onde Vieira de Mello é espancado.

1969	*O pai de Vieira de Mello, Arnaldo, é forçado a se aposentar do serviço diplomático brasileiro.*
	Após graduar-se pela Sorbonne, Vieira de Mello ingressa no escritório do Alto Comissariado das Nações Unidas para os Refugiados (Acnur) em Genebra, onde se torna editor assistente na sede da agência.
1970-1974	*Enquanto trabalha no Acnur, Vieira de Mello conclui o seu doutorado em filosofia (Doctorat de Troisième Cycle en Philosophie) na Sorbonne.*
1971-1972	*Vieira de Mello serve como funcionário de campo do Acnur em Daca, antigo Paquistão Oriental, atual Bangladesh.*
2 de junho de 1973	*Vieira de Mello casa-se com Annie Personnaz perto da casa dos pais dela, na França.*
12 de junho de 1973	*Arnaldo Vieira de Mello morre subitamente no Rio de Janeiro.*
1973-1974	*Vieira de Mello trabalha no Acnur como gerente de missão associado em Cartum e Juba, no Sudão.*
Dezembro de 1974	*Thomas Jamieson, ex-diretor de operações do Acnur, morre subitamente em Genebra.*
1974-1975	*Vieira de Mello serve como gerente de missão e representante assistente do Acnur em Nicósia, no Chipre.*
Abril de 1975	O brutal Khmer Vermelho toma o poder no Camboja. As últimas forças dos Estados Unidos partem do Vietnã.
1975-1977	*Vieira de Mello serve como delegado substituto do Acnur em Maputo, Moçambique.*

1978-1980	*Annie Vieira de Mello dá à luz dois filhos, Laurent (1978) e Adrien (1980).*
	Vieira de Mello trabalha como representante regional do Acnur no norte da América do Sul, em Lima, Peru.
1978-1985	*Vieira de Mello completa o prestigioso Doctorat d'État ès Lettres et Sciences Humaines na Sorbonne.*
1981-1983	*Vieira de Mello licencia-se do Acnur para servir como conselheiro político sênior da Força Interina das Nações Unidas no Líbano (Unifil, sigla em inglês para United Nations Interim Force in Lebanon), em Naqoura, Líbano.*
Junho de 1982	Em protesto às incursões palestinas no norte de Israel, forças israelenses invadem o Líbano, onde permanecem até 2000.
Outubro de 1983	Em Beirute, Líbano, homens-bomba islâmicos lançam caminhões contra os alojamentos dos marines norte-americanos e do exército francês, matando 241 soldados americanos e 58 franceses.
1983-1985	*Vieira de Mello trabalha subordinado a Kofi Annan como subchefe de serviços de pessoal do Acnur, em Genebra.*
1986-1988	Mikhail Gorbachev, que havia se tornado premiê soviético em 1985, introduz a *glasnost* ("abertura") e a *perestroika* ("reconstrução").
	Vieira de Mello trabalha como chefe do estado-maior do alto-comissário das Nações Unidas para os Refugiados Jean-Pierre Hocké.
1988-1990	*Vieira de Mello dirige o escritório do Acnur na Ásia, enquanto*

atua como presidente do comitê geral da Conferência Internacional sobre os Refugiados Indochineses.

Junho de 1989

Cerca de setenta governos se reúnem em Genebra para assinar o Plano de Ação Abrangente, com o propósito de facilitar o regresso e o reassentamento dos refugiados indochineses.

Novembro de 1989

Cai o Muro de Berlim, marcando o início do fim da Guerra Fria.

1990-1993

Vieira de Mello serve como diretor de relações externas do Acnur, ajudando a arrecadar recursos e a supervisionar o sistema de comunicações.

1991

A União Soviética desmorona sob o peso do mau desempenho econômico e do nacionalismo nascente. Em janeiro de 1992, a Rússia assumirá o assento soviético no Conselho de Segurança da ONU.

Uma coalizão liderada pelos Estados Unidos e apoiada pela ONU derrota as forças iraquianas na Guerra do Golfo Pérsico, forçando Saddam Hussein a sair do Kuwait. Com o incentivo do presidente George H. W. Bush, xiitas e curdos iraquianos rebelam-se contra o regime do Iraque, mas são esmagados. Em abril, os Estados Unidos, o Reino Unido e a França lançam a Operação Fornecer Conforto ("Provide Comfort", em inglês) no norte do Iraque, a fim de facilitar o regresso de meio milhão de curdos aos seus lares.

Junho de 1991

A Croácia e a Eslovênia declaram a independência, fato que desencadeia a guerra na Iugoslávia.

Outubro de 1991

As quatro principais facções do Camboja assinam o

acordo de paz de Paris, por meio do qual aceitam desmilitarizar-se, permitir o retorno dos refugiados e promover eleições livres. Em março de 1992, a Autoridade Transitória das Nações Unidas no Camboja (Untac, sigla em inglês para United Nations Transitional Authority in Cambodia), uma missão de paz de 22 mil soldados e civis, será enviada ao Camboja para manter a paz.

1991-1993

Vieira de Mello serve como enviado especial do Acnur no Camboja e diretor de repatriação da Untac. Também assume o papel de diretor interino do Centro Cambojano de Ação Antiminas.

Abril de 1992

Depois que a Bósnia segue o exemplo da Croácia e da Eslovênia e se separa da Iugoslávia, nacionalistas sérvios lançam uma guerra para criar uma "Grande Sérvia" que unirá os sérvios através da região. Segue-se um violento conflito de três anos e meio na Bósnia.

1993

O Acnur completa o repatriamento de cerca de 360 mil refugiados cambojanos, e a Untac promove eleições relativamente pacíficas no Camboja. Em 1997, Hun Sen, o segundo colocado nas eleições, tomará o poder num golpe.

1993-1994

Vieira de Mello se licencia do Acnur para ingressar na Força de Proteção da ONU (Forpronu) na Bósnia. Inicialmente serve como o mais alto dirigente civil da ONU em Sarajevo e depois se torna chefe de assuntos civis, baseado em Zagreb.

Outubro de 1993

Um combate armado em Mogadíscio, na Somália, irrompe entre as forças norte-americanas que ajudam a missão de pacificação da ONU e militantes fiéis ao chefe guerreiro somaliano Mohammed Farah Aideed. Dezoito norte-americanos são mortos, além de mais de mil soma-

lianos. O presidente Bill Clinton anuncia a retirada norte-
-americana e recomenda à ONU que "aprenda a dizer não"
a algumas missões de paz.

Abril de 1994

O avião que transportava os presidentes de Ruanda e do
Burundi é derrubado, desencadeando um genocídio de
cem dias em que extremistas hútus exterminam cerca de
800 mil tútsis e hútus moderados ruandeses.

*Na Bósnia, depois que Gorazde, declarada "área de segu-
rança" pela ONU, sofre um ataque sérvio, Vieira de Mello
lidera uma pequena equipe até o enclave para avaliar o cumprimento sérvio do ultimato da Organização do Tratado do
Atlântico Norte (Otan).*

Junho de 1994

Nelson Mandela é eleito presidente da África do Sul.
Após uma ausência de 24 anos, esse país volta a ocupar
seu assento na Assembleia Geral da ONU.

Julho de 1994

Cerca de 2 milhões de hútus ruandeses fogem para os vizinhos Congo e Tanzânia, onde o Acnur cria campos que
ao mesmo tempo mantêm vivos os civis e os *génocidaires*
ruandeses alimentados e vestidos, permitindo que se rear-
mem para um embate futuro.

1995-1996

*Vieira de Mello serve como diretor de planejamento de polí-
ticas e operações do Acnur, baseado em Genebra.*

Julho de 1995

Na Bósnia, Srebrenica, a "área de segurança" da ONU, é
invadida por forças sérvias, que sistematicamente assassi-
nam 8 mil homens e meninos bósnios. O maior massacre
na Europa em cinquenta anos desencadeia a indignação
internacional, que dá origem a uma campanha de bombardeios da Otan que ajuda a encerrar a guerra bósnia e
culmina com o Acordo de Paz de Dayton.

Novembro de 1996   Forças do governo de Ruanda unem-se a rebeldes zairenses para eliminar os campos de refugiados de hútus ruandeses no Zaire e, em maio de 1997, para derrubar o ditador zairense Mobutu Sese Seko.

Vieira de Mello é nomeado coordenador humanitário da região dos Grandes Lagos na África.

Dezembro de 1996   *Vieira de Mello e o governo tanzaniano negociam um acordo para fechar os campos do Acnur que abrigam refugiados hútus ao longo da fronteira ruandesa. O anúncio resulta num êxodo de mais de 450 mil pessoas dos campos.*

Kofi Annan é nomeado o sétimo secretário-geral da ONU, em substituição a Boutros Boutros-Ghali, cujo segundo mandato foi vetado pelos Estados Unidos. Annan servirá por dois mandatos e se afastará do cargo em dezembro de 2006.

1998-1999   *Vieira de Mello deixa o Acnur e se transfere para a sede da ONU em Nova York, onde serve como subsecretário-geral para assuntos humanitários e coordenador de ajuda humanitária de emergência.*

Março de 1999   A Otan lança o que será uma campanha de bombardeio de 78 dias na Sérvia, com vistas a assegurar a autonomia de Kosovo.

Maio de 1999   *Vieira de Mello lidera uma pequena equipe interagências da ONU em missão de avaliação em Kosovo para verificar os danos colaterais da Otan e a limpeza étnica sérvia.*

Junho-julho de 1999   *Após a rendição da Sérvia, Vieira de Mello é nomeado representante especial interino do secretário-geral em Kosovo,*

	governando a província antes de entregá-la ao administrador permanente da ONU, *o francês Bernard Kouchner.*
Setembro de 1999	A população de Timor Leste vota esmagadoramente pela independência, e milícias apoiadas pela Indonésia reagem com uma profusão de incêndios e assassinatos. Uma força multinacional de 11 500 soldados, liderada pela Austrália, intervém para ajudar a restaurar a estabilidade na ilha.
Novembro de 1999--Maio de 2002	*Vieira de Mello serve como representante especial do secretário-geral e da Administração Transitória da* ONU *no Timor Leste (Untaet, sigla em inglês para United Nations Transitional Administrator in East Timor).*
11 de setembro de 2001	Agentes da Al-Qaeda usam aviões de passageiros para atacar o World Trade Center e o Pentágono, resultando na morte de mais de 3 mil norte-americanos. O presidente George W. Bush logo anuncia o lançamento de uma "guerra global contra o terrorismo".
Outubro de 2001	Os Estados Unidos lideram uma força de coalizão para combater no Afeganistão, expulsando os talibãs em dezembro.
Junho de 2002	A ONU ajuda a reunir um *loya jirga* [grande conselho], que elege Hamid Karzai como novo presidente do Afeganistão.
Setembro de 2002	*Vieira de Mello torna-se alto-comissário das Nações Unidas para os Direitos Humanos em Genebra.*
5 de março de 2003	*Vieira de Mello encontra-se na Casa Branca com o presidente Bush e a conselheira de Segurança Nacional Condoleezza Rice.*

20 de março de 2003 — Os Estados Unidos e o Reino Unido lideram uma invasão do Iraque.

Abril de 2003 — Os iraquianos celebram a queda de Saddam Hussein derrubando suas estátuas espalhadas pelo Iraque. Têm início saques generalizados.

Junho de 2003 — *Vieira de Mello torna-se representante especial do secretário-geral no Iraque e dirige uma pequena equipe política em Bagdá.*

19 de agosto de 2003 — *Um homem-bomba lança um caminhão contra o quartel-general da* ONU *em Bagdá, provocando a morte de Vieira de Mello e de 21 outras pessoas.*

Introdução

Às quinze para as nove da manhã de uma terça-feira, 19 de agosto de 2003, cinco meses após a invasão do Iraque liderada pelos Estados Unidos, Sergio Vieira de Mello chegou de carro ao quartel-general das Nações Unidas em Bagdá. Mantivera-se anormalmente calado no percurso até lá, e seus guarda-costas acharam que estivesse exibindo os sinais da tensão gerada por uma presença cada vez menos relevante da ONU no país e pelo colapso da situação da segurança.

Funcionário da ONU durante toda a sua vida adulta, Vieira de Mello, um brasileiro de 55 anos, acumulara bastante experiência com a frustração. Em seus 34 anos de serviço, conheceu todos os lugares que apareciam nas manchetes dos jornais: trabalhara em Bangladesh, no Sudão, no Chipre, em Moçambique, no Líbano, no Camboja, na Bósnia, em Ruanda, no Congo, em Kosovo e no Timor Leste. Falava português, inglês, francês, italiano e espanhol fluentemente e arranhava várias outras línguas. Havia sido recompensado por seus talentos com a atribuição mais difícil de sua carreira: enviado da ONU ao Iraque.

Ele era talhado para o cargo não por falar árabe — ele não falava —, mas pela enorme experiência acumulada trabalhando em locais violentos. Talvez pudesse mostrar aos norte-americanos o que fazer — e o que não fazer. Havia muito tempo deixara de acreditar que traria soluções para as desgraças de um lugar, no entanto se tornara exímio em formular perguntas que ajudavam a revelar ideias construtivas.

O trabalho sempre fora para ele um local de refúgio, e ao adentrar a base da onu em Bagdá, no Hotel do Canal, subiu as escadas até seu escritório no terceiro andar, cumprimentando os funcionários no caminho. Passou a manhã lendo os telegramas mais recentes da sede das Nações Unidas em Nova York e respondendo aos e-mails.

No final da manhã, seus seguranças prepararam um comboio para levá-lo à Zona Verde, o distrito fortificado onde os administradores da Coalizão Norte-americana e Britânica haviam instalado sua base, nos palácios abandonados de Saddam Hussein. Tinha uma reunião marcada com L. Paul Bremer, o administrador norte-americano do Iraque, e uma delegação de legisladores norte-americanos de Washington.

Ao meio-dia, seu sedã blindado estava pronto para partir, mas naquele momento ligaram do escritório de Bremer. O voo que trazia a delegação de congressistas norte-americanos do Kuwait para Bagdá se atrasara, e o almoço teria que ser cancelado. Ele telefonou para Carolina Larriera, sua noiva, uma economista da missão. "Escapei do almoço", ele disse. "Vamos comer um sanduíche juntos?" Larriera respondeu que não podia porque tinha que enviar convites para uma conferência às cinco da tarde. Ele disse que estava contando os dias — faltavam 42 — para passar um mês de férias com ela no Brasil.

Os dirigentes da onu não esperavam desempenhar um papel político significativo no Iraque. Nos dias que antecederam a guerra, a Casa Branca desprezara as Nações Unidas, comparando-a à ineficaz Liga das Nações. O vice-presidente Dick Cheney afirmara que a onu se mostrara "incapaz de lidar com a ameaça que Saddam Hussein representa, incapaz de impor suas próprias resoluções, incapaz de enfrentar o desafio com que nos defrontamos no século XXI".[1]

Contudo, nas semanas que se seguiram à derrubada da estátua de Saddam Hussein em Bagdá, tornara-se claro que os soldados norte-americanos precisariam de ajuda. Os ataques de homens-bomba ainda não haviam começado, mas os saques generalizados sim, e aqueles que tão facilmente expulsaram o ditador iraquiano pareciam cada vez mais perdidos quando se tratava de administrar o legado de seu domínio. Os líderes europeus que se sentiram desprezados em março, quando os Estados Unidos e a Grã-Bretanha optaram por entrar em guerra, agora concordavam com Washington num ponto: Kofi Annan, o secretário-geral da ONU, deveria mobilizar uma equipe de especialistas para ajudar os iraquianos a recuperar o controle de seu país.

Vieira de Mello foi escolhido para encabeçar essa equipe devido à sua vasta experiência, mas igualmente porque, poucas semanas antes da invasão norte--americana do Iraque, fizera algo que poucos dirigentes da ONU antes dele conseguiram: encantou George W. Bush. Em uma reunião no Salão Oval, Vieira de Mello criticara as políticas de detenção norte-americanas em Guantánamo e no Afeganistão e pressionara o presidente a renunciar à tortura. No entanto, Bush gostara dele como ser humano. Quando chegou o dia de escolher um enviado, Annan designou Vieira de Mello, por acreditar que fosse o único homem cujos conselhos o governo Bush poderia acatar. Annan também sabia que seu colega carismático era um dos raros solucionadores de problemas capazes de assegurar o apoio simultâneo dos governos americano, europeus e árabes.

Durante as onze semanas que passou no Iraque, Vieira de Mello tentou encontrar e expandir um espaço em que a ONU pudesse fazer diferença. Sob Saddam Hussein, os sunitas haviam sido a seita favorecida, mas Vieira de Mello via o perigo de uma nova tirania da maioria xiita. Tentou impedi-la defendendo a inclusão de líderes sunitas no processo de transição e conquistando o apoio dos principais clérigos xiitas que vinham se recusando a falar com Bremer. Também pressionou os dirigentes da Coalizão a não dependerem mais de Ahmad Chalabi e outros exilados, que tinham mais seguidores em Washington do que no Iraque.

Mas Bremer resistia à implementação das sugestões mais importantes da ONU. Vieira de Mello tentara, sem sucesso, aumentar o acesso das Nações Unidas e da Cruz Vermelha aos prisioneiros iraquianos sob custódia norte-americana. Tentara, igualmente sem sucesso, convencer Bremer a fixar cronogramas concretos para uma Constituição, para as eleições e para a saída das tropas norte--americanas. E tentara, ainda sem sucesso, fazer com que a Coalizão revogasse ou reduzisse a escala de seus dois decretos mais desestabilizadores: a total desbaathização* das instituições iraquianas e a extinção do exército iraquiano. No final de julho, estava deprimido. Contou aos colegas que Bremer e os iraquianos não retornavam mais seus telefonemas.

Agora, com inesperadas duas horas livres, retornou à sua lista sobrecarre-

---

* Movimento para expurgar do setor público membros do Partido Baath, de Saddam Hussein. (N.E.)

gada de afazeres. Até então, nunca criticara publicamente o emprego excessivo de força pela Coalizão, mas decidiu mudar de rumo e instruiu um auxiliar a redigir um comunicado à imprensa criticando o fuzilamento recente de civis pela Coalizão. Quanto maiores os obstáculos em Bagdá, mais sua mente se voltava para 30 de setembro, o dia em que voltaria ao seu cargo, em tempo integral, em Genebra, de alto-comissário das Nações Unidas para os Direitos Humanos. Seu período no Iraque enchera-o de ideias de como fazer com que um órgão secundário da ONU — um patrocinador de relatórios e seminários dispendiosos — tivesse importância na vida de pessoas reais.

Às três da tarde, encontrou-se com dois altos funcionários do Fundo Monetário Internacional para discutirem a pressa da Coalizão em privatizar as empresas estatais iraquianas. Pouco antes das quatro e meia, começou a última reunião do dia com uma saudação calorosa a Gil Loescher e Arthur Helton, pesquisadores norte-americanos que estavam no Iraque para examinar os custos humanitários da guerra. Conduziu-os a uma mesa de café num nicho perto da janela de seu escritório. Dois membros de sua equipe da ONU — Fiona Watson, uma escocesa especialista em política, e Nadia Younes, sua chefe do estado-maior egípcia apreciadora de comentários mordazes — completaram o círculo.

Logo depois que o grupo ocupou seus assentos, uma explosão ensurdecedora soou, e um clarão branco tomou conta do céu. Uma testemunha comparou a luz a "um milhão de flashes acendendo de uma vez". As janelas se estilhaçaram, lançando milhares de lascas de vidro pelo escritório. O teto, as paredes e o chão cederam, depois desmoronaram, como uma panqueca, sobre os andares inferiores. As últimas palavras proferidas, um átimo antes da explosão, pertenceram a Vieira de Mello: "Que merda", ele disse, aparentemente mais por resignação do que surpresa.

"Ele é como um cruzamento de James Bond com Bobby Kennedy." Foi assim que um colega jornalista descreveu Sergio Vieira de Mello para mim na véspera de meu primeiro encontro com ele. Era abril de 1994, eu era uma repórter novata na ex-Iugoslávia, e ele tinha a fama de ser a figura mais dinâmica e politicamente hábil da missão da ONU ali. Tínhamos amigos em comum, e ele concordou em me dar informações sobre o conflito durante uma refeição em Zagreb, a capital croata, no dia 15 daquele mês.

A missão de pacificação da ONU na vizinha Bósnia, que vivia num estado de crise permanente havia dois anos, estava à beira do colapso. Em 10 de abril, a Otan realizara seu primeiro bombardeio em seus 45 anos de história, atacando sérvios que vinham sitiando Gorazde, declarada "área de segurança" da ONU. Todavia, diante do que se mostrou uma exibição tímida da força ocidental, os sérvios continuaram, desafiadores, o seu ataque. Eu havia sido informada de que Vieira de Mello acreditava realmente na ONU. Eu não esperava que ele comparecesse ao nosso jantar.

Mas, quando telefonei para lhe dar uma oportunidade de cancelar o compromisso, ele estava notadamente calmo. "O céu está desabando aqui", ele disse, "mas um homem precisa comer, não é? Se a Terceira Guerra Mundial estourar durante o nosso jantar, não pediremos a segunda garrafa de vinho."

A ONU havia sido criada em 1945 para — de acordo com as palavras presentes em sua Carta Fundadora — "salvar as gerações seguintes do fantasma da guerra". O Conselho de Segurança, órgão mais poderoso da Organização, era responsável por preservar a paz e a segurança internacionais. Como cada um dos seus cinco membros permanentes — Grã-Bretanha, China, França, União Soviética e Estados Unidos — podia vetar as resoluções dos demais, o Conselho havia sido paralisado pelas tensões entre os Estados Unidos e a União Soviética durante a Guerra Fria. Mas, por um breve período após a queda do Muro de Berlim, as grandes potências enfim pareciam preparadas para colaborar, por intermédio da ONU, na manutenção da paz. Em 1991, o presidente George H. W. Bush obtivera o apoio das Nações Unidas para expulsar do Kuwait ocupado as forças iraquianas de Saddam Hussein, saudando a chegada de uma "nova ordem mundial".

Contudo, um ano após o triunfo da coalizão liderada pelos Estados Unidos no Kuwait, tornara-se claro que muitos governos não viam, na carnificina dos Bálcãs, um risco aos seus interesses nacionais. Centenas de milhões de dólares foram gastos em ajuda humanitária, de modo a impedir que os bósnios morressem de fome, mas não se deteve a matança. Esses governos enviaram tropas de paz a uma zona de guerra explosiva e fizeram com que os críticos repreendessem dirigentes da ONU — como Vieira de Mello — por simplesmente "distribuírem sanduíches nos portões de Auschwitz".[2]

Encontramo-nos às oito da noite num restaurante de frutos do mar na periferia da cidade. Ele carregava um telefone celular, na época ainda um dispositivo exótico. Contou-me que, quando morou no Camboja, em 1992, usou um dos primeiros modelos então disponíveis. Do tamanho de uma caixa de leite de um quarto, dispunha de antenas enormes e só funcionava ao ar livre. Na época de sua designação para os Bálcãs, os telefones haviam diminuído para o tamanho de *walkie-talkies*.

Assim que nos sentamos, o telefone tocou. O tenente-general Sir Michael Rose, comandante da ONU, telefonava de Sarajevo para informá-lo dos acontecimentos tumultuosos daquela noite. Fiz menção de me afastar para que ele tivesse privacidade. Ele gesticulou, insistente, que eu voltasse ao meu assento e apontou para o vinho que o garçom acabara de depositar na mesa. Não parecia o tipo de diplomata internacional que passa o tempo tramando como enxertar matérias de interesse pessoal na imprensa. Mas, se acontecesse de aparecer alguém para ouvi-lo falar de suas atividades arriscadas, não desperdiçava a ocasião.

Fez cara de desagrado ao ouvir as notícias dadas por Rose, numa ligação que durou cerca de cinco minutos. Ao desligar, contou o que ouvira: as defesas bósnias em torno de Gorazde haviam entrado em colapso, expondo os soldados britânicos ao ataque. Um dos homens de Rose fora alvejado e estava gravemente ferido. A ONU vinha tentando uma evacuação médica, e bombardeiros da Otan estavam de sobreaviso, para a eventualidade de serem novamente necessários. Gorazde, que abrigava 65 mil bósnios, parecia fadada a cair. "Será uma longa noite", Vieira de Mello disse, em tom cansado, embora não parecesse se importar em passar a noite acordado. Pude então entender como ele adquirira a reputação de *workaholic*, de imperturbabilidade e de ser um homem empenhado em gozar a vida a despeito de todo o desespero que o cercava.

Nas pausas entre os telefonemas, perguntei como ele foi parar nas Nações Unidas. "Ninguém mais iria me aceitar", foi sua resposta implausível. "Eu era um filho de 1968", ele explicou, contando com orgulho como, ao estudar filosofia na Sorbonne, em Paris, aderira à revolta de seus colegas estudantes. Espancado pela polícia, precisou ser hospitalizado. Apontou para a cicatriz sobre o olho direito — um monumento à sua juventude rebelde.

Perguntei se sentia a tentação de seguir os passos do pai, que fizera carreira no serviço diplomático brasileiro. Fez um violento gesto negativo com a cabeça. "O governo brasileiro arruinou a vida do meu pai", ele disse. Alguns anos depois de o regime militar ter assumido o poder em 1964, os generais forçaram seu pai à aposentadoria precoce. "Eu jamais trabalharia para o Brasil", ele disse.

Enquanto recitava as diversas zonas de guerra em que trabalhara, perguntei a mim mesma como um homem assim aventureiro conseguia suportar o ritmo pacato da vida na pacífica Zagreb. Quando indaguei se sentia saudades de Sarajevo, onde morou durante cinco meses, ele lamentou. "Você não tem ideia", respondeu. "Eu preferiria a vida sob um cerco, em qualquer dia, a essas incessantes reuniões de equipe e burocracia. Nasci para estar em campo."

De novo o telefone tocou, transformando aquele homem de riso gostoso e histórias animadas em um diplomata sério, excessivamente cauteloso na escolha das palavras e mesmo em suas expressões faciais graves. Seus olhos se semicerraram concentrados, enquanto o general Rose relatava que o bombardeio sérvio diminuíra, permitindo à ONU evacuar o oficial britânico ferido até Sarajevo. Mas, logo depois de chegar, o jovem soldado morreu. "Sinto muito, Mike", Vieira de Mello disse. Quando terminou a conversa, perguntei o que a ONU faria. Ele respondeu que só tinha uma certeza. "Na ONU, não podemos abrir mão de nossa imparcialidade. Talvez seja nosso maior patrimônio."

Perguntei o que *ele* faria se estivesse no comando. "No comando do mundo?", ele perguntou. "Ou no comando da missão da ONU?" A distinção era essencial, ele insistiu. Embora tivessem se tornado um símbolo global de covardia, as tropas de paz seguiam instruções de capitais poderosas. "O que você tem que lembrar", ele disse, "é que as grandes potências vão criticar a ONU. Elas vão gritar com a ONU. Mas ao final do dia obterão a ONU que desejam e merecem. Se os Estados Unidos e a Europa quisessem uma operação de paz poderosa aqui, fariam questão de aumentar seu poder. Se realmente quisessem deter os sérvios, já teriam feito isso há muito tempo."

Enquanto a refeição ia sendo consumida, Vieira de Mello meteu a mão no bolso interno de seu blazer de corte elegante e apanhou um pedaço de papel amassado — uma só página, as únicas instruções formais que o Conselho de Segurança fornecera a ele e às tropas de paz ali nos Bálcãs. Tratava-se da terceira página da Resolução 836 do Conselho de Segurança da ONU, que criara as seis "áreas de segurança", incluindo Gorazde. Ele sublinhara, às vezes com traço duplo, as passagens importantes e fizera anotações nas margens com caneta azul, caneta vermelha e lápis. Havia dobrado a resolução tantas vezes que, quando a levantou perto da lâmpada de mesa, suas dobras a tornavam praticamente transparente.

Ele apontou para o parágrafo principal, em que se lia que as tropas de paz da ONU estavam na Bósnia "para dissuadir ataques contra as áreas de segurança".

"Mas o que é que se requer para a 'dissuasão'?", ele perguntou. "O que constitui um 'ataque'?", continuou. "E o que são — não, onde estão — essas malditas 'áreas de segurança'?" Os países do Conselho de Segurança aprovaram a resolução, ele disse, mas nunca se deram ao trabalho de delinear as fronteiras das zonas seguras. "Não é mera coincidência", insistiu. "Se ninguém sabe o que é oficialmente protegido, ninguém pode ser chamado para dar a proteção."

Vieira de Mello se concentrou numa vírgula essencial. "Veja isto", ele disse. "A resolução diz que devemos 'vírgula — *agindo em defesa própria* — vírgula — tomar as medidas necessárias — vírgula — inclusive o uso da força' para reagir aos ataques contra os civis!" Por mais que tivesse analisado a instrução da ONU, sua vagueza continuava a enfurecê-lo. "O que significam estas vírgulas?", perguntou. "Significam que a ONU só deve recorrer à força em defesa própria? Ou que devemos usar a força em defesa própria e também para proteger os bósnios?" Fiquei espantada com sua intimidade com o texto. Nunca me passara pela cabeça ler o texto da resolução da ONU, que parecia pouco relevante ante a tragédia que vinha se desenrolando.

Ao final de nosso jantar, ele foi conduzido de carro à sala de operações do quartel-general da ONU. Ao nos despedirmos, contou-me, num tom um tanto melodramático, que os países ocidentais estavam na iminência de decidir mais do que apenas o futuro de uma região atribulada. Estavam definindo sua abordagem à ordem global no período posterior à Guerra Fria e determinando o futuro das Nações Unidas, que aguardaram quase meio século por sua chance de civilizar o mundo. Ele parecia acreditar que a ONU estava à altura da tarefa. A julgar pelo que havia visto na Bósnia, eu estava cética.

Na década que separou a guerra da Bósnia daquela no Iraque, Vieira de Mello tornou-se uma figura global. Em 1999, a ONU passou a se dedicar também à arte de governar, e ele foi o escolhido para dirigir dois Estados minúsculos: Kosovo, aonde teve que ir após ser avisado com apenas 72 horas de antecedência, e depois a minúscula meia ilha do Timor Leste, que administrou durante dois anos e meio. O homem que praticara seu esquerdismo "ruidosamente" em 1968 agora circulava em seu traje de safári e era vítima da chacota de sua própria equipe por assumir os poderes absolutos como um "vice-rei" colonial. Após anos criticando governos, viu-se lutando para equilibrar a disciplina fiscal com a assistência social, a liberdade com a segurança, e a paz com a justiça. Aos olhos de governos poderosos, tornara-se o "apagador de incêndios" — o sujeito que enfrentava uma missão impossível após outra. Na época em que conduziu o Timor Leste à independência, em 2002, os colegas e diplomatas internacionais haviam começado a apostar quando Vieira de Mello se tornaria secretário-geral da ONU — que ele se tornaria, ninguém duvidava.

Vieira de Mello carregava uma cópia encadernada em couro da Carta da ONU nas viagens e sofria quando a ONU sofria. Em sua longa carreira, viu extremistas religiosos e militantes se refugiarem em campos das Nações Unidas, onde vendiam os alimentos por elas enviados para comprar armas com o dinheiro arrecadado. Viu chefes guerreiros se transformarem em mercadores de carros usados, vendendo Land Cruisers roubados da ONU (repintados, mas ainda com a placa da ONU). Viu orgulhosos soldados britânicos e franceses das tropas de paz serem privados de suas armas, algemados em postes e transformados em escudos humanos. Mas o que mais o chateava eram as feridas que a ONU se autoinfligia. Enquanto os vilões nas zonas de guerra eram previsivelmente maus, ele não raro se frustrava com os pecados dos supostos "mocinhos" que portavam passaportes das Nações Unidas ou ostentavam suas boinas. Os altos funcionários, incluindo ele próprio, estavam tão dispostos a dizer às grandes potências o que elas queriam ouvir que ocultavam fatos mortais ou exageravam os próprios sucessos. Em Ruanda e Srebrenica, outra "área de segurança" da ONU na Bósnia, as tropas de paz voltaram as costas para civis que haviam buscado a proteção da bandeira da Organização das Nações Unidas, abrindo caminho para alguns dos piores massacres desde a Segunda Guerra Mundial.

Mesmo assim, apesar de todas as afrontas, ele não acreditava que os países se sairiam melhor se agissem sem o respaldo da ONU. Sabia que não havia nenhum outro fórum onde todas as nações se reuniam para tentar impedir o sangramento do planeta. Não obstante o debate sobre o Iraque ter mostrado que a diplomacia nem sempre lograva impedir as guerras, muitos países ainda tentavam superar suas divergências por meio da ONU. A Organização ajudara povos colonizados no mundo em desenvolvimento a obter sua independência, fazendo com que o número de membros quase quadruplicasse de 51, quando de sua fundação, para 192. A ONU oferecera abrigo, alimentos e remédios a civis negligenciados ou perseguidos por seus governos. Apesar de todos os fracassos evidentes nas missões de pacificação da década de 1990, constatou-se que os boinas-azuis conseguiam prevenir conflitos de forma mais confiável e barata do que os Estados agindo sozinhos. A maioria das zonas de guerra em que Vieira de Mello atuara através dos anos acabara conseguindo uma paz instável, e os funcionários da ONU desempenharam papéis essenciais na desmobilização dos combatentes, na punição dos criminosos de guerra, na reconstrução de escolas e clínicas, na organização de eleições e no retorno dos refugiados aos seus lares.

A Organização também lhe pagara para conhecer o mundo. Na ONU ele fizera seus melhores amigos — um grupo multilíngue e multicultural de "vagabundos", como os descrevia, brincando —, alguns idealistas, outros céticos, mas todos, em suas palavras, "pra lá de fascinantes". A ONU constituía sua família. Quando lhe perguntavam de que maneira, com todos os seus dons intelectuais e diplomáticos, conseguia tolerar as dores de cabeça de trabalhar para uma burocracia tão terrível, costumava responder: "Aonde mais eu poderia ir?". Porém, em momentos mais descontraídos, mais espontaneamente sentimentais, confidenciava: "Veja tudo o que a ONU me proporcionou". Ele também acreditava — a princípio em razão de seu idealismo, mais tarde em consequência de seu pragmatismo exacerbado — que a única forma de obter uma estabilidade global duradoura era pressionando os países a seguir regras internacionais — as regras da ONU.

Nossos caminhos se cruzaram apenas ocasionalmente após os Bálcãs, mas sempre que topava com ele ficava impressionada com sua amplidão intelectual e cultural. Nas conversas, saltava do resultado provável das próximas eleições de meio de mandato nos Estados Unidos para a prisão de um líder da oposição no Egito, depois para os favoritos da próxima Copa do Mundo, para enfim dizer sua impressão, produto de uma reflexão cuidadosa, sobre o último álbum do R.E.M. Em setembro de 2002, fiquei surpresa ao saber que ele havia sido nomeado alto-comissário das Nações Unidas para os Direitos Humanos. Vieira de Mello sempre parecera mais à vontade negociando com os transgressores do que os denunciando de uma plataforma distante. Não me surpreendi ao ouvir dizer que ele era o primeiro comissário de direitos humanos a se reunir com um presidente norte-americano ainda no poder. "*Timing* típico de Sergio", pensei. "Ele se torna o czar dos direitos humanos justo na época em que George Bush decide começar a falar sobre liberdade e democracia."

Achei as notícias subsequentes de sua nomeação para o Iraque exasperantes e encorajadoras. Após desprezar a ONU nos dias que antecederam a guerra,

Washington agora a usava para seus propósitos. Mas, se o Iraque tinha alguma esperança — e àquela altura ainda parecia ter —, Vieira de Mello e seu "Esquadrão Classe A" escolhido a dedo pareciam ter as maiores chances de concretizá-la.

No decorrer de minha investigação sobre a vida, a obra e as ideias de Vieira de Mello,* captei vislumbres da pessoa que conheci em 15 de abril de 1994. As contradições com que deparei em nosso primeiro jantar continuam evidentes. Ele era ao mesmo tempo o realista mundano que entendia os interesses dos Estados e as motivações dos políticos e o acólito da ONU que se aferrava à sua cópia surrada da última resolução do Conselho de Segurança. Era um *bon-vivant* capaz de ficar conversando e tomando uns drinques com amigos até de madrugada e um funcionário de disciplina ferrenha que adorava ficar enfurnado no escritório, depois do expediente, telefonando para colegas da ONU a vários fusos horários de distância.

Esta é uma biografia dupla. É a história da vida de um homem corajoso e enigmático que, em 2003, via o mundo de um jeito bem diferente daquele de quando ingressou na ONU, em 1969. No início da carreira, defendeu o cumprimento rigoroso de um conjunto obrigatório de princípios. Como bom anti-imperialista, desconfiava profundamente do poder do Estado e da força militar. Mas, à medida que passou pelo Sudão, Líbano, Camboja, Bósnia, Congo, Kosovo, Timor Leste e Iraque, ajustou suas táticas aos problemas à sua volta e tentou aliciar os poderosos. Embora corajosamente pragmático nas negociações, a exposição às brutalidades, por maior que fosse, não extinguia seus ideais. De maneira incomum, conseguia desempenhar tarefas arriscadíssimas de pacificação e construção de nações *e*, ao mesmo tempo, refletir criticamente sobre elas. Pensava muito sobre a legitimidade — sobre quem a possuía e como conservá-la. Pensava sobre a competência e se perguntava por que, com toda a inventividade que promovia o progresso do mundo desenvolvido, tão pouco era oferecido para ajudar o que ele chamava de "Estados convalescentes". Pensava sobre a dignidade, observando que "uma alma ferida pode doer tanto quanto um corpo ferido".[3] Pensava, naturalmente, sobre como trabalhar com os Estados Unidos, país profundamente ambivalente — e muitas vezes hostil

---

* As citações nas notas sem indicação de fonte foram obtidas durante minhas entrevistas, conduzidas entre janeiro de 2004 e novembro de 2007.

— em relação às instituições e leis internacionais. E, bem antes de se tornarem voz corrente na Casa Branca, pensou sobre a natureza do mal e as raízes do terrorismo. Em 2003, começara a temer o fato de que países poderosos estavam buscando a própria segurança de formas que agravavam seu perigo.

Ele tinha seus pontos cegos e cometeu vários erros, mas nunca deixou de questionar suas próprias decisões ou as dos governos do mundo. Desse modo, ao mesmo tempo que providenciava entregas de alimentos, organizava retornos de refugiados ou negociava com chefes guerreiros, também pressionava os colegas a se juntarem a ele na reflexão sobre questões como estas: quando é que assassinos devem ser mobilizados e quando devem ser evitados? A paz pode ser duradoura sem justiça? A ajuda humanitária pode fazer mais mal do que bem? As virtudes singulares da ONU — imparcialidade, independência e integridade — são viáveis numa era de terrorismo? Quando é necessário o emprego de força militar? Como mitigar seus efeitos inevitavelmente nefastos? Não podia se dar ao luxo de simplesmente formular essas perguntas. Tinha que encontrar respostas, aplicá-las e arcar com as consequências.

A biografia de Sergio Vieira de Mello é também a biografia de um mundo perigoso, cujos males são grandes demais para serem ignorados, mas complexos demais para serem solucionados de forma rápida ou barata. Embora os tipos de conflito — e os focos da atenção do Ocidente — tenham mudado no decorrer das últimas quatro décadas, cada geração precisou lidar com vidas e sociedades destroçadas. Devido aos custos terríveis da guerra liderada pelos Estados Unidos no Iraque, os norte-americanos parecem hoje divididos entre dois impulsos. O primeiro é evitar todo e qualquer envolvimento global. Não temos certeza de que o nosso governo, ou nós próprios, saibamos o que estamos fazendo. O segundo é extirpar as ameaças no exterior na esperança de obter a segurança plena. A vida de Vieira de Mello nos lembra da impossibilidade dos dois caminhos. Os Estados Unidos não podem fazer as malas e se afastar das ameaças globais contemporâneas, nem podem reformular o mundo ao seu bel-prazer. Vieira de Mello entendeu que, mesmo sem conseguir solucionar todos os males, deveria fazer o possível para atenuar alguns deles.

A questão, para ele e para nós, não é se devemos nos envolver no mundo, e sim *como* nos envolver. Ainda que não dispusesse de tempo para formular uma doutrina norteadora, ele dispunha da vantagem conferida por uma experiência de 34 anos para refletir sobre as pragas que nos preocupam hoje: guerra civil, fluxos de refugiados, extremismo religioso, supressão da identidade nacional e religiosa, genocídio e terrorismo. Ele começou como um trabalhador de ajuda humanitária, mas em 2003 havia se tornado diplomata e político, à vontade na avaliação de males menores. Sua jornada profissional levou-o a acreditar que os líderes mundiais precisavam tomar três grandes medidas. Primeiro, investir muito mais recursos na tentativa de assegurar que as pessoas dispusessem de lei e ordem. Segundo, mobilizar mesmo os militantes mais impalatáveis. A despeito de não encontrarem denominadores comuns com Estados ou rebeldes vilões, ao menos poderiam adquirir uma compreensão mais efetiva de como derrotá-los. E terceiro, fariam bem em orientar suas atividades menos em torno da democracia do que da dignidade individual. Se forasteiros quiserem progredir na melhoria dessa dignidade, convém que aperfeiçoem sua base de conhecimentos linguísticos e culturais, lembrem sua própria falibilidade, fortaleçam aqueles que conhecem melhor suas sociedades e sejam flexíveis e adaptáveis em face dos reveses inevitáveis.

Sergio Vieira de Mello passou mais de três décadas tentando salvar e melhorar vidas — vidas que ainda continuam com um futuro incerto. À medida que rufam os tambores de guerra e que as fissuras culturais e religiosas se abrem em fossos profundos, este é o momento ideal para buscar orientação com um homem cuja longa jornada sob o fogo cruzado ajuda a revelar as raízes dos nossos problemas atuais — e talvez as soluções para eles.

PARTE I

Sergio Vieira de Mello no que viria a se tornar Bangladesh, novembro de 1971.

1. Deslocados

A juventude de Sergio Vieira de Mello deixou-lhe a impressão de que a política abalava as vidas mais do que as melhorava. Em março de 1964, mais ou menos na época de seu 16º aniversário, um grupo de oficiais militares decidiu derrubar João Goulart, o presidente democraticamente eleito do Brasil. Sob o governo de Goulart, os camponeses pobres haviam começado a invadir terras, e a população urbana desvalida protestava contra a falta de alimentos. Os generais acusavam Goulart de permitir que os comunistas assumissem o controle do país. Apenas cinco anos após a vitória comunista em Cuba, o presidente norte-americano Lyndon Johnson tinha essa preocupação no que dizia respeito ao Brasil. O embaixador norte-americano em Brasília alertou que, se Washington não agisse contra os "revolucionários de esquerda radicais", o país se tornaria "a China da década de 1960".[1] Numa operação cujo código foi "Brother Sam", quatro petroleiros da Marinha norte-americana e um porta-aviões também americano zarparam rumo à costa brasileira para a eventualidade de os generais necessitarem de ajuda.[2]

Eles não necessitaram. O presidente Goulart dispunha de certo apoio no campo, mas grande parte do público se cansara dele. Em 29 de março, a manchete da primeira página do jornal carioca *Correio da Manhã* declarava "BASTA!". No dia seguinte, ela proclamou "FORA!".[3] Uma força de 10 mil soldados brasileiros amotinados marchou do estado de Minas Gerais rumo ao Rio de Janeiro. O presidente ordenou que sua infantaria suprimisse a revolta, porém ela optou por aderir ao golpe, e Goulart fugiu com a esposa e os dois filhos para o Uruguai.

O interesse do jovem Sergio por política era o de qualquer adolescente comum. A sua prioridade eram os estudos (ele terminaria como o primeiro da sua turma do nível médio), seguidos pelo Botafogo, time de futebol que naquele ano participaria do prestigioso Campeonato Rio-São Paulo, e pelas garotas na praia de Ipanema, a apenas dois quarteirões de sua casa. Mas seus parentes e professores o haviam convencido de que o comunismo seria prejudicial ao país e de que se podia confiar nos militares como restauradores da ordem. Os generais do Brasil haviam interferido no poder em 1945, 1954 e 1961 e como fizeram de forma benigna e apenas por um breve período em cada uma daquelas ocasiões, ele aderiu à família e aos amigos no apoio inicial à interferência dos militares no poder.

"A TRANQUILIDADE DELES SE DESINTEGROU"

Arnaldo Vieira de Mello, o pai de Sergio, crescera numa família de proprietários rurais no interior agrícola da Bahia.[4] Arnaldo e os quatro irmãos haviam sido mandados para um internato jesuíta em Salvador. Após cursar a universidade no Rio, ele trabalhou como editor e comentarista de guerra de *A Noite*, um importante jornal da época. Estava determinado a ingressar no Itamaraty, o que se deu em 1941. Pobre a ponto de não poder comprar livros nem cadernos, fazia todas as suas leituras numa biblioteca pública do Rio, espremendo suas anotações nas fichas do tamanho da palma da mão usadas para solicitar livros à biblioteca. Carregava pequenas bolsas repletas de pilhas dessas fichas e organizava as bolsas por assunto.

Em 1935, Arnaldo conheceu Gilda dos Santos, uma beldade carioca de dezessete anos. Logo fez amizade com a mãe dela, Isabelle Dacosta Santos, uma talentosa pintora, e com o pai, Miguel Antônio dos Santos, homem de vários talentos, conhecido no Rio como autor de musicais para o teatro, tradutor do francês e do alemão e poeta que dirigia uma loja de joias com os irmãos. "Arnaldo está noivando com meu pai", Gilda brincava com os amigos. Os jovens

A família Vieira de Mello (da esquerda para a direita: *Sergio, Arnaldo, Gilda e Sônia*) *no Cairo, em 28 de dezembro de 1956.*

noivos casaram-se em 1940 no Rio, e Gilda deu à luz uma filha, Sônia, em 1943, e depois Sergio, em 15 de março de 1948.

Os Vieira de Mello levavam uma vida itinerante típica das famílias de diplomatas. Em 1950, Arnaldo, então com 36 anos, mudou-se com a esposa e os dois filhos da Argentina, onde Sergio passara seus primeiros dois anos, para Gênova, Itália. Em 1952, retornou ao Brasil, onde Sergio viveu até quase os seis anos de idade. Arnaldo foi então mandado de volta à Itália para trabalhar no consulado em Milão e, uma vez lá, matriculou os filhos na escola francesa local. Em 1956, ano da crise do Suez, a família morou em Beirute, e em 1958 enfim se fixou em Roma, onde moraram por quatro anos, uma das permanências mais longas de Sergio numa só cidade em toda a sua vida.

Arnaldo Vieira de Mello era um homem carismático e de grande cultura. "A audácia é o dom dos vitoriosos", gostava de dizer, ao insistir com o filho para que fosse ousado nas suas atividades intelectuais e pessoais. Mas sua própria carreira estagnou, e ele nunca chegou ao posto de embaixador. Quando trouxe a família de volta ao Rio em 1962, começou a frequentar regularmente o circuito de casas noturnas badaladas, acompanhando as modas da época e desfrutando a vida social noturna. Nas noites em que permanecia em casa, desaparecia em sua biblioteca, onde mergulhava num mundo de livros e mapas. Enquanto conservava seu emprego diurno de diplomata, conseguiu escrever uma história da política externa brasileira do século XIX, que foi publicada em 1963 e se tornou leitura obrigatória de aspirantes ao serviço diplomático brasileiro. Também se dedicou a uma história ambiciosa das marinhas latino-americanas.[5] Era Gilda quem acompanhava de perto os estudos de Sergio, prometendo presentes em troca de notas altas e levando-o às compras nos dias em que ele recebia as notas.

Quando Arnaldo foi designado para o consulado brasileiro em Nápoles, no final de 1963, Gilda, que aprendera a viver uma vida que girava em torno dos filhos mais do que do marido, achou melhor permanecer no Brasil. A filha, Sônia, havia se casado e esperava um bebê, enquanto Sergio cursava o Liceu Franco-Brasileiro, uma escola do Rio frequentada por muitos filhos de diplomatas. Arnaldo tinha medo de avião, e, como a viagem de navio da Europa para o Brasil levava mais de uma semana, retornava ao país só uma vez por ano.

O governo dos militares brasileiros, que acabaram dirigindo o país até 1985, foi mais brando do que o de outros regimes militares latino-americanos. Mesmo assim, os generais amordaçaram a imprensa, suspenderam as liberdades civis básicas e assassinaram mais de 3 mil pessoas.[6] O regime militar não se mostrou tão benigno ou temporário como esperavam os brasileiros.

Alguns dos generais no poder se revelaram especialmente implacáveis. Em 1965, um ano após o golpe, um grupo de governantes linha-dura passou a dominar. Sergio, então com dezessete anos, ia como voluntário várias tardes da semana à sede da campanha de Carlos Lacerda no Rio de Janeiro, o carismático governador local e um cruzado anticorrupção que aspirava a se tornar presidente do Brasil nas eleições seguintes. Mas os generais se voltaram contra ele, cassando seus direitos políticos e dissolvendo todos os grandes partidos. O tio de Sergio, Tarcilo, irmão mais novo de Arnaldo, congressista e orador brilhante, ganhara fama como o principal proponente da legalização do divórcio. Quando os generais endureceram, Tarcilo conclamou diversos protagonistas políticos, incluindo Lacerda e o presidente deposto Goulart, a unirem forças na Frente Ampla, a fim de acabar com o regime militar e restaurar a democracia.[7] Mas, depois de concorrer sem sucesso para o governo da Bahia, em 1967, Tarcilo abandonou a política, e os generais se mantiveram no poder.

Sergio havia estudado filosofia no ensino médio e, numa redação no seu último ano, refletiu sobre os fundamentos de um mundo justo, que, segundo ele, tinha sua raiz não na moralidade religiosa, e sim nas "ideias mais objetivas de justiça e respeito". A política internacional não diferia do intercâmbio social, ele escreveu, na medida em que a chave dos vínculos amigáveis estava no que denominou "autoestima individual e coletiva". Somente então a estabilidade poderia se basear "na paz e compreensão, e não no terror".[8]

Naquele mesmo ano, ele se matriculou na faculdade de filosofia da Universidade Federal do Rio de Janeiro, assolada por greves de professores. Após um semestre frustrante na sala de aula, perguntou ao pai, que deixara Nápoles e se tornara cônsul-geral do Brasil em Stuttgart, na Alemanha, se poderia viajar à Europa para obter uma formação universitária adequada. Arnaldo concordou com o pedido do filho, e Gilda acompanhou Sergio de navio através do Atlântico para ajudá-lo a se fixar na Europa. Na Suíça, ele se encontrou com Flávio da Silveira, amigo de infância brasileiro cuja família vivia em Genebra. Os dois amigos matricularam-se na Universidade de Friburgo, na pitoresca cidade medieval a uma hora de carro de Genebra. Passaram um ano estudando os textos de Sartre, Camus, Aristóteles e Kant, com um corpo docente composto em grande parte de padres dominicanos. Com seu apetite aguçado, os dois amigos se candidataram para a Sorbonne em Paris. Sergio, educado a vida toda em escolas francesas, foi admitido, enquanto Flávio não; este por fim se matriculou na Universidade de Paris, em Nanterre. Foi na Sorbonne, estudando com o lendário filósofo moral Vladimir Jankélévitch, que Sergio recebeu uma introdução mais profunda a Marx e Hegel e se proclamou um estudante revolucionário.

Em maio de 1968 ele foi um dos 20 mil estudantes que ocuparam as ruas contra o governo de De Gaulle, exigindo uma voz mais ativa no sistema universitário nacional e defendendo a abolição do "*establishment* capitalista". No pior conflito visto em Paris desde 1945, a polícia antidistúrbios atacou as barricadas dos estudantes com gás lacrimogêneo, canhões de água e cassetetes e prendeu, além de Vieira de Mello, quase seiscentos outros manifestantes. O corte que sofreu sobre o olho direito foi tão grave que exigiria cirurgia corretiva 35 anos depois. Arnaldo foi até Paris, num carro oficial do consulado brasileiro em Stuttgart, para ver o filho. Quando Sergio soube que o pai havia estacionado no Quartier Latin, exclamou: "Vá correndo retirar o carro! Os estudantes estão queimando todos os carros lá hoje!". O conflito se tornaria tão violento que o reitor da Sorbonne fechou a universidade pela primeira vez em sua história de setecentos anos.

Após algumas semanas, o público francês começou a se voltar contra os manifestantes, e os trabalhadores que haviam aderido ao movimento dos estudantes e entrado em greve retornaram ao trabalho temendo perder o emprego. Depois que a revolta arrefeceu, Sergio escreveu uma longa carta ao editor do jornal diário esquerdista francês *Combat* reclamando de que a imprensa tradicional se comprazia em denegrir a revolta dos estudantes. Em seu primeiro texto publicado, classificou a violência como "saudável" e ressaltou que, se os estudantes tivessem realizado apenas manifestações pacíficas no campus da universidade, teriam passado despercebidos do público francês. Os conflitos de rua foram necessários para chamar a atenção de um público indiferente. "As massas só podem ser despertadas da letargia ao som da luta animalesca", escreveu.[9] Mas, se a luta não se tornasse "global, irreversível e permanente" e não provocasse a "morte do pensamento fossilizado", argumentou, os estudantes passariam para a história francesa como "os organizadores de um enorme e risível bazar folclórico". Encerrou a carta com um ataque enfurecido contra a "velha escória". "Que chorem por seu passado repugnante, que cultuem sua mesquinharia perdida, que engordem à vontade", ele escreveu. "Uma coisa agora é certa: a tranquilidade deles se desintegrou. Podemos estar caminhando rumo ao nosso fracasso mais retumbante, mas a vitória deles também será seu inferno."[10] Sergio se orgulhou tanto de sua estreia raivosa que distribuiu cópias do artigo aos amigos. Embora na época não pudesse imaginar, a rebelião estudantil de maio de 1968 seria o clímax de seu ativismo anti*establishment*.

Notícias de sua contribuição ao *Combat* rapidamente alcançaram sua família no Brasil. Sônia, sua irmã, leu uma nota num dos jornais do Rio de Janeiro descrevendo um estudante brasileiro envolvido nos distúrbios de Paris que retornara para casa e havia sido raptado e assassinado, supostamente pelo regime militar. Entrou em pânico e entregou o artigo a um amigo que ia viajar para a Europa. Quando Arnaldo viu aquilo, pediu ao filho que não se arriscasse a retornar no futuro próximo. O governo francês concedera anistia a estudantes estrangeiros detidos nos distúrbios, mas exigiu que se apresentassem às autoridades no posto policial uma vez por semana. Aquele parecia um preço baixo para continuar sua instrução na Sorbonne, e Sergio voltou às aulas no outono de 1968 com esperança de combinar os créditos do Rio, de Friburgo e Paris para se graduar em 1969.

Embora apreciasse a seriedade da educação na Sorbonne, sentia-se solitário em Paris, com saudades do Rio. "As pessoas não existem aqui", escreveu a uma amiga em Genebra em março de 1969. "Passo meu tempo com os livros."[11] Suas cartas foram se tornando cada vez mais tristes enquanto observava que "durante dois anos nada mudou exceto eu mesmo". Reclamando das multidões, dos carros, do ruído e de "uma massa desinformada da qual me cansei", escreveu que sentia falta "dos dias em que podia passear sozinho com minhas aves marinhas".[12]

No Brasil, entretanto, a ditadura militar estava se tornando mais repressiva. Forças paramilitares percorriam o país detendo, e muitas vezes torturando, os suspeitos de atividade subversiva. Diplomatas brasileiros conhecidos, como Vinicius de Moraes — que no seu tempo livre ajudara a lançar a Bossa Nova ao escrever a letra de canções como "Garota de Ipanema" —, foram dispensados do corpo diplomático. Num dia de primavera de 1969, cinco anos após o golpe, Arnaldo Vieira de Mello, que não era famoso nem crítico aberto do regime militar, estava sentado à mesa de sua residência em Stuttgart, bebendo seu café matinal, enquanto lia os jornais matutinos e folheava os relatórios diplomáticos do Brasil. Ao percorrer a lista de funcionários públicos que o regime militar forçou a se aposentar, seus olhos se fixaram subitamente num nome que não esperava encontrar: o seu. Havia sido dispensado por um governo que servira durante 28 anos.

Sergio estava em Paris quando soube da notícia. Enfureceu-se com o governo brasileiro por prejudicar sua família e reclamou que o pai havia sido dispensado por seus pontos de vista políticos. O regime militar não deu nenhuma explicação.

Ao encerrar sua vida na Europa, Arnaldo informou ao filho que não teria condições de continuar pagando seus estudos na Sorbonne. Em maio, faltando apenas dois meses para a graduação, Sergio voltou a escrever para a jovem com quem saía quando morava em Genebra. Soando deprimido e confuso quanto ao futuro, informou que o pai havia sido dispensado. "A ditadura é uma realidade", escreveu. "Serei obrigado a ganhar meu pão a partir de agosto." Ele tentaria arranjar trabalho, mas não tinha "nenhuma ideia" onde. "Meu futuro está totalmente no ar."[13]

Em junho escreveu novamente para a amiga dizendo que esperava obter notas altas nas provas de filosofia. (Ele acabaria surpreendendo o corpo docente da Sorbonne ao ficar em primeiro lugar entre 198 candidatos em metafísica.) "Mas para quê?", escreveu com sarcasmo. Se tivesse estudado economia ou marketing, "alguma companhia americana teria me assegurado um futuro 'feliz' repleto de dólares". Ele nunca se venderia, revelou, e, "a não ser que estivesse quase morrendo de fome", "nunca abandonaria a filosofia". O filósofo, escreveu, podia se tornar "o mais justo dos homens" ou "o mais radical dos bandidos". De qualquer maneira, insistiu, "fazer filosofia é tê-la no seu sangue e fazer o que pouquíssimos farão: ser um homem e pensar sempre e em toda parte".[14]

Após um breve período em que procurou emprego como professor de filosofia, Sergio viajou para Genebra, onde a casa da família Silveira se tornara sua base europeia. Decidiu tentar encontrar alguma posição num dos vários organismos internacionais ali sediados. Conhecendo o dom de Sergio para idiomas (ele já falava fluentemente português, espanhol, italiano e francês), um conhecido do pai colocou-o em contato com Jean Halpérin, um suíço de 48 anos que atuava como diretor da divisão de idiomas das Nações Unidas. Halpérin hesitara em marcar o encontro, pois não sabia de nenhuma vaga, mas, quando se conheceram, imediatamente se impressionou com a paixão do rapaz pela filosofia e ofereceu-se para contatar a Organização das Nações Unidas para a Educação, a Ciência e a Cultura (Unesco), instituição que com frequência precisava de auxiliares para grandes conferências sobre a preservação de monumentos culturais. "Muito obrigado", Sergio agradeceu, sorrindo polidamente. "Conheço a Unesco, e sei que não é para mim. Minha sensação é de que aquilo é um monte de blablablá." Surpreso com o fato de alguém desempregado ser tão exigente, Halpérin explicou que com sua formação acadêmica não teria muitas opções dentro das Nações Unidas. "Sinto muito, Sergio", ele explicou, "mas a ONU lida com tudo, exceto filosofia."

Alguns dias depois, Halpérin recebeu um telefonema de um colega do escritório do Alto Comissariado das Nações Unidas para os Refugiados (Acnur), que procurava um revisor de francês. O Acnur desempenhava duas tarefas principais: dava a perseguidos políticos a assistência material para sobreviverem no exílio e tentava assegurar que não fossem forçados a retornar aos países que os haviam expulsado. As Nações Unidas exigiam inglês fluente e dois anos de experiência profissional. Sergio falava pouco inglês e nunca ocupara um emprego em tempo integral, mas na entrevista se saiu melhor que os demais candidatos e firmou um contrato temporário. Começou sua carreira no Acnur em novembro de 1969 e passaria os próximos 34 anos trabalhando sob a bandeira da ONU.

"O QUE JAMIE FARIA?"

Pouco depois de assumir o cargo no Acnur, começou a ouvir histórias sobre um homem que era exatamente seu contrário. Vieira de Mello era um brasileiro poliglota de 21 anos, educado na Sorbonne, magro e dono de um sorriso de astro do cinema. Thomas Jamieson, o diretor de operações de campo do Acnur, era um escocês branquelo, com uma calva progressiva, rotundo, de óculos, com 58 anos, que jamais concluíra a escola secundária. E, embora Jamieson vivesse em diferentes países de língua francesa desde a Segunda Guerra Mundial, orgulhava-se de nunca ter se dado ao trabalho de dominar o francês. Apesar dessas diferenças cosméticas, Vieira de Mello logo encontrou um mentor no homem conhecido como "Jamie".

Jamieson ingressara no Acnur em 1959 após trabalhar na ONU e em grupos não governamentais no reassentamento de refugiados de guerra alemães, coreanos e palestinos. Vieira de Mello o procurou ativamente, enchendo-o de perguntas sobre suas experiências. Caloroso e instantaneamente acessível àqueles com quem simpatizava, Jamieson não era um intelectual como o pai de Vieira de Mello, mas dava a mesma ênfase à audácia e compartilhava o gosto de Arnaldo por uísque escocês. Quem visitava pela primeira vez a casa de Jamieson, perto de Genebra, sabia que havia atingido seu destino ao ver as latas de lixo do lado de fora repletas de garrafas vazias de uísque. Quer estivesse no seu escritório do Acnur ou percorrendo algum posto avançado poeirento na Nigéria, Jamieson sempre convidava os colegas para um Johnnie Walker Red Label após o dia de trabalho. A mais de 8 mil quilômetros de distância da família e desencorajado de voltar ao Brasil, Vieira de Mello pareceu valorizar seu novo vínculo.

Jamieson explicou que seu objetivo principal — e o da ONU — era simples: "Os filhos deviam ter uma vida melhor e mais feliz do que seus pais". Condenava os campos de refugiados que haviam enchido o continente europeu após a Segunda Guerra Mundial. "Se existir uma maneira de evitar a criação de um campo, ache-a", costumava dizer. "Se existir uma maneira de fechar um campo, adote-a." Sua mensagem central, transmitida a todos os que se encontravam com ele, era de que o "Acnur deveria se esforçar para se eliminar".[15] Durante longos almoços em Genebra, ele alertou Vieira de Mello para o fato de que empreendimentos de caridade podiam rapidamente se tornar mais voltados para sua própria perpetuação do que para a ajuda aos necessitados. Jamieson exortou-o a saber distinguir os interesses da ONU, seu local de emprego, dos interesses dos refugiados, a razão de seu trabalho.

Ele em geral dirigia as operações de campo de longe, pois passava grande parte do tempo na sede do Acnur, em Genebra. Mas, quando se aventurava no exterior, Jamieson aproveitava ao máximo a viagem, ostentando no retorno, nas palavras de um colega, "a poeira vermelha do Saara ainda no seu traje de safári". Projetava *slides* e fazia relatos comoventes do sofrimento dos refugiados para agitar os salões impessoais do Palais des Nations, onde o pessoal da ONU e os embaixadores dos países doadores se reuniam. Jamieson muitas vezes parecia desprezar os diplomatas. "Vocês todos estão aqui no maior conforto", ele frequentemente dizia após uma viagem. "Eu vim do mundo real onde está a ação e onde estão as respostas." Não tinha a menor timidez em expressar sua impaciência com as filigranas legais, a burocracia da ONU ou a pompa diplomática, e desprezava a contínua e interminável sucessão de reuniões que seu cargo exigia. Não era incomum que chegasse quinze minutos atrasado a uma sessão de coordenação que deveria presidir. "Oh, estou vendo que temos uma reunião. Que encantador", costumava dizer. "Se existe uma coisa no mundo que aprecio são as reuniões. Direi o que nós vamos fazer: eu comunicarei o que decidi, e depois poderemos nos reunir pelo tempo que vocês desejarem!" Antidemocrático em sua abordagem, conseguia o que queria graças à sua relação pessoal com o príncipe Sadruddin Aga Khan, o alto-comissário poderoso e visionário que dirigia o Acnur.* Embora pudesse achar Jamieson exigente, Sadruddin valorizava sua capacidade, nas palavras de um colega, de "dar um pontapé nos contadores de centavos com tamanha elegância". Conquanto Vieira de Mello não tivesse nem um pouco da disposição de Jamieson em fazer inimigos, compartilhava da aversão de seu mentor pela burocracia.

Vieira de Mello ingressara no Acnur numa época eletrizante. Sob a liderança de Sadruddin, o órgão mudara sua ênfase da Europa, onde os refugiados da Segunda Guerra Mundial e da União Soviética dominaram a atenção nas

---

* O príncipe Sadruddin era o segundo filho do sultão Mohamed Shah Aga Khan III, imame dos xiitas ismaelitas. Passou grande parte da juventude na Índia, mas tinha as nacionalidades francesa, iraniana e suíça. Educado em Harvard, tornou-se editor da *Paris Review* no início da década de 1950 e depois ingressou na ONU como funcionário público. Foi designado alto-comissário para refugiados da ONU em 1965, aos 32 anos, cargo que ocupou até 1977.

décadas de 1940 e 1950, para a África e a Ásia, continentes em que as guerras de descolonização haviam criado novos fluxos de refugiados nas décadas de 1960 e 1970. De todas as agências da ONU, o Acnur gozava da melhor reputação entre os trabalhadores de ajuda humanitária e os governos doadores. A rivalidade entre os Estados Unidos e a União Soviética paralisara o Conselho de Segurança, mas o Acnur, dotado de um conselho diretor próprio, ou comitê executivo, conseguira deslanchar. Já ganhara um prêmio Nobel — em 1954, por reassentar refugiados europeus após a Segunda Guerra Mundial — e estava em vias de ganhar outro em 1981, por controlar o fluxo de refugiados do Sudeste Asiático. À medida que expandiu seu trabalho da Europa para a América Latina, a África e a Ásia, o Acnur passou a contratar funcionários falantes de diversas línguas ou nativos do mundo em desenvolvimento. Vieira de Mello tornou-se o profissional mais jovem do seu quadro de funcionários ao ingressar com 21 anos e progrediu mais rapidamente do que a maioria dos colegas.

Seus ideais esquerdistas ainda fermentavam sob a superfície. Embora não romantizasse o comunismo praticado na União Soviética, na China ou em Cuba, criticava os Estados Unidos pela guerra no Vietnã e pelo apoio a regimes de direita opressores, como o do Brasil. Ao percorrer as ruas de Genebra com amigos, quando via um carro de fabricação norte-americana, inclinava-se como se estivesse pegando uma pedra e simulava o movimento de atirá-la no veículo em movimento. "Imperialistas!", costumava exclamar. Também nos restaurantes, quando ouvia um sotaque norte-americano, às vezes fazia questão de trocar de lugar para não escutá-lo. "Dá para ouvir o capitalismo em suas vozes", comentava com desdém.

A despeito de ter deixado de assistir às aulas na Sorbonne após receber seu diploma básico de filosofia em 1969, continuava se preparando à distância para o mestrado, lendo e escrevendo, principalmente à noite e nos fins de semana. Em 1970, aproveitou seus dias de férias da ONU estudando para os exames orais e obteve o mestrado da Sorbonne em filosofia moral. Ainda via a Organização das Nações Unidas como um local de emprego temporário. Embora Jamieson o fascinasse, as exigências procedimentais bizantinas da ONU lhe desagradavam. Escreveu para sua antiga namorada, em julho de 1970, que a ONU não mudara: "Desse lodaçal só consegui aprender uma coisa: a futilidade de uma vida repleta de formulários de conteúdo imaginário".[16]

Jamieson nunca indagava sobre as atividades filosóficas de seu protegido, que achava abstratas demais, mas Vieira de Mello não se importava. Ria quando Jamieson contrastava sua própria trajetória de homem que veio do nada com a de seus colegas privilegiados e cheios de credenciais. "Se eu tivesse uma educação formal", Jamieson gostava de dizer em tom de zombaria, "não estaria trabalhando neste escritório. Seria primeiro-ministro da Inglaterra!"

Alguns dos colegas de Vieira de Mello achavam que ele era tolerante demais com os ares superiores de Jamieson. "Jamie era amigável", recorda um deles, "mas sua amizade era como a de um *sahib* colonial que tratasse bem seu criado indiano." Quando falava com admiração do povo africano, descrevendo num boletim informativo do Acnur "seu grande senso de humor, seu espírito alegre mesmo nas maiores dificuldades",[17] Jamieson soava como muitos visitantes ocidentais à África. Vieira de Mello via aquelas tendências coloniais como subprodutos perdoáveis da idade e da formação de Jamieson.

Em 1971, dois anos após ingressar no Acnur, Vieira de Mello foi transformado por sua primeira missão de campo. O Alto Comissariado havia assumido seu maior desafio até então, ao organizar toda a resposta emergencial da ONU ao grandioso influxo para a Índia de cerca de 10 milhões de bengaleses. O Paquistão os expulsara de seus lares na parte oriental do país, que logo se tornaria Bangladesh. O orçamento global do Acnur era então de apenas 7 milhões de dólares, mas o alto-comissário Sadruddin arrecadou outros 200 milhões para uma operação que custaria mais de 430 milhões.[18] Atuando sob forte pressão, Jamieson levou sua equipe favorita à região — primeiro à Índia para cuidar da chegada dos refugiados e, depois, ao recém-independente Bangladesh para auxiliar no assentamento da base para um retorno maciço. Ele viajava pela região como se fosse seu proprietário, chegando a chamar a primeira-ministra Indira Gandhi de "minha moça querida". Vieira de Mello, com apenas 23 anos, ficou alojado em Daca, Bangladesh, onde ajudou a organizar a distribuição de alimentos e a abrigar os bengaleses à medida que retornavam para casa. Quando ele discordava de seu chefe, Jamieson dizia: "Meu caro moço, você está completa e absolutamente errado".

Pela primeira vez na vida, Vieira de Mello sentiu que estava fazendo algo de prático para operacionalizar seu compromisso de elevar a autoestima individual e coletiva. O sofrimento humano — fome, doença, deslocamento — jamais voltaria a ser uma abstração para ele. "Bangladesh foi uma revelação para Sergio", recorda seu amigo brasileiro Flávio da Silveira. "No trabalho de campo, ele reco-

Vieira de Mello (com um terno bege, o terceiro a partir da esquerda) caminhando em Daca, Bangladesh, com uma delegação que incluiu o alto-comissário do Acnur Sadruddin Aga Khan (extrema direita), em novembro de 1972.

nheceu uma parte de si que nunca vira antes. Entendeu que era um homem de ação. Havia sido feito para aquilo."

Mais ou menos na época em que caíra sob a influência de Jamieson, Vieira de Mello conheceu Annie Personnaz, uma secretária francesa do Acnur. Os dois começaram a namorar, e, assim como Arnaldo fizera com a família de Gilda, Vieira de Mello aproximou-se dos pais de Annie, proprietários de um hotel e spa em Thonon, na França.

Em maio de 1972, Jamieson, com sessenta anos, aposentou-se de acordo com as regras da ONU. Sentia-se infeliz e vivia de olhos grudados nos jornais à procura de uma chance de voltar à ativa. Quando o governo do Sudão assinou um tratado de paz com os rebeldes ao sul, aparentemente encerrando uma guerra civil de dezessete anos e abrindo caminho para a volta de cerca de 650 mil refugiados e deslocados sudaneses, Jamieson viu sua oportunidade e convenceu o alto-comissário a designá-lo para liderar o esforço, interrompendo a aposentadoria. Justamente quando Vieira de Mello intensificava a corte a Annie, Jamieson pediu-lhe que se juntasse a uma equipe pequena a fim de ajudar a organizar a volta dos refugiados sudaneses. Vieira de Mello escreveu cartas para

Annie enquanto estava no sul do Sudão, e ela chegou a visitá-lo na capital, Juba. Ele logo a pediu em casamento, e a cerimônia foi marcada para 2 de junho de 1973. Flávio da Silveira seria o padrinho.

A missão no Sudão proporcionou a Vieira de Mello a chance de trabalhar com Jamieson mais intimamente do que em qualquer outra ocasião. Alternando-se entre Gênova, Cartum e Juba, ele ajudou seu mentor a organizar uma ponte aérea que transportou alimentos, remédios, implementos agrícolas e os próprios refugiados que retornavam. Jamieson conseguia ser engenhoso na resolução dos problemas. Ao ver que uma balsa antiquada seria a única forma de transporte comercial através do rio Nilo, declarou: "Se formos trazer essas pessoas para casa, precisamos de uma ponte". Mas o Acnur distribuía comida, não construía pontes. Assim, ele começou a apelar para os governos ocidentais. Enquanto defendeu a ideia somente por razões de caridade, nada obteve. Mas, em discussões com o governo holandês, encontrou um argumento que funcionou. "Este será um exercício de treinamento", Jamieson alegou. "Os engenheiros militares holandeses podem fazer disso um exercício para testar a rapidez com que conseguem construir uma ponte em circunstâncias difíceis." Inicialmente a ideia de Jamieson pareceu fadada ao insucesso, porque os sudaneses rejeitaram a presença de soldados estrangeiros em seu solo, e os militares holandeses se recusaram a realizar a tarefa sem uniforme. Jamieson, porém, logo encontrou um denominador comum pelo qual os holandeses trajariam seus uniformes sem a insígnia holandesa. A ponte de aço Bailey, completada na primavera de 1974, abriu o sul do Sudão ao Quênia e Uganda e, como resultado, aumentou muito o fluxo de pessoas e mercadorias para a área.

Vieira de Mello observou Jamieson aproveitar o que viu em campo numa campanha de coleta de fundos na sede. Numa entrevista coletiva à imprensa em Genebra, em julho de 1972, trajando terno e gravata, o lenço combinando com a roupa e abotoaduras proeminentes, Jamieson argumentou que o que os sudaneses queriam não era ajuda de emergência, mas auxílio para o desenvolvimento. "Descobri que eles estão mais interessados em ver algo de longo prazo que beneficie seus filhos do que em alimentos", disse. "Estranho, gostaria de ver a *nós* em circunstâncias semelhantes. Normalmente eu pediria peixe com batatas fritas primeiro, para depois falar sobre educação."[19] Vieira de Mello observou que, enquanto o Acnur se tornara competente em alimentar pessoas em fuga, os governos eram bem menos exímios em impedir as crises preventi-

Alto-comissário Sadruddin condecorando Thomas Jamieson com a Ordem Sudanesa dos Dois Nilos em nome do presidente sudanês Jaafar Nimeiri, em 1973.

vamente ou em reconstruir sociedades após as emergências para que pudessem se tornar autossuficientes.

Jamieson carregava seu gosto por uísque escocês em suas viagens, e Vieira de Mello o acompanhava. "Não se preocupe com pílulas antimalária", Jamieson recomendou ao jovem colega iraniano Jamshid Anvar. "O uísque é a melhor vacina contra tudo." Mas a bebida cobrou seu preço. A tez de Jamieson tornou-se mais avermelhada, e em maio de 1973 ele sofreu um ataque cardíaco moderado. O médico recomendou que reduzisse a carga de trabalho.

Paralelamente às tarefas no Sudão, Vieira de Mello planejava o casamento no interior da França. Ele convidara seus pais para a cerimônia, mas Arnaldo declinou do convite. De volta ao Brasil, sem trabalho, se ensimesmara ainda mais. O consumo de bebidas aumentou, e a saúde piorou. Sua melancolia se agravara em 1970, quando o irmão mais novo, Tarcilo, morreu atropelado ao sair de um táxi no Rio. Gilda insistiu em que o marido reconsiderasse sua decisão sobre o convite de casamento do filho, mas Arnaldo respondeu que estava na metade do segundo livro, que precisava terminar. Gilda ficou contrariada. "Como vou comparecer à cerimônia de casamento do meu filho sozinha?", ela perguntou. "Quero ir com meu marido. Não sou uma viúva." Arnaldo, contudo, insistiu que sua pensão módica não dava para comprar ternos novos para as cerimônias religiosa e civil, e ele não podia aparecer com o mesmo terno nos dois eventos. De qualquer modo, não estava se sentindo suficientemente bem para viajar.

Gilda, Sônia e André, o filho de seis anos de Sônia e afilhado de Sergio, voaram até a França para o casamento. Em 12 de junho de 1973, dez dias após a cerimônia, Sônia, que prosseguira viagem até Roma, recebeu uma chamada telefônica de um amigo no Rio: aos 59 anos, Arnaldo, vítima de um derrame e de um edema pulmonar, morrera. Gilda, contatada em Londres, ficou arrasada. Vieira de Mello viajara com Annie de carro pela Europa até a Grécia. O casal acabara de chegar ao hotel para começar a lua de mel quando recebeu a notícia. Vieira de Mello se preocupava com a saúde do pai havia anos e não ficou surpreso, mas sentiu profunda tristeza. Colocou a bagagem do casal de volta no carro, retornou à França e voou sozinho ao Brasil, onde chegou a tempo para o funeral. Em 1992, após anos tentando encontrar uma editora para o manuscrito incompleto do pai, Sergio pagaria do próprio bolso a publicação no Brasil.[20]

Com a morte súbita do pai, Vieira de Mello aproximou-se ainda mais da mãe. Pelo resto da vida, aonde quer que fosse no mundo, fazia questão de falar com ela ao menos uma vez — mas geralmente várias vezes — por semana. Ela também passou a realizar um serviço solitário de *clipping*, recortando artigos da imprensa brasileira referentes aos locais que seu filho percorrera. Os laços de Vieira de Mello com Jamieson também se intensificaram. Jamieson aprendera uma lição com seu ataque cardíaco: o trabalho era uma "bênção", e ele precisava retornar à atividade. Sempre se mostrara indiferente a qualquer tipo de risco físico. Quando dois de seus colegas se feriram gravemente num ataque na Etiópia, o alto-comissário cogitou retirar o pessoal da ONU, mas Jamieson ridicularizou a ideia. "Príncipe, veja bem", ele dissera, "se você não quer correr nenhum risco, melhor cair fora e vender sorvete."

Jamieson mantinha um ritmo frenético e ignorava as ordens médicas de evitar o sol equatorial escaldante. Muitas vezes com Vieira de Mello do lado, cruzou o vasto Sudão, visitando pessoalmente campos e aldeias para assegurar que os refugiados, ao retornar, dispusessem de água e solo fértil necessários à sobrevivência. No final de 1973, durante uma visita a campos de refugiados no leste do país, Jamieson sofreu um colapso e foi levado às pressas de avião de volta a Cartum. Os médicos informaram que sua doença cardíaca era grave, mas o liberaram para passar a noite no quarto do Hotel Hilton. Vieira de Mello, em pânico, ajudou a providenciar a evacuação médica para Genebra e ofereceu-se para permanecer à cabeceira de Jamieson durante a noite.

Anvar estava com Jamieson quando este sofreu o colapso. Ao ver Vieira de Mello no hotel, ele disse: "Sergio, você deve estar maluco de querer ficar a noite inteira acordado com ele".

"Ele pode precisar de ajuda", Vieira de Mello respondeu.

"Ele não corre nenhum perigo", Anvar replicou. "Se estivesse correndo algum risco, o hospital não o liberaria."

"Eu não vou conseguir dormir", Vieira de Mello disse. "De qualquer modo, não confio em médicos."

"Não entendo você", Anvar reagiu. "Jamie é condescendente e arrogante com quem não é britânico. Ele é tudo o que você não é, e você é tudo o que ele não é. O que você vê nele que eu não consigo ver?"

"Ele é como um pai para mim", Vieira de Mello respondeu simplesmente. "Adoro esse homem."

No dia seguinte, Vieira de Mello voou com Jamieson de volta a Genebra. Jamieson sobreviveu ao incidente, mas jamais retornou a campo, nem recuperou a saúde. Morreu em dezembro de 1974, aos 63 anos.

Vieira de Mello voltou a desenvolver suas teorias filosóficas, que haviam assumido uma feição prática. Ao retornar de Bangladesh para Genebra, contatou Robert Misrahi, um professor de filosofia da Sorbonne especializado em Spinoza com quem estudara no passado. "Ele era um estudante jovem se estabilizando intelectualmente", Misrahi recorda. "Era extremamente inteligente e dinâmico, mas não tinha uma doutrina. Alimentado por experiências pessoais dolorosas — a dispensa de seu pai, seu próprio exílio e o que testemunhou em Bangladesh —, queria ser um homem de ação generosa ou um homem de generosidade ativa."[21] Sob a supervisão de Misrahi, Vieira de Mello concluiu uma tese de doutorado de 250 páginas intitulada *O papel da filosofia na sociedade contemporânea*. Passou vários meses em licença sem vencimentos para terminá-la, vivendo do salário de Annie no Acnur. Sem se incomodar com os hábitos de trabalho implacáveis do seu recente marido, ela também se atirou ao processo, datilografando o manuscrito para ser submetido à banca.

A tese teve como alvo a própria filosofia, que ele considerava apolítica e abstrata demais para moldar os assuntos humanos. "Não apenas a história cessou de alimentar a filosofia", escreveu, "mas a filosofia já não alimenta a história." Reconheceu no marxismo uma rara teoria que tentou desempenhar um papel na melhoria da vida humana real. Ao definir os contornos de uma utopia social, Vieira de Mello argumentou, o marxismo ao menos traçou referenciais capazes de inspirar a ação política. Embora defendesse uma filosofia mais relevante e política, Vieira de Mello escreveu no estilo denso e repleto de jargão de Paris nos anos 1970. Argumentou que o princípio filosófico básico que deveria impelir as relações humanas e entre os Estados era a "intersubjetividade", ou a capacidade de pôr-se no lugar dos outros — mesmo como transgressores. Se pudessem ajudar cada indivíduo a ampliar a capacidade de adotar a perspectiva do outro, argumentou, os filósofos poderiam contribuir para provocar o que Misrahi denominava uma "conversão".[22]

O Acnur continuava oferecendo missões que saciavam seu apetite crescente por aventuras e aprendizado. Em 1974, com apenas 26 anos, ele colaborou na administração da mecânica de ajuda humanitária aos cipriotas deslocados na Guerra Greco-Turca. "Deixa toda a logística comigo", disse a Ghassan Arnaout, seu supervisor sírio em Genebra. "Concentre-se no quadro político e estratégico, que eu cuidarei dos comestíveis." Vieira de Mello já parecia ver o auxílio do Acnur aos refugiados — ou "entrega de comestíveis" — como uma tarefa doméstica rotineira. Ele tinha muito que aprender sobre a proteção e a alimentação dos refugiados, mas, se permanecesse dentro do sistema da ONU, disse a Arnaout, esperava acabar se envolvendo em negociações políticas de alto nível.

Ele e Annie moravam num apartamento perto da casa dos pais dela na cidade francesa de Thonon. Após alguns anos, construíram uma casa permanente para eles na aldeia francesa de Massongy, a vinte minutos de carro de Thonon e a meia hora de seu local de trabalho em Genebra. Em 1975, o casal mudou-se para Moçambique, onde ele se juntou à equipe do Acnur que estava cuidando dos 26 mil refugiados que haviam fugido do governo de supremacia branca e da guerra civil na vizinha Rodésia (atual Zimbábue). Vieira de Mello havia sido nomeado subchefe do escritório, mas, devido às ausências do chefe, na prática foi ele quem dirigiu a missão, uma responsabilidade enorme para alguém com apenas 27 anos. De início, a novidade proporcionada pelas tarefas novas e pela região nova o estimulou. Ele gostava particularmente de travar conhecimento com os combatentes pela independência e líderes da Rodésia, África do Sul e Timor Leste, a minúscula ex-colônia portuguesa que acabara de ser brutalmente anexada pela Indonésia. Contudo, após um ano no serviço, começou a enviar cartas longas e impacientes aos colegas veteranos em Genebra, indagando sobre novos postos de trabalho. Era como se, assim que se fixasse numa rotina, ajudando a desenvolver sistemas para abrigar e alimentar os refugiados, ficasse ansioso para ir em frente. Quando notícias dessa sua pretensão começaram a circular na sede do Acnur, Franz-Josef Homann-Herimberg, um funcionário austríaco da ONU a quem Vieira de Mello muitas vezes procurara para se aconselhar sobre sua carreira, alertou: "Sergio, você tem que sossegar. É natural que não queira esperar até que lhe ofereçam os postos, mas você está começando a adquirir a fama de alguém que passa o tempo tramando o próximo lance".

Em 1978, Vieira de Mello e Annie retornaram à França, onde ela deu à luz um filho, Laurent. Depois se mudaram para o Peru, onde Vieira de Mello se tornou o representante regional do Acnur para o norte da América do Sul e tentou ajudar os fugitivos das ditaduras militares latino-americanas em busca de asilo. O cargo aproximou-o mais de casa, permitindo passar mais tempo no Brasil do que na década anterior. Em 1980, ele e Annie tiveram um segundo filho, Adrien.

Vieira de Mello mantinha um suprimento permanente de Johnnie Walker Black Label — um progresso em relação ao Red Label de Jamieson — na gaveta da escrivaninha em seu escritório no Acnur ou na bagagem, quando em trânsito. No escritório do Acnur, mantinha também um porta-retratos com uma foto de seu mentor, que levava consigo na maioria dos trabalhos de campo e às vezes colocava na mesa de cabeceira durante viagens curtas. Cerca de uma década após a morte de Jamieson, Vieira de Mello telefonou para Maria Therese Emery, secretária de Jamieson de longa data, e, meio constrangido, pediu se ela poderia fornecer outra foto de Jamieson. "Estive em tantos lugares quentes", ele disse. "A foto que tenho desbotou."

2. "Jamais voltarei a usar a palavra 'inaceitável'"

Vieira de Mello segurando o filho de seis dias, Laurent, em 8 de junho de 1978.

Foi no Líbano que Vieira de Mello travou conhecimento com o terrorismo. Embora soubesse que muitas carreiras promissoras eram torpedeadas no Oriente Médio, as qualidades mais desfavoráveis da região — sua geografia contestada, a turbulência política e o extremismo religioso — eram o que o atraíam. Em 1981, ele vinha realizando tarefas puramente humanitárias no Acnur havia doze anos e sentia que sua curva de aprendizado se nivelara. Quando soube por um colega que um cargo da ONU vagara no Líbano, por ele considerada a mais desafiadora de todas as missões, submeteu seu currículo e foi rapidamente selecionado para se tornar consultor político do comandante das forças de paz da Força Interina das Nações Unidas no Líbano (Unifil). Com apenas 33 anos, licenciou-se do Acnur, onde estava lotado, fortemente convencido do papel indispensável da ONU como um "intermediário honesto" nas áreas de conflito. Mas nos próximos dezoito meses veria pela primeira vez quão pouco a bandeira das Nações Unidas podia significar para aqueles consumidos por seus próprios ressentimentos e temores. O Líbano foi o lugar onde o absolutismo juvenil de Vieira de Mello começou a dar lugar ao pragmatismo pelo qual se tornaria conhecido mais tarde.

"UMA SÉRIE DE CLIENTES DIFÍCEIS E HOMICIDAS"

Em 1978, após um ataque terrorista na estrada ao norte de Tel Aviv que deixou 36 israelenses mortos, cerca de 25 mil soldados israelenses invadiram o sul do Líbano. Seus líderes alegaram que a invasão visava erradicar baluartes da Organização para a Libertação da Palestina (OLP), cujos ataques através da fronteira ao sul do Líbano com o norte de Israel eram cada vez mais mortais, com o propósito de coagir os israelenses a encerrar a ocupação dos territórios palestinos na Cisjordânia e em Gaza. Em sua ofensiva de uma semana, Israel capturou um cinturão de território libanês com 24 quilômetros de extensão.[1]

Somente a grande cidade costeira de Tiro, e uma faixa de território de treze quilômetros de comprimento e três de largura ao norte do rio Litani, permaneceram em mãos palestinas. Apesar de os Estados Unidos e a União Soviética naquela época divergirem praticamente em tudo no Conselho de Segurança da ONU, concordaram que as forças israelenses deveriam recuar do Líbano e que forças de paz das Nações Unidas deveriam ser enviadas para monitorar sua saída.*[2] Num editorial que refletiu o que se revelaria um otimismo efêmero sobre a ONU, o *Washington Post* aclamou a decisão de enviar os boinas-azuis. "A manutenção da paz é exatamente a atividade no Oriente Médio", os editores do jornal observaram, que "a organização mundial aprendeu a realizar bem."[3]

A manutenção da paz era então imprecisamente definida como a interposição de forças multinacionais levemente armadas e neutras entre facções combatentes que tivessem concordado com uma trégua ou um compromisso político. Tratava-se de uma prática relativamente nova, iniciada em 1956 por Lester Pearson, o ministro do Exterior do Canadá que ajudou a organizar a mobilização

---

* As autoridades norte-americanas normalmente relutavam em criticar Israel, mas em 1978 o presidente Jimmy Carter estava próximo de seu acordo de paz histórico de Camp David, entre Israel e Egito, e temia que uma ocupação israelense do Líbano pudesse sabotá-lo. Carter decidiu que a melhor forma de assegurar uma retirada israelense, mas salvando as aparências para Israel, seria autorizar o envio de tropas de paz da ONU. Os Estados Unidos submeteram uma resolução através do Conselho, pegando Israel de surpresa, e os soviéticos se abstiveram de votar.

de tropas internacionais a fim de supervisionarem a retirada de tropas britânicas, francesas e israelenses da região do Suez, no Egito.[4] Pouco depois, o Conselho de Segurança da ONU enviou cerca de 20 mil soldados ao Congo, onde, de 1960 a 1964, as tropas de paz supervisionaram a retirada das forças coloniais belgas e tentaram (sem sucesso) estabilizar o país recém-independente. Missões da ONU menores em Nova Guiné Ocidental, no Iêmen, no Chipre, na República Dominicana e na Índia/Paquistão se seguiram.[5] A missão da Unifil no sul do Líbano recebeu um orçamento anual de aproximadamente 180 milhões de dólares. Seus 4 mil soldados — mais tarde aumentados para 6 mil — fizeram dela a maior missão da ONU então existente.[6]

Nos três anos e meio decorridos desde a mobilização inicial da Unifil em 1978, as forças israelenses haviam se recusado a respeitar o espírito das exigências internacionais de retirada, entregando suas posições a milícias aliadas, enquanto as forças palestinas não se desarmaram. A resolução que criou a missão concedera aos guerrilheiros da OLP o direito de permanecer onde estavam.* As falhas da missão da ONU eram portanto óbvias. As grandes potências no Conselho de Segurança não estavam preparadas para lidar com as questões tortuosas que haviam desencadeado a invasão israelense: palestinos destituídos e a insegurança israelense. E o Conselho não fornecera às tropas de paz instruções sobre o que fazer se as partes envolvidas continuassem se atacando, como inevitavelmente fariam.

Na época da chegada de Vieira de Mello ao sul do Líbano, o comando das tropas da Unifil havia passado para um segundo comandante das forças da ONU: William Callaghan, um general três-estrelas irlandês de sessenta anos que percorrera, pela ONU, o Congo, Chipre e Israel. A tarefa principal de Vieira de Mello era informá-lo da situação política da região. Por ter vivido em Beirute durante quase dois anos quando menino, ele acompanhava havia muito tempo os acontecimentos na região. Mas, uma vez que se deslocou até lá, resolveu travar conhecimento com a oficialidade diplomática libanesa, israelense e ocidental e com os diferentes grupos de milícias paramilitares da região.

---

* Em 2006, depois que ataques de foguetes do Hezbollah contra o norte de Israel provocaram outra invasão israelense, o Conselho de Segurança autorizou o envio de uma força da ONU de 12 mil pessoas para o sul do Líbano. Israel criticou a resolução porque de novo combatentes do Hezbollah foram autorizados a permanecer no sul.

Ele dividiu um escritório com Timur Goksel, um porta-voz turco de 38 anos que participava da missão desde o início. Goksel gravitava em direção ao que denominava "zonas cinza". "Você tem que ir ao encontro dos homens que estão armados", Goksel contou ao novo colega. "Aprenderemos muito mais nos cafés e nas mesquitas do que com os governos." Levava consigo Vieira de Mello aos encontros não oficiais. "Só faço uma exigência", ele disse. "Você tem que tirar seu maldito terno e gravata!" Vieira de Mello se deu conta de quão essencial era travar conhecimento com grupos armados como a milícia xiita Amal, que se fortaleceu no início da década de 1980, mas que seria mais tarde amplamente suplantada pelo Hezbollah, e as facções dissidentes da OLP, como a Frente Popular de Libertação da Palestina, que muitas vezes atirava em tropas de paz da Unifil. Preferia seus encontros informais àqueles com autoridades de Estado. Ele exprimiu seu espanto a Goksel: "A ONU é uma organização tão estadista. Se agíssemos dentro de suas regras, não teríamos nenhuma noção do que as pessoas com poder e armas estão tramando".

Vieira de Mello ficou impressionado com o grau de desrespeito de todas as facções pela ONU. A Unifil havia criado postos de observação e de controle ao longo da área da missão, na esperança de impedir que combatentes da OLP se aproximassem de Israel. Mas eles simplesmente evitavam as estradas principais e utilizavam trilhas de terra para transportar armas e homens. E, como as autoridades libanesas centrais não controlavam o sul do Líbano, quando a Unifil capturava em suas patrulhas um guerrilheiro da OLP infiltrado, não havia nenhuma administração civil libanesa para denunciá-lo. Aos soldados da ONU, desmoralizados, restava acompanhar os combatentes palestinos para fora da área de fronteira e os soltavam. Alguns se viam detendo os mesmos invasores repetidamente.[7] Membros das tropas de paz da ONU que desafiavam palestinos armados costumavam ser levados como reféns. Em 30 de novembro de 1981, logo após a chegada de Vieira de Mello, combatentes da OLP detiveram dois oficiais do corpo da ONU, atiraram em seus pés e os ridicularizaram como "espiões de Israel".

Os israelenses eram igualmente insolentes. Não faziam nenhuma tentativa de ocultar sua presença residual. Eles armavam minas, estabeleciam postos de controle, construíam estradas asfaltadas, transportavam suprimentos e erguiam posições novas no lado libanês da fronteira.[8] Mesmo assim, como os oficiais da ONU não queriam ofender as Forças Armadas mais poderosas da região, optaram por não se referir ao controle da área por Israel como "anexação" ou "ocupação"; em vez disso, reclamavam de "violações permanentes da fronteira".[9]

As autoridades israelenses não retribuíam o favor. Ameaçavam as tropas de paz e regularmente as denegriam.[10] Em 1975, a opinião pública israelense havia se voltado contra a ONU porque a Assembleia Geral — o corpo da ONU onde todos os países, ricos e pobres, grandes e pequenos, têm direito de voto — aprovara uma resolução que igualava o sionismo ao racismo.* Callaghan e Vieira de Mello solicitaram aos interlocutores israelenses que cessassem a propaganda anti-ONU, uma vez que, argumentaram, estava pondo em risco a vida dos boinas-azuis, dos quais mais de setenta haviam sido mortos.

Israel havia entregado muitas de suas posições a milícias libanesas aliadas comandadas por um líder cristão chamado Saad Haddad, um major que adorava enviar a Callaghan exigências insolentes.** "Quero que saiba que amanhã, às dez horas, pretendo enviar uma patrulha", dizia uma de suas mensagens típicas. "Peço uma resposta positiva."[11] Sempre que as tropas de paz das Nações Unidas o atrapalhavam, Haddad bloqueava as estradas na área, de modo a impedir o movimento do pessoal e dos veículos da ONU. Quando equipamentos da ONU eram roubados, o que acontecia com frequência, nem Callaghan nem Vieira de Mello conseguiam assegurar sua devolução.

A OLP havia acumulado armas de longo alcance e continuava a disparálas contra Israel. O exército israelense e seus aliados cristãos costumavam retaliar com ataques-surpresa contra acampamentos e bases da OLP no sul do Líbano. As cartas e os protestos feitos pessoalmente por Vieira de Mello nos dezoito meses seguintes exprimiriam "surpresa", "desalento" e "condenação"; insistiam que o mau comportamento dos israelenses, das forças cristãs aliadas e dos palestinos "não seria tolerado"; e lembravam às partes que suas transgressões seriam "levadas ao Conselho de Segurança". No entanto, como as tropas de paz não dispunham de meios para se impor, os protestos em geral eram ignorados. Vieira de Mello rapidamente deduziu que o Conselho de Segurança colocara tropas de paz num ambiente onde não havia paz real para manter. Como era típico durante a Guerra Fria, os governos influentes pareciam mais interessados em congelar

---

* Em dezembro de 1991, a Assembleia Geral da ONU votou pela revogação da resolução de 1975.
** O exército de Haddad, que ele denominou o Exército Libanês do Sul, compunha-se em grande parte de xiitas pobres das aldeias da fronteira.

um conflito do que em tentar resolvê-lo. Enquanto israelenses e palestinos não resolvessem suas divergências, ou as nações poderosas na ONU não decidissem impor a paz, uma força de paz pouco poderia fazer.

Impotente para deter a violência, Vieira de Mello tentou fazer o que sabia melhor: aprender. Quando criança, era obcecado pela guerra naval e acalentara sonhos de ingressar nas Forças Armadas brasileiras. "Se eu não tivesse me tornado um humanitário", gostava de brincar, "teria virado um almirante." Embora detestasse o regime militar brasileiro, nunca depreciou os militares como instituição, o que costumava surpreender alguns de seus colegas progressistas pacifistas em Genebra. Nos primeiros meses no Líbano, o tempo que passava questionando o general Callaghan sobre questões militares era quase igual àquele dedicado à assistência política. "Ele levou algum tempo para entender as nuances associadas aos militares", recorda Callaghan. "Teve que ser orientado sobre hierarquia, estruturas, equipamento, mobilizações, sistemas de comunicação e a camaradagem da vida militar." Insistia que Callaghan falasse sobre suas missões de paz anteriores. O general, um animado contador de histórias irlandês, de bom grado atendia o jovem curioso. "Queria realizar o serviço hoje e agora", Callaghan recorda. "Ele não reconhecia que, neste tipo de situação, você precisa aprender a contar até dez também."

Vieira de Mello voltava das missões a pé por trilhas e acompanhava patrulhas motorizadas por rodovias importantes e em aldeias libanesas. Sabia que os soldados da Unifil estavam atolados em um conflito onde todas as partes estavam mais empenhadas em atingir seus objetivos do que as tropas de paz que serviam temporariamente sob a bandeira da ONU. "Esta é a terra deles e a guerra deles", Vieira de Mello disse a Goksel. "Claro que eles vão nos passar para trás."

Qualquer força individual do Ocidente teria bastante trabalho em estabilizar o sul do Líbano, mas a miscelânea de países que compunham a Unifil estava em desvantagem. As forças de Callaghan vinham do mundo todo e sua qualidade era bem heterogênea. Em 1945, os fundadores da ONU — Estados Unidos, Reino Unido e União Soviética — acreditavam que os governos deixariam tropas em prontidão para serem convocadas pelo Conselho de Segurança quando um membro da ONU ameaçasse invadir outro. Contudo, após a criação da ONU, aquelas mesmas potências, além da maioria dos Estados membros da Organização, insistiram que suas forças tinham de ser mantidas em serviço para a eventualidade de crises nacionais, e nenhuma tropa de prontidão foi formada. Brian

Urquhart, um oficial da Inteligência britânica altamente respeitado durante a Segunda Guerra Mundial, participara da ONU desde sua fundação, aconselhando cada um de seus secretários-gerais no que era então um pequeno escritório para operações de paz na sede da ONU. Em 1978, quando o Conselho de Segurança solicitou monitores e tropas de paz para o Líbano, Urquhart, como de hábito, reuniu tropas às carreiras.[12] Apropriou-se de unidades de missões da ONU em outras partes do mundo, mediante a transferência de uma companhia de fuzileiros iraniana da pequena missão de observação nas colinas de Golan e de uma companhia de fuzileiros sueca do esquadrão da ONU na zona do canal de Suez. França, Nepal e Noruega ofereceram contingentes, assim como Fiji, Irlanda, Nigéria e Senegal, mas as forças chegavam aos poucos e por diferentes pontos de entrada.

"Você não exerce nenhuma influência sobre aqueles que colaboram", Callaghan disse. "É uma vantagem ser multinacional porque você pode aproveitar o apoio político de diferentes nações. Mas, do ponto de vista militar, se fosse possível escolher, essa não seria a maneira de planejar e dirigir uma operação." A Unifil dependia de 53 diferentes tipos de veículos — de fabricantes alemães, austríacos, britânicos, franceses e escandinavos, o que tornava quase impossível sua manutenção devido à grande quantidade de peças sobressalentes necessárias.[13] Vieira de Mello ouviria uma frase que se tornaria um mantra em futuras missões de paz: "Pedintes não podem escolher".

A maioria dos soldados que compunham as tropas de paz neutras havia sido treinada em seus exércitos nacionais como combatentes de guerra. Com frequência tinham dificuldade em se adaptar a ambientes voláteis, onde eram instruídos a manter a neutralidade e a só recorrer à força em defesa própria. O comandante do batalhão de paraquedistas francês da Unifil costumava se referir às facções armadas rivais como "o inimigo". Quando Urquhart viajou da sede da ONU, em Nova York, para o sul do Líbano, precisou ter uma conversa particular com esse oficial para explicar que, ao contrário de um soldado lutando sob sua bandeira nacional, um soldado das tropas de paz não tinha nenhum "inimigo". Tinha apenas "uma série de clientes difíceis e homicidas".[14]

Vieira de Mello jamais vira a ONU operar com tão pouco poder. Enquanto realizava trabalho humanitário para o Acnur em Bangladesh, no Sudão, no Chipre e em Moçambique, achara frustrante simplesmente atacar os sintomas da violência — alimentar e abrigar refugiados no exílio ou preparar sua volta para casa — sem fazer nada para deter a violência ou aliviar a insegurança que levara as pessoas a deixar seus lares no início de tudo. Mas ao menos, como um trabalhador de ajuda humanitária, conseguia trazer ajuda tangível para os necessitados. Como ele e seus colegas trabalhavam desarmados, não criavam expectativas entre os civis, os quais, quando viam soldados da ONU, esperavam que estes combatessem seus atacantes.

O quartel-general da Unifil havia sido instalado em Naqoura, uma aldeia libanesa desolada sobre um penhasco com visão para o mar e pouco mais de três quilômetros ao norte da fronteira com Israel. Quando a ONU ali chegara, em 1978, a aldeia possuía apenas duas construções permanentes — uma alfândega e um antigo cemitério turco —, mas desde então se tornara uma cidade litorânea animada que abastecia os soldados e civis estrangeiros.[15] Quase todas as noites, Vieira de Mello atravessava de carro a fronteira com Israel rumo à cidade de Nahariya, onde residia com Annie e seus dois filhos pequenos. Como foguetes palestinos Katyusha às vezes atingiam os arredores de Nahariya, Annie se acostumou a levar Laurent e Adrien ao abrigo contra bombas local. Vieira de Mello mantinha contato estreito com a mãe, Gilda, que, devido ao estado de perpétua ansiedade em relação à segurança do filho, desenvolvera uma insônia grave, distúrbio que não diminuiria mesmo depois de ele deixar o Oriente Médio.

Quando começou a viajar do sul do Líbano até Beirute, que ainda experimentava irrupções de violência apesar da trégua na guerra civil, ele também estava alarmado. Certa vez, ao comparecer a uma reunião com o presidente do Parlamento libanês, um pesado tiroteio espocou por perto. Sem saber o que estava acontecendo naquela sua primeira zona de combate ativa, passou um bilhete para Samir Sanbar, um colega da ONU lotado em Beirute. "Estamos liquidados?", dizia o bilhete. "Este é o nosso fim?" Sanbar assegurou que não corriam perigo imediato, e a reunião se encerrou sem problemas. "No início, Sergio era novato em relação à guerra", lembra Sanbar. "Após mais algumas viagens a Beirute, descobriu que tiroteios constituíam um ruído de fundo tão natural como o som dos carros que passavam."

Na maioria de suas viagens à capital libanesa, Vieira de Mello parava nas embaixadas ocidentais para exortar os diplomatas irlandeses, holandeses, franceses e de outros países a convencer seus governos a estender ou expandir o número de soldados com que contribuíam para a Unifil. Ele tinha o dom da previsão e sabia que reforços seriam necessários. Também fazia questão de visitar Ryan Crocker, o chefe de 32 anos da seção política da embaixada norte-americana, que falava árabe fluente. Os caminhos dos dois homens voltariam a se cruzar em 2003 no Iraque, onde Crocker serviria como alto administrador na Autoridade Provisória da Coalizão de Paul Bremer.* Vieira de Mello o conquistou de imediato ao dizer: "As pessoas comentam que você sabe das coisas. Sua ajuda poderia realmente ser útil para mim". Como recorda Crocker: "Nada faz tanto sucesso como a bajulação cuidadosamente formulada. Ele me conquistou".

Na verdade, cada homem tinha algo a oferecer ao outro. Os diplomatas norte-americanos, ao contrário dos colegas europeus, estavam proibidos de contatar grupos terroristas. Assim, Crocker passou a contar com as informações de Vieira de Mello sobre a OLP e outros grupos armados. Ele também valorizava sua análise do sul do Líbano. "Eu morria de inveja porque ele podia conversar com as pessoas. Eu não podia", Crocker recorda. "Sempre que eu pensava 'Meu Deus, será que estamos caindo no abismo?' ou 'O que isto significa?', ele era o sujeito que sabia das coisas."

CAINDO NO ABISMO

Em fevereiro de 1982, sentindo a crescente hostilidade israelense contra a OLP, Vieira de Mello encontrou-se com Yasser Arafat em Beirute e o alertou de que, se não removesse os combatentes da OLP da área da ONU, os israelenses provavelmente se poriam a resolver as coisas por conta própria.[16] Abu Walid, chefe do estado-maior de Arafat, deu sua "palavra de honra" de que "nenhuma violação" do cessar-fogo era por culpa da OLP.[17] Diante de tais mentiras, Vieira de Mello sabia que os esforços de mediação da ONU eram inúteis.

Autoridades da ONU e governos ocidentais passaram a temer uma segunda invasão israelense com força total. Em abril de 1982, Urquhart, em Nova York, escreveu ao general Callaghan, no Líbano: "Existe uma grande preocupação da parte de praticamente todas as pessoas aqui presentes hoje à noite quanto às intenções israelenses futuras. Não dispomos de nenhum fato sólido para nos

---

* Em 2007 o presidente George W. Bush nomearia Crocker embaixador norte-americano no Iraque.

orientar, mas achei que você deve estar informado do estado de espírito aqui".[18] Os dois homens traçaram planos de contingência. Concordaram que, como o Conselho de Segurança não havia equipado as tropas de paz para uma guerra nem ordenado que o fizessem, os boinas-azuis se manteriam afastados caso ocorresse um ataque israelense. Urquhart acreditava tão firmemente que as tropas de paz deviam evitar o uso da força que certa vez, ao ser questionado a respeito de os soldados da ONU não terem se defendido, respondeu: "Jesus Cristo é lembrado universalmente após 2 mil anos, mas o mesmo não se pode dizer de seus contemporâneos que *não* ofereceram a outra face".[19] Todas as unidades da ONU ao sul do Líbano foram informadas de que os israelenses poderiam em breve lançar "uma operação aerotransportada, aeromóvel, anfíbia ou terrestre, ou uma combinação delas". No caso de uma invasão, Callaghan telegrafou às suas tropas, o sinal de rádio codificado da ONU seria "RUBICON" [Rubicão].[20]

O tênue cessar-fogo estava quase desmoronando, e a guerra de propaganda se agravava. No dia 21 de abril, Israel lançou ataques aéreos maciços contra alvos da OLP no sul do Líbano. Fez o mesmo em 9 de maio, e combatentes da OLP em Tiro dispararam foguetes no norte de Israel pela primeira vez em quase um ano. O oficial médico chefe da Unifil em Naqoura começou a sondar instalações hospitalares em Israel, no Líbano e em Chipre para a eventualidade de a ONU sofrer baixas maciças em uma guerra nova.[21]

Em 3 de junho de 1982, um pistoleiro da organização de Abu Nidal, que os israelenses acusavam de estar ligado à OLP, atirou contra Shlomo Argov, o embaixador israelense no Reino Unido, em frente ao Hotel Dorchester em Londres.[22] Na manhã de 6 de junho, o general Rafael Eitan, chefe do estado-maior do exército israelense, solicitou a presença de Callaghan em Zefat, Israel, a pouco mais de trinta quilômetros do quartel-general da Unifil. Vieira de Mello acompanhou o chefe e tomou notas. Assim que a equipe da ONU se sentou, Eitan informou a Callaghan que o exército israelense estava prestes a "iniciar uma operação" para assegurar que a artilharia da OLP não atingisse mais o país. Eitan disse que "esperava" que as tropas da ONU não interferissem no avanço de Israel.[23]

Callaghan ficou furioso com a invasão e com a manobra de Eitan para afastá-lo da base da ONU exatamente quando o ataque ia ser lançado. "A conduta de Israel é totalmente inaceitável!", o general irlandês exclamou. Eitan permaneceu impassível. "Nossos únicos alvos são os terroristas", disse. "Realizaremos a missão designada por nosso governo." Ele informou a Callaghan que as resoluções da ONU eram "questões políticas com as quais os políticos deviam lidar" e que em 28 minutos Israel daria início a sua operação militar.[24] Callaghan sabia que precisava alertar suas tropas imediatamente. Fora do alcance do rádio, não restou outra opção senão transmitir a mensagem codificada — RUBICON — por um telefone do exército israelense.[25] Mas a verdadeira humilhação nem sequer havia começado.

Às onze da manhã, Israel lançou a Operação Paz na Galileia e tornou a invadir o Líbano. Atacou com cerca de 90 mil soldados em 1200 tanques e 4 mil viaturas blindadas, apoiados por aviões e unidades navais no mar. As tropas israelenses invadiram o país por uma cerca de arame frágil na fronteira e penetraram pelas linhas da ONU — "como uma faca quente na manteiga", de acordo com uma descrição feita por Urquhart mais tarde.

A invasão não pegou ninguém de surpresa. Nos últimos dias, todo o pessoal da ONU ouvira o estrondo de aviões de guerra supersônicos israelenses sobre suas cabeças e vira a esquadra israelense se alinhar em formação hostil ao largo da costa. Vieira de Mello preocupou-se com Annie e os dois filhos, que estavam próximos. Ao retornar para Naqoura e alcançá-la pelo telefone, ela estava frenética de preocupação. "Sergio, nunca vi tantos tanques na minha vida. A rua está cheia deles. O que está acontecendo?" Ele respondeu: "Estão vindo para cá". Assegurou que os israelenses não ousariam alvejar a própria ONU, mas recomendou que ela levasse os meninos até um abrigo, onde estariam seguros caso os palestinos disparassem foguetes a partir de Tiro. Prometeu que, assim que as tropas israelenses permitissem a travessia dos oficiais da ONU para o norte de Israel, evacuaria a família de volta à França, o que fez vários dias depois.

As tropas de paz da Unifil estavam munidas apenas com armas leves defensivas, e um soldado norueguês foi morto por estilhaços de bomba no dia da invasão. A maioria se afastou do ataque israelense.[26] Contudo, algumas resistiram. Na estrada costeira que vai até Tiro, ao norte, soldados holandeses colocaram vigas de ferro diante de uma coluna de tanques israelenses, danificando a lagarta de dois deles. Em outra parte, um sargento francês armado apenas com uma pistola deteve um tanque israelense depois de uma curva. Achando que o tanque vinha sozinho, o boina-azul informou ao motorista do tanque que ele não podia entrar na zona da ONU. O motorista do tanque apontou para a curva atrás de si e disse: "Bem, você pode me deter, mas existem 149 tanques iguais a este atrás de mim. O que você vai fazer com eles?".

A invasão israelense teve por objetivo inicial empurrar os palestinos até que não conseguissem mais lançar foguetes sobre Israel, mas, depois de penetrarem no Líbano, continuaram seu avanço. Em 10 de junho alcançaram a periferia de Beirute, cercaram a cidade e cortaram as rotas de fuga da OLP. Uma semana depois, bloquearam Beirute ocidental, onde cerca de 6 mil combatentes da OLP estavam isolados, infligindo danos pesados à cidade e matando mais de 5 mil libaneses.[27]

Embora soubesse que estava vivendo um dos piores momentos da história da ONU, Vieira de Mello a princípio estava empolgado. Nunca antes se encontrara no centro de um drama político com tantas implicações. Declarações dadas pela ONU na véspera na modorrenta cidade de Naqoura de súbito conquistavam as manchetes globais. Depois que Annie e os meninos voaram de volta para a Europa, ele passou a morar integralmente no quartel-general da Unifil.

A principal tarefa diplomática de Vieira de Mello, nas semanas subsequentes à invasão, foi convencer a OLP de que a ONU não estava em conluio com Israel. Os líderes palestinos viram no encontro de Callaghan com Eitan, no dia da invasão, sinais de conivência. Arafat acusou a Unifil de ajudar os israelenses a "apunhalar os palestinos pelas costas".[28] O vice-representante palestino na ONU, em Nova York, denunciou a instituição e disse: "Sentimos que esta ação das Nações Unidas e das forças invasoras israelenses desferiu um sério golpe em todo o conceito de manutenção da paz e na credibilidade da ONU".[29]

Vieira de Mello defendeu a honra da ONU. Ele redigiu um telegrama aos líderes da OLP, em nome de Callaghan, acusando os palestinos de terem provocado a invasão israelense. À luz de suas "acusações infundadas de colaboração", lembrou aos palestinos que eles haviam se infiltrado na área da ONU, sequestrado veículos a ela pertencentes e atacado seu pessoal. Já que os palestinos ignoraram as advertências das Nações Unidas e incitaram os israelenses, deveriam "aceitar a responsabilidade plena" pela invasão.[30] Não obstante tanto Callaghan como Vieira de Mello estivessem ainda mais zangados com os israelenses, sabiam que os invasores controlavam a área. Callaghan solicitou às autoridades da ONU, em Nova York, que "evitassem quaisquer críticas abertas aos israelenses, já que isso será sem dúvida contraproducente".[31]

Assim que o turbilhão da invasão inicial passou, o moral das tropas de paz da ONU — incluindo a de Vieira de Mello — despencou. Israel havia desprezado solenemente as resoluções do Conselho de Segurança que exigiam sua permanência fora do Líbano, e, no processo de invadir um vizinho, suas forças atropelaram as tropas de paz da ONU que estavam no caminho. "Jamais conseguiríamos deter uma ofensiva israelense pra valer", Vieira de Mello disse melancolicamente para Goksel, "mas você acha que poderíamos ter tornado as coisas um pouco mais difíceis para aqueles canalhas? A ONU parece patética." Os soldados que estavam a serviço da ONU haviam sido humilhados, mas retornariam para as forças armadas de seus países. Vieira de Mello passara a respeitar a bandeira da ONU tanto quanto a do Brasil, e o trauma da invasão perduraria.

Callaghan estava convencido de que, por mais humilhante que fosse, as tropas de paz fizeram bem em não contestar os israelenses. "Soldados não gostam de ser passados para trás, venham de onde vierem", disse. "Mas sou o homem responsável pela vida destes soldados. E se eu lançar uma operação contra esta invasão e vinte dos meus soldados forem mortos? Não tenho autoridade para arriscar a vida de soldados equipados para a autodefesa." Ele concordava com Urquhart que tropas de paz da ONU levemente armadas só teriam sucesso se as partes combatentes fortemente armadas cumprissem suas promessas.

Após testemunhar os protestos veementes de Callaghan no dia da invasão, Vieira de Mello contou aos colegas que de uma coisa estava certo: "Jamais voltarei a usar a palavra 'inaceitável'". Não havia muito sentido em emitir denúncias estridentes respaldadas apenas pela indignação moral.

"UM ESTADO DE COISAS DEPLORÁVEL"

A Unifil havia sido enviada ao Líbano para monitorar a retirada das tropas de Israel e restaurar a soberania libanesa ao sul. Agora que Israel novamente invadira e ocupara por completo o Líbano, Vieira de Mello não via como a Força Interina poderia continuar. Ele acreditava que, se os boinas-azuis tentassem permanecer durante uma ocupação israelense total, a neutralidade das tropas de paz acabaria sendo comprometida. "Sabemos que os norte-americanos não vão forçar Israel a sair do Líbano desta vez", ele disse a Jean-Claude Aimé, um especialista haitiano em política que trabalhava para a ONU em Jerusalém. "Vamos ficar assistindo às tropas de Israel limparem o terreno?" Aimé era a favor de uma retirada da ONU, e Vieira de Mello revelou que concordava. "Se permanecermos e fingirmos que nada aconteceu", ele disse, "é como se estivéssemos fazendo vista grossa para a invasão." Esperava que o Conselho de Segurança encerrasse a missão e começou a planejar seu retorno a Genebra.

Callaghan apontou para o bem que a missão da ONU estava causando em termos humanitários. "Retirar-se significaria a capitulação total", ele argumentou. "A população local depende de nós. Não podemos abandoná-la à própria sorte." Desde que a Unifil instalara sua base no sul do Líbano, em 1978, cerca de 250 mil civis haviam retornado à área. As tropas de paz da ONU forneciam água e eletricidade e mantinham um hospital em Naqoura (dirigido pelos suecos); além disso, repararam prédios públicos e estradas e livraram a área de explosivos. Em vez de jogar fora máquinas de escrever, copiadoras, mesas ou cadeiras usadas, a ONU as doava às escolas locais. As tropas de paz também organizavam o que se tornou conhecido como "patrulhas das colheitas", uma escolta aos civis libaneses cujas fazendas ou plantações de azeitonas se localizavam nas linhas de frente.[32] Quando estava com Callaghan, Vieira de Mello agia como se concordasse com o general. "Sergio nunca disse: 'Acho que a Unifil deveria se retirar'. Nunca", recorda Callaghan. "Se essa fosse sua opinião, ele teria dito."

Quer estivesse testando suas ideias, quer simplesmente dissesse aos dois homens o que achava que eles mais queriam ouvir, Vieira de Mello sabia que os oficiais e as autoridades civis da Unifil teriam pouca voz ativa sobre o que aconteceria a seguir. Os países poderosos do Conselho de Segurança é que decidiriam se as tropas de paz da ONU fariam as malas e voltariam para casa.

E de fato decidiram. Em 18 de junho, o Conselho de Segurança estendeu o mandato da Unifil.[33] Quatro anos após o envio dos boinas-azuis para monitorar a retirada israelense, pedia-se agora que, temporariamente, se submetessem à ocupação israelense e restringissem seu papel à ajuda humanitária. "O Conselho de Segurança nos mandou ficar", relembra Goksel. "O sinal que recebemos foi: 'Façam o que puderem para justificar seus salários'. Sentimo-nos inúteis. Nos escondemos em Naqoura e tentamos permanecer invisíveis. Depois daquilo, nem mesmo Sergio queria circular por ali dizendo: 'Sou um sujeito da ONU'."

Vieira de Mello repetidamente telefonou à sede da ONU, em Nova York, em busca de consolo. Fora a primeira vez na vida que havia feito parte de algo publicamente condenado e ridicularizado. Insistia em examinar, vezes sem fim, o 6 de junho, dia da invasão. "Existe algo mais que eu pudesse ter feito?", perguntou a Virendra Dayal, o chefe do estado-maior do secretário-geral da ONU, com quem trabalhara em Bangladesh. Dayal tentou tranquilizar o colega. "Sergio, o que você, como um jovem, poderia fazer sozinho em face de uma invasão maciça por terra, ar e mar?" Dayal queria que ele passasse por Nova York a caminho do Brasil nas férias em julho. Achou que um *debriefing* [relato de missão] poderia ajudar. Mas, ao chegar em Nova York, Vieira de Mello continuou com suas perplexidades. "Pare de se martirizar", Dayal insistiu. Porém seu colega mais jovem se mostrava inflexível: "Deveríamos ter aparecido mais", disse.

Por mais degradante que pudesse parecer ter participado da missão da Unifil antes da invasão israelense, a sensação ficou muito pior. Quando Vieira de Mello retornou ao Líbano depois das férias, constatou que as forças israelenses vinham mantendo os oficiais da ONU em grande parte imobilizados na base de Naqoura. Os israelenses pareciam esperar que sua invasão provocasse a retirada das tropas de paz. Eles fechavam a fronteira líbano-israelense aos funcionários e aos veículos da ONU quando bem entendiam, e assim bloqueavam os comboios de ressuprimentos e de rodízio de pessoal, além de negar permissão de voo, exceto para emergências médicas raras. A imprensa israelense insinuou que a ONU vinha passando informações aos terroristas palestinos sobre as posições militares israelenses. Num telegrama para Urquhart, Callaghan criticou a "campanha suja oficial" de Israel contra a Unifil e implorou que as autoridades da ONU em Nova York abordassem a delegação israelense para que "pusessem um fim permanente àquele estado de coisas deplorável".[34]

Vieira de Mello realizou pequenos atos de desobediência civil, recusando-se a solicitar autorização de viagens às autoridades israelenses, deslocando-se sem escolta e muitas vezes permanecendo em seu veículo em postos de controle sob o sol quente durante tardes inteiras, sem permitir que os israelenses revistassem seu carro. "Somos as Nações Unidas", declarava enfurecido, às vezes surpreendendo Goksel. "Não está vendo a bandeira? Não nos submeteremos à vontade de uma força de ocupação ilegal." Quando instruía as unidades novas que chegavam, dava o mesmo conselho que ele próprio viria a receber de amigos antes de partir para o Iraque em 2003, insistindo que evitassem se associar intimamente aos ocupantes, para preservar a fé da população.

Depois que Vieira de Mello obteve o doutorado em 1974, seu orientador Robert Misrahi o convencera a tentar um "doutorado de Estado", o diploma máximo e mais competitivo oferecido pelo sistema universitário francês. Vieira de Mello seguira o conselho e se pusera a trabalhar de forma intermitente, mas intensa, no que considerou seu trabalho filosófico mais ambicioso. O único lado positivo da paralisia da missão da ONU no Líbano era que ele tinha tempo para mergulhar mais fundo em sua tese numa região onde muitas de suas ideias vinham sendo testadas. Ao se corresponder com Misrahi, lamentava a inadequação das ferramentas filosóficas. "As coisas são bem mais complicadas na prática", ele disse ao seu professor. "As ideias filosóficas devem ter aplicabilidade, e o trabalho de campo deveria ser seu único juiz, seus únicos critérios."[35] Quando Misrahi visitou Israel para tratar de assuntos particulares, encontrou-se com seu discípulo e aplaudiu suas tentativas de aplicar a filosofia ao seu trabalho humanitário e diplomático. Mas achava que Vieira de Mello não podia esperar que a mera razão e o diálogo provocassem a conversão quando havia pouca compreensão entre as facções. "Simplesmente ir ao encontro do inimigo não basta para estabelecer o respeito mútuo", Misrahi insistiu, recomendando uma visão mais longa do progresso humano. "A história é lenta", Misrahi diz. "Vieira de Mello achava que pudesse ser rápida."[36]

A invasão israelense havia expulsado a OLP e Yasser Arafat para o norte de Beirute. Os palestinos estavam cercados. Temendo um massacre e na esperança de encerrar o cerco pacificamente, os Estados Unidos, a França e a Itália resolveram mobilizar uma força multinacional, totalmente distinta da missão de paz da ONU que estava baseada na parte sul do país. Em agosto de 1982, oitocentos soldados norte-americanos, oitocentos franceses e quatrocentos italianos ajudaram na evacuação dos combatentes palestinos cercados e se espalharam pela periferia de Beirute para proteger as povoações dispersas repletas de refugiados palestinos.[37] Depois que cerca de 15 mil palestinos e sírios deixaram Beirute ocidental, o próprio Arafat se dirigiu para a Grécia e de lá prosseguiu até a Tunísia.

As forças ocidentais partiram quase tão rapidamente quanto chegaram, retirando-se de Beirute em 10 de setembro de 1982 sob faixas de "MISSÃO CUMPRIDA".[38] Com sua saída, a responsabilidade pela segurança do meio milhão de civis palestinos restantes no Líbano passou para o governo libanês, fraco e dividido. Quando Bashir Gemayel, o recém-eleito presidente cristão do Líbano, foi assassinado, em 14 de setembro, milícias cristãs apoiadas pelos israelenses, sedentas por vingança, aproximaram-se dos acampamentos palestinos. Falando de Roma, Yasser Arafat implorou pela volta da Força Multinacional: "Pergunto à Itália, à França e aos Estados Unidos: vocês não prometeram proteger os habitantes de Beirute?".[39] Em 16 de setembro, sob o olhar dos soldados israelenses, as milícias penetraram nos acampamentos palestinos indefesos de Sabra e Shatila, em Beirute. Nos dois dias seguintes, sob o pretexto de eliminar terroristas palestinos, assassinaram mais de setecentos homens, mulheres e crianças.[40]

Em 20 de setembro de 1982, em grande parte em reação aos massacres, o presidente Ronald Reagan anunciou sua intenção de reenviar marines norte--americanos a Beirute. "Milhões de nós vimos fotos das vítimas palestinas dessa tragédia", Reagan disse. "Há poucas coisas que as palavras podem acrescentar, mas existem ações que podemos, e iremos tomar."[41] Os países ocidentais que haviam enviado contingentes armados em agosto ofereceram então forças maiores: 1400 soldados norte-americanos, 1400 italianos e 1500 franceses (incluindo quinhentos transferidos da Unifil) retornaram ao Líbano, acompanhados de viaturas blindadas, morteiros e artilharia pesada.[42] De início, sua presença pareceu acalmar as tensões.

A luta de Israel, até aquele ponto, havia sido contra os palestinos. Entretanto, com a ocupação do Líbano, as forças israelenses começaram a enfrentar uma resistência nova: a dos xiitas libaneses. Em janeiro de 1983, o mandato da Unifil no sul do Líbano precisava ser renovado, e Urquhart voou até Jerusalém e se reuniu com os israelenses, cujas forças de ocupação vinham sofrendo um número crescente de baixas. Em suas anotações sobre a viagem, ele registrou ter observado "um desejo genuíno, entre os israelenses inteligentes, de sair do Líbano antes que este se tornasse incontrolável. Haviam certamente dado um passo maior do que as pernas".[43] Os israelenses só viriam a se retirar do Líbano dezoito anos depois. Perderiam 675 soldados ali.

A visita de Urquhart ao Líbano proporcionou a Vieira de Mello sua primeira chance de conviver com uma figura lendária da ONU. Dessa vez não causou uma boa impressão. Depois de jantarem juntos num restaurante turco, Urquhart escreveu, em seu diário, que Vieira de Mello sofria de

> um grave problema de "localite" e constantemente pregava e reclamava sobre as iniquidades dos israelenses, a posição humilhante em que se encontrava a Unifil etc. etc. Fiquei meio irritado com aquilo e comentei que, desde que ele ingressara na Unifil, nada do que acontecera era comparável a todas as coisas que ocorreram antes, sem mencionar as experiências que alguns de nós tivemos em outras partes do mundo, e que a humilhação estava no olho do observador.

Urquhart concluiu sua anotação com um veredicto implacável sobre seu ambicioso e jovem colega. "Ele se tornou uma grande prima-dona e um bebê chorão, e acho que deveria ser devolvido quanto antes ao Alto Comissariado para Refugiados."[44]

TOMANDO PARTIDO

Com todas as suas frustrações como alto funcionário da ONU, Vieira de Mello sabia que a Força Multinacional em Beirute não estava se saindo muito melhor. Nas viagens periódicas à capital, continuava visitando Ryan Crocker na embaixada norte-americana. Entrar numa embaixada dos Estados Unidos na década de 1980 era bem mais fácil do que se tornaria posteriormente. Como qualquer visitante, ele podia passar por um posto de controle do exército libanês, subir pelo acesso de veículos e penetrar no saguão principal do prédio de oito andares. Somente então exibia a carteira de identidade e informava aos guardas o que fora fazer ali.

Às 13h05 de 18 de abril de 1983, quando Vieira de Mello estava de volta ao sul do Líbano, um homem com uma jaqueta de couro passou com uma caminhonete de entregas com quase 230 quilos de explosivos pelo portão da frente da embaixada. A explosão, que destruiu a caminhonete e qualquer sinal de seu motorista, matou cinquenta pessoas, inclusive dezessete norte-americanos. Foi o primeiro atentado suicida da história contra um alvo norte-americano, a salva de abertura de uma batalha anticonvencional que só atrairia a atenção dos altos escalões com os ataques da Al-Qaeda nos Estados Unidos em 11 de setembro de 2001.

Quando Vieira de Mello voltou a se encontrar com Crocker, que escapara por um triz da explosão, os dois homens falaram com desânimo sobre a tarefa impossível de colocar o Líbano de volta nos eixos. "Esta é uma confusão sem esperança", comentou o brasileiro. "Não vejo nenhuma saída que seja positiva para alguém — para a ONU, para os libaneses, para os Estados Unidos ou para Israel. Absolutamente nenhuma." Crocker concordou. "Existe um novo protagonista em cena ali", o diplomata norte-americano observou, "e esse protagonista está definitivamente mudando as regras do jogo." Eles se perguntaram como aquela espécie nova de combatente islâmico disposto a morrer por sua causa seria suprimida.

A estada de Vieira de Mello no Líbano estava perdendo a intensidade, e em suas últimas semanas ele tentou assegurar que um pequeno incidente não desencadeasse outro bem maior. Em 30 de março de 1983, um soldado apreensivo de Fiji baseado num posto de controle da ONU havia alvejado e matado um médico libanês de quarenta anos muito respeitado chamado Khalil Kaloush. Após tomar conhecimento do incidente, Vieira de Mello, Goksel e uma pequena delegação da ONU viajaram à cidade natal de Kaloush para se reunirem com os líderes da aldeia, que exigiam uma indenização, ou "dinheiro de sangue".[45]

Quando a família enlutada rejeitou o pedido de Vieira de Mello de ir ao funeral, este fez com que a Unifil enviasse uma coroa de flores, que a família também não aceitou. Mas ele não desistiu: visitou a família de Kaloush várias vezes e informou que acreditava que a ONU teria que indenizá-la. A viúva do dr. Kaloush pediu que as quatro crianças do casal, cujas idades variavam de quatro a dez anos, tivessem seus estudos pagos. Durante um período de dez anos, isso custaria cerca de 150 mil dólares.

Vieira de Mello sabia que a burocracia de Nova York era páreo duro para uma cultura tribal inclinada à vingança rápida. O pessoal administrativo da ONU inicialmente informou que as barreiras seriam insuperáveis. Mas, após semanas de insistência, ele enfim recebeu permissão para despender a verba.[46] Em uma de suas poucas vitórias em dezoito meses no Líbano, em 23 de junho, ele entregou o pagamento à sra. Kaloush. Uma semana depois, sua missão libanesa chegou ao fim e Vieira de Mello retornou a Genebra.

De volta a uma escrivaninha no Acnur, Vieira de Mello observou, horrorizado, as tropas ocidentais da Força Multinacional em Beirute ampliarem seu poder de fogo contra os grupos armados libaneses. Navios de guerra norte-americanos ao largo da costa de Beirute e seus fuzileiros navais na cidade davam apoio militar ao exército libanês sitiado, em guerra com outras facções libanesas. Entre setembro e outubro, seis soldados norte-americanos foram mortos em ação e cinquenta ficaram feridos. Numa extensa análise em outubro de 1983, o correspondente do *New York Times* em Beirute Thomas Friedman descreveu a mudança: "Sem ninguém realmente perceber de início, os marines, uma força de paz popular e praticamente simbólica, se transformaram, durante o último mês de luta, em mais uma facção do conflito libanês interno".[47] Vieira de Mello desaprovou o que vinha ocorrendo. "Eles tomaram partido", observou para um colega. "Perderam qualquer aparência de neutralidade. E, quando você abandona a neutralidade, o que se espera é que tenha escolhido o lado certo."

Em 19 de outubro de 1983, em uma entrevista coletiva televisionada em Washington, um repórter do *Washington Times* e ex-fuzileiro naval norte-americano chamado Jeremiah O'Leary perguntou ao presidente Reagan por que as tropas norte-americanas haviam montado sua base no aeroporto de Beirute em terreno plano, em vez de procurar um terreno elevado em outro ponto da cidade. Reagan respondeu que, como os marines no Líbano não vinham desempenhando um papel tradicional de combate, seguiam regras diferentes. As forças norte-americanas eram tropas de paz, ele disse, não combatentes em guerra.

Quatro dias depois, por volta das 6h20 da manhã, um caminhão Mercedes amarelo carregando mais de 1100 quilos de TNT entrou num estacionamento público vazio do aeroporto, deu duas voltas para ganhar velocidade e avançou por uma cerca de ferro de quase dois metros de altura em torno do alojamento dos fuzileiros navais norte-americanos. Quando a sentinela que guardava o complexo conseguiu instalar um pente de balas em sua arma, o caminhão já havia transposto a barreira. Uma barreira preta de mais de quatro metros de comprimento e quase meio metro de espessura normalmente ajudava a bloquear a entrada do prédio, porém os fuzileiros a haviam removido no dia anterior, um sábado, para uma festa vespertina com pizzas e música country.[48] Embora um marine disparasse contra o veículo que se aproximava e outro se atirasse diante dele, o caminhão conseguiu penetrar com facilidade no saguão do prédio de quatro andares. Quando o motorista detonou os explosivos, corpos foram atirados fora do prédio a uma distância de quase 45 metros e uma cratera se abriu com nove metros de profundidade e doze de largura.[49] Um total de 241 soldados norte-americanos pereceram no ataque terrorista mais mortal até então contra norte-americanos.[50]

Inicialmente, o presidente Reagan foi desafiador. Acompanhado por sua esposa, Nancy, ele denunciou, com a voz trêmula, a "natureza bestial" do ataque e enfatizou que tais pessoas "não podem se apoderar daquela área vital e estratégica do planeta ou, por sinal, de qualquer outra parte do planeta".[51] Rapidamente despachou mais trezentos soldados norte-americanos. "Muitos cidadãos estão indagando por que precisamos manter nossas forças no Líbano", Reagan disse. "Não podemos selecionar e escolher onde iremos apoiar a liberdade."[52] O secretário da Defesa Caspar Weinberger insinuou que Moscou pudesse estar por trás do ataque suicida. "Os soviéticos adoram pescar em águas turbulentas", ele disse.[53] Num discurso formal para a nação, Reagan descreveu o bem que as forças norte-americanas vinham realizando, limitando a influência soviética, estabilizando uma região que era um "barril de pólvora", salvaguardando recursos energéticos e protegendo Israel. "Os terroristas teriam lançado seus ataques suicidas contra a Força Multinacional se ela não estivesse dando conta do recado?", perguntou.[54] Reagan nomeou um novo emissário no Oriente Médio. Escolheu um homem que atuara como secretário da Defesa durante o governo de Gerald Ford e que voltaria a servir como secretário da Defesa sob o presidente George W. Bush: Donald Rumsfeld, então com 51 anos.

O público norte-americano indignou-se com o número de mortes, os constantes ataques de franco-atiradores e bombas contra americanos e a confusão sobre o papel das tropas enviadas pelos Estados Unidos ao Líbano.[55] Embora de início ignorasse a agitação do público, em fevereiro de 1984 Reagan anunciou que estava "reconcentrando" as forças do país. O último fuzileiro naval havia partido no final do mês. O Congresso clamava "Tragam os nossos homens para casa", e Reagan reclamou que "tudo o que isso pode fazer é estimular os terroristas e incitá-los a novos ataques".[56]

Em 2003, no vigésimo aniversário do ataque ao complexo dos marines, o secretário da Defesa Rumsfeld diria que sua experiência como emissário de Reagan no Líbano moldara a sua abordagem no combate ao terrorismo do século XXI. Segundo Rumsfeld, quando as forças norte-americanas deixaram Beirute, em 1984, os Estados Unidos haviam equivocadamente mostrado aos extremistas que o "terrorismo funciona". Já na esteira dos ataques de 11 de setembro, em contraste, Washington iria "levar a guerra até eles, ir atrás deles onde estão, onde vivem, onde planejam, onde se escondem".[57] Ele observou: "Não podemos simplesmente nos defender. Não podemos nos entrincheirar e esperar que eles vão embora".[58] Para Rumsfeld, essa foi a "lição do Líbano".

Vieira de Mello extraiu uma lição diferente. Quaisquer dúvidas a respeito da Unifil, se deveria ou não ter revidado em face da invasão israelense, se dissiparam. Se as tropas de paz da ONU renunciassem à neutralidade, como fizeram as tropas da Força Multinacional, seriam vistas como combatentes. Ele passara a valorizar as virtudes tangíveis do compromisso da ONU com a imparcialidade. Mais de uma década decorreria até que — numa missão de paz nos Bálcãs — ele viesse a perceber que a imparcialidade também trazia graves riscos.

3. Sangue azul

COMPROMISSOS VITALÍCIOS

Vieira de Mello ingressou na ONU em 1969 por acaso, mas gradualmente passou a vê-la não apenas como seu local de trabalho, mas também como sua família e a corporificação das ideias políticas que vinha desenvolvendo. No final da década de 1980, já se acostumara com a burocracia e memorizara seus estatutos com o mesmo empenho com que outrora havia memorizado os ensinamentos de Karl Marx. Seus colegas viam que ele tinha um lado fortemente pragmático, porém começaram a brincar que seu sangue circulava não mais vermelho, e sim da cor "azul da ONU".

Em agosto de 1983, após retornar do Líbano, Vieira de Mello foi nomeado subchefe de serviços de pessoal do Acnur. Trabalharia subordinado diretamente a Kofi Annan, que em 1996 se tornaria o primeiro funcionário da ONU a ascender na hierarquia ao cargo de secretário-geral. Vieira de Mello o ajudou a reestruturar o escritório de pessoal, que supervisionava o recrutamento, as contratações, as promoções e a designação de cargos no exterior. Annan fez dele o primeiro chefe de treinamento. "Sergio gostava de explicar, gostava de ensinar, gostava de falar sobre a Organização, sobre onde esteve, o que fizera, o que aprendera", Annan recorda. Os dois homens tornaram-se amigos, mas Annan, que era divorciado, deixava o escritório todos os dias às cinco da tarde para pegar o filho na escola, de modo que era raro o convívio social entre eles.

O Acnur de 1983 era bem diferente da agência em que Vieira de Mello ingressara em 1969. Seu orçamento regular havia aumentado sessenta vezes, de 6 milhões de dólares para 400 milhões, e seu pessoal se elevara de 140 funcionários para mais de setecentos em cerca de oitenta escritórios ao redor do mundo. O que havia sido uma organização europeia se tornara verdadeiramente internacional. Ele nem sabia mais o nome da maioria dos colegas.

Vieira de Mello enfeitou seu escritório novo com as placas e faixas que recebeu dos batalhões que haviam servido no Líbano. "O que é isto, Sergio? Você começou a brincar com armas?", Jamshid Anvar, seu colega iraniano, disse brincando. "Quer dizer que o Líbano transformou o nosso marxista residente num militarista burguês?" Vieira de Mello riu afavelmente e depois, sério, disse que os soldados que serviam a ONU não eram militaristas.

Entretanto, apesar de seu orgulho infantil com sua nova experiência de trabalho com os militares, ele também confessou a sensação de vergonha com as humilhações sofridas pela força da ONU no Líbano. Ainda que os ataques suicidas contra as unidades norte-americanas e francesas naquele país o tivessem convencido de que as tropas de paz da ONU não deveriam se tornar combatentes, ele descreveu a missão como um "capítulo negro" em sua vida. "A ONU estava impotente", contou aos colegas. "E isso era terrível."

Às vezes, quando falava sobre as aspirações da ONU, podia parecer ingênuo. Dizia que se esforçava para observar os princípios de Hammarskjöld: "independência, integridade, imparcialidade", uma referência ao lendário secretário-geral sueco da ONU morto num desastre de avião no Congo em 1961. Certa ocasião, quando ele e Jahanshah Assadi, um colega íntimo oriundo do Irã, estavam trabalhando a noite inteira para preparar um relatório para uma reunião do comitê executivo dirigente do Acnur, Vieira de Mello irrompeu com lágrimas nos olhos no escritório que compartilhavam. O embaixador da Tanzânia, que estava encabeçando o comitê executivo, havia lido seu resumo dos eventos do dia e o acusou de dar uma versão tendenciosa da discussão. "Ele acha que estou sendo parcial aqui, que não estou sendo objetivo e que estou agindo com favoritismo", disse quase desesperado. Assadi tentou consolá-lo. "Ah, Sergio, todo governo tem sua própria agenda, esquece isso, relaxa." Mas ele não conseguia. "Sou parcial, sim", disse. "Mas sou parcial em relação à missão das Nações Unidas." Assadi, que estranhou sua agitação, recorda: "Para Sergio, o pior insulto que alguém podia lançar era que você não estava se comportando apropriadamente como um membro da ONU". Ele carregava seu passaporte das Nações Unidas com orgulho e o tratava como se constituísse uma nacionalidade própria. "Não sou latino-americano", costumava dizer a quem não fosse da ONU. "Não sou brasileiro."[1]

Não raro após o trabalho, em vez de voltar de carro diretamente para casa pela fronteira entre a França e a Suíça em Massongy, ele saía com Antônio Carlos Diegues Santana, um colega brasileiro que dirigia a unidade de apoio de campo do Acnur. Conversavam em português sobre política brasileira, jogavam fliperama e bebiam cerveja. Vieira de Mello orgulhava-se de seus laços com o Brasil e insistia em ser chamado por todos de "Sergio", um costume do seu país, onde figuras públicas são conhecidas pelos nomes com que são tratadas em família (Pelé, Lula etc.). Mesmo assim era bem menos ativo politicamente do que o amigo. Seu furor esquerdista em grande parte desaparecera, e não via nenhum problema em parar na missão brasileira em Genebra para apanhar os jornais e as revistas da semana vindos do Brasil. Diegues Santana, que se recusava a pôr os pés dentro do prédio, por representar o regime militar, contou a Vieira de Mello que, no dia em que os generais abandonassem o poder, ele retornaria a sua terra natal.

Quando aquele dia enfim chegou, em março de 1985, e Diegues Santana anunciou que pretendia deixar a ONU e retornar ao Brasil, Vieira de Mello a princípio não acreditou nele. "Se eu continuar parado aqui em Genebra daqui a três meses", Diegues Santana disse a um pequeno círculo de amigos reunidos para um drinque, "cravarei uma faca nos intestinos e me suicidarei." Vieira de Mello riu e disse dramaticamente: "Não, não, se você ainda estiver aqui daqui a três meses, eu prometo, e todos os nossos amigos aqui são testemunhas, que *eu* cravarei uma faca nos seus intestinos!". Diegues Santana percebeu que seu amigo não havia entendido que ele falava sério sobre sua partida. Quando submeteu seu pedido de dispensa algumas semanas mais tarde, ele e Vieira de Mello foram parar no terraço do bar, onde discutiram acaloradamente por uma hora, os dois homens gesticulando como loucos e se xingando em português. "Sergio não acreditou que eu fosse partir", Diegues Santana recorda. "Não era por minha causa. Era por causa da Organização. Ele achava que era a coisa mais importante do mundo."

Vieira de Mello contrabalançava seu aparente rigor quanto aos princípios da ONU enfatizando, com exuberância, seu amor pelas mulheres. Ele ficaria conhecido, ao longo de sua carreira, por tratar os funcionários da cantina, os guardas de segurança e o pessoal da manutenção com um respeito incomum, fazendo com que Omar Bakhet, um colega eritreu, elogiasse seu igualitarismo. "Mas Omar, não sou um verdadeiro igualitarista", ele retrucou. "Eu não distingo classe, raça ou religião, mas com certeza distingo o sexo feminino!" Certa vez, ao adentrar o La Glycine, seu restaurante favorito em Genebra, com seu colega italiano Salvatore Lombardo, exclamou em italiano: "Olhe em sua volta. O que será que aconteceu?". Lombardo não entendeu o que ele quis dizer. "*Come è possibile che ci non è una donna in questo ristorante?*", Vieira de Mello perguntou boquiaberto. "Como é possível não haver nenhuma mulher neste restaurante?" Depois que os dois se sentaram e começaram a discutir assuntos ligados a refugiados, a porta do restaurante se abriu, e ele interrompeu Lombardo no meio da frase. "Finalmente!", exclamou, pulando de sua cadeira e dando um aplauso lento e ritmado. De início, os fregueses do restaurante não souberam o que ele estava aplaudindo, mas um por um, ao olhar ao redor, perceberam a importância da chegada da mulher e aderiram ao aplauso. Em menos de um minuto, a mulher inocente havia provocado uma estrondosa ovação da multidão de homens que estavam almoçando.

Sua reputação de apreciador do belo sexo acompanhou-o por toda a sua carreira, e ele parecia gostar das fofocas sobre as suas aventuras. Em 1982, o britânico Mark Malloch Brown, um trabalhador de ajuda humanitária solteiro de 29 anos que, um quarto de século depois, viria a se tornar subsecretário-geral da ONU sob Annan, passara vários meses fazendo a corte a uma funcionária britânica atraente do Acnur. Após enfim passar a noite no apartamento dela, Malloch Brown, ao acordar todo alegre na manhã seguinte, observou que, ao lado do despertador, havia um porta-retratos com uma foto da mulher, seus pais — e Vieira de Mello. "Se fosse só o Sergio não seria tão ruim", Malloch Brown recorda. "Mas estava claro que ele já havia se insinuado na intimidade da vida daquela mulher. Eu não tinha a menor chance."

Vieira de Mello exigia bastante liberdade no seu casamento. Desde o início, Annie reclamava dos telefonemas de mulheres e das altas horas da noite em que ele costumava chegar, mas acabou se resignando. "Nada que eu dissesse iria mudá-lo", ela recorda, "e quando eu reclamava ele simplesmente ficava zangado." Ele dizia para os amigos: "Todo mundo tem uma cruz para carregar na vida, e eu sou a cruz de Annie".

No decorrer dos anos, ele teria vários relacionamentos significativos com mulheres, porém não queria abrir mão de sua vida familiar, que o ancorava. Em meados da década de 1980, contou a uma amiga da ONU, Fabienne Morisset: "Eu nunca me divorciarei — nem do meu casamento, nem da ONU". Quando seus filhos eram pequenos, a família vinha para o Brasil a cada dois anos nas férias da ONU. Também os levava a uma temporada de esqui todo inverno, e nos períodos em que estava baseado em Genebra todas as manhãs deixava os filhos na escola no caminho ao trabalho. Embora com frequência trabalhasse até tarde durante a semana, ele e Annie eram conhecidos por promoverem churrascos e jantares festivos nos fins de semana. Quando os convidados chegavam, ele andava pela casa de chinelo, vangloriando-se da sua especialidade culinária, a feijoada.

Ele provavelmente não teria sido capaz de trabalhar nos lugares em que trabalhou — ou de ascender na velocidade com que ascendeu — se sua prioridade tivesse sido a criação dos filhos. À medida que progredia na carreira, nunca deixou de aceitar missões mais desafiadoras, por mais perigosas ou remotas que se configurassem. Sua disposição de ir aonde sua presença se tornasse necessária — sempre — era singular. Muitos de seus colegas que aceitavam cargos em Genebra e Nova York não gostavam do trabalho burocrático, no entanto sabiam que no escritório estariam mais perto de casa enquanto seus filhos cresciam. Vieira de Mello vivia um jogo diário de soma zero: quanto mais viajava, mais exímio se tornava em resolver problemas para a ONU e menos satisfazia as necessidades diárias de sua família.

Ele mantinha vínculos estreitos com alguns amigos brasileiros de infância, inclusive Flávio da Silveira, que continuava em Genebra. Mas passava a maior parte do tempo após o expediente com seus colegas de trabalho. Curiosamente, costumava buscar a companhia dos funcionários da ONU mais céticos. Alexander "Sacha" Casella, um tcheco-italiano 22 anos mais velho, era um homem para quem a vida era ruim, brutal e breve, e que mal conseguia esconder seu ceticismo acerca das motivações dos Estados membros da ONU, das altas autoridades e dos seres humanos em geral. Para qualquer colega mais sério, Casella costumava proferir uma de suas máximas. "A vida é prelúdio da morte", dizia. "O casamento é prelúdio do divórcio." Exibir uma conduta ética dentro de um sistema não ético era insensatez. "Você nunca deve dizer a verdade", Casella dizia. "As pessoas vão achar banal. Mesmo que você encontre alguém no saguão e esteja indo para uma reunião, diga que está indo ao banheiro." Ele gostava de recitar uma parábola que acreditava ser uma síntese do humanitarismo:

> Um pássaro fica preso na lama. O pássaro faz barulho para tentar chamar a atenção de quem possa vir salvá-lo. Um fazendeiro ouve o barulho, chega ao local, degola o pássaro e o come no jantar. Moral da história: "Se você ficar preso, não faça barulho; se você fizer barulho, não será necessariamente seu amigo que virá ajudá-lo; e no final quem vier salvá-lo provavelmente o devorará".

Vieira de Mello com frequência pedia que Casella o acompanhasse em suas missões no exterior. "Você é tão cético que sua presença me ajuda a entender a mentalidade dos assassinos e dos crápulas", ele dizia ao amigo. Casella insistia que ele não levasse a ONU tão a sério e, certa vez, entregou-lhe um envelope: "Sergio, a única coisa que deve aborrecer você é quando isto aqui não vem". Vieira de Mello abriu o envelope e, no interior, encontrou outro envelope. Dentro dele havia um terceiro envelope e, finalmente, num envelope bem pequeno, encontrou aquilo a que Casella se referira: um contracheque do Acnur.

Mas, embora a ONU oferecesse aos seus profissionais altos salários e generosos benefícios, Vieira de Mello não permanecia ali pelo dinheiro. Ele a via como um lugar onde uma pessoa com sua nacionalidade e formação poderia fazer diferença no mundo. O mundo acadêmico europeu não tinha lugar para ele, ao passo que a ONU valorizava o que tinha a oferecer. Imaginava-se subindo a grandes alturas dentro da Organização. "Quando eu morrer, terei um funeral de estadista", contou a Heidi Cervantes, uma amiga suíça. "Gostaria que todas as minhas amigas viessem ao meu funeral e seguissem meu caixão. Você virá, certo?"

Cervantes não sabia se ele estava falando sério. "Como é que você sabe que será tão importante a ponto de merecer um funeral de estadista?", ela perguntou.

"Eu serei um homem importante", ele respondeu. "Você verá."

"Você quer se tornar embaixador?", ela perguntou.

Ele ficou horrorizado. "De jeito nenhum. Qualquer idiota suíço consegue se tornar embaixador. Quero me tornar secretário-geral da ONU."

Cervantes riu. "No seu funeral, Sergio, dirão que sua única falha foi sua modéstia."

REGRAS DO JOGO

Vieira de Mello chegou à conclusão de que a devoção à ONU significava se sujeitar ao capricho de seus supervisores e estar preparado para, de um momento para o outro, fazer as malas e mudar-se para uma região nova. Em 1986, aos 38 anos, aceitou com entusiasmo um cargo de representante regional do Acnur na América do Sul, responsável por uma dúzia de países. Alugou uma casa em Buenos Aires, onde esperava que Annie e seus dois filhos, de sete e cinco anos, viesse se juntar a ele. Estava eufórico, pois o cargo permitiria que visitasse a mãe com mais frequência do que conseguira desde sua partida do Rio de Janeiro em 1966. Além disso, ele deixaria o trabalho burocrático. "A parte inquieta de Sergio costumava vir até você e dizer: 'Preciso de outro desafio'. Aí você ficava sabendo que ele estava entediado", Annan recorda. "Ele sentia que não tinha mais nenhuma contribuição a dar a uma tarefa ou que não dispunha do espaço para fazer o que gostaria. Estar em campo proporcionava espaço à criatividade. Ele conhecia a si mesmo e o ambiente em que dava o melhor de si."

Assim que ele chegou a Buenos Aires, o secretário-geral da ONU Javier Pérez de Cuéllar anunciou que Jean-Pierre Hocké, um cidadão suíço de 47 anos, assumiria o posto de alto-comissário para Refugiados da ONU.[2] Com a promessa de revigorar o órgão aproveitando seus jovens, Hocké convocou Vieira de Mello de volta a Genebra para servir como seu chefe do estado-maior.* Annie, que acabara de empacotar suas coisas em Massongy, foi forçada a se ajustar a outra promoção que mudava a vida do marido. "Digamos que eu havia parado de abrir garrafas de champanhe", ela diz. Embora estivesse voltando a Genebra para assumir um alto cargo, Vieira de Mello estava atipicamente melancólico. "Rompi minha promessa à minha mãe de novo", contou a um amigo argentino. "Ela vai ficar arrasada." As exigências da ONU haviam assumido a prioridade máxima.

Os Estados Unidos haviam insistido agressivamente na nomeação de Hocké. Nas décadas iniciais do Acnur, Washington elogiava a agência como um veículo para reassentar refugiados do comunismo. Mas na década de 1980, a impaciência dos Estados Unidos com o esbanjamento no sistema da ONU vinha se refletindo em suas relações até com o Acnur. Em 1985, o Congresso norte-

---

* Vieira de Mello também foi nomeado secretário do comitê executivo.

-americano aprovou uma lei que pela primeira vez exigia que as contribuições anuais do país à Organização das Nações Unidas fossem reduzidas até que se promovesse nela uma reforma profunda. O governo Reagan esperava que Hocké dirigisse um órgão enxuto.

O pouco que Vieira de Mello soube de seu novo chefe já o deixou empolgado. Hocké vinha do Comitê Internacional da Cruz Vermelha (CICV), uma organização humanitária muito respeitada que tentava assegurar que, em tempo de guerra, os direitos dos civis e prisioneiros fossem respeitados. Ele havia dirigido todas as operações de campo do CICV e chefiara pessoalmente missões na Nigéria, no Líbano, na Jordânia e no Vietnã. Quando Hocké soube que o governo somali havia declarado o dobro do número de refugiados em seus campos para alimentar seu exército com a ajuda extra, o alto-comissário temporariamente suspendeu a ajuda e prometeu enfrentar as crises de refugiados crônicas, ou a "palestinização" de populações de refugiados, como os afegãos no Paquistão. Lembrou ao pessoal da ONU e aos países doadores que a assistência de longo prazo oferecida pela Organização aos refugiados não era algo de que devessem se orgulhar, mas um simples sinal de que as condições nos países de origem dos refugiados não estavam melhorando. E tomou o passo radical de argumentar que não bastava pressionar os países vizinhos para que concedessem asilo aos fugitivos das perseguições. O Acnur tinha de colaborar com outros organismos da ONU a fim de acabar com a pobreza e as perseguições nos países de origem. Vieira de Mello, que admirava a energia e as ideias de seu novo chefe, fornecia o *scotch* para os bate-papos de início da noite e as sessões de *brainstorming* no escritório de Hocké. Mantinha o Black Label escondido no arquivo intitulado "Organização dos Estados Americanos" e o Red Label disfarçado na pasta "Organização da Unidade Africana".

Contudo, as relações de Hocké com os demais membros da equipe rapidamente se deterioraram, pois ele era visto como ditatorial, já que se intrometia nos mínimos detalhes das operações de campo, mesmo estando longe, e rejeitava quaisquer pontos de vista alternativos. Hocké também arrecadou menos dinheiro do que o Acnur vinha gastando, de modo que o órgão contraiu dívidas pela primeira vez na sua história.[3] As hostilidades entre a União Soviética e os Estados Unidos haviam cessado, e Washington parou de tratar os refugiados como joguetes na luta ideológica mais ampla, reduzindo assim sua contribuição ao Acnur. Após um ano servindo como chefe do estado-maior e outro ano como diretor do escritório do Acnur na Ásia, Vieira de Mello começou a achar que o descontentamento entre os funcionários e as decisões dos países doadores de reduzir as contribuições estavam prejudicando a agência em que militava. Chegou à conclusão que seus colegas haviam atingido meses antes: para o bem da ONU, Hocké tinha de partir. "Ele perdeu o rumo", Vieira de Mello contou a Morisset.

No outono de 1989, um grupo de funcionários insatisfeitos do Acnur (do qual Vieira de Mello não fez parte) enviou um dossiê sobre Hocké aos governos doadores e à equipe de um canal de televisão suíço. Eles o acusavam, com fundamento, de ter recorrido a um fundo dinamarquês especial em benefício próprio, com gastos aproximados de 300 mil dólares em viagens com a esposa no Concorde e a conversão regular de suas passagens de avião da classe executiva para a primeira classe, o que, numa época de aperto fiscal provocado pelos Estados Unidos, somente o secretário-geral da ONU estava autorizado a fazer.[4] Embora Washington houvesse defendido a candidatura de Hocké, o apoio norte-americano diminuiu.

No final de outubro daquele ano, Dennis McNamara, um neozelandês que era um dos melhores amigos de Vieira de Mello no Acnur, contou eufórico ao colega: "Sergio, ele pediu demissão". "Quem?", Sergio quis saber. "Quem?! Hocké, seu burro", respondeu McNamara. "Isso é cascata", Vieira de Mello disse. Os dois homens percorreram a sede do órgão para confirmar o afastamento do alto-comissário. A manchete do *Le Monde* no dia seguinte sintetizou sua gestão abortada: "Pedido de demissão de J-P Hocké: bom gerente, mas autoritário demais".[5] Embora devesse a Hocké a maior promoção de sua carreira, Vieira de Mello não parou no seu escritório enquanto ele recolhia seus pertences. Nem lhe enviou um bilhete de despedida. "Para as outras pessoas eu não estava nem aí", Hocké recorda, "mas de Sergio, um amigo, esperava mais."

Um ano depois, Vieira de Mello marcou um encontro com o alto-comissário deposto, que estava trabalhando no centro de Genebra. "Jean-Pierre, você parece tão bem", Vieira de Mello elogiou, animado, perguntando sobre sua família e o novo tipo de trabalho, porém sem mencionar o que acontecera, nem pedir desculpas por seu silêncio. "Ele parecia querer acertar os ponteiros, mas sem sucesso", disse Hocké. "Queria ser admirado por todos, estar bem com todo mundo. Era basicamente um sedutor. Tentou fingir que nada havia acontecido, só que eu não estava disposto a aceitar aquilo." Quando Hocké ouviu dizer que Vieira de Mello retornara à sede do Acnur e contara aos colegas que eles haviam se reconciliado, escreveu ao seu antigo chefe do estado-maior uma carta amarga em que informou que não esqueceria sua deslealdade. Vieira de Mello não fez mais nenhuma tentativa de reaproximação.

Thorvald Stoltenberg, que havia sido ministro do Exterior da Noruega, sucedeu a Hocké, mas partiu após dez meses para retomar seu antigo trabalho em Oslo. "Os políticos chegam aqui para promover suas carreiras, não para servir os refugiados", Vieira de Mello reclamou, fazendo uma observação mental de que os políticos designados para cargos de chefia na ONU traziam seus arquivos de contatos e seu *know-how* em arrecadação de recursos, no entanto em geral não se mostravam propriamente fiéis às Nações Unidas.

A fidelidade de Vieira de Mello à ONU aumentava a cada dia, a despeito de as falhas da Organização continuarem se revelando. Um de seus maiores aborrecimentos era que, por mais que ascendesse no sistema da ONU, sua nacionalidade acabava importando tanto quanto, ou até mais, que seu desempenho. Ele percebeu esse fato em inúmeras ocasiões, mas em 1990, após a saída de Stoltenberg, testemunhou um caso raro em que um amigo seu, Virendra Dayal, reagiu. O secretário-geral Pérez de Cuéllar convidou Dayal, seu chefe do estado-maior, para se tornar o alto-comissário. Dayal, um cidadão indiano de 55 anos que estudara em Oxford, havia trabalhado no Acnur de 1965 a 1972, servindo sob Jamieson durante a emergência de Bangladesh. Ele entendeu que o órgão passava por dificuldades e estava disposto a resolvê-las. Mas, assim que Pérez de Cuéllar revelou publicamente a intenção de nomeá-lo, uma autoridade norte-americana anônima — suspeita-se que fosse John Bolton, então subsecretário de Estado do presidente Reagan para organizações internacionais e que se tornaria mais tarde o controvertido embaixador de George W. Bush na ONU — foi citada no *New York Times* criticando a escolha do secretário-geral e afirmando que os Estados Unidos gostariam de ver um político proeminente de um país rico no cargo, em vez de um burocrata da ONU de um país em desenvolvimento.

Dayal ficou lívido. Ele reuniu a imprensa na sala de conferências do secretário-geral, no 38º andar da sede da ONU, e falou tudo o que queria. Disse que sentia um "grande pesar" em razão de certas pessoas se sentirem "mais confortáveis com políticos de segunda categoria do Primeiro Mundo do que com funcionários públicos internacionais de primeira classe do Terceiro Mundo".[6] Ele estava farto. "Que vá tudo pro inferno", desabafou. "Vou voltar para a Índia e cultivar meu jardim." Com a saída de Dayal, Bolton saudou, triunfante, o fato de que os países doadores poderiam agora "obter o controle desse processo". A experiência de um candidato no trabalho com o problema dos refugiados era desejável, enfatizou, mas não deveria constituir "um fator determinante".[7]

Vieira de Mello, que ficara insatisfeito com a confusão no Acnur, distribuiu com prazer pela sede do órgão fotocópias da entrevista furiosa de Dayal à imprensa. "Graças a Deus alguém reclamou da tradição ridícula de reservar certos cargos para certas nacionalidades", disse a Dayal. Ele venerava o compromisso da ONU com a multinacionalidade, mas odiava ser lembrado, como costumava ser diariamente, de que "certas nações eram mais iguais do que outras".

Em dezembro de 1990, Pérez de Cuéllar nomeou Sadako Ogata, uma japonesa de 63 anos, professora de ciência política, como alta-comissária. Ela estudara na Georgetown University e na Universidade da Califórnia, em Berkeley, e foi a primeira mulher e a primeira representante do mundo acadêmico a preencher o cargo. No lobby pela indicação de Ogata, o governo japonês prometera aumentar sua contribuição ao órgão de refugiados se ela fosse escolhida. E cumpriu a promessa: dobrou sua contribuição de 52 milhões de dólares, em 1990, para 113 milhões no ano seguinte.

A HORA DAS NAÇÕES UNIDAS: O PLANO DE AÇÃO ABRANGENTE

O que mais frustrava Vieira de Mello nas crises de liderança do Acnur era que elas coincidiam com tempos difíceis nas Nações Unidas como um todo. No final da década de 1980, com a diminuição das tensões soviético-americanas, a Organização obteve uma proeminência e uma consciência das possibilidades que nunca tivera desde a sua fundação em 1945. O presidente da Assembleia Geral da ONU, Dante Caputo, da Argentina, refletiu o espírito do momento quando observou: "Esta, mais do que qualquer momento anterior, é a hora das Nações Unidas".[8]

A "hora" da ONU, na opinião de Vieira de Mello, chegava mais do que tarde. Num mundo de conflitos, repressão e pobreza extrema, ele passara a ver a Organização como o único organismo capaz de servir por mérito próprio como um protagonista humanitário e como uma plataforma para os governos identificarem interesses comuns e concentrarem seus recursos a fim de atender aos desafios globais. O fim da Guerra Fria permitiu que mais países usassem a ONU como fórum para debater suas divergências. Ele achava que também faria com que os países poderosos com assento permanente no Conselho de Segurança das Nações Unidas tendessem mais a agir coletivamente com vistas a neutralizar as ameaças à paz e à segurança internacionais.

Esperanças que antes soavam impossivelmente ingênuas de súbito passaram a predominar. E em 1988 e 1989, como diretor do escritório do Acnur na Ásia, responsável por supervisionar as políticas do órgão na região, Vieira de Mello viu em primeira mão quão salutar o novo clima poderia ser, ao contribuir para resolver um dos capítulos mais complicados da Guerra Fria: o deslocamento dos refugiados vietnamitas, os chamados "*boat people*". Foi sua participação nessas negociações que começaria a torná-lo conhecido fora da ONU.

Notadamente, mais de uma década após o final da Guerra do Vietnã, milhares de vietnamitas continuavam desembarcando nas costas da Malásia, de Hong Kong, da Indonésia e da Tailândia. De fato, em Hong Kong, por exemplo, onde 3395 refugiados haviam entrado em 1987, só em maio de 1989 chegou um número colossal de 8900.[9] A maioria provavelmente fugia não da perseguição política, e sim da penúria econômica.[10] Para aumentar o desafio, países ocidentais antes generosos no reassentamento dos vietnamitas haviam endurecido seus critérios de imigração.[11] Com isso, os vizinhos do Vietnã estavam com dificuldades para abrigar refugiados que os Estados Unidos se recusavam a reassentar, mas que Washington também insistia que não fossem mandados de volta ao país de origem. Os países vizinhos do Vietnã estavam cansados e começaram a negar aos vietnamitas o acesso às suas praias, estimulando pescadores a atacar os barcos de refugiados, impedindo-os de desembarcar e conduzindo aqueles que chegavam a campos sórdidos e apinhados.[12]

Vieira de Mello herdou um esforço de vários anos do pessoal do Acnur e de diplomatas ocidentais para resolver o problema. Cada pessoa que fugia do Vietnã possuía uma história diferente. Os países vizinhos não podiam tratar a todos como imigrantes econômicos. Alguns indivíduos realmente sofreriam represálias violentas se fossem enviados de volta. Como guardião da lei dos refugiados, o Acnur era responsável por ajudar a encontrar um meio de assegurar que os civis vietnamitas que enfrentavam ameaças políticas genuínas continuassem a ser admitidos. E cabia a Vieira de Mello tentar convencer os governos envolvidos a permitir que as triagens se realizassem levando em conta caso a caso.

Ele passou treze meses viajando entre as principais capitais do Ocidente e os países do leste asiático onde os refugiados vinham se aglomerando em campos. Afagou o ego de embaixadores, na tentativa de convencê-los de que um acordo multifacetado atenderia ao seu interesse no longo prazo. Desenvolveu um hábito que nunca abandonaria. Constantemente em trânsito, costumava fazer anotações sobre suas reuniões nos blocos de notas dos hotéis. Nessas minúsculas folhas de papel — provavelmente não maiores do que as fichas de solicitação de livros que seu pai havia acumulado —, ele anotava os pontos principais de tudo, desde as reuniões com autoridades consulares secundárias até as grandes reuniões plenárias. Seus colegas admiravam como uma pessoa tão meticulosa conseguia fazer observações tão fundamentais consultando um bloco do Hotel Hilton. "Isto é o melhor que você consegue fazer?", Assadi o provocou. "Veja bem, estou sempre em trânsito, de modo que esses blocos são convenientes", Vieira de Mello respondeu. "Mas também aprendi através dos anos que, se não consigo encaixar meu argumento num bloco de notas de hotel, é porque não sei o que estou tentando dizer!" Assim como sua mãe ajudara a organizar as anotações de seu pai nas bibliotecas, a secretária de Vieira de Mello no Acnur acostumou-se com pilhas estranhas que surgiam em sua caixa de entrada. "Você se importaria de datilografar isto para ser arquivado?", ele pedia, entregando pedaços de papel do tamanho da palma da mão com uma letra minúscula escrita com caneta hidrográfica, presos por um clipe ou amontoados dentro de um envelope de hotel.

As concessões principais haviam sido feitas nos meses anteriores ao seu envolvimento: o Vietnã mostrara o desejo de melhorar seus vínculos regionais e internacionais num momento em que o apoio soviético diminuíra, e Washington enfim começara a repensar sua antiga política de que todo fugitivo vietnamita devia ser automaticamente considerado um refugiado legal. Persuadidas por Vieira de Mello e tendo amadurecido para chegar a um acordo, as nações ocidentais concordaram em criar vagas de reassentamento adicionais para vietnamitas que vinham padecendo nos países vizinhos. Tais países, por sua vez, concordaram em conceder asilo àqueles que, dentro das novas políticas de triagem do Acnur, fossem considerados refugiados genuínos.[13] Os guardas de fronteira seriam treinados para discernir, caso a caso, entre vietnamitas que corriam risco de vida e os que poderiam ser enviados de volta ao Vietnã. Após uma reunião preliminar em Kuala Lumpur, Malásia, em março de 1989, cerca de setenta governos se reuniram em Genebra, em junho, e assinaram um pacote de compromissos conhecido como Plano de Ação Abrangente: o primeiro acordo tripartite da história entre países de origem, asilo e reassentamento.[14] Um editorial do *New York Times* saudou o acordo como "uma cura para a fadiga da compaixão".[15]

O plano gerou controvérsia. Arthur Helton, o defensor dos refugiados que, catorze anos depois, seria assassinado no Iraque no ataque à ONU, foi talvez o crítico norte-americano mais ruidoso. Ele documentou as falhas no processo de triagem. Os funcionários da imigração que classificavam uma pessoa como refugiado ou não muitas vezes ignoravam as condições no Vietnã, eram vulneráveis a subornos e precipitados no exame dos casos submetidos. A entrevista durava em média vinte minutos.[16] Além disso, o número de funcionários do Acnur para monitorar as sessões era insuficiente. Em Hong Kong, muitos dos vietnamitas se sentiam física ou emocionalmente coagidos a se declararem "imigrantes econômicos". Helton citou um refugiado vietnamita que disse: "O objetivo principal desta política não é selecionar os verdadeiros refugiados, e sim interromper o fluxo de refugiados".[17]

Mas Vieira de Mello não via uma alternativa viável. "Se não chegarmos a um acordo", ele disse aos seus críticos, "acabaremos permanentemente com o asilo." O *status quo* simplesmente não constituía uma opção aceitável. Embora o Vietnã pudesse ser um lugar inóspito ao qual retornar, ele concordou com o velho adágio de Thomas Jamieson: "Se existe uma maneira de fechar um campo, adote-a". A única esperança de deter o fluxo de imigrantes econômicos e salvar os fugitivos da opressão política era desenvolver um mecanismo para enviar de volta os não refugiados.

Garantir o acordo foi mais fácil do que implementá-lo. Vieira de Mello instruiu o pessoal do Acnur a suspender os serviços médicos e de aconselhamento e reduzir os programas de educação e emprego para refugiados não selecionados nos campos dos países vizinhos.[18] Numa medida mais controversa, desafiou o espírito de um princípio fundamental do Acnur, de que o órgão só ajudaria no retorno *voluntário* de refugiados aos seus países de origem. Tecnicamente, aqueles enviados de volta não eram "refugiados", porém o Acnur teria ainda de ajudar a devolver vietnamitas apavorados à sua terra natal contra a vontade. Vieira de Mello viajou para Hong Kong e, acompanhado por Casella, conversou com líderes da comunidade vietnamita a quem se negara o *status* de refugiado no processo de triagem, mas que se recusavam a regressar ao Vietnã. Um homem contou a Vieira de Mello que pretendia cometer suicídio se as Nações Unidas tentassem forçá-lo a voltar. O semblante de Vieira de Mello tornou-se sombrio e solene: "Como você pode dizer isso?", perguntou. "Sua esposa e seus filhos contam com você. Você não pode abandoná-los depois de sobreviverem juntos a tanta coisa". Quando o homem insistiu que preferia morrer a enfrentar os comunistas no Vietnã, Vieira de Mello tornou-se ainda mais emotivo e fez um discurso arrebatador sobre o valor da vida e a importância de regressar ao seu próprio solo e sustentar a família. Casella não aguentou mais o melodrama do colega. "Ouça, se você vai se matar", ele disse, "use uma boa faca e corte a veia corretamente porque detestaríamos que você tivesse que tentar duas vezes. E, já que isso fará uma enorme sujeira, agradecemos se você se matar lá fora, para não termos de limpar." Vieira de Mello ficou espantado, contudo mais tarde admitiu que a rudeza de Casella pode ter sido mais eficaz. O Plano de Ação Abrangente só não falharia se os não refugiados deixassem os campos e voltassem ao Vietnã.

Embora acreditasse que o Acnur teria que obrigar alguns refugiados a regressar, Vieira de Mello sabia que muitos dos funcionários do órgão que trabalhavam sob seu comando na região se oporiam a qualquer sugestão de regresso forçado, mesmo de quem não tivesse obtido o status de refugiado. Em dezembro de 1989, por ocasião da primeira operação de retorno, ele planejou com as autoridades de Hong Kong o transporte das pessoas classificadas como imigrantes ilegais, ignorando deliberadamente o seu próprio pessoal. Policiais e guardas penitenciários de Hong Kong equipados para controlar tumultos chegaram às três da madrugada e conduziram rudemente 51 vietnamitas para dentro de ônibus e, em seguida, os despacharam de avião para Hanói. Em repatriações posteriores, os guardas de Hong Kong chegaram ao ponto de aplicar sedativos nos refugiados para fazê-los embarcar nos aviões de transporte.[19]

Quando as notícias do novo processo de triagem chegaram ao Vietnã, os fluxos de refugiados diminuíram consideravelmente. Em 1989, cerca de 70 mil vietnamitas haviam buscado asilo no Sudeste da Ásia. Já em 1992, apenas 41 deles desembarcaram nos países vizinhos.[20] Não obstante outros fatores, tais como o início do *boom* econômico do país, desempenhassem um papel importante na redução dos fluxos, o acordo revelou-se fundamental. Cerca de 70 mil "imigrantes ilegais" dos campos foram enviados de volta ao Vietnã, e, apesar de o Acnur não dispor de pessoal para monitorá-los no retorno, em geral não foram maltratados pelas autoridades vietnamitas. Em 1996, todos os "*boat people*" haviam sido retirados dos campos, e os Estados Unidos promoveram o reassentamento de cerca de 40% dos refugiados.[21]

Para uma pessoa que apregoava os ideais da ONU com uma reverência quase romântica, Vieira de Mello havia se mostrado claramente disposto a transigir sobre esses princípios. Ele argumentou que tais concessões pragmáticas atendiam aos interesses de longo prazo tanto dos refugiados como das Nações Unidas. Naquele caso, ele pode ter tido razão ao dizer que extraiu dos governos envolvidos o resultado mais humanitário possível. Mas poderia ter explorado mais o seu púlpito no Acnur para tentar assegurar uma triagem mais justa dos vietnamitas nos campos e um tratamento melhor a caminho do Vietnã. Este foi o primeiro de vários casos em sua carreira em que minimizaria a sua obrigação e da ONU de tentar *moldar* as preferências dos governos. Na década de 1980, passara a se ver como um homem das Nações Unidas, entretanto, como a Organização era um conjunto de governos egoístas e um conjunto de ideais, aparentemente ainda tinha dúvida se servir a ela significava fazer o que os Estados queriam ou pressionar pelas necessidades dos refugiados.

As exigências em relação às Nações Unidas foram se multiplicando. Em 1991, o Conselho de Segurança da ONU autorizou a Guerra do Golfo Pérsico, e a coalizão liderada pelos Estados Unidos rapidamente removeu as forças iraquianas de Saddam Hussein do Kuwait. Sadako Ogata, a recém-empossada alta-comissária para Refugiados da ONU, viu-se logo envolvida na mais complexa missão do Acnur até então: colaborar com os exércitos ocidentais nos cuidados e na repatriação de cerca de 1,5 milhão de curdos deslocados dentro e fora do Iraque.[22]

Em 5 de abril de 1991, em uma ruptura radical com sua tradição de respeito à soberania dos Estados, o Conselho de Segurança exigiu que se concedesse às organizações humanitárias internacionais, como o Acnur, acesso imediato ao Iraque. Na Operação "Fornecer Conforto", aviões norte-americanos, franceses e britânicos começaram a lançar do ar pacotes de alimentos para os curdos e, em seguida, expandiram a operação, com o envio de tropas terrestres para o norte do Iraque a fim de criar e proteger campos temporários do Acnur.[23] Foi a primeira intervenção militar da história realizada em nome de pessoas deslocadas. E marcou o início de uma era em que as fronteiras pareciam menos sagradas, e a distinção tradicional entre as questões humanitárias e as questões políticas e militares tornou-se indistinta.

Pouco antes da Guerra do Golfo, Vieira de Mello fora promovido a diretor de relações externas do Acnur, responsável pelos vínculos com os governos e a arrecadação de recursos. Como a ONU a cada dia trilhava caminhos legais e geopolíticos novos, ele se viu preso à sua escrivaninha em Genebra. Mas, embora desempenhasse um papel pequeno na crise do Golfo, as Nações Unidas vinham se defrontando com dois outros desafios que logo o envolveriam: o fim da guerra no Camboja e o início do conflito na antiga Iugoslávia.

Em setembro de 1991, o Vietnã anunciou que, depois de doze anos de ocupação do Camboja, iria retirar seus soldados. E em 23 de outubro de 1991, após 22 anos de conflito constante e mais de uma década de negociações tortuosas, as quatro facções do Camboja assinaram o importante acordo de paz de Paris. O mesmo país que durante décadas estivera no epicentro das lutas de descolonização e das guerras por procuração parecia agora destinado a se tornar um laboratório da transição pós-Guerra Fria. A unidade recente entre os cinco membros permanentes do Conselho de Segurança — China, França, União Soviética, Reino Unido e Estados Unidos — quase não tinha precedentes na história, e produzira resultados. Os beligerantes prometeram depor as armas, submeter-se a uma autoridade transitória da ONU e participar das primeiras eleições livres do país. O Conselho informou aos funcionários do pequeno Departamento de Operações de Paz da ONU, em Nova York, recém-criado devido ao aumento de demanda, que teria necessidade de 16 mil soldados e 3600 policiais para atuar na nova missão. E informou ao Acnur de Ogata que este seria o órgão responsável por facilitar o regresso de 360 mil refugiados cambojanos dos campos de fronteira para um ambiente volátil de "pós-guerra".

Justamente quando os órgãos da ONU estavam sob pressão para enfrentar uma enorme operação de refugiados no norte do Iraque e lançar outra no Camboja, a guerra irrompeu nos Bálcãs. Em 1991, Ogata despachou dezenas de trabalhadores de ajuda humanitária à Croácia para tentar alimentar e abrigar os fugitivos, e em dezembro o Conselho de Segurança solicitou cerca de 14 mil soldados para serem enviados à Croácia a fim de patrulhar um frágil cessar-fogo. O pessoal da ONU em Nova York não conseguia dar conta do recado. Um escritório que havia escalado um total de 11 mil homens em suas tropas de paz no ano anterior precisava providenciar cinco vezes aquele número, e o telefone continuaria tocando. Além disso, trabalhadores de ajuda humanitária desarmados estavam sendo subitamente chamados para operar em um conflito mortífero, correndo riscos tradicionalmente enfrentados apenas por soldados.

De início distante do desenrolar da "ação", Vieira de Mello aproveitava seu tempo livre para teorizar sobre as implicações geopolíticas e humanitárias do fim da Guerra Fria. Depois da captura do Kuwait por Saddam Hussein e dos seus ataques monstruosos contra xiitas e curdos, a decisão dos governos mais poderosos da ONU de passar por cima de um governo soberano com o propósito de ajudar civis necessitados impressionou Vieira de Mello. Como muitos, ele compreendeu que se tratava do prenúncio de uma "nova ordem mundial", em que os cidadãos poderiam ser resgatados de seus governos agressivos. Ele ainda não percebera quão despreparado estava o sistema da ONU para enfrentar esses desafios novos e complexos.

INVENTANDO O FUTURO

Estimulado por Robert Misrahi, Vieira de Mello havia concluído o *Doctorat d'État*, o título mais difícil e competitivo do sistema francês, em 1985. À noite, após jantar com Annie e os garotos em casa, ele desaparecia em seu grande escritório com paredes cobertas de estantes de livros. Datilografada novamente por Annie, a tese intitulou-se *Civitas Maxima: origens, fundamentos e significado filosófico e prático do conceito de supranacionalidade.*[24] Os colegas admiraram sua produtividade. Omar Bakhet recorda: "Fiquei espantado quando ele me disse um dia: 'Estou indo defender a minha tese'. Eu perguntei: 'Tese? Que tese?'".

No seu doutorado de 1974, Vieira de Mello havia reconhecido no marxismo a definição de uma utopia social pela qual a civilização poderia medir seu progresso. Em *Civitas Maxima*, um trabalho filosófico conceitual mais maduro, com seiscentas páginas, definiu a sua própria versão de uma sociedade utópica igualitária. Já não criticou a irrelevância da filosofia, tentando, em vez disso, apresentar uma teoria afirmativa do universalismo baseada no respeito recíproco. Claramente influenciado pela *détente* da Guerra Fria, começara a ver essa universalidade como possível, mas perguntou: "Será que a universalidade traz no bojo os germes do seu próprio aniquilamento?". Embora o que mais tarde viria a ser chamado de "globalização" já viesse derrubando as barreiras entre os povos, os Estados também adquiriam cada vez mais poder de destruição, e a desumanidade do homem para com o homem parecia não diminuir. Ele buscou definir uma ordem social que pudesse refrear tais tendências e se afastou do determinismo histórico do marxismo rumo à filosofia aspiracional de Misrahi e do filósofo alemão Ernst Bloch, cuja obra principal, *O princípio da esperança*, sustentava que os indivíduos tinham primeiro que definir e materializar a utopia que desejavam criar. Só o homem impeliria a história rumo a um futuro mais justo.

Vieira de Mello teve imensa satisfação em enfrentar o processo cansativo do doutorado e esperava que a sua tese pudesse encontrar um público mais vasto. Enviou uma cópia a Sônia, sua irmã poliglota no Brasil, na esperança de que ela o ajudasse na tradução para o português visando a uma possível publicação no Brasil. "Sergio, isso não é francês. É algum idioma diferente do francês", ela brincou com o irmão. "Como posso traduzir o que eu não consigo compreender?"

Em dezembro de 1991, ele aproveitou sua dissertação para proferir uma palestra no International Peace Research Institute de Genebra, intitulada "História filosófica e história real: a relevância do pensamento político de Kant nos tempos atuais". Usou suas observações para responder ao argumento do cientista político norte-americano Francis Fukuyama de que o fim da Guerra Fria significou o triunfo do liberalismo político e econômico e o "fim da história". Criticou Fukuyama e outros por "uma combinação de otimismo ingênuo e arrogância suprema". "Não", declarou Vieira de Mello, "a história não terminou."[25] Mas estava, afirmou, mudando de rumo.

Sua palestra proporcionou uma enunciação ambiciosa e viva — embora densa — da sua visão de mundo. Vieira de Mello observou que Immanuel Kant, escrevendo em torno da época da Revolução Francesa, tinha consciência de estar vivendo um divisor de águas tanto na história filosófica como na história do mundo real. Após o colapso do comunismo, ele então argumentou, o mundo havia atingido um ponto crítico semelhante. O direito internacional, que vinha se fortalecendo a cada dia, fornecia sinais da "longa marcha" da humanidade em direção à razão. Mas a "esquizofrenia da história" era plenamente visível, pois ele estava impressionado com a enorme "distância que separava o progresso institucional do progresso ético, o direito da moral". Quaisquer que fossem as leis inscritas nos livros, não se podia confiar que os governos fossem respeitar, promover ou aplicar aquelas prescrições. Com uma "persistência fascinante", os

Estados soberanos mostraram que seriam dominados pelo "impulso a não raciocinar". A mesma "loucura, vaidade, mesquinhez e sede de destruição infantis" que Kant verificara entre os líderes políticos de sua época continuavam a assegurar que, no século vindouro, a "história" teimaria em sobreviver.

Porém, isso não dissuadiu Vieira de Mello de exortar indivíduos e governos a lutar por um Ideal novo. Seu argumento era de que gerar a mudança construtiva requeria uma "síntese de utopia e realismo". "A tendência persistente à falha representa um estímulo igualmente persistente para moldar tal sistema", insistiu. O que o sistema ideal implicaria? Os governos precisavam aceitar que seus interesses seriam mais bem atendidos se unidos em uma comunidade baseada em leis. A proposta de Kant de uma federação de Estados, que havia sido adotada por Simón Bolívar em 1826 e por estadistas europeus, com um vigor renovado, na década de 1990, tinha de ser ressuscitada globalmente. Kant não estava preconizando um Estado federal supranacional, Vieira de Mello enfatizou, e sim uma "federação de pessoas", sem que indivíduos, grupos ou países necessitassem abandonar as suas identidades.

Vieira de Mello não acreditava que uma federação de pessoas ou a correspondente "paz perpétua" estivessem à mão, no entanto outras ideias kantianas poderiam ser abraçadas no presente. Se os países insistissem em recorrer à violência, por exemplo, teriam de agir dentro de certas regras. "A guerra", apregoou, "não deve manchar de infâmia o estado de paz." Se as atrocidades cometidas nas batalhas permanecessem impunes, as partes beligerantes achariam impossível confiar umas nas outras depois de terem deixado de lutar. As negociações de paz, ao mesmo tempo que precisavam garantir a responsabilização, deveriam de alguma forma mostrar empatia para com os perdedores da guerra. Ele retornou a um tema que havia enfatizado em sua redação na escola de nível médio no Brasil. "Quantas guerras poderiam ter sido evitadas", escreveu, se os estadistas não tivessem mostrado "desprezo pelo sentimento de autoestima das nações!"

Para Vieira de Mello, o aspecto mais desafiador e oportuno do pensamento político de Kant centrava-se no direito de intervenção — um debate que a incursão patrocinada pela ONU em defesa dos curdos no norte do Iraque havia ressuscitado. Kant insistia que um Estado não deve interferir nos assuntos internos de outro. Entretanto ele abriu uma exceção que Vieira de Mello endossou. Quando um Estado descambasse na anarquia e ameaçasse a estabilidade dos seus vizinhos, outros países teriam que intervir. Dado que as circunstâncias no norte do

Iraque satisfaziam esses critérios, ele acreditava que Kant "teria aplaudido" a operação ali autorizada pela ONU.

Vieira de Mello não acreditava ser suficiente que filósofos, ou mesmo estadistas, declarassem o Ideal; os cidadãos do mundo tinham de torná-lo real. No entanto, parecia-lhe que os eleitores das democracias ocidentais haviam se tornado complacentes devido ao bem-estar material. E agora, graças ao fim da Guerra Fria, temia que ideias "messiânicas" sobre o "fim da história" continuassem a seduzi-los. Vieira de Mello sustentou que os cidadãos não podiam se dar ao luxo de "lavar as nossas mãos da construção de uma paz verdadeira" e deixar as decisões importantes para os estadistas. As pessoas comuns simplesmente tinham de participar. "Será que iremos abdicar dessa responsabilidade?", perguntou. "Somos todos — você e eu, ricos e pobres — conjuntamente responsáveis por esta oportunidade, que constitui um direito, de participar plenamente na formação do progresso." Ele encerrou sua palestra com palavras que prefigurariam sua abordagem à negociação em zonas de conflito. "Devemos agir como se a paz perpétua fosse algo real, embora talvez não seja", disse citando Kant. Nesse momento acrescentou seu próprio desfecho: "O futuro deve ser inventado".

Vieira de Mello era um dos raros funcionários da ONU com formação filosófica para preparar uma palestra como essa. Contudo, ainda que parecesse dotado de paciência infinita para as ideias, sua maior ambição era dar vida ao "Ideal" na prática. E ele não achava que estivesse conseguindo isso em Genebra. "Estudei filosofia muito tempo, mas preciso procurar a confirmação da filosofia e dos valores no mundo real", disse certa vez a um entrevistador. "Estou inquieto. Gosto de desafios, de mudanças. Vou atrás dos problemas, é verdade. Porque em apuros encontro verdade e realidade."[26]

Desde seu retorno do Líbano oito anos antes, vivia de olho numa oportunidade de participar de outra missão de paz da ONU. "Sergio tinha contraído o vírus político", Kofi Annan recorda. Sua experiência de presidir as negociações para reassentar os refugiados vietnamitas apenas aguçou seu apetite pelas negociações políticas, que tendiam a ser raras em um órgão humanitário como o Acnur. Passou a telefonar a colegas em outras partes do sistema da ONU, indagando se sabiam de alguma oportunidade. Queria um trabalho no campo que lhe permitisse ajudar os refugiados e aumentar sua compreensão dos desafios políticos suscetíveis de surgir na nova era.

Uma chance logo se apresentou no Camboja.

4. Botando pra quebrar

Em 1991 Vieira de Mello, aos 43 anos, havia ajudado a cuidar de refugiados em Bangladesh, Sudão, Moçambique e América do Sul. Ajudara a aconselhar o comandante de uma missão militar de pacificação da ONU no Líbano. E ajudara a negociar um acordo político entre os Estados membros da ONU sobre o destino dos refugiados e imigrantes provenientes do Vietnã. Mas no Camboja o Conselho de Segurança estava, pela primeira vez, delegando às Nações Unidas a responsabilidade por todos os três conjuntos de tarefas de uma vez: humanitárias, militares e políticas. E Vieira de Mello estava convencido de que a estabilidade no pós-Guerra Fria poderia ser atingida se o sistema da ONU conseguisse enfrentar esses desafios complexos.

Depois que as quatro facções do Camboja assinaram o acordo de paz de Paris, em outubro de 1991, os países do Conselho de Segurança deixaram clara a intenção de autorizar uma missão de pacificação da ONU conhecida como Autoridade Transitória das Nações Unidas no Camboja (Untac).* Enquanto

---

* As quatro partes cambojanas que assinaram o acordo de Paris foram Funcinpec, o partido monárquico anticomunista do príncipe Sihanouk, liderado por seu filho, o príncipe Norodom Ranariddh; a um tanto marginal Frente de Libertação Popular do Povo do Khmer (KPNLF), do ex-primeiro-ministro Son Sann; o Khmer Vermelho (KR), formalmente sob Khieu Samphan (mas na prática com Pol Pot ainda no comando); e o Estado do Camboja (SOC), controlado pelo primeiro-ministro Hu Sen.

as tropas de paz da ONU no Líbano de modo geral tentaram evitar envolver-se na política regional e servir apenas como um simples tampão ao longo da fronteira entre Israel e Líbano, a Untac recebeu a responsabilidade por sete pilares — um para cada setor vital necessário ao país para passar da ditadura à democracia: direitos humanos, eleições, Forças Armadas (desmobilização), administração civil, polícia civil, repatriação de refugiados e reabilitação. A missão girou em torno de eleições, a serem possivelmente realizadas na primavera de 1993. Vieira de Mello convenceu Sadako Ogata, sua chefe, de que era a pessoa mais adequada para administrar o pilar da repatriação — com a incumbência de ajudar no retorno de cerca de 360 mil refugiados cambojanos, por longo tempo abandonados na fronteira tailandesa.*

Sua equipe teria que assegurar que cambojanos que estivessem fora do país por mais de uma década retornassem a tempo de votar. Uma tarefa nada fácil. Seu amigo Dennis McNamara foi colocado no comando do pilar de direitos humanos da ONU. "Você conseguiu o trabalho melhor", Vieira de Mello lhe disse. "O quê?", McNamara perguntou. "Você tem os refugiados para trazer pra casa. Eles viriam mesmo sem você, mas você poderá ficar com o mérito!"

Vieira de Mello tinha uma dupla função no Camboja. Como enviado especial de Ogata, ficaria subordinado ao Acnur em Genebra e controlaria seu próprio orçamento de 120 milhões de dólares para supervisionar o regresso dos refugiados. E, como dirigente de um dos pilares na missão de pacificação maior da Untac, ficaria subordinado a um diplomata japonês chamado Yasushi Akashi, nomeado o chefe da operação global da Untac.[1] Akashi era o típico burocrata da ONU que parecia incapaz de inspirar; mas o que lhe faltava em carisma, os planejadores da ONU esperavam que trouxesse em recursos financeiros. De fato, o governo japonês contribuiria com centenas de milhões de dólares para a reconstrução do Camboja nos anos seguintes. Também se tornaria o segundo maior financiador da manutenção da paz no mundo, atrás apenas dos Estados Unidos.

Em 5 de dezembro de 1991, Vieira de Mello partiu de Genebra para assumir suas novas funções na capital cambojana, Phnom Penh. Como os países do Conselho de Segurança das Nações Unidas ainda estivessem discutindo sobre as

---

*O KR controlava três campos: Sítio 8, O'Trao e Sítio K. A KPNLF, a facção de Son Sann, controlava dois: Sok Sann e Sítio 2. Funcinpec controlava um: Sítio B. E o último deles, Khao-I-Dang, não era controlado por nenhuma facção, mas pelo Acnur.

condições dessa missão da Untac, durante vários meses ele foi a única alta autoridade da ONU presente no país. Gostou da ideia de chegar à frente das tropas de paz e falou, como de costume, da necessidade de "começar botando pra quebrar". Mas, após dezessete embaixadas e consulados novos começarem a funcionar, ele ficou impaciente. "Por que cargas-d'água o Conselho está demorando tanto?", perguntou, sabendo que, mesmo depois do sinal verde do Conselho à missão de paz, seriam necessários meses para mobilizar cerca de 22 mil soldados e civis da ONU.* A partir do momento em que pôs os pés no Camboja sentiu o tempo escoar.

O Camboja era um país pequeno de 9 milhões de habitantes, espremido entre 60 milhões de tailandeses a oeste e 70 milhões de vietnamitas a leste. Vieira de Mello ficou extasiado com a mistura de tradição e modernidade que encontrou ali. Camponeses remavam seus barcos ao longo do Mekong, transportando arroz e frangos até o mercado, enquanto os estudantes andavam em bicicletas e pequenas motocicletas, com as bocas envoltas no *kharma*, o tradicional cachecol xadrez cambojano popularizado pelo Khmer Vermelho. A infraestrutura do país estava destroçada pela guerra e pelo abandono. Estradas essenciais para conduzir refugiados estavam destruídas havia muito pelas chuvas. Os arrozais estavam repletos de minas terrestres. Cerca de 80% das pontes haviam sido destruídas, algumas substituídas por tábuas frágeis. Os bulevares amplos em Phnom Penh estavam orlados pelos destroços das mansões elegantes outrora ocupadas pelos colonizadores franceses.

Os cambojanos ainda pareciam em estado de choque pela violência na qual estiveram imersos por quase um quarto de século. Ao mergulhar em sua história, Vieira de Mello ficou impressionado com a diversidade das formas de terror e repressão sofridas pelo Camboja depois que conquistou a independência da França, em 1953. No início da década de 1970, o país havia sido alvo de uma campanha de bombardeios secretos perpetrados pelo governo Nixon. Uma guerra civil de cinco anos irrompeu então entre o governo corrupto de Lon Nol, apoiado pelos Estados Unidos, e um grupo de guerrilheiros maoístas notoriamente brutais conhecido como Khmer Vermelho. E, em abril de 1975, a vitória da guerrilha marcou o início de um terror totalitário que deixou mais

---

* O Conselho de Segurança da ONU autorizou um núcleo de 15 mil militares, além de 3600 monitores da polícia e 2400 administradores civis.

de 2 milhões de cambojanos mortos — um terror encerrado apenas em 1978, quando o Vietnã invadiu o Camboja e instalou o regime títere que ainda detinha o poder.

Os estrangeiros estavam praticamente ausentes do Camboja desde a sua expulsão do país pelo Khmer Vermelho. No entanto, já na época da chegada prematura de Vieira de Mello, os bandos de *cyclos* cambojanos, ou riquixás puxados por bicicleta, estavam sendo ultrapassados nas estradas por Toyotas Land Cruisers brancas reluzentes pertencentes às agências das Nações Unidas ou aos grupos de ajuda humanitária. Ele sabia que a parte mais delicada de qualquer ambiente pós-conflito era gerir as expectativas locais, e esperava que os estrangeiros agregassem recursos reais que pudessem ser usados para produzir mudanças tangíveis.

Em seus primeiros meses no Camboja, Vieira de Mello fez três coisas que se tornariam marcos de suas missões subsequentes na Bósnia, em Kosovo, no Timor Leste e no Iraque: formou uma equipe da ONU confiável, "pra valer", em torno dele; cultivou laços com os protagonistas mais influentes do país e comparou os planos e recursos fornecidos pela alta administração das Nações Unidas com a realidade do terreno, na tentativa de adaptar os planos ao que ele (como Jamieson antes) chamava de "mundo real".

A FORMAÇÃO DA EQUIPE

O Acnur, órgão de origem de Vieira de Mello, era mais flexível do que a alta administração da ONU, responsável pelas missões de paz. Enquanto o Departamento de Operações de Paz da sede da ONU em Nova York levava meses para selecionar os candidatos, o Acnur conseguia enviar pessoal ao Camboja quase imediatamente. Como ele teria apenas uma pequena equipe para cuidar da operação maciça de repatriamento, sabia que a qualidade e o empenho do pessoal reunido seriam essenciais. Mesmo a missão mais coerente da ONU poderia fracassar se fossem contratadas as pessoas erradas.

Ao longo de 1991, uma das funções básicas de Vieira de Mello em Genebra tinha sido interagir com o Conselho de Administração, ou Comitê Executivo, do Acnur. Naquela posição conheceu a representante do governo holandês na comissão, uma morena de 29 anos, afiada como navalha, chamada Mieke Bos.

Vieira de Mello rapidamente se sentiu atraído por ela, e os dois se envolveram amorosamente antes de ele ser designado como o enviado especial do Acnur. Bos ingressara no governo holandês na esperança de trabalhar com questões de direitos humanos, mas nunca havia atuado em campo. "Como você pode se sentar atrás de uma escrivaninha de um escritório quando há tanto trabalho por fazer no mundo?", ele a pressionou. "Venha comigo ao Camboja. Preciso de um assistente especial." Ele estava lhe oferecendo um caminho que por muito tempo ela considerara trilhar mas que nunca soubera como seguir. Após algumas semanas, o governo holandês concordou em ceder Bos às Nações Unidas, e ela se juntou a Vieira de Mello em Phnom Penh em fevereiro de 1992.

Ele estava ocupando um quarto no luxuoso Hotel Cambodiana, recém-inaugurado à beira do Mekong e que abrigava dezenas de embaixadas estrangeiras e residentes. Vieira de Mello raramente ficava quieto, mas, quando ficava, gostava de se retirar para aposentos confortáveis. Em seu quarto no hotel, terminava o dia mergulhado em uma extensa coleção de CDs de música clássica, bem como no seu estoque característico de Johnnie Walker Black Label importado da Tailândia. Nos fins de semana, quando ele e Bos estavam em Phnom Penh, exercitavam-se na piscina do hotel.

O casal trabalhava dia e noite e percorria o país junto. Com o aprofundamento do relacionamento, ela se mudou para a suíte dele no hotel. Embora mantivesse contato telefônico regular com Annie e seus filhos de treze e onze anos, que moravam na França, não fez nenhum esforço para esconder seu romance dos colegas. Foi o relacionamento mais aberto que teve desde o casamento quase duas décadas antes. "Annie e eu nos entendemos bem", disse aos amigos. Ele nunca conversava com Bos sobre um futuro juntos, porém se comportava como se estivesse solteiro, acompanhando-a em uma viagem à Europa para conhecer sua família. "De alguma forma, a maneira de ser tão aberta de Sergio eliminava o estigma", recorda um colega da ONU. "Com frequência, tínhamos que nos lembrar: 'Espera aí, esse cara tem uma mulher em casa. O que será que ela acha disto?'" Nas raras ocasiões em que Vieira de Mello discutia seu casamento, falava com simpatia e respeito sobre Annie. "Ela está fazendo um trabalho maravilhoso educando os rapazes", ele disse. "Sem o seu sacrifício, eu nunca seria capaz de fazer o que faço." Somente quando Annie, Laurent e Adrien viajaram ao Camboja para uma visita, Bos deixou o quarto que compartilhavam e passou a ocupar temporariamente outras acomodações no hotel.

Na maioria das hierarquias profissionais, um relacionamento entre um alto gerente e uma assistente especial teria que ser encerrado se o supervisor não quisesse ser demitido. Mas, para Vieira de Mello, que trabalhava dezoito horas por dia, assistentes especiais constituíam parceiros naturais. Ao longo de sua carreira, com frequência se envolveu com colegas com quem pudesse discutir os desafios do dia. "A ONU ainda era como um país de Terceiro Mundo", diz um alto funcionário da Organização. "Ninguém se incomodava quando o chefe dormia com a assistente. Hoje em dia nem mesmo uma pessoa tão popular como Sergio conseguiria escapar impune de uma relação como aquela."

Por causa da rotina que ele e Bos criaram, Sergio quase não convivia socialmente com os outros colegas após o expediente. Uma noite, havia planejado jantar com Sten Bronee, um amigo do Acnur que estava passando por Phnom Penh. Mas, no último minuto, enviou a Bronee um bilhete de desculpas alegando que tinha de cancelar o encontro devido a uma "reunião urgente e inesperada". Bronee decidiu aceitar a recomendação do porteiro do hotel e experimentar um restaurante recém-inaugurado. Quando entrou no restaurante, ficou estupefato. Vieira de Mello estava sentado com Bos numa mesa isolada no canto. Ao perceber a presença de Bronee, ele pareceu um pouco constrangido e acenou meio constrangido. Bronee sorriu. "Se eu tivesse de escolher entre jantar comigo ou com ela", ele se lembra de ter pensado, "teria escolhido ela também."

Jamshid Anvar, o colega iraniano de Vieira de Mello que ocupava um alto cargo em Genebra, o aconselhou a não levar Bos em suas viagens ao exterior para se encontrar com os doadores. "Sergio, isso não parece correto", Anvar comentou. "Você está num nível completamente diferente agora." Vieira de Mello mostrou-se defensivo. "Eu a levo comigo não para dormir com ela", respondeu. "Eu a levo comigo porque ela é brilhante e eu preciso dela." Anvar replicou que sabia daquilo, mas os outros não. "Você é um homem conhecido por sua integridade", ele continuou. "Deveria fazer um esforço sério para proteger sua reputação." Vieira de Mello respondeu a Anvar que acreditava que a melhora ou a piora de sua reputação dependeria do seu sucesso em trazer para casa os refugiados, e para isso precisava de Bos.

Ao compor o resto de sua equipe, Vieira de Mello geralmente contava com pessoal com quem já havia trabalhado antes. As pessoas passavam a orbitar em torno dele seguindo caminhos tortuosos. Andrew Thomson, um médico da Nova Zelândia, foi parar no Camboja por acaso. Ainda era estudante de medicina, em meados da década de 1980, dissecando sapos em seu laboratório, quando conheceu um refugiado cambojano que estava revalidando sua autorização de cirurgião. O homem, um sobrevivente dos horrores do Khmer Vermelho, contou a Thomson sobre a última operação que realizara em Phnom Penh antes da sangrenta tomada de poder por Pol Pot: ele removeu o diamante da aliança de sua esposa, esterilizou-o e camuflou a pedra, costurando-a na carne do braço, embaixo da cicatriz da vacina dela. Um dos sessenta médicos cambojanos (dentre seiscentos) que sobreviveram ao terror, o homem acabou fugindo para a Tailândia e, em seguida, foi reassentado em Auckland, onde voltou a operar a esposa para retirar o diamante, que ele vendeu a fim de iniciar uma vida nova. Thomson ficou tão impressionado com as descrições do Camboja feitas por aquele homem que, assim que se formou, rumou para a fronteira tailandês-cambojana, onde trabalhou por dois anos como médico da Cruz Vermelha.

Em 1991, aos 27 anos, sem saber aonde ir depois da Tailândia, Thomson visitou Genebra para participar de um curso de um mês sobre emergências de saúde. À hora do almoço, após a aula de encerramento, juntou-se a um grupo de colegas para uma cerveja num bar à beira do lago de Genebra. Um deles mencionou que o Acnur em breve cuidaria do regresso dos refugiados do Camboja. Embora nunca tivesse trabalhado para a ONU, Thomson falava cambojano e conhecia os riscos médicos que os repatriados enfrentariam. "Alguém sabe onde fica o Acnur?", perguntou aos colegas. Ninguém sabia, mas alguém apanhou um pequeno mapa turístico que mostrava o emblema minúsculo da agência. Ligeiramente alcoolizado, ele marchou até a sede do Acnur e percorreu os salões até encontrar uma porta em que se lia CAMBOJA. Bateu na porta e começou a conversar com um funcionário que estava ajudando a planejar a operação de repatriamento e que parecia completamente aturdido. Thomson logo conseguiu um contrato de consultor para se juntar à equipe de Vieira de Mello.

Uma vez no Camboja, os funcionários da ONU conseguiam conquistar a confiança de Vieira de Mello com mais facilidade ao trabalhar com ele pessoalmente. Um dia, Giuseppe de Vincentis, um funcionário subalterno do Acnur, foi correndo em direção ao seu chefe no saguão do Hotel Cambodiana. Vieira de Mello pediu que estivesse preparado para participar de uma reunião naquela tarde. De Vincentis, com 31 anos, perguntou se deveria trajar paletó e gravata, e Vieira de Mello, que normalmente usava um de seus "ternos da sorte" — túnicas e calças no estilo asiático azul-claro e cinza, semelhantes às trajadas por políticos do Camboja —, respondeu que sim, sem dar maiores detalhes. Quando De Vincentis, trajado com toda elegância, se sentou, empertigado, ao lado da recepção do hotel, colegas da ONU que passaram por lá caçoaram de sua aparência. Assim que chegou, Vieira de Mello explicou que queria que ele o acompanhasse a uma reunião com uma das facções da oposição. Explicou que no Líbano o general Callaghan ocasionalmente cometera o erro de se reunir sozinho com os israelenses e palestinos, de modo que, quando mais tarde as partes rompiam suas promessas, não havia como confirmar suas conversas. "Desde então uma das minhas regras é nunca discutir questões sensíveis sem a presença de uma testemunha", Vieira de Mello disse. "Você é a minha testemunha." Ao saírem de carro de Phnom Penh e passarem para o território da oposição, nunca antes visitado por funcionários da ONU, ele disse: "É aqui que fazemos o sinal da cruz, Peppe. Não tenho nenhuma ideia do que vem pela frente". Vieira de Mello não acreditava em Deus, mas permanecia supersticioso e tinha o hábito de recorrer, quase sempre brincando, a qualquer ajuda possível.

Aqueles como De Vincentis, que conseguiam penetrar no seu círculo íntimo, se sentiam privilegiados por fazer parte de uma equipe ágil e dinâmica. Outros eram atingidos pelo frio da indiferença de seu chefe. "Se você não se encantasse por ele", recorda Norah Niland, uma irlandesa de 39 anos, trabalhadora de ajuda humanitária do Acnur, "ele gostava menos de você." Mas a maioria dos funcionários da ONU que o conheciam se sentia atraída por ele. Mesmo Sylvana Foa, uma porta-voz do Acnur com quem ele frequentemente discutia, relembra: "Quando você estava com Sergio, ele fazia você se sentir mais bonita e mais interessante do que você jamais se sentira. Quando ele o deixava para ir falar com outra pessoa, ficava a impressão de que, para ele, ter de sair era um fardo terrível".

AMIZADE COM O PODEROSO

De todos os líderes cambojanos, aquele com quem Vieira de Mello mais queria fazer amizade era o príncipe Norodom Sihanouk, a pessoa mais influente do Camboja e talvez a personagem mais pitoresca em toda a Ásia. Ele sabia que o príncipe de 69 anos era o único capaz de promover a reconciliação entre as facções beligerantes do país. *Gourmand*, mulherengo e diretor de cinema, Sihanouk tinha sido rei do Camboja e, em dez ocasiões distintas, seu primeiro-ministro. O Khmer Vermelho de Pol Pot submetera o líder real à prisão domiciliar e matou três de suas filhas, dois de seus filhos e quinze de seus netos. Embora Sihanouk posteriormente mantivesse palácios luxuosos na China e na Coreia do Norte, os sobreviventes cambojanos do terror do Khmer Vermelho sentiam que ele também havia sofrido. Sem a mediação de Sihanouk, as negociações de Paris provavelmente não teriam produzido o acordo de outubro de 1991.[2]

O acordo atribuíra à ONU — e não ao primeiro-ministro Hun Sen — a tarefa de exercer "controle direto" sobre os ministérios cujo desempenho pudesse influenciar o resultado das eleições vindouras: Defesa, Relações Exteriores, Finanças, Segurança Pública e Informações. Em razão de Sihanouk ser reverenciado pelos cambojanos, os acordos de Paris o nomearam presidente de um órgão semigovernamental novo denominado Conselho Nacional Supremo, em que figurava representantes de todas as quatro facções principais do Camboja, incluindo o governo de Hun Sen.[3] Como presidente, seria sua tarefa fazer com que as facções cumprissem os termos do acordo firmado em Paris e resolvessem as suas diferenças por meio do diálogo. Vieira de Mello viu que a ONU não seria capaz de exercer seu mandato ambicioso se não mantivesse do seu lado o velho homem.

Em vez de criticar Sihanouk por suas longas ausências do Camboja, como faziam alguns colegas da ONU, Vieira de Mello escreveu-lhe longas cartas manuscritas e tentou mantê-lo no circuito, mesmo quando o príncipe estava em sua casa em Pequim. Em janeiro de 1993, Sihanouk escreveria, em francês, para Vieira de Mello, da capital chinesa, agradecendo-lhe as cartas, que, segundo ele, "refletem sua compreensão, sua boa vontade, sua preocupação e, acima de tudo, sua compaixão por nosso povo mais desafortunado". Sihanouk continuou: "Você que faz a gentileza de me manter sempre informado de suas atividades benevolentes, através de suas cartas e documentos, que sempre me alcançam".[4]

Infelizmente, não obstante o governo Hun Sen e o Khmer Vermelho tivessem conseguido se reunir para assinar o acordo de Paris, seu ódio subjacente mútuo não diminuíra. De fato, cada lado havia cooperado nas negociações porque achava que o acordo final destruiria o outro: o Khmer Vermelho acreditava que uma administração da ONU poderosa se instalaria no Camboja e governaria o país, privando o primeiro-ministro Hun Sen de seu poder; Hun

Sen, por sua vez, acreditava que a ONU desarmaria o Khmer Vermelho, enfraquecendo assim seu principal oponente. Vieira de Mello preocupou-se com o que poderia acontecer se Hun Sen se recusasse a entregar o poder ou se o Khmer Vermelho se recusasse a entregar suas armas. Os planejadores em Nova York estavam tão ocupados batalhando para reunir 22 mil militares e civis da ONU que não tiveram tempo de formular um plano B.[5] Com efeito, a direção da ONU nem sequer possuía uma unidade de planejamento estratégico. Desse modo, no Camboja e em outras partes, depois que o Conselho de Segurança decidia os contornos de uma missão da Organização, o pessoal em campo muitas vezes sentia que lhe faltava liberdade — sem falar nos recursos — para mudar de rota.

Vieira de Mello não gostou do que viu em Hun Sen, cujo regime estava se aproveitando do vácuo de segurança existente antes da chegada dos boinas-azuis da ONU. Nos meses que precederam o lançamento oficial da missão da Untac, ele recebeu notícias diárias perturbadoras de que criminosos apoiados pelo governo estavam realizando assassinatos por vingança e outras ações violentas. Funcionários do governo de Hun Sen, os quais supunham que logo seriam substituídos por autoridades da ONU, estavam vendendo escrivaninhas, cadeiras e luminárias do governo e embolsando o dinheiro. Temendo que a ONU fosse confiscar suas armas, muitos soldados cambojanos passaram a praticar o banditismo armado.[6] "A segurança não pode esperar", disse Vieira de Mello. "Se as forças de paz não chegarem aqui logo", ele contou a Bos, "terão que *impor* a paz."

No Camboja, Vieira de Mello observou que os dois valores da ONU da paz e dos direitos humanos se chocavam. Da perspectiva dos direitos humanos, o Khmer Vermelho merecia ser punido ou, no mínimo, evitado. No entanto, o acordo de Paris exigia que as autoridades das Nações Unidas — e cambojanas — o tratassem como uma facção entre outras. Ele conseguiu entender por que os cambojanos traumatizados poderiam encontrar alguma dificuldade naquilo, e ficou surpreso quando o presidente do Khmer Vermelho, Khieu Samphan, que não pusera os pés em Phnom Penh desde a derrubada do seu notório regime em 1978, pôde entrar tranquilamente na cidade alguns dias após Sihanouk tê-lo feito. Khieu ocupou um escritório no centro, tentou não chamar a atenção e parecia aberto à ideia de participar do Conselho Nacional Supremo transitório — uma abordagem audaciosamente confiante por parte de uma autoridade tão eminente de um dos regimes mais sangrentos da história moderna. "Vou morar aqui por um longo tempo", Khieu declarou. "estou muito contente por estar de volta."[7] Uma cena impensável um ano antes.

Mas a calma não durou. Assim que Khieu e seus companheiros maoístas ocuparam os novos escritórios em Phnom Penh, foram recebidos por milhares de manifestantes raivosos. E, quando Khieu e Son Sen, o ministro da Defesa do Khmer Vermelho, se recolheram em seu interior, os manifestantes atacaram o prédio com machadinhas, pedras e porretes, quebrando as janelas e gritando "Mata, mata, mata!". Tropas cambojanas levemente armadas leais a Hun Sen ficaram observando, enquanto a multidão derrubava o portão da frente e invadia a casa. Foram roubados 200 mil dólares do dinheiro do Khmer Vermelho e ateado fogo em grande parte. Hun Sen chegou ao local, mas não ordenou à multidão que se dispersasse. Quando os manifestantes enfim alcançaram Khieu, encheram-no de socos e pauladas e tentaram enforcá-lo com fio elétrico. Os soldados do governo somente intervieram quatro horas após o início do ataque; Khieu, que se protegera com um capacete de aço, estava cheio de contusões e cortes e sangrava muito na cabeça.[8] John Sanderson, o general australiano que logo se tornaria comandante da força de paz da Untac, por acaso estava em Phnom Penh numa missão de planejamento da ONU. Ao procurar Hun Sen para reclamar do ataque, o primeiro-ministro cambojano negou sua responsabilidade. "As pessoas apareceram para protestar contra o Khmer Vermelho", alegou. "Seria errado da minha parte nesta democracia nova negar seu direito à livre expressão." Vieira de Mello não confiava nem no Khmer Vermelho genocida, nem no tirânico Hun Sen. Achava que somente Sihanouk zelava de coração pelos interesses do Camboja, mas o príncipe se disse impotente para deter a violência. "Sou apenas uma figura decorativa", ele admitiu publicamente.[9] Tratava-se de uma confissão perturbadora. Se Sihanouk, o pai do Camboja moderno, não conseguia exercer controle sobre Hun Sen, como é que a ONU o faria?, Vieira de Mello se perguntou.

"CAINDO NA REAL"

Vieira de Mello e sua equipe discutiram as muitas coisas que podiam dar errado quando começassem a trazer refugiados de volta ao Camboja. Seis dos sete campos de refugiados cambojanos da Tailândia eram efetivamente controlados por alguma das três facções da oposição, e cada uma delas podia negar seu apoio ao repatriamento a qualquer momento. O Khmer Vermelho abrigava mais de 77 mil cambojanos em seus campos, e nunca antes permitira que seus habitantes circulassem livremente.

Mesmo que os refugiados não estivessem sob coação direta, Vieira de Mello sabia que poderiam se mostrar aterrorizados demais para partir. Aqueles cambojanos nascidos e criados nos campos de fronteira haviam sido alimentados com uma dieta constante de propaganda, principalmente sobre a crueldade de Hun Sen. Vieira de Mello também se preocupava com a autossuficiência dos refugiados, após anos recebendo água limpa, serviços médicos e alimentos de grupos de ajuda humanitária.[10] Os campos haviam se tornado pequenas cidades. O Sítio 2, por exemplo, abrigava uma população de 216 mil pessoas, o segundo maior aglomerado de cambojanos no mundo, depois de Phnom Penh. Continha hospitais, farmácias, templos budistas, fábricas, um jornal, tribunais, uma prisão, casas de apostas, um centro de tratamento de alcoólatras e uma zona de prostituição.[11] "A generosidade internacional pode ter ido longe demais em termos de cuidados e manutenção, ou mesmo de fornecimento de alimentos, aos cambojanos exilados nos campos da fronteira tailandesa", Vieira de Mello informou a um repórter. "É por isso que nos perguntamos se os refugiados serão agora capazes de readquirir a iniciativa e a independência."[12] A taxa de mortalidade nos campos era três vezes menor do que no Camboja. O país, assolado pela pobreza, registrava a menor expectativa de vida do mundo, de 49,7 anos. E não estava claro como as condições iriam melhorar, já que menos de 3 mil cambojanos haviam ido além da escola secundária.[13]

Vieira de Mello herdou um plano detalhado de repatriamento. O governo francês havia gastado 675 mil dólares com a contratação de uma empresa de satélite, a Spot Image, para fotografar o país.[14] As imagens por satélite mostraram cerca de 230 mil hectares de "terras aráveis potencialmente disponíveis" no oeste do Camboja. Com base nessa constatação, os peritos do Acnur prepararam um elaborado "Livro Azul" de 242 páginas sobre o repatriamento.[15] Os funcionários da ONU haviam anunciado que cada família refugiada iria receber dois hectares de terras aráveis, bem como implementos agrícolas para cultivá-la. O pessoal do Acnur nos campos mostrou vídeos e distribuiu folhetos sobre aquelas terras. Parecia que tudo o que restava a Vieira de Mello era executar uma fórmula de retorno bem mapeada.

No entanto, quando ele e sua equipe começaram a visitar o território do Camboja anteriormente inacessível, o esquema começou a desmoronar. Por sua própria definição, as fotografias por satélite não foram capazes de detectar duas características do terreno que derrubariam os melhores planos: as minas terrestres e mosquitos infestados de malária.

Vieira de Mello havia sido informado de que o Camboja possuía cerca de uma mina para cada dois cambojanos e de que o país abrigava a maior proporção de amputados do mundo.[16] Ainda assim, somente depois que contratou a HALO Trust, uma organização de caridade britânica, para realizar levantamentos de possíveis áreas de reassentamento, entendeu quão mortal era o terreno. Dos 70 mil hectares levantados, a HALO Trust constatou que apenas 31 mil estavam "provavelmente livres das minas", 28 mil eram "provavelmente campos minados" e 11 mil estavam "fortemente minados". Desesperado por terras para poder cumprir a promessa do Acnur aos refugiados, ao indagar quais unidades das tropas de paz da ONU haviam sido incumbidas da desativar as minas, Vieira de Mello foi informado de que nenhum dos países que enviaram tropas ao Camboja estava preparado para uma missão tão arriscada. Nas palavras de outro funcionário do Acnur: "A única desativação de minas em curso é aquela que ocorre quando as pessoas pisam nelas".[17] Como o destino dos refugiados dependeria, em grande parte, da remoção das minas, Vieira de Mello foi nomeado chefe do Centro de Combate às Minas do Camboja. Entretanto, até o momento de sua partida, na primavera de 1993, a ONU ajudara a desativar apenas 15 mil de um total estimado de 8 milhões de minas e outros artefatos não explodidos.[18]

Andrew Thomson, com mais experiência no Camboja do que os demais funcionários da ONU, foi o portador de más notícias sobre a malária. Pouco depois de chegar, conseguiu obter uma pesquisa recente sobre a malária e sobrepôs os resultados a um mapa do Camboja, marcando com X os distritos infestados demais para o reassentamento responsável de refugiados. Ele levou o mapa até Vieira de Mello e o informou de que o Acnur teria que declarar algumas das áreas "interditadas". "Se enviarmos as pessoas de volta para essas áreas", disse Thomson, "nós as estaremos enviando para uma armadilha mortal." Vieira de Mello olhou para o mapa e observou que a maioria das áreas assinaladas por Thomson como zonas proibidas haviam sido baluartes tradicionais do Khmer Vermelho. Se os líderes do Khmer Vermelho tomassem conhecimento de que os refugiados cambojanos na Tailândia poderiam ir ao território controlado por

Hun Sen, mas não àquele controlado por eles, os guerrilheiros provavelmente abandonariam o processo de paz. A operação de repatriamento nem sequer havia se iniciado, e a segurança imediata dos refugiados já colidia com a estabilidade no longo prazo do processo de paz. Vieira de Mello não deu importância à advertência de Thomson. "Não podemos esperar por condições perfeitas para trazer as pessoas de volta", ele disse. "Mas essas não são condições imperfeitas", Thomson retrucou. "São condições *mortais*. Você quer ser responsável por uma mortandade em massa?" Vieira de Mello aceitou parte do argumento e decidiu que o Acnur iria começar o reassentamento em áreas onde a malária fosse menos virulenta e depois decidiria sobre o resto do país. Cada decisão parecia uma escolha de Hobson,* que trazia no bojo benefícios necessários e custos potencialmente catastróficos.[19]

Com base nas viagens ao interior e nas conversas com os refugiados e com seu próprio pessoal, Vieira de Mello concluiu, relutantemente, que o Acnur não tinha a menor chance de entregar as terras que havia prometido. Ele teria que jogar fora o detalhado Livro Azul que recebera na chegada. Lamentou a terrível "contradição entre permitir a livre escolha e a impossibilidade de satisfazê-la" e tentou encontrar uma alternativa para o que denominou "a oferta tola e irresponsável de dois hectares de terras gratuitas".[20]

Vieira de Mello convocou uma amostragem de seu pessoal de campo em Phnom Penh a fim de discutir o caminho a seguir. No dia da minirreunião de cúpula, os geradores da ONU, que operavam apenas intermitentemente, não estavam funcionando, e, sem ar-condicionado, o pessoal da ONU suava em bicas. "Não permitirei que nenhum de vocês deixe esta sala enquanto não chegarmos a uma solução", ele disse, brincando mas não muito, enquanto o suor encharcava suas roupas.

Determinado a extrair ideias de sua equipe, e sensível à necessidade de garantir a adesão do pessoal, tinha o hábito de permitir que essas reuniões descambassem em discussão, em que os funcionários subalternos se sentiam livres para discordar dele. Estava menos preocupado com o nível hierárquico de um colega do que com a criação das bases de uma operação de retorno tranquila. Se

---

* Thomas Hobson, dono de um estábulo em Cambridge, na Inglaterra, temendo que os estudantes da universidade, seus principais clientes, montassem seus melhores cavalos, lhes dava duas opções: levar o cavalo mais próximo da porta ou nenhum. (N. E.)

um trabalhador de ajuda humanitária novato de 28 anos tivesse uma sugestão útil, Sergio era todo ouvidos. Ele não via nenhuma incoerência em solicitar os pontos de vista daquela pessoa em conjunção com os dos principais embaixadores em Phnom Penh. Com essa finalidade, oferecia um coquetel de queijos e vinhos quase todos os domingos em seu quarto no Hotel Cambodiana, com Charles Twining, o embaixador dos Estados Unidos.

Vieira de Mello instintivamente contava com o feedback não apenas de diplomatas e funcionários internacionais, como também com o dos cambojanos que trabalhavam na ONU: motoristas, tradutores, guardas de segurança e mensageiros. Ele aprendeu seus nomes e suas histórias e perguntava regularmente sobre suas famílias. "Fazia com que os auxiliares e motoristas se sentissem importantes, como se fossem indispensáveis àquela missão grandiosa", recorda Jahanshah Assadi, o representante de campo do Acnur em Aranyaprathet, Tailândia. Certa vez, no interior do Camboja, o motorista de Vieira de Mello vacilou ao tentar passar por uma ponte improvisada, composta de duas tábuas estreitas, sobre um canal de irrigação. Se os pneus do veículo se desviassem um centímetro em qualquer direção, o carro despencaria no canal três metros abaixo. Vendo seu motorista suar com medo de pôr em risco a vida de autoridades da ONU, Vieira de Mello interveio. "Permita-me", ele disse, tomando a direção e acrescentando uma mentirinha para não diminuir a autoridade do motorista. "Essa é a minha parte favorita da direção."

Numa reunião em Phnom Penh, um alto funcionário do Acnur estava repreendendo o pessoal local pelos péssimos hábitos contábeis quando Vieira de Mello o interrompeu no meio da frase. "Você já parou por um segundo para pensar sobre o que nosso pessoal tem passado?", ele perguntou. "Você espera que tenham desenvolvido hábitos contábeis perfeitos quando suas famílias estavam sendo massacradas pelo Khmer Vermelho?" Sua raiva cresceu enquanto continuava: "Em vez de criticá-los, por que não dedica algum tempo a mostrar como manter registros financeiros adequados?", ele perguntou. "Depois de tudo a que sobreviveram, não creio que terão dificuldades em melhorar a contabilidade."

Seu auxiliar François Fouinat sugeriu que o Acnur substituísse a oferta de terras pela de dinheiro. Desesperado por um plano novo, Vieira de Mello agarrou a ideia, embora seus chefes em Nova York e Genebra já a tivessem rejeitado. Para muitos na comunidade de defensores dos refugiados, a ideia de provê-los com uma importância global de moeda forte era sacrilégio. Quantidades significativas de dinheiro estariam subitamente circulando em comunidades que jamais tinham visto tais montantes. Aquilo poderia acarretar roubos, crimes violentos e a simples dissipação. Também poderia causar uma transformação demográfica total: em vez de retornarem às zonas rurais, onde poderiam cultivar a terra, os refugiados talvez se mudassem em massa para as maiores cidades do Camboja. Aquilo as entupiria com grandes consumidores temporários, sem meios de se sustentar depois que o dinheiro se esgotasse.

Muitos funcionários da ONU compartilhavam a crença de Vieira de Mello (inculcada por Thomas Jamieson) de que praticamente qualquer tipo de vida na própria casa é preferível à vida num campo de refugiados. Embora os horários de alimentação nos campos fossem previsíveis e a água fosse limpa e confiável, a maioria dos refugiados achava intolerável aquela vida de dependência. Norah Niland, a funcionária irlandesa do Acnur, era responsável por cuidar de refugiados extremamente vulneráveis: os idosos, os doentes e os muito jovens. Na reunião de cúpula, quando Vieira de Mello levantou a opção do dinheiro, ela sentiu que seus colegas, involuntariamente, estavam depreciando os pobres. "Subjacente a todos os argumentos contra o dinheiro estava a ideia de que 'os pobres não sabem administrar o dinheiro'", recorda. Mas ela, que tinha crescido numa família sem recursos em County Mayo, argumentou que os pobres eram tão passíveis de poupar seu dinheiro — ou esbanjá-lo — quanto os ricos. Seu chefe ficou do seu lado. "Se você tiver confiança nas pessoas, elas tendem a agir de maneira responsável", disse Vieira de Mello, corroborando o ponto de vista da colega. "E elas sabem para que precisam de dinheiro como jamais saberemos."

O pessoal do Acnur admirou a determinação de Vieira de Mello, mas alguns criticaram sua pressa. Normalmente, os refugiados regressavam às suas casas após as eleições e a criação de órgãos governamentais mais estáveis; mas no Camboja o repatriamento estava precedendo a votação. Dennis McNamara, que dirigia o pilar de direitos humanos da missão da ONU, acreditava que seu amigo estava negligenciando a segurança dos refugiados, os quais retornariam para distritos onde as tropas da ONU e a polícia ainda não estavam presentes para fornecer segurança. Sempre que Vieira de Mello via McNamara se aproximando no saguão do quartel-general da ONU em Phnom Penh, reclamava em voz alta: "Uau, aí vem McNamara, o papa dos princípios!".

Vieira de Mello acreditava que o Acnur tinha motivos para se apressar. A reprimenda que recebeu ao visitar um dos campos controlados pelo Khmer

Vermelho ao longo da fronteira tailandesa o afetou profundamente. Os refugiados com quem conversou afirmaram peremptoriamente que pertenciam ao Camboja. Ao perceber a sua impaciência nos campos, temia que, na ânsia de voltar para casa, pudessem transpor em massa a fronteira sem assistência do Acnur, correndo riscos e aumentando a possibilidade de amputações por minas, choques violentos e expectativas frustradas. Com as eleições a serem realizadas dali a um ano, ele achava que o Acnur não poderia se dar ao luxo de esperar pela chegada de mais tropas de paz da ONU para começar a trazer os refugiados para casa. "Se vocês têm alguma objeção, digam agora", pediu aos funcionários. "Se têm alternativas, sugiram agora." Por mais imperfeita que fosse a opção do dinheiro, ninguém forneceu uma ideia melhor de como trazer de volta os refugiados e lançá-los em uma vida nova, e ele decidiu insistir. "Assumirei plena responsabilidade se algo der errado", garantiu aos colegas inseguros.

Alguns funcionários da ONU especularam que a pontualidade obsessiva de Vieira de Mello na vida pessoal vinha determinando seu pensamento. Era como se para ele fosse inconcebível chegar atrasado para um encontro político. "Sergio havia assumido um compromisso com a ONU, com o Camboja e com os refugiados", recorda Nici Dahrendorf, uma funcionária britânica que participou da missão do Acnur. "Ele não chegava atrasado nos repatriamentos, assim como não chegava atrasado a um jantar."

Tomada a decisão, Vieira de Mello pendurou as dispendiosas fotos aéreas encomendadas antes de assumir a missão nas paredes do escritório do Acnur em Phnom Penh. Aqueles monumentos ao planejamento inútil pareciam pinturas abstratas. Sempre que conduzia visitantes ao escritório, chamava a atenção para a obra de arte da ONU. "Pessoalmente prefiro os artistas por satélite da ONU a Jackson Pollock", costumava dizer.

Enquanto no plano original cabia ao Acnur localizar terrenos para reassentar refugiados, com a introdução da opção do dinheiro os cambojanos se incumbiram de seus próprios destinos. Todos os que retornassem ganhariam um kit doméstico que incluía utensílios, ferramentas, um grande balde de água, forro de plástico reforçado, mosquiteiros impregnados de inseticida para proteger contra a malária e cupons para rações alimentares durante quatrocentos dias (duzentos dias a quem se mudasse para a área de Phnom Penh). Uma família de refugiados podia ainda decidir esperar até que a ONU encontrasse um pequeno terreno para ela, ou optar pelo dinheiro (Opção C), apelidada pelos críticos de "Opção Catástrofe". As famílias de refugiados que escolhessem essa alternativa receberiam uma pequena subvenção em dinheiro de 50 dólares por adulto e de 25 dólares por criança. O dinheiro serviria para plantarem sementes em uma pequena horta ou pagarem os parentes por acomodações.[21] Vieira de Mello acreditava ser essencial ao Acnur parar de microgerir a repatriação. "Não podemos impor o retorno", ele contou aos colegas. "Temos que seguir as pessoas."

Como ele encorajava o debate no Acnur, o pessoal muitas vezes desenterrava ideias que poderiam ter permanecido soterradas na burocracia. Quando os funcionários da agência em Battambang tentaram formular um plano de retorno dos refugiados, ficaram sem saber como agir durante a temporada das monções (de maio a agosto), quando as estradas provenientes dos campos na fronteira com o Camboja estariam alagadas e, portanto, intransitáveis. "O que aconteceu com o trem que os cambojanos usavam antes da guerra?", Vieira de Mello perguntou. Outras pessoas já haviam proposto a mesma ideia de reparar os vagões e a via férrea, porém a ideia fora rejeitada pelo Acnur, por ter sido considerada cara demais. Desta vez ele perguntou: "Alguém falou com os antigos gerentes da ferrovia para ver quanto custaria seu reparo?". Ninguém havia falado. E, após uma breve investigação, descobriu-se que o trem e a via férrea poderiam ser restaurados por 100 mil dólares. Notadamente, o trem antiquado com sua bandeira azul da ONU, apelidado de "Expresso Sisophon", reduziria a duração da viagem de 340 quilômetros de Sisophon, a cidade onde os refugiados seriam entregues, já dentro do Camboja, até Phnom Penh de três dias para doze horas.[22]

SEGUINDO O POVO

Em 21 de março de 1992, cinco dias após Akashi, o chefe da missão da ONU, enfim se mudar para o Camboja, Vieira de Mello recebeu o sinal verde para começar a repatriação. Enviou um fax para Ogata, em papel de carta do Hotel Cambodiana, em que, eufórico, pedia desculpas por contatá-la em casa. "Outra interferência de fim de semana", ele escreveu. "Você vai acabar me chamando de Estorvo Especial, em vez de Enviado Especial." Ele relatou a Ogata que o primeiro grupo de refugiados retornaria ao país em 30 de março e que os dignitários que os receberiam no Camboja provavelmente constituiriam uma "multidão maior que o número dos próprios refugiados!"[23]

Durante a contagem regressiva dos dias, ele observou que a tensão nos campos aumentara. Em 25 de março, no Sítio 8, atiradores supostamente pertencente ao Khmer Vermelho chamaram dois refugiados pelos nomes e os executaram. Em 29 de março, a véspera do início da repatriação programada, forças do Khmer Vermelho se apoderaram de parte de uma importante rodovia do Camboja entre Kompong Thom e a província do norte de Preah Vihear, e Hun Sen as atacou em represália.[24] Parecia que a guerra total iria recomeçar a qualquer momento.

Embora a missão política e militar da Untac tecnicamente começasse em 15 de março e, das 16 mil tropas de paz programadas, apenas 2 mil tivessem sido mobilizadas, os cambojanos esperavam que os boinas-azuis da ONU reprimissem a luta. Mas o general Sanderson, que assumira o comando militar da missão (enquanto Akashi dirigia a parte política), enfatizou que não tinha nenhuma intenção de forçar os envolvidos a cumprir os termos do acordo de Paris. As tropas de paz da ONU iriam, na verdade, manter distância das áreas violentas. "Estamos no Camboja para manter a paz, não para impor a paz", Sanderson disse. "Não colocarei as forças da ONU no meio de um ambiente confuso e sem cessar-fogo, com estradas minadas".[25]

Vieira de Mello sabia que todas as missões políticas e militares da ONU tinham uma chance de causar forte impressão inicial e temia que os boinas-azuis estivessem desperdiçando aquela oportunidade. Como havia observado no Líbano, as tropas que compunham as forças da ONU variavam no que dizia respeito à qualidade e à atitude. As unidades holandesas bem equipadas que o general Sanderson enviou ao noroeste do Camboja reagiam decisivamente na defesa da população civil e dos seus soldados. As forças malaias designadas para o oeste do país aprenderam khmer e tentaram assegurar a cooperação do Khmer Vermelho. Em contraste, algumas das unidades africanas, nas palavras de Sanderson, "vieram com as nádegas para fora das calças". Os tunisianos e os camaroneses estavam participando simplesmente porque, no Conselho de Segurança, a França se mostrara tão determinada a contrabalançar a influência inglesa na região que insistiu no envio de um grande número de tropas de língua francesa. Os cambojanos criaram um ditado sobre como um soldado da Untac típico preenchia seus dias. Em khmer ele rima, e a tradução é: "De manhã ele corre, de tarde ele dirige, de noite ele bebe".[26] Sanderson trabalhou com o que lhe ofereceram, no entanto recorda: "Muitas das tropas eu não teria levado se tivesse essa escolha".

Talvez devido às suas próprias escaramuças em Paris com a polícia em 1968, Vieira de Mello nunca se mostrou empolgado com as forças da lei como o era com relação aos soldados. Mas no Camboja, ele compreendeu que, para os refugiados se sentirem seguros após retornarem ao Camboja, o policiamento teria de ser um componente essencial da missão da ONU. Contudo ele também sabia que, em sua história de 47 anos, a ONU nunca fizera policiamento de fato. Previsivelmente, quase nenhum dos 3600 policiais esperados chegou a tempo para os primeiros retornos de refugiados, em 30 de março, e apenas oitocentos chegariam antes de maio. Muitos não possuíam carteira de motorista e não falavam inglês nem francês, as duas línguas oficiais da Untac.[27]

Por mais difícil que fosse arregimentá-los rapidamente para participar de missões de paz, os soldados estavam, pelo menos, sempre de prontidão nos países de origem, quase nunca envolvidos em combates reais. Agentes da polícia, pelo contrário, tendiam a estar ocupados no policiamento, de modo que só ocasionalmente podiam ser cedidos. O trabalho policial também dependia dos vínculos dos agentes com a população local, e seria difícil encontrar policiais treinados, com as habilidades linguísticas necessárias, o conhecimento da legislação local e que ainda conquistassem a confiança da população. A "lacuna de policiamento" solaparia aquela e cada uma das missões subsequentes de Vieira de Mello na ONU.

No entanto, apesar da escalada da violência e da escassez das forças de segurança da ONU, ele manteve o plano de ir em frente e começar a ajudar os refugiados a retornar em 30 de março. Compreendeu os riscos que corria: se um refugiado de regresso fosse assassinado ou pisasse numa mina, aquilo causaria calafrios nos campos de refugiados da Tailândia e possivelmente torpedearia a operação de repatriamento, o que, por sua vez, poderia arruinar as chances de realização de eleições no ano seguinte. Ainda assim, posicionou-se contra o adiamento da operação, porque achava que sinalizaria, tanto para os sabotadores como para os refugiados, que a ONU podia ser intimidada. Seu auxiliar Fouinat perguntou a Thomson, o especialista em saúde pública: "Doutor, você pode garantir que não haverá mortes nos primeiros comboios?". Thomson mostrou-se cético. "Ouça, François, eu não sou Jesus Cristo", ele disse. "As pessoas morrem, não importa onde vivam. As pessoas morrem em Paris. Elas não vão parar de morrer só porque foram colocadas em comboios do Acnur."

Em 30 de março, Vieira de Mello viajou ao Sítio 2, o maior campo na fronteira tailandesa, e falou com os 527 refugiados que se ofereceram para fazer parte do primeiro grupo a retornar. Observando os homens e mulheres que seguravam suas autorizações de partida e suas bolsas de viagem de náilon verde da ONU contendo macarrão, açúcar, sabão e uma escova de dentes, ele disse que as Nações Unidas não tinham a intenção de dizer aos cambojanos — "um povo independente e orgulhoso" — o que fazer. O que se pretendia era criar condições que os capacitassem a "recuperar o controle do seu destino e moldar o seu próprio futuro". "Hoje estamos, finalmente, reunidos para transformar um sonho em realidade: o de romper a espiral de violência no Camboja e de testemunhar o surgimento de uma sociedade reunificada, reconciliada e pacificada", ele disse. "Estamos apostando na paz. Iremos, a partir desta manhã e com profunda emoção, conduzi-los para casa."[28]

Um pequeno contingente de tropas de paz malaias acompanharia as primeiras setenta famílias que corajosamente se ofereceram para retornar ao Camboja. Sob cartazes que diziam GRATIDÃO À TAILÂNDIA em khmer, tailandês e inglês, alguns dos refugiados choravam de medo ou expectativa, outros sorriam e acenavam, e a maioria marchou estoicamente em fila para os ônibus. Ninguém tinha ideia do que os esperava na terra natal, nem se a paz instável duraria.

Em seu discurso de despedida, Vieira de Mello soara mais confiante do que se sentia. Restavam muitas questões pendentes que só com o tempo encontrariam resposta: aqueles que tinham sobrevivido à guerra dentro do Camboja dariam as boas-vindas aos exilados? O governo de Hun Sen trataria os refugiados como traidores? Se eles retornassem com suas famílias ampliadas, quanto tempo duraria a generosidade dos parentes? O desespero dos repatriados em voltar à terra que lhes pertencia antes da guerra faria com que ignorassem as advertências de minas terrestres? Eles desistiriam das áreas rurais e tomariam o rumo das cidades?

Antes de o comboio deixar o Sítio 2, Vieira de Mello desapareceu brevemente de vista. Fez uma rápida peregrinação a um santuário em frente do Hotel Sarin, onde, diante de uma estátua de Buda com quase um metro de altura, queimou incenso e acendeu velas, orando aos deuses — de novo, mais por superstição do que por fé — para que nada desse errado.

Uma estrada de asfalto firme pontilhada por casas e jardins bem cuidados ligava o campo de refugiados tailandês à fronteira. Mas, assim que o comboio da ONU cruzou a ponte estreita que marcava a passagem para o Camboja, o terreno mudou. Casas sólidas deram lugar a barracos de bambu e folhas, e poços d'água e canos foram substituídos por poças rasas de água estagnada. Postos militares abandonados lembravam os combates recentemente travados na área. Nas semanas que antecederam o retorno, 428 minas haviam sido removidas da estrada entre a fronteira e o centro de recepção do Acnur, em Sisophon. Os refugiados foram advertidos de que apenas dois metros de cada lado da estrada haviam sido vasculhados, mas, além daquela faixa, as minas eram onipresentes. Só no mês de março, treze aldeões cambojanos tinham sido mortos ou mutilados por minas nos campos próximos.[29]

Vieira de Mello viajou no segundo veículo de um comboio de refugiados com dezenas de ônibus. Manteve contato pelo rádio com Dahrendorf, do Acnur, acomodado no veículo dianteiro. Estava tão tenso que ela mal conseguiu reconhecer sua voz. O comboio partira mais tarde do que o planejado, e ele temia chegar atrasado à recepção de boas-vindas em Sisophon, que fora organizada nos mínimos detalhes. "Nici, pode fazer o favor de pedir ao seu motorista para ir mais rápido?", ele bradou pelo rádio. Dahrendorf explicou que, se eles acelerassem, acabariam se desgarrando dos ônibus cheios de refugiados que vinham atrás. Vieira de Mello foi insistente. "Eu disse: 'Vá mais rápido'", retrucou. Quando ela tornou a lhe dar uma resposta negativa, ele ordenou que ela parasse o carro e foi ao seu encontro. "Isto é ridículo", clamou. "Meu carro irá na frente." Ele conseguiu incitar seu motorista, mas como Dahrendorf tinha avisado, seu veículo foi mais rápido que o comboio e teve que parar e aguardar que os ônibus cheios de refugiados o alcançassem.

À medida que os ônibus seguiam caminho rumo a Sisophon, alunos à margem da estrada agitavam bandeiras cambojanas, música popular retumbava e músicos locais tocavam canções tradicionais. Depois de uma viagem de duas horas, os refugiados desembarcaram, parecendo deslumbrados. Alguns nunca tinham posto os pés fora de um campo de refugiados. Em conversas com jornalistas, explicaram seus receios. "Estou preocupado com o Khmer Vermelho porque eles ainda não sossegaram", disse So Koemsan, 28 anos, cujos pais e quatro irmãos tinham morrido de fome durante o regime sangrento dos maoístas. "Se eles não alcançarem seus objetivos, vão querer descarregar em pessoas como nós. Mas espero que a ONU nos proteja."[30] Eng Peo, 37 anos, criara dois filhos no campo de refugiados. "Não sou fazendeiro há muitos anos, e meus filhos nunca viram uma fazenda", ele disse. "Como recomeçar?"[31]

Vieira de Mello tinha um gosto especial pelo simbolismo. Havia convidado boinas-azuis da ONU para se espalharem pelo comboio a fim de que as tropas de paz começassem a se sentir responsáveis pela operação de repatriamento. Mas, pouco antes de deixar a Tailândia — um país que, muitas vezes, tratara brutalmente os refugiados cambojanos —, o chefe do exército tailandês revelou que pretendia viajar ao Camboja para participar da delegação de boas-vindas. Durante a viagem, Vieira de Mello reclamou que a presença do general enviaria uma mensagem paternalista da Tailândia e possivelmente roubaria o espetáculo do príncipe Sihanouk. Quando seu carro da ONU se aproximou do centro de recepção de Sisophon, ele viu o general tailandês no pódio, com os braços cruzados e ar presunçoso. "Que diabo aquele canalha pensa que está fazendo?", Vieira de Mello reclamou, raivoso, com Assadi. "Esta não é a mensagem que queremos enviar. Este é o espetáculo de Sihanouk."

O príncipe Sihanouk rapidamente deixou isso bem claro. Ele desceu, de forma teatral, em um helicóptero de fabricação russa, junto com a esposa, Monique, para dar sua bênção aos recém-chegados, e o general tailandês desapareceu. Enquanto autoridades cambojanas presenteavam os refugiados com orquídeas diante do público, Vieira de Mello falou em um megafone, seus comentários traduzidos para o khmer. "Bem-vindos ao lar", ele disse. "Estivemos com vocês na Tailândia e, prometo, estaremos aqui para ajudar a se reinstalarem na terra natal."[32]

Iain Guest, o porta-voz do Acnur, observou seu chefe, de pé no estrado, sob o sol quente. O traje asiático azul-claro de Vieira de Mello estava ensopado de suor, e o rosto com aspecto severo, resoluto e triunfante. "Para Sergio, foi um momento de desagravo", Guest recorda. "Era um olhar que dizia: 'Eu falei que isso ia funcionar e, graças a Deus, funcionou, e ficarei aqui ao sol mais tempo do que qualquer um de vocês, seus filhos da puta'."

Quando um jornalista perguntou sobre a recente irrupção dos combates, Vieira de Mello respondeu: "Não espere que a paz seja instantânea após vinte anos de guerra. O regresso dos refugiados é uma forte mensagem para aqueles tentados a violar o cessar-fogo".[33] Mas se o regresso dos refugiados dissuadiria — ou incitaria — os violentos permanecia uma questão em aberto. E cerca de 360 mil cambojanos continuavam na fronteira tailandês-cambojana, aguardando a ajuda da ONU.

5. Caixa-preta

*Refugiados cambojanos retornando ao seu país no
Expresso Sisophon restaurado pela ONU.*

Durante seus dias de estudante de filosofia, Vieira de Mello muitas vezes refletira sobre a natureza do mal. Mas no Camboja ele conheceu realmente alguns dos assassinos em massa mais temidos do mundo. Logo após chegar a Phnom Penh, visitou o centro de tortura e execuções de Tuol Sleng, onde o Khmer Vermelho assassinara um total de 20 mil supostos oponentes e que o governo de Hun Sen manteve aberto como um museu. Embora se revoltasse fortemente com as fotos de homens e mulheres de todas as idades que haviam sido executados, estava absolutamente convicto de que ele e outros dirigentes da ONU tinham de envolver os sabotadores potenciais. Estava convencido de que a paz dependia de a ONU conseguir assegurar a cooperação do Khmer Vermelho, o que, para muitos humanitários, consistia em uma perspectiva abominável. Os defensores dos direitos humanos criticavam os mediadores internacionais por minimizarem os crimes cometidos pelo Khmer Vermelho — deliberadamente evitando a palavra "genocídio" no acordo de Paris, por exemplo, e estipulando eufemisticamente que os signatários desejavam evitar uma volta às "práticas do passado". Mas Vieira de Mello acreditava no que denominava "caixa-preta". "Às vezes você tem que colocar o comportamento passado e as intenções futuras numa caixa-preta", dizia aos colegas. "Você tem que simplesmente considerar as pessoas pelo que dizem no presente." Ele retornou à advertência de Kant: "Devemos agir *como se* a coisa que talvez não exista existisse".[1]

O Khmer Vermelho estava profundamente desapontado com o desempenho da Untac. Eles esperavam que Akashi e a Autoridade Transitória da ONU assumissem o controle do Camboja e encerrassem a influência vietnamita no país. Contudo, a despeito de o acordo de Paris autorizar a ONU a assumir o controle direto de ministérios-chave, apenas 218 profissionais das Nações Unidas — 95 em Phnom Penh e 123 nas províncias — haviam sido incumbidos de supervisionar as atividades de cerca de 140 mil servidores públicos cambojanos do governo Hun Sen, e quase nenhum dos funcionários da ONU falava khmer.[2] A Untac, portanto, desempenhava um papel mais de aconselhamento do que de supervisão.

Akashi também se mostrara relutante em exercer a autoridade e a função que lhe foram atribuídas pelo acordo de Paris. Embora devesse tomar "as medidas corretivas apropriadas" quando as autoridades cambojanas se conduzissem equivocadamente, era raro que os punisse. Contou aos colegas que, para muitos japoneses, sua Constituição carecia de legitimidade, por ter sido imposta por Douglas MacArthur e pelos ocupantes norte-americanos após a Segunda Guerra Mundial. Ele acreditava que a ONU alienaria os cambojanos se tentasse impor sua visão. O Khmer Vermelho, ao perceber que Akashi pretendia adotar uma abordagem minimalista em sua missão, pôs-se a renegar os compromissos assumidos em Paris. Se Hun Sen não renunciasse ao controle dos ministérios--chave nem eliminasse os vietnamitas, o Khmer Vermelho negaria à Untac o acesso ao seu território. Nenhuma das facções que se encontravam em guerra desde o início da década de 1970 concordou em se desarmar.

CATIVANDO O KHMER VERMELHO

Vieira de Mello resolveu conhecer a liderança do Khmer Vermelho. Apesar de funcionários da ONU que trabalhavam nos campos na fronteira tailandesa, através dos anos, terem se reunido com autoridades de nível médio da facção, nenhum alto funcionário internacional se encontrara com a alta liderança do Khmer Vermelho em seu terreno. Ele estava determinado a se tornar o primeiro. "Parte dele pensava: 'Que façanha seria se fosse eu quem conseguisse submeter o Khmer Vermelho'", recorda Courtland Robinson, um analista de longa data dos assuntos cambojanos.

Mas Vieira de Mello tinha outras intenções. Ele sempre se intrigara com o fato de revolucionários do Khmer Vermelho como Ieng Sary, Pol Pot e Khieu Samphan terem estudado em Paris e até lido os mesmos tratados filosóficos que ele na universidade. "Quero olhar dentro dos olhos de Ieng Sary", ele disse para Nici Dahrendorf. "Quero ver se ainda estão ardendo de furor ideológico." Naquela altura de sua carreira, refletir sobre as raízes do mal era mais estimulante do que gerir a logística de atenuar o sofrimento resultante desse mal. Às altas horas da noite, sentado em sua suíte de hotel com McNamara, Bos e uma garrafa de Black Label, ele conseguia debater a história do Khmer Vermelho até de madrugada. "Como foi que eles se desencaminharam?", perguntava. "Houve um momento em que pegaram a trilha errada, ou a ideologia estava destinada a ser levada ao seu extremo? E, se ia ser levada ao extremo, o extremo estava destinado a ser sanguinário?" McNamara não acreditava que o Khmer Vermelho conseguisse mudar de atitude. Era conhecido na missão pela declaração "Vamos infernizar a vida deles!". Já Vieira de Mello raramente forçava as partes a irem muito além de onde haviam se mostrado inclinadas a ir. "Pelo menos uma vez você poderia pensar na manhã seguinte depois de os infernizarmos, Dennis?", ele perguntava. "Eu os infernizo, mas o que acontece depois? Nunca mais eles responderão às minhas chamadas." O jornalista britânico William Shawcross importunava Vieira de Mello dizendo que sua autobiografia se chamaria, com toda razão: *Meus amigos, os criminosos de guerra*.

Um dia, Salvatore Lombardo, o funcionário italiano do Acnur, adentrou o escritório poeirento da ONU em Battambang e encontrou Vieira de Mello esparramado no sofá lendo a *Crítica da razão pura* de Kant em francês. "Sergio, que diabo você está fazendo?", Lombardo perguntou. Vieira de Mello respondeu, sem erguer os olhos do texto: "Este é o único tipo de leitura que consigo fazer que me permite realmente escapar deste lugar". Kant estava fresco em sua mente, porque havia pouco tempo ele proferira sua palestra no International Peace Research Institute de Genebra. Ele levara o artigo para o Camboja e, empolgado, o mostrara a Bos, que fez um esforço inaudito para navegar pelo texto, sem conseguir porém acompanhar o argumento. "Por mais que eu tentasse, adormecia após duas páginas ou desistia, frustrada com a minha incapacidade de entender aquilo", ela recorda. Ele fingiu que não se importou, mas Bos percebeu que ele deixava o artigo à vista no quarto do hotel, na esperança nada sutil de que ela tentasse de novo.

Em certo sentido, o desejo de Vieira de Mello de cativar o Khmer Vermelho era motivado por seu desejo geral de manter todos do seu lado. Alguns anos antes, quando exercia o cargo de diretor do escritório da Ásia do Acnur, em Genebra, ele pedira a Douglas Stafford, o vice-alto-comissário, que substituísse um diretor de país na Indonésia que vinha aterrorizando a equipe e outro em Hong Kong que bebia demais. Mas, quando Stafford examinou os arquivos de pessoal, percebeu que Vieira de Mello havia dado aos dois funcionários uma avaliação "excepcional". "Sem um registro em papel da incompetência ou das agressões, como posso ajudá-lo a se livrar dessas pessoas?", Stafford perguntou. "Por que você as avaliou como 'excepcionais'?" Vieira de Mello não se mostrou arrependido. "Você nunca sabe onde vai parar", justificou-se. "Um dia você pode ser o chefe dessa pessoa. No dia seguinte, pode estar trabalhando para ela. Para que fazer um inimigo sem necessidade?" Stafford comentou com um colega: "Sabe qual o maior problema do Sergio? Ele se recusa a fazer inimigos".

Embora a ambição, a curiosidade intelectual e sua recusa em fazer inimigos certamente desempenhassem um papel na aproximação de Vieira de Mello com o Khmer Vermelho, ele também sabia que o acordo de Paris estava periclitante. Se o Khmer Vermelho parasse totalmente de cooperar com a ONU, a guerra se reiniciaria. Como os guerrilheiros maoístas controlavam diversos campos de refugiados na fronteira tailandesa, poderiam se recusar a permitir que "seus" mais de 77 mil refugiados retornassem ao Camboja. Ou poderiam sabotar as eleições patrocinadas pelas Nações Unidas, programadas para menos de um ano mais tarde, atirando nos cambojanos que saíssem para votar.

Nunca ficou exatamente claro quem comandava o Khmer Vermelho. Nem o Irmão Número 1 (Pol Pot), nem o Irmão Número 3 (Ieng Sary), os líderes mais conhecidos do grupo, apareciam em público em Phnom Penh. Khieu Samphan, o rosto público da facção, gravava em vídeo suas reuniões com funcionários da ONU, alimentando especulações de que estava enviando as fitas para Pol Pot. Para informações sobre o Khmer Vermelho, Vieira de Mello contava principalmente com um norte-americano de 34 anos chamado James Lynch. Um ex-advogado de empresas de Connecticut, Lynch ajudara refugiados cambojanos a se reassentarem nos Estados Unidos como um serviço gratuito para seu escritório de advocacia e depois se mudara para a Tailândia para assumir um emprego em que processava pedidos de asilo de refugiados. Lynch passara meia década negociando com altos funcionários do Khmer Vermelho na fronteira tailandesa, e Vieira de Mello pediu que ele promovesse um encontro com os maoístas nas profundezas da selva.

Em 6 de abril de 1992, Vieira de Mello, Bos e Andrew Thomson partiram, acompanhados por um especialista em desativação de minas, um engenheiro agrícola e Udo Janz, o chefe do escritório do Acnur em Battambang, a segunda maior cidade do Camboja. Lynch e Jahanshah Assadi viriam de carro do território tailandês e se juntariam a Vieira de Mello e aos demais no acampamento-base do Khmer Vermelho. Penetrando em território perigoso, a equipe da ONU não revelara seus planos à escolta armada cambojana. Mas, ao se aproximarem do rio Mongkol Borei, um dos soldados que o governo de Hun Sen providenciara exclamou: "Vamos parar por aqui. Isto é suicídio!". Eles nunca haviam margeado o território do Khmer Vermelho e abandonaram às pressas o grupo da ONU.

A ponte que a equipe das Nações Unidas havia sido instruída a atravessar fora explodida. Sobre um barranco na orla do território do Khmer Vermelho, o pessoal lançou um olhar sobre Vieira de Mello, à espera de uma orientação. Seu plano começou a parecer ambicioso demais e, ao mesmo tempo, absurdamente amador. Mas de repente ele apontou para o outro lado do rio. "Olhem!", exclamou. "Eles estão aqui!" Sobre o barranco a margem oposta do rio viram três soldados do Khmer Vermelho, carregando Kalashnikovs e trajando quepes Mao, uniformes cáqui e suas bandanas típicas. "Vá falar com eles, Doutor", ele instruiu Thomson, o único falante de khmer do grupo. "Veja se são nossos guias."

Thomson lançou para Vieira de Mello um olhar de descrença. Desde a sua mudança para o Camboja, em 1989, o neozelandês vinha tendo um pesadelo recorrente, influenciado pelo filme vencedor de três Oscars *Os gritos do silêncio*. No sonho, enquanto dormia em sua barraca no hospital da Cruz Vermelha australiana, um grupo do Khmer Vermelho de uniforme preto atravessava um arrozal, entrava pelos fundos da barraca, o arrastava para fora e o executava. Nos dois anos que passara no Camboja antes de ingressar na ONU, nunca deparara com um soldado do Khmer Vermelho e jurara para si mesmo que jamais o faria.

Conquanto o acordo de Paris estipulasse que funcionários da ONU iriam trabalhar com os maoístas, Thomson já vivera tempo demais entre os cambojanos para poder ignorar o passado sangrento dos guerrilheiros. "Queriam que tratássemos o Khmer Vermelho como os outros partidos", ele recorda, "mas eles não eram como os outros. Eles eram assassinos em massa." Mesmo assim, o entusiasmo de Vieira de Mello pela aventura fora tão contagiante, e a defesa para Thomson de sua indispensabilidade tão persuasiva, que o médico subitamente se viu convocado para travar conversa com um membro de uma milícia famosa por atirar sem fazer perguntas.

Thomson desceu um barranco de seis metros de altura rumo ao rio raso abaixo. Na metade do rio, mudou de ideia e ficou paralisado. "Merda", disse para si mesmo, "posso continuar avançando e levar uma bala no peito, ou posso dar meia-volta agora e levar um tiro pelas costas." O soldado na outra margem baixou o olhar para ele, mas, devido ao sol atrás de sua cabeça, o médico só conseguiu discernir a silhueta do soldado, e não sua expressão facial.

"Ei", Thomson disse em khmer, tremendo de medo. "Vocês são o Khmer Vermelho?"

O soldado concordou com a cabeça.

"Onde está a ponte?", Thomson perguntou.

O soldado olhou para baixo e respondeu indiferente: "Não tem ponte. Vocês têm que atravessar o rio". Os funcionários da ONU teriam que supor que o leito do rio estava livre de minas se quisessem continuar sua jornada.

Se os membros da equipe deixassem seus veículos para trás, estariam totalmente dependentes do Khmer Vermelho. Sem as antenas de longo alcance dos Land Cruisers, seria impossível manter contato por rádio com a base da ONU. Alguns dos funcionários carregavam rádios portáteis, mas sem o mesmo alcance, e com baterias de pouca duração. Vieira de Mello deu de ombros, arregaçou as calças e foi em direção a Thomson. Os outros o seguiram, sabendo que, assim que cruzassem o rio, estariam penetrando no desconhecido.

Enquanto os funcionários da ONU transpunham, em fila indiana, as águas, carregando suas pequenas mochilas com mosquiteiros, cadernos e água engarrafada, a tensão e o absurdo do encontro fizeram com que alguém no grupo desse uma risada nervosa, logo imitada pelos outros. Quando terminaram de atravessar o rio, a equipe inteira estava às gargalhadas. A expressão no rosto dos seus guias circunspectos do Khmer Vermelho não mudou.

Vieira de Mello e Mieke Bos cruzando o rio Mongkol Borei a caminho do território do Khmer Vermelho, em 6 de abril de 1992.

Os soldados conduziram a equipe das Nações Unidas por um caminho de mais de três quilômetros floresta adentro, alertando que não saíssem da trilha porque a mata estava repleta de minas. Ao longo do caminho, os funcionários da ONU viram lançadores de foguetes, pilhas de munições e casamatas. "Esse é o desarmamento da ONU!", Vieira de Mello exclamou. Apanhou uma câmera e começou a tirar fotos dos soldados ao lado de suas armas. Thomson, que continuava perturbado, disse: "Sergio, sei muito bem que você não está querendo tirar fotos. Afinal, eles são o *Khmer Vermelho!*". Vieira de Mello achou engraçado. "Claro que quero, Doutor. Talvez nunca mais tenha essa chance."

O grupo chegou a um caminhão-plataforma chinês e recebeu instruções de subir. Enquanto o caminhão percorria um matagal cada vez mais denso, Vieira de Mello usava toalhas de papel para se manter limpo. Após cerca de duas horas de viagem em meio a bambus com altura de um prédio de três andares, o caminhão entrou num acampamento onde duzentos soldados da facção estavam enfileirados como que para uma inspeção. A equipe da ONU havia atingido o acampamento do Khmer Vermelho.

Lynch e Assadi haviam chegado várias horas antes, provenientes da Tailândia, e ficaram alarmados ao não conseguirem alcançar seus colegas pelo rádio.

Entretanto, quando seu chefe chegou todo sorridente, os dois homens simularam calma. "Por que vocês demoraram tanto?", Assadi perguntou. Lynch fora o responsável por mapear o itinerário. "Como você queria que atravessássemos aquele rio no nosso carro?", Vieira de Mello perguntou.

O Khmer Vermelho tratou a delegação visitante da ONU como reis. O general Ny Korn, o comandante militar do Khmer Vermelho para a região, conduziu-os até uma pequena cabana, oferecendo cerveja, Coca-Cola e a mercadoria mais preciosa de todas: pedras de gelo trazidas naquela tarde da Tailândia. Vieira de Mello se comportara como um garoto deslumbrado numa excursão de colégio durante a viagem selva adentro, mas, assim que as negociações começaram, mostrou-se totalmente profissional. Em vez de ignorar ou marginalizar o Khmer Vermelho, como Akashi e Sanderson vinham fazendo, tentou convencê-los de que, para permanecerem uma força política significativa, teriam que estimular o retorno dos refugiados à terra sob seu controle no Camboja. Se ninguém retornasse aos seus antigos baluartes, eles se dariam mal nas eleições de 1993.

Ele informou ao general Ny Korn que, à medida que os regressos fossem realmente voluntários, o Acnur ajudaria os cambojanos a se mudarem para terras controladas pelo Khmer Vermelho. E o general facilitou as coisas, ao rapidamente concordar com o princípio da ONU de que todo refugiado cambojano tinha o direito de retornar à área que escolhesse. Isso significava que os refugiados em campos controlados pelo Khmer Vermelho teriam a liberdade de optar por abandonar a organização maoísta fanática e se instalar em qualquer lugar do Camboja. Mas também significava que aqueles que optassem por se mudar para terras cambojanas sob o controle deles obteriam auxílio do Acnur. Contudo, para poder oferecer aquilo, Vieira de Mello revelou ao general que a esquiva facção teria que conceder à ONU acesso irrestrito à área, a fim de que os especialistas pudessem avaliar as condições de saúde, água e existência de minas. O Khmer Vermelho conduziu os funcionários da ONU pela área e apontou para a vegetação luxuriante e a terra fértil. "A melhor terra cultivável do país", disse um deles. "Vocês têm que contar ao pessoal dos campos."

Com o cair da tarde, mosquitos começaram a atacar os visitantes. Udo Janz aplicou um repelente *roll-on* de mosquitos, e os oficiais do Khmer Vermelho à mesa apontaram para o instrumento boquiabertos. Janz contou que o repelente afastaria os mosquitos e a malária. Um dos soldados mais ousados agarrou o bastão, deu uma cheirada e exclamou em khmer: "Limão, limão!". Ele então fez o mesmo que Janz, aplicando o repelente ao longo do braço. Em seu mapa, Thomson marcara com um enorme X o território onde eles se encontravam porque era famoso por estar infestado de mosquitos transmissores de malária. Mas, ao levantar a questão, uma autoridade de saúde pública do Khmer Vermelho disse: "Não temos malária aqui. Derrubamos todas as florestas, e a malária desapareceu". Thomson ficou estupefato. "Está querendo me dizer que nenhum de vocês tem malária?", ele perguntou. "Não me insulte mentindo para mim." A autoridade se enfureceu. "O que você entende do meu país?", ele perguntou. Subitamente, Vieira de Mello, o diplomata, interrompeu sua conversa com o general Ny Korn e se interpôs entre os dois profissionais de saúde que discutiam. "Acho que podemos concordar que a malária é um problema grave", ele disse. "E claro que merece uma análise cuidadosa. Vocês dois podem continuar num outro dia."

Os trabalhadores de ajuda humanitária e os diplomatas em áreas assoladas pela guerra muitas vezes desconfiavam das ofertas de hospitalidade, com consequências potencialmente letais. No final da tarde, um soldado do Khmer Vermelho sugeriu que a equipe da ONU se refrescasse dando um mergulho no rio. "Estamos bem", disse Vieira de Mello em nome dos outros. Mas os soldados insistiram. "Não trouxemos calções de banho", Vieira de Mello tentou. O general Ny Korn deu uma ordem rigorosa em khmer. Em poucos minutos, um de seus soldados retornou com sarongues para os funcionários da ONU. Com apreensão, Vieira de Mello e os outros mergulharam na água, que se mostrou extremamente refrescante. Os soldados do Khmer Vermelho permaneceram radiantes nas margens do rio. "Vejam bem como o rio está limpo agora", um deles gritou. "Quando os vietnamitas governaram o Camboja, os rios estavam repletos de cadáveres e pedaços de corpos." Os nadadores da ONU estremeceram ao pensar no que jazia embaixo deles. Os jovens soldados do Khmer Vermelho, a maioria ainda adolescente, ficaram embasbacados com Bos, a única mulher do grupo, enquanto ela nadava. "Ela está torturando esses pobres rapazes", Assadi comentou com Lynch. "Ninguém merece."

Antes do jantar, os visitantes ouviram o som de tiros a distância. Thomson, que ainda não relaxara, considerou aquilo um mau presságio. Mas seus temores logo se dissiparam quando os soldados do Khmer Vermelho entraram no acampamento trazendo sua presa: um veado que haviam caçado para o jantar. Após o festim, o grupo recolheu-se em cabanas de madeira simples, onde passaram a noite, dormindo em lençóis ainda com os vincos, recém-saídos da embalagem da loja.

Após uma reunião final durante o café da manhã do dia seguinte, a equipe da ONU de Vieira de Mello partiu, pelo mesmo caminho. Quando fotos da viagem circularam pelo quartel-general da ONU em Phnom Penh, a maioria dos funcionários ficou admirada com a ousadia dos colegas em realizar tal viagem. O telegrama de Vieira de Mello para Genebra observou, com orgulho, que aquela foi "a primeira visita oficial da equipe internacional à área do Khmer Vermelho".[3]

Desde a sua primeira missão no Líbano, ele se irritava com o rótulo de "humanitário". Porém, após sua viagem ao território do Khmer Vermelho, insistiu com Akashi que um humanitário poderia desempenhar um papel de importância política profunda. Se ele pôde usar o retorno dos refugiados para abrir um canal de comunicação com a facção combatente que ninguém mais na ONU conseguia acessar, esse poderia ser o instrumento para que outras partes da Untac obtivessem acesso e, enfim, cooperação. Sabia que sua estratégia era arriscada. O Khmer Vermelho poderia se fechar com a mesma rapidez com que se abrira. Escreveu a Ogata que, em vez de confiarem nas garantias do general Ny Korn, as autoridades da ONU teriam que "submeter essa súbita boa vontade a testes repetidos nas semanas vindouras".[4]

Na verdade, a "boa vontade" do Khmer Vermelho não durou, pois a facção negou o acesso a tropas de paz da ONU, desativadores de minas e agentes de saúde pública. Em 8 de maio, um mês após o encontro com o general Ny Korn, Vieira de Mello voltou ao território proibido para se encontrar com Ieng Sary, a segunda maior autoridade do Khmer Vermelho, em sua casa. A viagem foi tão recheada de aventuras quanto a primeira, envolvendo tratores, carroças puxadas por burro e caminhões chineses. De novo, ao chegar, Vieira de Mello não mostrava nenhum sinal de cansaço. Acompanhado por Bos, Assadi e Lynch, conseguiu se manter imaculado, mesmo com seu veículo atravessando um charco profundo após o outro. Lynch e Assadi estavam cobertos de lama. Vieira de Mello, impecável graças às suas toalhas de papel, examinou os colegas e fez um sinal de não com a cabeça. "Tive essa dúvida a vida toda", ele disse, sorrindo, "mas agora enfim sei como é parecer-se com merda."

Ieng Sary serviu uma refeição ainda mais sofisticada que a do general Ny Korn. Embora Ieng falasse por intermédio de um intérprete khmer-francês, com frequência corrigia as traduções. A reunião não trouxe nenhum progresso. Vieira de Mello solicitou a Ieng Sary que usasse sua influência para aumentar a cooperação do Khmer Vermelho em relação à ONU, e Ieng Sary solicitou a Vieira de Mello que usasse sua influência para destituir Hun Sen do poder. Impressionado com os hábitos refinados de Ieng, Vieira de Mello ficou desconcertado com a dissociação entre o homem que encontrara e os crimes pelos quais era responsável. "Quando você está bebendo a cerveja tailandesa gelada de Ieng Sary e comendo filé-mignon como agora", ele sussurrou para Assadi ao partirem, "fica fácil esquecer que o homem é um assassino." Sempre que Vieira de Mello se reunia com autoridades do Khmer Vermelho, evitava mencionar os crimes do passado. Como Bos recorda, "o enfoque de Sergio era sempre no futuro. Ele não era confrontador e não via razão para perguntar: 'Quanto sangue você tem nas suas mãos?'".

AUTORIDADE TRANSITÓRIA SEM A AUTORIDADE

As incursões de Vieira de Mello lhe valeram o respeito dos colegas, mas não pareciam estar mudando a conduta do Khmer Vermelho. Em 30 de maio, apenas três semanas após o banquete com Ieng Sary, a Untac passou pelo pior momento. Akashi e o general Sanderson viajaram até o pretenso quartel-general da facção na cidade de Pailin, onde se reuniram com alguns de seus líderes. Depois, em vez de retornar a Phnom Penh, Akashi decidiu exercer a liberdade de movimentos prometida à ONU no acordo de Paris. Seu comboio percorreu uma estrada de terra sacolejante até alcançar um posto de controle numa área onde o Khmer Vermelho sabidamente estaria contrabandeando pedras preciosas e madeira para a Tailândia. Dois soldados esqueléticos do movimento manejavam a vara de bambu que bloqueava a estrada. Quando Akashi pediu aos soldados que levantassem o bambu, eles se recusaram.

Akashi a princípio agiu como se aquilo fosse um mero mal-entendido. Zangado, exigiu que os soldados fossem chamar seu comandante.[5] Mas, quando um oficial mais graduado do Khmer Vermelho apareceu, também se recusou a permitir a passagem da ONU. Akashi não tinha um plano de contingência e por fim instruiu os motoristas da ONU a darem meia-volta. Sanderson, que desde o início achara imprudente tentar penetrar em território proibido do Khmer Vermelho, defendeu a retirada, ao ver um grande ninho de metralhadora ao lado do posto de controle. Mas a mídia cambojana e ocidental, que viajava junto, explorou o incidente para ridicularizar a passividade da ONU.

A expectativa dos cambojanos era de que os soldados da ONU fizessem cumprir as cláusulas do acordo de Paris, o que aos poucos vinha dando lugar ao temor de que as Nações Unidas cederiam à resistência de qualquer das facções. "Somos a Autoridade Transitória das Nações Unidas, sem a autoridade", observou um soldado das tropas de paz britânico. "Os cambojanos nos desdenham."[6] Os ataques militares de Hun Sen contra o Khmer Vermelho aumentaram sem parar de 1992 a 1993, assim como o banditismo no interior.

Akashi e Sanderson haviam deixado bem claro que não tinham intenção de se impor pela força. Aquela era claramente uma missão de *paz*, e eles pretendiam mantê-la assim. "Muitos dos países que contribuíram com tropas estavam enviando seus soldados em sua primeira missão da ONU", Sanderson recorda. "Alguns ainda nem haviam chegado. Quantos deles teriam se inscrito se a missão tivesse sido divulgada como 'Venha pro Camboja guerrear contra o Khmer Vermelho!'" Akashi culpou as facções pelo impasse — não a ONU. "Os proponentes irresponsáveis do 'uso da força' parecem ignorar o fato de que os vietnamitas ocuparam o Camboja por uma década, com 200 mil tropas, sem conseguir submeter o país totalmente ao seu controle", disse.[7]

As autoridades da ONU estavam divididas a respeito do rigor com que Akashi e Sanderson deveriam enfrentar os sabotadores da paz. McNamara achava que os desrespeitos aos direitos humanos não cessariam de aumentar se Akashi permitisse que as Nações Unidas — e, por definição, seus princípios — fossem tripudiadas. "Não vejo sentido em dispormos de milhares de soldados e policiais se uma vara de bambu consegue nos deter", McNamara argumentou. O substituto de Sanderson, um general francês chamado Michel Loridon, foi além, instando a Untac a "desafiar o blefe do Khmer Vermelho".[8] Loridon acreditava que uma missão da ONU não diferia de nenhuma outra missão militar: era preciso correr riscos. "Não é uma questão de número de soldados. Já fiz muito mais com trezentos soldados do que vem sendo feito com 14 mil", Loridon contou aos jornalistas. Se o Khmer Vermelho reagisse às tropas da ONU, argumentou o general, "poderíamos perder duzentos homens — e eu poderia estar entre eles —, mas o problema do Khmer Vermelho estaria resolvido para sempre".[9] Sanderson convocou Loridon ao seu escritório quando viu as matérias na imprensa. "Você realmente disse estas coisas?", perguntou com incredulidade. "*Oui, mon général*", Loridon respondeu, "mas claro que sou leal a você."

Vieira de Mello não achava que Akashi e Sanderson devessem ter transposto a barreira de bambu. Ele passara inúmeras horas reunido com embaixadores-chave, e sabia que os países que contribuíram com tropas não estavam preparados para arriscar a vida de seus soldados numa luta contra o genocida Khmer Vermelho. Vieira de Mello considerava Loridon um imprudente, e pelo resto de sua carreira alertaria contra cruzar "a linha Loridon". "Deem-me alguns paraquedistas franceses", Vieira de Mello costumava dizer, imitando Loridon, "e eu darei conta do Khmer Vermelho!" Mas ele concordava com McNamara que o incidente fez a ONU parecer fraca e realçou a tibieza de Akashi como diplomata. "Esta é uma grande desmoralização e um golpe à credibilidade da ONU", ele disse para Bos. "A arte da diplomacia consiste em evitar colocar-se numa posição onde você possa ser humilhado."

Vieira de Mello se dava bem com o general Sanderson e também com a maioria dos altos oficiais militares. Mas tensões ocasionalmente irrompiam entre os dois homens, pois Sanderson o acusava de legitimar o Khmer Vermelho. "Você está fazendo o jogo deles", o general disse. Vieira de Mello mantinha sua posição. "Olha, fiz com que eles cooperassem com a ONU em algo. Nada mais está avançando. De que outra maneira vamos mantê-los no jogo?"

As relações de Vieira de Mello com Akashi ficaram tensas. Akashi bajulava os diplomatas influentes em Phnom Penh, porém tratava os altos funcionários da ONU na missão como meros técnicos. Vieira de Mello vivia em contato constante com os funcionários de campo do Acnur através do Camboja e acreditava estar mais perto da pulsação política do país do que Akashi, que interagia sobretudo com outros estrangeiros na capital cambojana.

Em 15 de junho de 1992, assim que Akashi partiu para uma conferência de doadores em Tóquio, Vieira de Mello, McNamara e Reginald Austin, o alto funcionário da ONU encarregado de planejar as eleições, redigiram um memorando conjunto recomendando que Akashi adotasse um estilo gerencial mais "participativo" e modificasse a abordagem da Untac em relação a Hun Sen e ao Khmer Vermelho. Como a Untac não conseguira assumir o controle sobre os cinco ministérios-chave do Camboja, a facção de Hun Sen conservava um poder que deveria ter entregue e se mostrava arrogante. Apesar da relutância de Akashi em agir como um ocupante no estilo MacArthur, os diretores da ONU argumentaram que ele precisava assumir maior autoridade, de modo a impedir que Hun Sen continuasse determinando o rumo dos eventos. Ele também precisava fazer uso dos canais de comunicação de Vieira de Mello com o Khmer Vermelho.[10]

Quando Vieira de Mello se juntou a Akashi em Tóquio naquela semana, pediu para discutir o memorando. Mas o diplomata japonês rejeitou as críticas. "Minha impressão era de que eles não tinham a mesma quantidade de informações e fontes de que eu dispunha", Akashi recorda. "Assim eu não achava que estivessem em condições de se juntarem a mim na tomada de decisões. Eles eram um pouco ambiciosos demais, na minha opinião." Akashi convenceu-se de que os homens aceitaram a rejeição de bom grado. "Eles não ficaram com ressentimentos profundos", recorda, equivocadamente. "Viram que eu reconhecia seu trabalho e suas ideias, mas que eram um tanto limitados."

UMA EXPERIÊNCIA PERIGOSA

Vieira de Mello continuava acreditando que o envolvimento construtivo com o Khmer Vermelho era a única maneira de salvar o frágil processo de paz cambojano. Num memorando interno de julho de 1992, ele instruiu os funcionários do Acnur a evitarem — "de acordo com seu mandato humanitário e não político" — críticas à facção na imprensa.[11] Em setembro daquele ano, ele criticou o funcionário da ONU Christophe Peschoux por informar ao *Le Monde* que os guerrilheiros estavam em colapso.[12] Enviou por fax o recorte do jornal para Peschoux com uma nota manuscrita: "Não é preciso dizer que entrevistas deste tipo são totalmente nocivas e constrangedoras, sobretudo numa época em que estou fazendo o máximo para manter abertos os canais de comunicação com o Khmer Vermelho".[13] As denúncias e o isolamento proporcionaram a Akashi uma satisfação transitória, mas a abordagem não era sustentável. "Ao atacar o Khmer Vermelho em público, o que estamos ganhando?", Vieira de Mello perguntou a Assadi. "Seremos uma voz em um milhão criticando-os. Para eles, seremos apenas mais um inimigo."

Desde seu encontro com Ieng Sary em maio, ele vinha contatando os dirigentes do Khmer Vermelho em Phnom Penh para que permitissem uma nova visita ao seu território rural. Finalmente, em agosto, seu pedido foi atendido depois que um casal de refugiados cambojanos, que o Acnur acabara de trazer de volta da Tailândia, foi morto por um grupo de soldados do movimento.[14] Embora a liderança do Khmer Vermelho negasse o envolvimento com os assassinatos, tentou neutralizar a imagem negativa resultante com um convite a Vieira de Mello para uma nova visita.

Em 30 de setembro de 1992, ele e Bos refizeram a viagem que haviam realizado em abril. A transformação desde sua última visita era gritante. Uma cidade inteira havia surgido, pois o Khmer Vermelho cumprira a promessa de fornecer aos refugiados que voltavam terras para o cultivo de arroz e a horticultura. O Acnur ainda não havia auxiliado os refugiados, mas eles começaram a ir para aquela área por conta própria.

Numa reunião com o representante civil do general Ny Korn, Vieira de Mello formulou os termos de um "pacote pragmático" que esperava que os guerrilheiros pudessem aceitar. "Faz seis meses que estivemos aqui pela última vez", ele contou ao oficial. "Muitos outros refugiados nos campos gostariam de retornar, só que não podemos garantir sua vinda sem que vocês abram seu território." Ainda que o Khmer Vermelho não aceitasse lidar com Akashi num nível político, Vieira de Mello insistiu que o general permitisse o acesso irrestrito ao pessoal do Acnur, aos desativadores de minas da Untac e aos policiais civis da ONU, que ajudariam a garantir a segurança dos retornados. "O tempo está se esgotando", Vieira de Mello disse.[15]

O oficial do Khmer Vermelho concordou com um movimento de cabeça. "A porta está aberta", ele disse, acrescentando: "Se vocês vierem, comecem logo a agir". Ele pediu alimentos, assistência médica e diesel para os buldôzeres a fim de melhorar a estrada de acesso, no entanto declarou que a polícia da ONU seria desnecessária, porque o Khmer Vermelho garantiria a segurança dos retornados. O acesso aos desativadores de minas da Untac seria permitido, porém apenas aqueles "com a nacionalidade certa". Vieira de Mello entendeu que ele se referia aos tailandeses, que desde muito apoiavam o Khmer Vermelho. Dispunha de um acordo imperfeito, mas enfim um acordo.[16] "Sei que eles estavam nos usando", ele disse mais tarde, "só que nós também os estávamos usando."[17]

A ONU investigou o assassinato dos dois retornados. Em outubro de 1992, Son Sen, o comandante das forças do Khmer Vermelho, escreveu para Vieira de Mello negando a responsabilidade. Em vez de responder apresentando as provas da ONU da culpa do Khmer Vermelho, Vieira de Mello escreveu:

Excelência

Tenho a honra de acusar o recebimento do seu telegrama datado de 11 de outubro, no qual você me informou que, de acordo com sua investigação, o Khmer Vermelho não esteve envolvido nos supostos assassinatos dos dois retornados, que teriam ocorrido na província de Siem Reap em 22 e 23 de agosto. Isto prova que a cautela ao enfrentar e divulgar supostos incidentes como o supramencionado, sem que uma investigação apropriada tenha sido conduzida, constitui a abordagem correta.

Por outro lado, sua mensagem reforça a solicitação que fiz em minha carta, datada de 3 de setembro, repetida em minha mensagem de 16 de setembro, de que se conceda ao componente de repatriação do Acnur/Untac, em particular, acesso à aldeia a fim de permitir a investigação.

Atenciosamente,
Sergio Vieira de Mello

Sua infalível polidez conquistara-lhe o respeito do Khmer Vermelho — e, às vezes, aparentemente até sua afeição. Em 1992, Ieng Sary e Khieu Samphan enviaram a Vieira de Mello cartões idênticos de ano-novo, ambos mostrando uma foto granulosa das ruínas de um templo majestoso do século XII em Angkor Wat.

McNamara achava que seu amigo estava indo longe demais. Ele acreditava que seria loucura colocar civis de volta sob a custódia de assassinos em massa. No mínimo, a ONU tinha o dever de avisar aos refugiados que eles estariam confiando seus destinos aos mesmos homens responsáveis por 2 milhões de mortes, quando governaram o Camboja de 1975 a 1978.

Mas Vieira de Mello foi em frente. Um folheto do Acnur de novembro de 1992, distribuído no Sítio 8, dizia friamente: "O Acnur vai dar início às transferências para algumas áreas novas às quais não tinha acesso. Antes de decidir que seria seguro enviar vocês, o Acnur visitou essas áreas várias vezes". O folheto não mencionou que os locais em questão seriam governados pelo Khmer Vermelho.[18] Repórteres que viajaram às terras da facção e falaram com aqueles que haviam retornado verificaram que era total a ignorância sobre o passado sangrento das autoridades locais.[19] "Não acreditamos nas histórias sobre o genocídio do Khmer Vermelho", Eum Suem, um professor de 43 anos que passara sete anos em campos de refugiados, contou ao *New York Times*.[20] Muitas pessoas, como Eum, haviam fugido da invasão vietnamita em 1978 e achavam mais assustadora a ideia de se estabelecerem em terras controladas por Hun Sen, a quem ainda viam como um títere vietnamita.

Em janeiro de 1993, Vieira de Mello rejeitou as queixas de seus colegas, os quais tachou de puristas, e pela primeira vez envolveu o Acnur no retorno de refugiados para uma área controlada pelo Khmer Vermelho conhecida como Yeah Ath, ou "Vovó Ath". Em 13 de janeiro daquele ano, o Acnur ajudou 252 cambojanos no campo Sítio 8 a se mudarem para Yeah Ath, por ele considerada uma aldeia de retorno piloto.[21] O Khmer Vermelho conseguiu fornecer terras férteis, sem minas, e os retornados usaram os kits familiares do Acnur para construir casas, um pagode e uma escola pequena. O Acnur construiu uma nova estrada de acesso, pontes e sete poços. Nas semanas seguintes, 2714 cambojanos vieram diretamente dos campos de fronteira, enquanto outras 3729 pessoas chegaram até Yeah Ath oriundas de outros lugares. "Acredito", Vieira de Mello contou a um entrevistador, "que Yeah Ath poderá ser reconhecida em poucos anos como aquilo que sempre tive em mente: uma ponte — uma ponte social muito experimental entre o Khmer Vermelho e o resto do mundo."[22]

Ele defendeu os riscos citando a autodeterminação cambojana. "Estas pessoas optaram por vir aqui, e temos que respeitar tal opção", ele declarou a Philip Shenon do *New York Times*. Quando Shenon mencionou a selvageria do Khmer Vermelho, Vieira de Mello reagiu: "Não preciso que ninguém venha me contar essa história. Os cambojanos que estão voltando para cá são ph.D. nisso".[23] Mas às vezes ele dava a impressão de ter perdido de vista a carnificina. Depois que deixou o Camboja, ele se lembraria de ter trazido jornalistas às terras do Khmer Vermelho para que "pudessem mostrar ao mundo, à mídia internacional, que eles não eram os monstros que todo mundo acreditava". Embora a monstruosidade da liderança do Khmer Vermelho desde muito tempo tivesse sido provada, Vieira de Mello simplesmente não a manteve em primeiro plano em sua mente.

Ele pediu a Lynch que permanecesse com os retornados para fornecer ao Acnur um par de "olhos e ouvidos" no local. Lynch concordou sem hesitar. Vieira de Mello deixou claro que Lynch deveria permanecer em Yeah Ath 24 horas por dia. "Não quero ficar sabendo que você voltou para a fronteira tailandesa para dormir", disse.

Inicialmente Lynch teve companhia, pois Vieira de Mello havia solicitado às autoridades do Khmer Vermelho que permitissem a presença da polícia civil da Untac. Mas o advogado americano se divertira ao observar as tentativas da polícia da Untac de se estabelecer naquela aldeia inacessível. Quando um helicóptero da ONU tentou entregar uma toalete portátil, o cabo se rompeu e a toalete despencou no rio Tonle Sap. Quando os policiais da ONU tentaram descarregar na área os contêineres que serviriam de habitação, o Khmer Vermelho começou a atirar, e eles fugiram em pânico. Mais tarde foram informados de que os guerrilheiros não atiraram com a intenção de agredi-los, e sim de alertar os estrangeiros de que aquele era um campo minado. Como seria de esperar, a polícia da Untac não durou muito em Yeah Ath. Quando as forças de Hun Sen atacaram a aldeia, a polícia fijiana entregou voluntariamente seus veículos ao Khmer Vermelho, fez as malas e partiu.

Embora chegar até Yeah Ath representasse um desafio enorme, Vieira de Mello adorava fazer a viagem. Ele apreciava a dedicação de Lynch. "Ouvi dizer que você está vivendo em uma rede", brincou. "Os retornados já construíram suas casas, mas veja o exemplo que você está dando!" Sempre valorizando as línguas, insistiu que Lynch, que já falava tailandês, tentasse aperfeiçoar seu khmer. "Você só fica sentado sob uma árvore", disse de brincadeira. "Ao menos vê se aprende esta maldita língua!" Lynch achava irritante o fato de, a despeito de saber apenas umas poucas dezenas de palavras de khmer, Vieira de Mello as pronunciar tão perfeitamente que os cambojanos muitas vezes o confundiam com um dos seus conterrâneos.

O indicativo de chamada do rádio de longo alcance de Vieira de Mello era TIN MINE (mina de estanho), e ele deu a Lynch o apelido de TIN MINE 1. Meses depois, Lynch perguntou ao seu colega Assadi sobre as origens daquele apelido estranho, e ficou sabendo que não tinha nada a ver com o potencial de mineração do Camboja. Pelo contrário, derivava da discoteca preferida de Vieira de Mello na Malásia, chamada Tin Mine, e da qual ele se lembrava com carinho da época em que encabeçou as negociações de retorno dos refugiados vietnamitas.

Vieira de Mello reconhecia os riscos que Lynch estava correndo, ao viver por conta própria em meio ao Khmer Vermelho, mas nem por isso livrava sua barra. Lynch recebera dois presentes dos seus anfitriões: a rede e um par de botas militares leves. Ao presentearem Lynch com as botas, os soldados do Khmer Vermelho o avisaram que, se ele pisasse numa mina com elas, perderia o pé e não a perna inteira. Lynch naturalmente as usava em todos os lugares. Em uma de suas visitas, Vieira de Mello notou as botas de Lynch. "O que você está calçando?", perguntou com raiva. "Tire isso. Você está aqui como um funcionário das Nações Unidas. Não tente dar uma de nativo pra cima de mim!" Sua irritação porém passou rapidamente. Meses depois, quando o Acnur transferiu Lynch para o Quênia, Vieira de Mello ligou para o chefe do americano e fez o maior elogio de que era capaz. "Aproveite bem o Jamie", ele disse. "Ele realmente sabe lidar com gângsteres."

6. A síndrome do carro branco

Vieira de Mello vinha trazendo refugiados para casa, mas não conseguia salvar a missão da ONU como um todo. Nem conseguia preservar a exuberância que sentira após a queda do Muro de Berlim. Ele se deu conta de que, embora o sistema das Nações Unidas fosse capaz de cuidar de tarefas humanitárias como a de que estava incumbido, ainda não conseguia proporcionar segurança econômica ou física, os dois ingredientes cruciais para a estabilidade de um país a longo prazo. Independentemente do número de refugiados que a ONU havia ajudado a retornar, ele sabia que a situação da missão da Untac continuaria a se agravar.

HIATOS DE EXPECTATIVAS

Os grandes países doadores estavam dispostos a gastar somas enormes em tarefas altamente visíveis, como trazer refugiados para casa e promover eleições, mas não a reconstruir a infraestrutura cambojana ou promover o desenvolvimento econômico até que estivessem seguros de que o país não retornaria à guerra. E, como a União Soviética, o antigo benfeitor do Camboja, reduzira drasticamente o seu auxílio, os setores de saúde, educação e administração pública precisavam desesperadamente de recursos.

Num fenômeno que se tornaria conhecido como a Síndrome do Carro Branco, os preços no Camboja dispararam com a chegada de 30 mil estrangeiros. A ONU gastava cerca de 300 mil dólares por dia para abrigar e alimentar o pessoal da missão.[1] Para as despesas de manutenção, o pessoal da ONU recebia uma ajuda extra de 140 dólares por dia — equivalentes ao salário anual médio dos cambojanos em 1991, e duas vezes o salário mensal de um desativador de minas local.[2] Devido a esses altos salários, dobraram os preços da gasolina e da carne de porco. Os cambojanos empolgaram-se com a notícia de que a Untac traria um orçamento invejável de 2 bilhões de dólares ao Camboja. Mas na prática a parte mais significativa dos recursos das Nações Unidas foi gasta fora do país na compra de equipamentos e suprimentos, ou no pagamento de salários a tropas de paz e a civis estrangeiros da Untac. Na verdade, a despeito de a ONU alardear os empregos que vinha criando, os 2 milhões gastos com os salários do pessoal cambojano em 1992 correspondiam a menos que o montante despendido no reparo de veículos.[3] Os empregos que a ONU criou para os cambojanos deixariam de existir após a partida da Untac em 1993.

Vieira de Mello estava preocupado com o futuro do Camboja, mas também com seu presente, pois a percepção de que os refugiados estavam sendo mais bem tratados do que quem permaneceu no Camboja durante a guerra civil poderia provocar uma "síndrome da rejeição".[4] No final de 1992, um negociante francês chamado Jean-Marie Bertron, que abrira o bem-sucedido Café Sem Problemas em Phnom Penh, fez as malas e retornou à Europa. "A ONU", Bertron contou ao *Washington Post*, "transformou uma princesa numa prostituta."[5]

Cerca de trinta países doadores tinham prometido 880 milhões de dólares ao Camboja, mas um ano após o início da missão da Untac apenas 100 milhões haviam sido desembolsados.[6] Roger Lawrence, o dirigente da Untac responsável pelo pilar da reabilitação, descreveu a cautela dos países ricos: "Estamos num círculo vicioso em que o processo de paz afunda em parte porque o componente econômico não está funcionando — e o componente econômico não está funcionando porque se percebe o processo de paz afundando. Regiões inteiras do Camboja não viram nenhum sinal tangível de reconstrução".[7] As áreas rurais eram especialmente desprezadas.

As autoridades da ONU em campo no Camboja estavam praticamente impotentes para romper o ciclo, já que os recursos para o desenvolvimento tinham de vir dos governos. Vieira de Mello adotou os chamados Projetos de

Impacto Rápido (PIRs), executados por organizações privadas de ajuda, mas pagos pelo Acnur. O primeiro foi um projeto de duas semanas que empregou cambojanos no reparo de uma ponte na província de Siem Reap. Outros PIRs melhoraram o acesso à água limpa e criaram unidades de saúde móveis, ou distribuíram sementes de arroz e fertilizantes, além de equipamentos de pesca, potes d'água e mosquiteiros. Alguns ofereciam empréstimos a fazendeiros para eles iniciarem seus empreendimentos ou prestavam assistência aos idosos, órfãos e amputados vulneráveis. Tais projetos foram realizados em todas as 21 províncias do Camboja. Numa época em que a instabilidade desestimulava os investidores, ele esperava que os PIRs servissem como uma ponte essencial entre a ajuda de emergência e o desenvolvimento de mais longo prazo. Infelizmente, ao final de 1993, o Acnur gastara apenas 3,5 milhões de dólares nos PIRs, uma ninharia em relação ao que era de fato necessário.[8]

Apesar de todas as divisões do país — entre ricos e pobres, cidade e campo, capitalistas e comunistas —, os cambojanos pareciam praticamente unidos em sua convicção de que o acordo de Paris vinha descarrilando. Vieira de Mello conseguira manter vínculos humanitários com o Khmer Vermelho, mas a abordagem não proporcionou os dividendos políticos que ele previu. As tropas de paz da ONU davam a impressão de não estarem proporcionando segurança e eram crescentemente desprezadas. Entre julho e novembro de 1992, a Untac repatriou 81 militares por motivos disciplinares, assédio sexual e direção perigosa que resultou na morte de cambojanos. O general Sanderson podia investigar os incidentes, no entanto somente os superiores militares do país de origem do soldado podiam enviar um transgressor de volta para casa ou embargar seu soldo.[9] Como Vieira de Mello percebera no Líbano, Sanderson viu que o preço de operar sob uma bandeira da ONU era a falta de um comando unificado e de controle sobre suas tropas.

A aids, pouco discutida no Camboja antes da chegada das tropas de paz, estava se propagando, e os cambojanos culpavam os soldados da ONU por seus flertes frequentes com prostitutas.[10] O acrônimo Untac passou a ser ridicularizado como "UN Transmission of Aids to Cambodians" [Transmissão da aids pela ONU aos cambojanos].[11] A missão adquiriu tamanha reputação de predação sexual que até o Khmer Vermelho, em seu isolamento, acusava, durante as transmissões de rádio, as tropas francesas de estarem "ocupadas demais com prostitutas para verificar a presença de soldados vietnamitas".[12] Em vez de condenar publicamente a prostituição, Akashi, o chefe da missão, surpreendeu os líderes da sociedade civil ao dizer: "Não sou puritano. Soldados de dezoito anos e sangue quente que chegam da linha de frente após trabalhar duro deveriam poder ir atrás de representantes jovens e belas do sexo oposto".[13] O comentário de Akashi desencadeou uma comoção pública, e os paraquedistas franceses sentiram-se obrigados a desmantelar os bordéis improvisados que haviam brotado ao lado de sua base. Os médicos da ONU encomendaram 800 mil camisinhas para serem distribuídas aos soldados, e os oficiais supostamente instruíram seus soldados a não estacionar os veículos em frente a bordéis onde pudessem ser flagrados.

Não eram apenas os soldados das Nações Unidas que estavam dando o que falar. Alguns de seus funcionários civis desenvolveram relacionamentos com mulheres cambojanas que não falavam inglês. O diferencial de poder tornava difícil avaliar quão consensuais eram os relacionamentos. Com seus comentários de que "rapazes se comportam como rapazes", Akashi perdera a moral para comentar questões relacionadas ao sexo, e outros altos dirigentes alegaram não ter o direito de interferir nos relacionamentos de seus subordinados com adultos autônomos. Vieira de Mello evitou a questão. "Como Sergio não era nem um santo em seus próprios relacionamentos com mulheres", recorda uma funcionária da ONU, "teria sido difícil para ele se fazer de moralista, de modo que manteve a boca fechada."

COLAPSO DA SEGURANÇA

Diante da recusa do Khmer Vermelho de se desarmar e da opção de Akashi de a ONU não exercer um "controle direto" sobre os ministérios-chave, as únicas partes do acordo de Paris que pareciam passíveis de serem salvas eram a operação de repatriação, que se acelerara, e as eleições, marcadas para maio de 1993. Hun Sen percebeu no filho do príncipe Sihanouk, Ranariddh, seu principal oponente e se pôs a atacar fisicamente os candidatos de seu partido. A polícia da ONU ainda chegava lentamente ao Camboja, e o número ali presente era insuficiente para investigar as agressões aos direitos humanos, proteger os locais de registro de eleitores ou defender os escritórios dos partidos políticos.[14] Sem poderes para efetuar prisões, não conseguiram deter os ataques das tropas de assalto de Hun Sen contra oponentes políticos ou das forças do Khmer Vermelho contra vietnamitas étnicos.

O príncipe Sihanouk denunciou a Untac por não punir os ataques de Hun

Sen. Disse que, embora ele e o povo cambojano tivessem inicialmente dado as boas-vindas à ONU, perceberam que "a Untac é um coquetel terrível de raças que não se entendem entre si". Sihanouk declarou que, devido à chegada de milhares de prostitutas vietnamitas e aos tremendos aumentos de preço causados pela chegada das tropas de paz, "a Untac é detestada, odiada".[15] Ele criticou a decisão das Nações Unidas de realizar a eleição. "Para poder contar à ONU e ao mundo que teve sucesso em sua missão, a Untac vai promover uma eleição apesar de nenhuma das condições para a eleição ter sido cumprida. Nenhuma. É uma comédia terrível."[16]

Em janeiro de 1993, Akashi reagiu às críticas — a princípio provenientes apenas do Khmer Vermelho, mas agora vindas de todos os lados —, criando, pela primeira vez na história da ONU, uma promotoria especial com poder de prender e punir os suspeitos de cometer crimes políticos e violações dos direitos humanos. A primeira prisão foi realizada em 11 de janeiro, quando um funcionário do governo cambojano foi detido ao destruir, com um machado, um escritório do partido da oposição. Entretanto, como a ONU não dispunha de instalações e de pessoal para processar os suspeitos, entregou o homem à policia cambojana, que imediatamente o soltou.[17]

O Camboja parecia cada vez mais um faroeste, e o Khmer Vermelho começou a ficar mais ousado. Em dezembro de 1992, tomou 67 soldados da Untac como reféns, acusando-os de espionar a favor de Hun Sen e dos vietnamitas.[18] No dia 27 daquele mesmo mês, massacrou treze vietnamitas étnicos, incluindo quatro crianças, numa aldeia ribeirinha. Os assassinos espalharam panfletos exigindo que Akashi livrasse o país dos vietnamitas. Um mês depois, o Khmer Vermelho matou oito pessoas, entre elas três policias locais e uma menina de oito anos.[19]

Em sua correspondência com a sede da ONU, Vieira de Mello observou uma "clara tendência" nas fileiras do Khmer Vermelho rumo ao "isolacionismo, à introversão e à suspeita patológica". Mas enquanto seu chefe Akashi defendia sanções, ele continuava acreditando que novas medidas punitivas apenas fariam com que a facção se retirasse definitivamente do processo político.[20] Em 10 de março de 1993, em outra aldeia de pescadores na província de Siem Reap, o Khmer Vermelho matou 33 vietnamitas étnicos e feriu mais 29. Entre os mortos estavam oito crianças e um bebê.[21] Foi o pior massacre do período do pós-guerra. Dezessete dias mais tarde, um soldado de Bangladesh foi morto no primeiro assassinato deliberado de pessoal da Untac. Em maio, o mês da eleição, onze civis e soldados da Untac haviam sido mortos.

"UMA DENTRE VÁRIAS HISTÓRIAS DESCONHECIDAS"

Em meio a todos os massacres e escaramuças militares, o esforço de repatriação de Vieira de Mello avançou tranquilamente. A operação de que ele mais se orgulhou envolveu um grupo de Montagnards ("Montanheses" em francês) fatigados e infectados pela malária, encontrados pelos soldados da Untac numa patrulha pelas densas florestas do nordeste do Camboja. Os Montagnards viveram nos planaltos centrais do Vietnã e se aliaram às Forças Especiais dos Estados Unidos no combate ao Vietcongue durante a Guerra do Vietnã. Em 1979, diante da perseguição devido à posição pró-americana, fugiram do Vietnã para o Camboja, onde também foram segregados pelos cambojanos, hostis a qualquer um que tivesse alguma ligação com o Vietnã.

Em meio a longos períodos de lutas e privações, os Montagnards contaram com sermões pelo rádio de ondas curtas e umas poucas Bíblias surradas traduzidas para seu dialeto a fim de preservar sua fé cristã.[22] Eles atraíram o interesse dos Estados Unidos em 1985, quando missionários luteranos em Raleigh, na Carolina do Norte, ajudaram a reassentar cerca de duzentos deles. Mas até que Vieira de Mello e o Acnur se interessarem por eles, o que restara do grupo havia padecido nas florestas cambojanas.

O Conselho de Segurança incumbiu a Untac de desmobilizar e desarmar todos os elementos militares, contudo, quando os Montagnards foram descobertos, seu comandante, o coronel Y-Pen Ayun, relutou em obedecer, temendo que seu pessoal fosse forçado a voltar ao Vietnã. Ele disse que seus homens entregariam as armas somente se recebessem instruções de seu líder, um general do qual não tinham notícias desde 1975. Aos funcionários da ONU coube a triste incumbência de informar Ayun de que seu líder fora executado pelo Khmer Vermelho assim que viajou para Phnom Penh, quase duas décadas antes. Ao receber a notícia, Ayun e seus homens protestaram e pediram à ONU provas do assassinato do general, porém seus olhos se encheram de lágrimas e eles perceberam que sua longa jornada na selva havia terminado. O substituto de Ayun, o tenente-coronel Y-Hinnie, contou a Nate Thayer, da *Far Eastern Economic Review*: "Não estou zangado, mas muito triste porque os americanos nos esqueceram. Os americanos são como nosso irmão mais velho, e é muito triste quando seu irmão o esquece".[23] Ayun comunicou aos funcionários da ONU que seu povo gostaria de se juntar a seus parentes na Carolina do Norte, uma vez que era indesejável tanto no Vietnã como no Camboja.

Vieira de Mello sabia que atenuar o sofrimento dos Montagnards exigiria muitos recursos humanos e se constituiria num evento de pouca influência sobre o futuro do Camboja. Mas ele viu uma oportunidade de fechar uma das muitas portas deixadas entreabertas pela Guerra Fria, garantir pessoalmente a segurança de uma minoria ética esquecida e, não por acaso, apelar para um público cristão útil e barulhento nos Estados Unidos. Em 28 de setembro de 1992, fez uma visita secreta aos Montagnards e, numa reunião com o coronel Ayun, apanhou uma caneta e um caderno e disse: "Declare seu desarmamento por escrito!". Após mais de trinta anos como uma força combatente, Ayun escreveu em letra cursiva: "Nós, os Montagnards, depusemos hoje as nossas armas e concordamos em desmantelar o nosso movimento militar e político e cessar, e nunca mais recomeçar, qualquer tipo de atividade hostil. Concordamos com tudo isso para nos tornarmos refugiados e sermos reassentados nos Estados Unidos, onde queremos viver em paz".[24]

Vieira de Mello presidiu uma breve cerimônia no meio da floresta, onde os homens de Ayun solenemente entregaram 144 fuzis de assalto AK-47 velhos, mas bem conservados, e 2557 cartuchos de munição. Os Montagnards abaixaram sua bandeira e a entregaram para Vieira de Mello, que mais tarde a pendurou em seu escritório na ONU, em Genebra.

Em 10 de outubro de 1992, ele enviou um fax a Lionel Rosenblatt, um dos defensores de longa data do grupo nos Estados Unidos.

> Caro Lionel,
> Operação concluída!
> Eles foram desarmados entre a noite e esta madrugada (144 armas), dissolvidos como uma organização política/militar e transferidos* [...]
> Agora é com você.
> Por favor, ajude a agilizar o processo.
>
> Grato,
> Sergio

* 238 homens, 58 mulheres e 102 crianças (e cachorros, macacos e até uma galinha).[25]

Pressionado por Rosenblatt e outros defensores dos refugiados, o governo do presidente George H. W. Bush enviou funcionários da imigração ao Camboja em tempo recorde. Em seis semanas, todos os Montagnards haviam sido reassentados na Carolina do Norte, o estado natal do senador republicano Jesse Helms, que se interessara pessoalmente pelo grupo de cristãos perseguidos.

No início da carreira, Vieira de Mello observara comandantes militares rotineiramente reconhecerem as realizações de seus soldados em cartas de agradecimento e elogio. Ele trouxe essa prática ao mundo do desempenho civil das Nações Unidas e ficou famoso entre o pessoal da ONU por suas cartas de "muito obrigado". Após aquela operação, ele escreveu ao general Sanderson, expressando seu agradecimento pessoal ao coronel uruguaio, ao major ganense, ao capitão malinês, ao soldado raso australiano e ao major da marinha norte-americana cujo auxílio fora inestimável na operação de repatriação. Num memorando para a sede do Acnur, também redigiu uma nota de reconhecimento aos esforços de Giuseppe de Vincentis, o jovem oficial de campo do Acnur, por sua liderança na questão. "Peppe pode se orgulhar do que fez", Vieira de Mello escreveu. "Uma das últimas páginas da tragédia indochinesa foi resolvida pacificamente. Apenas uma dentre várias histórias desconhecidas na carreira do pessoal do ACR e pequenas realizações humanitárias que nos enchem de orgulho por servirmos ao Acnur."[26]

Enquanto o retorno dos Montagnards granjeou a Vieira de Mello amigos nos Estados Unidos, globalmente sua reputação se solidificou depois que as calamidades previstas pelos cambojanos ou especialistas internacionais não se concretizaram. Embora os regressos começassem lentamente, com a aproximação da eleição o Acnur estava atingindo a meta de enviar para casa cerca de 40 mil cambojanos por mês. Os refugiados dependiam da ONU para o deslocamento por ônibus e trem, a proteção contra o banditismo e a extorsão em trânsito, o auxílio para localizar membros da família e, é claro, para o fornecimento de alimentos, terras, materiais de construção e dinheiro. Na época das eleições, em maio de 1993, 362 209 cambojanos haviam retornado, dos quais 90 mil pelo trem restaurado de Sisophon a Phnom Penh. A maioria acorreu aos lugares onde havia crescido. E, para a surpresa dos especialistas externos, aqueles refugiados que haviam vivido num campo controlado por uma das três facções oponentes mostraram grande independência em suas escolhas, e muitas vezes optaram por retornar para terras sob controle de Hun Sen. Somente um dos retornados morreu em trânsito, num acidente de ônibus na Tailândia.[27]

"Nosso erro foi ser paternalista demais", Vieira de Mello relatou a um jornalista, ao criticar a "ideia imbecil" de "dizer às pessoas para onde ir".[28] E observou ainda que errara ao supor que os refugiados nos campos "haviam perdido toda iniciativa, toda liberdade de julgamento, toda liberdade de pensamento; que haviam se tornado totalmente dependentes e poderiam seguir as instruções de seus líderes como cordeiros". Ele encontrou o contrário. "No momento em que você removia o controle", Vieira de Mello lembrou, "os refugiados eram totalmente capazes de decidir por eles próprios."[29] À semelhança de Thomas Jamieson, desse episódio em diante ele passaria a defender firmemente que o planejamento se baseasse na orientação dos refugiados.

Em março de 1993, o último comboio de 199 retornados deixou Khao-I-Dang, o mais antigo campo de refugiados e onde se passa a cena final do filme *Os gritos do silêncio*. Em seu pronunciamento na cerimônia de fechamento do campo, Vieira de Mello informou que, desde 1979, cerca de 235 mil refugiados cambojanos haviam sido reassentados dos campos na Tailândia para os Estados Unidos e outros países estrangeiros. Mas a comunidade internacional não deveria considerar aquilo motivo de orgulho. "Tenho que compartilhar o receio de um ex-colega", ele declarou, "quando ele disse, anos atrás, que não conseguia entender como estávamos contribuindo para a solução do problema do Camboja enviando os poucos remanescentes qualificados para lares novos a milhares de quilômetros de distância."[30] Ao lograr a repatriação e cumprir cronogramas que foram alvo de críticas, Vieira de Mello se orgulhava de ter "provado o erro de todas as profecias catastróficas".[31]

SAÍDA

Em abril de 1992, quando o secretário-geral Boutros Boutros-Ghali visitara o Camboja, Vieira de Mello conduziu-o pessoalmente pelo país. Ele expôs os riscos de recomeço da guerra civil e explicou de que modo cada desafio poderia ser superado. "Sou otimista como você", Boutros-Ghali dissera.[32] O brasileiro nunca tivera a chance de atuar diante de um secretário-geral da ONU, e a impressão que deixou foi memorável. Jean-Claude Aimé, com quem Vieira de Mello trabalhara em Bangladesh e no Líbano, e que era o chefe do estado-maior de Boutros-Ghali, revelou que o secretário-geral tinha grandes planos para ele.

Boutros-Ghali retornou a Phnom Penh em abril de 1993, um ano após sua primeira visita, para inaugurar a temporada eleitoral cambojana. Vinte partidos políticos haviam se registrado e enfrentavam sérios riscos. Ele teve uma ideia da violência em seu segundo dia no país, quando quatro atiradores cambojanos fuzilaram um japonês de 25 anos que atuava como supervisor voluntário das eleições, o sexto trabalhador da ONU morto em duas semanas. Após o assassinato, funcionários de segurança das Nações Unidas fizeram reuniões de emergência com o objetivo de aumentar a segurança do pessoal. Tropas armadas da ONU e barricadas de arame farpado bloquearam as ruas em torno da sede da Untac. Mas Boutros-Ghali adotou uma linha dura ao declarar num discurso: "A ONU não será intimidada pela violência. A eleição será realizada".[33] Contudo, em meados de abril, Khieu Samphan lançou novas dúvidas sobre essa proclamação, ao anunciar que ele e outros líderes do Khmer Vermelho estavam deixando Phnom Penh e se retirando formalmente do processo de paz de Paris. Eles não participariam das eleições.

Vieira de Mello expõe seu plano de repatriação ao secretário-geral Boutros-Ghali e seu representante especial Yasushi Akashi em 19 de abril de 1992.

Com a violência explodindo e a Untac afundando, muitos dirigentes da ONU presumiram que Vieira de Mello encontraria um meio de permanecer no Camboja durante as eleições históricas. Mas ele adorou quando Boutros-Ghali pediu que servisse como seu enviado em Angola. Embora distante da família havia um ano e meio, Vieira de Mello não hesitou em aceitar a promoção. Enquanto Akashi o excluíra propositadamente da tomada de decisões estratégicas no Camboja, em Angola ele seria o chefe. Estaria subordinado apenas ao secretário-geral e aos países do Conselho de Segurança. Já não precisaria usar sucessos humanitários para promover fins políticos. Poderia lidar de frente com os desafios políticos e diplomáticos, deixando a "entrega de alimentos" para os outros.

Angola estava em guerra quase ininterrupta desde a partida de seus colonizadores portugueses, em 1975. Realizara suas primeiras eleições livres em setembro de 1992, mas Jonas Savimbi, o líder do movimento rebelde, fora derrotado e recorrera novamente às armas. Caberia a Vieira de Mello tentar encerrar a guerra civil de uma vez por todas. Apesar da enormidade do desafio, após quase um quarto de século na ONU, acreditava estar à altura dele. Voltaria a uma região que conhecia bem de sua estada em Moçambique na década de 1970, poderia falar seu português nativo e praticaria as habilidades de negociação aperfeiçoadas com o Khmer Vermelho e outros.

Ele informou aos colegas da ONU que deixaria o Camboja antes das eleições. "Se pudesse, eu ficaria", disse, "mas o secretário-geral pediu para eu ir." Quando invocava a suprema autoridade da ONU, podia soar pomposo ou como uma paródia de si próprio. Seus colegas ficaram desapontados. "Parecia que ia dar tudo errado", recorda Michael Williams, o substituto de Dennis McNamara na Divisão de Direitos Humanos da Untac. "Sergio era aquela figura dinâmica e imponente na Untac, e figuras imponentes faziam falta. Estávamos preocupados com a possibilidade de o Camboja descambar na guerra civil, e nosso melhor elemento ia partir. Ficamos aturdidos."

Na festa de despedida de Vieira de Mello, Andrew Thomson cometeu o erro de perguntar a Mieke Bos se ela também estava se mudando para Angola. "Não", ela respondeu laconicamente, "vou ficar por aqui." Vieira de Mello voou de Phnom Penh para o Brasil, aonde levou sua família para dez dias de férias. Partiu com a sensação de dever cumprido, mas consciente de que a missão da ONU como um todo ainda corria riscos.

Depois que retornou a Genebra, rapidamente montou sua equipe para Angola. Ocupando um escritório provisório num prédio anexo perto da sede do Acnur, pôs-se a telefonar para colegas na tentativa de persuadi-los a se juntar a ele.

Muitos rejeitaram a oferta, por ser um posto difícil num país ao qual não poderiam levar suas famílias, ou porque só falavam francês e inglês, e não português. Quando Annick Roulet, a funcionária de comunicações de Vieira de Mello no Camboja, se recusou a ir por motivos linguísticos, ele a tranquilizou. "Venha", ele disse. "Você tem um mês para aprender, e o português é uma língua muito fácil." Roulet fez um sinal negativo com a cabeça. "Sergio", ela replicou, "você não tem credibilidade — todas as línguas são fáceis para você." Mas ele prevaleceu, e Roulet outra vez concordou em acompanhá-lo.

O planejamento vertiginoso de Vieira de Mello mostrou-se inútil. Em 11 de maio de 1993, a ONU deixou vazar a informação não oficial de que ele seria nomeado representante especial do secretário-geral das Nações Unidas em Angola.[34] Vários dias depois, ele recebeu um telefonema do escritório de Boutros-Ghali, em Nova York, informando que sua candidatura havia sido vetada. A direção da ONU discutira sua nomeação com o governo de Angola, mas por algum motivo não consultou Savimbi, o que deixou os rebeldes furiosos. Eles nada tinham contra Vieira de Mello pessoalmente, informou um porta-voz dos rebeldes, mas sob circunstância nenhuma negociariam com um brasileiro.[35] Savimbi nunca perdoou o Brasil por ter sido a primeira nação ocidental a reconhecer a independência angolana sob a liderança de seu rival Agostinho Neto, em 1975. Chegou a acusar o Brasil de ajudar a fraudar as eleições recentes do país a favor do partido governante.[36] "Como um cidadão brasileiro pode se considerar neutro quando seu país ajudou ativamente o presidente José Eduardo dos Santos a ser eleito?", um líder rebelde indagou.[37]

Vieira de Mello ficou arrasado. Seus contracheques no Acnur já haviam sido suspensos — seu salário seria pago pelo Secretariado da ONU, em Nova York —, e ele já reservara seu voo para Angola. "Ogata já me deu presentes de despedida", queixou-se aos amigos, referindo-se à alta-comissária para refugiados. "E agora?" Ficou furioso com Boutros-Ghali e sua equipe pelo erro. Além disso, embora se orgulhasse de ser brasileiro, não vivia no Brasil desde a adolescência e não tinha nenhuma ligação com o governo de seu país. No entanto, vinha sendo responsabilizado pelas políticas brasileiras. Ele se tornara tão dedicado aos ideais transnacionais das Nações Unidas que se enfurecia quando era classificado com base na nacionalidade. "Como eles podem me culpar dos pecados de um governo que eu não controlo?", perguntou a colegas simpatizantes, não obstante soubesse muito bem que tais generalizações eram lugar-comum na ONU.

Manteve-se ocupado em Genebra lendo informes jornalísticos e telegramas da ONU enviados do Camboja. Mas as notícias do país que deixara eram desanimadoras. Entre 1º de março e 14 de maio, mais de cem incidentes violentos foram registrados, causando duzentas mortes, 338 ferimentos e 114 sequestros.[38] A sede da ONU ordenara às famílias de seus funcionários que saíssem do Camboja. Cerca de trezentos locais de votação foram fechados por causa da violência. O objetivo da Untac, ao chegar catorze meses antes, fora presidir eleições "livres e justas". Mas, na época da eleição, o diretor eleitoral da Untac, Reginald Austin, vinha dizendo que a ONU se contentaria em estabelecer quaisquer "áreas políticas neutras" possíveis. O objetivo principal era realizar eleições sem desencadear outra guerra civil. Na véspera, Akashi, que sistematicamente tentara alegar que o processo de paz estava nos trilhos, só conseguiu proferir: "Posso dizer com total confiança que estas eleições serão as mais livres e justas da história recente do Camboja".[39] Grande coisa, tendo em vista que todas as eleições anteriores no país haviam sido dominadas pela coerção e pelo terror.

Milagrosamente, as eleições se mostraram um sucesso calmo e inspirador. Em 23 de maio, o primeiro dia de votação, Vieira de Mello leu relatos sobre cambojanos eufóricos e desafiadores, que ficaram horas na fila para votar. Ao final daquele processo de seis dias, cerca de 90% dos 4,7 milhões de eleitores registrados no Camboja haviam votado. Um dos grandes mistérios da eleição foi o fato de o Khmer Vermelho, que havia se retirado do acordo de Paris, não tê-la sabotado. "Tudo o que eles tinham de fazer era matar um grupo de estrangeiros", lembra Austin. "Aquilo teria acabado com todo o processo." Cada funcionário da ONU tinha sua versão a esse respeito. Claramente, os revolucionários estavam divididos entre si, e sua estrutura organizacional se rompera. Mas, Austin especula, "em parte foi porque Sergio os abrandou um pouco. Ele fez com que os 'estrangeiros' ou os 'funcionários da ONU' não fossem mais abstrações para o alto comando do Khmer Vermelho".

O príncipe Norodom Ranariddh, filho de Sihanouk, conseguiu a quase maioria na eleição, ao obter 58 assentos do total de 120 da Assembleia Constituinte. O partido governante de Hun Sen ficou em segundo lugar, com 51 assentos. Inicialmente, Hun Sen contestou os resultados e convenceu sete províncias a anunciar que iriam se separar do Camboja. Mas o filho mais velho de Sihanouk o persuadiu a se juntar ao novo governo. Quando o mandato da Untac expirou, o príncipe Sihanouk foi coroado rei do Camboja. Ranariddh tornou-se primeiro-ministro, e Hun Sen, vice-primeiro-ministro.

As negociações sobre a forma do governo de coalizão do Camboja mostraram-se mais importantes do que as próprias eleições. No entanto, precisamente quando a atenção internacional era necessária, os funcionários da ONU declararam que as eleições foram um sucesso e se puseram a preparar a volta para casa. "A mensagem clara do Conselho de Segurança e de Boutros-Ghali foi: 'Promovam as eleições e depois caiam fora'", McNamara recorda.

No final de 1993, todo o pessoal da Untac tinha sumido do país. A missão custara 2,5 bilhões de dólares, de longe a mais cara da história da ONU, mas deixou poucos resultados tangíveis, além de um governo frágil e dividido.[40]

No ano seguinte, Vieira de Mello recebeu notícias de que o exército cambojano havia atacado e destruído totalmente Yeah Ath, a "aldeia-modelo" do Khmer Vermelho, o que fez com que centenas de pessoas voltassem a fugir. Mais tarde ele descreveu o evento como "um dos momentos mais tristes da minha carreira, da minha vida, perceber que algo a que nos dedicamos com tanto cuidado, com tanta prudência, e que esperávamos fosse uma brecha no muro, no muro impenetrável que cercava as áreas do Khmer Vermelho, e que esperávamos servisse também de modelo interno, foi literalmente por água abaixo".[41] Viera de Mello enviou uma carta a James Lynch, no Quênia, em que confessou ter sido "ingênuo" ao pensar que Hun Sen permitiria que uma aldeia camponesa utópica do Khmer Vermelho florescesse "sob seu nariz". As notícias do Camboja só piorariam. Em julho de 1997, Hun Sen depôs Ranariddh num golpe, repudiando os resultados das eleições da ONU.

IMPASSE

Vieira de Mello estava sem trabalho. Ogata se mostrava grata por seus serviços, mas havia preenchido todos os seus altos cargos, achando que ele fosse para Angola. Ele tentou transformar em virtude uma necessidade. "Eu sempre disse que queria tempo para refletir e escrever", contou aos colegas. "Bem, agora tenho todo o tempo do mundo. É preciso ter cuidado com seus desejos."

Confinado numa escrivaninha emprestada no anexo do Acnur — Dennis McNamara brincou com o amigo ao lhe dizer que ele fora alojado num "armário" —, Vieira de Mello leu e comentou um longo manuscrito do pesquisador Courtland Robinson sobre a operação de repatriação. Ele abrira os arquivos do Acnur para Robinson e sentiu-se um pouco magoado com a crítica. Então escreveu para Robinson: "Nunca se esqueça de que o que pode parecer óbvio *após* o fato requer grande dose de autoexame e debate, e envolve muita ansiedade e incerteza, antes do fato, especialmente quando uma decisão que afeta a vida de pessoas vai ser tomada". Robinson criticou a decisão do Acnur de devolver refugiados a áreas inseguras. Vieira de Mello aceitou a acusação nesse ponto, mas escreveu: "É difícil imaginar como definir as condições sob as quais o retorno pode ser considerado seguro. Por exemplo, os retornados devem merecer padrões melhores do que aqueles da maioria, que nunca partiu?". Ele insistiu que Robinson atacasse a fraqueza mais grave da Untac: a ausência de uma estratégia de reabilitação econômica significativa, o que prejudicava as perspectivas de longo prazo do Camboja.[42]

Vieira de Mello passou o verão de 1993 em Genebra, telefonando para a sede da ONU, em Nova York, à procura de um serviço útil, contemplando seu futuro e redigindo uma proposta de livro, intitulado provisoriamente "Engano e alienação: a relação abortada entre o Khmer Vermelho e o processo de paz cambojano (1989-1993)". No núcleo de sua proposta, que examinaria se o envolvimento do Khmer Vermelho poderia ter sido mantido, uma pergunta implícita: qual abordagem foi mais frutífera, a dele ou a de Akashi? Em termos de resultados, sabia que estava em vantagem, já que 360 mil refugiados cambojanos haviam retornado com segurança, inclusive mais de 77 mil aprisionados em campos controlados pelo Khmer Vermelho. Mas ele também sabia que lições da esfera humanitária nem sempre se aplicavam ao domínio político. Mesmo assim, acreditava que Akashi errara ao empurrar os guerrilheiros maoístas normalmente desconfiados para um isolamento ainda mais sombrio e duvidoso do que aquele em que os encontrara, quando da chegada da ONU. O que era necessário, ali e em outros lugares, Vieira de Mello escreveu, era "uma diplomacia dinâmica e imparcial aberta a todas as partes do conflito".[43]

O tom que empregou com Ogata foi amável. Foi o de um homem determinado a permanecer um estudante a vida toda. "Como você sabe", escreveu para ela, "tenho acompanhado os assuntos cambojanos desde a universidade." Ele não solicitou uma licença para estudos, mas informou que pretendia aproveitar o tempo livre e as férias anuais para conduzir a pesquisa. Parecia não se importar com o fato de que qualquer projeto, somado à sua semana de trabalho normal de setenta ou oitenta horas, reduziria ainda mais o tempo passado com a família. Argumentou que seu estudo ajudaria a fortalecer a capacidade da ONU "de resolver conflitos internos nos tempos turbulentos vindouros".

Um homem da ONU em seu âmago, Sergio sabia que a Organização desaprovava os funcionários que se valiam de suas experiências diplomáticas e de campo para produzir manifestos públicos. Ele escreveu para Ogata: "Confio em que meus quase 24 anos de serviço na Organização e meu currículo acadêmico bastarão como garantia de minha capacidade de usar as informações à minha disposição no interesse, e não em detrimento, das Nações Unidas".[44]

Mas suas credenciais não bastaram. Christine Dodson, diretora de pessoal da sede da ONU, em Nova York, respondeu ao seu pedido. "O sr. Vieira de Mello obviamente desfruta de liberdade para se dedicar à pesquisa pessoal, em seu tempo livre, sobre qualquer tema. Entretanto, ele deve ter em mente que qualquer manuscrito que emergir terá de ser submetido à aprovação do secretário-geral. [...] Tal aprovação parece difícil de ser concedida."[45]

Vieira de Mello passou o verão de 1993 dominado pelo mais grave surto de insatisfação profissional já experimentado. "Não estou indo a lugar nenhum na ONU", desabafou com Irene Khan, uma colega do Acnur que mais tarde se tornaria secretária-geral da Anistia Internacional. "O que você está dizendo?", ela replicou. "Você não tem nem 45 anos!" "Sim", ele respondeu, "mas aos cinquenta poderei estar morto." Devido à morte do pai aos 59 anos, vivia com medo de sofrer um ataque cardíaco. Famoso por ser um grande apreciador de uísque aos trinta e poucos anos, reduziu drasticamente o consumo. Ele disse aos amigos: "Não quero acabar como meu pai". Obsessivo na prática de exercícios físicos, mantinha sob vigilância constante a taxa de colesterol e a pressão arterial. Ao retornar ao escritório depois de uma consulta médica em Genebra, seu assistente indagou sobre os resultados. "Está tudo bem, exceto por uma pequena flutuação em minha cárdia", respondeu. "Como meu pai." No Camboja, Vieira de Mello recebera uma carta de uma pesquisadora canadense solicitando uma entrevista. Ele anotou uma resposta ao pé da carta com caneta preta: "Tudo bem em meados de dezembro, se eu continuar vivo".[46]

Seus colegas no Acnur se deram conta de que ele havia se tornado bom demais para a agência humanitária onde militara por 24 anos. Não entendiam por que Boutros-Ghali não encontrava um lugar para ele. "Sergio, eles não têm ideia do que estão perdendo", Jahanshah Assadi disse ao amigo. "Você é um diamante bruto, e eles vão descobri-lo." Vieira de Mello fez um sinal negativo com a cabeça. "Você sabe como é, Jahanshah", ele disse. "Nós somos os humildes humanitários. Somos os sujeitos que distribuem comida e consertam estradas. Eles nos veem com desprezo em outras partes da ONU. Não nos consideram capazes de lidar com a alta política." Assadi concordou. "É tudo verdade, Sergio, mas, depois que puserem as mãos em você, eles não vão mais largar." Muitos funcionários da ONU já vinham especulando que Vieira de Mello seria a primeira pessoa a subir os degraus do Acnur para suceder a Ogata como alto-comissário, ou que iria mais além, conseguindo o que nenhum funcionário de carreira da ONU lograra até então: tornar-se secretário-geral das Nações Unidas. Numa alusão ao andar superior da sede da ONU, onde o secretário-geral mantinha seu escritório, Omar Bakhet assegurou ao amigo que a pausa seria apenas temporária: "Sergio, você vai subir a escada rolante do Camboja até o 28º andar".

Quando estava no Camboja, Vieira de Mello lera as notícias sangrentas sobre os acontecimentos na antiga Iugoslávia. Um colega italiano da ONU, Staffan de Mistura, chegara a telefonar, de uma hospedaria em território sérvio, para Phnom Penh perguntando como fazer um comboio com 80 mil cobertores passar por uma multidão furiosa de mulheres sérvias que estavam bloqueando a única estrada que dava acesso ao território bósnio. Vieira de Mello recomendou que ele pensasse lateralmente. "Quando existe uma barreira à sua frente", ele disse por telefone, "você a rompe, pula sobre ela se for bastante alto, ou a contorna." Quando De Mistura respondeu que não dava para contornar quinhentas mulheres, Vieira de Mello perguntou por que ele não contratava contrabandistas sérvios. "O segredo está na cenoura", explicou. "Dinheiro pode não ser suficiente. Dê-lhes algo moralmente diferente do que obtêm em suas vidas. Dê-lhes uma sensação de dignidade." E sugeriu que, além do pagamento normal do mercado negro pelo contrabando de cigarros, oferecesse também um certificado de '"consultor da ONU". A solução proposta por Sergio funcionou, pois os contrabandistas conseguiram transportar os cobertores. Quando De Mistura visitou um deles em sua casa, meses depois, viu o certificado da ONU pendurado sobre a lareira.

Mas, embora estivesse sempre disposto a colaborar com seus colegas, dando boas ideias, Vieira de Mello não sentia nenhum apego especial pela antiga Iugoslávia, além de se ressentir da quantidade de pessoal e da atenção da mídia que ela atraía, em comparação com o Camboja. Claro que a guerra na Bósnia era uma tragédia, porém o Camboja, que recebia bem menos atenção política, parecia ter uma chance genuína de paz. A despeito disso, os países doadores gastavam 24 vezes mais *per capita* na Bósnia do que no Camboja. Ele aplaudira silenciosamente quando, em julho de 1992, no auge do cerco de Sarajevo, o secretário-geral Boutros-Ghali afrontara as sensibilidades do mundo ocidental ao tachar, em tom desafiador, o conflito da Bósnia de "guerra de homens ricos" e, mais tarde, afirmar em visita à Bósnia: "Vocês têm uma situação melhor do que dez outros lugares no mundo. Posso fazer uma lista".[47]

Talvez por sentir seu relógio pessoal disparando, Vieira de Mello parecia ter grande pressa em alcançar suas realizações profissionais. Nas poucas ocasiões em que sentia a carreira estagnada — e estava vivenciando uma delas —, ficava apavorado. Mas, mesmo num período como esse, seu amplo sorriso e humor ocultavam da maioria dos colegas a insegurança que o dominava. "Tudo bem", disse, "contanto que não me enviem à ex-Iugoslávia!"[48] Contudo, embora tivesse expressado reservas em trabalhar nos Bálcãs, logo voltou sua atenção para assegurar o cargo ali de mais alto nível que pudesse encontrar.

Após seis meses no limbo em Genebra, Vieira de Mello foi nomeado consultor político, baseado na Bósnia, de Thorvald Stoltenberg, o representante especial do secretário-geral na ex-Iugoslávia. Tratava-se do mesmo homem que Vieira de Mello criticara por abandonar o barco precipitadamente como alto--comissário três anos antes.

Em certo sentido, o cargo na Bósnia aumentava sua sensação de estagnação profissional. Apesar de todas as suas façanhas — servir como chefe do estado--maior do alto-comissário Hocké, negociar o Plano de Ação Abrangente para os refugiados vietnamitas e supervisionar a operação de repatriação maciça no Camboja —, estava retornando a um cargo semelhante ao já ocupado uma década antes, quando aconselhara o general Callaghan no Líbano. Para servir Stoltenberg, voltaria a trabalhar como homem de confiança dos generais que comandavam as tropas de paz. Iria avaliar o clima político na Bósnia e identificar oportunidades humanitárias e diplomáticas para a denominada Força de Proteção das Nações Unidas, ou Forpronu.

Enquanto no Líbano Vieira de Mello havia sido recrutado para uma missão de paz relativamente pacífica que se tornou violenta com a invasão israelense de 1982, nos Bálcãs ele sabia desde o início que iria adentrar uma zona de guerra selvagem. Estadistas norte-americanos e europeus continuariam tentando intermediar um acordo político, e ele e as tropas de paz da ONU buscariam fortalecer a confiança local, mitigando o sofrimento dos civis na área. "Estou rumando para o inferno de Dante", contou aos colegas.

O otimismo que se seguira à queda do Muro de Berlim perdera força. Na verdade, na época de sua designação para Sarajevo, a irrupção de violência étnica ao redor do globo começara a despertar uma nostalgia, entre os especialistas, pela estabilidade da destruição mutuamente assegurada da Guerra Fria. As democracias que haviam triunfado contra o comunismo pareciam sobrepujadas por uma geração nova de nacionalistas étnicos e religiosos e chefes guerreiros audaciosos. E as esperanças existentes de um renascimento da ONU pareciam morrer na própria semana de sua partida para os Bálcãs.

Em 4 de outubro de 1993, três dias antes do voo para a ex-Iugoslávia, Vieira de Mello viu na televisão imagens arrepiantes de Mogadíscio, Somália.[49] No decorrer da batalha de rua, combatentes somalianos leais a Mohammed Farah Aideed derrubaram dois helicópteros Black Hawk norte-americanos e mataram dezoito soldados. Mais de mil somalis também teriam morrido. O noticiário noturno mostrou somalis eufóricos arrastando, pelas ruas de Mogadíscio, o corpo mutilado de um soldado americano nu. O fiasco na Somália se mostraria um dos eventos centrais da década de 1990. Como os soldados norte-americanos tinham ido àquele país para ajudar uma missão da ONU sitiada, o incidente solidificou em muitos congressistas americanos o preconceito contra as Nações Unidas e agravou a desconfiança do Pentágono em relação ao governo Clinton, acusado de enviar tropas para situações perigosas sem um planejamento apropriado.

Em entrevista coletiva concedida à imprensa após a escaramuça, o presidente Clinton disse: "Continuo acreditando que a manutenção da paz pela ONU é importante. E continuo acreditando que os Estados Unidos podem desempenhar um papel nela". De todo modo, ele exortou as Nações Unidas a aprender com as lutas recentes. "A ONU foi ao Camboja, antes de tudo, com essa teoria sobre o que teriam que fazer com o Khmer Vermelho, e depois se afastou de qualquer tipo de abordagem militar [...] na verdade, criando um processo em que a população local teve de assumir a responsabilidade pelo seu próprio futuro. Se formos fazer esse tipo de trabalho, deveríamos levar o modelo cambojano para a Somália e para todos os outros lugares."[50] Vieira de Mello estava orgulhoso de suas realizações no Camboja, mas reconhecia as falhas da missão da Untac e sabia que o indicador-chave do sucesso de qualquer missão das Nações Unidas era a clareza de objetivos e o apoio obtido das grandes potências. Inicialmente achou que o que faltava à missão dos Bálcãs em termos de clareza seria compensado pelo apoio das grandes potências. No entanto ele não percebeu quão divididas elas estavam sobre o que deveria ser feito e, portanto, não conseguiu prever como ele, a ONU que adorava e a própria Bósnia sofreriam as consequências.

7. "Sanduíches nos portões"

Se a missão da ONU no Camboja havia reduzido as esperanças de Vieira de Mello de uma "ordem mundial nova", sua permanência na Bósnia temporariamente as extinguiria. Em 7 de outubro de 1993, ainda ignorando as consequências adversas da Somália sobre as operações das Nações Unidas ao redor do mundo, despediu-se da esposa e filhos, então com quinze e treze anos, e rumou ao familiar aeroporto de Genebra para embarcar em mais uma jornada rumo ao desconhecido.

Embora a sede da ONU em Nova York o tivesse feito aguardar meses antes de oferecer o posto na Bósnia, seus chefes agora o queriam lá imediatamente. Em meio à azáfama da partida, Annick Roulet, sua amiga e antiga secretária de imprensa no Camboja, nem teve tempo de discutir a respeito de como ela poderia ajudá-lo de Genebra. Eles marcaram um encontro no aeroporto para um cafezinho antes do voo.

Roulet chegou na hora, mas ele transpôs os portões do aeroporto apenas 45 minutos antes da partida de seu avião. "Desculpe, Annick", ele disse, ofegante. "Acho que só dá pra dizer um rápido oi." Ela se dirigiu ao balcão de vendas mais próximo e adquiriu uma passagem na classe executiva para Londres. "O que você fez?", ele perguntou, ao reencontrá-la na fila de segurança. "Trabalhando com você", ela respondeu, "a gente aprende a inovar." Vieira de Mello olhou para a passagem que Annick segurava. "Por que Londres?", quis saber. "Por que não Londres?", ela respondeu. Após serem liberados pela segurança, os dois tomaram calmamente seu cafezinho, no saguão da classe executiva da área de embarque. Chegada a hora de ele embarcar, Roulet acompanhou-o até o portão e deu meia-volta; saiu do terminal e informou ao funcionário da Swissair que seu chefe acabara de ligar cancelando a reunião em Londres. Ela foi plenamente reembolsada.

Vieira de Mello conhecia as razões da crise. A Eslovênia e a Croácia haviam se separado da Iugoslávia, dominada pela Sérvia, em 1991, e uma guerra sangrenta se seguiu. Justo na época em que ele reclamava da lentidão da mobilização das tropas de paz da ONU no Camboja, em 1992, o minúsculo Departamento de Operações de paz das Nações Unidas, em Nova York, vinha tentando encontrar 14 mil soldados adicionais para enviar à Croácia a fim de patrulhar um instável cessar-fogo. Então, em abril de 1992, com o escritório de pacificação à beira do colapso, a Bósnia também declarou a independência da Iugoslávia, e nacionalistas sérvios declararam guerra. A população da Bósnia (43% bósnios, 35% sérvios e 18% croatas) vivia tão misturada que a violência instantaneamente se tornou selvagem.* Forças paramilitares sérvias conduziram homens bósnios e croatas para campos de concentração, incendiaram aldeias não sérvias e sitiaram várias cidades fortemente povoadas que o Conselho de Segurança da ONU acabou por declarar "áreas de segurança".

O assassinato de civis europeus foi captado pela televisão, o que aumentou a pressão sobre o presidente Bush para intervir nos Bálcãs, como fizera no Kuwait em 1991. Mas as circunstâncias no Golfo eram bem diferentes daquelas da ex-Iugoslávia. Saddam Hussein invadira um país vizinho e ameaçara os suprimentos de petróleo norte-americanos. A Bósnia abrigava uma guerra civil confusa que, para o governo Bush, não ameaçava "interesses vitais norte-americanos".

---

* Uso a palavra "bósnio" para descrever aqueles que permaneceram em território sob controle do governo bósnio e que, durante grande parte da guerra, perseguiram o ideal de um Estado unitário multiétnico. No princípio, os "bósnios" eram muçulmanos, croatas e sérvios, mas ao final da guerra "bósnio" e "muçulmano" haviam se tornado quase sinônimos. Após o conflito, o termo "bosniak" passou a ser empregado para descrever essa população predominantemente muçulmana.

Entretanto, devido à incessante cobertura do conflito da Bósnia pela mídia ocidental, as grandes potências não puderam ignorá-lo totalmente. Os Estados Unidos aderiram aos países europeus no financiamento de agências humanitárias da ONU que alimentavam as vítimas da guerra. O Conselho de Segurança aprovou o envio de tropas de paz das Nações Unidas ao país assolado pela guerra a fim de escoltarem os trabalhadores de ajuda humanitária, e vários países europeus ofereceram soldados para a perigosa missão. Na época da designação de Vieira de Mello, os franceses haviam enviado mais de 3 mil homens à Bósnia, os britânicos por volta de 2300 e os espanhóis mais de 1200.[1] Mas os governos ocidentais instruíram seus soldados a evitar riscos, e os boinas-azuis raramente revidavam os ataques de milícias. Cada país no Conselho de Segurança interpretou a crise de forma diferente: os governos Bush e, mais tarde, Clinton, que se recusaram a pôr tropas na linha de frente, culparam os sérvios por sua "guerra de agressão"; a Grã-Bretanha e a França, com tropas mobilizadas, optaram por permanecer neutros no conflito e enfatizaram uma "guerra civil trágica"; e a Rússia, em solidariedade aos eslavos cristãos ortodoxos, ficou do lado dos sérvios. Essas divisões entre os países mais poderosos da ONU paralisariam a missão a que Vieira de Mello estava se juntando.

Apesar de todas as deficiências da missão das Nações Unidas no Camboja, suas duas realizações concretas — o retorno de 360 mil refugiados e as eleições — granjearam-lhe uma reputação razoável fora da Ásia. Em contraste, a Forpronu já vinha sendo vista como uma "derrotada". Para os bósnios, que não conheciam os detalhes dos mandatos da ONU, as tropas de paz, em seus coletes à prova de balas, boinas azuis e veículos blindados de transporte de tropas, iriam salvá-los. A decepção foi grande quando perceberam que a maioria dos soldados das tropas de paz era considerada meros monitores.

PROTEÇÃO DA FORÇA

Vieira de Mello passou o dia 7 de outubro em Zagreb, a pacífica capital da Croácia onde a Forpronu mantinha seu quartel-general, e depois voou para Sarajevo. Uma das realizações mais importantes das Nações Unidas na região fora a criação de uma ponte aérea humanitária para a capital da Bósnia, cercada de atiradores sérvio-bósnios. A ONU dependia do aeroporto, por ela controlado, para transportar suas tropas de paz e suprimentos, trazer jornalistas essenciais à manutenção do apoio público e do financiamento da missão e fornecer ajuda humanitária aos civis aprisionados. Os aviões de carga eram operados por pilotos norte-americanos, franceses, britânicos, alemães e canadenses, nas denominadas "Linhas Aéreas Talvez".[2]

Na época da chegada de Vieira de Mello, os ousados pilotos haviam adquirido prática em escapar dos ataques sérvios, o que tornava o voo semelhante a uma montanha-russa. Ele havia sido alertado de que tiros sérvios poderiam furar a base do avião e penetrar no assento por baixo, de modo que sentou sobre seu colete à prova de balas e se preparou para uma descida que, sabia, seria brusca e desagradável. Começando a 5500 metros, o avião deu um mergulho brusco e implacável, estabilizou-se por um curto trecho e voltou a mergulhar, dessa vez dando guinadas para não ser interceptado pelos radares das bases de mísseis terrestres sérvias. No último minuto, o nariz do avião se elevou, e as rodas bateram na pista, lançando Vieira de Mello e os demais passageiros para a frente. Depois que o avião patinou até parar, ele desembarcou com uma mala leve e uma pasta.

O percurso a partir do aeroporto ofereceu sua primeira visão pessoal da guerra da Bósnia. Sarajevo abrigou os Jogos Olímpicos de Inverno de 1984, e Vieira de Mello fora informado de que os prédios de apartamentos idênticos de concreto cinza ao redor do aeroporto haviam acolhido os atletas. O complexo estava tão destruído por bombas e tiros de franco-atiradores que ele supôs estarem abandonados. Mas uma inspeção mais próxima revelou vasos de flores nos peitoris das janelas, roupas lavadas penduradas entre os postes telefônicos, e crianças chutando bolas de futebol na frente dos edifícios. Folhas de plástico com o logotipo do Acnur haviam substituído o vidro em quase todas as janelas. Carcaças enferrujadas de carros foram dispostas lateralmente ao longo da rua num esforço praticamente inútil de proteger os pedestres.

O motorista da ONU levou Vieira de Mello ao complexo fortificado onde ele trabalharia e residiria nos próximos meses. A "residência da ONU", localizada no antigo Clube de Delegados do Partido Comunista Iugoslavo, era alvo frequente de franco-atiradores e fogo de artilharia sérvios. Mostraram-lhe um escritório minúsculo ao lado da sala de reuniões, que serviria também como quarto de dormir. Por saber falar com quase todos os funcionários da Forpronu na língua natal de cada um, Sergio logo se tornou uma presença popular. Mas os soldados achavam graça de seu esmero excessivo. O belga que comandava as forças da ONU na Bósnia, Francis Briquemont, assombrou-se com o número de vezes durante o dia em que flagrava Vieira de Mello entrando no banheiro, ou saindo de lá, com sua escova e pasta de dentes.[3]

Vieira de Mello e seus colegas na ONU estavam sintonizados com os acontecimentos na Somália. De início, após os incidentes de 4 de outubro, o governo Clinton fez o mesmo que o governo Reagan fizera após o ataque aos alojamentos dos marines norte-americanos em Beirute em 1983 — prometeu permanecer até levar a cabo a missão. "Viemos à Somália para salvar pessoas inocentes numa casa incendiada", o presidente Clinton disse num discurso no Salão Oval, no dia da chegada de Vieira de Mello a Sarajevo. Agindo assim, continuou Clinton, "temos uma chance razoável de esfriar as brasas e colocar outros bombeiros em nosso lugar. De modo que agora enfrentamos uma opção. Devemos partir quando as coisas estão difíceis ou quando as coisas forem resolvidas?". Clinton anunciou que estava enviando cerca de 1700 reforços, 104 veículos blindados adicionais, um porta-aviões e 3600 fuzileiros navais em patrulhas marítimas externas.[4]

Mas, enquanto Vieira de Mello se adaptava à vida sob o cerco de Sarajevo, Clinton mudou de ideia. Em 19 de outubro, o presidente voltou atrás — de novo, como o governo Reagan fizera quase exatamente uma década antes — e anunciou que as forças norte-americanas na Somália iriam "encerrar suas atividades".[5] Os Estados Unidos não tentariam capturar o general Aideed. Na verdade, o homem que os auxiliares de Clinton haviam recentemente tachado de "bandido" era agora descrito por um porta-voz do presidente norte-americano como "um líder de clã com partidários substanciais na Somália".[6]

Vieira de Mello e seus colegas da ONU na Bósnia perceberam que os destinos das duas missões estavam interligados. Na Somália, as tropas enviadas pelos Estados Unidos dali em diante raramente se aventurariam fora de seus complexos. "Proteção da força" tornou-se o mantra norte-americano. Um oficial americano foi citado pelo *Washington Post* na véspera de sua partida: "Não somos policiais e estamos tendo de adotar tecnologia de guerra para a caça a um fugitivo numa cidade com cerca de 1 milhão de pessoas", ele disse.[7]

A Bósnia se assemelhava à Somália, Vieira de Mello percebeu, pelo fato de não combatentes, nos dois lugares, serem as maiores vítimas da violência e os principais joguetes dos líderes políticos. Atiradores sérvios sitiavam cidades antes florescentes, e franco-atiradores alvejavam civis carregando água ou víveres da ONU. O exército bósnio, bem mais fraco do que seus oponentes sérvios, com frequência posicionava suas armas em áreas civis, mesmo consciente de que a retaliação sérvia seria desproporcional. Agiam assim em parte porque as linhas de frente passavam perto do centro das cidades e também para camuflar as poucas armas pesadas de que dispunham. A ONU estimou que mais de 90% das 100 mil pessoas que foram mortas no conflito eram civis. Essas "guerras nãoconvencionais" viriam a ser as guerras do futuro.

ENVOLVIMENTO CONSTRUTIVO

Vieira de Mello adorou voltar a trabalhar com os militares. Habituou-se a uma rotina em Sarajevo, oferecendo seus conselhos políticos a Stoltenberg, em Zagreb, e aconselhando o general Briquemont em Sarajevo, enquanto desenvolvia vínculos estreitos com as principais personalidades sérvias e bósnias. Tomou conhecimento de que sua permanência na Bósnia envolveria a negociação de acordos de trocas de prisioneiros, cessar-fogo e acesso a comboios de ajuda da ONU. Caberia a diplomatas ocidentais proeminentes tentar forjar um acordo político duradouro.

Vieira de Mello (direita) e o comandante da Força da ONU na Bósnia, Francis Briquemont (centro), explorando as montanhas bósnias.

Stoltenberg era um político norueguês de carreira, não um veterano da ONU. Isso o levava a fazer opções que não agradavam a seu novo auxiliar. Vieira de Mello acreditava que as Nações Unidas obtinham legitimidade e força da diversidade geográfica de seu pessoal de campo. Foi por isso que ficou horrorizado quando Stoltenberg decidiu contratar um norueguês como seu assessor e outro como seu subchefe da missão. "Ele não pode fazer o que está fazendo", Vieira de Mello reclamou com os colegas. "Ele não está criando um Ministério do Exterior norueguês no exílio. Está trabalhando para as Nações Unidas." Stoltenberg, por sua vez, valorizava a eficiência em detrimento do que via como o compromisso excessivamente romântico da ONU com a multinacionalidade. Além disso, não via nada de anormal em suas escolhas. "É comum ter trinta franceses ou cinquenta norte-americanos numa missão", ele disse, "mas, quando você tem três noruegueses, as pessoas começam a falar." Vieira de Mello, que não costumava se meter em batalhas perdidas, evitou levantar a questão com Stoltenberg diretamente.

Como os sérvios com frequência obstruíam o movimento das entregas de ajuda humanitária da ONU, ele deliberadamente cultivou uma relação cordial com o líder político sérvio-bósnio Radovan Karadžić, que antes da guerra trabalhara como psiquiatra em Sarajevo e se considerava um poeta. Vieira de Mello sentiu aversão pelo fervor antimuçulmano do líder sérvio-bósnio e não se impressionou com sua poesia, mas estava determinado — assim como estivera com Ieng Sary, do Khmer Vermelho — a fazer o possível para adular o político mais influente dos sérvios-bósnios. Numa ocasião, ao visitar um quartel-general na cidade de Pale, levou uma cópia do *The New York Review of Books* de presente para Karadžić, pois continha um artigo de capa sobre psiquiatria intitulado "War over psychoanalysis".[8] Sempre que o líder sérvio se punha a discursar sobre como os sérvios estavam salvando a civilização cristã de uma *jihad* muçulmana, Vieira de Mello lhe concedia total atenção. O único sinal de sua impaciência com o sérvio era o tremor incessante de sua perna sob a mesa. Em companhia de amigos ou colegas, reclamava dos discursos de Karadžić e de suas referências incessantes aos ressentimentos sérvios, que remontavam ao século XIV. Ele disse que sua vontade era iniciar cada reunião nos Bálcãs assim: "Hoje vamos começar nossa reunião em 1945". Mas na prática ele não ousava se indispor com seus interlocutores.

Seu amigo mais próximo nos Bálcãs era Haris Silajdžić, o alinhado primeiro-ministro de 48 anos da Bósnia. Os dois homens conversavam sobre filosofia, música e mulheres. E, enquanto a gentileza de Vieira de Mello com Karadžić era fingida, sua afeição por Silajdžić era genuína. Ambos adoravam a fama de galanteadores. Em certa ocasião, Silajdžic estava meia hora atrasado para uma de suas reuniões. Com o passar do tempo, uma autoridade bósnia sugeriu que, como o primeiro-ministro não conseguia ser localizado em casa nem no escritório, alguém poderia telefonar para uma mulher do governo bósnio com quem ele estaria envolvido. Quando Vieira de Mello ouviu o nome da mulher em questão, meteu a mão no bolso e apanhou um pedaço de papel amarrotado em que havia um número de telefone anotado. "Talvez eu possa ajudar", ele disse, sorrindo.

Tanto Silajdžić como Vieira de Mello precisavam de pouco sono. Assim, encontravam-se com frequência para jantar ou tomar drinques em restaurantes dotados de geradores elétricos, e se falavam ao telefone a qualquer hora. "Sergio chegava ao café da manhã com ideias novas", Silajdžić recorda. "Isso significava que passara a noite pensando."

Como não queria permanecer confinado dentro do complexo seguro, mas enfadonho, da ONU, Vieira de Mello tentou estabelecer uma ligação com as "ruas bósnias". Explorou a majestosa e arrasada capital com Lola Urošević, sua intérprete de 28 anos, acompanhando-a em passeios pela cidade, visitando sua casa e conhecendo sua família. A presença do chefe acalmava Urošević. Enquanto o fogo de franco-atiradores e das bombas soava nas tardes invernais, ele parecia imperturbado e raramente trajava o colete à prova de balas fornecido pela ONU. "Como posso usar essa coisa", perguntou à sua intérprete, "quando você, sua família e os vizinhos andam por aqui sem nada?" De volta à casamata da ONU com o pessoal internacional, explicou sua desaprovação do colete à prova de balas com mais humor. "Vocês têm ideia de quão gordo essas coisas fazem você parecer?", ele disse.

Antes da guerra, Urošević estudara medicina em tempo integral na Universidade de Sarajevo. Mas com a irrupção da violência, por falar francês e inglês, foi trabalhar para as Nações Unidas, onde ganhava dez vezes mais do que se praticasse a medicina. Vieira de Mello fez questão de perguntar sobre seus estudos, aos quais ela dava continuidade à noite. Um dia, quando Urošević voltou correndo para o quartel-general da ONU após uma modesta cerimônia em que celebrara sua graduação, encontrou o chefe sorrindo de orelha a orelha na sala dela, com vários outros colegas. "Parabéns, doutora Urošević", ele disse. Sob a escrivaninha, apanhou uma garrafa de champanhe, uma mercadoria exótica na capital sitiada. "Consegui encontrar alguma coisinha para a comemoração!"

O sofrimento da população de Sarajevo o impressionou profundamente. A cidade estava repleta de homens e mulheres com grande cultura e saber. Quando a temperatura caiu e o inverno gelado chegou, europeus orgulhosos, na falta de lenha, começaram a queimar seus livros a fim de cozinhar a ajuda humanitária da ONU. E, quando os cemitérios rapidamente lotaram, ele observou famílias de Sarajevo enterrando seus mortos em parques outrora plácidos. Junto com o general Briquemont, ajudou a contrabandear gasolina para os geradores de uma organização de resistência chamada Grupo de Escritores de Sarajevo, que reunia os principais cineastas, artistas e estudantes da cidade, que produziam filmes e artes gráficas visualmente chamativos e os exportavam para as capitais ocidentais na esperança de mobilizar uma operação de resgate.

AÇÃO AFIRMATIVA

Em 24 de dezembro de 1993, enquanto a maioria dos funcionários da ONU ao redor do mundo celebrava o Natal com suas famílias, a simpatia de Vieira de Mello pelos bósnios fez com que realizasse um dos projetos mais audaciosos como alto funcionário da ONU. Convocou seu novo assistente militar de 44 anos, um major canadense chamado John Russell, ao seu escritório. "John", ele disse, "vamos romper o cerco de Sarajevo." Russell ficou aturdido. Os sérvios mantinham a cidade sitiada, e, a não ser que o canadense não tivesse percebido uma mudança radical no ânimo das capitais ocidentais, o mundo externo não tinha a menor intenção de remover por meios violentos as forças sérvias das montanhas mortais circundantes. "Quero que você encontre um meio de fazer as pessoas saírem", Vieira de Mello explicou. "Pessoas que não se enquadrem nas regras da ONU, mas que precisam sair: porque não conseguem a assistência médica aqui de que necessitam, porque estão separadas de seus entes queridos, ou porque podem ser mais úteis lá fora do que aqui dentro." Russell assentiu com a cabeça, mas, temendo não estar à altura da missão, preveniu: "O.k., *sir*, mas não se esqueça de que faz apenas dois dias que aprendi onde fica o aeroporto de Sarajevo".

Vieira de Mello passou os três dias seguintes conduzindo Russell pela cidade, apresentando-o a autoridades bósnias e a importantes protagonistas internacionais, como o chefe do batalhão francês em Sarajevo e os funcionários de logística e alfândega que dirigiam a ponte aérea no aeroporto. A dupla também viajou até Pale, onde se reuniram com as autoridades sérvias-bósnias. A apresentação de Vieira de Mello foi a mesma em cada caso. "Este é John Russell. Ele é meu novo assistente militar. Na minha ausência, responde por mim e pelas Nações Unidas." Russell foi pego de surpresa pela gravidade de suas novas responsabilidades. "Eu estava pensando: 'O que está acontecendo aqui?'", ele recorda. "Da noite para o dia, me vi atuando no nível mais alto."

Russell providenciaria o que Vieira de Mello apelidou de "o trem", um comboio da ONU que transportasse civis para fora da cidade. O canadense começou cronometrando viagens experimentais até o aeroporto. Ele mediu o tempo desse percurso pelo bulevar principal de Sarajevo, que se tornara conhecido como a "Alameda dos Franco-Atiradores". Para contrabandear civis para fora da cidade, teria que passar primeiro por um posto de controle no aeroporto operado por bósnios armados, depois por um posto de controle sérvio, para finalmente obter a autorização da ONU.

Russell liderou o comboio alternando-se em dois carros: o veículo pessoal de Vieira de Mello, um Chevrolet americano à prova de balas, que os guardas bósnios e da ONU já reconheciam, e um Nissan Pathfinder americano comum. Muitas vezes, as bombas e os tiros na Alameda dos Franco-Atiradores o forçaram a dirigir a 160 quilômetros por hora. A parte mais perigosa da viagem era quando o "trem" alcançava o aeroporto. Em janeiro de 1993, Hakija Turajlic, o vice-presidente bósnio de 47 anos, viajava na traseira de uma viatura blindada francesa de transporte de pessoal quando soldados sérvios fora do aeroporto detiveram o veículo, puxaram Turajlic para fora e o mataram disparando sete balas sobre o ombro de sua escolta da ONU.[9] Para garantir que a carga humana de Vieira de Mello não topasse com o mesmo destino, Russell certificou-se de que a porta de cada viatura blindada com os civis bósnios estivesse fechada e trancada por dentro.

Ao permitir a ponte aérea humanitária da ONU, os sérvios concederam um intervalo de tempo de uma hora para aviões de carga Hercules ou Ilyushin, pertencentes à ONU, voarem de manhã e um segundo período à tarde. Russell procurou assegurar que cada um desses voos carregasse civis bósnios. Depois que os bósnios sob sua supervisão eram liberados nos postos de controle militares, ficava com eles na sala VIP do aeroporto, longe dos trabalhadores de ajuda humanitária, de jornalistas e diplomatas. Os funcionários da ONU no aeroporto receberam instruções de embarcar os passageiros de Russell na aeronave antes dos outros.

De tempos em tempos, Vieira de Mello aparecia para ver como andavam as coisas ("O trem está dentro do horário hoje, John?") — ou entregava ao seu auxiliar uma lista com nomes de pessoas a serem evacuadas ("Cuide desta família, tudo bem, John?"). Ele instruiu Russell a selecionar os casos mais "merecedores", sem contudo estipular critérios precisos. Decidir quem tinha direito a deixar a cidade foi, de longe, a parte mais difícil do serviço de Russell, e Vieira de Mello ficou contente por poder delegar essa tarefa. "É um ato de equilíbrio", ele disse, instruindo Russell a maximizar o bem que estavam realizando, mas tomando cuidado para que o trem não fosse divulgado. Quanto mais indivíduos a ONU ajudasse, maiores as chances de que alguém revelasse os detalhes da operação à mídia, e de que as autoridades sérvio-bósnias ou o governo bósnio a encerrasse. Russell normalmente não levava mais de meia dúzia de civis de cada vez.

A lista dos evacuados incluiu uma delegação de atletas bósnios que Vieira de Mello achou que poderiam divulgar o sofrimento do país nas Olimpíadas de Inverno em Lillehammer, Noruega; o arcebispo católico de Sarajevo, ao qual o papa concedera uma audiência; um médico bósnio matriculado num curso especializado de tratamento de ferimentos de bala; e um homem cuja esposa estava morrendo de câncer na França.

Quando começou a se espalhar pela capital a notícia de que Russell era o homem com poderes divinos na ONU, o canadense ficou nervoso. Uma mulher perguntou se podia levar seu cachorro no voo. Ele explodiu: "Não vou desperdiçar meus recursos transportando uma porra de um poodle". Outra tentou levar uma mala enorme repleta de livros. "A ONU não é a Lufthansa", Russell reagiu. Uma mulher que sofria de câncer terminal queria se tratar na Europa Ocidental. Russell fez um cálculo frio ao rejeitar seu pedido. "Nossos lugares são limitados", ele pensou, "e ela vai morrer de qualquer maneira. É triste, mas tenho que gastar meu tempo com os vivos." As únicas pessoas que ele prontamente rejeitou foram aquelas que tentaram suborná-lo com sexo ou dinheiro, ou homens bósnios em idade de combater que ele achou que pudessem estar desertando. "Algumas pessoas beijaram a minha mão como se eu fosse da realeza", Russell recorda. "Mas também vi pessoas que rejeitei jazendo mortas na rua. Elas morreram nas minhas mãos, indiretamente." No cômputo geral, nos 110 dias em que dirigiu o trem para Vieira de Mello, Russell salvou 298 pessoas. Pat Dray, o capitão canadense que o substituiu, evacuou outras centenas. Vieira de Mello não discutiu a operação, ou seu papel em iniciá-la, com seus amigos, colegas ou críticos.

Além de retirar certos bósnios de Sarajevo, ele procurou trazer visitantes importantes. Na mesma semana em que iniciou "o trem", ajudou a organizar na cidade um concerto de Ano-Novo da soprano americana Barbara Hendricks, embaixadora de boa vontade do Acnur. À meia-noite do dia 31 de dezembro de 1993, em um dos poucos vislumbres de esperança que Sarajevo desfrutara em quase dois anos, Hendricks cantou com uma Orquestra Sinfônica Bósnia bastante desfalcada. Muitos de seus membros haviam fugido, sido recrutados ou mortos, inclusive um trombonista, assassinado a tiros na semana anterior. No entanto, Vieira de Mello e cerca de duzentos dignitários locais e estrangeiros saborearam os sons da missa em sol menor de Mozart, o *Réquiem* de Gabriel Fauré e a *Ave Maria* de Schubert. O concerto foi transmitido ao vivo pela televisão local, mas, devido à falta de eletricidade, poucos bósnios puderam assistir. O efeito principal do concerto foi fazer os moradores de Sarajevo, que souberam do espetáculo, se sentirem ligeiramente menos sozinhos. Nos 45 minutos em que Hendricks cantou e Vieira de Mello escutou, meia dúzia de bombas caíram num raio de noventa metros do estúdio de tevê que havia sido convertido numa sala de concertos. Durante o dia de Ano-Novo, cinco pessoas foram mortas e 46 se feriram na capital.[10]

O general Briquemont estava fora de Sarajevo visitando suas tropas, enquanto Hendricks realizava seu espetáculo à meia-noite. No dia seguinte, num almoço formal em homenagem a ela no refeitório dos oficiais, Briquemont perguntou se a soprano se importaria em cantar algo *a capella*. Assim que ela limpou a garganta e começou a cantar, uma bomba estourou ao lado do prédio, fazendo as luzes tremularem e os talheres de prata trepidarem. Hendricks continuou cantando em meio ao barulho. Quando Vieira de Mello perguntou depois como ela conseguira manter a calma, ouviu como resposta: "Quando eu morrer, sei que quero partir cantando". Ele sempre se mostrara cético quanto aos embaixadores de boa vontade, por acreditar que a logística de organizar visitas de celebridades trazia mais dores de cabeça do que benefícios. Mas, após o incidente, Hendricks recorda, "dava para perceber que ganhei muitos pontos em sua estima". Na noite seguinte, Vieira de Mello tocou um CD de música brasileira e tentou ensinar a americana e os oficiais franceses a dançar o samba. Hendricks contou-lhe que, por mais lugares devastados que tivesse visitado pela ONU, nada a preparara para ver uma cidade europeia em tal estado. "Sinto como se tivesse penetrado num romance de Kafka", ela disse. "Se eu vir baratas gigantes na parede, não me surpreenderei." Ele concordou, dizendo: "Este tipo de selvageria provavelmente se encontra soterrado dentro de todos nós".

Eles discutiram as respectivas vidas pessoais. Vieira de Mello refletiu sobre a falta que sentia dos filhos nas férias. Ele e Annie ficavam juntos tão raramente que Hendricks indagou por que não haviam formalizado a separação. "Não fique esperando demais", ela aconselhou. "Você tem que dar a Annie uma chance de começar uma vida nova. Ela tem que viver sem esperar por você. Quanto mais você adiar a solução, mais difícil será." Ele rejeitou a sugestão. "Nós nos distanciamos", explicou, "mas isso não é razão para encerrar um casamento."

"NÃO DEVEMOS SER PARCIAIS"

Vieira de Mello era mestre em compartimentar e se concentrou no trabalho que lhe cabia fazer. O dilema singular que ele e seus colegas enfrentavam era que a ponte aérea humanitária da ONU, que havia afrouxado o nó corrediço sérvio em torno do pescoço dos civis bósnios, se transformara num tipo de nó corrediço em torno da própria Forpronu. Ele acreditava que, se as tropas de paz revidassem contra os sérvios que vinham atacando civis, atiradores sérvios retaliariam disparando vários mísseis portáteis contra um avião de carga das Nações Unidas, o que encerraria toda a operação de alimentação e poria em risco milhões de vida. Os países que enviaram soldados para servir na missão de paz se importavam suficientemente com a Bósnia para tentar impedir a fome em massa, mas Vieira de Mello não acreditava que eles se importassem a ponto de combater os sérvios numa guerra. Os boinas-azuis estavam diante de um impasse.[11] Forneciam comida, porém não impediam que os alimentados fossem derrubados por franco-atiradores ou bombas, o que gerou críticas à ONU de "distribuir sanduíches nos portões de Auschwitz".[12]

Vieira de Mello defendeu a abordagem da Forpronu. Argumentou que os boinas-azuis desempenhavam um papel humanitário vital e alertou contra o uso da força. "Existem 95% menos baixas na Bósnia agora do que um ano atrás", ele afirmou. "Estamos ganhando tempo para os bósnios até que um acordo de paz possa ser assinado." Para que isso acontecesse, as grandes potências — não as tropas de paz da ONU — teriam que aumentar seu envolvimento diplomático. "Esperar que a Forpronu obtenha uma solução política", ele comentou com um entrevistador, "é, no mínimo, absurdo. Trata-se de um erro conceitual."[13] Os oficiais da ONU tinham de resistir ao impulso de manter o dedo no gatilho. "Se optarmos pela força", ele insistiu, "teremos escolhido a guerra."[14]

A imparcialidade era tão central à sua compreensão da essência das operações de paz da ONU que ele se recusava a dar uma resposta aos jornalistas quando perguntado qual parte considerava mais responsável pela carnificina. "Não devemos ser parciais", ele explicou. "Sei que é difícil para vocês entenderem, mas é a única maneira de ajudar a deter a guerra na Bósnia."[15] Ele elogiava as virtudes do que denominava "ação afirmativa": o trabalho humanitário que tornasse a vida um pouco mais suportável para os civis na guerra. "Podemos não ser capazes de mudar o mundo aqui", ele contou ao seu desmoralizado pessoal, "mas podemos mudar mundos individuais, um de cada vez." Se as tropas de paz da ONU lograssem simplesmente congelar as linhas de batalha, e as agências de ajuda humanitária das Nações Unidas conseguissem manter os civis vivos, a missão da ONU estaria fazendo sua parte. De seu ponto de vista, caberia aos negociadores ocidentais usar seus recursos consideráveis a fim de negociar uma paz permanente.

Porém, muitos oficiais da ONU viam a situação de forma diferente. Alguns achavam que as tropas de paz deveriam desafiar militarmente os sérvios. Oficiais mais novatos — muitas vezes em sua primeira missão de campo — estavam indignados, assim como Vieira de Mello em sua primeira missão de paz no Líbano. Eles acreditavam que os boinas-azuis estavam sendo tímidos demais e que os oficiais das Nações Unidas mais antigos no sistema, interessados em proteger a própria reputação, minimizavam uma carnificina que deveriam estar denunciando. Estavam tratando uma operação de alimentação tapa-buraco como um fim em si. Haviam se tornado cúmplices ao não insistirem veementemente que os governos ocidentais resgatassem os civis. "O sistema está em colapso", afirmou David Harland, um comissário político de 32 anos da Nova Zelândia. "Estamos sendo usados. Não vamos obter um acordo de paz só pela nossa presença."

A missão na Bósnia foi umas das poucas de que Vieira de Mello participou na ausência de Dennis McNamara, que estava em Genebra como diretor de relações externas do Acnur. Mesmo assim, McNamara prosseguiu em seu papel de golpear a consciência do amigo, caçoando ao telefone: "Não é uma missão de paz o que você está realizando, Sergio. É um monitoramento de guerra". *The Economist* criticou a ONU como "um serviço de entrega de refeições em veículos blindados".[16] O que mais o magoou foi os próprios bósnios caçoarem dos boinas-azuis como a Força de *Auto*proteção da ONU. Ele guardou algumas das cartas agressivas que recebeu durante a missão. Uma delas, intitulada "Criminosos de guerra e seus apoiadores", continha recortes de fotografias de Milošević e Karažić, ao lado de Boutros-Ghali e Stoltenberg.

No final de janeiro de 1994, porém, os civis bósnios começaram a acreditar que a Forpronu poderia enfim defendê-los. O tenente-general Sir Michael Rose, um ex-oficial do SAS [Special Air Service] britânico de 53 anos que servira na Irlanda do Norte e combatera na Guerra das Malvinas, assumiu o posto de comandante das forças da ONU na Bósnia, em substituição ao general Briquemont. Rose, o general com quem Vieira de Mello falou na noite de nosso primeiro encontro, chegou a Sarajevo citando o lema do SAS: "A vitória é dos ousados". A paz teria que ser imposta. Os ataques sérvios contra civis e as tropas de paz tinham que cessar. "Se eles atirarem em nós, atiraremos de volta", Rose prometeu, "e não tenho nenhuma dúvida sobre isso."[17] Em alguns locais, os sérvios estavam bloqueando ou desviando 80% dos suprimentos humanitários. "Temos que forçar mais a porta, e, se continuarmos forçando de maneira bem coordenada", o general disse, "a porta vai abrir mais, e mais ajuda poderá passar por ela."[18] Esse espírito foi contagiante, e os funcionários e as tropas de paz da ONU, que tinham se tornado fatalistas, ficaram inspirados pelo novo comandante.

Assim que Rose chegou, a sede da ONU em Nova York informou a Vieira de Mello que ele estava sendo promovido. Ele não ficaria mais baseado em Sarajevo como um consultor itinerante de Stoltenberg e dos generais; seria transferido para o quartel-general da Forpronu em Zagreb e dirigiria o Departamento de Assuntos Civis, gerenciando uma equipe de cinquenta analistas políticos internacionais distribuídos pela ex-Iugoslávia e conservando a função de principal conselheiro político do chefe da missão. Vieira de Mello reclamou quando ouviu o resto da notícia — em vez de ficar subordinado a Stoltenberg, que ao menos via como um peso pesado da política, responderia ao novo representante especial do secretário-geral da ONU: seu ex-chefe no Camboja, Yasushi Akashi.

Vieira de Mello brincou em particular que, para merecer o título de "consultor", precisava trabalhar para alguém interessado em receber conselhos. Akashi não era esse tipo de pessoa. Boutros-Ghali mais tarde admitiu que, irritado, escolhera um diplomata japonês (no lugar de um europeu) "como uma repreensão aos europeus pelo fracasso em lidar com aquele conflito em seu próprio continente".[19] Sem dúvida, a forte participação do Japão no orçamento das missões de paz das Nações Unidas novamente exerceu sua influência. Embora conhecesse seu chefe havia mais de dois anos, Vieira de Mello ainda o chamava de "sr. Akashi" e "Sir". "Para alguém com um perfil tão espirituoso", recorda Michael Williams, que trabalhou com Vieira de Mello no Camboja e também na Forpronu, "Sergio estava sendo notadamente *protocolaire*."

Vieira de Mello permaneceu com o general Rose em Sarajevo por apenas treze dias. Mas os dois homens logo se tornaram amigos. Rose havia estudado em Oxford e na Sorbonne e falava francês com fluência, o que agradou a Vieira de Mello e aos soldados franceses ali baseados, que normalmente desconfiariam de um comandante britânico. Rose respeitou os relacionamentos que o brasileiro já havia desenvolvido com os líderes dos Bálcãs e sua vasta experiência em viver e trabalhar em áreas de conflito. Rose mais tarde revelaria que admirava Vieira de Mello "mais do que qualquer outro com quem trabalhei na Bósnia".[20]

Um de seus primeiros encontros foi revelador. Rose, que se preparava para sua primeira viagem a fim de se encontrar com o presidente bósnio Alija Izetbegović, estava trajando um colete à prova de balas e um capacete e pretendia embarcar num comboio blindado da ONU. Ele viu Vieira de Mello saindo de sua residência para a mesma reunião. "Como você vai até lá?", Rose perguntou. Vieira de Mello respondeu que ia andando, porque a população de Sarajevo se ressentia dos soldados da ONU que passavam a toda em veículos blindados. Ignorando o protocolo de segurança das Nações Unidas, Rose retirou seu equipamento de segurança e percorreu calmamente a rua perigosa ao lado do colega, parando para conversar com as pessoas no meio do caminho. Quando os homens chegaram ao prédio esburacado da era austro-húngara que servia de palácio presidencial, entraram num mausoléu escuro e gelado e viram garçons bósnios de luvas brancas servindo suco de laranja e biscoitos da ajuda humanitária da ONU em bandejas de prata. Quando uma bomba caiu por perto, uma chuva de poeira despencou do teto. Os homens fizeram força para não rir no que Rose se recorda como "o chá do chapeleiro louco".[21]

Para uma pessoa que acabara de chegar aos Bálcãs, Rose estava bastante seguro de si, o que impressionou Vieira de Mello e empolgou os civis bósnios, desesperados por ver uma ação mais agressiva da ONU. Mas, em reuniões particulares, essa segurança começou a dar uma guinada, considerada perturbadora por alguns de seus colegas da ONU. Como um oficial profissional, ele parecia desprezar o confuso exército bósnio, que estava desorganizado e mal equipado, e respeitar as forças sérvias, que faziam uso de oficiais e armamentos pesados herdados do exército nacional iugoslavo. Rose também suspeitava da mídia ocidental, simpatizante dos bósnios, as vítimas principais da guerra. Ele mais tarde chamou o corpo de jornalistas de Sarajevo de "um casal de chacais em torno do cadáver em decomposição da Bósnia".[22]

No final de janeiro de 1994, Aryeh Neier, o líder do Helsinki Watch (o precursor do Human Rights Watch), visitou Sarajevo e reuniu-se com os dois homens. Neier insistiu que Rose fizesse suas tropas de paz adotarem uma postura mais dura com os sérvios. O americano mostrou-se contrário ao que Washington pressionara as tropas de paz a fazer na Somália: transpor o que ele denominava a "linha de Mogadíscio", o que, para o general, significava abrir mão da neutralidade e "fazer a guerra com veículos pintados de branco". Enquanto Vieira de Mello olhava em silêncio, Rose argumentava que Sarajevo não estava tecnicamente sob cerco, já que a ajuda da ONU estava chegando aos civis. "Grande parte dos tiroteios", disse o general, "é para dar a impressão de grandes batalhas, quando não há luta real. Eles estão tentando fazer bonito na CNN." Neier, para quem Rose estava minimizando a culpa dos sérvios a fim de justificar a neutralidade da ONU, transmitiu furioso a alegação do americano para a mídia de Sarajevo.[23]

Vieira de Mello sabia que Sarajevo estava sob cerco total. De fato, com cerca de 1200 bombas a atingindo todos os dias, a capital bósnia era então, provavelmente, a cidade mais perigosa da Terra. Ele enviou um telegrama à sede da ONU, três dias após a chegada de Rose, com a seguinte mensagem: "Sarajevo definitivamente não é uma cidade onde o pessoal civil — ou, por sinal, militar — da Forpronu deva ser autorizado a se expor a um risco indevido, em particular dirigindo veículos não blindados. Meus próprios carros foram alvejados várias vezes. Uma análise de balística simples mostraria que o único motivo pelo qual nós dois podemos responder ao seu fax é que tais veículos eram blindados".[24]

Ele sobrevivera a dois quase-acidentes na Bósnia. Em dezembro de 1993, a caminho do aeroporto, viu que o carro na sua frente, com a indicação IMPRENSA, havia sido atingido por franco-atiradores sérvios que atiraram de um prédio próximo. "Pare o carro!", ele gritou, instruindo o motorista a posicionar seu carro blindado de modo a proteger o jornalista, que havia sido atingido no braço, e o motorista, baleado na perna. Felix Faix, um ex-paraquedista francês que era seu guarda-costas, empurrou Vieira de Mello para o banco de trás do carro, apanhou sua arma e disparou contra os dois franco-atiradores, que aparentemente foram atingidos e desapareceram de vista. Numa segunda ocasião, quando percorria a Alameda dos Franco-Atiradores, o carro blindado de Vieira de Mello foi atingido três vezes por um franco-atirador, porém conseguiu retornar ao quartel-general, enquanto Faix mais uma vez manteve seu chefe agachado no banco de trás. No entanto, embora o brasileiro claramente reconhecesse os perigos que os atiradores sérvios representavam, nunca enfrentou Rose, nem desafiou sua descrição pública de Sarajevo como uma cidade não realmente sitiada. Rose não recorda nenhum tipo de discordância. "Éramos absolutamente unidos", ele lembra. "Instintivamente tínhamos a mesma sensação sobre o que estava acontecendo."

MASSACRE NO MERCADO

Sábado, 5 de fevereiro de 1994, estava programado para ser o último dia de Vieira de Mello em Sarajevo. Contudo, ao meio-dia e dez uma bomba atingiu um mercado apinhado no centro da cidade, no dia de compras mais movimentado da semana, estraçalhando 68 comerciantes e compradores bósnios. Ele levou algum tempo até conseguir falar com Akashi ao telefone, porque o representante especial escolhera aquele fim de semana para levar seus auxiliares mais próximos ao seu restaurante japonês favorito em Graz, na Áustria. Quando enfim conseguiu achá-lo, Akashi o instruiu a permanecer em Sarajevo e oferecer sua assessoria política para o que se afigurava um número cada vez menor de opções para impedir a escalada da guerra.

O cenário do mercado era apavorante. Os toldos verdes e os telhados de latão ondulado que cobriam os estandes foram convertidos em macas para transportar os feridos, ou oleados onde colocar os mortos. Alguém havia desenhado um círculo de giz em torno do ponto atingido pelo morteiro fatídico. A cratera formava a base da marca de uma pata, com os dedos mostrando sinais de rajadas de metal quente, responsáveis pela maior parte dos danos. Fragmentos de corpos misturavam-se com cigarros, jornais, latas de Coca-Cola, roupas, artigos domésticos e verduras.

Muitos mortos foram transportados ao necrotério local num caminhão basculante. Oito vítimas estavam tão desfiguradas que os funcionários do hospital não souberam dizer se eram homens ou mulheres.[25] Mais de 150 pessoas foram feridas, e os hospitais, com falta de pessoal e de recursos mesmo nos melhores dias, não davam conta do recado. Os médicos da sala de emergência, com seus jalecos brancos manchados de sangue, berravam instruções uns aos outros enquanto corriam para apanhar gaze, remédios e esparadrapos fornecidos pelos grupos internacionais de ajuda humanitária. Do lado de fora, parentes aguardavam para saber o destino de seus entes queridos — e davam gritos de agonia quando os médicos surgiam com más notícias. Os feridos simplesmente jaziam nos corredores implorando por atenção. No dia seguinte, o principal jornal diário de Sarajevo, *Oslobodjenje*, publicou seis páginas inteiras de obituários com bordas pretas.[26] Praticamente cada pessoa que Vieira de Mello conhecia na cidade teve um parente, um vizinho ou um amigo afetado pelo massacre.

Embora a falta de reação internacional à agressão sérvia fosse culpa dos governos poderosos, a população de Sarajevo dirigiu a sua raiva contra a Forpronu, cuja presença contrastava com a ausência dos Estados Unidos e da Europa. "Boutros-Ghali simplesmente observa tudo isso e não faz nada", queixou-se uma mulher entrevistada perto do mercado. "Ele é pior que Milošević e Karadžić. É cúmplice deles."[27] Não foi um bom fim de semana para alguém ser visto dirigindo um veículo branco da ONU. Vieira de Mello ficou indignado com o incidente. "Canalhas!", ele exclamou, referindo-se aos que atiraram a bomba. "Como eles se consideram soldados?" Mas, depois do que mais tarde denominou "o pior dia da minha vida, em que chorei de raiva", ele soterrou as emoções.[28] Acreditou que o dia mais trágico da Bósnia podia ser também o mais transformador. As grandes potências mundiais poderiam agora voltar sua atenção e seus recursos para a Bósnia o tempo suficiente para que a paz fosse alcançada.

Os sérvios tinham se habituado a tentar ocultar seus crimes acusando os bósnios de atacarem a si mesmos. Exatamente um mês antes, o líder sérvio-bósnio Karadžić dissera a Vieira de Mello e a Rose: "Os muçulmanos matariam o próprio Alá a fim de desacreditar os sérvios!".[29] A Guerra da Bósnia era o primeiro conflito do século XX em que as partes usavam a CNN para defender seu lado. No dia do ataque, Karadžić declarou à rede: "Este é um assassinato a sangue-frio e eu exigiria a sentença máxima contra seus responsáveis".[30] Ele ameaçou bloquear toda a ajuda aérea e terrestre a Sarajevo se a ONU não o inocentasse. O primeiro-ministro bósnio Silajdžić, visivelmente abalado, também foi entrevistado. "Isto está denegrindo a comunidade internacional e a nossa civilização", ele retrucou. "Por favor, vamos esquecer por um minuto que sou o primeiro-ministro. Estou falando como um homem agora. Por favor, lembrem-se dessas cenas; se não pusermos um basta, isto vai chegar até a soleira de vocês."[31]

No passado, quando os sérvios recusavam os pedidos da ONU, os oficiais da Forpronu, sem nenhum poder, simplesmente voltavam atrás. Mas desta vez a indignação pública nas capitais com o massacre do mercado não deixou aos líderes ocidentais outra opção senão lançar o peso da Otan, a aliança militar mais poderosa da história, em respaldo à diplomacia da ONU. O governo alemão, que apenas duas semanas antes se declarara contra a ação militar, reverteu sua posição e passou a apoiar ataques aéreos da Otan contra os sérvios. Os franceses exigiram uma reunião de cúpula de emergência da aliança para discutir uma reação militar imediata. Somente os britânicos permaneceram relutantes em empregar a força contra os sérvios. "O resto do mundo não pode enviar exércitos para o que é uma guerra civil cruel e odiosa", disse o secretário do Exterior Malcolm Rifkind.[32]

Em 9 de fevereiro, quatro dias após o ataque ao mercado, dezesseis ministros do Exterior da Otan, após discutirem por mais de doze horas, geraram um ultimato sem precedentes: os sérvios tinham até a meia-noite de 20 de fevereiro, de acordo com a Hora Média de Greenwich, para retirar seus armamentos pesados de uma "zona de exclusão" de quase vinte quilômetros ao redor de Sarajevo. Quaisquer armamentos que permanecessem após essa hora seriam colocados sob custódia das tropas de paz da ONU ou bombardeados pela Otan. A aliança nunca antes fizera uma ameaça tão explícita. E os civis de Sarajevo nunca se sentiram tão próximos de serem resgatados. "Ninguém deveria duvidar da determinação da Otan", foi o alerta que fez o presidente Clinton de Washington.

"A Otan está pronta para agir."[33] Mas, depois de tantas falsas promessas, não faltaram os céticos. Uma charge sintetizou o comportamento pregresso dos ocidentais. Um sobrevivente espiava por trás das ruínas de Sarajevo, gritando: "A retórica está chegando! A retórica está chegando!".[34]

A Otan e a ONU tinham muito em comum. Os países mais influentes da aliança — Estados Unidos, Grã-Bretanha, França — possuíam assentos permanentes e poder de veto no Conselho de Segurança das Nações Unidas. Entretanto, muitos na Rússia, também com assento naquele Conselho de Segurança, continuavam vendo a Otan como o inimigo que havia sido durante a Guerra Fria.[35] Além disso, como defensora dos sérvios, a Rússia opunha-se firmemente à ideia de ataques aéreos.

Altos funcionários da ONU — como Vieira de Mello e Rose — eram favoráveis apenas ao que denominavam "apoio aéreo próximo" da Organização do Tratado do Atlântico Norte: o uso limitado, cirúrgico, de poder aéreo contra os sérvios nas raras ocasiões em que os boinas-azuis sofressem ataques graves. Ao ajudar na autodefesa das tropas de paz, os pilotos da Otan só eram autorizados a atingir a arma transgressora. Vieira de Mello se opunha aos tipos de ataque defendidos pelo governo Clinton — "ataques aéreos" ofensivos da Otan —, para ele incompatíveis com uma missão imparcial de paz. Se a Otan queria travar uma guerra, ele raciocinou, as grandes potências deveriam retirar as tropas de paz da ONU, e os Estados Unidos deveriam assegurar o sucesso esperado colocando suas próprias tropas em ação e juntando-se às forças terrestres da Otan. Sem essa improvável mudança de rumo, argumentou, o governo Clinton deveria parar de continuar forçando os boinas-azuis levemente armados a absorver os riscos físicos resultantes de um bombardeio aéreo da Otan.

O secretário-geral Boutros-Ghali defendia o mesmo ponto de vista. Ele gostava de citar estas palavras de Elliot Cohen, analista militar norte-americano: "O poder aéreo é uma forma anormalmente sedutora de força militar, porque, como o namoro moderno, parece oferecer a gratificação sem o compromisso".[36] Vieira de Mello e Rose concordaram: uma campanha aérea da Otan sem o respaldo de um plano maior para proteger os civis bósnios traria mais mal do que bem. Para os cidadãos indefesos, seria melhor se a Otan não bombardeasse. A Forpronu poderia prosseguir com o fornecimento de ajuda humanitária, e com isso ganharia tempo para negociar um acordo político. "Você não pode ser o paladino da moralidade com soldados de outras nações", Rose disse, ecoando o ponto de vista de Vieira de Mello. "A lógica da guerra não é a lógica da missão de paz. Faça uma coisa ou outra, mas não tente juntar as duas." A equipe da ONU tentou usar a ameaça de ataques aéreos da Otan contra posições sérvias para persuadir os sérvios a remover o armamento pesado das montanhas ao redor de Sarajevo. Por mais carnificina que tivesse visto na Bósnia e em outras partes, Vieira de Mello não conseguia abandonar a crença de que o diálogo paciente acabaria provocando aquela espécie de "conversão" que Robert Misrahi, seu orientador em filosofia, havia defendido.

Como os líderes ocidentais temessem que bombardeios levassem os sérvios a capturar reféns da ONU, e como os soldados franceses e britânicos poderiam ser os primeiros a ser capturados, o ultimato da Otan deixou a decisão de solicitar bombardeios da aliança a critério dos oficiais das Nações Unidas em campo. Akashi, o mesmo homem que uns poucos soldados do Khmer Vermelho fizeram dar meia-volta numa barreira de bambu dois anos antes, decidiria se o poder aéreo seria empregado. E ele já havia se decidido. "Se as armas dos sérvios estão silenciosas e um número significativo delas foi posto sob o controle do Acnur", ele escreveu numa nota interna para o centro de operações dias antes da expiração do ultimato, "não tenho nenhuma intenção de concordar com os ataques aéreos da Organização do Tratado do Atlântico Norte."[37]

Ao sentir a relutância dos oficiais da Forpronu e do governo britânico em bombardear, e conhecendo o desdém dos russos em relação à Otan, os sérvios de início se mostraram desafiadores. O subcomandante das forças sérvio-bósnias, o general de divisão Manojlo Milovanovic, escreveu para Rose: "Gostaria que você entendesse que os sérvios nunca aceitaram e jamais aceitarão o ultimato de ninguém, mesmo ao preço de serem extirpados do planeta".[38]

Mas Vieira de Mello passou horas em viagens ao baluarte sérvio-bósnio, em Pale, e ao telefone com líderes da Sérvia e da Bósnia num esforço por convencê-los a recuar suas forças. "Como havia muitos elementos na Otan favoráveis ao bombardeio", recorda Simon Shadbolt, o assistente militar de Rose, "Sergio pôde retratá-la como o policial malvado e a ONU como o policial bonzinho. Ele insistiu que os sérvios recuassem de modo a proceder segundo o mínimo aceitável pela Otan."[39]

O prazo de 20 de fevereiro para a cooperação sérvia se aproximava rapidamente, e os sérvios ainda não haviam removido muito de seu armamento pesado. Os bósnios estavam em grande expectativa sobre a expiração da data-limite da

Otan, mas Vieira de Mello não. Ele sabia que Akashi, o homem com o dedo no gatilho, nunca considerara os ataques aéreos uma opção real. Ele viajou com o representante especial até Pale na véspera do prazo e, quando tentaram retornar a Sarajevo, a estrada estreita na montanha que os conduziria à capital estava tão atulhada de tanques e armamentos pesados sérvios em fuga apressada que os dois tiveram que passar uma noite fria e nevada juntos dentro do veículo.[40] Akashi estava eufórico, já que algum progresso era melhor do que nada. Vieira de Mello informou à imprensa: "Se nas próximas horas as coisas continuarem como foram nas últimas 48 horas, não há motivo para preocupação".[41] Quando um jornalista perguntou a Rose onde ele estaria quando o prazo se findasse, o general respondeu: "Adormecido, na cama".[42]

Quando o prazo expirou, Akashi admitiu ao centro de operações da ONU que a zona de exclusão não estava inteiramente livre de armamentos pesados. Mesmo assim, declarou que os sérvios vinham "cumprindo substancialmente" os termos do ultimato.[43] Ele informou à CNN: "Não há necessidade de recorrer aos ataques aéreos".[44] Assim que o anúncio foi feito, Vieira de Mello, aliviado, juntou-se a um grupo de oficiais militares para brindar com uísque, tarde da noite, na residência oficial. "*Živeli*", ele exclamou em sérvio-croata, em meio ao tilintar dos copos. "Saúde!"

"O CAMINHO PARA UMA VIDA NORMAL"

Os oficiais e civis bósnios esperavam que uma intervenção da Otan eliminasse os armamentos pesados sérvios que haviam ceifado 10 mil vidas na cidade. Temiam que, quando a atenção ocidental se desviasse para outra parte, os sérvios simplesmente recuperassem as armas depostas sob a supervisão da ONU e voltassem a impor o cerco. Vieira de Mello, o representante das Nações Unidas em quem os bósnios mais confiavam, tentou dissipar seus temores. No dia subsequente ao vencimento do prazo, reuniu-se com o presidente Izetbegović e lhe explicou que havia percorrido pessoalmente, num helicóptero Puma, os lugares mais remotos em que os armamentos pesados sérvios vinham sendo reunidos sob supervisão da ONU. Embora admitisse que havia naturalmente "margem para melhorias" no sistema de controle das Nações Unidas, constituído de 36 patrulhas de helicópteros e inspeção terrestre, pediu que os bósnios "reconhecessem que a neve, o gelo, a lama e o terreno montanhoso vinham dificultando a nada invejável tarefa da Forpronu". Os armamentos sérvios ainda observáveis, ele insistiu, eram "pouco impressionantes".[45] Vieira de Mello recomendou a Izetbegović que elogiasse publicamente os progressos, o que o presidente concordou em fazer na televisão bósnia. "Acredito que esta seja uma grande vitória para nós, ainda que não totalmente clara nem perfeita", Izetbegović disse. "Vocês podem deixar seus filhos saírem para brincar sem temer pela vida deles; podem ir até o mercado sem medo e sem se preocupar se voltarão ou não. Após 23 meses de matança, isto é algo bem importante."[46]

Mas a maioria dos bósnios estava confusa. Os moradores de Sarajevo continuavam a não poder sair da cidade, e os sérvios continuavam a atacar os bósnios no resto do país — às vezes, usando os armamentos pesados transferidos das montanhas ao redor da capital. Gordana Kneûević, o editor do *Oslobodjenje* em Sarajevo, observou: "É como se nossa sentença de morte tivesse sido comutada para prisão perpétua".[47]

As lições da experiência de Sarajevo pareciam óbvias. Incumbida de fornecer ajuda alimentar, mas não de combater a limpeza étnica, a Forpronu havia perdido a confiança dos bósnios e o respeito dos sérvios. Mas a mobilização, pelos Estados Unidos, do poder da Otan para exercer pressão sobre a crise comunicou uma determinação até então inexistente. A terrível carnificina de 5 de fevereiro de 1994 fez o governo Clinton investir seu poder na cessação do sofrimento dos civis. A diplomacia, respaldada pela ameaça de força, havia extraído concessões. Como resultado, a partir de 21 de fevereiro, a população de Sarajevo desfrutou seus primeiros dias tranquilos em quase dois anos. Vieira de Mello telefonou para Annick Roulet em Genebra: "Annick, os bondes estão rodando de novo em Sarajevo!".

Ele sabia, com base no que vivenciara no Líbano e no Camboja, quão rapidamente os líderes ocidentais voltariam a esquecer a Bósnia. No breve intervalo de tempo de que dispunham, os oficiais da Forpronu tinham que tentar transformar o cessar-fogo em torno de Sarajevo numa paz que se estendesse por todo o país.[48] Vieira de Mello rapidamente se pôs a fazer o que havia feito no Camboja: usar o progresso humanitário para tentar forjar um denominador comum entre os inimigos encarniçados. Se a população da região pudesse voltar a se familiarizar com os confortos da paz — eletricidade, água corrente e mercados repletos de produtos —, talvez ficassem menos dispostos a retornar à violência. Se no

Camboja ele lograra convencer o Khmer Vermelho a cooperar com a operação de repatriação da ONU — porque eles também queriam que os refugiados retornassem para terras sob seu controle —, na Bósnia Vieira de Mello esperava que o gosto da normalidade levasse os cidadãos a pressionar seus líderes a conceder territórios em negociações políticas.

Desde o início da guerra, em 1992, os sérvios haviam interrompido os serviços públicos e o abastecimento de alimentos a Sarajevo. A maioria das velhas estradas para a cidade continha minas ou explosivos, e a única ligação dos civis bósnios com o mundo exterior era um túnel sob a pista de decolagem do aeroporto. Mas, ao manter o cerco, as autoridades sérvias também estavam sitiando seus compatriotas, já que os subúrbios sérvios ao redor de Sarajevo obtinham sua eletricidade e água de fontes localizadas no interior da capital bósnia. Além disso, para se deslocarem entre dois daqueles subúrbios, os sérvios tinham que contornar a cidade toda, o que levava quase um dia inteiro.

Na quinta-feira, 17 de março de 1994, após uma sessão de negociação que durou a noite inteira, Vieira de Mello selou um acordo histórico. Quatro denominadas Rotas Azuis seriam abertas. Diariamente, das nove da manhã às duas da tarde, os bósnios abririam a Ponte da Fraternidade e Unidade ligando Sarajevo a um dos subúrbios sérvios. As estradas que ligavam os dois principais subúrbios sérvios seriam igualmente abertas por duas horas de manhã e de tarde. Em troca, os sérvios abririam a estrada que ligava dois subúrbios bósnios e a estrada entre Sarajevo e a Bósnia central, permitindo a entrada da ajuda humanitária e de ônibus civis na capital. Graças a esse acordo de Vieira de Mello, os civis em Sarajevo poderiam viajar abertamente ao mundo exterior pela primeira vez desde a irrupção da guerra, em 1992. Começava a parecer que a sentença de prisão perpétua da população também seria revogada.

O rosto radiante de Vieira de Mello apareceu em noticiários no mundo inteiro. Embora estivesse muitíssimo entusiasmado, ele tentou administrar a expectativa da população local. "Para o nosso pesar, este país continua tecnicamente em guerra", ele lembrou. "Portanto, não esperem a abertura da cidade da noite para o dia."[49] Ao anunciar as condições do acordo, fez com que os negociadores sérvios e bósnios dessem as mãos, o primeiro cumprimento em público entre altas autoridades dos dois lados desde o começo do conflito. Quase uma década depois, apesar de todas as suas outras realizações, ele contaria a um jornalista brasileiro que aquele acordo de 1994 foi o ato de que mais se orgulhou em sua carreira como alto funcionário da ONU.[50]

No dia em que a ponte para Sarajevo foi aberta pela primeira vez, bósnios e sérvios, que não viam membros de suas famílias fazia mais de dois anos, a atravessaram rumo a terras dominadas por seus rivais. Centenas de pessoas de reuniram para ver se parentes ou amigos apareceriam.[51] Um bósnio de 67 anos, Hasan Begic, expulso de seu apartamento em Sarajevo pelos sérvios, que lhe deram apenas dez minutos para que saísse, em setembro de 1992, transpôs a ponte até o bairro sérvio para visitar seu filho deficiente Edhen. Uma hora depois de transpor a ponte, retornou horrorizado: "Disseram que meu filho foi morto por um franco-atirador em 11 de janeiro diante da casa", Begic contou a um repórter. "Não tenho mais nada a fazer lá."[52]

Apesar do trauma e das privações que os civis bósnios continuavam a enfrentar, um maremoto de otimismo varreu o país e a missão da ONU. Um cessar-fogo vinha sendo mantido pela quinta semana consecutiva. Os cafés em Sarajevo estavam reabrindo. Com o tráfego comercial enfim entrando na cidade, os preços despencaram. Em 20 de março, cerca de 20 mil habitantes de Sarajevo deram um sinal de confiança na calmaria que se instalara ao lotar o estádio olímpico ao ar livre para torcer pelo time de futebol local em sua vitória de 4 a 0 contra um time da ONU composto por um soldado egípcio, cinco britânicos, três franceses e dois ucranianos.

Em 22 de março, um avião Ilyushin 76 da ONU aterrissou no aeroporto da cidade bósnia de Tuzla, que estava sitiada, proporcionando a primeira ponte aérea de alimentos da guerra para mais de 1 milhão de moradores. Akashi disse: "Este é um dia muito feliz para todos nós. Existe um novo impulso positivo para um cessar-fogo, uma desmobilização, o estabelecimento de uma paz duradoura e a melhoria de vida das populações da Bósnia e Herzegóvina. Acho que os dias sombrios estão praticamente superados".[53]

8. "Sérbio"

Os dias sombrios na Bósnia na verdade estavam longe de terminar. A despeito de o ultimato da Otan ter posto fim às lutas ao redor de Sarajevo, o resto do país permanecia em guerra. E, quanto maior a determinação de Vieira de Mello em defender a impotente missão da ONU, mais moralmente comprometido ele se tornava.

Ele não se empolgou com seu novo cargo em Zagreb, na Croácia. Embora a capital bósnia tivesse sido mortalmente perigosa, estava cheia de vida. Difícil acostumar-se com Zagreb, com seus grandes hotéis de luxo e seu setor visível de mercadores de armas. As tensões inerentes à administração de uma missão de paz num país em guerra não diminuíram. Mas o que piorava as coisas era que ele agora tinha um "trabalho de campo" longe do campo. Numa reunião com sua nova equipe em 25 de fevereiro de 1994, Vieira de Mello informou que pretendia realizar reuniões semanais. Uma advogada militar canadense levantou a mão e disse que preferiria que a equipe se reunisse três vezes por semana. Aquele foi apenas um sinal da atmosfera burocrática que o sufocaria nos meses seguintes.

Como chefe do departamento de assuntos civis da Forpronu, Vieira de Mello herdou um grupo de funcionários contratados antes de sua época e dos quais não podia se livrar. Logo se viu sobrecarregado pela burocracia, por telefonemas, reuniões e problemas de administração da equipe, e pediu a Elisabeth

Naucler, uma advogada finlandesa, que se tornasse sua chefe do estado-maior para que pudesse passar mais tempo resolvendo problemas na Bósnia. "A parte mais difícil de uma missão de paz é a paz interna", ele lhe contou. "Seu coração e sua mente estavam na Bósnia, enquanto seu corpo estava preso em Zagreb, lidando com as brigas do pessoal", Naucler recorda. "Deve ter sido uma tortura."

O BLEFE QUE FALHOU

Mas ele logo obteve uma trégua de seu trabalho burocrático. As forças sérvias, após se livrarem de ser bombardeadas pela Otan, logo em seguida ao sangrento massacre no mercado, passaram a atacar o enclave oriental bósnio de Gorazde, no final de março. Uma das seis "áreas de segurança" declaradas pela ONU, Gorazde estava assentada estrategicamente sobre a principal via expressa que ligava Belgrado às regiões da Bósnia controladas pelos sérvios. Embora fosse um enclave bem grande — quase vinte quilômetros de norte a sul e trinta quilômetros de oeste a leste —, apenas um punhado de observadores militares desarmados e quatro trabalhadores de ajuda humanitária das Nações Unidas estavam baseados lá, o que deixava seus 65 mil habitantes especialmente vulneráveis. Em 6 de abril, os observadores da ONU informaram que a ofensiva sérvia deixara 67 mortos, inclusive dez crianças e dezenove mulheres e anciões. Cerca de 325 bósnios foram feridos. Os alimentos na área não durariam mais de duas semanas.[1]

Naquele mesmo dia, Vieira de Mello, que estava visitando Sarajevo, partiu com o general Rose numa viagem de reconhecimento a Gorazde. Quando os homens adentraram o território sérvio, passaram por trincheiras ao longo da linha de frente e viram um sacerdote ortodoxo de manto preto ministrando a comunhão aos soldados. Os dois só conseguiram chegar até o baluarte sérvio de Pale, e então foram obrigados a voltar. Vieira de Mello tentou convencer o comandante militar sérvio-bósnio Ratko Mladić de que o bloqueio da passagem pelos sérvios apenas provaria suas intenções hostis. Mladić, sabia que poucos oficiais da ONU conseguiam resistir a uma promessa de cessar-fogo. Ele informou à dupla que, se retornassem a Sarajevo, negociaria uma cessação das hostilidades com o exército bósnio. De forma típica, a delegação da ONU concordou em retornar à capital bósnia. "Se os sérvios afirmam que a situação é tal que não querem a nossa ida lá agora, temos que aceitar", Rose informou à imprensa.[2] Não obstante, antes de retornar a Sarajevo, Rose convenceu Mladić a permitir que uma dúzia de oficiais de elite, na maioria britânicos, viajassem a Gorazde para dar uma olhada.

Após sua tentativa fracassada de alcançar Gorazde, Vieira de Mello fez uma viagem, já planejada, a Genebra e à França. Durante sua ausência, os sérvios levaram avante sua ofensiva: capturaram uma cadeia de montanhas crucial, de mil metros de altura, sobre Gorazde e tocaram fogo nas aldeias vizinhas. O Serviço de Inteligência norte-americano, que vinha monitorando a situação, interceptou uma mensagem de Mladić a um dos seus comandantes de campo em que dizia que não queria que "uma única privada restasse de pé na cidade".[3]

Apenas dois meses depois de a Otan ter ameaçado bombardear os sérvios--bósnios em torno de Sarajevo, a vida dos bósnios estava de novo em risco. Em fevereiro a mera ameaça de força fizera os sérvios retirarem a maioria de suas armas dos arredores de Sarajevo, mas em Gorazde parecia que ameaças não bastariam. A Otan teria realmente que usar o poder aéreo se quisesse deter os sérvios. Se Rose e Akashi não solicitassem ajuda aos pilotos da aliança, Gorazde e sua grande população civil certamente cairiam em mãos sérvias.

Em 10 de abril, o general Rose fez algo que poucos esperavam: convocou os bombardeiros da Otan para darem "apoio aéreo aproximado" às tropas de paz enviadas a Gorazde. Rose e Akashi sempre afirmavam que preferiam o apoio aéreo aproximado limitado (uma medida defensiva) aos ataques aéreos (por ambos considerado um ato de guerra). E eles acreditavam que um ataque defensivo cirúrgico contra sérvios disparando em tropas da ONU os dissuadiria sem prejudicar o ímpeto rumo à paz. Desde a fundação da Otan em 1949, a aliança nunca fora posta à disposição dos boinas-azuis das Nações Unidas. E tão cedo não voltaria a ser. Primeiro Rose precisou aprovar os formulários de solicitação aérea; depois Akashi (que estava em Paris) teve que dar a autorização política; e finalmente a Otan teve que concordar. Até todas as três aprovações haverem sido recebidas, mais de uma hora se passara. As nuvens eram tão densas e a chuva tão forte que dois aviões A-10 da Otan tiveram que voar a baixa altitude pelos vales da Bósnia, tornando-se vulneráveis ao fogo terrestre sérvio. De início, não conseguiram encontrar os tanques transgressores e acabaram por ficar sem combustível. Dois aviões Fighting Falcons F-16C da Força Aérea norte-americana os substituíram, e às 18h26, duas horas após a solicitação de Rose, a Otan atacou, eliminando um posto de comando da artilharia sérvia a 6,5 quilômetros da cidade, supostamente matando nove oficiais sérvios. Foi o primeiro ataque da aliança contra um alvo terrestre em sua história.

Os oficiais da ONU e da Otan entenderam que um limiar havia sido transposto — para a ONU, para a Otan e para a Bósnia. A população de Gorazde estava eufórica. As pessoas se reuniram nas ruas e fizeram sinal de aprovação com o polegar para os membros da pequena equipe das Nações Unidas alojada no prédio do Banco Central. O presidente sérvio Slobodan Milošević previsivelmente denunciou o ataque, que, segundo ele, "prejudica fortemente a reputação da ONU em seu papel de mediadora do processo de paz".[4] Ao chamar a Organização do Tratado do Atlântico Norte para bombardear uma facção, ele disse, a Forpronu havia tomado partido. No dia seguinte, quando os sérvios prosseguiram seus bombardeios, a Otan voltou a atacar, destruindo dois veículos blindados de transporte de tropas sérvios e danificando um tanque.

Em sua casa em Massongy, França, Vieira de Mello não estava onde gostaria. Após 24 anos de serviço às Nações Unidas, por acaso deixara a área de sua missão durante uma das crises mais importantes da história da ONU. De fato, enquanto a primeira operação aérea da Otan de todos os tempos estava em andamento, em 10 de abril, ele teve a experiência surreal de receber um telefonema de Charles Kirudja, chefe do estado-maior de Akashi, que reclamou de conflitos pessoais no escritório. Vieira de Mello voltou correndo para Zagreb em 11 de abril, dia do segundo ataque, e constatou que a ofensiva sérvia não havia diminuído.

O uso limitado do poder aéreo pela Otan — os críticos logo apelidaram os dois ataques de "picadas de alfinete" — revelou como a ação da aliança estava sendo limitada pelo medo da ONU de retaliação contra as tropas de paz. Mostrou também as limitações, em áreas montanhosas, da reluzente tecnologia a laser que parecera invencível na guerra do golfo Pérsico. Os comentaristas ocidentais observaram que, com seu emprego tímido da força, a Otan se assemelhava ao elefante proverbial que havia dado à luz um camundongo.[5] Em 12 de abril, os sérvios atacaram três dos sete pontos de coleta de armas que haviam sido criados nas imediações de Sarajevo em fevereiro, e recuperaram armamentos pesados de um acantonamento como resultado do ultimato da Otan. Em 14 de abril, sentindo que a ONU e a Otan estavam paralisadas, os sérvios detiveram, puseram sob prisão domiciliar ou bloquearam o movimento de 150 soldados das Nações Unidas através da Bósnia.[6] Uma manchete do *New York Times* sintetizou a situação: "O BLEFE QUE FALHOU; SÉRVIOS AO REDOR DE GORAZDE NÃO RECUAM ANTE A POLÍTICA DE ATAQUES AÉREOS LIMITADOS DE OTAN".[7]

Tendo insistido no uso do poder aéreo, o presidente Clinton tentou alegar que as forças internacionais permaneciam neutras. "Eu lembraria aos sérvios que não tomamos nenhuma ação, através da Otan e com o apoio da ONU, para tentar conceder uma vitória militar aos seus adversários", ele disse.[8] Mas Vieira de Mello se deu conta de que Clinton estava em busca de duas coisas incompatíveis: sentir-se bem por defender os bósnios e sentir-se seguro por aplacar os sérvios. "Este é o momento do 'Eu não traguei' de Clinton", ele me contou em nosso primeiro jantar. "Ele quer agradar a todos ao mesmo tempo."

Aproximadamente às três da tarde do dia 15 de abril, as defesas bósnias ao norte e sudeste da cidade entraram em colapso. Os sérvios invadiram um posto de observação da ONU, atingiram um Land Rover a ela pertencente ao norte de Gorazde com tiros de metralhadora e feriram gravemente dois membros do esquadrão de elite de oficiais britânicos enviado por Rose na semana anterior.

Bem no momento em que a Otan poderia ter contra-atacado em retaliação ao ataque aos soldados britânicos, Akashi estava no meio de uma reunião de sete horas com Karadžić em seu quartel-general em Pale.[9] John Almstrom, o consultor militar canadense de Akashi, instalou o telefone por satélite seguro da Otan no estacionamento e carregou os mapas militares de alvos potenciais em sua pasta. "Aquele foi um sonho ruim", recorda Almstrom. "Você está no escritório de Karadžić e sabe que provavelmente irá bombardear Karadžić." Mas previsivelmente Akashi optou por não fazê-lo, preferindo colaborar com os sérvios para salvar os soldados britânicos feridos.

Vieira de Mello havia visto resoluções e postos de observação da ONU serem espezinhados no Líbano, mas desta vez ele era a segunda maior autoridade política da missão, atrás apenas de Akashi. Poderia usar seu poder para alterar o rumo da Forpronu. Contudo, como ele me confessou naquela noite, não via nenhuma saída.

No dia seguinte, os sérvios continuaram seu avanço rumo a Gorazde, então Rose solicitou o poder aéreo da Otan pela terceira vez, mas nesta ocasião, para não enfurecer os sérvios, informou Mladić de sua decisão. Ao verem os aviões da Otan, os tanques sérvios, avisados de antemão, derrubaram um Sea Harrier britânico com um míssil portátil lançado do ombro. Embora o piloto tivesse conseguido ejetar seu assento e se salvar, juntando-se aos homens de Rose em Gorazde, aquela foi a primeira vez na história que a Otan perdeu um avião em operação de combate, e o almirante Leighton Smith, o norte-americano que comandava as forças da aliança, ficou furioso. Smith disse que estava farto das regras de envolvimento restritivas impostas por Akashi. As limitações táticas e os avisos antecipados da ONU aos sérvios vinham pondo em risco seus pilotos.

Dentro da área de segurança da ONU, a resistência militar bósnia desaparecera, e projéteis de artilharia caíam a cada vinte segundos.[10] Em Washington, Anthony Lake, o conselheiro para a Segurança Nacional norte-americano, disse que a possibilidade de salvar Gorazde era "muita limitada".[11] Em Nova York, o representante bósnio na ONU, Muhamed Sacirbey, divulgou uma declaração em que afirmava que as Nações Unidas, "a mais nobre das instituições", havia sido "usurpada numa câmara de falsas promessas e racionalizações para a inércia".[12]

Por mais agressivos que os sérvios se tornassem, Vieira de Mello continuava a acreditar que ataques aéreos totais da Otan não eram compatíveis com a política da neutralidade que, para ele, constituía a base do sistema da ONU. Ele fez o possível para defender a reputação minguante da Forpronu. Em Zagreb, encontrou-se com uma delegação de autoridades do governo bósnio que criticavam a ONU. E explicou que a Resolução 836 do Conselho de Segurança, responsável pela criação das seis áreas de segurança, havia sido "mal redigido", "provavelmente de propósito". Mas falou como se carecesse de livre-arbítrio. Como ele e as tropas de paz haviam sido instruídos a usar a força militar somente em defesa própria, não podiam ser culpados pela passividade. Aparentemente não lhe ocorria que, de dentro do sistema, poderia ajudar a moldar o ponto de vista dos governos. Talvez consciente de que vinha se esquivando de sua responsabilidade, e constrangido com aquilo, Vieira de Mello partiu para o ataque, repetindo as acusações sérvias de que os bósnios mantinham armas nas áreas de segurança e acrescentando, num tom atipicamente intimidador: "Vocês sabem que é verdade!". Ao final da reunião, o secretário de Relações Exteriores da Bósnia, Esad Suljić fez uma profecia: se a ONU não interviesse imediatamente para proteger os bósnios em Gorazde, os sérvios atacariam as duas outras áreas de segurança vizinhas. "Srebrenica e Zepa serão as próximas", a autoridade bósnia disse.[13]

Enquanto os bósnios estavam desesperados, os sérvios se mostravam cheios de confiança. Em Belgrado, descredenciaram a CNN, a AFP, a SKY, o *Le*

Monde, o *Die Presse*, a Radio Free Europe e o *Christian Science Monitor*.[14] Na periferia de Sarajevo, invadiram um ponto de coleta de armas da ONU, sob a guarda francesa, e se apossaram de mais dezoito armas antiaéreas. Dispararam quatro projéteis contra o Banco Central em Gorazde, onde os funcionários da ONU dormiam e trabalhavam. O ataque derrubou o sistema de telex que a pequena equipe das Nações Unidas vinha usando para enviar seus relatórios.[15]

Com a área de segurança aparentemente ignorada, uma médica irlandesa do Acnur chamada Mary McLaughlin escreveu uma carta ao centro de operações do Alto Comissariado das Nações Unidas para os Refugiados, em Genebra, que vazou para a imprensa. Em parte dizia:

> Saudações de uma cidade onde apenas os mortos têm sorte. Os dois últimos dias aqui têm sido um inferno. Moradores e refugiados se amontoaram em prédios caindo aos pedaços, à espera do próximo projétil. Quando ele chega, muitos morrem, pois existem multidões em cada prédio.
>
> Os feridos jazem durante horas nos escombros, já que é um ato suicida tentar trazê-los ao hospital. [...] A desculpa dos sérvios para alvejar [o hospital] é que se trata de uma instituição militar. Estive em todas as partes do hospital cem vezes no último mês e posso assegurar ao mundo externo que é mentira.
>
> [...] Os presidentes Clinton e Yeltsin querem realizar conversações sobre o futuro da Bósnia no próximo mês. Pouca coisa restará então em Gorazde, além de cadáveres e escombros.[16]

Os trabalhadores de ajuda humanitária e as tropas de paz na Bósnia entenderam que estavam num divisor de águas. "Claramente esta é uma semana muito triste para o mundo", Rose admitiu à imprensa.[17]

"ESSES CARAS TÊM CORAGEM"

Mas, quando tudo parecia perdido, os Estados Unidos e a Rússia conspiraram para preservar o que restava do enclave de Gorazde. Nos Estados Unidos, as críticas públicas ao governo Clinton haviam sido ferozes. Não eram apenas civis em Gorazde que estavam em risco. A Otan, que agira pela primeira vez na história, sofrera um sério abalo em seu prestígio. Numa entrevista coletiva na Casa

Branca, o presidente Clinton sentiu que não lhe restava outra opção a não ser ampliar a ameaça do poder aéreo da aliança.

No entanto, só as ameaças dos Estados Unidos tinham pouca força. Felizmente para Gorazde, Vitaly Churkin, o enviado russo à região, atacou os sérvios. Ele passara uma semana em deslocamentos entre Pale e Belgrado e estava farto: "Ouvi mais promessas rompidas nas últimas 48 horas do que provavelmente em todo o resto de minha vida". Ao retornar a Moscou, foi ainda mais enfático. "A hora de conversar acabou", ele afirmou. "Os sérvios-bósnios precisam entender que, ao lidar com a Rússia, estão lidando com uma grande potência, e não com uma república de bananas."[18] Em 19 de abril, o presidente Yeltsin cobrou dos sérvios o cumprimento das promessas feitas à Rússia. "Parem com os ataques", ele disse. "Retirem-se de Gorazde."[19] "Nossos patriotas profissionais vivem falando sobre as 'relações especiais com a Sérvia'", lia-se num editorial do jornal russo *Izvestia*. "O que isto significa? Aprovar tudo o que os sérvios fazem, ainda que cometam um crime?"[20] Vieira de Mello viu a mudança russa como uma revolução diplomática. "Enfim, talvez, não serão nações divididas tentando fazer a paz", ele me contou, "e sim as Nações *Unidas*." Com a Rússia passando a endossar as condenações veementes da Otan, os sérvios não poderiam mais jogar as grandes potências uma contra a outra.

Em 22 de abril, os dezesseis embaixadores ocidentais na Otan emitiram um ultimato em Bruxelas com vistas a salvar Gorazde. Os sérvios foram informados de que teriam que cessar fogo ao redor da cidade imediatamente. No primeiro minuto após a meia-noite (Hora Média de Greenwich, 2h01 pela hora bósnia) do dia 24 de abril, as tropas sérvias teriam que recuar 3,2 quilômetros para fora do centro de Gorazde e permitir a entrada das tropas de paz da ONU, de comboios de ajuda humanitária e de equipes médicas. No primeiro minuto após a meia-noite, pela Hora Média de Greenwich, do dia 27 de abril, todo o armamento pesado (inclusive tanques, peças de artilharia, morteiros, lançadores de foguetes, mísseis e armas antiaéreas) teria que ser conduzido para fora de uma zona de exclusão de dezenove quilômetros, semelhante àquela criada em torno de Sarajevo. Se não cumprissem as condições, os sérvios seriam bombardeados, e dessa vez os ataques aéreos não deixariam dúvidas quanto à seriedade da Otan. Os pilotos da aliança não precisariam mais localizar as armas transgressoras. Seriam liberados para atacar num raio de alvos militares. Os generais da Otan revelaram que haviam selecionado duas dúzias de locais de munições, depósitos de combustível, casamatas de comando e postos de armas ao redor da área especificada. Washington retirou o pessoal não essencial e as famílias de diplomatas de Belgrado. "O plano é bombardear até eles se cagarem de medo", foram as palavras de um oficial da Otan.[21]

Contudo, como a ONU ainda mantinha tropas de paz em solo, a Otan não poderia bombardear sem a solicitação de Rose e Akashi, que se mantinham temerosos de transpor a "linha de Mogadíscio" e comprometer a segurança das tropas de paz. Vieira de Mello e Akashi receberam permissão dos sérvios para viajar a Belgrado, onde esperavam negociar uma solução com — e para — Karadžić e Mladić. As autoridades das Nações Unidas preferiam acordos a ultimatos, e, independentemente de quaisquer ameaças da Otan, continuavam convencidos de que poderiam convencer os sérvios a desistir de Gorazde.

Nas conversações em Belgrado, no mesmo dia do ultimato, a delegação da ONU alinhou-se de um lado da mesa, os sérvios-bósnios sentaram-se em frente, e o presidente sérvio Slobodan Milošević, considerado responsável pela guerra, presidiu a reunião. Numa ocasião em que o general Mladić se manifestou, Milošević repreendeu-o em inglês: "Vê se fica calado, porra!". Cada gesto e afirmação de Milošević pareciam querer indicar à ONU quem era o chefe e criar a ilusão de que ele nada tinha a ver com o comandante de campo que vinha bombardeando civis em Gorazde. Em vez de se mostrarem arrependidos, os sérvios-bósnios estavam mais insolentes do que nunca. Como a Otan realizou dois ataques aéreos, Karadžić disse: "Levaremos algum tempo até confiarmos na ONU de novo". Quando Akashi respondeu que entendia, sua auxiliar Izumi Nakamitsu passou um bilhete ao colega David Harland dizendo: "Isto me enoja".

Quase no final das negociações entre os sérvios e a ONU, que duraram de uma da tarde até altas horas da noite, Akashi indagou como as Nações Unidas poderiam verificar se os sérvios estavam cumprindo as condições. Subitamente o vice-presidente sérvio-bósnio Nikola Koljevic se manifestou: "Por que Sergio não vai até Gorazde?". Vieira de Mello imediatamente concordou: "Claro", ele disse, "vou sim". Os demais membros da equipe da ONU ficaram perplexos. "Aquilo aconteceu tão rápido e tão na última hora que nos pegou de surpresa", Almstrom, o conselheiro militar de Akashi, recorda. "Eu costumava chamá-lo de 'Sergio, o pistoleiro', mas aquilo era ridículo. Achei que ou ele tinha uma coragem enorme, ou não percebeu as implicações daquilo. E se os sérvios não depusessem as armas? Ou se as removessem, e, mesmo assim, a Otan bombardeasse?"

Os sérvios tinham sido mais espertos. Se Vieira de Mello levasse uma equipe da ONU até Gorazde, os países da Otan relutariam ainda mais em bombardear. Milošević encerrou a reunião com o acordo quase finalizado. Recomendou que os dois lados tratassem dos detalhes restantes pela manhã. Atrasos custam caro, o líder sérvio disse hipocritamente, "enquanto pessoas estão morrendo".[22]

Quando o pessoal da ONU saiu cansado das negociações, Almstrom perguntou: "Sergio, e se o ultimato falhar e você for bombardeado?". Vieira de Mello deu de ombros. "As Nações Unidas terão que garantir que o ultimato não vai falhar, não é?" Rose ficou assustado ao perceber que seu amigo é quem estaria com o dedo no gatilho da ONU. Emprestou-lhe um saco de dormir e um par de botas do exército britânico para a viagem.[23] Num testemunho clássico da falta de sincronismo entre a Forpronu e a Otan, o acordo da ONU com os sérvios foi redigido usando o horário local, o que criava uma diferença de duas horas em relação aos prazos do ultimato da Otan, emitido na Hora Média de Greenwich.

Notadamente, no exato momento em que as negociações de Belgrado se realizavam, os sérvios resolveram bombardear Gorazde. Um observador da ONU escreveu dessa cidade: "Avaliação do líder da equipe: Esses caras têm coragem". A equipe da ONU registrou 55 explosões de bombas em Gorazde num período de dez minutos. "Eles aumentaram flagrantemente suas atividades agressivas em face do ultimato da Otan", informou o observador das Nações Unidas.[24] Pat Stogran, um major de 36 anos que chefiava a equipe de observadores militares da ONU naquela cidade, enviou várias mensagens alarmantes consecutivas ao centro de operações sem receber resposta. Enfim ameaçou parar de enviar informes. "Se vocês tivessem alguma ideia da situação aqui, entenderiam a futilidade das mensagens que estamos enviando para o nada", ele escreveu. "É constrangedor que eu, como chefe dos representantes da Forpronu, só consiga informar as autoridades civis e militares locais das atividades da Forpronu pelo que captamos da BBC."[25]

Mais de vinte pessoas em Gorazde seriam mortas no dia da viagem de Vieira de Mello a Belgrado.[26]

ROMPER O CERCO, BLOQUEAR ATAQUES AÉREOS

Os críticos não pouparam o acordo da ONU. A equipe de verificação de Vieira de Mello parecia estar caminhando para uma armadilha com os olhos bem abertos, como se estivessem se colocando propositadamente em risco para fornecer aos sérvios reféns potenciais e frustrar qualquer ataque eventual da Otan. Ele ignorou as reclamações e se concentrou na tarefa designada. Do aeroporto de Belgrado, telefonou para o centro de operações da Forpronu em Zagreb e informou que procurava voluntários da ONU. Ao receber ligações de volta, não tentou dourar a pílula. "Estou avisando", informava aos interessados, "que você pode acabar imobilizado em Gorazde ou que a Otan pode bombardear." Ele voou primeiro até Zagreb, onde permaneceu algumas horas para fazer as malas, depois até Sarajevo, onde parou na Presidência Bósnia para explicar a missão ao primeiro-ministro Silajdžić, que rompera o contato com Akashi e Rose. "Você sabe que, com sua ida, está assegurando que a Otan não voltará a usar a força?", Silajdžić perguntou. Vieira de Mello não respondeu. "De qualquer modo, boa sorte, meu amigo", Silajdžić alertou. "Tenha cuidado."

Em torno das oito da noite de sábado, 23 de abril, Vieira de Mello encontrou-se com um grande comboio da ONU no aeroporto de Sarajevo, que incluía quarenta médicos, cem ucranianos subordinados a um general francês e quinze comissários políticos e policiais civis subordinados a ele. Anthony Banbury, que estivera com a ONU no Camboja, chegara à Bósnia no início daquele mês. Quando soube que Vieira de Mello solicitara voluntários, dirigiu-se ao aeroporto coberto de neve na esperança de conseguir um lugar na equipe. Banbury caminhou até o veículo dianteiro do comboio, onde Vieira de Mello estava sentado com seu guarda-costas francês, e bateu na janela da viatura blindada. O soldado francês abriu a porta e ergueu a metralhadora como uma barreira para afastar Banbury. "Tudo bem, tudo bem", Vieira de Mello disse, abrindo um amplo sorriso para o jovem americano, a quem não via desde o Camboja. "Tony, o que você está fazendo aqui?!" Embora impaciente para partir, saltou de seu veículo e perguntou sobre a missão recente de Banbury no Haiti e seus planos em relação a Forpronu. "Ali estávamos no escuro, no aeroporto de Sarajevo, com tiros espocando ao fundo, a missão da ONU desmoronando, e a ameaça da Otan de ataques aéreos pairando sobre nós", recorda Banbury. "E Sergio emergiu calmamente da viatura blindada e fez com que eu me sentisse, durante aqueles minutos, como a pessoa mais importante do mundo." Vieira de Mello instruiu o soldado francês a arrumar um lugar para Banbury em um dos veículos, e o comboio partiu no escuro.

*Vieira de Mello e o general da ONU
André Soubirou planejando a entrada em Gorazde.*

Eles chegaram à periferia de Gorazde logo após a meia-noite. Vieira de Mello viu casas ainda em chamas, animais mortos à beira da estrada e multidões de refugiados apinhados nas estruturas sem teto de casas carbonizadas. Penetrou na cidade e rumou ao banco central, onde encontrou Stogran e os outros observadores da ONU com ar exausto e barba por fazer. "A única comida restante é o que sobrou das provisões do Acnur", o canadense informou.

Na manhã seguinte, Vieira de Mello convocou sua pequena equipe política para uma reunião matutina. Funcionários da ONU debilitados encontraram seu chefe impecavelmente trajado. "O que você fez?", Banbury perguntou. "Trouxe um chuveiro na sua mala?" "Se mantivermos uma boa aparência", ele respondeu, "lembraremos à população daqui a dignidade que costumavam ter. E mostraremos que o cerco foi rompido." Quando Mark Baskin, um norte-americano de 41 anos, perguntou "O que devemos fazer?", Vieira de Mello respondeu: "Andar por aí". "Andar por aí pra quê?", Baskin quis saber. "Mostrar a bandeira", Vieira de Mello disse. "Aí a população saberá que a ONU veio para a cidade."

Embora os tiroteios em grande parte houvessem cessado, os membros da equipe viram cartuchos de bala, estilhaços de bomba e crateras e manchas de sangue nos prédios. Vieira de Mello estava determinado a tornar a ONU o mais visível possível, mostrando-se intrépido nessa intenção. Cercado de soldados da Forpronu que ostentavam capacetes e coletes à prova de balas, percorreu a cidade de calça esporte e um anoraque, atravessando a ponte no centro que havia sido cenário de batalhas ferozes. O som de tiroteio e a presença de milicianos sérvios praticamente não o abalaram. "Estávamos completamente cercados", recorda Nick Costello, um funcionário britânico da ONU que fala sérvio. "Os terrenos altos ao redor nos tornavam vulneráveis e, ao percorrermos a cidade em nossos veículos brancos reluzentes, constituíamos ótimos alvos." A indiferença de Vieira de Mello era estratégica. "A normalidade está voltando a Gorazde", informou aos auxiliares. "Se mostrarmos à população que não temos medo, podemos mitigar seus próprios temores. Se agirmos como se a vida estivesse normal, a vida se tornará mais normal."

Stogran, que se sentira ignorado por seus superiores da ONU quando mais precisara deles, viu-se subitamente sobrepujado por aqueles oficiais que, a despeito de não terem sofrido o cerco, agora administravam os parcos recursos de sua equipe. Ele armazenara água do rio local em recipientes de diesel para eventuais emergências, mas os recém-chegados a despejavam no gerador, pensando que fosse combustível. "Isto é típico da ONU", Vieira de Mello comentou com Stogran, reconhecendo a tensão que este devia estar sentindo. "São tantos chefes que nem conseguimos encontrar a cozinha!"

Stogran achou os autointitulados "salvadores da ONU" pouco curiosos sobre o passado e crédulos demais sobre como sérvios e bósnios poderiam ser disciplinados no futuro. Embora nunca antes tivessem posto os pés em Gorazde, possuíam seus mapas e seus pressupostos, e faziam poucas perguntas. Mas Vieira de Mello era diferente. "Você foi a voz deste lugar", disse para Stogran. "Você obrigou os políticos a olhar para cá." O major sitiado ficou comovido. "Após todas as conversas com Sergio", ele recorda, "eu saía com uma sensação profunda e totalmente nova de calma."

Em torno das cinco da tarde do primeiro dia completo de Vieira de Mello em Gorazde, os sérvios começaram a deixar a cidade, em cumprimento ao ultimato. Porém, ao recuarem, adotaram uma política de terra arrasada, demolindo casas e a única estação de bombeamento de água da área. Vieira de Mello ficou enfurecido. "Nunca o vi tão indignado", recorda Costello. "Estava totalmente zangado, sua voz estava trêmula, mas ao mesmo tempo tentava preservar a atração dos sérvios por ele."

À meia-noite, ele e Costello dirigiram sua Land Rover até uma aldeia chamada Kopaci, na periferia da cidade. Os sérvios estavam bloqueando a entrada de um segundo comboio de suprimentos da ONU, e ele esperava negociar sua liberação. Uma fila de caminhões de ajuda humanitária do Acnur estava parada à margem da estrada, enquanto nos morros circundantes fogueiras ardiam. Subitamente, à luz dos faróis, ele divisou a figura robusta do general Mladić, que berrava por causa da profanação da antiga igreja ortodoxa sérvia do lugar. Ao ver Sergio, pareceu satisfeito, e acenou para ele. Mladić usou a lanterna de Costello para guiá-los até o cemitério atrás da igreja, onde chamou a atenção de Vieira de Mello para as lápides destruídas e para os túmulos recém-cavados de soldados sérvios mortos nas lutas recentes. Vieira de Mello, que não estava totalmente à vontade por ser conduzido ao breu por aquele suspeito de crimes de guerra, observou que Mladić estava chorando. "Nunca esqueça o que você viu aqui", o sérvio disse. Ele deu a mão ao brasileiro e informou que enfim permitiria que o comboio de ajuda humanitária da ONU entrasse em Gorazde. Eram duas da madrugada.[27]

Vieira de Mello não dispunha nem de uma equipe suficientemente grande nem de tempo para verificar com minúcia se os sérvios haviam retirado todas as suas armas pesadas da zona de exclusão de dezenove quilômetros. Contou à imprensa: "Naqueles montes e florestas, não temos condições de garantir que estão livres de armas".[28] Mas aquelas palavras não foram de todo sinceras. Ele sabia que não queria ver ataques aéreos da Otan, e, como aquele a quem cabia verificar se os sérvios estavam violando as condições da aliança, tinha o poder de impedi-los. Costello lembra o diálogo que precedeu a comunicação final de Vieira de Mello a Akashi, antes que este anunciasse seu veredicto: "Sergio nos perguntou sem muita seriedade: 'Vocês verificaram se as armas estão fora da zona de exclusão?', e nós respondemos: 'Sim, verificamos'. Mentimos para a Otan", recorda Costello. "Sabíamos que a Otan estava doida para lançar ataques aéreos e achávamos que seria a coisa errada a fazer. Nós não conseguiríamos verificar fisicamente todos os lugares — nosso tempo se esgotara —, mas sabíamos também que confirmar a obediência dos sérvios seria o melhor para todos."

Vieira de Mello chegou a contemporizar sobre a área de 3,2 quilômetros no centro da cidade que deveria estar livre de soldados. Já em 25 de abril, milicianos sérvios foram encontrados ali. Os sérvios alegavam que aqueles policiais haviam permanecido para proteger civis sérvios, contudo os "policiais" eram obviamente soldados que trocaram os uniformes verdes do exército por uniformes azuis. Vieira de Mello optou por fazer vista grossa.

Em 27 de abril, Akashi declarou publicamente que os sérvios estavam "efetivamente cumprindo" o ultimato. Desse modo, pela segunda vez em dois meses, anunciou que não solicitaria o poder aéreo da Otan.[29]

Os bósnios estavam arrasados, pois sabiam que sua única chance de salvação seria se a Otan detivesse militarmente os sérvios, mas a Forpronu parecia decidida a impedir aquilo. Contudo, Vieira de Mello fez a alegação implausível de que havia agido de acordo com o desejo do povo bósnio. "Estive em Gorazde. Falei com os habitantes", contou a um jornalista croata. "A maioria concordou comigo, porque, se tivéssemos atacado pelo ar, eles estariam numa situação pior."[30]

AOS TRANCOS E BARRANCOS

Embora Vieira de Mello tivesse passado apenas quatro dias em Gorazde, retornou a Zagreb com o prestígio renovado. Izumi Nakamitsu, a auxiliar especial de Akashi, ao vê-lo de volta no centro de operações, perguntou: "Você não teve medo de ser atingido por bombas?". Ele sorriu: "Izumi, por favor, você sabe que eles jamais lançariam bombas enquanto eu estivesse por lá". A maioria se lembrava de sua impassibilidade quando sob pressão. As histórias dele escovando os dentes com água mineral italiana alimentavam uma imagem cada vez mais santificada.

Akashi com prazer recebeu o reconhecimento pelo relaxamento aparente das tensões. Ele respondeu a uma mensagem de congratulação do secretário-geral Boutros-Ghali com uma carta de próprio punho:

> Sr. secretário-geral,
> Fico comovido com sua mensagem gentil. Orgulho-me pelo fato de a Forpronu ter voltado a mostrar sua capacidade de controlar uma situação perigosa. Sob sua orientação sábia, continuarei servindo a causa de sua Organização, combinando firmeza com flexibilidade e controlando o poder com diplomacia.
>
> Atenciosamente,
> Yasushi Akashi[31]

Mas, cheio de confiança, Akashi então protagonizou um minidrama na sede das Nações Unidas em Nova York, o que aumentou ainda mais as divergências entre os Estados Unidos e a ONU. Washington, o maior financiador da ONU, já havia tecido críticas à Organização devido à negligência financeira. Entretanto, à medida que a ala isolacionista do Partido Republicano ganhava força no mundo pós-Guerra Fria, alguns membros do Congresso começaram a defender a retirada do país da ONU, e tanto os republicanos como os democratas se puseram a citar os fracassos das Nações Unidas na Somália e na Bósnia como razões para parar de contribuir com aquele organismo. O normalmente reservado Akashi deu uma entrevista ao *New York Times* em que sugeriu que, desde a Somália, os Estados Unidos perderam a coragem, tornando-se "um tanto reticentes, um tanto temerosos, tímidos e hesitantes", evitando mobilizar as próprias tropas para ajudar em "situações como de Gorazde".[32] Akashi, ele próprio excessivamente cauteloso, queria a participação das tropas dos Estados Unidos porque achava que os oficiais daquele país compartilhariam sua oposição ao uso do poder aéreo. Mas Madeleine Albright, a embaixadora norte-americana na ONU, atacou Akashi, tachando de "totalmente contraproducente para um funcionário público internacional lançar críticas a qualquer governo", e acrescentou que os funcionários das Nações Unidas "deveriam lembrar de onde vinham seus salários". Diante do Conselho de Segurança da ONU, Albright alertou: "Afirmações como estas, além de em nada ajudarem, põem em dúvida a utilidade de novas contribuições financeiras, ou de outra natureza, dos Estados Unidos para as operações de paz da Organização das Nações Unidas. Não é segredo que, no momento, tais operações não são populares entre o povo americano e o Congresso do país".[33]

Não obstante a afirmação de Akashi fosse obviamente verdadeira, a resposta de Albright deixou claro quem pagava a manteiga do pão de Akashi. Era estruturalmente impossível um alto funcionário da ONU criticar em público o país mais rico e poderoso da Organização e sair incólume.

O buraco que Akashi vinha cavando para si próprio ficou mais fundo. No princípio de maio, ele cruzou um limite que surpreendeu até seus críticos mais acirrados: instruiu as tropas de paz da Forpronu a escoltar tanques sérvios pela zona de exclusão de armas pesadas em torno de Sarajevo, na verdade usando os boinas-azuis para dar cobertura à transferência de armas ofensivas para outra frente de batalha. Vieira de Mello não acreditou no que ouvia ao receber a notícia da mancada de Akashi. "Ali estava Sergio, que passava horas por dia cultivando aqueles relacionamentos, e tramando aqueles acordos incrivelmente intricados, e de repente Akashi se oferece para ajudar os sérvios a transferir suas armas", recorda Simon Shadbolt, o auxiliar militar de Rose. "Ele ficou horrorizado." O mesmo aconteceu com o primeiro-ministro Silajdžić, que declarou: "A credibilidade que a ONU e a comunidade internacional possuíam foi arruinada [...] pela conduta dos representantes das Nações Unidas aqui".[34] O líder da minoria no Senado norte-americano Bob Dole solicitou a renúncia de Akashi. "A abordagem de Akashi é de apaziguamento", afirmou Dole em uma declaração:

> Ele se encontra com criminosos de guerra e os chama de amigos. E quando os Estados Unidos se recusam a enviar soldados sob o comando da ONU, nos chama de tímidos. Akashi deveria ser enviado para um posto bem remoto, onde sua fraqueza e indecisão não custem vidas [...]. As autoridades da ONU falam da necessidade de neutralidade como se fossem árbitros de um evento esportivo. O problema é que este jogo é de agressão.[35]

Quando vi Vieira de Mello em Zagreb e perguntei o que achava do que passou a ser conhecido como *tank-gate*, ele relutou, como sempre, em denegrir sua instituição. O máximo a que chegou foi "Não é o ideal".

Com Akashi desacreditado, Vieira de Mello tornou-se o único alto funcionário da ONU com quem o governo bósnio falava. Apesar de ter apoiado a abordagem de Akashi e Rose, conseguiu escapar das críticas. "Ele era um homem em primeiro lugar, um funcionário da ONU em segundo", explica Silajdžić. "Ele sempre nos fez sentir que entendia nosso ponto de vista e estava sempre quebrando a cabeça para nos ajudar a obtermos o que precisávamos, sem se esconder por trás das desculpas habituais da ONU." Embora Gorazde já não estivesse sendo bombardeada, o enclave ainda era assolado pela violência. Tropas das Nações Unidas vinham sendo alvejadas pelos dois lados, e tropas sérvias voltaram a penetrar na zona de 3,2 quilômetros. "A situação está tensa", Mark Baskin, o comissário político da ONU, escreveu de Gorazde. "Precisamos de orientação."[36]

Vieira de Mello sentia que não tinha muito para oferecer. As tropas de paz da ONU enfrentavam uma situação parecida com a do sul do Líbano, onde ficaram sob o domínio das tropas israelenses e de seus aliados cristãos. Assim como fizera então para o general Callaghan, redigiu cartas de protesto em nome de seu chefe. Como então, podia apenas ameaçar Karadžić de que, se não removesse os atiradores sérvios de Gorazde, "não me restará outra alternativa senão reclamar com o secretário-geral das Nações Unidas e, por meio dele, ao Conselho de Segurança".[37] Os sérvios sabiam que podiam fazer o que queriam. Um auxiliar de Karadžić escreveu de volta, descaradamente, que os sérvios armados na zona de exclusão de Gorazde não eram de fato soldados — eles simplesmente não conseguiram encontrar "nada para vestir" além de uniformes.[38] Vieira de Mello sabia que a ONU não podia continuar naquela indecisão. "Precisamos acabar com essa sucessão de zonas de exclusão, violações, cessar-fogos que não levam a lugar nenhum", contou para repórteres numa entrevista coletiva à imprensa. "Precisamos de uma solução política."[39]

Ele se perguntou se um impasse nos moldes de Chipre seria o máximo a que a ex-Iugoslávia poderia almejar. Numa reunião em 10 de maio com uma delegação de doadores potenciais, ele exclamou, atipicamente, que nos Bálcãs "o ódio é o fator preponderante!".[40] Ele via que a marca da ONU poderia acabar permanentemente manchada se continuasse implicada numa missão tão inviável como havia sido a da Somália. Os países do Conselho de Segurança que enviaram as tropas de paz à Bósnia, sob um mandato ambíguo e com meios insuficientes, eram os responsáveis pelo colapso dos bósnios. Mas a culpa caberia à "ONU", e não aos governos individuais. "Os norte-americanos estão justificadamente temerosos em colocar tropas à disposição das Nações Unidas", lia-se num editorial do New York Times. "As tropas da ONU na Bósnia não têm poderes para muito mais do que exibir suas boinas azuis e contar as bombas sérvias que estão destruindo Gorazde." O editorial elogiou uma nova diretiva presidencial que limitava fortemente o financiamento norte-americano de missões de paz da ONU e a participação do país nelas.[41]

Quando Rose chegou à Bósnia, estava disposto a transpor os limites do mandato da ONU. Mas ele se tornou igualmente resignado. "As armas poderiam estar rumando para a próxima ofensiva", ele disse. "Se alguém quiser travar uma guerra aqui, não será detido por uma força de paz."[42] Sob seu comando, a Forpronu não solicitou ataques aéreos da Otan para proteger civis. "Levamos a missão de paz até onde pudemos ir", Rose afirmou. "Nós a levamos até o limite."[43] Os sérvios, que acompanhavam minuciosamente todas as declarações internacionais, prestaram atenção. Sem a ameaça de ataques aéreos da Otan, trataram a Forpronu como um estorvo que podiam manipular ou ignorar.

Embora Vieira de Mello esperasse que a ajuda humanitária promovesse a mudança política, no final do verão de 1994 ficara claro que pesos pesados internacionais, como Estados Unidos, Rússia e Europa, teriam que aumentar sua participação se quisessem negociar uma paz para salvar civis. A Forpronu mostrava-se cada vez mais incapaz até de fornecer alimentos aos civis famintos. Em julho, os sérvios suspenderam a entrada em Sarajevo de comboios de ajuda humanitária da ONU. Em 20 de julho, depois que vários aviões das Nações Unidas foram atingidos por fogo sérvio, o envio de auxílio pelo ar foi interrompido. E em 27 de julho, o líder sérvio-bósnio Karadžić remeteu uma carta às autoridades da ONU anunciando o fechamento das preciosas Rotas Azuis de Vieira de Mello, que tanto contribuíram para restaurar a vida na capital bósnia. Cerca de 160 mil civis e 32 mil veículos haviam utilizado as estradas abertas.[44] Mas, após uma trégua de quatro meses, os sérvios outra vez sufocavam Sarajevo. O que Vieira de Mello pareceu não reconhecer foi que, ao encobrir as violações sérvias em vez de apelar aos países ocidentais para obter ajuda sustentada, a Forpronu na verdade reduzia as chances de uma presença ocidental mais forte. Ele, Akashi e Rose estavam contribuindo para que os governos poderosos ignorassem o problema.

Ele foi em frente, na tentativa de negociar uma grande troca de prisioneiros. O vice-presidente bósnio Ejup Ganic perguntou como Vieira de Mello poderia confiar em que os sérvios soltariam os prisioneiros, se nos últimos dois meses haviam deportado cerca de 2 mil bósnios idosos da cidade de Bjeljina. "Eu reconheço o otimismo do senhor Vieira de Mello", Ganic declarou numa entrevista coletiva à imprensa. "Mas, pelo amor de Deus, eles estão expulsando milhares de pessoas de seus lares, colocando-as em campos de trabalho e de concentração."[45] Vieira de Mello retransmitiu as afirmações do líder sérvio-bósnio Karadžić como se fossem confiáveis. "[Karadžić] assegurou-nos que essa não era sua política, que isso era obviamente contrário aos interesses e à reputação dos sérvios-bósnios, e que ele estava tomando todas as medidas possíveis, incluindo a substituição do chefe da polícia de Bjeljina, para pôr fim a tais práticas", ele disse ingenuamente.[46] Quanto mais participava da fracassada missão da Forpronu, mais parecia que deixara de ver a realidade dos fatos. Pela primeira vez na carreira, parecia dar mais importância à imagem da ONU do que à segurança dos civis.

Vieira de Mello apoiara sistematicamente o nascente tribunal de crimes de guerra da ONU, instalado em Haia em 1993 para punir os crimes cometidos na ex-Iugoslávia. Ainda que estivesse disposto a "ignorar", em suas negociações, os atos brutais praticados por suspeitos de crimes de guerra, acreditava ser importante que o sistema da ONU como um todo encontrasse um meio de punir os perpetradores de atrocidades. Ele defendera essa posição contra as objeções de Akashi. Entretanto, no outono de 1994, andava tão desanimado que começou a contradizer suas próprias crenças. Sentou-se com John Pomfret, do *Washington Post*, e discutiu o papel dos ressentimentos da Segunda Guerra Mundial no fomento à crise dos Bálcãs. "Essas pessoas deviam simplesmente esquecer", ele disse de súbito. Comparou o regime militar na Argentina com o do Brasil e argumentou que a razão pela qual o Brasil conseguiu ir em frente, enquanto a Argentina ainda parecia atolada em recriminações sobre seu passado, foi que os brasileiros decidiram esquecer sua dor. Pomfret contestou, argumentando que foi precisamente pela falta de um ajuste de contas com crimes anteriores que os extremistas sérvios conseguiram mobilizar seu povo na busca da vingança por tanto tempo reprimida. Dessa vez, quando os conflitos terminassem, alguma forma de responsabilização pelas atrocidades cometidas e alguma tentativa de encerrar a questão seriam essenciais. Vieira de Mello respondeu que discordava, tachando a ideia de "muito americana". Quando Pomfret, um *expert* em China, revelou que aprendera aquelas lições na China, onde os crimes do Grande Salto para a Frente e da Revolução Cultural haviam sido encobertos a um custo considerável, Vieira de Mello fez um sinal negativo com a cabeça. "A China está no caminho certo", ele argumentou. "Lembrar a história apenas os atrasará."

Em setembro, ele viajou até Pale para tentar acalmar as tensões entre a Forpronu e os sérvios. Quando Karadžić fez um sermão sobre a tendenciosidade pró-muçulmana "intolerável" das Nações Unidas, Vieira de Mello respondeu que entendia a amargura dos sérvios, mas rejeitava suas alegações. "A ONU *é* imparcial", ele declarou. "Nossos esforços para buscar a paz nos Bálcãs estão beneficiando igualmente todos os lados." Depois, para enfatizar seu ponto de vista, admitiu que a "intervenção da Otan poderia ter sido bem mais forte não fosse a contenção da Forpronu". Karadžić sabia que aquilo era verdade, porém contra-atacou com o argumento de que a "presença da Forpronu impedira a derrota total dos muçulmanos".[47] Nisso ele tinha razão.

Apesar dos indícios crescentes de que ele e a Forpronu vinham atacando os sintomas, e não as causas, Vieira de Mello manteve seu foco em progressos humanitários táticos. Começou suas negociações finais de troca de prisioneiros em 30 de setembro de 1994. As conversações tiveram início de manhã, e as partes passaram o dia inteiro brigando. Quando as discussões se arrastaram para além da meia-noite, funcionários franceses da ONU serviram uísque e aguardente de ameixa. Vários participantes beberam tanto que desmaiaram em suas cadeiras. Vieira de Mello, que retornaria ao Acnur, em Genebra, na semana seguinte, não sairia de mãos abanando. Ao romper da aurora, após vinte horas de negociações, bósnios e sérvios aceitaram as condições de um amplo acordo, que permitiria a libertação de mais de trezentos prisioneiros. Só faltava ele acrescentar sua assinatura oficial.

Entretanto, quando Darko Mocibob, um funcionário bósnio da ONU, começou a traduzir os anexos do acordo, Vieira de Mello percebeu que, durante os intervalos para ir ao banheiro, as partes haviam acordado uma série de pactos em que beneficiavam amigos e familiares. À medida que Mocibob traduzia os textos manuscritos, observou que seu chefe fechava a cara. "Mal consegui conter o riso ao ler para ele as condições adicionais, que nenhum de nós havia esperado", Mocibob recorda. "Eram: 'Quando Mehmed for libertado para o outro lado, poderá levar consigo quatrocentos marcos alemães e cinco quilos de tabaco. Milos será autorizado a trazer sua pistola. E todos os retornados poderão carregar cola de sapateiro'." Vieira de Mello estava desesperado para fechar o acordo, mas não à custa do prestígio da ONU. Recusou-se a apor sua assinatura às barganhas privadas. "Estou muito contente porque vocês chegaram a este acordo", ele disse, cansado demais para achar aquilo divertido. "Mas vocês terão que encontrar outra testemunha. Sou um alto funcionário das Nações Unidas." Somente quando as partes removeram seus anexos ele concordou em assinar.

A missão da Forpronu não era eficaz nem respeitada. Vieira de Mello estava afastado do Acnur fazia um ano e chegara a hora de retornar. Numa de suas últimas entrevistas, declarou que deixava a região com um "sabor amargo na boca".[48] Embora não viesse a sentir falta das humilhações, sentiria falta da população, do drama e dos riscos em geral. Numa recepção de despedida no centro de operações da ONU em Zagreb, seus colegas o presentearam com uma fotografia emoldurada dos bondes percorrendo a Alameda dos Franco-Atiradores em Sarajevo, com crianças correndo por perto.

Ele realizou uma miniexcursão de despedida pela ex-Iugoslávia. Em Zagreb, despediu-se formalmente do presidente croata Franjo Tudjman, de quem nunca gostara. Em Belgrado, percorreu as ruas da cidade velha em busca de um presente para o presidente sérvio Slobodan Milošević. Acabou escolhendo uma pintura, entregue num encontro final cordial no Palácio Presidencial, no centro de Belgrado. Em Sarajevo, a cidade que arrebatara seu coração, despediu-se do presidente Izetbegović e do primeiro-ministro Silajdžić, que agora considerava um amigo próximo.

O mais notável em sua partida foi que cada uma das facções beligerantes acreditava que ele fosse seu aliado. "Quantas autoridades da ONU você acha que teriam essa despedida calorosa por todos os lados?", pergunta Vladislav Guerassev, que chefiava o escritório da ONU em Belgrado. "Isso mostra que diplomata notável ele era." Mas, durante um conflito sangrento e moralmente condenável, em que o lado sérvio cometeu o grosso das atrocidades, sua popularidade entre os vilões resultava em parte de seu relativismo moral. Embora infalivelmente gentil com *indivíduos* bósnios, Vieira de Mello perdera de vista o quadro geral. Parecia mais interessado em que os outros gostassem dele e em preservar o acesso do que em defender aqueles que sofriam. Ele trouxera uma abordagem tradicional das operações de paz para um conjunto de circunstâncias radicalmente novo. E, de modo atípico, não conseguira se adaptar. Ainda que não percebesse, a aparente ânsia de Vieira de Mello em ficar do lado da força fez com que alguns colegas críticos da ONU o apelidassem de "Sérbio". Seria necessário um massacre em outra "área de segurança" da ONU para levá-lo ao reconhecimento tardio de que realizar operações de paz imparciais entre dois lados desiguais era o mesmo que tomar partido.

9. Em retrospecto

Vieira de Mello estava desmoralizado por sua permanência nos Bálcãs, mas não envergonhado. A imparcialidade era um princípio tão fundamental da ONU, e suas atividades diárias o absorveram tanto, que ele ainda não questionara o seu desempenho ou o das Nações Unidas.

Ao retornar a Genebra, em outubro de 1994, ele também tinha assuntos mais prosaicos em mente. Para início de conversa, não sabia ao certo se seria bem recebido pela alta-comissária Ogata, dona de qualidades que Vieira de Mello admirava. Novata na ONU, desprezava os hábitos organizacionais transmitidos, por reflexo, de uma geração de altos funcionários e trabalhadores de ajuda humanitária para a seguinte. Ela não temia dizer o que pensava. O pessoal da ONU em Genebra brincava que, numa instituição dominada por machos, Ogata mantinha uma caixa na entrada de seu escritório com um aviso: NÃO SE ESQUEÇA DE DEPOSITAR SEUS COLHÕES NA CAIXA ANTES DE ENTRAR. Vieira de Mello referia-se à Ogata como "La Vieille" (a Velha) e a "Gigante Diminuta", termos ao mesmo tempo carinhosos e respeitosos.

Mas, por mais que interagisse com ela, nunca sentiu que a conhecia. Faltava-lhe o calor humano que ele tanto valorizava nas pessoas. Sua ânsia em "colocar o Acnur no mapa" levou o órgão a competir com outros com os quais antes colaborava. Ele ainda ia almoçar com Ogata apreensivo, e às vezes pressionava dramaticamente a barriga, fingindo sentir cólicas, para mostrar aos colegas sorridentes o efeito físico de sua ansiedade. Antes de adentrar o escritório dela, suspirava, sacudia a cabeça e proferia, em tom jocoso, uma de suas frases favoritas: "Ah, as coisas que tenho que fazer a serviço da humanidade!".

Como estivera afastado do centro de operações do Acnur, em Genebra, durante três anos, a serviço no Camboja e na ex-Iugoslávia, Vieira de Mello esperava passar por um período de incômodos, e foi o que aconteceu. Ele via a ONU como um todo, um sistema com muitas partes complementares, mas para Ogata os demais ramos da Organização — como o Departamento de Operações de Paz para o qual Sergio trabalhara na Bósnia — eram concorrentes. Quase ao final da permanência dele nos Bálcãs, ela escrevera com raiva a Kofi Annan, que estava dirigindo o departamento de pacificação em Nova York, que o Acnur estava "sob extrema pressão" e que desejava que Vieira de Mello "pudesse estar por perto para me ajudar a enfrentar essas crises". A ausência de pessoal do seu calibre, escrevera Ogata, "vinha prejudicando a capacidade do meu escritório de reagir adequadamente às emergências".[1]

Contudo, como Annan era mais amigo de Boutros-Ghali, o chefe, conseguiu que a licença de Vieira de Mello do Acnur fosse prolongada três vezes. "Para Ogata, se você trabalha na Toyota, permanece na Toyota até o fim", recorda Kamel Morjane, então diretor da Divisão da África do Acnur. "Sergio decidiu deixar a Toyota e trabalhar na Honda. Quando retornou, teve de se submeter a um novo teste. Teve de provar sua lealdade." Ogata nega que o estivesse testando e afirma que não se opôs à sua licença prolongada. "O que Sergio estava fazendo na Bósnia era um tanto limitado comparado com o que nós, no Acnur, vínhamos fazendo", ela diz. "Havia muitos funcionários brilhantes no Acnur com os quais eu podia contar durante a ausência dele." Ogata muitas vezes dava a entender que a emergente imagem pública de Sergio representava uma ameaça à sua própria.

Apesar de subestimar as qualidades de Vieira de Mello, Ogata gostava muito dele. Ao ser convidada para se encontrar com a rainha da Inglaterra, contou aos auxiliares que estava tentada a chamá-lo, em vez de ao próprio marido. Ogata também entendeu que não conseguiria mantê-lo ao seu lado no Acnur sem recompensar seus talentos manifestos. A repatriação de 360 mil refugiados ao Camboja, seguida tão rapidamente por sua viagem de grande visibilidade a Gorazde, atraiu elogios bem além da comunidade humanitária. Ela valorizava seu arquivo de contatos e sua abordagem pragmática e criativa das crises, bem como o fato de não se prender a uma ideologia. "Sergio era um solucionador de problemas", ela recorda. "Tive a impressão de que ele concordava com minha forma de conduzir as coisas." Ogata informou-o de que criaria um cargo novo, só para ele, de diretor de planejamento de políticas e operações. Com isso, Vieira de Mello se tornou o funcionário número 3 do Acnur, uma agência que empregava então 5 mil funcionários. O cargo de diretor de operações não havia sido preenchido desde a aposentadoria de Thomas Jamieson, em 1972, de modo que a história dera uma volta de 360 graus. Ogata também prometeu se empenhar para que o novo cargo tivesse o *status* de secretário-geral auxiliar, o terceiro maior nível hierárquico da ONU. Isso aconteceria em janeiro de 1996.

Ogata pediu que ele organizasse uma reunião de cúpula intergovernamental, que esperava fosse inovadora, para enfrentar o problema do deslocamento e da migração na ex-União Soviética. A Rússia queria aproveitar a conferência para conquistar o apoio internacional e angariar fundos para ajudar os 25 milhões de russos étnicos que vinham sofrendo discriminações, não raro sendo até expulsos da Ucrânia, Estônia, Lituânia e outras antigas repúblicas soviéticas.* O Acnur esperava obter dos líderes reunidos um acordo sobre uma legislação mais ampla que protegesse as minorias e garantisse a liberdade de movimento entre as fronteiras.[2]

Ele recrutou uma italiana de 27 anos chamada Claire Messina, cuja tese de ph.D. versara sobre a migração russa, para ajudar a dirigir o processo. "A maioria dos veteranos finge que sabe tudo", Messina recorda. "Sergio não tinha vergonha de dizer: 'Não sei nada sobre a região. Diga-me o que fazer, que eu farei.'" Ele também convenceu Viktor Andreev, o russo com quem trabalhara na Bósnia, a se mudar para Genebra a fim de integrar sua equipe. Embora Andreev fosse um notório preguiçoso e Messina realizasse a maior parte do trabalho, Vieira de Mello parecia não se importar. Ele explicou a contratação dizendo: "Primeiro, precisamos de um russo neste processo. E, segundo, Viktor é muito leal. Nunca me enganou na Bósnia. Ele era direto. E para um russo nos Bálcãs isso era uma atitude muito rara". Na verdade, contratar um russo para uma conferência politicamente tão melindrosa poderia contribuir para alienar os não russos. Mas, para Vieira de Mello, a lealdade e o histórico pessoal mais do que compensavam o risco.

---

* Entre 1992 e 1996, cerca de 3 milhões de russos fugiram das outras repúblicas para a Rússia.

A conferência, programada para maio de 1996, acabaria se revelando um fiasco, já que os governos participantes se limitaram a recitar velhas queixas, em vez de propor diretrizes novas para enfrentar os desafios da discriminação e da migração. Mesmo assim, Vieira de Mello aproveitou os trabalhos preparatórios. Em 1995, viajou à Armênia, Azerbaijão, Belarus, Geórgia, Casaquistão, Quirguistão, Moldávia, Rússia, Tajiquistão, Turcomenistão, Ucrânia e Usbequistão, onde se reuniu com altas autoridades e ouviu suas preocupações. A combinação de seu novo *status* na ONU com os contatos acumulados no decorrer dos anos e o perfil público conquistado na Bósnia fez com que, em suas visitas à ex-União Soviética, ganhasse acesso num nível totalmente novo: aos chefes de Estado e ministros do Exterior. "Você não se impressiona com o fato de que primeiros-ministros param tudo o que estão fazendo para me ver?", Sergio perguntou à sua nova assistente especial Izumi Nakamitsu, que fora auxiliar de Akashi nos Bálcãs. "Não se entusiasme", ela o lembrava. "São primeiros-ministros de países muito pequenos." Ele mostrava a língua, fazendo-se de ofendido.

Sua ascensão constante na hierarquia da ONU não o afastou dos indivíduos em nome dos quais se realizavam os programas das Nações Unidas, pelos quais mostrava uma consideração incomum. Em uma viagem em setembro de 1996 ao Azerbaijão, que estivera em guerra contra a Armênia pela província de Nagorno Karabakh, o vice-ministro do Exterior o acompanhou por um enorme campo de refugiados. O país estava repleto deles, já que um em cada oito azerbaijanos havia sido deslocado pelo conflito. O campo fétido começava a adquirir o ar de permanência que Jamieson tanto condenava. Alguns refugiados se dirigiram a ele para relatar seus sofrimentos. Vieira de Mello informou que iria se encontrar com o presidente do país naquele mesmo dia e perguntou: "Existe alguma mensagem que eu possa transmitir em nome de vocês?". No início de seu percurso pelo campo, conversou longamente com uma mulher idosa, com quase oitenta anos, que descreveu a melancolia que sentia por não poder retornar à sua casa na zona rural. Falou também com outros residentes do campo, com funcionários do Azerbaijão e com trabalhadores da ONU. Após uma hora, o vice-ministro do Exterior o conduziu à saída do campo, onde sua limusine oficial aguardava. Subitamente, quando ia entrar no veículo, parou. "Preciso encontrar aquela senhora de novo", ele disse.

A delegação retornou à barraca surrada da mulher, e a encontrou de pé do lado de fora. "Do que a senhora sente mais falta?", Vieira de Mello perguntou.

"Sou uma pessoa orgulhosa", ela respondeu através de um intérprete. "Minha vida inteira morei sozinha, e cultivei eu mesma a terra. Nunca dependi de ninguém para nada. E agora aqui estou, faz três anos, dependendo de doações da ONU. É complicado." Ela olhou para o chão. "E o que a senhora quer para si?", ele quis saber. A mulher o fitou e respondeu simplesmente: "Quero subir ao céu e virar uma nuvem. E depois, como nuvem, viajar muitos quilômetros pelo céu até minha casa, e, ao ver minha terra, quero me transformar em chuva, e cair do céu, aterrissando no solo para permanecer para sempre no lugar ao qual pertenço". Vieira de Mello fez um sinal de espanto com a cabeça. Sabia que dificilmente a crise em Nagorno Karabakh seria resolvida enquanto ela vivesse, mas prometeu fazer o que pudesse. "Uma alma ferida pode doer tanto quanto um corpo ferido", costumava dizer aos colegas.[3]

Deslocava-se naturalmente entre os campos de refugiados e as capitais onde fazia seus apelos por intervenções diplomáticas ou recursos financeiros. Era cada vez mais popular em Washington. Muitos daqueles que conhecera, ao longo dos anos, em embaixadas norte-americanas ou no mundo dos refugiados detinham poder no governo Clinton. Mesmo assim, ao visitar a cidade, fazia-se de irritado com Dawn Calabia, o funcionário do Acnur que organizava a sua agenda. "Essas pessoas são de nível muito baixo. Por que você não arranja um encontro com o secretário de Estado, o vice-presidente ou o presidente?", ele reclamava. "Espere um pouco", Calabia respondia. "Quando o presidente realmente precisar de você, marcará essa reunião."

Não lhe agradava o ritual de respeito à burocracia de nível médio. "Essas pessoas deviam vir ao meu encontro", costumava dizer, apontando para a agenda, às vezes genuinamente indignado, outras vezes com uma pompa artificial: "Assim, posso usar meus jeans, e você pode fornecer a cerveja gelada". Apenas com dois tipos de pessoas ele realmente queria se encontrar: velhos amigos e gente que pudesse ser útil para lidar com as crises da época. "Por que preciso encontrar esta pessoa?", costumava reclamar. "Por que logo eu? Tenho apenas oito horas nesta cidade, sem tempo de respirar, e você quer que eu perca meu tempo com ela?"

Sentia-se mais à vontade no sudeste da Ásia. Seis anos após ajudar a negociar o plano de reassentamento dos refugiados vietnamitas, pôde supervisionar pessoalmente o fechamento dos campos de refugiados na região. Embora orgulhoso de seu papel, sua mente tendia então para a esfera política. Na viagem para

Hanói, em vez de se ocupar com relatórios sobre habitações para refugiados e necessidades educacionais, como fizera no passado, agora lia *In retrospect*, de Robert McNamara, o ex-secretário da Defesa norte-americano, em que ele faz um ajuste de contas com a Guerra do Vietnã. Quando Nakamitsu pediu sua opinião sobre o livro, fez um sinal negativo com a cabeça. "Algumas pessoas não podem dizer 'em retrospecto'", respondeu. "Tarde demais."

Sempre que permanecia em Genebra por mais de uma semana ficava inquieto. Na parede de seu escritório, pendurou a foto emoldurada do bonde de Sarajevo, junto com placas de bronze recebidas de unidades de manutenção da paz da ONU no Líbano e na Bósnia, além da bandeira dos Montagnards, que ajudara a reassentar do Camboja para a Carolina do Norte. Sobre a escrivaninha mantinha a foto emoldurada de Jamieson. Ao lado do computador, uma caixa de sapatos. Um dia, Nakamitsu indagou sobre o conteúdo da caixa. "É a caixa das possibilidades", ele respondeu. "Lá dentro estão os nomes daqueles que me impressionaram através dos anos. Um dia, quando eu dirigir minha própria missão, apelarei para essas pessoas, e formaremos a equipe dos sonhos." Ele abriu a caixa, e ela espiou lá dentro para ver o confete profissional de Vieira de Mello: centenas de cartões de visita e nomes e números anotados em guardanapos, papéis de carta de hotéis e fragmentos de bolachas de cerveja. Ela se admirou da variedade de nomes ali reunidos — autoridades governamentais, oficiais de campo da ONU desconhecidos, soldados, jornalistas, guarda-costas, até o sujeito que lhe vendeu o ar-condicionado de sua casa.

Ele também guardava outros nomes: daqueles que sentia que o haviam humilhado. Tão sensível aos ataques à sua dignidade como àqueles dirigidos à dignidade de outrem, não costumava esquecer as ofensas pessoais. Um pequeno pedaço de papel com o nome "Tim Wirth" permaneceu sob o grampeador de sua escrivaninha por mais de um ano. Certa vez, quando Vieira de Mello viajou a Washington para algumas reuniões, Wirth, então subsecretário de Estado para assuntos globais do governo Clinton, não pudera recebê-lo. "Um dia, Tim Wirth solicitará uma reunião comigo", ele contou a Nakamitsu, "e eu negarei." Não foi só a rejeição pessoal imaginada que o incomodou. Ela recorda: "Sergio considerou a ofensa como mais um sinal de que os Estados Unidos não levavam a ONU a sério". A despeito de Wirth ter sido talvez o maior partidário da ONU no governo Clinton — a ponto de, depois de deixar o cargo, assumir a direção da UN Foundation, financiada por Ted Turner, e liderar o esforço para melhorar a imagem das Nações Unidas aos olhos dos norte-americanos —, Vieira de Mello ainda nutria ressentimentos contra ele.

Como ele e Nakamitsu trabalharam nos Bálcãs na mesma época, passaram muito tempo discutindo a Forpronu, a missão dos Bálcãs que continuava a afundar na ausência deles. Vieira de Mello sempre defendeu a missão, por acreditar que as tropas de paz vinham causando mais bem do que mal aos civis. Também evitava atacar publicamente as grandes potências no Conselho de Segurança da ONU, as quais, apesar da linguagem bombástica, mostravam pouca determinação em resolver o conflito. Em Genebra, onde os trabalhadores civis de ajuda humanitária do Acnur eram vistos com melhores olhos do que as tropas de paz da Forpronu, insistiu que as críticas dirigidas aos boinas-azuis eram injustas: os comboios de suprimentos do Acnur não seriam capazes de atingir os civis, em meio à violência, se não fossem escoltados pelos soldados da ONU. Em adição, ele disse, as tropas de paz estavam defendendo pontos de coleta de armas pesadas ao redor de Sarajevo e haviam ajudado a encerrar o cerco a Gorazde.

Mas, com o decorrer dos meses e alcançada a devida distância para refletir sobre o desempenho da Forpronu, ele mudou de ideia. Subitamente, foi assolado por lembranças da timidez da ONU e de sua possível cumplicidade. Refletiu criticamente sobre a maneira como ele e outros altos funcionários da Forpronu minimizaram a brutalidade sérvia, para impedir a Otan de empregar o poder aéreo. A Forpronu foi a primeira força de paz incumbida de uma missão humanitária no contexto de "uma guerra total e implacável", escreveu. "Maior contradição em termos, ou melhor, contradição na prática seria difícil de encontrar."[4] Escreveu sobre o "absurdo de fornecer ajuda humanitária onde não havia segurança, onde as bombas e o fogo de franco-atiradores faziam vítimas diárias entre os recentemente 'auxiliados'".[5] Na ausência de soluções políticas, a ajuda humanitária representava um "paliativo frustrante". No fundo, temeu ter se tornado o que o crítico David Rieff denominava um "cultor de pequenas vitórias" — tão absorto nas pequenas tarefas humanitárias a ponto de perder de vista a melhor forma de fazer realmente a diferença.[6]

Enfim parou de tratar a Resolução 836 do Conselho de Segurança da ONU, que transformou Sarajevo, Gorazde e Srebrenica em "áreas de segurança", como uma orientação válida e passou a se referir a ela simplesmente como uma "peça de museu de comportamento político e militar irresponsável". Confessou a um repórter que "você acordava em Sarajevo durante aquele maldito inverno, se olhava no espelho e perguntava se não éramos os administradores de um enorme campo de concentração".[7] Ao deixarem de proteger as "áreas de segurança" e forçarem efetivamente os civis a permanecer em sua miséria, os países ocidentais e as instituições internacionais expuseram "os limites de nossa própria consciência moral". Vieira de Mello enfim se sentiu à vontade para brincar sobre Akashi. "Akashi é amoral e desumano", contou aos colegas. "Mas, afora isso, é um bom sujeito!"

Não mais oprimido pela gestão do dia a dia da crise dos Bálcãs, e a uma distância segura da luta, o filósofo que defendera a fusão da utopia com o realismo começou a ressurgir. O mesmo homem que insistira com John Pomfret que as partes nos Bálcãs deviam negociar a paz e desistir dos processos legais pregou, na parede de seu escritório, um cartaz de PROCURAM-SE em que se viam os maiores suspeitos de crimes de guerra. O cartaz exibia os nomes e os rostos de muitos com quem ele havia jantado e bebido vinho, quase todos à solta. Se a ONU falhara na proteção aos civis necessitados, a Organização tinha agora o dever de punir os culpados. Como ele argumentara em 1991 em sua palestra sobre Kant, processos judiciais justos eram necessários para encerrar ciclos de violência.

Vieira de Mello viu que o progresso obtido com a atenuação do cerco de Sarajevo fora totalmente revertido. Na primavera de 1995, os sérvios-bósnios fecharam as estradas para a cidade, recomeçaram os ataques a bomba e de franco-atiradores na capital, além de fechar o aeroporto e impedir a circulação dos bondes quando bem entendiam. "Os sérvios sentiram como é o poder aéreo da Otan", ele comentou com Nakamitsu, "e não estão terrivelmente impressionados." Forças sérvias atiravam impunemente nas áreas de segurança, bloqueavam a entrega de ajuda humanitária aos cidadãos nelas presos e, com pouco a temer das tropas de paz da ONU, chegavam a obstruir a passagem de suprimentos aos boinas-azuis, que no verão de 1995 dispunham de tão pouco combustível que foram forçados a conduzir as patrulhas montados em mulas.

Ele não via uma saída. Mas tampouco previu os eventos catastróficos de julho de 1995. Em 11 de julho, estava em Tbilissi, na Geórgia, preparando-se para a conferência sobre migrações na ex-União Soviética. Ligou a CNN no quarto do hotel e viu que a área de segurança de Srebrenica, apenas com quilômetros a nordeste do enclave de Gorazde, estava sendo atacada pelo exército sérvio-bósnio. Imagens na televisão mostravam dezenas de milhares de refugiados bósnios fugindo pela estrada principal no enclave e se reunindo na base holandesa da ONU. Vieira de Mello não acreditava que as grandes potências estivessem preparadas para empregar a força militar da Otan a fim de proteger os civis em fuga. Cerca de quatrocentos soldados holandeses no enclave estavam incumbidos de proteger aproximadamente 40 mil civis bósnios.

Seu pessimismo aumentou quando a CNN mostrou o rosto amplo e vermelho de Mladić, o general sérvio que, quinze meses antes, o conduzira na visita mórbida ao cemitério sérvio profanado na periferia de Gorazde. Se em 1994 Mladić via a Otan como um "tigre de papel", Vieira de Mello podia imaginar quão ousado se tornara após marchar, sem resistência, Srebrenica adentro. No meio do dia, a ONU anunciou o colapso oficial da área de segurança de Srebrenica. Focalizou-se Mladić oferecendo doces a crianças bósnias amedrontadas e informando aos homens e mulheres reunidos na base da Forpronu que nada tinham a temer. "Ninguém lhes fará nenhum mal", o general prometeu. "Primeiro as mulheres e crianças serão retiradas [...] Não tenham medo."[8] Todos os homens acima dos dezesseis anos, ele disse com indiferença, seriam "investigados quanto a crimes de guerra". Embora filmagens de Mladić aprisionando homens bósnios fossem transmitidas pela CNN e a BBC, os líderes ocidentais não exigiram publicamente que tais prisioneiros fossem libertados.

Naquela noite no jantar, Vieira de Mello e Nakamitsu discutiram a captura da área de segurança. "Este é o maior golpe já sofrido pela ONU", ele disse. "Não estou certo de que iremos nos recuperar. Uma coisa é a ONU deixar de proteger civis. Mas outra é prometer proteger as pessoas e, depois, abrir seus portões aos que pretendem prejudicá-las." Civis bósnios haviam acorrido à base holandesa das Nações Unidas em Srebrenica, confiando que lá estariam a salvo, mas os holandeses os mandaram embora. Com uma sensação de mau agouro, os dois ex-funcionários da Forpronu beberam uma garrafa de vinho tinto georgiano ruim e retomaram o debate familiar a respeito de Akashi, se ele deveria ter solicitado o bombardeio dos sérvios em torno de Sarajevo, após o massacre do mercado em fevereiro de 1994, ou se o próprio Vieira de Mello deveria ter solicitado ataques aéreos totais quando os sérvios não cumpriram todas as condições do ultimato de Gorazde. Pela primeira vez, Sergio admitiu que as opções que ele e outros haviam feito na Bósnia podiam ter custado vidas. "Estou contente por não estar lá agora", confessou. "Não sei ao certo o que teria feito." Uma admissão que parecia refletir tanto insegurança moral como alívio profissional.

Ele entendeu naquela noite que a queda de uma área de segurança da ONU danificara a imagem das Nações Unidas e que os civis ficariam para sempre traumatizados com aquele martírio. Mas, nas semanas seguintes, ficaria sabendo que a captura do território de Srebrenica pelos sérvios constituía apenas parte da catástrofe. A tragédia real envolvia o destino dos homens e meninos bósnios que Mladić havia conduzido para locais desconhecidos. Ao longo dos próximos cinco dias, enquanto Vieira de Mello e Nakamitsu continuavam a percorrer a ex-União Soviética, Mladić presidia o assassinato sistemático de todos os homens e meninos bósnios sob sua custódia, cerca de 8 mil ao todo. Quando as covas coletivas sérvias foram descobertas, seis semanas depois, Vieira de Mello ficou abismado. "Nunca pensei que Mladić fosse tão estúpido", ele disse, projetando sua própria reverência pela razão em alguém que claramente observava normas diferentes. "O massacre foi totalmente desnecessário." O conceito de área de segurança, que o próprio Vieira de Mello ajudou a preservar, trouxera ruína e morte àqueles que equivocadamente acreditaram que a bandeira da ONU representava uma promessa internacional de proteção.

Quando residiu nos Bálcãs, Vieira de Mello deduziu que os países da Otan não estavam dispostos a travar uma guerra para proteger civis. E ele acreditara que o poder aéreo da aliança levaria à retaliação sérvia contra as tropas de paz da ONU e os trabalhadores de ajuda humanitária do Acnur. Mas, com as revelações sobre o massacre de Srebrenica, a pressão pública sobre os governos ocidentais subitamente atingiu um nível sem precedente. As tropas de paz foram classificadas como incapazes ou relutantes na proteção dos civis que contavam com elas. E o clamor pela retirada dos boinas-azuis fez-se ouvir ao redor do mundo, por parte daqueles preocupados em salvar vidas na Bósnia e preocupados com o futuro da ONU.

No final de agosto de 1995, a missão da Forpronu na Bósnia enfim entrou em colapso sob o peso de suas próprias contradições. Em 28 de agosto, um segundo massacre ocorreu perto do mercado, que Vieira de Mello visitara dezoito meses antes, palco da execrável carnificina. A bomba matou 37 pessoas. Desta feita, as tropas de paz da ONU foram retiradas para que a Otan pudesse bombardear território sérvio sem se preocupar com a segurança dos boinas-azuis. Agindo por meio da Otan, os Estados Unidos e a Europa começaram uma campanha de duas semanas de bombardeios pesados. Em vez dos ataques aéreos anteriores tipo de menor força em torno de Gorazde, desta vez a Otan realizou ataques sistemáticos às casamatas, depósitos de munições e pistas de decolagem sérvios.

Vieira de Mello recebeu bem a reação da Otan que antes condenava. Viu os ataques aéreos como o único meio de romper aquele impasse mortal. De fato, ao intervir, os governos ocidentais enfim alteraram o equilíbrio de poder no solo, revertendo os ganhos sérvios, e permitiram que os negociadores pressionassem os três lados a assinar o Acordo de Paz de Dayton, que dividiu a Bósnia em duas metades mais ou menos iguais, uma controlada pelos sérvios, a outra por uma aliança frágil entre bósnios e croatas. Cento e noventa e oito trabalhadores de ajuda humanitária e soldados das tropas de paz haviam sido mortos na guerra da Bósnia, além de mais de 100 mil civis bósnios. A abordagem preconizada pelo general Rose, que fortemente defendida por Vieira de Mello, foi condenada pela história. Um relatório da ONU, divulgado em 2000, observou que, quando uma parte de um conflito atacava repetidamente os civis, dar um "tratamento igual sistemático" a todos os lados, como fizera a ONU, "pode, na melhor das hipóteses, resultar em ineficácia e, na pior delas, representar uma cumplicidade com o mal".[9]

O fracasso da missão de paz na Bósnia, combinado com a experiência dos boinas-azuis da ONU que atuaram como espectadores do genocídio em Ruanda, em 1994, representou um golpe devastador na reputação das Nações Unidas. Livre do impasse da Guerra Fria, o Conselho de Segurança dos anos 1990 havia sido liberado para impor a paz e a segurança internacionais. Porém as calamidades sucessivas deixaram claro que, se os civis não fossem joguetes de uma luta ideológica maior, como aconteceu na Guerra Fria, seu bem-estar não atrairia muita atenção. Em vez de usar o Conselho de Segurança para criar e impor uma ordem global nova, as grandes potências enviaram tropas de paz levemente armadas a uma situação de risco simplesmente para monitorar a carnificina. Os resultados foram devastadores em dois aspectos. Primeiro, civis foram assassinados em massa. Segundo, a culpa acabou recaindo sobre essas tropas de paz, e não sobre os políticos que as incumbiram daquilo que Vieira de Mello gostava de denominar uma "missão impossível".

Ele retornou à Bósnia somente uma vez. Em 9 de janeiro de 1996, quando 60 mil soldados da Otan estavam chegando para fiscalizar a nova paz de Dayton, Ogata enviou Vieira de Mello para marcar o encerramento da ponte aérea humanitária de Sarajevo. Com o fim da guerra, os postos de controle desapareceram, e as estradas que ele tanto se esforçara para desbloquear estavam então repletas de veículos. Na cerimônia no aeroporto, ele quebrou uma garrafa de champanhe num grande engradado de alimentos e declarou: "Nossos esforços ajudaram a manter a cidade viva, mas agora não somos mais necessários".[10] Elogiou os civis de Sarajevo pela "resistência, coragem e orgulho", reconhecendo: "Sabemos que mitigamos apenas parcialmente seu sofrimento". A ponte aérea, Operação Oferecer Esperança [Provide Promise em inglês], que durou de 2 de julho de 1992 a 4 de janeiro de 1996, ultrapassou a ponte aérea de quinze meses de Berlim.[11] Vinte e um países realizaram quase 13 mil missões e forneceram 160 677 toneladas de alimentos, remédios e outros suprimentos.[12] Vieira de Mello deixou a ocasião transcorrer sem mencionar as centenas de bósnios que ele ajudara a evacuar de Sarajevo no "trem" da ONU que organizara. Incapaz de permanecer muito tempo calado nos momentos sentimentais, sorriu para os dignitários reunidos e murmurou para Nakamitsu: "Não posso acreditar que acabamos de desperdiçar uma boa garrafa de Dom Pérignon!".

Embora o Acnur tivesse sido criticado na ex-Iugoslávia por estender-se demais em sua missão, sua suposta virtude não foi desafiada, ao contrário do que aconteceu com as tropas de paz. Na verdade, o Acnur foi uma das raras agências da ONU (com exceção da crise em torno do alto-comissário deposto Jean-Pierre Hocké) que escaparam de escândalos graves durante sua história de 45 anos. Por ter deixado os Bálcãs bem antes da queda de Srebrenica, Vieira de Mello também conseguiu evitar ser culpado pela mídia ou pelos críticos das Nações Unidas. Mas tudo aquilo mudou com o resultado da crise humanitária provocada pelo genocídio de Ruanda. O Acnur seria violentamente atacado, e, pela primeira vez em sua carreira, Vieira de Mello se veria pessoalmente maculado por uma calamidade moral e humanitária internacional.

10. Você erra se agir, e erra se não agir

Refugiados ruandeses no campo de Ngara, na Tanzânia, em 1994.

Vieira de Mello não era o tipo de pessoa que gastava sua energia em lugares sem esperança. Assim, embora viesse conquistando uma reputação merecida como um dos solucionadores de problemas de elite do sistema da ONU, não queria se envolver na parte do mundo que, em 1996, apresentava mais problemas: a região dos Grandes Lagos da África, que incluía Ruanda, Zaire e Tanzânia.

Em abril de 1994, ao mesmo tempo que ele conduzia um comboio da ONU para a área de segurança bósnia de Gorazde, extremistas hútus em Ruanda estavam em vias de assassinar 800 mil tútsis e hútus moderados. Após cem dias de massacre os *génocidaires* foram enfim expulsos de Ruanda pela Frente Patriótica Ruandesa (FPR), encabeçada por Paul Kagame, o futuro presidente do país.*
Os assassinos fugiram para os vizinhos Tanzânia e Zaire, escondidos em meio a um rio de humanidade de quase 25 quilômetros de comprimento. Cerca de

---

* Entre 1994 e 2000, Kagame foi o vice-presidente e ministro da Defesa do país. Tornou-se presidente na primavera de 2000.

2 milhões de civis hútus, convencidos por seus líderes de que corriam risco se permanecessem em Ruanda, estavam em trânsito.

No primeiro mês do êxodo, epidemias de cólera e disenteria mataram ao menos 50 mil dos refugiados hútus que atravessaram a fronteira rumo ao Zaire, e o Acnur, junto com uma ampla variedade de grupos internacionais de ajuda humanitária, entrou em ação naquele país enorme (a massa de terra do Zaire equivale à da Europa Ocidental) e inóspito. Depois que os grupos de ajuda humanitária auxiliaram no controle das epidemias, permaneceram para cuidar dos campos, situados no Zaire e na Tanzânia, não longe da fronteira ruandesa.[1] Naqueles campos dispersos, que continham uma mescla de pistoleiros e refugiados hútus legítimos, as agências internacionais de ajuda humanitária distribuíram entre 6 e 7 mil toneladas de alimentos por semana, a um custo aproximado de 1 milhão de dólares por dia, pagos pelos governos ocidentais.

ATOLEIRO

Nos 25 anos desde o ingresso de Vieira de Mello no Acnur, as agências de ajuda humanitária haviam desenvolvido mecanismos ágeis e sofisticados para fornecer remédios, alimentos, saneamento e abrigo a refugiados durante as crises. Mas os trabalhadores de ajuda humanitária sabiam que não raro seus esforços adversamente acabavam por deixar os homens nos campos livres para se concentrar em seus objetivos militares.[2] De fato, a comunidade internacional de ajuda humanitária havia se tornado tão confiável que, em meados da década de 1990, grupos armados por todo o mundo começaram a levar em conta a presença de doações ao traçarem suas estratégias militares. Os *génocidaires* hútus no Zaire já haviam se mostrado exímios planejadores.

Previsivelmente, as mesmas autoridades do governo hútu que haviam organizado a maior orgia de assassinatos da história exerceram o controle em seu novo ambiente. Uma equipe da ONU estimou que 21 ex-ministros, 54 ex-membros do Parlamento e 126 ex-prefeitos residiam nos campos.[3] Esses ex-integrantes do regime anterior conservaram suas armas e o acesso às contas bancárias polpudas no exterior. Em muitos campos, reconstituíram rapidamente as estruturas usadas para governar Ruanda, dividindo os campos em prefeituras e comunas, ou, em alguns, criando "ministérios" formais de segurança, previdência social, finanças e comunicações. Os líderes dos campos espancavam — em alguns casos chegavam a assassinar — hútus suspeitos de querer retornar a Ruanda. Os trabalhadores de ajuda humanitária do Acnur regularmente descobriam cadáveres nos campos, no entanto não viam outra opção senão conviver com os assassinos suspeitos. "O manual de campos de emergência do Acnur dizia: 'Encontre os líderes naturais e faça com que o ajudem a distribuir a ajuda humanitária'", recorda Caroll Faubert, enviada especial do Acnur à região dos Grandes Lagos. "Nós não refletimos sobre isso, mas no fundo significava: dê aos líderes genocidas mais poder." As milícias hútus nos campos do Zaire logo começaram a atacar tútsis em Ruanda, e o governo ruandês, liderado pelos tútsis, passou a realizar pequenas incursões retaliatórias no Zaire. A localização de vários dos campos do Acnur, a menos de quatro quilômetros de Ruanda, facilitou os ataques dos *génocidaires* e os contra-ataques do exército ruandês.[4]

Como diretor de planejamento de políticas e operações do Acnur em Genebra, Vieira de Mello deveria estar profundamente envolvido na importante tomada de decisão da agência sobre a controvertida operação de ajuda humanitária. Entretanto, enquanto os demais auxiliares de Ogata se envolveram em Ruanda desde o genocídio, ele estava na ex-Iugoslávia quando ocorreu o massacre de 1994, e no início mostrou-se satisfeito por estar praticamente afastado da gestão de suas complicadas consequências. "Sergio não queria se envolver profundamente num problema que sabia ser insolúvel", recorda Izumi Nakamitsu, sua assistente especial na época. Kamel Morjane, diretor da Divisão da África do Acnur, teve dificuldade em fazer com que o colega se concentrasse na região. Vieira de Mello se atinha às áreas em que se sentia à vontade: Ásia, os Bálcãs e a antiga União Soviética. "Sergio", Morjane disse, "se você não está interessado na África, tudo bem. Mas ao menos reserve um horário em que eu possa vir me reunir com você!" Morjane conseguiu impor uma reunião fixa semanal.[5]

Vieira de Mello ainda estava nos Bálcãs quando Ogata fez suas opções mais importantes. Ela havia cogitado fechar os campos, na esperança de que os exilados hútus retornassem a Ruanda, mas decidiu não fazê-lo por acreditar que as condições não eram seguras. Se os campos fossem mantidos, ela sabia que teriam que ser desmilitarizados. Mas o Acnur, uma agência civil, não possuía poder nem forças de segurança para neutralizar os milicianos hútus. Os oficiais de campo e os especialistas em logística da agência andavam desarmados e pretendiam continuar assim. A pedido de Ogata, o secretário-geral Boutros-

-Ghali tentara convencer países poderosos da ONU a enviar tropas ou policiais aos campos no Zaire para prender os *génocidaires*, a fim de os encaminhar ao recém-criado tribunal das Nações Unidas para os crimes de guerra de Ruanda, em Arusha, Tanzânia. Mas quando Boutros-Ghali tentou reunir tropas internacionais para a tarefa, ficou a ver navios. Em 10 de janeiro de 1995, telefonou para Ogata para dar a má notícia: embora houvesse solicitado a 39 países o envio de tropas, apenas um, Bangladesh, concordou. Se o mundo havia dado as costas a Ruanda durante o genocídio, não surpreendia que os países não estivessem dispostos a mobilizar tropas para prender *génocidaires* armados e perigosos.[6] A sombra da Somália pairava sobre muitos países, e poucos eram simpáticos aos hútus ruandeses, que, como coletividade, eram culpados do genocídio. Ogata e o Acnur foram informados de que teriam de enfrentar os pistoleiros sem nenhuma ajuda.

Vieira de Mello naturalmente viu-se arrastado para as torturantes discussões domésticas a respeito de como proceder. Várias agências de ajuda humanitária, inclusive os Médecins Sans Frontières (MSF) e o International Rescue Committee (IRC), a maior agência de ajuda humanitária dos Estados Unidos, decidiram se retirar dos campos. Em sua história de 64 anos, foi a primeira vez que o IRC cancelou seus programas de alimentação por repugnância à sua clientela. "Foi uma decisão terrível que tivemos de tomar", declarou posteriormente o vice-presidente do IRC, Roy Williams, mas "às vezes simplesmente não deveríamos comparecer a um desastre."[7] Vieira de Mello não pensou em recomendar que Ogata encerrasse a ajuda humanitária da ONU aos campos hútus em sinal de protesto contra os *génocidaires*. "Não há justificativa para a suspensão do auxílio do Acnur", ele escreveu num relatório.[8] Ele costumava argumentar que o Acnur tinha responsabilidade especial por ser a última fronteira para os refugiados. Organizações não governamentais podiam partir sabendo que o Acnur estaria lá para dar cobertura. "Seria muito cômodo para nós dizermos: 'Vamos partir'", Ogata recorda. "Mas, embora os princípios sejam importantes, a vida real é mais." Em declaração à sua equipe, Ogata alertou que uma missão humanitária não podia ser confundida com uma missão de direitos humanos. "Ao contrário dos protagonistas dos direitos humanos", ela explicou, "o papel do Acnur não é julgar, e sim prestar ajuda humanitária. O Acnur está lá não para desmascarar os criminosos, mas para ajudar as vítimas."[9] Ela não cogitava uma retirada. "Havia também refugiados inocentes nos campos; mais da metade era de mulheres e crianças", ela disse mais tarde. "Deveríamos ter dito: vocês estão ligados a assassinos, então também são culpados?"*[10] Não obstante sentisse que o Acnur havia sido abandonado pelos governos mundiais, nunca pensou em renunciar ao posto de alta-comissária.[11]

Na falta de opções e desesperada por ajuda, Ogata tomou a medida altamente controvertida de empregar recursos da ONU para contratar parte do notoriamente violento exército zairense do presidente Mobutu Sese Seko para fazer o que nenhum outro país queria: fornecer segurança nos campos. Em 12 de fevereiro de 1995, numa cena surreal, ela viajou até Goma e presidiu uma cerimônia em que o vice-primeiro-ministro do Zaire, o almirante Mavua Mudima, cedeu 150 soldados da guarda presidencial zairense ao Acnur, o primeiro grupo do que seria apelidado de "tropas de Ogata". O Acnur providenciou uniformes cor de mostarda aos soldados zairenses para distingui-los da profusão de grupos armados na região, e a agência pagou a cada um deles três dólares por dia, além de fornecer veículos, rádios e equipamentos de escritório.[12] Ao custo de 10 milhões de dólares por ano, cerca de 1500 soldados zairenses subcontratados ofereceriam segurança ao pessoal do Acnur e aos refugiados nos campos do Zaire.[13] "As tropas não irão separar os criminosos dos inocentes, apenas manter a lei e ordem", ela disse. "Isso é o máximo que meu escritório pode fazer."[14] Ogata já estava indo mais longe do que qualquer autoridade civil da ONU jamais ousara ir. Quando repórteres criticaram a agência por continuar a alimentar os *génocidaires*, ela contra-atacou: "Quem os expulsaria? Quem pagaria por tudo isso? A comunidade internacional nunca ofereceu uma resposta".[15]

Vieira de Mello só visitou os campos em julho de 1996, quando viajou até a fronteira zairense com Nakamitsu. Se ele se mostrara cético quanto à capacidade do Acnur de resolver a confusão na região dos Grandes Lagos antes da viagem, ficou totalmente desanimado depois. Líderes militantes dos campos, ungidos pelo Acnur, mostravam-se arrogantes com seus compatriotas. Sentavam-se ao

---

* De acordo com os críticos, Ogata criou uma falsa dicotomia entre bater em retirada e permanecer, em vez de responder criativamente ao dilema em que se encontrava o Acnur. Para eles, o Acnur deveria ter insistido na transferência dos campos mais para o interior do Zaire a fim de reduzir os ataques violentos na fronteira, ou ter interrompido a ajuda em certos campos para verificar se isso estimularia quem não tivesse cometido crimes durante o genocídio a retornar a suas casas, deixando os culpados no Zaire lutando por sua sorte.

lado de pilhas de farinha e lençóis da ONU segurando montes de dinheiro. Mantinham suas armas visíveis e se deslocavam em *trainings* novos, obrigando cada domicílio a pagar uma taxa mensal e recrutando homens à força para a milícia genocida que patrulhava os campos e tramava uma futura guerra em Ruanda. Em vez de distribuir gratuitamente a ajuda humanitária da ONU, costumavam vendê-la. Com o lucro, acumulavam grandes estoques de armas de fogo e granadas.[16]

Ao percorrer os campos com Nakamitsu, Vieira de Mello descreveu o Zaire como um "fim de mundo" e previu que suas fracas estruturas governamentais logo desmoronariam, o que causaria a desintegração da vasta nação multiétnica. Achou arrepiante a experiência de visitar os campos. "Ali está um deles", ele disse para Nakamitsu, apontando para um homem com cara de *génocidaire* agachado ao lado das tendas azuis do Acnur ou dando ordens aos moradores. "E ali tem outro." "Como você sabe?", ela perguntou. "Olha os olhos deles", Vieira de Mello respondeu. "Não resta mais nada neles." E ficou indignado com a cena. "As pessoas aqui estão sendo controladas pelo puro terror, e não há nada que possamos fazer."

Antes da viagem Vieira de Mello fora informado de que, em apenas dois anos, os campos já tinham aspecto de permanentes, mas não estava preparado para o que viu: uma vida urbana estruturada e aparentemente regular, bem semelhante àquela nos campos cambojanos da Tailândia antes que ele ajudasse a esvaziá-los. De fato, uma pesquisa no final de 1995 nos quatro campos principais em Goma, que abrigavam 650 mil refugiados, descobriu 2324 bares, 450 restaurantes, 589 lojas, 62 cabeleireiros, 51 farmácias, trinta alfaiates, 25 açougueiros, cinco ferreiros, quatro estúdios fotográficos, três cinemas, dois hotéis e um matadouro.[17]

Tanto no Camboja como no Zaire, as grandes potências estavam dispostas a gastar centenas de milhões de dólares para alimentar os refugiados, mas sem inserir suas forças nos campos para garantir a punição ou a remoção dos culpados do genocídio. A diferença crucial entre as duas circunstâncias, em sua visão, foi que, na década de 1980, os governos ocidentais despenderam milhões ajudando os refugiados cambojanos como um meio de desestabilizar o regime instalado pelo Vietnã em Phnom Penh. Porém, na área dos Grandes Lagos, uma região de valor estratégico marginal, os governos ocidentais não vinham empregando a ajuda como um instrumento para promover seus interesses nacionais.

Na verdade, utilizavam-se da ajuda para se esquivar de um tipo de engajamento mais efetivo em sua política externa.

Ao retornar a Genebra, Vieira de Mello fez um alerta no relatório da viagem: "Os nossos campos servem de bases de trânsito, repouso [e] recrutamento para incursões no território de Ruanda".[18] Ele fez três conjuntos de recomendações de como o Acnur poderia se livrar do atoleiro moral e logístico. Recomendou que a agência afastasse os campos da fronteira entre o Zaire e Ruanda. Para evitar choques de fronteira, as regras do Acnur exigiam que os campos fossem construídos a uma "distância razoável" de qualquer fronteira internacional, o que costumava ser interpretado como ao menos cinquenta quilômetros. Mas depois que eles foram erigidos perto da fronteira, em 1994, Ogata não tentara mudá-los mais para o interior do Zaire porque a mudança custaria entre 90 e 125 milhões de dólares, e a transferência dos recalcitrantes hútus provavelmente exigiria força militar.[19] Ela também temia que tal mudança sinalizaria aos refugiados que a ONU pretendia oferecer cuidados permanentes, além de proporcionar aos *génocidaires* um refúgio mais espaçoso para se armarem e treinarem para a batalha futura.[20] Vieira de Mello interveio na discussão e argumentou que, se começasse a planejar a transferência dos campos, o Acnur ao menos mostraria aos civis e soldados hútus que eles não poderiam permanecer indefinidamente no limbo.

Previsivelmente, as tropas zairenses contratadas por Ogata não se mostraram confiáveis. Além de não protegerem os refugiados, em muitos campos constituíam elas próprias uma ameaça. Extorquiam propinas dos militantes hútus e alguns soldados supostamente se envolveram na exploração sexual de jovens refugiadas.[21] Apesar desse desempenho preocupante, a segunda recomendação de Vieira de Mello foi o aumento do tamanho da força, por ele denominada "contingente da senhora Ogata", de 1500 para 2500 membros. Limitado por circunstâncias muito difíceis, estava desesperado o suficiente para se convencer de que as forças zairenses poderiam mudar. Com o colapso do moral desse contingente, lembrou-se do orgulho das tropas de paz da ONU no Líbano e na Bósnia e recomendou que o Acnur organizasse cerimônias de entrega de medalha aos soldados zairenses.

Após conversar com alguns dos refugiados hútus no Zaire, Vieira de Mello percebeu que a permanência deles tinha motivos mais complexos do que pareciam antes da visita. Sim, ele escreveu, havia intimidação nos campos, mas muitos refugiados também se desencorajavam com os sinais que emanavam de Ruanda. As autoridades ruandesas denunciaram os campos do Acnur no Zaire e Tanzânia, contudo deixaram bastante claro que não queriam o retorno de todos os hútus dos campos. Como declarou publicamente Emmanuel Ndahiro, o principal conselheiro do vice-presidente Paul Kagame, "nem mesmo os Estados Unidos, com todo o seu poder, podem arcar com a chegada de 1 milhão de pessoas de uma vez".[22] As autoridades ruandesas não visitavam os campos, nem se valiam da mídia para encorajar o retorno dos hútus. Tampouco divulgaram uma lista de suspeitos de crimes de guerra "procurados", o que poderia tranquilizar os refugiados hútus que não haviam assassinado seus vizinhos tútsis, mas que temiam ser pegos numa caça aos criminosos. Em 13 de julho, apenas duas semanas antes da viagem de Vieira de Mello ao Zaire, tropas do governo ruandês, na província de Gisenyi, no noroeste de Ruanda, retaliaram a morte de um soldado tútsi nas mãos de infiltradores hútus com o massacre de 62 moradores hútus locais, incluindo mulheres com crianças amarradas nas costas.[23] Massacres étnicos do tipo "olho por olho, dente por dente" ocorriam regularmente nas áreas de fronteira. Por isso, a terceira recomendação de Vieira de Mello foi que os funcionários do Acnur parassem de "perturbar-se com uma procura inútil por 'intimidadores'" — os campos estavam assolados por eles — e, em vez disso, se concentrassem em pressionar as autoridades ruandesas a se empenhar mais para assegurar aos hútus que poderiam retornar com segurança.[24]

As autoridades do governo ruandês desprezaram seu ponto de vista. Vinham tentando administrar as consequências sociais e econômicas do extermínio de 800 mil pessoas e estavam cansadas dos apuros dos refugiados hútus no Zaire. "Porque esta onda toda sobre os refugiados?", Kagame indagou no segundo aniversário do genocídio. "Este é seu lar e eles deveriam retornar. Eu próprio fui um refugiado por mais de trinta anos e ninguém fez alarde. Pessoalmente, acho que a questão dos refugiados está sendo exagerada à custa de todos os nossos outros problemas. Não falamos mais dos órfãos, das viúvas, das vítimas. Só falamos sobre refugiados, refugiados, refugiados [...] Se os refugiados dizem 'não vamos voltar', não é mais meu problema. É problema deles."[25]

Kagame sabia, no entanto, que os refugiados eram na verdade seu problema, porque os *génocidaires* hútus nos campos do Zaire ainda estavam determinados a exterminar tútsis e retomar o poder em Ruanda. Em uma visita a Washington, ele informou ao governo Clinton que, se o Acnur não desmantelasse os campos do Zaire, suas forças o fariam. Mais tarde ele recordou: "Fiz uma advertência velada: se a comunidade internacional deixasse de agir, Ruanda agiria". Kagame, que estudara no U.S. Army Command and General Staff College em Fort Leavenworth, Kansas, ficou satisfeito com a reação norte-americana. "A resposta deles foi realmente nenhuma resposta", ele disse.[26]

Ao oferecer suas recomendações a Ogata, Vieira de Mello sabia que todas as opções eram ruins. Estava profundamente consciente dos danos que a crise vinha infligindo à imagem local e internacional das Nações Unidas. "A passividade do Acnur", ele escreveu em seu relatório da viagem, "é insustentável e está expondo a agência a críticas e acusações baratas." O Acnur poderia dar os pequenos passos que ele propunha, entretanto, para resolver a situação, seriam realmente necessários passos maiores dos governos de Ruanda e Zaire e um envolvimento coordenado das grandes potências, que se vangloriavam de fornecer ajuda humanitária generosa, mas que estavam permitindo a deterioração da crise. "O *status quo* vigente é insustentável, com consequências potencialmente desastrosas para o escritório", ele concluiu. "A não ser que o Acnur exiba visão e ação sustentada, é provável que se torne cada vez mais parte do problema, incapaz de impedir ou reagir com eficácia a ameaças terríveis e iminentes, sobre as quais vem perdendo todo o controle."[27]

Ogata ficou satisfeita com o fato de que a viagem de Vieira de Mello à região enfim o levou a se empenhar em encontrar uma saída para o Acnur. Somente ao percorrer os campos é que ele se deu conta dos custos da catástrofe — para os refugiados e para a ONU. Ele realizou uma segunda visita ao Zaire naquele mesmo verão e encontrou o pessoal do Acnur ainda mais frustrado e impotente. Na viagem, parou em Ruanda. Algumas horas depois de chegar em Kigali, comentou com Nakamitsu: "As pessoas não sabem sorrir aqui". Apenas dois anos e meio após o massacre de 1994, foi o lugar mais sombrio que já visitara. Suas reuniões formais foram desagradáveis. O dirigente ruandês responsável pelo retorno dos refugiados, Ephraim Kabaija, acusou a ONU primeiro por não fazer nada para impedir o genocídio, depois por alimentar criminosos de guerra nos acampamentos do outro lado da fronteira. O presidente ruandês fez uma arenga de duas horas sobre a responsabilidade belga pelo genocídio. Ao sair da reunião, Vieira de Mello murmurou para Nakamitsu: "Este é o problema dos africanos: põem a culpa de tudo no colonialismo". Todas as autoridades com quem se encontrou repetiram o aviso de Kagame de que Ruanda não toleraria a existência dos campos por muito mais tempo. Vieira de Mello advertiu Ogata de que os ruandeses estavam na iminência de invadir o Zaire.

Ele passou metade de um dia com seu velho amigo Omar Bakhet, que deixara o Acnur e vinha dirigindo o escritório do Programa de Desenvolvimento da ONU em Ruanda, ajudando a desenvolver um novo sistema legal. Bakhet levou-o a uma igreja em Nyamata onde 10 mil ruandeses foram assassinados em 8 de abril de 1994. Os *génocidaires* hútus atiraram para dentro com metralhadoras, lançaram granadas e depois mataram eventuais sobreviventes com machetes. Vieira de Mello percorreu o interior da igreja, em que se viam prateleiras e mais prateleiras cheias de crânios, e examinou os furos de balas e marcas de estilhaços de bombas. Ergueu o olhar para uma imagem da Virgem Maria. Seu semblante sereno sorriu-lhe, mas a parede ao lado continuava manchada de sangue.

Bakhet em seguida o levou à escola Dom Bosco, usada em 1994 como base pelas tropas de paz belgas da ONU. Cerca de 2 mil ruandeses tútsis desesperados haviam contado com a proteção dos boinas-azuis até 11 de abril de 1994, quando o comandante belga da ONU ali baseado recebeu ordens de retirar suas forças. Com os *génocidaires* fora da escola bebendo cerveja de banana, brandindo seus machetes e cantando "Poder hútu", os tútsis em seu interior se atiraram aos pés dos belgas, implorando que não abandonassem a escola. Contudo, os soldados da ONU ignoraram os apelos dos tútsis impotentes e chegaram a dar tiros para o alto para que não bloqueassem a passagem dos veículos da ONU. Assim que as tropas de paz belgas partiram, as milícias entraram e assassinaram todos os ruandeses que cometeram o erro de procurar abrigo sob a bandeira das Nações Unidas. Vieira de Mello já refletira muito sobre o fracasso da ONU em proteger os civis bósnios em Srebrenica, porém dali para a frente passou a descrever o massacre de Ruanda como o mais grave ato de traição jamais cometido pela Organização.

Na viagem de carro de volta a Kigali, ele ficou olhando pela janela, absorto nos próprios pensamentos. Quando o carro chegou ao Hotel Mille Collines, desembarcou silenciosamente e recolheu-se ao quarto. No dia seguinte, reassumira seu estilo falador, mas estava concentrado no futuro. "Sinto que a coisa está prestes a explodir", disse para Bakhet. A tensão no ar se assemelhava à que sentira no Líbano antes da invasão israelense em 1982.

GUERRA NO ZAIRE: "O OESTE SIGNIFICA A MORTE!"

Um mês depois, as forças de Kagame invadiram o Zaire para fechar os campos e eliminar, de uma vez por todas, a ameaça hútu. "É preciso resistir a pessoas que querem continuar exterminando outras", justificou o vice-presidente ruandês.[28] Seus soldados se aliaram a um desconhecido ex-combatente marxista de 56 anos chamado Laurent-Désiré Kabila e seu recém-formado movimento rebelde zairense, que pretendia derrubar o presidente Mobutu, do Zaire. Os rebeldes de Kabila e as Forças Armadas regulares ruandesas lançaram um ataque combinado aos campos de refugiados hútus mais ao sul, ao longo da fronteira do Zaire com Ruanda. Cerca de 220 mil refugiados dos campos, além de 30 mil zairenses locais, fugiram. Sob o fogo, o contingente de soldados zairenses de Ogata mostrou reações distintas. Alguns ajudaram a evacuar o pessoal internacional do Acnur, porém muitos simplesmente aderiram à defesa de Mobutu contra o ataque conjunto de Ruanda e dos rebeldes zairenses. Algumas unidades teriam supostamente usado aviões do Acnur para transportar material de guerra para a batalha contra os rebeldes de Kabila.[29]

Diante dos atacantes ruandeses e de Kabila, a maioria dos refugiados hútus fugiu, em desespero, para o norte, afastando-se de Ruanda, rumo aos campos da ONU em Bukavu. Mas Bukavu era o próximo alvo da lista. Em 25 de outubro, os representantes do Acnur telefonaram para Ogata, em Genebra, e passaram o telefone para o arcebispo local, monsenhor Christophe Munzihirwa, que implorou a ela que assegurasse a intervenção militar internacional, de modo a salvar a população do campo do ataque conjunto de ruandeses e rebeldes. Quatro dias mais tarde, Bukavu caiu nas mãos inimigas, e o Acnur e outras organizações de ajuda humanitária suspenderam as operações. Em meio à carnificina subsequente, as forças atacantes assassinaram o arcebispo Munzihirwa.[30]

Muitos dos *génocidaires* de 1994 foram, sem dúvida, mortos na ofensiva. No entanto, testemunhos de sobreviventes revelaram que milhares de civis hútus também devem ter morrido. Um refugiado hútu contou à Anistia Internacional que, quando cinco rebeldes zairenses entraram numa igreja onde hútus se escondiam, um dos sacerdotes estrangeiros foi falar com os pistoleiros. O sobrevivente hútu recordou:

[O sacerdote] então pediu que um de nós, Pascal Murwirano, um ruandês de 22 anos, o ajudasse, já que não sabia falar a língua Kinyarwanda. A conversa transcorreu assim:

"Você é de Ruanda?"

"Sim."

"Você é hútu?"

"Sim."

"Quando você deixou Ruanda?"

"Em 1994."

"Tire sua roupa."

Pascal fez o sinal da cruz. Lembro perfeitamente. Ele desabotoou o primeiro botão da camisa e, antes que pudesse desabotoar o segundo, foi fuzilado. Uma bala no coração, quatro no estômago e uma na cabeça.[31]

As linhas de batalha estavam traçadas. De um lado, as forças do governo zairense de Mobutu e refugiados ruandeses hútus, na maioria *génocidaires*; do outro, os rebeldes zairenses liderados por Kabila e as Forças Armadas ruandesas, formadas predominantemente por tútsis. Um porta-voz do Acnur em Genebra alertou para "uma catástrofe humanitária de proporções ainda maiores do que a de 1994".[32]

Com centenas de milhares de refugiados hútus em fuga para a selva zairense a oeste, Ogata e Vieira de Mello já não tinham nenhuma ambivalência sobre a pátria dos refugiados. Os civis estariam sem dúvida mais seguros em Ruanda do que no meio dos exércitos em guerra no Zaire. Ele telefonou a Lionel Rosenblatt, em companhia de quem ajudara a organizar o reassentamento dos Montagnards do Camboja. Sergio implorou a Rosenblatt, que dirigia a Refugees International, um importante grupo de defesa em Washington, que alertasse o governo Clinton para o fato de que os hútus estavam se afastando da comida e do abrigo. "O oeste significa a morte!", Vieira de Mello exclamou. Se as famílias hútus rumassem para oeste selva adentro com os militantes, seriam perseguidas e mortas, ou morreriam de fome ou doenças. Os trabalhadores de ajuda humanitária e os diplomatas precisavam achar um meio de persuadir os refugiados a voltar para suas antigas casas em Ruanda.

Em 30 de outubro, quando outra crise sangrenta envolveu a região e a mídia ocidental novamente enfocou Ruanda e Zaire, o secretário-geral Boutros-Ghali designou como seu enviado político especial à região Raymond Chrétien, o embaixador do Canadá nos Estados Unidos.[33] Uma semana depois, abrilhantando ainda mais o currículo de Vieira de Mello, Boutros-Ghali o nomeou coordenador humanitário, subordinado não mais a Ogata, mas ao Departamento de Assuntos Humanitários, uma divisão recém-criada na sede da ONU em Nova York. Contra todas as probabilidades, ele voltaria a se subordinar a Yasushi Akashi, que, apesar do desempenho medíocre no Camboja e na Bósnia, havia sido promovido a diretor do novo departamento, mais uma vez em deferência ao Japão, o segundo maior doador das Nações Unidas. Chrétien e Vieira de Mello teriam que coordenar seus esforços, com o canadense dirigindo as negociações políticas e Vieira de Mello relegado ao trabalho humanitário.

O brasileiro imediatamente se dirigiu a Kinshasa, no Zaire. Em 7 de novembro foi informado de que Chrétien, seu colega político, já estava a caminho da região. Chrétien chegaria a Kigali na manhã seguinte para os primeiros encontros com autoridades ruandesas. Vieira de Mello sabia que os enviados políticos tendiam a ver os trabalhadores de ajuda humanitária como "entregadores de comestíveis" dispensáveis, sem nenhum papel importante nas conversações políticas de alto nível. Chrétien já havia parado para ver Mobutu na França, onde o presidente zairense fazia tratamento contra um câncer. Vieira de Mello não queria que o canadense realizasse outras reuniões de alto nível sem sua presença. Mas, ao telefonar para o escritório do Acnur em Kinshasa, ficou sabendo que nenhum voo comercial ou da ONU conseguiria levá-lo da capital do Zaire a Kigali, a 1600 quilômetros de distância, a tempo de saudar Chrétien. Se quisesse fazer a viagem, teria que fretar um jato para conduzi-lo até Entebe, em Uganda, onde poderia pegar um voo regular da ONU com destino a Kigali. Sergio aceitou de imediato e, ao chegar ao aeroporto de Kinshasa, acompanhado por Chefike Desalegn, seu colega do Acnur, suspirou ao ver o jato na pista. "Chefike", ele exclamou, empolgado, "é o Learjet pessoal de Mobutu!" Sentado no avião, gritou para o colega: "Diga-lhes que não tenham pressa para chegar a Entebe. Se fizerem algumas voltas, poderemos dormir a noite inteira!". Os dois homens chegaram a Kigali várias horas antes de Chrétien.

Meses depois, quando Vieira de Mello retornou a Genebra, foi informado de que o percurso de três horas no jato fretado custara ao Acnur a bagatela de 50 mil dólares. Em 1998, o *Financial Times* publicaria uma matéria sobre a corrupção na ONU, citando essa extravagância como um exemplo típico dos excessos da Organização.[34] Aquela seria a primeira acusação desse tipo sofrida por ele, mas, embora temesse que os críticos da ONU a explorassem para denegrir toda a sua carreira, o escândalo não teve tanta repercussão.

Tendo conseguido se insinuar na pequena equipe de negociação de Chrétien, Vieira de Mello voltou a ouvir os líderes ruandeses criticarem a ONU. "Eles simplesmente vomitaram sobre toda a Organização", recorda Chrétien. "Quer dizer, aquilo foi cruel. Não recebi o ódio como algo pessoal. Eu era o enviado especial das Nações Unidas havia um ou dois meses, mas Sergio trabalhara lá a vida inteira. Eles olharam direto para ele ao atacarem a Organização. Ele parecia bem chateado."

Os eventos no Zaire o deixaram ainda mais aborrecido. Os trabalhadores internacionais de ajuda humanitária haviam sido, em grande parte, evacuados dos campos de refugiados no leste do país, de modo que ele não tinha nenhuma ideia de quantos refugiados hútus estavam em apuros ou morrendo sem que ninguém visse. Os raros relatos de testemunhas indicavam que os recém-deslocados dormiam nas florestas, sem alimentos nem cobertores, sugando raízes de árvores para matar a sede. Como coordenador de todas as atividades humanitárias na região, Vieira de Mello tinha de encontrar um meio de possibilitar que os trabalhadores de ajuda humanitária fossem para trás das linhas de combate a fim de alcançar os refugiados. Sabia, com base nas missões do passado, que, a despeito de o contato com protagonistas não oficiais (como as milícias xiitas no Líbano ou o Khmer Vermelho no Camboja) desagradarem ao sistema da ONU, alguém da Organização teria que dialogar com Kabila, o líder rebelde zairense. Sem a autorização dele, seria perigoso demais para os trabalhadores de ajuda humanitária tornar a entrar no Zaire com vistas a para alimentar e vestir os refugiados hútus fugitivos.

Na noite de 8 de novembro, Omar Bakhet viu um rosto do lado de fora da janela de sua casa em Kigali. Era uma autoridade do governo ruandês, que perguntou se Bakhet gostaria de se encontrar com Kabila, no novo quartel-general do líder rebelde no Zaire. Os ruandeses exigiram que Bakhet não levasse ninguém do Acnur, pois acusavam a agência de alimentar os *génocidaires* nos campos de refugiados. Bakhet sugeriu o nome de Daniel Toole, um colega norte-americano de quarenta anos da Unicef. A autoridade ruandesa concordou, dizendo: "Ele tem a nacionalidade certa".

Na manhã seguinte, Bakhet e Toole foram de carro até a cidade fronteiriça ruandesa de Gisenyi e se sentaram no saguão de um hotel local, seguindo as instruções recebidas. O lugar estava lotado de jornalistas, que esperavam conseguir a permissão do governo ruandês para cobrir a guerra no Zaire. No fim da tarde, contudo, após horas de espera inútil e um número exagerado de xícaras de café, Bakhet e Toole estavam prestes a desistir. Quando se preparavam para pagar a conta, uma autoridade ruandesa se aproximou e pediu que o seguissem. Eles obedeceram, saíram pelos fundos do hotel, depois percorreram de carro uma rota tortuosa até a fronteira, de modo a enganar a imprensa.

Ao pôr do sol, a autoridade conduziu Bakhet e Toole à região do Zaire controlada pelos rebeldes. Ambos os homens sabiam que o que estavam fazendo era arriscado, física e profissionalmente. As tropas de paz e os civis da ONU tinham instruções de respeitar as fronteiras nacionais. Sabendo que a sede da ONU em Nova York não teria concedido permissão para que cruzassem a fronteira de Ruanda até o Zaire, Bakhet nem sequer consultara seus superiores, o que Toole ignorava. Seu motorista ruandês parecia apavorado.

Quando os homens alcançaram um dos antigos casarões de Mobutu, sem luz elétrica, encontraram Laurent Kabila sentado a uma mesa de café, em uniforme de oficial bege muito engomado. No decorrer de várias horas de discussão, os homens conseguiram negociar um acordo humanitário informal, pelo qual o líder rebelde se comprometia a permitir a entrega irrestrita de ajuda aos civis. Apenas quando Kabila pediu desculpas para ir ao banheiro, tanto Bakhet como Toole perceberam, para seu espanto, que, além do novo uniforme impecável, o líder rebelde trajava meias brancas e sapatos de cano alto em couro de lagarto do tipo usado por dançarinos em discotecas.

Quando o próprio Toole foi ao banheiro pouco depois, Kabila inclinou-se na direção de Bakhet e confessou que tinha uma necessidade maior que todas as outras: um telefone por satélite. Bakhet prometeu que, se Kabila permitisse a passagem de ajuda humanitária até Goma, colocaria seu telefone pessoal no primeiro caminhão do primeiro comboio da ONU. Os dois homens deram-se as mãos, e seis caminhões repletos de suprimentos hospitalares, além do telefone por satélite de Bakhet, logo transpuseram ruidosamente a fronteira para o Zaire.

Ao retornarem de carro a Ruanda após o encontro, Bakhet e Toole sentiram-se triunfantes. Haviam corrido um risco grande e, com isso, conseguiram abrir um canal discreto de comunicação da ONU com os rebeldes. No entanto, a satisfação de Bakhet por ter assinalado um tento diplomático desapareceu assim que ele ficou ao alcance do telefone celular. Vieira de Mello ligou para ele e esbravejou: "Omar, em que lugar maldito você esteve? Christiane Amanpour apareceu na CNN com a informação de que a ONU vem realizando conversações secretas com Kabila no Zaire. Mobutu está furioso, e em Nova York o pessoal da sede está subindo pelas paredes!".

Bakhet começou a explicar, mas seu amigo interrompeu, perguntando: "Então você se encontrou com Kabila numa área de fronteira, certo?". Bakhet respondeu: "Não, eu...". Mas Vieira de Mello voltou a interrompê-lo: "Ouça, Omar, eu disse a Nova York que você se encontrou com Kabila no lado ruandês da fronteira. Mas onde foi que você encontrou Kabila?". Bakhet entendeu. Vieira de Mello sabia como driblar o sistema de uma maneira que ele nunca saberia.

Benon Sevan, que dirigia o Departamento de Segurança da ONU em Nova York e que, uma década mais tarde, seria indiciado pelo envolvimento no escândalo do programa de troca de petróleo por comida, administrado pelas Nações Unidas no Iraque, repreendeu Bakhet por violar as regras. Mas Vieira de Mello insistiu em sua versão falsa, mentindo pura e simplesmente num telegrama para Sevan: "A minha compreensão é de que o sr. Bakhet não transpôs a fronteira para o Zaire. O encontro que ele teve foi na fronteira, ou seja, na 'terra de ninguém' que separa os dois postos de fronteira. A missão foi autorizada por mim sob essa condição. O sr. Bakhet, portanto, não violou as instruções em vigor. Cordiais saudações, Sergio".[35]

"FARSA MULTINACIONAL"

Vieira de Mello acreditava que nem os trabalhadores de ajuda humanitária, nem os refugiados estariam seguros sem que forças internacionais fossem enviadas para criar e proteger rotas através do território controlado pelos rebeldes. Tais corredores permitiriam a entrega de ajuda humanitária em uma direção e, ao mesmo tempo, a passagem segura dos refugiados de volta a Ruanda na outra.*

Embora consciente das necessidades, Vieira de Mello não estava certo de que as nações ocidentais concordariam em arriscar suas tropas para proteger

---

* Os corredores propostos pelo Acnur se estenderiam de Goma a Gisenyi, em Ruanda; de Bukavu a Cyangugu, em Ruanda; e de Uvira a Bujumbura, em Burundi.

civis. O Conselho de Segurança da ONU, além de nada fazer para deter o genocídio de 1994, deixara o Acnur administrando sozinho, por mais de dois anos, os campos na região dos Grandes Lagos. As autoridades norte-americanas pressionaram o Zaire de Mobutu a se empenhar mais para convencer os refugiados a voltar para casa, ao passo que a França interferira a favor de Mobutu e dos hútus. Sempre que a França aumentava a pressão sobre o governo ruandês, Washington ficava do lado de Kagame. Vieira de Mello também sabia, depois da trágica incapacidade de defender as áreas de segurança da Bósnia, quão fácil era declarar uma área "segura", mas quão difícil era convencer as grandes potências a garantir a segurança dos civis. Com o aumento da violência no Zaire, os Estados membros da ONU passaram a debater o envio de tropas. As negociações avançaram tão lentamente que Emma Bonino, a mal-humorada comissária europeia para ajuda humanitária, criticou os embaixadores em Nova York, dizendo: "Os representantes do Conselho de Segurança da ONU não deveriam esquecer que os milhares de refugiados que morrem diariamente no Zaire não podem passar os fins de semana em Long Island, como eles".[36]

Todavia, em 11 de novembro, Vieira de Mello recebeu a boa e surpreendente notícia de que o Canadá concordara em encabeçar uma grande força, autorizada pela ONU, para assegurar os corredores humanitários propostos pelo Acnur. Durante o genocídio de 1994, o comandante das forças da ONU em Ruanda havia sido o tenente-general canadense Roméo Dallaire, e, graças ao trabalho de conscientização de Dallaire, muitos canadenses sentiam que tinham uma dívida para com a região. O general Maurice Baril, o chefe das Forças Armadas do Canadá que já trabalhara como consultor militar de Boutros-Ghali, comandaria a Força Multinacional, composta por um contingente de 10 mil a 12 mil homens.

Devido ao derramamento de sangue, os governos ocidentais enfim pareciam dispostos a oferecer a assistência armada que o Acnur vinha buscando desde 1994. Até as autoridades norte-americanas prometeram mil soldados, embora o secretário de Defesa, William Perry, avisasse que as forças não seriam "usadas para desarmar militantes".[37] Com os países do Conselho de Segurança afinal levando a sério uma intervenção na região, Søren Jessen-Petersen, um burocrata dinamarquês afável que dirigia o escritório do Acnur em Nova York, enviou um telegrama exultante que alcançou Vieira de Mello no Zaire. "Estamos a bordo, e o trem está indo rápido", ele escreveu. "FINALMENTE!!"[38]

Mas os rebeldes de Kabila e o governo ruandês queriam que o trem voltasse à estação. Estavam convencidos de que qualquer força internacional atrapalharia sua ofensiva e beneficiaria os militantes hútus. Decidiram dar um golpe certeiro antes que as tropas internacionais tivessem tempo de se reunir. Em 14 de novembro, as forças conjuntas ruandesas e de Kabila lançaram um ataque de artilharia e foguetes contra o campo de Mugunga, o último baluarte dos hútus ruandeses no Zaire. Mugunga abrigara 200 mil refugiados ruandeses, e o número atingiu 500 mil após os ataques aos demais campos. Dessa vez, as forças conjuntas atacaram o campo a oeste, e o único lugar para onde os refugiados podiam fugir era Ruanda. Cerca de 12 mil refugiados hútus atravessaram a fronteira por hora, e, ao cair da noite de 15 de novembro, o Acnur estimou que 200 mil deles haviam retornado a Ruanda nos dois dias anteriores. Outros 300 mil estavam a caminho. Naquele mesmo dia, após numerosas discussões, o Conselho de Segurança da ONU aprovou uma resolução em que autorizava a mobilização da Força Multinacional no Zaire.

Por mais afastado que estivesse das capitais onde as decisões eram tomadas, Vieira de Mello permanecia ligado. Na década de 1980, antes da era dos cartões telefônicos e dos telefones celulares, sabia-se que carregava bolsas de plástico repletas de moedas do mundo inteiro, para falar em telefones públicos. Em meados da década de 1990, dispunha de meios menos complicados de permanecer em contato com a sede. Martin Griffiths, um galês de 45 anos que Nova York designara para ser seu auxiliar, achava que os hábitos de trabalho do colega veterano chegavam a torná-lo rude. "Após um dia longo de reuniões, costumávamos voltar ao hotel exaustos, e a regra geral nas missões é a turma se reunir no jantar para beber e lembrar — ou tentar esquecer — aquele dia", recorda Griffiths. "Mas não Sergio. Ele costumava voltar direto ao quarto do hotel, solicitava o serviço de quarto, lia os faxes de Genebra e de Nova York, e dava dezenas de telefonemas."

Vieira de Mello estava tentando acompanhar o progresso da força internacional. Inicialmente, os países ocidentais agiram como se a ofensiva conjunta ruandesa e dos rebeldes não fosse afetar seus planos. Os países que ofereceram tropas se prepararam para a mobilização, e uma equipe de reconhecimento canadense, sob o comando do general Baril, voou para a região. Mas o primeiro sinal de indecisão no entusiasmo pela Força Multinacional veio quando as equipes de levantamento aéreo dos Estados Unidos afirmaram ter localizado apenas 165 mil refugiados hútus na floresta — bem menos que os cerca de 700 mil que o Acnur achava que ainda estavam em fuga. Se mais refugiados haviam retornado em segurança para Ruanda, como supunham os norte-americanos, os países que haviam prometido enviar tropas ao Zaire teriam a desculpa de que precisavam para voltar atrás.

Em Nova York, Jessen-Petersen, do Acnur, pediu aos embaixadores ocidentais que entendessem o dilema em que a agência se achava. Os governos desejavam informações sobre o número, o destino e as condições dos refugiados hútus na selva zairense antes de enviar forças. Mas algumas dezenas de trabalhadores de ajuda humanitária do Acnur seriam incapazes de obter tais informações. Somente as Forças Armadas nacionais poderiam proporcionar a mobilidade, a segurança e a coleta de dados para realizar tal busca.[39]

Se Jessen-Petersen estava exasperado em Nova York, Vieira de Mello estava praticamente paralisado pela farsa e a obstrução com que se deparava em suas reuniões oficiais na região. Durante uma delas, um coronel do exército sabidamente responsável por uma política de terra arrasada recitou uma fieira de negações e depois perguntou ingenuamente: "Por que o exército iria atacar deliberadamente populações civis?".[40] Após a reunião, quando Vieira de Mello e Griffiths se dirigiam ao carro, o galês observou: "É extraordinário, não é? Cada vez que nos reunimos com estes criminosos de guerra, saio da reunião — e tenho certeza de que você também — absolutamente convencido da plausibilidade de seus argumentos. O que é isto? Por que isso acontece?". Vieira de Mello parou, virou para encarar Griffiths e respondeu: "É porque você é um completo idiota".[41] Os dois homens caíram na gargalhada, impressionados pelo absurdo de suas negociações aparentemente infrutíferas. Eles se tornariam grandes amigos nos meses e anos pela frente.

Oprimido pela burocracia, Vieira de Mello procurou meios de permanecer conectado ao drama humano em andamento, e para isso contou com a ajuda de Filippo Grandi, um italiano de 36 anos representante do Acnur em Goma. Em 1994, quando retornou do Congo a Genebra após a irrupção da cólera, Grandi preparou algumas observações para se dirigir um grupo de dignitários estrangeiros e pediu ajuda a Vieira de Mello, uma lenda viva entre os funcionários mais jovens. "Não, Filippo, ao falar com gente importante, você tem que transmitir uma sensação visceral das experiências dramáticas pelas quais passou", o brasileiro observou. "Não estou pedindo que você diga algo errado ou falso, mas é preciso ser bem descritivo, porque é assim que prende a atenção das pessoas. E nosso sucesso no Acnur depende da nossa capacidade de conseguir e conservar a atenção das pessoas." Quando Grandi respondeu que duvidava que tivesse tais poderes de persuasão, Vieira de Mello exclamou: "Bobagem! Somos latinos, nós dois. Está no nosso sangue".

No final de novembro, agora juntos na região, Vieira de Mello informou a Grandi que gostaria de visitar o território dos rebeldes, de modo a obter uma visão mais próxima do problema. Sabia que seria um defensor mais eficaz se testemunhasse pessoalmente o terror e a miséria das circunstâncias novas dos refugiados, mas também sabia que tal visita não seria vista com bons olhos por Nova York. Ele poderia ser atingido pelo fogo cruzado da ofensiva conjunta ruandesa e dos rebeldes, ou, dados os sentimentos anti-ONU entre os ruandeses, poderia até ser intencionalmente alvejado. Porém os riscos maiores eram políticos. Uma coisa era seu amigo Bakhet ter entrado furtivamente no leste do Zaire, mas outra seria uma autoridade da ONU da sua envergadura realizar a jornada. Com isso ele estaria legitimando o poder de Kabila, e o governo de Mobutu ficaria furioso. "Os zairenses só estão dispostos a me aturar aqui porque sou novato", Grandi contou ao colega veterano. "Eles vão explodir se você vier." Vieira de Mello estava decidido. "Seremos discretos", disse, "e não nos encontraremos com os rebeldes. Só vou dar uma olhada." No final, Grandi preparou um documento de viagem em que o secretário-geral auxiliar figurou como um funcionário de campo de baixo escalão, e em 25 de novembro Vieira de Mello transpôs anonimamente a fronteira para passar algumas horas nos campos de Goma, Mugunga e Lake Vert, onde pôde se encontrar com os refugiados traumatizados que haviam sobrevivido aos ataques. O que ele viu no Zaire apenas aumentou sua convicção da urgência da Força Multinacional. "As pessoas que conseguimos ver são, por definição, as afortunadas", ele disse para Grandi. "Aonde foi que se meteu o resto?"

Em 27 de novembro, Vieira de Mello viajou até Entebe, onde o general Baril estava criando o quartel-general avançado da Força Multinacional. Ele comentou, animado, que a Força poderia fazer de tudo, desde resgatar os refugiados por avião na floresta até prender os *génocidaires* e entregá-los ao Tribunal de Crimes de Guerra da ONU. Baril assentiu educadamente com a cabeça. No entanto, a caminho de Entebe, ele havia parado em Stuttgart, na Alemanha, e se reunido com os contribuintes das tropas, e observou que o entusiasmo ocidental pela missão estava se dissipando. Então explicou que os contribuintes discutiram quatro níveis de envolvimento da Força Multinacional:

- Nível A: verificar o local e a condição dos refugiados;
- Nível B: montar um esquema aéreo para fornecer ajuda humanitária;
- Nível C: ajudar no retorno dos refugiados para Ruanda num ambiente propício;
- Nível D: ajudar no retorno dos refugiados para Ruanda num ambiente perigoso.

Baril informou a Vieira de Mello que a Força Multinacional não iria além do nível A. Sob circunstância alguma faria a triagem dos *génocidaires* ou protegeria os trabalhadores de ajuda humanitária.[42] Vieira de Mello, que estava abismado, lutou, nas palavras de Baril, "como um buldogue". "Se pudermos salvar cem refugiados", ele implorou, "vamos salvar os cem!" Mas Baril fez um sinal de não com a cabeça. "Sergio, o maquinário de que disponho não tem por missão salvar cem pessoas. As Forças Armadas são grandes, desajeitadas, lentas e caras." Ele sugeriu que o Acnur fretasse seus próprios aviões comerciais para apanhar os refugiados na selva. Quando Vieira de Mello replicou alegando que aquilo era função dos militares, Baril objetou fortemente. "Veja bem, Sergio, seu plano é limitado apenas por sua imaginação. O meu é limitado pelos países que enviaram tropas para servir sob minha direção." Vieira de Mello sempre achou estranho que os líderes políticos e os militares não vissem nada de mais em pedir que trabalhadores de ajuda humanitária desarmados penetrassem em áreas às quais eles não ousariam enviar seus soldados.

Tendo acalentado uma esperança fugaz de que os Estados membros da ONU estariam preparados para intervir e ajudar os refugiados desesperados, ele se deu conta de que os planos desmoronaram. Sua própria missão parecia um fracasso em todas as frentes. Em toda a sua carreira, não se lembrava de nenhum trabalho de campo em que gastasse tanto tempo em deslocamentos com tão pouco resultado. "Na Bósnia, nós, os trabalhadores de ajuda humanitária, podemos ter sido folhas-de-figueira para as potências ocidentais", contou a um colega mais tarde, "mas no Zaire éramos invisíveis e irrelevantes. Não sei ao certo qual dos dois foi mais patético."

Em 23 de dezembro, o Conselho de Segurança da ONU decidiu dispersar a embrionária Força Multinacional. Os Estados Unidos cancelaram a busca por refugiados, alegando que o Acnur exagerara o número de desaparecidos e culpando a agência por não discriminar os "intimidadores". Vieira de Mello ficou furioso. "Eles acham que seria fácil dizer: '*Génocidaires* à esquerda, civis à direita'", esbravejou. "Ora, se fosse tão fácil, por que não vieram e ajudaram quando solicitamos?" Desse momento em diante, ele adotaria a descrição da comissária Bonino para ajuda humanitária para designar a Força Multinacional: "Farsa Multinacional".

REPATRIAÇÃO DA TANZÂNIA: DO LADO DO PODER

Sentindo-se impotente para impedir a derrocada humanitária no Zaire, Vieira de Mello decidiu incumbir-se da situação menos ameaçadora, mas igualmente insustentável, nos campos de refugiados da vizinha Tanzânia. Após o genocídio de Ruanda, a Tanzânia absorvera 535 mil exilados ruandeses, e, após hospedá-los por mais de dois anos, o governo do país desejava expulsar os refugiados hútus dos campos, acusando-os de desflorestamento, roubos e violência.[43] A Tanzânia contava com o apoio dos Estados Unidos e do Reino Unido, que vinham solicitando a Ogata a redução da ajuda alimentar nos campos como medida preliminar ao seu fechamento.[44] O Acnur dependia das contribuições de voluntários e levava a sério tais exigências de governos doadores.

Vieira de Mello visitara os campos de refugiados da Tanzânia pela última vez em setembro. Não eram tão militarizados como aqueles que vira no Zaire, porque as autoridades tanzanianas foram mais eficazes em manter armamentos pesados fora dos campos e até em prender alguns *génocidaires* mais conhecidos. Contudo, essas ações tiveram o efeito colateral de tornar os campos mais confortáveis para os exilados ruandeses. O maior campo da Tanzânia, Benaco, que abrigava 160 mil deles, possuía placas de ruas com nomes de personalidades, como Nelson Mandela e até Sadako Ogata. Ao lado de fileiras e mais fileiras de pequenas cabanas de tijolos de barro, os hútus ruandeses cultivavam milho e verduras em suas hortas bem cuidadas.[45] Depois de testemunhar a violência no Zaire e temendo que se espalhasse para a vizinha Tanzânia, Vieira de Mello estava preparado para pedir a Ogata que suspendesse a assistência.

Mas, em 27 de novembro de 1996, as autoridades tanzanianas se anteciparam, informando oficialmente ao Acnur que pretendiam fechar os campos e enviar os refugiados para casa. Os tanzanianos perguntaram a Vieira de Mello se a agência ajudaria a financiar a operação de 1,7 milhão de dólares. Se o Acnur hesitasse em cooperar, eles disseram que iriam em frente por conta própria e não hesitariam em empregar "métodos próprios".[46] Vieira de Mello concordou em colaborar.

Sua decisão colocou-o em rota de colisão com o velho amigo Dennis McNamara, que se tornara diretor de proteção do Acnur.[47] McNamara opôs-se veementemente à cumplicidade da agência com qualquer plano que forçasse refugiados a retornar a Ruanda, onde muitos tinham razões genuínas para temer a perseguição. Os dois amigos envolveram-se em batalhas tensas por telefone e pessoalmente.[48] "Não temos opção", Vieira de Mello argumentou. "Os tanzanianos vão enviá-los de volta de qualquer maneira." McNamara achou que os tanzanianos podiam estar blefando, mas, independentemente disso, não acreditava que tais ameaças devessem determinar a posição do Acnur. "Eles que o façam então", disse. "Mas não deixe o Acnur fazer parte da repatriação forçada de pessoas." Vieira de Mello respondeu que estava comprometido com um retorno voluntário e ordeiro, porém não podia se dar ao luxo de ser um purista. Em campos controlados por *génocidaires*, toda a noção de voluntariedade, um princípio básico da existência do Acnur, havia sido colocada em xeque. Alguém poderia realmente afirmar que os refugiados permaneciam voluntariamente nos campos de fronteira da Tanzânia ou serviam voluntariamente como escudos humanos para pistoleiros hútus em fuga para as profundezas da selva do Zaire? Ademais, a Tanzânia estava recebendo uma torrente de refugiados do Burundi, e ele temia que uma Tanzânia furiosa viesse a fechar as fronteiras, impedindo a entrada de pessoas que corriam risco de morte.[49] "Caia na real, Dennis", ele disse. "Não dá para simplesmente vir montado naquele belo cavalo branco do princípio moral; é preciso solucionar o problema."

Na sexta-feira, 29 de novembro, Vieira de Mello voou até a capital da Tanzânia, Dar-es-Salaam, onde conduziu uma reunião de três horas que decidiria os destinos dos refugiados. Ele apelou aos tanzanianos que, "na medida do possível", realizassem a repatriação "consoante princípios estabelecidos".[50] No início da reunião, disse que a força não deveria ser usada para transferir os refugiados. Mas, como duvidava de que os refugiados se mexessem sem alguma forma de coerção, não se opôs quando os tanzanianos disseram que iriam enviar forças policiais e de segurança aos campos. Num testemunho de seu desejo de resolver o problema dos refugiados de uma vez por todas, chegou a oferecer recursos financeiros do Acnur para transportar e pagar as forças. Griffiths, seu auxiliar, impressionou-se com a velocidade e a facilidade com que ele aceitou os argumentos tanzanianos. "Sergio havia sido previamente informado sobre todos os argumentos dos dois lados, no entanto, quando chegamos à reunião, ele parecia ter se decidido", Griffiths recorda. "Ele efetivamente disse: 'Façam isto, façam rápido, e se tiverem que usar a polícia, façam o possível para mantê-la fora de vista'." Os tanzanianos informaram que queriam a questão resolvida até 31 de dezembro.[51] Assim Vieira de Mello e o Acnur quase não teriam tempo de assegurar que a operação fosse realizada humanamente. Mesmo assim, ele insistiu que uma operação imperfeita de retorno de refugiados seria preferível ao *status quo*. "Temos que escolher a opção menos pior aqui", ele disse aos seus críticos.

A repatriação de mais de meio milhão de hútus da Tanzânia estava fadada a ser um procedimento complicado. No Camboja, ele acompanhara o retorno de 360 mil cambojanos durante treze meses, contando com recursos financeiros enormes e uma grande presença de tropas de paz. Na Tanzânia, o Acnur disporia apenas de três semanas, e, depois que retornassem a Ruanda, os refugiados hútus não receberiam proteção internacional. A diferença mais crucial era de mentalidade: os refugiados na fronteira tailandesa-cambojana estavam ansiosos por voltar para casa, enquanto aqueles na Tanzânia sentiam tamanho medo de retornar a Ruanda que alguns provavelmente recorreriam às armas para permanecer onde estavam.

Em 5 de dezembro de 1996, Vieira de Mello aprovou uma "Mensagem a Todos os Refugiados Ruandeses na Tanzânia" conjunta, da Tanzânia e do Acnur. Notadamente, embora suas dúvidas sobre as condições de direitos humanos em Ruanda fossem crescentes e ele não tivesse como garantir a segurança dos refugiados, pôs a chancela do Acnur na garantia de que "todos os refugiados ruandeses podem agora retornar ao seu país em segurança".[52] O Acnur providenciou a impressão e a distribuição de folhetos nos campos, assim como alto-falantes para transmitir o comunicado conjunto em língua kinyarwanda. A declaração não informava aos refugiados que, sob a Convenção de Refugiados de 1951, qualquer pessoa que temesse a perseguição tinha o direito legal de permanecer na Tanzânia e solicitar asilo.

Na noite de 11 de dezembro, começaram a circular rumores entre os trabalhadores de ajuda humanitária de que alguns refugiados estavam deixando os campos tanzanianos voluntariamente. Os refugiados colheram o produto de suas pequenas hortas, aguardaram o recebimento de suas rações quinzenais de feijões-vermelhos, milho e óleo, e partiram a pé.[53] De início, os trabalhadores de ajuda humanitária tiveram esperança de que a comoção marcasse o término da maldição lançada pelos *génocidaires* sobre os refugiados. Mas, na manhã de 12 de dezembro, os funcionários do Acnur ficaram abismados ao descobrir que os refugiados estavam, na verdade, rumando para o Quênia e a Zâmbia, afastando-se da fronteira e, portanto, de seus antigos lares em Ruanda. Campos que apenas 24 horas antes pululavam de vida estavam completamente esvaziados.

Os milicianos hútus ruandeses percorreram cabana após cabana, ordenando aos refugiados que rumassem para o leste através das planícies do noroeste da Tanzânia. Alguns se dirigiram para os montes da Reserva de Vida Selvagem Burigi, que abriga leões, zebras, elefantes e girafas. Muitas mulheres carregavam crianças amarradas nas costas. Os refugiados informaram aos poucos trabalhadores de ajuda humanitária e jornalistas que encontraram que as tropas ruandesas de Kagame estavam esperando para prendê-los ou matá-los caso retornassem a Ruanda. As histórias de horror eram terríveis: bebês seriam arrebatados das mães, e as mãos e os pés dos hútus que retornassem seriam mutilados.[54] "Será verdade que irão castrar todos os homens e meninos na fronteira?", um refugiado perguntou a um repórter.[55]

Vieira de Mello já partira da Tanzânia rumo a Ruanda quando a coisa estourou. Ogata consultou-o pelo telefone e emitiu instruções de Genebra: o Acnur deveria apoiar a tentativa do governo tanzaniano de redirecionar os refugiados para Ruanda. Dez mil soldados tanzanianos carregando porretes e AK-47 já haviam montado barreiras e começado a forçar os refugiados a dar meia-volta. O retorno "ordeiro e humano" prometido pelo Acnur havia se transformado numa operação militar, como temera McNamara.

Em 16 de dezembro, a taxa de retorno era impressionante. Mais de 10 mil pessoas cruzavam a fronteira por hora, totalizando 51 mil ao meio-dia e mais de 100 mil na hora em que o posto de fronteira foi fechado à noite.[56] Os refugiados, que foram conduzidos por uma ponte de concreto estreita sobre o rio Kagera até Rusumo, em Ruanda, estavam exaustos e aterrorizados. Quanto mais andavam, mais inchados ficavam seus pés. Envoltos em farrapos e se protegendo com embalagens plásticas, haviam enfrentado chuvas torrenciais. Os mais saudáveis carregavam seus pertences empilhados sobre bicicletas ou em carrinhos de mão. Estima-se que 25 bebês nasceram a cada dia em trânsito.[57] Tantas crianças estavam se perdendo dos pais — só em 15 de dezembro foram 134 — que o pessoal da Cruz Vermelha começou a amarrá-las nas suas mães com barbante amarelo.[58]

A operação foi se tornando cada vez mais violenta. Os refugiados descreveram espancamentos sistemáticos, pedidos de propina, roubo do dinheiro tanzaniano que carregavam (sob a alegação de que estavam proibidos de levar dinheiro para fora do país), revistas em que eram postos totalmente nus e a pilhagem de propriedades pessoais como bicicletas, cobertores, recipientes de combustível e até os forros de plástico do Acnur. Alguns refugiados foram encontrados estuprados ou mortos por espancamento.[59] Os tanzanianos estavam tão determinados a livrar seu país dos exilados hútus ruandeses que atiravam para o alto, lançavam gás lacrimogêneo e fustigavam os refugiados com bastões para mantê-los em movimento. Vários refugiados tentaram o suicídio. Um homem usou uma faca cega para cortar o pescoço, mas sobreviveu, enquanto outro se afogou numa poça rasa de água.[60] Em menos de duas semanas, mais de 450 mil refugiados saíram da Tanzânia e retornaram para Ruanda.[61] Isso imediatamente após os 700 mil que haviam voltado após fugirem dos campos no Zaire.

Ogata e o Acnur tinham tanto medo de prejudicar o relacionamento com o governo tanzaniano que quase não se manifestaram sobre a migração forçada. Em 10 de janeiro de 1997, ela enfim assinou uma carta de protesto relativamente branda devido ao "uso relatado de força". Entretanto, quando Vieira de Mello telefonou para Elly Mtango, um alto funcionário do Ministério do Exterior tanzaniano, para informar que o protesto seria enviado ao presidente no dia seguinte, Mtango advertiu que a agência teria que "arcar com as consequências" daquele ato hostil.[62] Sabedor de que o Acnur precisava que a Tanzânia mantivesse suas fronteiras abertas aos refugiados de outros países, Vieira de Mello concordou em não enviar a carta.[63]

O Acnur havia sido cúmplice desse repatriamento forçado, e tanto a agência como Vieira de Mello sofreram ataques. Grupos de direitos humanos especularam que o órgão simplesmente se dobrou aos caprichos de seus doadores maiores, que não fizeram segredo de seu desejo de ver os campos fechados. Desde o fim da Guerra Fria, o Acnur parecia ter internalizado a impaciência dos países hospedeiros e doadores, desejosos de apressar a repatriação. "O Acnur pode não ter conseguido deter a repatriação da Tanzânia", diz Gil Loescher, um especialista em refugiados que em 2003 iria se encontrar com Vieira de Mello no Iraque no dia do ataque ao centro de operações. "Mas deveria ter deixado claro que era contra, e devia ter divulgado o que a Tanzânia vinha planejando. Deveria ter usado sua influência junto aos governos doadores. E no mínimo não deveria ter sancionado a repatriação forçada." A Human Rights Watch acusou a agência de ter "vergonhosamente abandonado sua responsabilidade de proteger refugiados".[64]

Ogata estivera tão ansiosa quanto Vieira de Mello para livrar o Acnur do fantasma dos refugiados ruandeses. Porém, ao ver o preço que a agência vinha pagando pela repatriação desastrada, distanciou-se da operação e acusou Vieira de Mello. "O retorno dos refugiados da Tanzânia custou caro ao Acnur", ela diz. "Sergio conhecia bem a Tanzânia. Mas ao optar pelo menor dos males você pode cometer um erro. E não é só Sergio quem sofre as consequências. Sou eu também."

FIM DE JOGO

No Zaire, Kabila rompera todo o contato com a ONU depois que um inspetor de direitos humanos da Organização acusou seus rebeldes de cometer massacres. Na primavera de 1997, com o exército de Kabila aproximando-se de Kinshasa, era essencial que o Acnur restaurasse as relações com o homem aparentemente destinado a se tornar presidente do Zaire. Ogata pediu a Vieira de Mello que retornasse à região para tentar atrair o chefe guerreiro.

Quando conseguiu se reunir com Kabila pessoalmente pela primeira vez, as forças rebeldes encontravam-se a menos de cem quilômetros a leste de Kinshasa, e Mobutu estava prestes a se render. Em 12 de maio de 1997, ao chegar à base temporária de Kabila, Vieira de Mello foi informado de que teria que aguardar. Grandi, o funcionário italiano do Acnur que havia negociado a visita e sabia que seu chefe tinha uma agenda sobrecarregada, ficou desapontado. Pediu desculpas pela confusão. "Sem problema", Vieira de Mello disse. "Você mora na selva o tempo todo. Nós diplomatas burgueses de Genebra podemos suportar o desconforto ocasionalmente. Vamos esperar aqui até sermos chamados."

Ele aproveitou o atraso para se reunir com membros individuais do séquito de Kabila e tramar a estratégia. "Usarei minhas táticas costumeiras", revelou a Grandi. "Criarei um vínculo, logo de saída, contando para Kabila: 'Não sou norte-americano, não sou francês. Sou brasileiro, do Terceiro Mundo, como você'." Quando o líder rebelde enfim apareceu para a reunião no dia seguinte, Vieira de Mello fez o que planejou, explorando a linhagem compartilhada de Terceiro Mundo. "Sergio conseguia penetrar em todos os mundos possíveis.

Com Kabila, era um homem de uma ex-colônia pobre do mundo em desenvolvimento", recorda Grandi. "E com os diplomatas europeus, era o dignitário educado na Sorbonne."

Vieira de Mello disse para Kabila que esperava que ele e o Acnur "abandonassem a polêmica" e recomeçassem em bases novas a repatriação para Ruanda de todos os refugiados hútus remanescentes no Zaire. De forma típica, ele disse que, conquanto estivesse preocupado com os supostos massacres de Kabila, não via razão para constranger os rebeldes denunciando-os publicamente. Kabila ficou encantado. Disse a Vieira de Mello que estava "começando a se desesperar" com o Acnur, mas que a discussão entre eles o "encorajara". Quando os dois homens se despediram, Vieira de Mello desejou sorte nas negociações com Mobutu, marcadas para o dia seguinte. "Aquilo vai ser rápido", disse Kabila.[65]

De fato, Kabila levou sua rebelião de sete meses a um fim triunfante apenas cinco dias depois. Em 17 de maio de 1997, marchou com suas forças para dentro de Kinshasa, declarou o fim do domínio de quase 32 anos de Mobutu e anunciou o nascimento da República Democrática do Congo.[66] Os moradores de Kinshasa acorreram às ruas para saudar os rebeldes. Eles cantaram, gritaram saudações e acenaram com todos os objetos brancos que pudessem encontrar, em sinal de paz: bandeiras, papel, camisas, meias, até cadeiras de plástico. Mobutu voou aquela noite para o Marrocos, enquanto seus ministros fugiram às pressas de lancha através do rio Congo para Brazzaville, no Congo, carregando suas bagagens de grife.[67]

Em julho de 1997, cerca de 834 mil refugiados hútus que antes viviam em campos do Acnur haviam retornado a Ruanda. Sabia-se que 52 mil deles ainda viviam no Zaire e em países vizinhos. Isso significava que 213 mil refugiados que a certa altura residiam nos campos continuavam com destino ignorado. Supõe-se que a maioria foi morta em batalha ou massacres, ou morreu de doença, desidratação ou fome durante a fuga.[68] Era impossível saber quantos dos mortos eram assassinos e quantos eram civis sem nenhuma culpa pelo genocídio de 1994.

O vice-presidente ruandês Paul Kagame afirmou que não sentia remorso pelas mortes de civis hútus. "Acredito piamente que o pessoal das Nações Unidas está tentando lançar sobre nós a culpa por seus próprios fracassos", ele disse. "Sua falta de ação no leste do Zaire causou diretamente esses problemas, e quando as coisas estouraram do lado deles, nos culparam. Trata-se de pessoas que querem ser juízes e se consideram acima de qualquer julgamento."[69]

O governo ruandês foi brutal, sem dúvida. Foi mentiroso, sim. Mas, ao unir forças com Kabila, conseguiu destruir a Hutulândia hostil perto de sua fronteira, quando ninguém mais o faria.

De volta a Genebra, Vieira de Mello viu-se atacado pelos colegas em virtude das decisões que tomara em campo. Ele se defendeu dos críticos, explicando: "Não dá para se envolver em operações assim complicadas e esperar que tudo saia certinho". Ele e McNamara mais uma vez se desentenderam. "Sergio queria ser amigo de todos", McNamara recorda. "Mas nesse caso não podia ser amigo da Tanzânia e do governo norte-americano, que queriam forçar o retorno, e dos defensores dos direitos humanos, que queriam que todos os retornos fossem voluntários." Ele tinha que escolher um lado e, seu amigo recorda, "ficou do lado do poder". As batalhas acaloradas tiveram seu preço. "Já é difícil brigar com amigos profissionalmente", McNamara diz, "mas quando você briga com amigos sobre princípios, trata-se de algo especialmente difícil."

Vieira de Mello aproveitou uma reunião do conselho diretor da agência para se defender dos seus detratores. Seu lado filósofo emergiu em defesa do Acnur. "A voluntariedade se baseia na execução do livre-arbítrio — a liberdade é a base da vontade — e é disso precisamente que aquelas populações [de refugiados] foram privadas desde o genocídio." E encerrou suas observações em tom desafiador:

> Solicito, portanto, aos que nos criticam tão impulsivamente, inclusive amigos e instituições que respeitamos profundamente, aos que têm o privilégio da distância e da responsabilidade que ponham os eventos em sua cronologia e em seu contexto global, e não usem a memória de maneira seletiva [...] Ao que me consta, os nossos críticos não tiveram fórmulas melhores para oferecer. Você erra se agir, e, do mesmo jeito, erra se não agir! Esta, sr. presidente, é a frustração que muitos de nós sentimos.[70]

Ele estava desgastado. Antes acreditava que o Acnur deveria se manter apolítico, mas acabara se exasperando com sua dependência em relação a governos que evitavam, eles próprios, exercer a liderança política. Nunca vira a reputação da ONU tão desgastada pelo desempenho, ou a ajuda humanitária aos refugiados provocar efeitos colaterais tão perversos. "Será que Ruanda, o Zaire e a ONU estariam melhores se nunca tivéssemos posto os pés nesses campos?", Vieira de

Mello escreveu num artigo para um livro sobre operações de paz. Em casos em que inexistiam condições de segurança apropriadas, ele perguntou provocadoramente, "as agências humanitárias deveriam se recusar a intervir?"[71]

Quando jovem no Acnur, Vieira de Mello acreditara num ideal humanitário puro. Acreditara que as agências de ajuda humanitária podiam e deviam realizar missões para salvar vidas que fossem apolíticas, e que as tropas de paz podiam e deviam permanecer imparciais, evitando o uso da força. Mas a Bósnia e Ruanda ensinaram que, quando os trabalhadores de ajuda humanitária tentavam ser neutros, tornavam-se cúmplices de atos criminosos. Se a Bósnia havia exposto para Vieira de Mello as deficiências das operações de paz da ONU, as crises dos Grandes Lagos evidenciaram os limites da ajuda humanitária. Ele se convencera de que os dirigentes das Nações Unidas serviriam melhor os destituídos se conseguissem encontrar um meio de mobilizar o poder dos maiores países do mundo. Sua transformação, desde seus dias de estudante revolucionário, havia sido completa.

O que faltou às agências de ajuda humanitária da ONU na Bósnia não foram forros de plástico para substituir janelas no inverno, e sim determinação dos governos ocidentais de deter a agressão. O que lhes faltou nas crises do Zaire não foram tendas nem biscoitos ricos em proteínas, mas a disposição das grandes potências de enviar policiais ao Zaire para prender os *génocidaires*. Em suas declarações públicas, Vieira de Mello começou a exortar seus colegas a deixar de se esconder por trás de seus papéis supostamente apolíticos, humanitários. O caos dos Grandes Lagos mostrou que a vítima inocente era "muitas vezes um conceito fictício". Também exortou os dirigentes da ONU a aceitar o fato de que as "crises humanitárias são quase sempre crises políticas, que a ação humanitária tem sempre consequências políticas, tanto perceptíveis como reais". Já que todos os outros estão fazendo política com a ajuda humanitária, ele escreveu, "não podemos nos dar ao luxo de ser apolíticos".[72]

Vieira de Mello precisava encontrar um cargo político rapidamente. Desde o Líbano, estava de olho na sede da ONU em Nova York. Em novembro, os Estados Unidos vetaram a nomeação de Boutros-Ghali para um segundo mandato de secretário-geral. A votação foi de 14 a 1, e os dirigentes norte-americanos rapidamente tentaram apaziguar as nações africanas descontentes com a escolha de outro africano como o sétimo secretário-geral da ONU: Kofi Annan, o amigo e antigo colega de Vieira de Mello.[73] Este ficou empolgado. "Acredito que

Kofi conseguirá me levar para Nova York em algum momento", contou para Nakamitsu. "Estou pronto para fazer uma mudança."

Sua ligação com Ogata se tornara mais difícil. O ano que acabara de transcorrer foi o mais sombrio e desafiador da história do Acnur. O sofrimento dos refugiados e os dilemas das negociações a favor deles já não o envolviam como antes. Os problemas eram familiares demais, e as soluções não residiam em Genebra nem em campo, mas em Washington, Paris, Londres, Moscou e Pequim. "Somos tão mal informados", comentou com Griffiths. "Vamos a um lugar, não temos informações, não entendemos a política e não conseguimos identificar os pontos de alavancagem. Não sei por que estamos surpresos com o nosso fracasso atual em quase todas as frentes. Não conseguimos proteger refugiados, nem conseguimos proteger a reputação da ONU."

Sua vida pessoal também estava passando por mudanças. Laurent, seu filho de dezoito anos, ingressara na universidade em Lausanne, Suíça. E, quando Vieira de Mello retornou de seu posto nos Grandes Lagos, deu um passo que não dera antes: alugou seu próprio apartamento em Genebra. Embora não cogitasse solicitar a separação legal, desde os vinte e poucos anos não vivia uma vida tão semelhante à de solteiro.

Mas ele esperava pacientemente por uma chance. Suas ambições eram profissionais, e ele achava que vinha sendo desperdiçado onde estava. Vieira de Mello pensou que, se Annan o levasse a Nova York, para onde convergiam os líderes mundiais, poderia pressionar as grandes potências. No entanto os cargos políticos para uma pessoa de sua estatura eram limitados. Era óbvio que sua próxima promoção seria para o prestigioso nível hierárquico de subsecretário-geral, o equivalente hierárquico ao merecimento de sua segunda estrela. O sistema da ONU possuía apenas 21 dessas vagas.

Se a ascensão na ONU se baseasse estritamente no mérito, em 1997 Vieira de Mello estaria concorrendo a um dos vários cargos proeminentes da sede da Organização. Com todo o seu talento comprovado de negociação com governos, poderia ter sido nomeado subsecretário-geral de assuntos políticos. Ou, com sua vasta experiência em trabalhar com e dentro das missões de paz da ONU, poderia ter sido escolhido subsecretário-geral de operações de paz.

Contudo a ONU estava longe de ser uma meritocracia. O preenchimento dos cargos-chave de seu secretariado passava pelo crivo dos cinco países com assento permanente no Conselho de Segurança. Na década de 1990, o Departamento de Assuntos Políticos costumava ser atribuído a um britânico, o Departamento de Operações de Paz, a um francês, o Departamento de Administração e o Programa de Desenvolvimento da ONU, para norte-americanos, e o telecentro do Secretariado em Genebra era dirigido por um russo.[74] A China, o único membro permanente do Conselho de Segurança não consultado, ainda não reclamara por não estar devidamente representada.[75]

O único departamento da ONU em Nova York não reservado para uma nacionalidade específica era o pequeno Departamento de Assuntos Humanitários, sob o qual ele acabara de servir. Criado após a Guerra do Golfo para coordenar as atividades de ajuda humanitária emergencial da ONU, havia sido dirigido por um sueco, um dinamarquês, e mais recentemente por Akashi.

O Departamento de Assuntos Humanitários conseguira pouco em seus seis anos de existência. Os chefes das agências que deveria coordenar — o Acnur, o Programa Mundial de Alimentos e outras organizações de ajuda humanitária das Nações Unidas — não se entusiasmaram com aquele órgão, o qual viam como um estorvo. Ogata, que expandira drasticamente o orçamento e o alcance global do Acnur, resistia a abrir mão do feudo que adquirira.[76] Mas Vieira de Mello contou a Nakamitsu, que conhecia bem aquele departamento e o aconselhou a não aceitar o cargo, que o via como um "trampolim" para um cargo mais político em Nova York. "A atração principal é que estarei exposto ao Conselho de Segurança", ele disse.

Normalmente, ele relutava em fazer campanha em causa própria. "Não sou como Shashi", dizia aos colegas, referindo-se a Shashi Tharoor, um indiano com fama de convidar diplomatas poderosos para jantares regados a vinho. Vieira de Mello assombrou-se com o fato de, durante sua permanência na ONU, Tharoor também ter conseguido publicar quatro livros de não ficção, três romances, uma coletânea de contos e uma coletânea de ensaios.[77] Em 2006 a Índia o nomearia como seu candidato a secretário-geral, porém para Vieira de Mello era uma questão de orgulho que seu país natal não usasse de influência em seu favor. "Nunca pedi favores ao Brasil", gostava de dizer. Mas, nos últimos anos, impressionara tanto os embaixadores dos países ocidentais que conquistara seu apoio. Em novembro de 1997, Annan anunciou que Vieira de Mello assumiria o departamento como subsecretário-geral de assuntos humanitários.

A rápida ascensão de Vieira de Mello na ONU fez com que as pessoas, em uma análise retrospectiva, achassem que ele tinha uma ânsia maquiavélica pelo poder. Elas começaram a interpretar cada lance dele como prova de um plano sofisticado para chegar ao cargo máximo: secretário-geral da ONU. Vieira de Mello acalentara tal ambição no início da carreira, no entanto outros fatores se insinuaram em seu pensamento. "As pessoas achavam que Sergio tramava sua vida como num jogo de xadrez", recorda Fabrizio Hochschild, um britânico nascido no Chile, então com 32 anos, que sucedeu a Nakamitsu como seu assistente especial. "Só que ele não pensava a longo prazo. O que ele pensava era: 'Estou entediado agora. Está na hora de ir em frente. Aonde posso ir? O que posso aprender?'" Quando um colega em Genebra o congratulou pela promoção a subsecretário-geral, ele respondeu: "Grande coisa. Grande merda!". Mas um aspecto da mudança foi uma grande coisa. Depois de trabalhar por 28 anos no Acnur, do qual se afastou apenas duas vezes para servir em missões de paz no Líbano e na Bósnia, estava deixando sua nave-mãe para sempre.

Centenas de pessoas reuniram-se em sua festa de despedida em Genebra. Ele fez um breve discurso, em que disse: "Obtive muita coisa neste lugar. Espero que tenha dado algo em troca. Se tenho algum dom, é a consciência de minha fraqueza". Com Ogata de licença, seu substituto, Gerald Walzer, o presenteou com um colete blindado da ONU com sua singular cor azul-clara. "Você vai precisar disto para se proteger das punhaladas pelas costas em Nova York", Walzer disse. Um funcionário novato do Acnur perguntou a Vieira de Mello se ele tinha alguma recomendação para o pessoal jovem que aspirava a seguir seus passos. "Mantenham-se em campo", ele respondeu. "É isso aí. Foi assim que construí minha carreira. É isto que é relevante. Nada mais importa."

Ele manteria o colete blindado pendurado num cabideiro em seu escritório em Nova York.

PARTE II

*Vieira de Mello com o general
Michael Jackson* (centro) *em Kosovo.*

11. "Uma chance à guerra"

TORNANDO-SE UM BUROCRATA

Ao trabalhar na sede da ONU em Nova York pela primeira vez na sua carreira, Vieira de Mello às vezes se sentia esmagado por toda aquela papelada. Sua primeira aparição pública foi em 14 de novembro de 1997. Depois de apresentado pelo secretário-geral Annan à mídia como o novo subsecretário-geral para assuntos humanitários, responsável por coordenar todos os esforços humanitários do sistema das Nações Unidas, suas declarações foram atipicamente contidas: "Espero contribuir com minha modesta experiência de campo em operações humanitárias e de paz para o fortalecimento do órgão", ele disse. "Como as soluções aos problemas humanitários não podem ser humanitárias", continuou, pretendia obter o apoio de especialistas políticos, militares, em direitos humanos e em desenvolvimento econômico.

Na entrevista coletiva, permaneceu ao lado de Annan para responder às perguntas dos jornalistas. Mas a mídia tinha questões mais prementes em vista. O Congresso norte-americano, então controlado pelos republicanos, havia introduzido uma lei que teria concedido à ONU quase 1 bilhão de dólares, da dívida de 1,4 bilhão dos Estados Unidos em contribuições atrasadas.[1] Annan advertiu que a ONU não poderia apropriar-se de seu orçamento de operações de paz para cumprir suas obrigações ao redor do mundo.[2]

Porém o principal tema do dia foi aquele que definiria o mandato de Annan como secretário-geral: Iraque. Desde o final da Guerra do Golfo, em 1991, inspetores da ONU foram incumbidos de desmantelar os mísseis balísticos de longo alcance e os programas de armas químicas do Iraque. Mas, dois dias antes da entrevista coletiva, Saddam Hussein expulsara os inspetores de armas norte-americanos, e o governo Clinton reagira ameaçando bombardear o país. Indagado na entrevista coletiva se planejava evacuar o pessoal da ONU ali, Annan respondeu que ainda esperava que uma solução diplomática pudesse ser encontrada. "Definitivamente não colocaríamos o nosso pessoal em risco", ele disse. "E no momento em que sentirmos que a vida deles corre perigo, nós os retiraremos."[3]

Durante a permanência de Vieira de Mello no Acnur, seus colegas se dividiam *grosso modo* em dois lados. Num deles estavam os "fundamentalistas" dos direitos, como Dennis McNamara, que acreditavam que o direito dos refugiados permitia poucas concessões aos governos. Do outro estavam os "pragmatistas", como ele, que estavam preparados para fechar acordos que apaziguassem os poderosos, na crença de que tais concessões serviriam aos interesses civis de longo prazo. Como de modo geral não conseguira persuadir os fundamentalistas do Acnur a respeito de seus pontos de vista, Vieira de Mello havia sido duramente criticado e estava contente, em 1997, em partir para um lugar novo.

Mas, assim que chegou ao intensamente pragmático Secretariado da ONU, em Nova York, sentiu nostalgia pelo que havia deixado para trás. Os países da Assembleia Geral das Nações Unidas criaram o Acnur em 1951 como um escritório diferente da ONU como um todo. Por arrecadar os próprios recursos e responder a um conselho diretor próprio, a agência desfrutava um alto grau de autonomia. Já os altos funcionários da sede da ONU sabiam que seus salários eram pagos pelas contribuições anuais dos Estados membros das Nações Unidas. Enquanto os funcionários do Acnur viam a si mesmos como servidores dos refugiados, os funcionários da ONU no Secretariado se viam como servidores dos governos. "Existe a ONU que se reúne e a ONU que faz", seu colega do Acnur Nicholas Morris lhe contou. "Agora você está ingressando na ONU que se reúne."

Kofi Annan havia sido eleito secretário-geral no ano anterior, com o compromisso não só de promover reformas profundas na ONU como também de atender às exigências dos senadores republicanos Jesse Helms e Bob Dole de reduzir o inchaço da Organização. Ao anunciar seus planos, Annan prometeu que as mudanças propostas eram as "reformas mais amplas e abrangentes dos 52 anos da história da Organização".[4] Um dos primeiros alvos do seu bisturi era o órgão da ONU que Vieira de Mello fora designado para dirigir.

Annan incumbiu Vieira de Mello de rebaixar o Departamento de Assuntos Humanitários para um Escritório de Coordenação de Assuntos Humanitários menor (conhecido, em inglês, pela sigla Ocha). O brasileiro atendeu ao pedido e reestruturou o escritório. Como preferia a experiência de campo aos serviços burocráticos, preencheu as vagas tomando emprestados funcionários das agências de campo humanitárias. Joe Connor, o subsecretário-geral de administração, responsável por aprovar quaisquer mudanças estruturais, não levantou objeções. Mas, quando Vieira de Mello enviou uma versão por escrito de seu plano de reestruturação ao escritório de Annan, Connor convocou seu colega. Connor e sua equipe se postaram de um lado da mesa, enquanto Vieira de Mello e seus auxiliares mais próximos se amontoaram do outro. No que Sergio viu como um puxão de orelhas, Connor explicou que Nova York não era Genebra. A sede da ONU não era o Acnur, e ele evitaria grandes incômodos para si e para a ONU se redigisse seus planos e recebesse autorização formal antes de enviar qualquer coisa ao secretário-geral. Vieira de Mello ficou tão furioso que nem conseguia falar. Bateu com a perna sob a mesa e não fez nenhuma anotação. Assim que retornou ao seu escritório, teve uma explosão de raiva, dizendo a Fabrizio Hochschild, seu assistente especial: "Quem eles acham que eu sou? Alguma criancinha humanitária ignorante que não conhece os hábitos civilizados dos adultos em Nova York?".

Como detestava ser impopular, ele era a pessoa errada para cuidar do enxugamento de um escritório. Como um homem de campo, acostumado a se virar com pouquíssimas pessoas à sua volta, examinou os cargos dentro de seu departamento e se perguntou: "Que diabo toda essa gente faz todos os dias?". Ele reduziu a equipe pela metade, naturalmente desmoralizando as chefias que o antecederam.

Porém, a hostilidade de seus subordinados imediatos não era nada comparada com aquela das agências poderosas da ONU que o Ocha deveria coordenar. Os chefes das agências vinham às reuniões mais para proteger os próprios interesses do que para desenvolver estratégias comuns. Hochschild recorda: "A atitude entre as agências em relação a Sergio então era: 'Você pode fingir que nos coordena se quiser, mas vamos continuar a fazer o que já estamos fazendo, e passe bem'". Vieira de Mello sabia que carecia da única coisa que poderia ajudar a obter cooperação: dinheiro. Na verdade, não dispunha de nenhum orçamento operacional.

Ele estava péssimo. Pela primeira vez na longa carreira, as guerras que passava os dias travando estavam a milhares de quilômetros de qualquer campo de batalha ou de refugiados. Tinha que desperdiçar sua simpatia com burocratas trituradores de números, em vez de com líderes guerreiros. E, embora sempre achasse a burocracia do Acnur cansativa, nunca teve que preencher tantos formulários como na sede. Um homem cujo maior patrimônio era seu carisma estava reduzido a fazer seus apelos no papel — a serviço não da ação, e sim da mera coordenação. "Não sei ao certo se acredito no que estamos fazendo", confessou a um auxiliar. "Precisamos realmente deste lugar?"

Uma vez completada a reestruturação do Ocha, Sergio começou a fazer o que sempre havia feito. Em vez de se dobrar a hierarquias fixas, identificou e contou com aqueles capazes de dar conta do serviço, excluindo em grande parte os que considerava pesos mortos. Gravitavam à sua volta aqueles em quem confiava; numa órbita mais distante, aqueles que respeitava; e no círculo mais distante, aqueles que julgava medíocres. O pessoal mais jovem acorria para ele. "Os jovens da sede o seguiam como se fosse o flautista de Hamelin", recorda John Ruggie, um secretário-geral auxiliar.

Annie permanecera na Europa com Laurent e Adrien, respectivamente com dezenove e dezessete anos. Laurent cursava a faculdade em Lausanne, enquanto Adrien ingressaria na universidade em Lyon, na França. Vieira de Mello comprou um apartamento para si no complexo Manhattan Place, na First Avenue, entre as ruas East 36 e 37.

A portaria do prédio era de mármore, com um porteiro de luvas brancas. O apartamento de sala e dois quartos, conquanto meio sem graça, no estilo dos anos 1970 e cheio de espelhos, oferecia uma vista deslumbrante de 180 graus dos edifícios de Nova York, de East River até as torres do World Trade Center na ponta sul de Manhattan. Ele adorou a vista e o fato de enfim dispor de sua própria base permanente.

Desde longa data, era um apreciador de vinhos, boa comida, música e artes. Mas em Nova York, a capital cultural do mundo, permaneceu em "modalidade de missão". Com exceção do *jogging* várias vezes por semana no Central Park, sua rotina era indistinguível daquela no remoto sul do Líbano. Permanecia no escritório até mais tarde do que quase todos os colegas da equipe, e parecia perfeitamente satisfeito à noite como um dos únicos altos funcionários de todo o sistema da ONU que liam todos os telegramas codificados vindos da linha de frente. Nas ocasiões em que aproveitou as atrações culinárias ou culturais de Nova York, foi com amigos da ONU, raramente transcendendo seu círculo de trabalho. "Para Sergio nunca houve uma divisão clara entre sua vida pessoal e sua vida profissional", recorda Hochschild. "Não havia algo como 'após o expediente'."

A cada dia que passava em Nova York, mais diminuía seu apetite pelas tarefas de administração. No final de 1998, havia delegado grande parte da escrituração e da coordenação a Martin Griffiths, seu auxiliar ao qual apelidara de "o primeiro e único Martin Griffiths". As batalhas burocráticas eram chatas e degradantes e consumiam tempo. "Sergio tinha uma paciência infinita para qualquer outra coisa", diz Hochschild, "mas nenhuma para a administração."

Contudo, algumas atribuições eram sob medida para Vieira de Mello: diplomacia, reflexão sobre o quadro geral e manifestações favoráveis a civis ameaçados. Nas inúmeras visitas a embaixadores com assentos no Conselho de Segurança, enquadrou os problemas numa linguagem que pudessem entender — falando as suas línguas e associando os desastres naturais, os fluxos de refugiados e as guerras civis a crises que cada país tinha sofrido. Sabia que, quanto mais confiassem nele, mais recursos conseguiria extrair nas emergências. Entretanto, havia certos limites que Vieira de Mello não transpunha: desprezava recepções diplomáticas e fazia questão de evitá-las.

Uma das poucas pessoas que Vieira de Mello não conseguiu cortejar foi o subsecretário-geral para assuntos políticos Kieran Prendergast, um ex-embaixador britânico nomeado cavaleiro.[5] Prendergast achou o charme de Vieira de Mello "forçado" e sua personalidade geral "obsequiosa". E o brasileiro não aturava o fato de Prendergast antepor ao seu nome um "Sir" em sua correspondência da ONU, que julgava uma mensagem de divisão de classes inadequada ao ideal igualitário das Nações Unidas. Os dois homens com frequência brigavam por minúcias. Em uma ocasião, Vieira de Mello argumentou que o termo "hegemônico" deveria ser usado num discurso público para descrever os Estados Unidos. Prendergast retrucou, com seu sotaque britânico elegante, que a palavra possuía conotações pejorativas. Vieira de Mello acreditava que o termo descrevia com neutralidade a predominância norte-americana e telefonou para Prendergast naquele mesmo dia para informar, empolgado, que o *Oxford English Dictionary* realmente definia a palavra inglesa *hegemon* como "liderança, predominância, preponderância". Prendergast não se deixou convencer. "Sou um falante nativo do inglês", respondeu friamente. "Você terá que confiar em mim."

Vieira de Mello tivera a esperança de que, baseado em Nova York, arranjaria tempo para as atividades intelectuais. Reservou duas ou três horas todas as manhãs para pôr em dia suas leituras. Mas esses horários costumavam ser invadidos por reuniões inevitáveis ou pela chegada inesperada de um velho conhecido, de lugares tão distantes quanto Moçambique ou Mongólia, para quem sempre arrumava tempo. Mesmo assim, conseguia oferecer orientação filosófica sobre desafios intelectuais e morais problemáticos a altos funcionários da ONU que não dispunham do tempo precioso para refletir. Para os não especialistas, ação humanitária e direitos humanos soavam como sinônimos ou, no mínimo, como complementos. Porém ele sabia que, no mundo real, alimentar pessoas era, muitas vezes, incompatível com a liberdade de expressão. "Como podemos conciliar a necessidade de acesso humanitário, e, portanto, de cautela, com a necessidade — às vezes a obrigação — de direitos humanos?", ele perguntou a um grupo de diplomatas de países doadores em Genebra, sem dúvida com os eventos do Zaire e da Tanzânia em mente. "Em face de abusos brutais dos direitos humanos, quando as agências humanitárias devem se retirar? O denominado 'imperativo humanitário' possui limites?" Os trabalhadores de ajuda humanitária costumavam ser tão reativos que podiam parecer antiprofissionais. "Em cada situação, temos de inventar um conjunto novo de regras básicas", argumentou. "O que, por sua vez, tem levado a acusações de que somos incoerentes e promovemos padrões diferentes em situações diferentes."[6] Quando expunha essas questões fundamentais, soava quase constrangido por ter introduzido teoria na prática. "Tornei-me um tanto abstrato", contou aos diplomatas na reunião, "um sintoma de que o distanciamento em Nova York está começando a agir sobre mim!"[7] Mas, se não encontrasse princípios para guiar a ação humanitária, temia que as organizações de ajuda que seu escritório coordenava continuariam a ser empurradas de uma crise para outra.

Ele se destacava ao servir em Nova York como emissário de povos e regiões conflagradas. Ninguém no sistema da ONU era mais persuasivo sobre a importância moral e estratégica de um lugar ou uma causa. Em novembro de 1998, Vieira de Mello visitou os países da América Central (El Salvador, Honduras, Nicarágua e Guatemala) que haviam sido devastados pelo furacão Mitch. Em dezembro, viajou à Coreia do Norte e, ao retornar, lançou um apelo por 260 milhões de dólares em ajuda alimentar da ONU. Os funcionários das Nações Unidas que o acompanhavam nas várias viagens ficavam boquiabertos com a facilidade com que ele recitava os nomes de autoridades de uma província chinesa rural ou da obscura república russa de Ingushétia, pronunciando cada nome como se morasse por lá. Sua memória era fotográfica. Porém, por mais convincentes que fossem suas apresentações, os doadores mostravam pouco interesse em contribuir. Após visitar a Ucrânia, por exemplo, tentou chamar a atenção para as necessidades dos sobreviventes de Chernobyl, mas seu escritório arrecadou apenas 1,5 milhão de dólares dos 100 milhões que solicitara.[8]

AFEGANISTÃO: "A ARMADILHA HUMANITÁRIA"

O Afeganistão foi seu desafio mais difícil. Ele visitara o país logo depois de se mudar para Nova York. Um terremoto havia matado 4500 afegãos e desalojado mais 30 mil, aumentando ainda mais a pobreza e a crueldade num país que enfrentara dezenove anos de guerra. "Em meus 28 anos na ONU, vi poucos lugares que reúnem tantas condições aterradoras como o Afeganistão", contou à imprensa. "Cabul me pareceu uma imensa Sarajevo. Há razões de sobra para se sentir indignado."[9]

Desde que o Talibã assumira o poder, em setembro de 1996, o país se tornara o que ele denominou "o lugar mais difícil do mundo para trabalhar".[10] Os líderes talibãs afirmaram que não aceitariam a ajuda humanitária da ONU se a Organização a entregasse diretamente a mulheres. Como o coordenador nominal das agências humanitárias, Vieira de Mello teve de decidir se a discriminação do Talibã deveria ser aceita, quando tinha certeza de que a suspensão da ajuda por questões de princípios iria, em suas palavras, "sentenciar populações civis à morte ou a um sofrimento maior".[11] Indagado por um repórter se as mulheres ainda tinham acesso à ajuda humanitária, ele respondeu: "Sim. Mas, se você me perguntar se elas têm acesso a uma série de coisas mais importantes do que a ajuda alimentar imediata para a sobrevivência, como educação, trabalho, serviços de saúde pública e o exercício da medicina, onde as mulheres antes constituíam a maioria, a resposta é não. Ou melhor, elas têm um acesso limitadíssimo, em um grau inaceitável e revoltante".[12]

Como costumava fazer, escolheu o caminho da negociação. Tratou os talibãs como protagonistas racionais; encontrou-se com eles em Cabul e criou o que denominou "um teste de sinceridade". Para receberem a ajuda da ONU, teriam de permitir a construção de cinco escolas para meninas, além de cinco para meninos.[13] Mas, ao retornar a Nova York, recebeu uma carta do Talibã informando que não tinham a intenção de educar meninas e que funcionárias estrangeiras da ONU não poderiam mais trabalhar no país, a não ser acompanhadas por seus parentes do sexo masculino. Previsivelmente, o Talibã foi reprovado no seu teste da sinceridade.

Vieira de Mello protestou contra os regulamentos novos, mas também instou as agências da ONU a enviar mulheres muçulmanas em substituição às não muçulmanas, na esperança de melhorar o relacionamento. Os talibãs simplesmente ficaram mais ousados. Em 23 de março de 1998, o governador talibã de Kandahar deu um tapa no rosto do chefe localmente contratado de uma agência das Nações Unidas. O governador já havia batido num funcionário do Comitê Internacional da Cruz Vermelha e atirado uma garrafa térmica num coordenador regional da ONU. Vieira de Mello sentiu que não tinha saída senão recomendar que a Organização retirasse sua equipe internacional de Kandahar e suspendesse seus programas humanitários no sul do Afeganistão.

No entanto ele continuou se curvando ao imperativo humanitário. Pouco depois do tapa na cara, apelou às agências da ONU que retornassem à região. Em pouco tempo, a maioria do pessoal evacuado recomeçou as entregas de ajuda humanitária. Por mais obstáculos que o Talibã criasse, os grupos de ajuda exibiram a mesma atitude demonstrada perante os sérvios ou os hútus ruandeses: acreditavam que seu dever básico era fornecer alimentos, remédios e serviços educacionais aos civis. Estavam dispostos a engolir muitos sapos para prosseguir com a ajuda. Vieira de Mello passara a chamar aquilo de "armadilha humanitária". Em maio de 1998, quando Griffiths ajudou a negociar um memorando de 23 pontos de entendimento entre a ONU e o Talibã, grupos de direitos humanos denunciaram as Nações Unidas por aceitar as regras dos talibãs. "O aval da ONU às restrições do Talibã aos direitos básicos das mulheres de educação e assistência médica", afirmou a ONG Médicos pelos Direitos Humanos num comunicado à imprensa, "é uma traição aos padrões de direitos humanos internacionais e à população feminina do Afeganistão."[14]

Com um regime tão brutal e instável como o Talibã, qualquer "entendimento" estava fadado a ser temporário. No mês seguinte, todos os grupos privados de ajuda humanitária foram obrigados a reunir seus trabalhadores num prédio caindo aos pedaços em Cabul, onde dali em diante poderiam ser mais facilmente controlados. Mais de duzentos estrangeiros de 38 organizações humanitárias deixaram o Afeganistão em protesto, forçando a suspensão de três quartos da ajuda internacional ao país.

Com o apoio de Vieira de Mello, grandes agências da ONU, como o Programa de Alimentação Mundial e o Programa de Desenvolvimento das Nações Unidas, persistiram. Mas a segurança continuou a se deteriorar. Em 13 de julho, dois funcionários locais da ONU foram sequestrados no leste do Afeganistão e encontrados enforcados uma semana depois. E em 20 de agosto, as tensões aumentaram quando os Estados Unidos retaliaram os ataques da Al-Qaeda às embaixadas norte-americanas do Quênia e da Tanzânia com o lançamento de mísseis cruise num campo de treinamento de terroristas no leste do Afeganistão que supostamente estaria abrigando Osama bin Laden.[15] No dia seguinte, um funcionário francês da ONU levou um tiro no rosto e um oficial militar italiano, também da Organização, levou um tiro fatal ao dirigir um veículo em Cabul.

Nos sete meses seguintes, as agências da ONU permaneceram fora do Afeganistão, mas Vieira de Mello manteve o contato com os líderes talibãs. Inicialmente, informou-lhes que as Nações Unidas não retornariam sem que as mortes de seus funcionários fossem investigadas e punidas. Em março de 1999, contudo, sob pressão dos países doadores e dos próprios grupos de ajuda humanitária, afirmou que o Talibã realizara um "esforço satisfatório e coordenado" para investigar os assassinatos e que as condições de segurança no país permitiam o retorno gradual da ONU.

Nem ele, nem os governos poderosos pareciam perceber a gravidade da crise que se formava no Afeganistão. Ele comunicou ao Talibã seus temores de que Bin Laden atacasse o pessoal da ONU, mas os líderes talibãs o persuadiram de que tinham a Al-Qaeda sob controle. "Levantamos o problema de Osama bin Laden com a liderança talibã", Vieira de Mello informou aos repórteres no dia em que anunciou o retorno da ONU. E, de modo pouco convincente, disse que eles haviam "garantido" que Bin Laden não estava "acima da lei" e que não deixariam que ele "pusesse em risco a vida do pessoal internacional das agências humanitárias".[16] Num sinal de sua capacidade de ouvir o que queria ouvir, acreditou nas palavras deles.

"TOMANDO PARTIDO"

Vieira de Mello entendia melhor do que a maioria os riscos enfrentados pelos trabalhadores de ajuda humanitária na linha de frente. Cerca de cinquenta deles haviam sido mortos em 1998, enquanto 64 viriam a morrer em 1999.[17] Em quase todas as suas aparições públicas, tentou soar o alarme sobre o perigo crescente que o pessoal de ajuda humanitária corria. Na nova era bélica, em que proliferavam forças armadas irregulares, trabalhadores de ajuda humanitária eram considerados, cada vez mais, alvos valiosos. "Os fornecedores de comida são automaticamente vistos como se tomassem partido", ele disse. "Quem ajuda as vítimas de um lado está fadado a ser acusado pelo outro lado de apoiar o inimigo." Vieira de Mello observou que, "pela primeira vez em nossa história, é mais perigoso ser um trabalhador de ajuda humanitária desarmado do que um soldado armado em missão de pacificação."[18] Acreditando que o melhor que podia fazer era pressionar por leis capazes de dissuadir os ataques, argumentou que o novo Tribunal Penal Internacional deveria punir como crimes de guerra os atentados ao pessoal de ajuda humanitária.[19]

O que o enfurecia era que, justo na época em que os trabalhadores de ajuda humanitária corriam riscos crescentes, vinham sendo cada vez mais acusados de ineficácia. Ele defendeu o trabalho de seus colegas na linha de frente que não estavam em situação de fazê-lo. Em 1999, o acadêmico Edward Luttwak publicou um artigo influente na *Foreign Affairs* intitulado "Dar uma chance à guerra", em que argumentava que os trabalhadores de ajuda humanitária e os negociadores da paz prolongavam guerras que só terminariam definitivamente se fosse "permitido que seguissem seu curso natural". "As elites políticas", Luttwak escreveu, "deveriam resistir ativamente ao impulso emocional de intervir nas guerras das outras pessoas — não por indiferença ao sofrimento humano, mas precisamente por se importarem com ele."[20]

Vieira de Mello escreveu uma carta acalorada ao editor, criticando a "compilação simplista de argumentos velhos e conclusões erradas" de Luttwak.[21] Ele culpou o acadêmico por seu "quadro uniforme da guerra". Como poucos conflitos se confinavam, de forma ordenada, às fronteiras nacionais, Vieira de Mello argumentou, virar as costas à violência muitas vezes resultaria em conflitos regionais maiores e mais violentos. Além disso, como tantos governos e movimentos rebeldes se beneficiavam da guerra, sentiam-se incentivados a prolongar o conflito. Eles não precisavam de nenhuma ajuda de trabalhadores de ajuda humanitária. Embora reconhecesse que a ação humanitária podia, às vezes, ter consequências perversas, escreveu que "negar totalmente a ajuda não é apenas nocivo, é impensável".[22] Observou que em geral valorizava comentários críticos, mas achava inúteis tais "relatos supersimplificados, totalmente distantes das complexidades da guerra real, e afirmações genéricas que levam à imobilidade".[23]

Claro que, após sua atuação na Bósnia e no Zaire, Vieira de Mello tinha suas próprias preocupações com a ação humanitária e sua capacidade de causar danos involuntários. Porém achava a tendência dos trabalhadores humanitários de prestar ajuda de maneira automática e ilimitada um perigo menor do que a tendência dos países ricos de virar as costas às crises humanitárias. A maior falha do sistema da ONU era que os governos se diziam, da boca para fora, comprometidos com a Carta das Nações Unidas, sem contudo estar preparados para tomar as medidas necessárias de patrulhamento global. "Existem atualmente mais instrumentos e mecanismos internacionais para controlar a produção e o comércio ilícitos de CDs do que de armas leves", observou.[24] Enquanto os países só levassem em conta seus interesses no curto prazo, restaria à ONU e às outras organizações humanitárias administrar os sintomas violentos da desigualdade, da fúria e do terror.

No início de janeiro de 1999, quando já trabalhava havia um ano na sede da ONU, Vieira de Mello quase deixou a Organização. O *Washington Post* e o *Boston Globe* publicaram uma matéria alegando que diversos inspetores de armas da ONU no Iraque (a equipe incluía nove norte-americanos, oito britânicos, um russo e um australiano) passaram informações estratégicas ao governo Clinton. As informações facilitaram o bombardeio por Washington de alvos supostamente ligados ao desenvolvimento, pelo Iraque, de armas de destruição em massa. O escândalo mostrou quão entrelaçadas poderiam se tornar as redes de lealdade governamentais e intergovernamentais. Os inspetores haviam ingressado na ONU após trabalhar para seus serviços secretos nacionais. "Quando pedimos pessoal de não proliferação, de onde eles vêm?", Charles Duelfer, um inspetor norte-americano veterano da equipe, teria dito. "A Cruz Vermelha não dispõe de especialistas em armas químicas."[25] Mas os inspetores foram admitidos no Iraque somente porque atuavam sob a bandeira da ONU — não a norte-americana ou a britânica. Os inspetores assinavam juramentos de lealdade quando ingressavam na ONU, com a promessa de nunca revelar suas descobertas aos respectivos governos ou ao público.[26] Embora estivessem no Iraque em missão de paz da ONU, pareciam ter facilitado a guerra norte-americana.

Vieira de Mello telefonou para Omar Bakhet após a meia-noite de uma sexta-feira, dois dias depois do vazamento daquela história. "Sergio, você não parece bem", disse Bakhet, que havia sido designado para Nova York após Ruanda.

"Algo terrível aconteceu", disse Vieira de Mello. "Você pode se encontrar comigo de manhã?"

Os dois homens encontraram-se no dia seguinte numa Starbucks em Manhattan, no centro da cidade. Quando Vieira de Mello surgiu de olhos turvos e com a barba por fazer, Bakhet exclamou: "Sergio, nunca imaginei que chegaria o dia em que eu poderia dizer isto a você, mas você está com um aspecto horrível".

Vieira de Mello ignorou o amigo e lhe estendeu um exemplar do *Washington Post*. "Isto é inaceitável. Manchará a imagem da ONU por toda parte", ele disse. "Acho que tenho que renunciar."

Bakhet olhou para a matéria de capa e de volta para o amigo. "Você não está realmente surpreso com o fato de que os americanos estejam usando a ONU como fachada, está?", Bakhet perguntou.

"Omar, as Nações Unidas estão *espionando* para os Estados Unidos", exclamou Vieira de Mello. "Espionando! Renunciamos completamente à nossa independência, nossa imparcialidade, nossa neutralidade. E, sem nossos princípios, não temos nada. Nada!"

Bakhet fez um sinal negativo com a cabeça e disse: "O que me surpreende, Sergio, é sua ingenuidade".

Vieira de Mello interrompeu-o: "Não estou falando com você ingenuamente. No minuto em que nos tornamos um instrumento, no minuto em que espionamos para os governos, perdemos tudo o que temos a oferecer".

"Mas, Sergio", Bakhet disse, "você, mais do que qualquer um, conhece a influência dos Estados Unidos."

Vieira de Mello voltou a interrompê-lo. "Influência, sim", ele disse, "mas submissão total, não."

Somente após vários cafés expressos ele concordou em deixar o fim de semana passar antes de redigir a carta de renúncia. No dia seguinte, acalmou-se e começou a debater medidas mais brandas, como humilhar abertamente, quando viesse à sede da ONU, Richard Butler, o chefe da equipe de inspetores supostamente responsável pelos vazamentos. Hochschild, seu auxiliar, concordou que algum tipo de repreensão pública seria necessário, mas ficou espantado quando viu Vieira de Mello cumprimentar Butler, em sua próxima vinda, como se nada tivesse acontecido. Por maior que fosse sua indignação, Hochschild observou, Vieira de Mello continuava relutando em fazer inimigos.

KOSOVO: "A OTAN NÃO ESTÁ TRAVANDO UMA GUERRA"

Quando morou nos Bálcãs no início da década de 1990, Vieira de Mello se recusou a transformar em inimigo o próprio presidente sérvio Slobodan Milošević, que, à semelhança de Saddam Hussein, atormentara seus cidadãos por mais de uma década. Milošević havia sido neutralizado, mas não deposto pela força militar ocidental na Bósnia em 1995. No decorrer de 1998, o primeiro ano de Vieira de Mello em Nova York, a polícia e os paramilitares de Milošević reagiram a uma rebelião na província sérvia de Kosovo, aumentando seus ataques aos albaneses étnicos, que constituíam 90% da população de 2 milhões.*

No outono de 1998, uma força de guerrilha conhecida como Exército de Libertação do Kosovo (ELK) também intensificara os ataques a policiais sérvios e outras autoridades sérvias na esperança de expulsá-los da província. Os sérvios retaliaram, com a expulsão de cerca de 230 mil albaneses de Kosovo de suas casas e o assassinato de setecentos civis. Em setembro, o Conselho de Segurança da ONU não só aprovou uma resolução exigindo que os sérvios cessassem seus ataques aos albaneses étnicos e retirassem suas forças de Kosovo como também autorizou o envio de monitores internacionais. Mas, apesar da resolução e da presença de

---

* A Constituição de 1974 da Iugoslávia concedeu à província de Kosovo poderes de autogestão comparáveis aos da Sérvia e das outras cinco repúblicas do país. Em 1989, porém, Milošević privou a província de sua autonomia, colocando-a sob jurisdição sérvia. Para maior clareza, farei referência a "Kosovo" e "Sérvia" como se fossem entidades geográficas separadas, quando de fato Kosovo era uma província dentro da Sérvia.

monitores, no mês de dezembro pistoleiros sérvios recomeçaram a queimar casas e expulsar civis. Em 15 de janeiro de 1999, forças paramilitares sérvias assassinaram 45 albaneses de Kosovo na cidade de Racak. Como a Otan já havia posto sua reputação em risco na região — aproximadamente 33 mil soldados da aliança ainda estavam patrulhando a paz na vizinha Bósnia —, os líderes ocidentais acreditaram que a ousadia sérvia vinha fazendo com que a aliança parecesse fraca, e começaram a cogitar o emprego de força militar contra os sérvios.

Em fevereiro de 1999, diplomatas dos Estados Unidos, da Europa e da Rússia reuniram líderes kosovares e sérvios no castelo francês de Rambouillet e apresentaram um plano, que era aceitar ou largar, que manteria Kosovo dentro da Sérvia, mas concedia poderes inéditos de autogestão. Previa também a mobilização de uma força da Otan para dissuadir a violência e fazer vigorar o acordo. Após certa demora, os kosovares albaneses aceitaram o plano, porém os sérvios se retiraram das negociações. Nesse ínterim, 40 mil soldados sérvios, um terço das Forças Armadas totais da Sérvia, se concentraram dentro e em torno de Kosovo.

Richard Holbrooke, o enviado do governo Clinton aos Bálcãs, viajou à capital da Sérvia, Belgrado, para informar Milošević de que, se não aceitasse o acordo de Rambouillet, teria de enfrentar os bombardeios da Otan. Como os sérvios não fizessem nenhuma concessão, em 23 de março ele deixou Belgrado. Kofi Annan retirou os trabalhadores de ajuda humanitária da ONU de Kosovo no mesmo dia. O palco estava armado para a guerra — e para o maior desafio à Carta da ONU desde o final da Guerra Fria.

Em 24 de março de 1999, a aliança começou a bombardear a Sérvia. O secretário-geral da Otan, Javier Solana, insistiu que, a despeito das aparências contrárias, a ação da Otan não era especialmente agressiva. "Serei claro", ele disse, enquanto mísseis cruise eram despejados na Sérvia. "A Otan não está travando guerra contra a Iugoslávia."[27]

O Conselho de Segurança da ONU não havia autorizado a ação da Otan. Os Estados Unidos e o Reino Unido não apresentaram uma resolução ao Conselho porque Rússia e China, dois de seus cinco membros permanentes, evidenciaram a intenção de vetá-la. E, de acordo com a Carta da ONU, o Conselho de Segurança era o único órgão com poder para determinar se os ataques de Milošević aos albaneses étnicos constituíam uma "ameaça à paz e à segurança internacional" grave o bastante para justificar a ação militar coletiva. O Conselho havia autorizado a Guerra do Golfo, liderada pelos Estados Unidos em 1991, e o exer-

266

cício humanitário norte-americano na Somália, além de ter criado as "áreas de segurança" da ONU na Bósnia, recorrendo à Otan para protegê-las. Vieira de Mello acreditava realmente na supremacia do Conselho de Segurança, que, segundo ele, tinha a "responsabilidade central e única" por manter a paz.[28] Mas subitamente seu respeito pela Carta entrou em conflito com sua determinação em impedir as atrocidades.

Nenhum país gosta de ser visto como infrator da lei — mesmo uma lei tão nebulosa quanto o direito internacional —, e as autoridades norte-americanas e britânicas argumentaram que o Conselho de Segurança já havia, efetivamente, autorizado a guerra mediante uma resolução aprovada em setembro último. Sandy Berger, o conselheiro de Segurança Nacional de Clinton, também invocou o consenso dentro da Otan, dizendo: "Temos dezenove membros na Otan, todos democracias, que autorizaram esta ação".[29] No entanto, as autoridades ocidentais não puderam mascarar a realidade de que uma operação militar de porte estava em curso sem a bênção do Conselho de Segurança.[30]

Tendo travado conhecimento com Milošević cinco anos antes, Vieira de Mello sabia bem a brutalidade de que era capaz o homem forte sérvio. Tampouco se opunha, em princípio, ao emprego da força. Sergio tornara-se um homem diferente do funcionário público que, na Bósnia, examinava meticulosamente as resoluções do Conselho como um exegeta talmúdico. Depois de Ruanda e Srebrenica, ele relutantemente chegara à conclusão de que a ação militar por motivos humanitários, embora nunca desejável, às vezes se fazia necessária. Quando a ONU deixava de agir, não eram apenas as vítimas de massacres que sofriam; era a credibilidade das Nações Unidas como um todo.

Vieira de Mello entendia que a Rússia e a China raramente apoiariam uma ação militar com fins humanitários. Países que cometiam graves abusos contra os direitos humanos em casa tinham muito a perder. Durante a década de 1990, os dois países invocaram regularmente a soberania como justificativa para impedir discussões de crimes cometidos por governos. Somente quando as potências ocidentais inequivocamente se uniam, e aplicavam uma pressão diplomática e financeira coletiva, Rússia e China se emendavam, como na Guerra do Golfo Pérsico ou na decisão tardia de agir militarmente na Bósnia. Mas Vieira de Mello sabia que surgiriam ocasiões em que nem toda a unidade e a diplomacia ocidentais no mundo mudariam os pontos de vista dessas duas nações. Em tais circunstâncias, ele estava preparado para admitir que emergências especiais poderiam requerer uma "coalizão dos países dispostos", a fim de contornar o Conselho paralisado. Em casos raros, a urgência e a legitimidade da causa poderiam justificar a ilegalidade dos procedimentos.

Entretanto, ele ainda não tinha decidido se as circunstâncias na ex-Iugoslávia, em março de 1999, se enquadravam nesses casos especiais. Ele temia que, se a Otan travasse uma guerra sem a bênção do Conselho de Segurança, outros países acabariam por considerar as cláusulas da Carta da ONU como opcionais. E revelou seus temores a Nancy Soderberg, a embaixadora em exercício do governo Clinton na ONU. "Dispomos do maquinário internacional para deter os abusos dos sérvios", ele disse. "Simplesmente precisamos dar ao maquinário tempo para funcionar. Por que a pressa em bombardear?" Soderberg, falando em nome do governo Clinton e dos kosovares, replicou: "Sergio, Milošević vem matando albaneses há mais de uma década. Se isto é pressa, não quero nem ver o que aconteceria se tivéssemos calma."

As autoridades da ONU na sede estavam fortemente divididas quanto à guerra, e muitas pediram orientação a Vieira de Mello, o subsecretário-geral para assuntos humanitários. Mas, fosse por estar em dúvida, fosse por não querer desagradar àqueles de quem discordava, não deu nenhuma. Na verdade nunca declarou abertamente se, afinal, apoiava a guerra da Otan ou se a ela se opunha. "Mesmo num pequeno grupo em uma *happy hour*, ele fazia com que seus pontos de vista parecessem totalmente neutros", recorda Rashid Khalikov, um colega russo do Ocha.

Vieira de Mello sabia de uma coisa: sua visão pessoal da guerra da Otan era irrelevante. À medida que os cidadãos do mundo avaliavam a ONU, dirigiam o olhar para o secretário-geral Annan, cujo passado, quando se tratava de reagir a crimes contra a humanidade e genocídios, estava cheio de altos e baixos. Ele estivera à frente do Departamento de Operações de Paz da ONU durante o genocídio de Ruanda e o massacre de Srebrenica, e havia sido criticado, com toda razão, por não soar o alarme. Annan sentia que os mesmos países que voltaram as costas a ruandeses e bósnios estavam fazendo dele o bode expiatório, mas sabia que seu nome figuraria nos livros de história associado aos dois piores crimes de genocídio da segunda metade do século XX. Desde que se tornara secretário-geral, em 1997, usara seu púlpito para recomendar publicamente aos governos que adotassem uma nova "norma de intervenção humanitária" para deter atrocidades.

Mesmo assim, Annan era o guardião principal do livro de regras da ONU. Como a intervenção da Otan desafiava aquelas regras, os críticos da guerra esperavam que ele condenasse a ação militar. Contudo, diante da primeira grande crise do Conselho de Segurança sob sua direção, Annan tinha dois temores conflitantes: que os Estados Unidos se desligassem, acreditando que podiam agir como queriam, ou que os russos ficassem tão contrariados com a incapacidade da ONU de dissuadir os Estados Unidos que dariam as costas à instituição. No primeiro dia da guerra, Annan emitiu uma declaração em que tentou evitar as duas coisas. Lamentou o uso da força, mas acrescentou a seguinte frase surpreendente: "É realmente trágico que a diplomacia tenha falhado, mas *existem ocasiões em que o uso da força pode ser legítimo na busca da paz*".[31]

Para a satisfação do governo Clinton, a manchete do *New York Times* no dia subsequente ao início da guerra dizia: "SECRETÁRIO-GERAL DÁ AVAL IMPLÍCITO AOS ATAQUES".[32] Sergei Lavrov, o embaixador da Rússia na ONU, irrompeu no escritório de Annan e o denunciou pela cumplicidade no ataque ilegal da Otan. Vieira de Mello também comentou com Hochschild que Annan havia ido longe demais para apaziguar os Estados Unidos.

Com o avanço da guerra, Annan continuou na corda bamba entre deixar claro que a guerra da Otan tecnicamente violava a Carta e enfatizar que as atrocidades exigiam uma reação. "A não ser que o Conselho de Segurança recupere a posição proeminente como a única fonte de legitimidade para o uso da força, estamos num caminho perigoso rumo à anarquia", o secretário-geral disse num discurso. "Mas igualmente importante, se o Conselho de Segurança não conseguir se unir em torno do objetivo de enfrentar as violações maciças aos direitos humanos e os crimes contra a humanidade na escala de Kosovo, estaremos traindo os ideais que inspiraram a fundação das Nações Unidas." Ele prosseguiu: "A escolha não deve ser entre a unidade do Conselho e a inércia diante do genocídio, como no caso de Ruanda, por um lado, ou entre a divisão do Conselho e a ação regional, como no caso de Kosovo, por outro".[33]

Annan continuou a se manifestar, denunciando os horrores e confirmando a indispensabilidade da ONU. Em 7 de abril, duas semanas após o início da guerra da Otan, ele fez um discurso na Comissão de Direitos Humanos das Nações Unidas, em Genebra, em que disse:

> Quando civis são atacados e massacrados devido à etnia, como em Kosovo, o mundo espera que as Nações Unidas se manifestem a favor deles. Quando homens, mulheres e crianças são atacados e suas mãos e pés são mutilados, como em Serra

Leoa, de novo o mundo se volta para as Nações Unidas. Quando se nega às mulheres e meninas o direito à igualdade, como no Afeganistão, o mundo espera que as Nações Unidas tomem uma posição. [...] Nós não iremos, nem podemos, aceitar uma situação em que as pessoas são brutalizadas atrás das fronteiras nacionais.

Annan encerrou com uma afirmação que Vieira de Mello sublinhou três vezes em sua cópia do discurso: "Pois no final do século XX, uma coisa está clara: uma ONU que não defenda os direitos humanos é uma ONU incapaz de defender a si própria".[34]

Após alguns dias de bombardeios da Otan, os *experts* pararam de debater se a guerra era legal para discutir se suas consequências devastadoras podiam ser contidas. Em setembro de 1995, quando a Otan enfim interveio com energia na Bósnia, fez com que os sérvios-bósnios se submetessem com uma rapidez incrível. Aquele precedente, bem como a superioridade colossal do orçamento militar da Otan de trezentos por um, deixou os planejadores norte-americanos e britânicos otimistas quanto às perspectivas de uma campanha aérea em Kosovo.[35] No primeiro dia da guerra, o presidente Clinton afirmara que os Estados Unidos não tinham nenhuma intenção de mobilizar tropas terrestres. Ele esperava que os sérvios se rendessem em poucos dias.

Mas Milošević tinha outras ideias. Horas depois do primeiro ataque da Otan, em 24 de março, ele lançou a Operação Ferradura, em que usou forças paramilitares e policiais sérvias posicionadas de antemão para esvaziar sistematicamente Kosovo dos albaneses étnicos. Pistoleiros mascarados com uniformes surgiam nas aldeias e ameaçavam matar qualquer indivíduo que se recusasse a partir. Em 29 de março, cerca de 4 mil albaneses étnicos deixaram Kosovo a cada hora. Na primeira semana, mais de 100 mil kosovares entraram na Albânia e 28 mil, na Macedônia, enquanto outros 35 mil fugiram para Montenegro. E nos dias seguintes continuaram chegando, a pé, de carro, de trem e em tratores.

A expectativa do Acnur era de que no máximo 100 mil refugiados acorreriam aos países vizinhos, de modo que o órgão ficou perplexo quando um número dez vezes maior atravessou a fronteira.[36] Sadako Ogata enviou às pressas trabalhadores de ajuda humanitária à fronteira, que enviaram às pressas por avião estoques extras de alimentos, armaram tendas e negociaram com a vizinha Macedônia, que tentou impedir a entrada dos refugiados. Nos primeiros dias, porém, quando os kosovares apavorados atravessaram a fronteira para a Macedônia e a Albânia, não encontraram quase ninguém para recebê-los. Na verdade, na Macedônia, havia cinco vezes mais jornalistas internacionais do que funcionários do Acnur aguardando os refugiados.[37]

Baseado em Nova York, Vieira de Mello pouco podia fazer para ajudar os refugiados, além de esperar que seus ex-colegas do Acnur dessem conta do fluxo. Telegênico e eloquente, valeu-se de transmissões de rádio e TV para desviar a atenção da falta de preparo da ONU para o sofrimento prolongado dos kosovares albaneses. "Relatos de homens mascarados e de uniforme batendo nas portas e mandando as pessoas partirem, para não serem mortas, são incontáveis", Vieira de Mello disse aos repórteres. "Estamos testemunhando o esvaziamento dos albaneses étnicos de Kosovo."[38] A maioria dos refugiados que atingia a Macedônia e a Albânia eram mulheres, crianças e idosos, ele disse, o que levantava "a questão inquietante do destino de uma grande proporção de homens kosovares albaneses dentro de Kosovo".[39] Nenhum trabalhador de ajuda humanitária internacional estava presente em Kosovo, e, menos de quatro anos após o massacre de Srebrenica, Vieira de Mello temia que a ausência de homens podia perfeitamente significar seu massacre.

Programa MacNeil/Lehrer NewsHour, 28 de abril de 1999.

Embora a reputação do Acnur fosse gravemente prejudicada pelo caos inicial, seus trabalhadores de campo logo se organizaram, reunindo alimentos suficientes e abrigos temporários para aliviar a emergência. As famílias na Albânia mostraram uma generosidade notável com seus irmãos kosovares, e pouquíssimos refugiados morreram de doenças, exposição a intempéries ou fome. O estado de emergência se acalmou. Cerca de 800 mil kosovares albaneses se assentaram em campos de refugiados.

Inicialmente, os kosovares tiveram motivos para temer que seu exílio seria permanente. A renúncia de Clinton ao emprego de tropas terrestres convencera Milošević de que, embora suas forças estivessem em total inferioridade no tocante às armas, poderiam suportar os ataques aéreos até que a opinião pública nos países da Otan se voltasse contra a guerra. Os eventos no campo de batalha foram propícios aos sérvios. Em 28 de março, artilheiros antiaéreos sérvios derrubaram um bombardeiro F-117 norte-americano. Quatro dias depois, forças sérvias capturaram três soldados norte-americanos perto da fronteira entre a Macedônia e a Iugoslávia. Em 12 de abril, a Otan atingiu um trem de passageiros ao sul de Belgrado, o que provocou a morte de trinta civis e forçou Clinton a fazer um pedido público de desculpas. Dois dias mais tarde, atingiu um comboio de famílias em fuga, deixando 64 mortos. Em 23 de abril, a Otan destruiu o prédio da televisão estatal sérvia; dez pessoas morreram.

Os chefes de Estado dos dezenove países da Otan haviam esperado se reunir em triunfo entre 23 e 25 de abril, em Washington, para celebrar o 50º aniversário da aliança. Mas a primeira guerra da sua história atrapalhou a festa. E as más notícias não paravam de chegar. Em 2 de maio, um caça F-16 norte-americano caiu na Sérvia (embora seu piloto fosse resgatado). Três dias depois, a Otan sofreu suas primeiras baixas, quando dois pilotos do exército norte-americano, em missão de treinamento na Albânia, morreram na queda de seu helicóptero Apache. Em 7 de maio, uma bomba de fragmentação da Otan que tinha por alvo o aeroporto militar em Niš se desgovernou e atingiu um hospital e um mercado de frutas e verduras, matando quinze sérvios e ferindo setenta.

A Otan chegou ao fundo do poço às 9h46 do dia 7 de maio. Com base num mapa desatualizado, pilotos americanos dispararam três mísseis cruise no que pensaram ser um prédio do governo sérvio, mas que era na verdade a embaixada chinesa. Enquanto os bombeiros acorriam ao local, um assessor de assuntos culturais chinês, desesperado e empapado de sangue, apareceu na televisão sérvia dizendo: "Não encontramos alguns dos meus colegas". Mais de vinte pessoas na embaixada ficaram feridas, e três foram mortas. O embaixador chinês Pan Zhanlien declarou, diante das ruínas: "A República Popular foi atacada". Em Pequim, uma multidão se reuniu diante da embaixada norte-americana e prendeu o embaixador em suas dependências. Manifestantes na Grécia, na Itália e na Alemanha, países membros da Otan, condenaram as baixas civis da guerra.[40] Um porta-voz de Annan declarou que o secretário-geral estava "chocado e angustiado" ante o número crescente de erros mortais da Otan.[41]

ATRÁS DAS LINHAS SÉRVIAS

As dificuldades da Otan no campo de batalha fizeram com que a estrela da ONU voltasse a brilhar. Os aliados ocidentais começaram a reconhecer que, não obstante dispusessem do poder militar para infligir graves danos, não seria fácil conseguir a rendição de Belgrado. Para isso, precisariam que o aliado histórico da Sérvia, a Rússia, pressionasse pela paz. Os russos, que demoraram para perdoar a Otan por ter iniciado a guerra, exigiram uma condição para sua cooperação: a ONU (onde Moscou tinha grande influência), e não a Otan (da qual Moscou estava excluída), desempenharia o papel dominante em qualquer transição pós-guerra.

Vieira de Mello tinha ideias próprias de como tornar a ONU novamente relevante, e elas não envolviam esperar até que os russos negociassem um acordo. Numa reunião da alta direção no início de maio, enquanto Annan descrevia as críticas que vinha recebendo por não condenar a Otan, Vieira de Mello se manifestou: "Bem, existe uma área em que podemos tomar uma posição", ele disse, "a área humanitária." "Sim", disse Annan, "mas o que podemos fazer que já não estejamos fazendo?" Vieira de Mello respondeu: "Podemos entrar em Kosovo".

Foi um golpe de genialidade política. Ele lideraria a primeira equipe internacional em Kosovo desde o início dos bombardeios da Otan, quarenta dias antes. A ONU colocaria funcionários desarmados atrás das linhas de frente, numa província de onde os kosovares vinham fugindo e que as forças terrestres da aliança estavam evitando. Com a entrada em Kosovo, Vieira de Mello achou que, além de garantir o destino dos civis deslocados que não lograram alcançar locais seguros, poderia avaliar o grau dos danos colaterais infligidos pela Otan.

A viagem instantaneamente elevaria a imagem da ONU e poderia até realizar algum bem. Annan animou-se com a ideia, propondo-a ao Conselho de Segurança no dia seguinte.

Os russos ficaram eufóricos. Acreditando que a missão de Vieira de Mello ajudaria seus aliados sérvios, o embaixador Lavrov disse ao subsecretário de Estado, Strobe Talbott: "Não é por acaso que Sergio e eu temos o mesmo nome!". Lavrov pediu que Vieira de Mello documentasse a terrível devastação econômica e ambiental infligida pela Otan. As autoridades dos Estados Unidos e do Reino Unido exibiram a reação oposta. Com novos relatos de danos colaterais da aliança pipocando a cada dia, e nenhuma vitória certa à vista, os planejadores da Otan não queriam ter que se desviar de seu caminho para não atingir o pessoal da ONU e, assim, reduzir sua lista já pequena de alvos. Como as autoridades iugoslavas no solo bloqueariam o movimento da ONU, os aliados também temiam que Vieira de Mello fosse emergir com mais histórias de terror sobre mísseis da Otan desgarrados do que sobre a brutalidade sérvia. Nancy Soderberg, a embaixadora norte-americana em exercício na ONU, telefonou-lhe em 5 de maio para reclamar da missão. "Sergio, esta é uma ideia estúpida", ela disse. "Você está fazendo o jogo dos sérvios." Firme, mas educadamente, ele contra-atacou. "Nancy, querida, temo que isto seja inegociável", ele replicou. "Somos as Nações Unidas, e nenhum país, nem mesmo um tão poderoso como o seu, pode nos dizer aonde podemos ou não ir." Autoridades norte-americanas vetaram uma declaração planejada pelo Conselho elogiando a iniciativa.[42] No dia seguinte, o Conselho, dividido, emitiu uma declaração evasiva dizendo que "observava" a missão "com interesse".[43]

Uma das primeiras pessoas para quem Vieira de Mello telefonou depois que conseguiu a aprovação para reunir uma equipe foi seu amigo Bakhet. Eles já haviam passado horas sem fim debatendo se poderia existir algo como uma guerra "humanitária". "Omar", ele disse, "você gostaria de ir a Kosovo para estudarmos de perto os méritos e os deméritos das intervenções humanitárias?" Bakhet aceitou, empolgado. "O ativista Sergio simplesmente preferia estar em campo para descobrir aquilo de que as pessoas precisavam", diz Bakhet. "Mas o ativista Sergio também sabia que estar em campo lhe daria mais credibilidade nas discussões políticas quando retornasse às capitais."

Vieira de Mello estava entusiasmado com a perspectiva de retornar ao centro da "ação" e, com isso, reinserir a ONU no jogo. Na declaração à imprensa em que expôs os planos da viagem, minimizou os perigos. "Há um elemento de risco em qualquer missão dessas, e, embora não sejamos irresponsáveis, eu diria que estamos habituados a trabalhar nesse tipo de ambiente. Infelizmente isso não é novidade para o tipo de serviço que realizamos."[44] Ele também rejeitou as preocupações norte-americanas de que sua equipe seria ludibriada pelos sérvios, e respondeu, irritado, que não seria o "prisioneiro de um itinerário previamente planejado". Não fora em vão que acumulara 29 anos de experiência, disse. A ONU não seria manipulada.[45]

Vieira de Mello reuniu uma equipe de especialistas em nutrição, assistência médica, puericultura, saneamento, abrigos e reconstrução, não obstante soubesse que os trabalhadores de ajuda humanitária não conseguiriam realizar avaliações detalhadas numa viagem tão curta e sob críticas pesadas. A batalha entre as agências por uma vaga foi acirrada. Louise Arbour, a promotora da ONU no Tribunal de Crimes de Guerra em Haia, vinha tentando enviar investigadores a Kosovo desde o massacre de Racak, em janeiro. Estava furiosa por Annan ter usado sua influência a favor da missão de Vieira de Mello sem fazer nenhum esforço pelo acesso dos investigadores do tribunal, apesar dos relatos que circulavam de que os sérvios estavam destruindo as provas dos crimes. Arbour ligou para Vieira de Mello solicitando que um membro de sua equipe fosse autorizado a participar da delegação. "Não posso fazer isso, Louise", ele respondeu. "Os sérvios jamais permitiriam." "Você perguntou a eles?", ela quis saber. "Ao menos tentou?" Vieira de Mello admitiu que não. Ela então ligou para o secretário-geral Annan e o convenceu a insistir.

Vieira de Mello incumbiu Nils Kastberg, um sueco de 44 anos que dirigia os programas de emergência da Unicef, de conduzir uma missão avançada à região a fim de criar a base para a viagem. A primeira parada de Kastberg foi em Genebra, onde se encontrou com dois oficiais da Otan de Bruxelas. Eles insistiram que a ONU se deslocasse em veículos brancos claramente marcados, viajasse só de dia, notificasse Bruxelas de sua rota precisa com 48 horas de antecedência e nunca se desviasse do plano predeterminado.

Kastberg passou os dias 10, 11 e 12 de maio em Belgrado, realizando negociações delicadas com as autoridades sérvias. Os sérvios insistiram que a ONU viajasse sempre com uma escolta sérvia e que, antes de visitar Kosovo, percorresse as cidades sérvias bombardeadas pela Otan. A cada dia de negociações, Kastberg ficava de olho no relógio, pois ele e seus colegas tinham que chegar aos respectivos quartos de hotel ao cair da noite, quando a Otan começava os bombardeios. Em 11 de maio, enquanto as negociações vespertinas se arrastavam, ele recebeu uma ligação de Arbour. Ela disse que Annan havia dado sua palavra de que um investigador de crimes de guerra teria uma vaga na equipe.

Kastberg temia levantar a questão com os sérvios, mas, ante uma ordem do secretário-geral, não teve saída. Pediu ao negociador principal da Sérvia que o acompanhasse num passeio pelo jardim, longe dos aparelhos de escuta. "Tenho algo a perguntar, que vai deixá-lo furioso, mas, depois que você expressar sua raiva, gostaria de perguntar se poderíamos juntar nossas cabeças e encontrar uma solução." O alto funcionário assentiu com a cabeça. Quando Kastberg explicou o novo problema, o negociador sérvio teve um ataque de raiva. "Você sabe como nos sentimos sobre esse pretenso tribunal", ele disse, referindo-se à crença sérvia de que o tribunal era antissérvio. "Você está querendo nos humilhar?!" Kastberg esperou que sua raiva se abrandasse. "Eu avisei que isto deixaria você zangado", disse. O alto funcionário andou de um lado para o outro pelo jardim. Eram quatro e meia da tarde, e Kastberg precisava resolver o problema. Circulava então um boato de que a Otan iria bombardear uma das pontes principais de Belgrado naquele dia, de modo que a equipe da ONU tinha uma pressa especial em voltar aos hotéis. Por fim o sérvio se acalmou e disse, tranquilamente. "Veja bem, se alguém soubesse da existência de investigador de Haia na missão, não apenas essa pessoa poderia ser atacada, como toda a delegação da ONU também correria esse risco." Kastberg concordou com a cabeça, sabedor de que o sérvio via igualmente uma oportunidade de apresentar ao Tribunal provas de crimes de guerra da Otan. "A única saída possível", o negociador de Belgrado disse, "é a pessoa assumir uma identidade diferente." Concordaram que quem quer que Arbour nomeasse para a equipe viajaria sob uma identidade falsa.

Arbour designou Frank Dutton, um sul-africano de cinquenta anos que passara uma década investigando os esquadrões da morte do *apartheid*, antes de ingressar no Tribunal da ONU. Dutton voou de Haia até Genebra, onde a ONU redigiu um contrato temporário em que o transformava num "funcionário de direitos humanos" e lhe forneceu um passaporte das Nações Unidas totalmente novo, no qual não constava que era funcionário do Tribunal. "Achávamos que havíamos disfarçado habilmente a sua identidade", lembra Kastberg, "até que ele apareceu no dia da viagem com um monte de câmeras e filmes e me pediu para negociar a filmagem de covas coletivas."

Enquanto Dutton ingressou na equipe de avaliação da ONU todo animado, os demais sentiam que não tinham outra opção. Kirsten Young trabalhava no Acnur, em Genebra, como assessora executiva de Dennis McNamara. Uma australiana de 34 anos, Young passara por bombardeios implacáveis quando atuou na Bósnia, em 1993. Nos anos posteriores, casou-se, recebeu tratamento psicológico intensivo para o estresse pós-traumático e, enfim, fez as pazes com os fantasmas dos Bálcãs. No entanto, subitamente, McNamara, seu mentor, pediu que retornasse à região. Ao voltar de carro do seu escritório no Acnur para casa, em Genebra, Young telefonou ao marido, o chefe de uma ONG internacional. Enquanto contava a notícia de sua viagem iminente, desatou a soluçar tão violentamente que teve de parar na beira da rua. A perspectiva de bombardeios aéreos a aterrorizou. "Kirsten, você não tem que ir obrigatoriamente", seu marido disse. "Tenho sim", ela respondeu. "Eu tenho que ir. Como dizer não a esse tipo de missão?" Young recorda a pressão que sentiu. "Todo esse mundo humanitário é um ambiente de caubóis machões", ela disse. "Eles todos conversam sobre 'ter colhões'. Você fica com pavor de dizer não, porque aí estará mostrando que não 'tem colhões'. Mesmo as feministas caem na armadilha." O nervosismo de Young só diminuiu após se encontrar com Vieira de Mello em Genebra, alguns dias mais tarde. "Sergio tinha aquela aura de indiferença e invencibilidade", ela diz. "Simplesmente resolvi não sair do seu lado."

Annan também estava empolgado com a viagem próxima. Num longo debate moderado por Judy Woodruff na CNN, disse que estava cansado de suportar críticas à ONU. "Esta manhã", ele disse, "quando começaram a falar sobre a incompetência do Acnur e de outros órgãos, não ouvi uma única pessoa mencionar o sacrifício que essa gente fez e os riscos que correram."[46] Annan falou subitamente como que de uma posição de força. "Não acredito que a Otan se transforme em polícia do mundo, substituindo as Nações Unidas. Minha própria sensação, e posso estar errado, é de que, depois daquilo pelo que passou nos Bálcãs, a Otan irá reavaliar sua abordagem. E acho que deveria fazê-lo."[47] Ele afirmou que os países não deveriam evitar o Conselho de Segurança. "É como dizer: 'Não vou para este ou aquele tribunal porque sei que não me será favorável. Portanto, farei algo diferente'", disse. "Não podemos ficar pregando a todos a necessidade do primado da lei e ignorá-la quando convém."[48] Em uma entrevista coletiva subsequente, Annan declarou que qualquer perda aparente de importância da ONU foi "um fenômeno de curto prazo, porque vivemos num mundo global e interdependente e atualmente precisamos da Organização das Nações Unidas mais ainda do que ontem e anteontem". Em palavras que profetizaram a invasão do Iraque liderada pelos Estados Unidos em 2003, Annan alertou: "Qualquer nação ou grupo de nações que decida ignorar este fato está fixando um precedente e criando uma situação que provavelmente perseguirá a todos nós".[49]

12. Independência em ação

Vieira de Mello acreditava que os benefícios políticos e humanitários potenciais de se inserir, junto com sua equipe da ONU reunida às pressas, numa zona de guerra excediam de longe os riscos físicos. Porém, quando a viagem já estava em curso, o governo Clinton aumentou suas críticas à missão. Em 16 de maio de 1999, o secretário-geral Annan, que estava na residência da rainha Beatrix, na Holanda, recebeu um telefonema furioso de Thomas Pickering, o subsecretário de Estado para Assuntos Políticos, que estava ligando dos Estados Unidos, onde eram quatro da madrugada. Pickering informou Annan de que acabara de ver o itinerário de Vieira de Mello e que se tratava de algo inaceitável. A delegação da ONU permaneceria na região por onze dias, mas menos de três em Kosovo, da tarde de quinta-feira até a manhã de sábado. As autoridades de Washington temiam que a delegação da ONU visse as centrais elétricas e as pontes atingidas pela Otan na Sérvia, mas não obtivesse um quadro fiel da destruição e da carnificina causadas pelos sérvios em Kosovo. "Milošević vai tirar uma enorme propaganda disto", Pickering disse. Ele aconselhou Annan a cancelar a missão, a não ser que os sérvios permitissem que ao menos três quartos dela fossem passados em Kosovo. Annan recusou-se a fazê-lo.

Quando o assessor especial de Annan, Nader Mousavizadeh, localizou o enviado da ONU no lobby do Hotel Sheraton, em Zagreb, Vieira de Mello desabafou que estava farto da interferência americana. Ele já ouvira aquela história duas vezes da missão norte-americana em Nova York, uma do representante dos Estados Unidos em Genebra e na noite anterior do próprio Pickering. Estava consciente do risco de, numa viagem tão curta e restrita, proporcionar aos sérvios uma vitória de relações públicas, contudo esperava trazer de volta informações úteis. "Basta!", disse para Mousavizadeh. "Estou numa missão de avaliação de necessidades. Farei o que for preciso para avaliar necessidades!"

Quando reencontrou sua equipe reunida no saguão do hotel, disse: "Os americanos estão furiosos. Estão se recusando a nos oferecer garantias de segurança. Cada um de vocês deve decidir por si mesmo se quer continuar participando desta missão. Eu vou em frente, mas isto não deve influenciar a decisão de vocês". O próprio fato de Washington ser tão hostil à viagem apenas reforçou a sensação de que havia motivos para tentar conduzir uma investigação independente. Quase todos ali reunidos já haviam experimentado a guerra, e muitos achavam que o risco de ser atingido por um dos mísseis de alta precisão era baixo em comparação com os perigos que enfrentaram em outras zonas de conflito. Nenhum dos membros deixou a equipe.

Embora as autoridades ocidentais tivessem razão para estar ansiosas, as autoridades sérvias também deveriam se preocupar. Milošević tentava fingir que os kosovares albaneses estavam saindo voluntariamente ou fugindo dos bombardeios da Otan. "Todo mundo está fugindo por causa dos bombardeios", Milošević disse à CBS News. "Os pássaros fogem, os animais selvagens fogem."[1] Ele recomendou que o público não acreditasse na mídia ocidental enganosa. "Vi pessoalmente na CNN, no início desta guerra, refugiados albaneses pobres caminhando no meio da neve e sofrendo muito. Vejam bem, na época era primavera em Kosovo", disse. "Não havia neve [...] Eles são pagos para mentir."[2] E observou que, apesar de os sérvios ocasionalmente terem queimado "casas individuais", seus delitos não se comparavam aos do Vietnã, onde as "forças norte-americanas incendiaram aldeias suspeitas de esconder vietcongues".[3]

As informações sobre os números de homens kosovares albaneses desaparecidos variavam de 10 mil a 100 mil.[4] Vieira de Mello acreditava que sua equipe podia dar mais clareza a esse quadro. "É a primeira vez que conseguimos embarcar neste tipo de viagem, bem no meio de uma guerra", contou aos jornalistas após ir de carro de Zagreb a Belgrado.[5] Ele disse que esperava conversar com os kosovares albaneses escondidos que não haviam conseguido escapar para um país vizinho. "Muitos dizem que esta missão é loucura", comentou, no entanto somente funcionários da ONU conseguiriam atingir "os desesperadamente necessitados dentro de Kosovo".[6]

Depois de ir de carro da Croácia até a Sérvia, manteve reuniões, tensas e intermináveis, com a oficialidade sérvia. Os sérvios dirigiram contra ele, pessoalmente, as acusações contra a Otan. "Não sei como ele aturou tudo o que ouviu", diz Sarah Uppard, uma trabalhadora de ajuda humanitária, então com 43 anos, da organização de caridade Save the Children. "Eu não aguentaria um décimo daquilo. Mas ele conseguiu ser firme, paciente e encantador ao mesmo tempo. Fez com que todos se sentissem ouvidos, sem fazer a mínima concessão. Até os oficiais mais agressivos se sentiram cativados por ele." A ministra dos Refugiados, Bratislava Morina, amiga íntima de Mira Milošević, esposa de Milošević, estava acostumada a obter o que queria. Ela denunciou a Otan pelo "genocídio" contra os sérvios e criticou a ONU por não impedir a guerra. Porém, ao final da reunião, era uma mulher diferente. "Sergio fez com que ela ficasse mansinha", recorda Kirsten Young do Acnur.

Vieira de Mello e a ministra dos Refugiados Bratislava Morina, em maio de 1999.

Em 18 de maio, sua equipe da ONU deixou Belgrado e embarcou numa investigação que a levaria por 3 mil quilômetros em onze dias. Viajaram numa frota de dez Toyotas 4Runners brancos, todos marcados com um grande logotipo preto das Nações Unidas. Terry Burke, o chefe de segurança da ONU para a missão, trouxe uma pilha separada de grandes decalques pretos da ONU e os colou no teto de cada carro. "Não quero ser explodido por um erro", Burke disse a Vieira de Mello. "Se formos atingidos, quero que todos saibam que o culpado nos atingiu *porque* somos a ONU." À frente e atrás do comboio vinham carros da polícia sérvia. Burke havia tentado formular um plano de fuga contingencial, mas o máximo que conseguiu foram interrogações. "Fugir para onde? Por que meios?", ele se perguntara. "Se você fugir dos paramilitares sérvios nas estradas principais, acabará nas estradas secundárias vulnerável aos bombardeios da Otan."

A primeira parada da missão da ONU foi a embaixada chinesa em Belgrado, atingida onze dias antes. Quando a equipe das Nações Unidas chegou às ruínas do prédio, Vieira de Mello fez um sinal de descrença com a cabeça diante do que viu: o ataque abrira uma cratera de quase dois metros de profundidade num dos lados do prédio e um par de buracos enormes do outro. Uma das paredes parecia ter sido retirada, revelando, como o interior exposto de uma casa de bonecas, as escrivaninhas, estantes de livros, sofás e obras de arte da embaixada, que, embora cobertas por uma camada fina de poeira, permaneceram intactas. "A Otan é bem precisa", Vieira de Mello comentou com um colega. "Ela acerta direitinho o alvo errado."

Não havia sido fácil encontrar motoristas dispostos a transportar uma delegação da ONU por um campo de batalha com três partes beligerantes. Policiais da ONU que trabalhavam na vizinha Bósnia se ofereceram para a missão, mas, além de não serem motoristas profissionais, não eram da região. (Os motoristas profissionais da Bósnia, por serem nativos da área, poderiam se tornar alvos.) Dois dos carros de uma frota das Nações Unidas, composta originalmente por doze veículos, não apareceram, pois se perderam na vinda de Sarajevo.

Após deixar a embaixada chinesa, o motorista do veículo de Vieira de Mello, na dianteira, subitamente perdeu de vista o resto do comboio no espelho retrovisor. Depois que seu carro deu meia-volta e retornou pouco mais de um quilômetro e meio, o brasileiro viu um 4Runner da ONU tombado no horizonte. Horrorizado, reconstituiu o que havia ocorrido. A rota vinha suportando um tráfego pesado, pois a Otan bombardeara várias das estradas principais. Um motorista sérvio, espantado ao ver dez veículos brancos da ONU vindo em sua direção na pista contrária, só no último minuto percebeu que o tráfego diante de si havia parado. Para não bater no carro à sua frente, entrou na pista de sentido contrário, onde um policial ganense da ONU dirigia a quase 130 quilômetros por hora. Para evitar uma colisão frontal, o ganense tentou sair da estrada, porém perdeu o controle do veículo, que se lançou no ar, atingiu uma árvore e aterrissou de cabeça para baixo num fosso.

Bakhet, que viajava logo atrás do veículo acidentado, olhou para cima a tempo de ver um grande veículo branco voando pelo ar, sem nenhuma razão aparente. Embora tivesse parado de fumar, ficou tão abalado que pediu um cigarro, e nervoso ajudou a remover das ferragens os funcionários da ONU feridos. Seu cigarro pendia precariamente da boca, enquanto óleo diesel vazava lentamente do tanque do carro e de recipientes no porta-malas.

Os homens retirados do veículo foram Nils Kastberg e Rashid Khalikov, que conduziram a missão avançada a Belgrado na semana anterior. Trêmulo e pálido ao lado da estrada, Khalikov sofreu várias fraturas no antebraço esquerdo e na parte de baixo das costas. Ele gritou: "Meu celular, me dá meu celular". Queria telefonar para a esposa. Kastberg também estava ferido, com várias fraturas no pé direito.

Vieira de Mello ficou correndo entre Kastberg e Khalikov. Instruiu os serviços de segurança iugoslavos a chamar uma ambulância e dirigiu-se a David Chikvaidze, um auxiliar cuja tarefa era manter contato com o quartel-general da Otan. "Diga-lhes que temos dois homens feridos", ele instruiu, "e que evitem os bombardeios em torno dos hospitais de Belgrado."

Nada parecia estar de acordo com o plano. A Otan havia se recusado a garantir a segurança da missão. Os sérvios desviaram a delegação da terra incógnita de Kosovo para cidades em território sérvio, onde jornalistas ocidentais já estavam presentes aos bandos. Finalmente, mal o comboio da ONU deixou Belgrado e começou a viagem ao interior, foi vítima de um grave acidente rodoviário. "Posso imaginar os jornais sérvios amanhã", Vieira de Mello brincou. "Uma foto de um de nossos carros no fosso e a legenda: 'Cuidado, a ONU chegou!'." Quase

Vieira de Mello conforta Nils Kastberg, da Unicef, que estava ferido.

todos os membros da equipe tiveram a mesma reação diante da cena, dizendo para si mesmos, em voz alta ou em pensamento: "Típico da ONU!".

Depois que Kastberg e Khalikov foram levados para o hospital, Vieira de Mello passou a confortar os demais membros da delegação. Kirsten Young, que relutara em participar da equipe da ONU, perguntava a si mesma: "Que diabo estou fazendo aqui? Não temos nenhuma ideia do que estamos fazendo!". Young recorda: "Você teme ser bombardeado e, em vez disso, sofre um acidente de carro causado por você mesmo." O dr. Stéphane Vandam, representante da Organização Mundial de Saúde (OMS), havia ajudado a organizar a evacuação médica. Ele também se perguntou se eles estavam com a cabeça no lugar. "Estávamos defendendo os valores humanitários, pondo-os de volta nas mãos de Kofi Annan, e retirando-os dos políticos", recorda Vandam. "Foi uma missão corajosa, mas começou a parecer uma missão bem estúpida." Após o acidente, Vieira de Mello fez o possível para exibir um ar quase exagerado de confiança. Young recorda: "Eu estava terrivelmente assustada. Não confiava nos nossos motoristas. Não confiava no nosso pessoal de segurança, e não confiava nos sérvios nem na Otan. No entanto, cada vez que erguia o olhar e via Sergio sorrindo, eu pensava: 'Se Sergio está aqui, as coisas darão certo'. Ele era um sujeito revestido de Teflon, no sentido de que nada de ruim parecia atingi-lo".

A delegação prosseguiu viagem até a cidade de Novi Sad, na província sérvia de Vojvodina. Ali viram a ponte Sloboda (Liberdade) desmoronada sobre o rio Danúbio, a segunda das três pontes de Novi Sad atingidas no início da campanha de bombardeios da Otan. Confrontado com a histeria e a raiva das autoridades iugoslavas e de civis sérvios, Vieira de Mello tentou argumentar que a ONU não autorizara a guerra, e que ela e a Otan eram entidades distintas. Seus anfitriões não se deixaram persuadir. Depois que a delegação da ONU concluiu uma reunião com um prefeito sérvio, Chikvaidze viu um cartaz na porta da Prefeitura mostrando uma caveira com um capacete da ONU e pediu a um guarda sérvio robusto, no saguão do prédio, se poderia levá-lo. O guarda deu de ombros, como que dizendo: "Tudo é possível no meu país". Vieira de Mello fez um sinal negativo com a cabeça ao ver o cartaz. "Olha o buraco em que nos metemos", comentou. "O que os sérvios estão dizendo com o cartaz é: 'A ONU não é melhor do que a Otan. Como não impediram os ataques da Otan, são todos farinha do mesmo saco'." Quando Vieira de Mello foi para o Iraque em

2003, muitos culpariam igualmente as Nações Unidas por não terem impedido a invasão liderada pelos Estados Unidos.

Sergio ficou impressionado e horrorizado com a mira da Otan. Enquanto conversava com moradores de uma aldeia ao sul da Sérvia, ouviu um som sibilante e, ao olhar para cima, viu um míssil cruise voando pelo céu. "Uau", exclamou, com a admiração própria de um rapaz, quando o projétil caiu à distância. "Obrigado, General Electric, por não fazer um estrago." Dezesseis quilômetros adiante, a missão encontrou as ruínas em chamas de um posto policial sérvio que o míssil atingira.

Antes que a equipe da ONU se sentasse para um jantar oferecido pelas autoridades de Niš, a terceira maior cidade da Iugoslávia, o anfitrião do governo sérvio mostrou a Vieira de Mello as fotos do cadáver de uma mulher grávida supostamente morta num ataque da Otan. A autoridade sérvia encerrou sua apresentação fazendo circular as fotos de um feto destruído. Vieira de Mello ficou enojado com as imagens, mas também indignado com a exploração deliberada da carnificina pelos sérvios. Um repórter sérvio indagou sobre as fotos que havia visto. "São deploráveis", ele respondeu com severidade. Mas acrescentou: "Eu disse a vocês o que acho que precisam fazer para parar com isto".[7] Sabia que, quando atingisse Kosovo, possivelmente depararia com muitas daquelas cenas deprimentes: as vítimas da limpeza étnica sérvia.

No decorrer da viagem, preocupou-se com os destinos de Kastberg e Khalikov, que estavam dividindo um quarto na UTI do Hospital Central de Belgrado. Em solidariedade à missão, os dois homens não quiseram ser evacuados de volta a Genebra e submeteram-se à cirurgia em Belgrado. Vieira de Mello tinha que se preocupar não apenas com a segurança do pessoal de seu comboio, mas também com a deles. Mesmo assim, ficou pessoalmente comovido com sua coragem e lealdade, e, sabendo que estavam desanimados por estarem fora de campo depois de terem planejado a viagem, telefonava-lhes todas as noites para mantê-los informados. "Ele nos contava exatamente o que a missão fizera naquele dia", Khalikov recorda. "Queria nos mostrar que ainda fazíamos parte da equipe." Todas as noites, quando Vieira de Mello contatava os dois homens, ouvia os estrondos e os baques de bombas caindo nas redondezas. "Nós dois sabíamos que, se algo saísse errado, não conseguiríamos correr", recorda Khalikov. "Eu estava preso ao leito. Não conseguia me levantar. Nils não conseguia andar." Os homens haviam sido alertados, na chegada, que um alvo provável da Otan, o

Ministério do Interior, ficava nas proximidades. Embora a Otan tivesse recebido as coordenadas do hospital, os dois homens viram os escombros da embaixada chinesa e sabiam que erros mortais eram possíveis. Kastberg garantiu a Vieira de Mello que o moral dos dois pacientes estava elevado. "Juntos temos três pernas e três mãos", ele disse, "mas estamos nas mãos de enfermeiras maravilhosas!"

DENTRO DE KOSOVO: "BEM REVOLTANTE"

Em 20 de maio, o comboio de Vieira de Mello enfim adentrou a província de Kosovo, que parecia ter sido esvaziada de albaneses étnicos. Sentiu-se aliviado por estar no trecho mais importante de sua viagem. "Quero poder me deslocar livremente", contou a um repórter. "Chega de discursos."[8] À medida que os veículos da ONU entravam na província, homens à beira da estrada bradavam "Sérvia! Sérvia!" e batiam a continência sérvia com três dedos. A equipe da ONU estava vulnerável a ataques de três lados: sérvios armados, a Otan e o Exército de Libertação do Kosovo, todos envolvidos na luta.

Os três funcionários de segurança da ONU não portavam armas, portanto restava à delegação contar com a escolta policial para se proteger. Aqueles "acompanhantes" sérvios não estavam dispostos a deixar que os funcionários da ONU se deslocassem livremente. Várias vezes, quando Vieira de Mello tentou visitar aldeias fora das estradas principais, foi impedido, mediante a alegação de que se tratava de áreas inseguras. À medida que o comboio avançava, a equipe das Nações Unidas encontrou colunas de albaneses étnicos fugindo em tratores ou a pé. Viram casas, apartamentos e lojas sistematicamente queimados ou saqueados. *Slogans* antialbaneses e pró-sérvios haviam sido rabiscados em quase todos os prédios esvaziados. Em algumas áreas, 80% das casas foram queimadas. Em duas ocasiões, os membros da equipe testemunharam casas sendo incendiadas.

Conforme seus parcos e preciosos dias em Kosovo se esgotavam, Vieira de Mello foi ficando claustrofóbico e começou a fazer paradas não programadas. Os sérvios, ansiosos por ocultar o grau de limpeza étnica, tentavam impedir. Certa vez, depois que os carros estacionaram na beira de uma aldeia perto de Urosevac, ele se afastou do grupo e caminhou em direção ao que pareciam ser casas e celeiros abandonados. "Sergio, não!", alertou Young. "Pode ter armadilhas explosivas!" Outros gritaram advertências semelhantes. Mas ele foi em frente, sabendo que, quanto mais fatos testemunhasse com os próprios olhos, maior seria o impacto depois que retornasse a Nova York. Deparou com casas cheias de roupas pessoais, roupas de cama e utensílios domésticos. Os moradores deixaram a aldeia às pressas, abandonando os animais de fazenda e de estimação, produtos eletrônicos, álbuns de fotografias e documentos. Em um apartamento, viu um bule de chá cheio na cozinha, pronto para ser consumido. "Confirmação silenciosa", ele disse.[9]

Young conhecia Vieira de Mello havia mais de uma década no Acnur, assim como sua reputação de fazer concessões aos governos à custa dos direitos dos refugiados. Seu chefe era Dennis McNamara, frequente inimigo de Vieira de Mello em questões de política. Mas o homem que estava penetrando nos lares de albaneses étnicos em busca de provas de crimes de guerra guardava pouca semelhança com o homem conhecido como um mestre da diplomacia em detrimento dos direitos humanos. "Eu havia dedicado toda a minha carreira à proteção dos refugiados", ela revela, "mas ali estava eu dizendo: 'Uau, por que ele está se empenhando tanto?'. Ele estava sendo bem mais vigilante, quanto à proteção, do que eu."

Ele parecia ter completado uma volta de 360 graus. Era como se o remorso por sua neutralidade na Bósnia, combinado com a consciência de ter forçado refugiados hútus a retornar a Ruanda e com sua indignação com o desrespeito dos governos da Otan pela Carta da ONU, tivesse ressuscitado nele a retidão inflexível que não exibia desde os tempos do Líbano. Se antes Vieira de Mello acreditava que sua tarefa era realizar a vontade agregada de governos poderosos, agora agia como se acreditasse que promover os princípios da ONU e proteger sua bandeira significava defender firmemente a promoção da dignidade humana, mesmo que tivesse de desafiar tais governos.

Algumas pessoas da equipe da ONU se sentiam tão inseguras que começaram a segui-lo como se ele fosse o super-homem. Certa vez, quando Vieira de Mello parou o comboio e, de novo, saiu do veículo, meia dúzia de membros da delegação saltou dos seus carros para acompanhá-lo. "Todos pensavam: 'Aonde o herói está indo?'. 'Aonde Deus está indo?'", recorda Eduardo Arboleda, do Acnur. "Eles o seguiram como cachorrinhos de estimação. Até que, na metade do caminho, perceberam que ele parou para urinar." Os funcionários da ONU retornaram, de cabeça baixa, aos seus veículos.

Numa cidade de Kosovo, um grupo de crianças órfãs devido a um ataque sérvio correu em direção aos funcionários da ONU, que perceberam que não tinham quase nada para oferecer. "Poderíamos distribuir chocolate", Vandam recorda. "Mas sabíamos que depois as estaríamos abandonando. Acho que nenhum de nós jamais se sentiu tão impotente." Quando Sarah Uppard entrou no seu veículo, uma das crianças segurou-lhe a mão e não quis largar. "As crianças não tinham nenhuma ideia do que aconteceria quando partíssemos", conta Uppard, "nem nós. Foi de cortar o coração."

As paradas inesperadas de Vieira de Mello e suas perguntas intermináveis nas conversas com civis kosovares albaneses fizeram com que o comboio se atrasasse mais e mais a cada dia. Certa vez, quando um grupo de albaneses étnicos deslocados emergiu das árvores para falar com ele, Chikvaidze contatou um oficial de ligação da Otan para informá-lo do atraso. Falando por meio de um intérprete, Vieira de Mello indagou aos refugiados quando haviam fugido, havia quanto tempo estavam escondidos, onde vinham encontrando comida e se havia forças sérvias ou do Exército de Libertação do Kosovo na vizinhança. As discussões se arrastaram, e Chikvaidze recebeu um telefonema de uma autoridade da sede da ONU que por sua vez acabara de receber uma ligação do gabinete do secretário-geral da Otan, que estava furioso. "Oh, meu Deus, senhor Chikvaidze", a autoridade exclamou, "a Otan está furibunda porque vocês estão interferindo no seu trabalho". Chikvaidze, já consciente da hora avançada, aproximou-se de Vieira de Mello, que estava à vontade conversando com os kosovares. "Estão apavorados no centro de operações, Sergio. O secretário-geral da Otan está morrendo de raiva..." Vieira de Mello, de costas para Chikvaidze, deu uma volta de 180 graus e explodiu: "Foda-se o secretário-geral da Otan. Estou trabalhando aqui". Chikvaidze ficou embasbacado, já que raramente Sergio mostrava raiva. "Você quer que eu ligue para a Otan e transmita este recado?", Chikvaidze perguntou. Vieira de Mello sorriu e retornou à sua tarefa. Todas as noites no jantar, Terry Burke, o chefe da segurança da equipe, pedia que ele procurasse respeitar o cronograma. "Mas, Terry, pense no que estamos conseguindo!", Vieira de Mello costumava responder, acrescentando: "Façam este homem se sentar, ele precisa de outra taça de vinho".

Ele estava tenso na viagem, menos pelo perigo físico do que por saber que precisava de provas recentes da agressão sérvia. Se voltasse a Nova York de mãos vazias, perderia a oportunidade de arrecadar recursos adicionais para fins humanitários e uma chance de lembrar os governos e o público do valor singular da ONU. Entre a propaganda com que havia sido abarrotado pelas autoridades sérvias antes de chegar a Kosovo e as restrições impostas pelos sérvios aos seus movimentos dentro daquela província, não tinha certeza se estava obtendo aquilo de que precisava. Entretanto, apesar das pressões e da crueldade na região, continuou brincalhão com os colegas, aos quais oferecia várias garrafas de vinho a cada noite. Os membros da equipe se admiravam de que, depois de ficar conversando na mesa enquanto bebia um pouco, na hora certa subia ao quarto para seu ritual de telefonemas por satélite para Nova York até de madrugada.

Ele se sentia mais à vontade com o amigo Bakhet. Os dois faziam o que haviam feito por mais de duas décadas. Discutiam o destino da ONU e conversavam sobre mulheres. Vieira de Mello fez várias referências à beleza de uma das intérpretes que o ministro do Exterior iugoslavo lhe designara. Certa vez, quando o comboio parou para entrevistar refugiados kosovares, ele convocou Bakhet fingindo que precisava discutir algo altamente confidencial. Quando Bakhet perguntou o que havia de tão premente, ele respondeu: "Aquele danado do acompanhante do Ministério das Relações Exteriores não me deixa sozinho com a tradutora um só minuto! Tente distraí-lo, combinado?".

Os sérvios também se divertiam. Antes do início da missão, Kastberg avisara aos membros da equipe que, devido à escassez de alimentos em Kosovo, cada um deveria carregar o próprio suprimento. Muitos levaram malas enormes repletas de pão, frutas secas, chocolate, chá de camomila e papel higiênico. Nos hotéis e hospedarias, as autoridades sérvias fizeram questão de hospedar os delegados da ONU no andar superior. Como os ataques da Otan haviam desativado a rede elétrica da província, os elevadores não funcionavam, e os sérvios se divertiam observando os membros da equipe das Nações Unidas subir, com seus estoques pesados de comida, vários lances de escada. Quando o pessoal da ONU enfim conseguia atingir os quartos, as autoridades sérvias costumavam convidá-los para grandes banquetes preparados na prefeitura.

No sábado, 22 de maio, o último dia programado para a equipe permanecer em Kosovo, Vieira de Mello sentiu-se insatisfeito com a documentação obtida acerca da vida e morte atrás das linhas sérvias. Por isso instruiu Bakhet a cruzar, com a maioria da delegação, a fronteira de Montenegro,* enquanto ele e um grupo reduzido passariam uma noite extra não planejada em Kosovo,

---

* Montenegro e Sérvia eram fortes aliados que mais tarde constituiriam conjuntamente a "República Federal da Iugoslávia".

viajando a Montenegro um dia depois do programado. Young optou pelo que denominou o "comboio dos covardes". Uppard inicialmente tomou a mesma decisão, mas mudou de ideia na manhã seguinte, ao sentir que poderia confiar na liderança de Vieira de Mello do que se tornou conhecido como o "comboio dos caubóis". Vieira de Mello informou a Otan a respeito da divisão, no entanto mesmo assim aquilo quase resultou em desastre. Os oficiais da Otan haviam sido instruídos a atentar para dez veículos brancos que seriam claramente visíveis do ar. Os oficiais de Bruxelas não informaram os pilotos da aliança da mudança de plano. Vieira de Mello veio a saber mais tarde que, quando os bombardeiros divisaram um dos dois comboios menores, prepararam-se para atacar o que a princípio pareceu ser um comboio militar sérvio.

Em 24 de maio, após coletar provas e testemunhos adicionais durante o meio dia extra em Kosovo, a equipe menor de Vieira de Mello entrou em Montenegro.[10] O grupo de Bakhet, que na noite anterior alcançara Podgorica, a capital montenegrina, vibrou quando seus colegas chegaram ao hotel. Vieira de Mello sabia fazer uma entrada triunfal e instruíra Bakhet a organizar uma entrevista coletiva à imprensa que coincidisse com sua chegada. A despeito de não ter visto tudo o que pretendia, esperava que suas descobertas fossem de grande interesse para a mídia. "Só por estarmos aqui, não precisamos dizer: 'Existem relatos de que...'. Poderemos dizer: 'Vimos que...'", ele comentou com Bakhet.

Embora tivesse visto seu amigo em ação por quase duas décadas, Bakhet ficou impressionado. "O burocrata da ONU normal teria esperado para dar sua entrevista coletiva em Belgrado, ou quando estivesse são e salvo em Genebra ou em Nova York", ele recorda. "Mas Sergio sabia que o impacto mundial seria bem maior se ele revelasse as suas descobertas, ainda ofegante, logo após 'escapar' de Kosovo." No evento da mídia, Vieira de Mello descreveu as "cidades fantasmas" que sua equipe encontrara. Afirmou que as provas eram esmagadoras e irrefutáveis. "Tudo indica que existe uma tentativa de desalojar, de limpar etnicamente, Kosovo", ele disse. "Em suma, a situação é bem revoltante."[11]

Não estava dizendo nenhuma novidade. O simples fato de que 800 mil albaneses étnicos já haviam se retirado de Kosovo constituía prova suficiente da limpeza étnica pelos paramilitares sérvios. Contudo, sua apresentação de provas "testemunhais" recebeu grande cobertura da imprensa. Calou aqueles que continuavam céticos sobre a brutalidade sérvia sob a alegação de que não passavam de "boatos" e de que as informações eram "insuficientes". Kastberg e Khalikov, em seus leitos no hospital de Belgrado, ouviram trechos da entrevista coletiva de seu chefe pela BBC. Kastberg perguntou ao seu colega: "O que você acha que os sérvios farão com Sergio quando ele voltar a Belgrado?".

Vieira de Mello sabia dos riscos de retornar à capital sérvia. Quando sua equipe chegou lá em 26 de maio, sua primeira parada foi no Hospital Central de Belgrado, onde visitou os colegas feridos. "Eu estava sentindo pena de vocês, correndo o risco de serem raptados ou atingidos pelos bombardeios da Otan, por amor à ONU e aos princípios do humanitarismo", Vieira de Mello brincou. "Mas olha estas enfermeiras! Acho que escolhi o carro errado para viajar." Ele então se dirigiu a uma reunião sabidamente difícil com as autoridades sérvias. Informado de que se encontraria com Milošević, comentou com Bakhet no percurso de carro: "Não quero dar a mão àquele homem". Milošević, na verdade, não apareceu. E quando o ministro das Relações Exteriores iugoslavo Zivadin Jovanovic, antigo embaixador do país em Angola, saudou-o em português, Vieira de Mello interrompeu-o em inglês. "Excelência, o que vou lhe dizer, prefiro não fazê-lo em português", ele declarou melodramaticamente. "Seria um insulto à minha língua natal." A seguir, fez a defesa mais apaixonada e rigorosa já ouvida por Bakhet do direito básico da ONU à segurança e à dignidade humanas. "Sergio foi tão eloquente e tão pouco diplomático, mas mesmo assim tão profissional", Bakhet recorda. "Era como se a Carta da ONU estivesse falando através de uma pessoa." Quando os dois homens voltaram de carro ao hotel, Bakhet só conseguia balançar a cabeça. "Acho que você quer morrer, Sergio", ele disse.

Quando os dois entraram no lobby do Hotel Hyatt de Belgrado, viram Zeljko "Arkan" Raznatovic, o mais notório líder guerreiro da Sérvia, que lhes deu uma "banana". Ambos decidiram que era melhor permanecerem fora de vista, por isso rumaram direto aos elevadores. Arkan sentou-se no bar do Hyatt com a esposa, a popular cantora de música folclórica sérvia Ceca, e os dois filhos, vestidos graciosamente como se estivessem indo à missa. Aliviada por estar fora de Kosovo, Kirsten Young, sentada tomando um drinque com vários membros da equipe da ONU, tremeu ao ver Arkan na mesa ao lado.

Assim que Vieira de Mello chegou ao quarto do hotel, solicitou o serviço de quarto e ligou a TV na CNN. Ali viu Christiane Amanpour dar uma notícia exclusiva e surpreendente que havia vazado: Louise Arbour, a promotora de crimes de guerra da ONU em Haia, indiciara Milošević por crimes de guerra e crimes contra a humanidade. Foi a primeira vez que um chefe de Estado no poder foi indiciado por um tribunal internacional. Vieira de Mello ficou abismado com o momento inoportuno do indiciamento. Frank Dutton, o investigador de crimes de guerra de Arbour que acompanhava a missão sob falsa identidade, assegurara que não haveria indiciamento enquanto eles estivessem na região. "Por que fizeram isto agora?", Vieira de Mello gritou para Bakhet. "Por que não em qualquer outro momento nos últimos cinco ou seis anos? Por que não amanhã? E se formos mantidos reféns aqui?" Vieira de Mello, o mesmo homem que mantinha um cartaz dos suspeitos de crimes de guerra MAIS PROCURADOS da Bósnia na parede de seu escritório em Nova York, queria ver Milošević atrás das grades. Todavia, sentia que a segurança de sua missão fora posta em risco, e que a ONU se mostrara desorganizada e inepta. Poucos dos membros da equipe das Nações Unidas conseguiram dormir direito naquela noite. Vandam, da OMS, preferiu dormir de roupa. "Decidi que, se fossem me sequestrar naquela noite, eu preferiria não ser levado nu", ele recorda.

A delegação da ONU deveria voltar de carro à Croácia no dia seguinte, mas Vieira de Mello apressou a hora da partida, optando por sair ao raiar do dia. Antes, foi até o Hospital Central de Belgrado e escoltou Kastberg e Khalikov até o aeroporto, onde foram embarcados num jato de volta a Nova York. Ele também falou em particular com Dutton e pediu as anotações, os filmes e vídeos que este havia coletado. "É mais fácil os sérvios revistarem você do que a mim", explicou. O mesmo homem que outrora fizera amizade com criminosos de guerra como Ieng Sary e Radovan Karadžić e concordara que sua biografia poderia se chamar *Meus amigos, os criminosos de guerra* estava fazendo a sua parte para assegurar que os criminosos de guerra dos Bálcãs enfrentassem a justiça. Após ocultar várias provas sob suas meias e camisetas, cruzou a fronteira da Sérvia com a pacífica Croácia e deu um suspiro audível de alívio. "Você não acredita que a Otan vai ignorar a nossa missão, acredita?", perguntou a Bakhet. Naquele mesmo dia, Arbour anunciou formalmente o indiciamento de Milošević. O ditador sérvio seria preso e transferido para Haia dois anos depois. O vazamento se mostrara inofensivo.

Na viagem de carro com Bakhet para Zagreb, Vieira de Mello reclamou que autoridades do Ministério do Exterior croata provavelmente o aguardavam no hotel. "Estou cansado de reuniões", disse de repente. "Vamos esquecer os croatas e curtir uma boa refeição." Os dois homens entraram rapidamente num restaurante que Vieira de Mello conhecia da época em que trabalhou para a Forpronu, cinco anos antes. Conversaram sobre todos os assuntos imagináveis, menos Kosovo. Ao chegarem ao aeroporto para pegar o voo para a Suíça, encontraram o pessoal da ONU em pânico e autoridades croatas irritadas. Vieira de Mello mostrou para Dutton a sua mala, onde o investigador de crimes de guerra apanhou suas provas.

Os membros da equipe voaram de Zagreb a Zurique, onde permaneceram num hotel do aeroporto. Ali Vieira de Mello recebeu um fax de seu auxiliar Fabrizio Hochschild, que lera uma notícia descrevendo a entrevista coletiva da ONU em Montenegro. Hochschild, fiel a Vieira de Mello mas também muitas vezes um forte crítico, escreveu que as refutações das mentiras sérvias por seu chefe "foram corajosas e deixaram todos nós orgulhosos".[12] Na sede da ONU em Nova York, quando a Otan entrou unilateralmente em guerra em março, o estado de espírito era de um funeral, mas a missão de Vieira de Mello trouxe mais animação. O Conselho de Segurança pode ter sido ignorado, entretanto, ao fornecerem as primeiras provas testemunhais independentes da limpeza étnica, os funcionários das Nações Unidas sentiam que haviam provado a importância da Organização.

Os exaustos membros da delegação da ONU reuniram-se no jardim do hotel para um jantar regado a drinques, porém seu líder se retirou para o quarto do hotel. Enquanto os colegas relaxavam da tensão das últimas duas semanas com álcool e risos, Vieira de Mello permaneceu na janela do hotel olhando para o pátio abaixo, telefone ao ouvido, ocasionalmente acenando.

Ao retornar à sede em Nova York, tornou-se o primeiro trabalhador de ajuda humanitária da história da ONU a ser chamado para depor ante o Conselho de Segurança. Em 2 de junho, todos os olhos se voltaram para sua figura, pois ele penetrara onde nem sequer os generais da Otan ousavam ir. Começou suas observações elogiando as autoridades de saúde iugoslavas pelos cuidados dispensados a Kastberg e Khalikov, mas depois entrou fundo numa discussão detalhada da limpeza étnica sérvia. Sua equipe, ele disse, obtivera um acesso que "foi mais do que o esperado, porém menos do que o necessário".[13] As autoridades sérvias limitaram os movimentos do grupo, alegando preocupações de segurança que "com frequência não eram compreensíveis nem convincentes". Mesmo assim, ele vira bastante da província para saber que se tratava de um "panorama de aldeias vazias, casas incendiadas, lojas saqueadas, gado perdido e fazendas abandonadas".[14]

Já que a maior parte do tempo da missão fora despendida na Sérvia, tinha bastante a acrescentar sobre a destruição causada pelos bombardeios da Otan também. Relatou que civis sofreriam por vários anos os efeitos do dano ambiental, trauma psicológico e destruição de serviços essenciais, como eletricidade, saúde, comunicações e calefação. Embora sua apresentação fosse imparcial, ele impressionara com a discussão da violência sérvia, e foram essas observações que mereceram as manchetes globais, fato que já previra.

Sua missão ousada não revelara informações radicalmente novas, no entanto realçara o sofrimento dos civis e reafirmara a voz independente da ONU. Ele mostrara, para si e para qualquer um, que a Organização das Nações Unidas estava preparada para defender as vítimas da limpeza étnica, bem como para defender a si mesma.

13. Vice-rei

Em três décadas lidando com guerras e deslocamentos humanos, Vieira de Mello especializara-se em entender governos. Embora nunca conseguisse totalmente o que queria, aprendeu a negociar com eles, a extrair recursos deles e a manipulá-los. Seus colegas graduados em Nova York, em geral veteranos também no serviço aos governos nacionais, costumavam se surpreender ao saber que ele nunca trabalhara para o Brasil. A ONU não era um lugar onde se pudesse adquirir experiência em dirigir um país. Mas tudo aquilo mudou, inesperadamente, com a crise em Kosovo.

ENCERRAMENTO DA GUERRA

Quando ele e sua equipe retornaram aos Estados Unidos, após a arriscada missão de avaliação, a guerra da Otan ainda ia mal das pernas. Mesmo assim, Viktor Chernomyrdin, o ex-primeiro-ministro russo, e Martti Ahtisaari, o presidente finlandês, vinham conduzindo negociações de paz apoiadas pelo governo Clinton, as quais estavam conseguindo ganhar força. As mães e as esposas de soldados sérvios protestavam contra as baixas sofridas pelo exército, e a Otan estava bombardeando empresas dos colegas mais próximos de Milošević. O líder sérvio, que esperava conseguir jogar a Rússia contra a Otan, viu-se contra a parede quando a ONU, a Otan e a Rússia subitamente começaram a se apresentar como uma frente unida. Na quinta-feira, 3 de junho de 1999, após 78 dias de guerra e 12 500 bombardeios da Otan, Chernomyrdin e Ahtisaari ofereceram a Milošević um acordo que era "pegar ou largar", e este se rendeu. Naquela noite, oficiais da aliança iniciaram negociações para a retirada da polícia e das forças militares sérvias de Kosovo.

Uma questão importante ficara sem solução: depois que as forças sérvias partissem, quem iria governar Kosovo? A maioria albanesa étnica, que vinha operando suas próprias estruturas de governo informais e clandestinas desde que a província fora privada de sua autonomia em 1989, estava ansiosa para assumir o controle, mas os russos não permitiriam. As autoridades sérvias adorariam continuar no comando, mas foi exatamente para impedir aquilo que a Otan lançou seus ataques aéreos.

Vieira de Mello deu numerosas entrevistas à mídia após o retorno a Nova York, argumentando que, como medida provisória, a ONU (e não a Otan) era a organização mais adequada para administrar a província. "Se a ONU for desempenhar esse papel", informou a um grande público no National Press Club, em Washington, quatro dias após a rendição de Milošević, "posso assegurar que está pronta para entrar em ação, e rápido."[1] Mas nem ele nem o secretário-geral Annan esperavam que as Nações Unidas fossem incumbidas desse papel. Embora os russos viessem pressionando por isso, os dirigentes da ONU acreditavam que a Organização seria excluída da paz assim como havia sido excluída da guerra. De fato, Vieira de Mello estava tão confiante de que outros receberiam a tarefa de governar o destino de Kosovo que, depois de ignorar o resto do mundo desde março, fez planos para viajar a Pequim, em 9 de junho, e, em seguida, a Islamabad, no Paquistão, em 13 de junho, para avaliar as condições humanitárias regionais.

Moscou, porém, logo o forçou a mudar os planos de viagem. O governo Clinton havia ignorado o Conselho de Segurança da ONU antes da guerra porque a Rússia teria vetado qualquer resolução norte-americana autorizando bombardeios da Otan. Agora que os russos vinham insistindo que a ONU liderasse a transição, Washington estava disposto a retornar ao Conselho de Segurança e convidá-lo para ajudar a moldar o futuro de Kosovo. Em 10 de junho, o Conselho de Segurança aprovou a Resolução 1244, que representou uma tentativa de denominador comum entre os países poderosos. Ela concedeu a Kosovo "autonomia substancial", mas não independência, e "autoadministração significativa", mas não autogoverno. As unidades policiais e militares sérvias teriam que deixar a província. No entanto, os países do Conselho de Segurança reiteraram seu respeito pela "soberania e integridade territorial da República Federal da Iugoslávia". Numa data não especificada à frente (data que, no final de 2007, ainda não havia sido estipulada),* a província sairia do limbo para permanecer legalmente parte da Sérvia ou, mais provavelmente, adquirir o pleno reconhecimento internacional como um país independente. Kosovo ainda precisava de um governo, de modo que a ONU atuaria como uma "administração internacional interina" até que seu status definitivo pudesse ser resolvido.

A Resolução 1244 prescrevia que Annan designasse um representante especial do secretário-geral como administrador transitório. Essa pessoa supervisionaria a administração civil, os assuntos humanitários (através do Acnur), a reconstrução (através da União Europeia) e o desenvolvimento de instituições (através da Organização para a Segurança e Cooperação na Europa, Osce). Esse administrador trabalharia em conjunto com — mas sem nenhuma autoridade sobre — a Otan, que enviaria 50 mil soldados numa missão de pacificação para estabilizar a província.

O pessoal da ONU não fizera nenhum planejamento antecipado para liderar o que, aparentemente, seria a missão política mais ambiciosa da história da Organização, e a mais visível desde os fracassos da Bósnia e de Ruanda. Mesmo sem saber se a ONU possuía *know-how* para governar alguma coisa, Annan aceitou a missão. Nas palavras de um funcionário das Nações Unidas: "Quando o Conselho de Segurança convoca, o Secretariado não rosna. Abaixa a cabeça, põe o rabo entre as pernas e começa a andar".

Annan sabia que a ONU não podia se dar ao luxo de falhar, de modo que a escolha de seu enviado especial era muito importante. Como os países do Conselho de Segurança não o avisaram antecipadamente, ele não havia providenciado um candidato. Na sexta-feira, 11 de junho, convocou Vieira de Mello ao seu escritório no 38º andar: "Sergio", ele disse, "preciso que você volte". Embora Vieira de Mello estivesse exausto, ficou empolgado. O líder rebelde angolano

---

* No início de 2008, o Parlamento de Kosovo declarou unilateralmente a independência em relação à Sérvia. (N. T.)

Jonas Savimbi impedira sua nomeação como representante especial em 1993. Aquela seria a primeira vez em sua carreira que dirigiria sua própria missão da ONU. O único problema: a designação era temporária. Como a Europa forneceria o grosso do financiamento para a reconstrução de Kosovo, Annan sentia que precisava encontrar um europeu para suceder a Vieira de Mello o quanto antes.

REUNIR UMA EQUIPE

Quando Vieira de Mello liderou sua missão humanitária de onze dias à Sérvia, no mês anterior, reunira uma equipe diversificada, com membros de várias agências. Mas, para aquela missão política vital, teve a liberdade de escolher seu próprio time. Ele selecionou meia dúzia de colegas confiáveis, preparados para deixar suas vidas e famílias dentro de 24 horas. Dezenas de outros funcionários da ONU logo se seguiriam, mas o núcleo seria fundamental. Helena Fraser, uma britânica de 27 anos, havia sido a *desk officer* de Kosovo em Nova York. "Você pode se preparar para partir amanhã?", Fabrizio Hochschild perguntou a ela. "Vou me casar daqui a um mês", ela respondeu, mas então acrescentou: "Fiz a última prova do meu vestido ainda hoje".

Hansjörg Strohmeyer, um ex-juiz alemão de 37 anos que recentemente ingressara no escritório de Vieira de Mello, trabalhara na Bósnia por três anos e conhecia a legislação iugoslava. "Preciso de um advogado lá", Vieira de Mello lhe disse. A mãe de Strohmeyer chegara de Dortmund naquele mesmo dia e, sem falar inglês, ficaria perdida em Nova York sem o filho. Mas ele aceitou de bom grado. Ao dar a notícia à mãe naquela noite, ela caiu no choro.

No dia seguinte, sábado, 12 de junho, Fraser, Strohmeyer e os outros membros jovens da equipe correram por Nova York para se preparar para a viagem. Fraser foi à Bloomingdale's com o noivo a fim de comprar roupas leves de algodão para a missão. Enquanto o casal empilhava, apressado, as compras, a vendedora perguntou qual era o acontecimento. "Estou indo para Kosovo", Fraser respondeu. A mulher pareceu intrigada. "Onde é que fica?", quis saber. "Fica na ex-Iugoslávia", Fraser esclareceu. "Onde é isto?", a vendedora continuou. "É nos Bálcãs", explicou a inglesa. "Hmmm", a mulher disse. "Onde fica isto?" "Na Europa", Fraser respondeu. O rosto da mulher se iluminou. "Oh, parabéns", ela disse. "Tenha uma viagem maravilhosa!"

Strohmeyer havia sido informado de que a equipe de Vieira de Mello provavelmente partiria no domingo. Na manhã de sábado, deixou umas roupas na lavanderia e deu um pulo na ONU para pegar alguns livros importantes. "Você já pegou sua passagem?", a secretária de Vieira de Mello perguntou. Strohmeyer respondeu que não. Ela disse que ele poderia obtê-la com Hochschild no aeroporto mais tarde. "O que você quer dizer com 'mais tarde'?", ele perguntou. "O voo parte esta tarde", ela falou. "Você não foi informado?" Ele não havia sido. Strohmeyer, que levava o passaporte consigo, correu de volta para a Laundromat, enfiou as roupas úmidas numa mala com seus livros e pegou um táxi até o aeroporto. Sua mãe teria que se virar sozinha.

Vieira de Mello quase perdeu o voo. Como os colegas, passara o dia organizando a sua vida para a viagem. Mas também vinha recebendo informações de hora em hora dos Bálcãs, onde os funcionários da ONU e da Otan enfrentavam um êxodo novo. Milhares de civis sérvios de repente se puseram a pegar as estradas, rumo ao território da Sérvia. Voluntariamente eles empilharam seus pertences sobre seus carros e carroças, como os kosovares albaneses havia pouco foram forçados a fazer sob a mira de armas. Os sérvios zombavam das garantias ocidentais de que as forças da Otan os protegeriam. "Como podemos acreditar na Otan se eles nos bombardearam?", um jovem estudante sérvio havia perguntado, conforme citado no *Washington Post*.[2] Mas, embora consciente dos temores da minoria sérvia, Vieira de Mello subestimou o desejo de vingança de alguns albaneses étnicos.

Quando chegou ao aeroporto Kennedy de Nova York, passou pela segurança e correu para o terminal de embarque, os comissários de voo estavam prestes a fechar a porta do avião. Os membros da equipe que aguardavam, nervosos, a chegada do chefe o aplaudiram, mas não gostaram do seu traje. Vestia um traje safári cáqui que o deixava vinte anos mais velho e com um aspecto bem mais colonial do que pretendia.

NO COMANDO ENFIM

Ele aproveitou o voo noturno até Roma para estudar a Resolução 1244 do Conselho de Segurança, que deixava indefinido o status final de Kosovo, mas lhe dava bem mais poder do que o de Yasushi Akashi no Camboja. Akashi havia supervisionado os ministérios cambojanos. Em Kosovo, Vieira de Mello teria que criá-los e dirigi-los. De alguma maneira, sem dinheiro, sem precedentes válidos e sem instituições com que contar, teria que decidir qual legislação se aplicaria na província e como cobrar a alfândega e os impostos, que tipos de passaportes deveriam ser emitidos, como pôr em movimento a economia, se a moeda iugoslava deveria continuar em circulação e o que fazer com o Exército de Libertação do Kosovo, os guerrilheiros albaneses étnicos que seriam uma presença armada incontestada assim que a polícia e os soldados sérvios tivessem se retirado plenamente. Vieira de Mello era o administrador interino. Ele não sabia quanto tempo duraria a "interinidade", mas pôs-se a criar um esquema para governar o local. Sabia que seu maior desafio seria mobilizar rapidamente a polícia, o pessoal da ONU e o dinheiro de Nova York.

Sua pequena equipe voou de Roma para Skopje, na Macedônia. Ao desembarcarem, dirigiram-se direto ao centro de operações temporário da Otan, onde o comandante da força, o tenente-general britânico Michael Jackson, estava aquartelado. Vieira de Mello informou a Jackson que sua equipe pretendia ir de carro em direção ao norte para Kosovo naquele mesmo dia. Jackson aconselhou que não o fizessem. "A província ainda não está segura", ele explicou. "Nem sequer instalamos nosso quartel-general."

Vieira de Mello contou ao general Jackson que estava consciente dos riscos de uma entrada prematura. Porém, como viajara por Kosovo enquanto a Otan ainda bombardeava a província e forças paramilitares sérvias andavam à solta, não seria dissuadido agora que um acordo de paz fora assinado. Embora o Conselho de Segurança tivesse posto a província sob o controle da ONU, ele sabia que, se não estabelecesse rapidamente uma presença terrestre da Organização, os soldados da Otan e do ELK iriam preencher o vácuo. Jackson desejou-lhe boa sorte, e os dois homens concordaram em realizar reuniões diárias em Kosovo de modo a coordenar suas cadeias de comando civil e militar.

Como a missão havia sido organizada às pressas e de improviso, o grupo de Vieira de Mello precisou implorar para obter suprimentos de grupos de ajuda, governos e outras agências da ONU já presentes na região. Conseguiram emprestados dois veículos de uma organização de ajuda humanitária sueca, equipamentos de comunicação da agência de ajuda do governo britânico, água e combustível do Acnur e rações militares da Otan. Vieira de Mello sentiu-se como se estivesse no que mais tarde chamou de "uma excursão escolar com orçamento reduzido".[3]

A viagem da fronteira da Macedônia até Pristina, a capital do Kosovo, foi direta: os dois veículos simplesmente tiveram de percorrer 65 quilômetros para o norte. Mas o cenário ao redor não parecia nada normal. Menos de três semanas antes, quando ele percorrera um trecho da mesma estrada, ela estava deserta. Agora as ruas estavam repletas de kosovares albaneses eufóricos que nunca haviam acreditado realmente que se livrariam da tirania sérvia. A maioria dos kosovares ainda estava fora do país, em campos de refugiados na Macedônia e na Albânia. Aqueles que acorreram para saudar o comboio da ONU eram predominantemente os que haviam se escondido no interior da província durante a campanha de bombardeios da Otan. Faziam o sinal da paz, lançavam flores na rua e aclamavam o primeiro-ministro britânico e o presidente norte-americano, entoando: "TO-NY, TO-NY" e "CLIN-TON, CLIN-TON". "Deve ter sido assim que as tropas norte-americanas se sentiram no fim da Segunda Guerra Mundial", Fraser comentou com o colega.

Vieira de Mello observou famílias caminhando ao lado da estrada. Carregavam trouxas e pareciam estar voltando para casa. Viu carros esporádicos com grandes pilhas de malas e eletrodomésticos. "Uma vez que essas pessoas comecem a voltar para casa", observou, "nada as deterá." Contudo, tendo percorrido as aldeias incendiadas de Kosovo, sabia que muitos, ao retornarem, encontrariam os vestígios carbonizados de suas vidas passadas.

Após rodarem três horas pela estrada, quando o comboio da ONU atingiu o alto de um morro, ele pediu ao motorista que parasse o veículo. Desembarcou com os outros e divisou a capital, Pristina, abaixo. Olhou então para trás e examinou os carros de que sua equipe se apropriara. "Isto é ridículo", exclamou. "Temos que mostrar às pessoas que são as Nações Unidas, não a Suécia, que estão chegando. Quem é que tem uma bandeira da ONU?" Alguém arranjou uma bandeira azul-real da ONU, do tamanho aproximado de uma fronha, e a amarrou na antena do carro de Vieira de Mello. Ele pareceu satisfeito, embora os enormes decalques da bandeira sueca que adornavam as laterais dos carros fossem bem mais visíveis.

Ele se apressou em chegar a Pristina por outro motivo, menos sério. Dennis McNamara, que vinha dirigindo as operações do Acnur na região, estava trazendo a primeira ajuda humanitária da ONU para Kosovo em quase três meses. McNamara contara a Vieira de Mello que pretendia ser a primeira autoridade da ONU a atingir a capital recém-libertada. Pelo rádio, os dois amigos haviam se desafiado mutuamente a tarde toda, mas McNamara silenciara, e Vieira de Mello temeu que o amigo tivesse ganhado a aposta.

McNamara contava com uma boa vantagem inicial, pois partira de Skopje de manhã. Contudo, ele estava viajando num comboio de 23 caminhões que carregavam 250 toneladas de suprimentos, inclusive água engarrafada, farinha de trigo, kits higiênicos, lençóis, forros de plástico e 48 mil refeições pré-cozidas.[4] Seu comboio pesado levou grande parte do dia para fazer o percurso até o depósito da ONU na periferia de Pristina. Staffan de Mistura, o italiano que, aconselhado por Vieira de Mello, havia contratado contrabandistas como "consultores da ONU" na Bósnia sete anos antes, fazia parte do comboio de McNamara. Ele não sabia que estavam participando de uma "corrida", e jamais lhe ocorreu que Vieira de Mello, nomeado administrador interino somente dois dias atrás, já pudesse ter alcançado Kosovo. Entretanto, tão logo De Mistura desembarcou de seu caminhão no depósito das Nações Unidas, ouviu a voz familiar. "*Benvenuto*, Staffan!", Vieira de Mello disse.

Enquanto Vieira de Mello, McNamara e De Mistura se abraçavam calorosamente,* um sérvio idoso que estava guardando o portão do depósito da ONU pôs-se a berrar obscenidades e a erguer a metralhadora como se fosse atirar em quem se aproximasse. O homem estava visivelmente embriagado e sua fala era tão desconexa que parecia, ao mesmo tempo, inofensiva e perigosa. Vieira de Mello havia sido informado de que os sérvios haviam incendiado o outro grande depósito da ONU em Kosovo, de modo que sabia que as Nações Unidas só podiam contar com aquele.

"Staffan, preciso de uma bebida", Vieira de Mello disse subitamente a De Mistura.

"Não entendi muito bem, você precisa de uma bebida?", o italiano perguntou. Em pleno dia, havia trabalho por fazer.

"Você tem alguma *slivovitz* aí?", Vieira de Mello insistiu.

De Mistura consultou os intérpretes da ONU para ver o que conseguiam obter. Alguns minutos depois, um morador aproximou-se com uma pequena garrafa da aguardente dos Bálcãs. Vieira de Mello aproximou-se com cautela do

---

* Funcionários da ONU presentes naquele dia discutem até hoje quem realmente chegou primeiro e ganhou a aposta.

sérvio zangado e apontou para a garrafa. "Gostaria de beber uma *slivovitz* com você e esclarecer as coisas", ele disse.

O guarda sérvio pareceu cético, mas as regras de hospitalidade dos Bálcãs exigiam que aceitasse. Os homens ergueram seus copos. "*Živeli*", Vieira de Mello brindou na língua do sérvio, que pareceu desnorteado. De Mistura não sabia quem estava em maior estado de choque, ele ou o guarda sérvio. Porém, ao ver o guarda depor sua arma do lado da sua cadeira e retribuir o brinde, entendeu quem acabaria levando a melhor.

Por meio de um intérprete da ONU, o sérvio começou a explicar o motivo de sua raiva. Ele guardava aquele depósito havia quase um ano, e o governo sérvio ainda não lhe pagara os salários. Seus amigos e parentes já haviam deixado Kosovo, mas ele permaneceu para cobrar o que lhe era devido. Vieira de Mello terminou seu drinque, retornou ao seu veículo e abriu uma caixinha que usava para guardar dinheiro para as pequenas despesas. Quando entregou ao sérvio as centenas de dólares que lhe eram devidas, o guarda meteu-as no bolso, apanhou sua metralhadora e saiu andando. O depósito pertencia à ONU.

Depois de assegurar um abrigo para os suprimentos humanitários da ONU, Vieira de Mello e os demais rumaram para a cidade. Pristina estava ainda mais deserta do que durante a guerra. A maioria dos sérvios havia partido, e poucos albaneses étnicos já tinham voltado. Quando o grupo da ONU alcançou a capital, observou que as forças sérvias ainda estavam incendiando casas. As circunstâncias o lembraram de sua chegada a Gorazde, cinco anos antes. Mas, se desta vez se tratava claramente do último suspiro dos sérvios que partiam — um sinal de sua fraqueza relativa —, em Gorazde os incêndios foram um sinal de sua invulnerabilidade.

Antes de chegarem, não haviam reservado acomodações. Randolph Kent, que fazia parte do grupo, lembra do caos e da incerteza que sentiram ao dirigirem sem rumo por Pristina. "Você já chegou a algum lugar num feriado e disse: 'Diabos, por que não reservamos um hotel?'. Bem, foi essa a sensação", Kent recorda.

Quando o grupo parou na beira da estrada para planejar o resto do dia, viram outro soldado sérvio bêbado, em uniforme da milícia, cambaleando estrada acima. Não deram muita importância, já que aquela visão estava se tornando familiar. Alguns minutos depois, ao percorrerem a estrada, viram o corpo daquele soldado de bruços. Ele havia sido fuzilado — um dos quatro sérvios que teriam sido mortos pelo Exército de Libertação do Kosovo naquele dia.[5] Como eram os sérvios que haviam mantido a ordem até então, ainda que brutal, sua partida estava deixando um vácuo perigoso.

Embora mal tivesse dormido no voo transatlântico, Vieira de Mello como sempre tinha pressa em afirmar a presença da ONU. Ele concedeu uma entrevista coletiva à imprensa no Grand Hotel, no centro da cidade. Quando mostraram o salão onde o evento ocorreria, ele observou o pódio: "Tem uma bandeira da Otan ali", disse a Eduardo Arboleda, do Acnur. "Não posso aparecer diante de uma bandeira da Otan." "Mas, Sergio, as pessoas se concentrarão no que você estiver dizendo", Arboleda replicou. "Não, eu ofenderei os sérvios", ele respondeu. "Eles acabaram de ser bombardeados pela Otan." Na falta de uma bandeira da ONU como pano de fundo, Vieira de Mello pediu que alguém encontrasse um lençol azul-claro, que foi providenciado pelo departamento de limpeza do hotel e pendurado. "Para aquele grupo desamparado, sem comida, carros, sacos de dormir ou acomodações, dizer 'Estamos aqui, e somos a nova administração da ONU!' parecia brincadeira", recorda Strohmeyer. "Havia dez de nós e 50 mil soldados da Otan." Entretanto, o respeito próprio de Vieira de Mello, pessoal e institucional, fazia com que ele e os outros membros da equipe acreditassem que tinham um papel essencial por desempenhar.

Durante a entrevista coletiva, indagou-se sobre a possibilidade de ataques de albaneses étnicos em vingança contra os sérvios. Apesar dos pedidos de McNamara para que ele condenasse os deslocamentos e as matanças por vingança, Vieira de Mello infelizmente transmitiu uma mensagem passiva aos habitantes da província polarizada. Em vez de denunciar o surto de ataques contra os sérvios, ele disse: "Acredito que seja inevitável a ocorrência de incidentes de segurança em vários lugares".[6] Só no final de junho ele reuniu os líderes albaneses e sérvios de Kosovo para emitirem um apelo conjunto pela paz.

Após a entrevista, McNamara conduziu a equipe política de seu amigo para uma casa de quatro andares, pertencente a um amigo kosovar, que havia sido usada pelo pessoal do Acnur antes dos bombardeios. O Acnur negociara com a família, que concordou em se mudar para o porão enquanto a ONU ocupava a casa principal. Serviria ao mesmo tempo de residência e quartel-general até que a administração transitória de Vieira de Mello se apossasse de um antigo prédio do governo sérvio para suas operações permanentes.

Todas as noites, no corredor defronte ao seu quarto no último andar, Vieira de Mello reunia sua equipe, que incluía Martin Griffiths, McNamara, Kirsten Young (sua auxiliar), Kent, Hochschild, Fraser, Strohmeyer e Susan Manual, uma porta-voz. Alguém puxava uma pequena mesa de bridge até o centro do patamar, onde ele colocava uma garrafa de Johnnie Walker Black Label e diversas barras de chocolate Lindt e Ritter Sport. Enquanto os outros esvaziavam a garrafa, Vieira de Mello alternava-se entre liderar a discussão dos acontecimentos do dia e desaparecer no quarto para fazer suas ligações a Nova York.

Fraser não gostou de coabitar numa casa praticamente só de homens e sem água corrente. Com as dores de barriga deles, o cheiro podia ser insuportável. Seu quarto abrigava o telégrafo codificado altamente seguro da ONU, e, devido à diferença de horário em relação a Nova York, a máquina soava e emitia folhas confidenciais a noite inteira. A certa altura, Fraser ficou tão exasperada com as frequentes interrupções de seu sono que a desligou da tomada. Ao confessar o crime para Hochschild no dia seguinte, este disse: "Não esquenta. Qual a última vez que você viu algo importante num telegrama codificado secreto da ONU?".

A despeito das condições pouco higiênicas da casa, Vieira de Mello manteve sua reputação de elegância, em contraste com os membros desgrenhados da equipe. Certa noite, depois que saiu da casa para uma reunião, McNamara, que tomara alguns drinques, entrou no quarto do amigo e revistou suas malas. "Descobri o truque", ele gritou para o corredor. "Venham rápido!" Os membros da equipe de Vieira de Mello se reuniram, com sensação de culpa, ao lado da sua cama, onde McNamara havia exposto a "prova do crime". "É assim que ele faz, o safado", McNamara exclamou. Dentro da mala via-se uma dúzia de camisas sociais azuis idênticas, impecavelmente passadas a ferro e engomadas.

A maioria do pessoal de Vieira de Mello era, como ele, progressista com tendência esquerdista, atraídos para a ONU pelo apoio da Organização à descolonização. Assim, acharam contraditório estarem envolvidos numa experiência de governo semicolonial. Eles brincavam com os novos impulsos imperiais de Vieira de Mello e o apelidaram de "Vice-Rei". Mas todos sentiam as tensões inerentes à situação. Vieira de Mello não aceitou naturalmente toda a gama de poderes que lhe foi concedida. Ele lutou para aceitar a ideia de que todos os prédios, todas as finanças e empresas que antes eram propriedade do governo sérvio agora, tecnicamente, lhe pertenciam. Quando desciam certa vez pela via principal de Kosovo, ele pediu a Griffiths que reduzisse a velocidade, pois não ficaria bem o administrador receber uma multa por excesso de velocidade. Griffiths concordou e reduziu a marcha. No entanto, lembrou-se de repente do cenário hobbesiano em que se encontravam. "Sergio, não há ninguém aqui para nos prender, a não ser nós", observou. "Nós é que estamos no comando." Vieira de Mello fez uma careta. "Que pensamento realmente aterrorizante", ele disse.

Como administrador, Vieira de Mello constatou que suas responsabilidades eram enormes. O lixo vinha se empilhando desde que a Otan começara os bombardeios em março, e ele teria que encontrar um meio de pagar os lixeiros. Pediu autorização ao escritório de assessoria jurídica da onu, em Nova York, para gastar as receitas das empresas estatais, como as companhias de eletricidade e água, sem ter que consultar as autoridades em Belgrado. A sede demorou um tempo assustador para responder. "Sergio não recebeu quase nenhuma orientação sobre as grandes questões, e orientação excessiva sobre questões minúsculas", recorda Fraser. "Ele não conseguia suportar a combinação de silêncio e ingerência."

Se as regras e os regulamentos da onu já o haviam atormentado no escritório em Nova York, quase arruinaram seus esforços de governar Kosovo. A única forma pela qual lograria conquistar a afeição dos albaneses seria oferecer uma assistência tangível, pagando-lhes os salários que o Estado devia ou rapidamente conseguindo recursos para que reconstruíssem suas propriedades destruídas. Cerca de 50 mil funcionários públicos albaneses étnicos não recebiam seus salários havia mais de dois meses, mas ele não podia simplesmente agir como no caso do guarda sérvio bêbado e recorrer à caixinha de dinheiro para pequenas despesas. Embora o Conselho de Segurança tivesse dotado a missão da onu de um orçamento de 456 milhões de dólares, o dinheiro vinha de contribuições cobradas e, como ocorrera no Camboja, só podia ser usado para cobrir as necessidades de funcionários das Nações Unidas: salários, veículos, computadores e ares-condicionados. Se ele quisesse pagar os kosovares por seu trabalho como guardas de segurança, funcionários públicos, construtores de estradas, professores ou lixeiros, teria que criar um fundo fiduciário separado, com o qual os países da onu não teriam obrigação de contribuir. O fundo só começou realmente depois que ele partiu, quando a frustração local com a onu já era grande. No Camboja, existia um governo além da onu, enquanto em Kosovo a onu era o governo. Isso lhe dava o poder de deter e soltar assassinos, nomear juízes e demitir prefeitos. Contudo, as regras das Nações Unidas, criadas décadas antes para missões bem menos ambiciosas, lhe negavam a flexibilidade para contratar e demitir funcionários da ONU ou desembolsar os recursos conforme lhe parecesse adequado. "É como se lhe pedissem que realizasse ginástica olímpica e depois o colocassem numa camisa de força", ele escreveu mais tarde.[7]

Em 16 de junho, ele retornou a uma das aldeias perto de Urosevac que visitara durante a viagem de avaliação em maio, onde localizou uma mulher, com quem havia falado, expulsa de sua casa sob a mira de armas. "Eu falei que voltaria", ele disse para ela. "Prometi que cuidaria de você." A mulher chorou de gratidão, mas contou que sua casa havia sido destruída e que não tinha nada para comer. Na hora de atender àquelas necessidades vitais, Sergio nada tinha a oferecer.

Vieira de Mello fez todo o possível para transmitir ao seu pessoal, à Otan e aos albaneses étnicos e sérvios que tudo vinha ocorrendo de acordo com um plano claro e sofisticado. Mas em particular reclamava aos céus sobre a "maldita" Nova York. "Éramos uns retardatários", recorda Fabrizio Hochschild. "Tudo era ilusório. Sergio sempre conseguia dar a impressão de que estava no comando e de que era confiável, quer estivesse numa torre de mármore, quer num pequeno monte de areia, que era onde estávamos em Kosovo."

A LACUNA DO POLICIAMENTO

A maior falha da transição, cujas consequências se fariam sentir pelas gerações futuras, foi a ausência de lei, ordem e justiça. Vieira de Mello enfrentou dois problemas: a abundância de refugiados kosovares albaneses que retornavam ressentidos com os sérvios, que os oprimiram e expulsaram, e o desaparecimento, da noite para o dia, das instituições que haviam mantido a ordem na província.

No Camboja, ele e o Acnur organizaram a maior parte dos retornos de refugiados. Mas em Kosovo os civis retornaram por conta própria, sem levar em conta as condições de suas casas ou as minas, armadilhas explosivas e material bélico não detonado da Otan espalhados pela província. Dois meses após a chegada de Vieira de Mello, cerca de 300 mil kosovares haviam espontaneamente retornado a Kosovo, e mais 50 mil chegavam a cada dia. E o faziam como haviam partido: a pé, de carro ou de trator. Em fila, pareciam as colunas de refugiados hútus forçados a retornar a Ruanda em 1996, entretanto, enquanto aqueles refugiados só retornaram sob a mira de armas, em Kosovo a ONU teria precisado de armas para impedir a enxurrada humana. Em 25 de junho, o número dos retornados excedia 650 mil. No primeiro mês de Vieira de Mello ali, mais de 130 kosovares que retornaram foram feridos por material bélico.[8]

Qualquer funcionário da ONU que houvesse trabalhado em regiões assoladas pela violência estava familiarizado com a "lacuna do policiamento" que geralmente ocorria no intervalo entre a saída de um governo e a consolidação do outro. Quando um ocupante partia, ou quando as forças de segurança eram dispensadas, elementos criminosos costumavam ser os principais beneficiários. Vieira de Mello acreditara que as tropas da Otan seriam capazes de impedir a maioria dos ataques de vingança contra os sérvios. No National Press Club, em Washington, no princípio de junho, ele dissera, confiante: "Kosovo é uma província muito pequena, de modo que 50 mil homens [...] provavelmente impedirão qualquer surto de vingança que possa estar sendo planejado".[9] Neste ponto, errou feio. As habilidades para travar uma guerra diferiam muito daquelas para a prevenção do crime. E Kosovo não tinha poucos policiais ou policiais corruptos, como ocorrera no Camboja. Depois que os sérvios partiram, não tinha nenhum. O Pentágono havia sugerido que a ONU simplesmente "reciclasse" o Exército de Libertação como uma força policial, mas as autoridades das Nações Unidas acharam a sugestão ridícula, pois era precisamente esse exército que estava aterrorizando os civis sérvios. Restou à minúscula missão da ONU sob o comando de Vieira de Mello enfrentar o mais terrível desafio do pós-guerra: encerrar o ciclo perverso de violência. Seria preciso uma eternidade para recrutar policiais internacionais em número suficiente para tornar as ruas seguras. Bernard Miyet, que dirigia o Departamento de Operações de Paz em Nova York, disse que não pôde sequer recrutar um comissário de polícia da ONU para Kosovo até saber a nacionalidade de quem substituiria Vieira de Mello como representante especial. As outras contratações da ONU tiveram que assegurar o equilíbrio nacional.[10]

A ONU começara a recrutar policiais somente em 10 de junho, o dia em que a resolução inesperada do Conselho de Segurança criou a administração das Nações Unidas. Vieira de Mello solicitou unidades aos ministros do Exterior do Reino Unido, da França, da Alemanha e da Itália, que visitaram Kosovo em 23 de junho. Quatro dias mais tarde, cerca de 35 policiais da missão da ONU na Bósnia chegaram, originários de Argentina, Bulgária, Canadá, Chile, Estônia, Paquistão, Portugal, Romênia e Estados Unidos.[11] Mas eles funcionaram apenas como consultores da Otan. Como poucos países dispunham de capacidade policial ociosa, não sobrava ninguém para mandar a Kosovo a fim de fazer o policiamento. Vieira de Mello solicitou especialistas para combater o crime organizado, que havia florescido em Kosovo mesmo antes da guerra e estava a pleno vapor. Aquele pedido só seria atendido em 2001, dois anos após ter sido realizado, altura em que as redes criminosas de Kosovo já haviam se entrincheirado.[12]

Vieira de Mello controlava todas as funções do novo governo interino de Kosovo, mas não tinha nenhum poder sobre as forças da Otan. Solicitou ao general Jackson que tomasse a iniciativa, contudo, como a aliança acabara de travar uma guerra contra os sérvios, seus oficiais continuavam a ver a minoria sérvia como uma ameaça, e não como vítimas potenciais. Vieira de Mello entendeu o ponto de vista da Otan. Cerca de 10 mil albaneses étnicos haviam sido mortos nos últimos meses, mais de seiscentas aldeias haviam sido arrasadas, e covas novas vinham sendo reveladas a cada dia. Por todo o país, os soldados da Otan descobriam óculos, relógios, latas de tabaco, documentos e fragmentos de roupas em meio a pilhas de ossos. Vieira de Mello sabia, com base em seus próprios voos de helicóptero pela província, como eram revoltantes os resultados da campanha de terra arrasada dos sérvios: hectare após hectare de bairros reduzidos a cinzas. Mesmo assim, achava que cabia à Otan impedir a violência. Porém, por mais pedidos que fizesse, Jackson não deu às suas tropas ordens permanentes de deter os saques e incêndios criminosos. Como também acontecia nas missões da ONU, alguns contingentes nacionais da Otan automaticamente levavam a proteção aos civis mais a sério do que outros. Enquanto o batalhão britânico intervinha regularmente para impedir que os albaneses étnicos atacassem os sérvios, os soldados alemães e italianos tendiam a permanecer em seus veículos blindados, relutando em realizar patrulhas a pé. Um capitão americano foi sincero ao dizer a um sérvio: "É melhor partirmos, não podemos proteger vocês".[13]

As forças mais isoladas em Kosovo eram as norte-americanas. Enquanto a maioria dos outros países que contribuíram com tropas ocupou fábricas, depósitos ou complexos militares iugoslavos abandonados em áreas urbanas, os planejadores norte-americanos construíram uma guarnição do zero, num enorme campo de trigo, a mais de seis quilômetros da cidade mais próxima. Os militares norte-americanos contrataram a empreiteira Brown & Root para erguer as instalações num complexo de trezentos hectares conhecido como Camp Bondsteel. Confinados por nove torres de vigia e cercas de arame farpado intransponíveis, os soldados dormiam em cabanas pré-fabricadas com calefação e ar-condicionado. Mais do que qualquer outra base, Bondsteel seria um prenúncio da fortaleza da Zona Verde que os administradores norte-americanos construiriam no Iraque em 2003.

Vieira de Mello não entendia como os norte-americanos poderiam proteger a minoria sérvia, ou conquistar corações e mentes kosovares, isolados daquela maneira da comunidade local. Mas entendia que, desde as mortes de soldados norte-americanos em Mogadíscio em 1993, o governo Clinton ficara obcecado com a "proteção das forças". A secretária de Estado Madeleine Albright e outros que defenderam a guerra em Kosovo temiam que, assim que as tropas norte-americanas sofressem as primeiras baixas, o Congresso pressionaria por sua retirada. Como resultado, embora considerasse a postura das forças norte-americanas contraproducente, Vieira de Mello não deu importância: era o preço da participação, e talvez até do financiamento norte-americano da missão de Kosovo como um todo.

Ele também aproveitou a base norte-americana para abrigar prisioneiros nas raras ocasiões em que a Otan fez detenções. Com a saída dos sérvios, Kosovo ficou sem nenhum sistema de justiça.[14] Quase todos os agentes penitenciários fugiram junto com a polícia e os militares sérvios. Sem lugar para colocar os saqueadores ou bandidos kosovares albaneses, os soldados da Otan tendiam a depositar os suspeitos em tendas dentro das bases ocidentais.[15] Duas semanas após o início da missão de Vieira de Mello, cerca de duzentos detentos (acusados de incêndio criminoso, agressão violenta ou assassinato) enfrentavam a detenção indefinida. A ONU precisava criar um corpo para processá-los.

Em 30 de junho, ele nomeou nove juízes e promotores, três dos quais sérvios, para agir como uma unidade móvel e administrar a justiça por todo o Kosovo. Em meados de julho, eles haviam analisado os processos de 249 detidos e soltado 112 deles.[16] Os albaneses étnicos criticaram a ONU pela participação desproporcional dos sérvios no tribunal. Aquilo não durou muito. Após alguns dias no cargo, um dos três juízes sérvios foi expulso de seu apartamento e ameaçado de morte. Ele fugiu para a Sérvia.[17]

O expurgo da minoria sérvia de Kosovo pelos albaneses étnicos, que a Otan estimava estivesse custando cinquenta vidas sérvias por semana, não era mera vingança. Tratava-se de uma tentativa deliberada de afetar as negociações futuras sobre o status de Kosovo. Ao prometer soberania à Sérvia, autonomia aos kosovares albaneses e autoridade de governo à ONU, o Conselho de Segurança havia concedido a Vieira de Mello e sua equipe um mandato baseado em contradições fundamentais. Os sérvios se ressentiam da ONU por privá-los do poder e por conceder aos kosovares direitos e privilégios que nunca antes tiveram. Os kosovares se ressentiam da ONU por tomar o lugar dos sérvios e administrar a província, negando-lhes a independência. Tratava-se, Vieira de Mello gostava de brincar, "de um esforço por combinar a maternidade com a virgindade".[18] E o sucesso em Kosovo, como uma virgem dando à luz, teria requerido a intervenção divina. Os kosovares optaram por não esperar. Preferiram, em vez disso, alterar a demografia de Kosovo, de modo a impossibilitar aos mediadores internacionais a devolução posterior da província à Sérvia. Se a independência kosovar exigia a pureza étnica, pareciam preparados para consegui-la.

COMBINAÇÃO DE MATERNIDADE COM VIRGINDADE

Vieira de Mello não podia oferecer aos kosovares um cronograma da independência porque isso não estava ao seu alcance: a decisão caberia aos países do Conselho de Segurança. Mas, como a missão da ONU era a face visível da ambivalência internacional sobre a soberania de Kosovo, as autoridades das Nações Unidas acabariam levando a culpa. O acrônimo inglês da Administração Interina da ONU em Kosovo, Unmik [UN Interim Administration in Kosovo], soava como *anmik*, que em albanês significa "inimigo".[19] Strohmeyer recorda a progressão do sentimento albanês: "Pouco antes da chegada da ONU, os albaneses eram forçados a bater a contingência sérvia com três dedos. Quando a ONU chegou, fizeram para nós o sinal da paz. E, depois que estávamos lá havia uma semana, faziam sinais obscenos".

Vieira de Mello dividia seu tempo batalhando para conseguir pessoal e suprimentos de escritório de Nova York, solicitando aos países doadores recursos para o desenvolvimento econômico de Kosovo e neutralizando a frustração dos albaneses étnicos. Seu ato mais importante como administrador foi a criação de um Conselho Transitório composto de representantes dos principais grupos políticos, étnicos e sociais: seis kosovares albaneses, dois sérvios, um bósnio muçulmano e um turco. O conselho deveria aconselhar a ONU como governar.

Uma vez que haviam lutado pela independência, os soldados do ELK nutriam a expectativa de que iriam governar a província. Como dispunha de pessoal e dinheiro por toda Kosovo, o exército podia requisitar os prédios municipais que haviam sido desocupados pelos sérvios e até decretar regras políticas e ordens legais. Numa afronta direta ao conselho transitório nascente de Vieira de Mello, Hashim Thaci, o líder do ELK, nomeou um gabinete de 21 membros, todos albaneses, no início de julho. Thaci também nomeou prefeitos em 25 das 29 municipalidades da província. Em 15 de julho, Ibrahim Rugova, o fundador mais pacifista do movimento de independência de Kosovo, retornou do exílio para a província e declarou: "Eu sou o presidente".[20] Vieira de Mello deixou claro que nenhum daqueles homens ocupava posição oficial alguma até que eleições democráticas pudessem ser realizadas.[21] A ONU, ele insistiu, era "a única fonte de autoridade em Kosovo".[22]

Embora frustrado pela intransigência local, estava empolgado. Doeu saber que ele não seria o administrador internacional permanente. A União Europeia estava planejando doar mais de metade do 1,5 bilhão de dólares anual necessário para administrar e reconstruir Kosovo, e ele aguardava notícias sobre qual europeu Annan escolheria para o cargo máximo.

O presidente francês Jacques Chirac pressionou pela indicação de Bernard Kouchner, ex-ministro da Saúde francês e fundador dos Médecins Sans Frontières, uma das organizações de proteção e ajuda humanitária mais influentes do mundo.* Em 2 de julho, Annan anunciou a nomeação de Kouchner.[23]

Vieira de Mello foi ao aeroporto saudar Kouchner quando este chegou a Kosovo, em 15 de julho. Ele não tinha dúvidas sobre o compromisso de Kouchner com a ex-Iugoslávia. O defensor francês ajudara a organizar a visita de Barbara Hendricks a Sarajevo, em 1994, e era um antigo aliado dos kosovares. Os dois homens eram amigos, mas tinham estilos bem diferentes. Vieira de Mello nem sempre vira com bons olhos os esforços de Kouchner, através dos anos, de promover a si mesmo tanto quanto as suas causas. Em 1992, ele reclamara, de forma audível, ao saber que, na Somália, Kouchner posara para as câmeras da televisão caminhando dentro da água com um saco de arroz nas

---

* Em 2007, o presidente francês Nicolas Sarkozy nomeou Kouchner seu ministro do Exterior.

costas. Agora, sete anos depois, ao ver Kouchner desembarcar de seu avião em Pristina, acompanhado de uma equipe de televisão, Vieira de Mello decidiu sair da cidade o mais rápido possível.

Ele adorara servir como administrador interino, já que foi seu cargo político mais elevado, além de combinar tantos dos desafios que viera enfrentando isoladamente durante a sua carreira: repatriação de refugiados, governança, reconstrução, lei e ordem. Estava realmente triste por partir. Mas se orgulhava do que conseguira num curto período de tempo. Além de criar o Conselho Transitório de Kosovo e envolver os impacientes kosovares num processo político liderado pela ONU, cultivara um relacionamento pessoal cordial e de cooperação com a Otan (embora o pessoal das duas organizações não se misturasse facilmente), e, o mais notável, quase sem contar com orientação, criara as leis básicas de que Kosovo precisaria para se governar. "Ele estabeleceu a legislação do local sem nenhuma regra e ninguém para aconselhá-lo", Fraser recorda. "E isto foi em 1999, quando não dava para procurar no Google alguma nação recentemente descolonizada e descobrir como ela redigiu suas primeiras leis. Era tudo puro improviso."

Sua frustração por ter sido preterido ele mascarou com humor e deferência. Levou Kouchner até o prédio do antigo Ministério da Defesa, onde instalara o centro de operações da ONU. Enquanto o cortejo da mídia de Kouchner filmava, Vieira de Mello exibiu um grande sorriso e puxou a cadeira de sua antiga escrivaninha. "Bem-vindo ao seu escritório", saudou. "Você é o chefe!" Kouchner instalou-se na sua escrivaninha nova, enquanto Vieira de Mello se dirigiu lentamente até a parede, fora do alcance da câmera. Ele brincou com Kouchner: "Como no sistema soviético, você sabe a importância de um homem pelo número de telefones que possui". O diplomata francês viu os quatro telefones espalhados na escrivaninha à sua frente e mordeu a isca, pegando no fone de um. "Algum deles funciona?", perguntou. "Não, claro que não", Vieira de Mello respondeu, sorrindo. "Isto é Kosovo."

No dia seguinte, em seu último ato, abriu a primeira reunião do Conselho Transitório de Kosovo multiétnico e, em seguida, entregou a presidência ao seu sucessor. "Ele não conseguiu aturar ser o segundo violino depois de Kouchner", recorda Strohmeyer. Após dizer uns "até logo" discretos, encaminhou-se para o aeroporto.

A última declaração pública de Vieira de Mello como administrador foi:

"Matanças, sequestros, expulsões forçadas, queima de casas e saques são ocorrências diárias. São atos criminosos. O sofrimento infligido no passado não os justifica. O futuro de Kosovo precisa ser erigido com base na justiça, não na vingança".[24] No momento de sua partida, somente 156 dos 3100 policiais requisitados pela ONU haviam chegado, e cerca de 150 mil sérvios já haviam fugido.[25]

NENHUMA SOLUÇÃO RÁPIDA

De volta a Nova York, onde seu pessoal caçoava dele, chamando-o de "procônsul", Vieira de Mello não andava animado. Após suas duas viagens altamente visíveis a Kosovo e quase dois meses na linha de frente, seu estado de ânimo no ambiente de escritório despencou. "Quanto tempo vou ficar preso atrás desta escrivaninha?", perguntou a Hochschild. Um terremoto na Turquia, quatro semanas após seu retorno, exigiu que se ocupasse em arrecadar recursos para a ajuda de emergência, mas sua mente voltava para a província que acabara de deixar.

Antes de rumar para Kosovo, havia prometido à faxineira de seu escritório, na sede da ONU, que tentaria localizar um sobrinho na província preso a uma cadeira de rodas. Enquanto estivera na região, em junho e julho, não conseguira nenhum progresso. Mas, de volta a Nova York, pressionou McNamara e Young para que achassem o rapaz. Ele escreveu várias cartas, fornecendo pistas sobre o moço, que, ao que se acreditava, estaria vivendo como refugiado na Macedônia. "Estávamos tentando realizar nosso serviço da forma mais sistemática e justa possível", recorda Young. "Mas a cada duas semanas recebíamos um bilhete de Sergio pedindo que parássemos tudo e ajudássemos uma pessoa nova. Por algum tempo, foi o sobrinho daquela faxineira, só que, depois que o ajudamos, apareceu outra pessoa. Sempre havia uma pessoa. A coisa chegou ao ponto de temermos seus telefonemas. Aquilo era muito gentil da parte dele, porém pouco eficiente para nós."

Vieira de Mello monitorava os eventos em Kosovo com a vigilância de um pai que deixou seu filho sob os cuidados de um vizinho. Devorava resmas de telegramas dos Bálcãs e defendia a tentativa da ONU de construir uma nação, pedindo aos céticos que dessem aos kosovares e às Nações Unidas um pouco mais de tempo, antes de descartarem a possibilidade de paz. Escreveu um editorial zangado para o *International Herald Tribune*, acusando os críticos míopes da ONU, os quais consideravam "ingênuo" o esforço pela coexistência. A violência na Bósnia e em Kosovo, ele escreveu, "não é nada ao lado dos assassinatos mútuos que caracterizavam, até uma época relativamente recente, as relações entre muitas nações europeias ocidentais". Ele argumentou que Kosovo não era mais marcada por assassinatos retaliatórios do que a África do Sul ao final do regime racista. No entanto os observadores ali não haviam perdido a esperança na reconciliação. "Nenhum analista sério sugeriu, nem mesmo em particular, que negros e brancos estavam fadados à separação na África do Sul, ou que a divisão fosse inevitável", escreveu. "Por que aplicar critérios diferentes aos Bálcãs? Por que não dar aos seus povos tempo para cicatrizar as feridas? Por que procuramos soluções rápidas ali?"[26]

Ele entendia de onde vinha toda a pressão. Os países ricos haviam doado 207 dólares por pessoa em resposta ao apelo da ONU em prol de Kosovo, em 1999, em contraste com os 16 dólares por pessoa arrecadados para Serra Leoa.[27] Aquilo por si mesmo era um problema. "Só porque essas pessoas parecem conosco e são brancas", ele reclamava desde muito tempo com seu pessoal, "não significa que sejam mais merecedoras." Mas o gasto desproporcional o preocupava por outro motivo: se, com todos os recursos despendidos, Kosovo não pudesse ser estabilizada, as nações doadoras relutariam em dar dinheiro para apoiar outros pontos conturbados.

Ele ainda não havia decidido se a Otan tivera razão em ignorar o Conselho de Segurança da ONU e intervir em Kosovo. Acreditava que um precedente havia sido estabelecido. Se um país poderoso quisesse agir e não conseguisse o apoio dos países do Conselho de Segurança, Vieira de Mello sabia que aquele país estaria um pouco mais tentado a agir por conta própria. O presidente Clinton falou à Assembleia Geral, em 21 de setembro de 1999, argumentando, de forma convincente, que, quando a Otan bombardeou a Sérvia, estava de fato defendendo os interesses e os valores da ONU, tanto quanto os dos kosovares. "As ações da Otan seguiram um consenso claro, expresso em diversas resoluções do Conselho de Segurança, de que as atrocidades cometidas pelas forças sérvias eram inaceitáveis", Clinton disse. "Tivéssemos optado por não reagir em face daquela brutalidade, não acredito que teríamos fortalecido as Nações Unidas. Pelo contrário, arriscaríamos desacreditar tudo o que ela representa. Agindo como fizemos, ajudamos a defender os princípios e os propósitos da Carta da ONU, dando à Organização a oportunidade que agora tem de desempenhar um papel central no futuro de Kosovo."[28] Vieira de Mello acabou em grande parte se persuadindo, pois permitir as atrocidades da Sérvia, pouco tempo após Ruanda e Srebrenica, teria realmente prejudicado a ONU. Ele adotou uma fórmula comum entre aqueles que apoiaram a ação da Otan, mas se preocupando com suas implicações: a guerra era ilegal (sob as regras processuais da Carta das Nações Unidas), mas legítima (de acordo com os ideais substantivos que a ONU vinha tentando defender).

Vieira de Mello procurou compartilhar as lições que aprendeu em Kosovo, a maioria relacionada à lei e à ordem, com os governos e os altos dirigentes da sede da ONU. Propôs a criação de um grupo de policiais multinacionais previamente treinados, além de juízes, advogados e promotores, que se colocariam de sobreaviso e poderiam entrar em ação de uma hora para a outra.[29] O sucesso de uma missão poderia ser decidido em seu primeiro mês. Proporcionar segurança aos civis não deveria ser apenas a maior prioridade: teria que ser "a primeira, a segunda, a terceira, a quarta e a quinta prioridades", ele argumentou. "Ao contrário das outras tarefas de construção de nações", escreveu, "a lei e a ordem não podem esperar."[30]

14. Ditador benevolente

Vieira de Mello não teve muito tempo para se lamentar por ter sido preterido como administrador da ONU em Kosovo. No lado oposto da Terra, uma crise humanitária com proporções potencialmente catastróficas se desenrolava. O Timor Leste, uma meia ilha minúscula no Pacífico, vinha tentando se libertar das forças indonésias que a ocupavam desde 1975.[1] Após um conflito sangrento, Vieira de Mello receberia uma chance permanente de dirigir sua própria missão complexa de longo prazo. Se tivesse sucesso em Timor, sabia que também demonstraria a capacidade da ONU de estabilizar um país destroçado. Se falhasse, as repercussões seriam sentidas longe do Pacífico.

INDEPENDÊNCIA

Durante a ocupação do Timor Leste, de 1975 a 1999, as Forças Armadas da Indonésia mataram cerca de 200 mil timorenses. Mas, em maio de 1999, enquanto o mundo se voltava para a guerra da Otan na Sérvia, a ONU negociou um acordo pelo qual os indonésios concordaram em dar aos 800 mil habitantes da ilha a chance de votar pela independência. Enquanto Vieira de Mello retornava de Kosovo, seiscentos funcionários da ONU naquele país vinham organizando seminários de treinamento para as eleições, preparando listas de eleitores e criando locais de votação. Eram protegidos por oitocentos policiais desarmados da ONU e oficiais de ligação militares. Embora a violência viesse aumentando durante todo o verão, a equipe da ONU esperava que os 26 mil policiais e soldados indonésios cumprissem a promessa de garantir a segurança durante as eleições.

Quatro dias antes das eleições da ONU, policiais indonésios perseguiram, fuzilaram e mataram o ativista pró-independência Joaquim Bernardino Guterres. Estas foram as primeiras fotografias da polícia indonésia matando um leste-timorense.

Em 30 de agosto, os timorenses foram às urnas para a longamente aguardada votação sobre a independência.[2] Observadores das Nações Unidas estimaram que mais de metade dos eleitores já estava nas filas quando as eleições tiveram início, às seis e meia da manhã.[3] Preocupada com a fúria da Indonésia, a maioria rumou direto dos locais de votação para esconderijos nas montanhas. Cerca de 98,6% dos timoren
ses registrados votaram.

Em 4 de setembro de 1999, timorenses ansiosos reuniram-se em torno de seus aparelhos de televisão e rádio para ouvir Ian Martin, o chefe da missão eleitoral da ONU, anunciar os resultados. Muitos choraram de alegria quando os repórteres da rádio e da televisão locais traduziram o anúncio de Martin: 78,5% dos timorenses haviam votado pela independência. "Este dia será eternamente lembrado como o dia da libertação nacional", declarou Xanana Gusmão, o líder da independência timorense, que estivera preso na Indonésia desde 1992. Domingos Sarmento, um ex-guerrilheiro que também passara uma temporada em uma prisão indonésia, ouviu as notícias em sua casa em Díli com a família. Após saber dos resultados, ele e seus parentes saíram à rua de mãos dadas e beijaram o solo.

"Estávamos beijando algo que enfim nos pertencia", ele recorda. "O Timor Leste era um país." Mas na verdade os indonésios tinham outros planos em mente.

Uma hora após o anúncio do resultado, o som de tiros e gritos interrompeu abruptamente as celebrações timorenses. Milicianos pró-Indonésia de uniforme preto, apoiados pelo exército e pela polícia indonésios, iniciaram uma orgia selvagem de saques, limpeza étnica e matança que deixou ao menos três quartos de todas as propriedades queimadas ou destruídas, a maioria da população privada de seus lares e mais de mil timorenses mortos.[4] As ações visaram destruir as perspectivas de sobrevivência do Timor Leste. De fato, os pistoleiros chegaram ao cúmulo de despejar ácido de pilha nos geradores elétricos. "Sabíamos que os indonésios fariam algo drástico", recorda Taur Matan Ruak, então comandante da resistência guerrilheira timorense. "Quando você abate um animal, seu último movimento é como um espasmo, e é muito forte." Na quinzena subsequente, as milícias violentas também assassinaram dezesseis timorenses empregados pela ONU nas eleições.[5] José Ramos-Horta, o antigo combatente do movimento pró-independência de Timor Leste e um dos ganhadores do prêmio Nobel da Paz de 1996, observou, impotente, o desenrolar dos eventos de Nova York, para onde voara para pressionar o Conselho de Segurança. "Vi pela CNN que cidades inteiras haviam sido incendiadas, e minha família no Timor Leste estava histérica de medo", ele recorda. "Achei que estávamos prestes a ver o fim do Timor Leste."

Temendo um cataclismo humano, Gusmão instruiu os rebeldes timorenses a dar a outra face. "Se contra-atacarmos", Matan Ruak, o comandante guerrilheiro, disse às suas tropas, instruído por Gusmão, "daremos à comunidade internacional a desculpa que deseja para chamar isto de guerra civil e nos comparar às milícias indonésias. Temos que permanecer limpos."

Em 5 de setembro, depois que um policial norte-americano recebeu um tiro no estômago, Martin ordenou a retirada da equipe eleitoral da ONU das áreas rurais. Timorenses e trabalhadores internacionais das Nações Unidas afluíram à capital, Díli, reunindo-se na base da ONU de lá. Viram que muitos timorenses aterrorizados, sem nenhuma relação com a ONU, se abrigaram numa escola que confinava com o complexo das Nações Unidas. Quando a noite caiu, uma multidão de milicianos golpeou um homem até a morte no pátio da escola e depois começou a atirar com espingardas improvisadas — canos soldados cheios de agulhas e pólvora que foram detonados com isqueiros — nos timorenses, que fugiram para aquele complexo.

Os guardas de segurança que defendiam a base inicialmente repeliram os timorenses desesperados. Mas, temerosas da aproximação da milícia, mães começaram a lançar seus filhos sobre o muro de concreto que separava a escola do complexo. Outros timorenses se cortaram ao forçar passagem pelos buracos feitos na cerca de arame farpado. Quando o pessoal da ONU viu os pais seguindo seus filhos sobre o muro, formou uma linha de montagem improvisada, passando os timorenses de um par de mãos para o próximo, até que todos estivessem seguros dentro do prédio das Nações Unidas. As imagens de pesadelo do pânico e do resgate foram televisionadas globalmente. Ao final da noite, mais de 1500 timorenses haviam se juntado aos jornalistas estrangeiros e ao pessoal timorense e internacional da ONU no complexo da Organização, onde dormiram em papelões e dividiram rações minguadas. Entre os abrigados estavam Aida, a irmã de 38 anos de Ramos-Horta, e seus seis filhos, com três, cinco, oito, dez, treze e catorze anos. Com corpos caídos nas ruas, o som de tiros ecoando pela noite e milicianos de peito nu brandindo grandes machetes fora do portão da ONU, temia-se que a multidão invadisse o complexo.

Vieira de Mello observou o desenrolar dos acontecimentos de Nova York e, ainda como subsecretário-geral para assuntos humanitários, tentou coordenar a resposta humanitária da ONU. Ele arrebanhou os dirigentes do Programa de Alimentação Mundial, do Acnur e dos principais grupos de ajuda para acelerarem suas entregas de ajuda de emergência. Mas, com as milícias à solta, sabia que seria muito difícil atingir os mais necessitados. Acreditou que a crise era tão grave que uma intervenção militar, medida rara e arriscada, era necessária.

Embora os indícios apontassem que as Forças Armadas indonésias eram culpadas e cúmplices dos massacres, os diplomatas ocidentais continuaram a apontar para o acordo do referendo original em que a Indonésia aceitara a responsabilidade por garantir a segurança do Timor Leste. Quando Sandy Berger, conselheiro de Segurança Nacional do presidente Clinton, foi indagado por que os Estados Unidos não agiram para tentar deter a violência, respondeu: "Veja bem, minha filha tem um apartamento que é uma bagunça na faculdade; talvez eu não deva intervir para botar ordem nele. Creio que ninguém até hoje enunciou uma doutrina segundo a qual deveríamos intervir onde quer que exista um problema humanitário".[6] Nenhuma das grandes potências parecia inclinada a salvar os timorenses. "Ninguém irá entrar nessa luta", disse Robin Cook, o secretário do Exterior britânico.[7]

A família Vieira de Mello na praia em Beirute, 1955.

Sergio Vieira de Mello e seu pai, Arnaldo, na varanda de sua casa em Roma, sem data.

Sergio (centro) *atuando em uma peça teatral escolar, Roma, 1958.*

Sergio segurando uma bola de futebol na varanda de sua casa em Roma, sem data.

Sergio Vieira de Mello, Genebra, 1967.

Sergio e sua irmã, Sonia Vieira de Mello, Stuttgart, 1968.

Vieira de Mello no aeroporto de Chittagong, Bangladesh, 25 de fevereiro de 1972.

Vieira de Mello com Olimpio Vaz, da Frelimo, em Nyazonia, Moçambique, junto a um campo atacado pelo exército de Rodésia, agosto de 1976.

Annie Vieira de Mello com os filhos, Adrien e Laurent, que teve com Sergio, outubro de 1981.

Da esquerda para a direita: Timur Goksel, Vieira de Mello, Brian Urquhart e general William Callaghan no Líbano, em 1982.

Jamshid Anvar, Vieira de Mello, Sadako Ogata, alta-comissária das Nações Unidas para refugiados, e Udo Janz em Battambang, Camboja, janeiro de 1992.

Vieira de Mello com Annie, Adrien e Laurent de férias em uma estação de esqui no Canadá, fevereiro de 1992.

Vieira de Mello diante do templo Angkor Wat no Camboja, 1992.

Vieira de Mello observando o embarque de refugiados na Tailândia, na primeira operação de repatriação feita pela ONU no Camboja, 30 de março de 1992.

Vieira de Mello sentado com soldado do Khmer Vermelho durante a primeira visita oficial da ONU ao acampamento rural da guerrilha, abril de 1992.

Tenente-general Sir Michael Rose (esquerda), Vieira de Mello e tenente-coronel Simon Shadbolt, formulando as condições de um acordo de paz para a Bósnia no laptop de Rose, em Genebra, 6 de junho de 1994.

Vieira de Mello em pé com o tenente-general Sir Michael Rose (direita), Yasushi Akashi (sentado à direita) e os líderes sérvios-bósnio (da esquerda para a direita) Nicola Koljevic, general Ratko Mladić, Momcilo Krajisnik, Radovan Karadžić (sentado) e Aleksa Buha, em Genebra, 8 de junho de 1994.

Vieira de Mello em missão de avaliação de dez dias na ex-Iugoslávia, examinando a fábrica de automóveis Zastava, em Kragujevac, Sérvia, que foi destruída por bombardeio da Otan, 19 de maio de 1999.

Vieira de Mello com o secretário-geral das Nações Unidas Kofi Annan, em reunião do Conselho de Segurança da ONU em Kosovo, junho de 1999.

Vieira de Mello apresenta seu sucessor, Bernard Kouchner, ao tenente-general Sir Michael Jackson, comandante das forças de paz da ONU em Kosovo, 15 de julho de 1999.

Vieira de Mello com seus filhos, Laurent e Adrien, em Pequim, abril de 2000.

Vieira de Mello inspecionando as tropas de paz no Timor Leste, 16 de janeiro de 2002.

Acima: *Vieira de Mello e seu assistente especial Fabrizio Hochschild navegando pela costa do Timor Leste, maio de 2000.*

Esquerda: *O presidente norte-americano Bill Clinton chegando ao aeroporto em Díli para a cerimônia de independência do Timor Leste, 19 de maio de 2002.*

Vieira de Mello abraça Dennis McNamara no Timor Leste, maio de 2002.

Vieira de Mello e Carolina Larriera despedem-se de Domingos Amaral, tradutor de Vieira de Mello, no aeroporto do Timor Leste, 21 de maio de 2002.

Vieira de Mello e Larriera em visita ao rei Sihanouk no Camboja, junho de 2002.

Larriera e Vieira de Mello com sua mãe, Gilda, no apartamento dela no Rio de Janeiro, na véspera de Natal de 2002.

Em 5 de março de 2003, Vieira de Mello e seu assistente especial Jonathan Prentice adentrando a Casa Branca (esquerda), e o encontro de Vieira de Mello com o presidente George W. Bush (abaixo).

O presidente iraniano Mohammad
Khatami cumprimenta Vieira
de Mello em Teerã, Irã,
17 de julho de 2003.

Larriera, Vieira de Mello, Prentice e Gamal Ibrahim correndo no estádio de Bagdá, julho
de 2003.

Vieira de Mello com John Sawers, representante britânico no Iraque (esquerda), e L. Paul Bremer, administrador norte-americano no Iraque (centro), na primeira reunião do Conselho Governante Iraquiano, 13 de julho de 2003.

Larriera e Vieira de Mello recebem treinamento de segurança em Bagdá, 17 de agosto de 2003.

Cerimônia fúnebre no Palácio da Cidade, no Rio de Janeiro, 23 de agosto de 2003. Da esquerda para a direita: Gilda (de perfil) e Sonia Vieira de Mello, o secretário-geral da ONU Kofi Annan e Annie Vieira de Mello.

Mas, como foi o pessoal das Nações Unidas que organizou o referendo, foi de novo a Organização, e não os países específicos que a compunham, que sofreu as críticas. A revista francesa *L'Express* publicou um comentário do filósofo André Glucksmann, que pediu a abolição da ONU, o "álibi de potências cínicas":

> A ONU atraiu os timorenses para uma emboscada: oferece-lhes um referendo livre, eles votam sob sua garantia, e ela os entrega às facas dos milicianos. [...] A capacidade de prever e reformar será inversamente proporcional ao tamanho de seus recursos? Cento e oitenta nações, um monte de dinheiro, uma pletora de burocratas. [...] Uma advertência às pessoas corajosas que estão contando com ela: a ONU sabe, a ONU fica calada, a ONU recua.[8]

Le Point, outra publicação francesa, veiculou um editorial do proeminente filósofo Bernard-Henri Lévy, que invocou a Somália, Ruanda e Srebrenica como os "outros teatros da vergonha da ONU". Ele criticou a "lenta mas certa transformação da ONU na Liga das Nações". E encerrou o apelo argumentando: "A ONU fez a sua vez. A vez da ONU já passou. Temos de encerrar esta farsa macabra que a ONU se tornou".[9]

Vieira de Mello ficou tão enfurecido com os ataques que disparou uma resposta destemperada, que *Le Monde* intitulou "Réplica a dois exibicionistas intelectuais". O subsecretário-geral denunciou os "dois filósofos-promotores". Embora fosse "tão fácil caricaturar, ridicularizar, difamar" a ONU "do conforto de seus lares parisienses", escreveu, o raciocínio deles foi um "insulto à filosofia" e nada faria para melhorar a vida das pessoas. Ele defendeu o referendo da ONU, que, conforme observou, contou com o pleno apoio dos timorenses. E indagou por que não conseguia lembrar-se de Glucksmann e Lévy denunciando a ocupação do Timor Leste pela Indonésia.[10] Em vez de "nos dar um tiro pelas costas", ao insistir que o "baluarte da ONU contra a anarquia" seja destruído — "um absurdo em termos filosóficos, políticos e práticos" —, Vieira de Mello escreveu, os dois homens poderiam causar um verdadeiro benefício pressionando os governos ocidentais a salvar o Timor Leste.[11]

O secretário-geral Annan também se defendeu, já que as associações com Ruanda e Srebrenica eram inevitáveis. Ele alegou que o massacre indonésio foi inesperado: "Se qualquer um de nós tivesse uma suspeita de que a coisa seria tão caótica, acho que ninguém teria ido em frente. Não somos tolos".[12] Quando os jornalistas o desafiaram a explicar por que a ONU não mobilizara uma força para deter as atrocidades, ele explicou que não contava com uma força de proteção própria. Os países que compunham a ONU eram os culpados. "Todos falamos das Nações Unidas e da comunidade internacional", Annan disse. "A comunidade internacional são governos — governos com a capacidade e com vontade de agir. Os governos deixaram claro que será perigoso demais intervir."[13] Quando um repórter perguntou se ele estava defendendo uma intervenção no estilo de Kosovo, Annan evitou fazer um apelo contundente e preferiu responder com sua indefinição característica: "Não creio que sua analogia seja completamente irrelevante".[14]

Ramos-Horta, esgotado e com a barba por fazer, viajou entre Nova York e Washington, invocando Ruanda sempre que podia. "Estava claro que o pessoal do escritório do secretário-geral e da Casa Branca estava traumatizado por Ruanda", ele recorda. "Portanto, fiquei repetindo: 'Vocês querem outra Ruanda no Timor? É isto que vocês obterão se não agirem agora'." Vieira de Mello, que falava com frequência sobre a escola Dom Bosco em Ruanda, abandonada pelos belgas, tinha a mesma preocupação. O Conselho de Segurança instruíra os funcionários eleitorais da ONU a realizar o referendo. Com certeza, ele pensou, os países do Conselho não voltariam a abandonar civis que haviam confiado neles.

Os escombros de lares leste-timorenses do distrito de Ermera, cinquenta quilômetros ao sul de Díli, em 27 de setembro de 1999.

Quando a violência irrompeu, a BBC fretou um avião para evacuar jornalistas, mas alguns permaneceram e utilizaram telefones por satélite da ONU para implorar por ajuda externa. A pressão sobre Annan e os países das Nações Unidas aumentou. Uma vasta rede de grupos religiosos e outras organizações de grupos de base entrou em ação, exigindo a intervenção. Em 7 de setembro, Annan foi informado de que a ONU recebera 60 mil e-mails sobre o Timor Leste, um tamanho dilúvio de preocupação que tiveram que instalar um servidor de computador separado para receber o influxo.[15]

MOTIM NA ONU

Martin estava preocupado com o derramamento de sangue no país e com as pessoas reunidas no complexo. Numa reversão de sua posição anterior, a Austrália concordou em admitir o pessoal timorense da ONU sob a condição de que cidadãos australianos fossem evacuados de Timor Leste primeiro e que qualquer timorense que chegasse a Darwin, na Austrália, não teria direito a visto de longo prazo.[16]

O maior problema de Martin eram os 1500 civis timorenses sem ligação com a ONU que haviam acorrido ao complexo em 5 de setembro e que a Austrália não queria aceitar. Os milicianos, que rondavam do lado de fora dos portões pintados de azul, pareciam dispostos a atacar a qualquer momento. Amontoados num grande auditório, os timorenses desalojados cantavam canções que a ONU compusera para a eleição, acendiam velas e oravam ante seus pequenos crucifixos e imagens da Virgem Maria.[17] Uma mulher timorense deu à luz um menino dentro do complexo, e em gratidão à missão da ONU no Timor Leste, ou Unamet [UN mission in East Timor], escolheu um nome original para o filho: Pedro Unamet.[18]

A ONU seguia uma política de nunca evacuar civis, mas Martin solicitou a Nova York que pressionasse os Estados membros a fazer algo para proteger todos os timorenses (da ONU ou não) dentro do complexo. Sem receber resposta, na véspera de 8 de setembro, Martin sentiu que não tinha outra opção senão aceitar o conselho de Alan Mills, o chefe da polícia civil da ONU, e de seus assessores de segurança e recomendar a Nova York que o secretário-geral declarasse uma emergência de "Fase v".* Annan relutantemente aceitou a recomendação e ordenou a retirada de todo o pessoal da ONU. Antes que Martin informasse os funcionários da ONU no complexo da decisão, a maioria já sabia da evacuação pela CNN.

Patrick Burgess, um australiano de 44 anos que trabalhava para o Ocha, o ramo da ONU que Vieira de Mello dirigia, ficou horrorizado com a notícia da partida e protestou. Mas Martin explicou que os poucos oficiais do exército indonésio confiáveis que vinham protegendo o complexo da ONU haviam sido vistos preparando-se para partir. Isso significava que eles e os civis timorenses logo seriam abandonados nas mãos de matadores sanguinários. "Não podemos pensar apenas nesta missão. Se houver um massacre aqui, será o colapso de missões da ONU semelhantes ao redor do mundo", Martin explicou para Burgess. "Que país enviará seus cidadãos para situações perigosas se não pode confiar nos funcionários da ONU que deveriam zelar por eles?" Como Burgess falava indonésio, Martin pediu que informasse os timorenses da decisão da ONU.[19]

Burgess pediu a dois colegas canadenses, Geoffrey Robinson, de 42 anos, e Colin Stewart, de 38, que ajudassem a reunir os líderes timorenses. "Recebemos ordens de partir amanhã de manhã", Burgess disse aos timorenses. "Melhor dizermos isto agora. Os homens obviamente serão visados, mas podemos abrir um buraco na cerca esta noite, e vocês poderão fugir para as montanhas." Burgess e Robinson choravam abertamente enquanto tentavam explicar, gaguejantes, a lógica por trás da retirada da ONU. Irmã Esmeralda, uma ativista comunitária timorense que o pessoal da ONU conhecia havia meses, ouviu-os até o fim. "Aconteça o

---

* O sistema da ONU usa cinco fases de segurança crescentes para descrever as condições predominantes num país e as exigências correspondentes ao pessoal: Fase I, precaução; Fase II, movimento restrito; Fase III, deslocamento; Fase IV, suspensão do programa; Fase V, que só pode ser declarada pelo secretário-geral, evacuação.

que acontecer", ela disse, "este referendo removeu qualquer dúvida de que os leste-timorenses desejam ser livres. Por conduzi-lo, seremos sempre gratos à Unamet." Enquanto enxugava as lágrimas, continuou: "Sabíamos que haveria violência após as eleições e esperávamos que vocês ficassem. Entretanto, não nos surpreende que vocês planejem nos deixar agora. Estamos acostumados a ser abandonados nos momentos de nossas maiores necessidades". Os trabalhadores da ONU abaixaram a cabeça de vergonha. "Quando vocês partirem amanhã", irmã Esmeralda prosseguiu, "muitos de nós seremos massacrados, mas aqueles de nós que sobreviverem continuarão lutando para ser livres." Dizendo que tinha pressa, ela se retirou.[20]

A maioria dos timorenses não tentou esconder as emoções. O pânico era tão grande que gemiam de agonia. Alguns tramaram sua fuga. Um grupo pequeno se pôs a planejar a tomada de reféns. "Temos que impedir que a ONU parta. O careca não pode deixar o complexo", disse um homem timorense, referindo-se a Martin.[21] O pessoal da segurança da ONU começou a preparar a partida, queimando documentos e removendo os discos rígidos dos computadores.

Por todo o complexo, grupos de funcionários da ONU se reuniram para discutir sua situação aflitiva. Muitos estavam certos de que um massacre no estilo de Ruanda teria início caso se retirassem. Alguns, como Carina Perelli, chefe da Divisão de Assistência Eleitoral da ONU, sugeriram que o pessoal renunciasse, de modo que ninguém teria autoridade para ordenar a evacuação. "Estávamos tentando salvar não apenas os timorenses", ela recorda, "mas salvar a ONU de si mesma." Rosie Martinez, uma funcionária filipina de recursos humanos, passou a noite em seu computador digitando contratos falsos da ONU para civis timorenses, a fim de que pudessem se fazer de funcionários das Nações Unidas na esperança de serem evacuados. Ela perguntou a todos os membros internacionais qual o seu cargo e depois proclamou: "Bem, você tem direito a dois intérpretes, um motorista, uma secretária, e você não tinha uma cozinheira em casa?".

Burgess, Robinson e Stewart sentaram-se juntos. "Não posso acreditar que estejamos fazendo isto", disse Robinson. "Não *podemos* fazer isto", disse Stewart. Burgess foi escolhido para retornar ao andar de cima e pedir a Martin que reconsiderasse a decisão. "Quando partirmos daqui amanhã", ele implorou, "todas estas pessoas serão mortas. Não quero viver com este peso pelo resto da vida." Martin concordou, mas disse que tinha a obrigação de proteger o pessoal da ONU. Burgess o desafiou. "Não corremos perigo imediato, e muitos funcionários desejam permanecer." Martin, que vinha recebendo informações principalmente de sua polícia e dos consultores de segurança sobre ataques iminentes de milicianos e o pânico do pessoal, pareceu surpreso. "Quantos se sentem assim?", ele perguntou. Burgess estimou uns cinquenta ou sessenta. Martin pediu a Mark Quarterman, um auxiliar norte-americano de 39 anos, que consultasse os funcionários e anotasse os nomes daqueles dispostos a permanecer. Quarterman retornou horas depois com uma lista de mais de oitenta voluntários. Martin persuadiu-se e informou a Nova York que pretendia permanecer com o pessoal da ONU em Díli até que pudesse ser negociada a evacuação de civis timorenses não pertencentes à ONU. "Havíamos decidido servir à bandeira", Perelli recorda, "em vez de servir à burocracia. Sergio sempre disse que, servindo à bandeira, você tem o poder de fazer o que deveria, não apenas o que lhe mandaram fazer."

Com relatos de centenas de timorenses já assassinados, Vieira de Mello teve a sensação de "lá vamos nós de novo". Na Bósnia em 1993 e 1994, ele, como outros dirigentes da ONU, percebera que as grandes potências não estavam dispostas a acabar com as atrocidades e não insistira no assunto. Mas uma lição central das calamidades de Ruanda e Srebrenica foi que os dirigentes das Nações Unidas deveriam, no mínimo, defender publicamente soluções e desafiar as limitações políticas, e não apenas aceitá-las. Quando um grande número de vidas estava em risco, o pragmatista polido tinha que exercer a liderança moral. Agir assim, na sua visão, também era uma forma de pragmatismo.

Embora suas responsabilidades para com o Timor Leste fossem tecnicamente humanitárias, ele assumiu uma forte posição política. Argumentou que, assim como a ONU não devia ter confiado nos sérvios para garantir a segurança dos bósnios em Srebrenica, não podia confiar agora nos indonésios. Como já havia sido tomada a decisão acertada de evacuar o pessoal da ONU no Timor, ele endossou uma proposta que vinha ganhando impulso na sede: enviar um pequeno contingente de australianos ao complexo das Nações Unidas para proteger os timorenses não pertencentes à Organização que haviam buscado abrigo lá. "Entendo que são grandes as chances de que isto seja inaceitável para o Conselho de Segurança", argumentou por escrito. "Porém sinto que, se quisermos evitar a posição de bodes expiatórios, devemos passar o ônus de rejeitar soluções aos outros."[22] E insistiu na questão. "Se aprendemos algo nos últimos cinco anos", disse, "é que temos que parar de dizer ao Conselho de Segurança aquilo que quer ouvir, em vez de dizer o que precisa saber." Por fim acrescentou: "Não podemos nos censurar".[23]

Países poderosos ainda vinham aceitando oficialmente as garantias da Indonésia de que manteria a promessa de proteger o Timor Leste. Mas ele escreveu: "Não deveríamos ser céticos quanto a isso?".[24] Ele e seus colegas veteranos no Secretariado da ONU tinham a obrigação de expor seus pontos de vista independentes, o que significava insistir na intervenção australiana. "Ao menos uma vez", ele reiterou em uma reunião da alta direção, "deixemos que os Estados do Conselho de Segurança tomem as decisões erradas, em vez de poupá-los de problemas tomando as decisões erradas por eles."

As duas partes da ONU — o pessoal de carreira e os Estados membros — estavam reagindo de maneiras diferentes. Enquanto o pessoal se recusava a deixar Díli sem os timorenses e a alta direção da Organização em Nova York vinha pressionando os governos ocidentais a agir, os governos ainda resistiam a enviar tropas para salvar os timorenses no complexo das Nações Unidas ou a população ameaçada como um todo. Os indonésios sabiam que, enquanto as grandes potências não se envolvessem, continuariam com o controle do Timor Leste. "Não nos intimidem nem nos deem lições", disse o primeiro-ministro indonésio Ali Alatas, em tom desafiador, na CNN. "Isso não ajuda em nada."[25]

Mas nem todos os países ocidentais foram iguais. Portugal, o antigo colonizador do Timor Leste, aderiu à pressão pela intervenção. O primeiro-ministro português António Guterres telefonou ao presidente Clinton insistindo que a questão fosse submetida ao Conselho de Segurança. Na Austrália, o primeiro Estado membro da ONU a ter reconhecido a legalidade da ocupação da Indonésia, a esquerda política pressionou o primeiro-ministro John Howard a redimir os pecados passados do país, enquanto os conservadores argumentaram que algo precisava ser feito para deter o fluxo de refugiados timorenses que iriam parar na Austrália. Em sua declaração mais ousada sobre a crise, o secretário-geral Annan alertou que o que ele chamava de "crimes contra a humanidade" seriam punidos.[26] Em 9 de setembro de 1999, a caminho da Nova Zelândia para a cúpula da Cooperação Econômica da Ásia e do Pacífico, Clinton anunciou que os Estados Unidos estavam suspendendo um programa de assistência militar à Indonésia de 2,5 milhões de dólares, assim como 40 milhões em vendas comerciais.[27] O FMI suspendeu uma parcela de ajuda de 450 milhões de dólares, e o Banco Mundial anunciou o congelamento de seu programa de ajuda anual de 1 bilhão de dólares. Os indonésios, Clinton disse, "não gostaram do resultado do referendo e estão tentando anulá-lo expulsando as pessoas do país ou para a cova". Ele continuou: "Esperamos que as autoridades cumpram sua palavra e suas responsabilidades. Elas precisam convidar" — Clinton repetiu para dar ênfase — "precisam convidar a comunidade internacional a ajudar a restaurar a segurança".[28] Escondido nas montanhas, Sarmento, o ex-guerrilheiro que havia celebrado o resultado do referendo, ouviu a declaração de Clinton em seu rádio de ondas curtas e celebrou o ultimato. Os timorenses reunidos no complexo da ONU deram pulos de alegria na esperança de um alívio.

Em 12 de setembro, a pressão econômica e diplomática internacional sobre a Indonésia surtiu efeito. O presidente B. J. Habibie anunciou em indonésio e em inglês: "Decidi convidar a força de paz internacional para nos ajudar — junto com as Forças Armadas indonésias, de forma cooperativa — a devolver a estabilidade à província atribulada".[29]

Uma intervenção militar externa enfim ocorreria no Timor Leste, e os indonésios não a contestariam. Após uma sessão de negociação tensa que durou a noite inteira, o Conselho de Segurança deu o sinal verde ao envio de uma força internacional. Como ocorrera em Kosovo em março, os salvadores seriam combatentes, não tropas de paz. Após as humilhações das missões de paz da década de 1990 lideradas pela ONU, Forças Multinacionais, que operavam de modo totalmente diferente da burocracia da ONU, passaram a ser preferidas. Elas se mobilizavam mais rápido, seguiam uma norma de fogo mais agressiva e, por serem geralmente lideradas por um só país, operavam com cadeias de comando mais diretas e disciplinadas. Nesse caso, a Austrália comandaria uma Força Multinacional de 11 500 soldados conhecida como Força Internacional para o Timor Leste [em inglês, International Force for East Timor, Interfet]. Graças à pressão de governos poderosos e à coragem de funcionários locais da ONU que se recusaram a abandonar os civis timorenses, o Timor Leste iria sobreviver.

À meia-noite de segunda-feira, 13 de setembro, Burgess acordou os líderes da comunidade timorense, inclusive irmã Esmeralda. "Vocês estão sendo evacuados para Darwin, Austrália", ele disse. "Precisam manter-se em fila, calmos e prontos, daqui a uma hora." Embora a força australiana ainda não tivesse se mobilizado, os indonésios haviam claramente cedido, e a ilha se acalmara. Ao romper da aurora, cinco aeronaves Hercules C-130 australianas e uma neozelandesa realizaram a evacuação sem precedentes. Às quatro e meia da tarde do dia 14 de setembro, 1454 leste-timorenses (funcionários ou não da ONU), 74 funcionários internacionais da ONU e um repórter britânico remanescente foram removidos.[30] John Dauth, subsecretário de Relações Exteriores da Austrália, ajudou a negociar a passagem dos refugiados. "Normalmente, o sentimento dos australianos é de que os refugiados acharão o país tão fabuloso que permanecerão", diz Dauth. "Mas nenhum de nós queria reviver a queda de Saigon, onde pessoas que confiaram seus destinos à comunidade internacional foram deixadas para trás."[31]

UMA INTERVENÇÃO E UMA TRANSIÇÃO

A força liderada pela Austrália desembarcou na costa do Timor Leste apenas cinco dias após a autorização do Conselho de Segurança. Vieira de Mello lembrou que, no Camboja, meses decorreram entre a aprovação da força pelo Conselho e a mobilização real das tropas de paz. Ele aplaudiu o senso de urgência totalmente diferente com que os governos estavam entrando em ação. Austrália, Canadá, Reino Unido e Filipinas contribuíram com pessoal, equipamento ou informações para a Força Multinacional. Os líderes militares e paramilitares indonésios fugiram às pressas do Timor Leste, enquanto a milícia timorense alinhada com eles cruzou a fronteira com o Timor Oeste, controlado pelos indonésios, onde a força internacional não podia persegui-la. Duas semanas após a intervenção, os únicos sinais da ocupação Indonésia de 24 anos eram as brasas, os corpos por enterrar e as mensagens de despedida dos indonésios, em grafites nas paredes dos prédios: "LENTA MAS SEGURAMENTE, ESTE LOCAL SE DESINTEGRARÁ" e "O TIMOR LESTE LIVRE COMERÁ PEDRAS".[32] Vieira de Mello aprendeu a lição óbvia do sucesso rápido da força, que ele compartilhou em observações públicas alguns meses depois: "Sempre que a vida de civis está em risco e uma intervenção internacional é necessária, a única solução eficaz é a criação de uma força multinacional".[33] A pacificação não era tarefa para boinas-azuis levemente armados. No entanto, era uma tarefa que precisava ser feita, e os dirigentes da ONU podiam usar seus púlpitos para insistir que fosse levada a cabo.

Os timorenses vinham esperando a hora de se governarem por mais de duas décadas: na selva, no exílio em Portugal, Austrália e Moçambique, e sob a bota dos indonésios no próprio Timor. A Indonésia havia libertado Gusmão, de

53 anos, o antigo líder rebelde, agora cabeça do movimento pela independência, da prisão em 7 de setembro de 1999. Os poemas e as cartas que Gusmão escreveu na prisão, bem como o encontro com o presidente sul-africano Nelson Mandela em 1997, fizeram dele um herói nacional e uma figura cultuada internacionalmente. Com a saída abrupta da Indonésia, os líderes da resistência timorense automaticamente estavam no comando, mas sabiam que passariam por um período de transição a caminho da soberania plena — vivendo sob uma administração da ONU ou governando a si mesmos com ajuda dela. Qualquer que fosse a solução, todos os timorenses acreditavam que Gusmão, o líder nacional incontеste, seria reconhecido como a autoridade suprema no Estado recém-libertado.

No final de setembro, Gusmão, o futuro presidente, e Ramos-Horta, o futuro ministro do Exterior, visitaram Washington e Nova York, onde chefes de Estado estavam reunidos para a sessão anual da Assembleia Geral das Nações Unidas. Embora o Timor Leste não fosse ainda formalmente uma nação livre, foi a primeira vez em que Gusmão pôde se juntar aos líderes mundiais e imaginar a bandeira timorense tremulando junto com as dos demais Estados membros da ONU. A delegação timorense foi convidada para uma recepção oferecida pelo presidente norte-americano no Metropolitan Museum of Art. Gratos pela posição firme de Clinton contra a Indonésia, Gusmão e Ramos-Horta entraram numa longa fila de cumprimentos. Quando a fila mal se moveu após meia hora, fizeram menção de partir, mas um funcionário da Casa Branca os conduziu de volta, garantindo que o presidente ficaria muito desapontado se não pudesse congratulá-los pessoalmente pela liberdade duramente conquistada. De novo na fila, onde acabariam esperando quase duas horas, ficaram conversando com a pessoa atrás deles, que por acaso era Hun Sen, o primeiro-ministro do Camboja. Hun Sen tinha pontos de vista firmes sobre um aspecto do futuro do Timor Leste: o envolvimento da ONU. Ele reclamou que a ONU enviara milhares de tropas de paz e burocratas ao Camboja, gastara mais de 2 bilhões de dólares e abruptamente deixara o país após promover eleições. Disse que os doadores internacionais achavam que, por terem financiado a missão gigantesca da ONU, já haviam feito a sua parte pelo Camboja. "A ONU virá com seus carros brancos e altos salários, e seu pessoal circulará ativamente por dois ou três anos", Hun Sen alertou. "Depois seu mandato expirará, eles irão embora, e vocês ficarão com quase nada." Gusmão e Ramos-Horta agradeceram o alerta e disseram que pretendiam evitar tal destino.

Gusmão voou de volta a Díli em 22 de outubro de 1999, um homem livre em sua terra natal pela primeira vez desde a prisão em 1992. Milhares de timorenses acorreram à orla marítima de Díli para saudá-lo. "Todos nós precisamos nos libertar das coisas ruins que fizeram conosco", Gusmão disse. "O amanhã é nosso."[34] Com lágrimas nos olhos, e na expectativa de que, em poucos dias ou semanas, seus companheiros desempenhariam papéis importantes em um governo novo, proclamou: "Sabíamos que iríamos sofrer, mas ainda estamos aqui".[35]

Contudo, em 25 de outubro, o Conselho de Segurança em Nova York retirou dos timorenses a tomada de decisões e anunciou, na Resolução 1272, a criação da Administração Transitória da ONU no Timor Leste [em inglês, UN Transitional Administration in East Timor, Untaet]. A resolução concedeu "toda autoridade legislativa e executiva" não a Gusmão, e sim a um administrador estrangeiro da ONU, que dirigiria o Timor Leste por pelo menos quinze meses.[36] Gusmão, que defendera um papel central das Nações Unidas, mas não o governo direto da Organização, ficou furioso. Ao tomar conhecimento do plano da ONU semanas antes, gritara aos colegas: "O que eles estão fazendo? O que querem essas pessoas?". Ao ver a resolução, ficou ainda mais revoltado. Os outros líderes timorenses tentaram acalmá-lo, embora concordassem com ele. "Imagine uma transição na África do Sul onde Mandela não recebesse a autoridade suprema", diz Ramos-Horta. "Imagine se algum funcionário da ONU recebesse todo o poder, inclusive de decidir se queria consultar Mandela ou não." Sarmento, o antigo guerrilheiro que também era advogado, ficou igualmente surpreso com tal resolução. Ele estudara direito constitucional, jurisprudência e direito comparado. "Aquilo não parecia com nenhuma estrutura legal que eu já tivesse visto", recorda. "Eu sabia que nas democracias os poderes deviam estar separados, e não centralizados num só homem." Porém, consciente de que o Timor Leste estava em ruínas e precisava de ajuda externa, resignou-se a um período de administração da ONU.

Os principais consultores do secretário-geral Annan se esforçavam para organizar a segunda missão de porte naquele ano. Os funcionários da ONU que haviam ajudado a promover o referendo se sentiram preteridos pelos planejadores de Annan, como se fossem responsáveis pela carnificina.[37] Ian Martin, que organizara a votação e permaneceu no Timor Leste após sua realização, raramente foi procurado para dar conselhos. Ele pediu que os dirigentes do centro de operações mudassem sua base de planejamento para Darwin, na Austrália, permitindo que Gusmão e outros líderes timorenses fossem ouvidos. Mas Nova York não quis saber e não deu nenhuma orientação a Martin, que foi instruído a aguardar até que seu sucessor aparecesse.

Sem nenhuma familiaridade com o Timor, os dirigentes da ONU em Nova York recorreram aos planos desenvolvidos para a administração de Kosovo, praticamente transplantando-os ao Timor Leste. O pessoal das Nações Unidas que se sentiu excluído brincou que a Resolução 1272 do Conselho de Segurança era uma resolução "deletar Kosovo, inserir Timor Leste". Annan pediu que Lakhdar Brahimi, ex-ministro do Exterior da Argélia e negociador da ONU no Afeganistão, se tornasse o chefe da Untaet. Brahimi não aceitou, alegando que uma administração internacional era desnecessária, uma vez que os indonésios haviam partido. Ele também argumentou que era equivocado pensar que o que servira a Kosovo se adaptaria ao Timor. "Não conheço nada sobre Kosovo ou o Timor Leste", Brahimi disse para Annan, "mas a única coisa que sei com certeza é que não são o mesmo lugar." Como a maioria dos planejadores da ONU nunca visitara o Timor Leste, não tinham ideia da popularidade extraordinária de Gusmão, nem noção da diferença entre o Exército de Libertação de Kosovo e a força guerrilheira timorense conhecida como Falintil.[38]

Mesmo que a equipe de planejamento da ONU em Nova York tivesse mobilizado o pessoal mais veterano e versado, haveria dificuldades. Na esteira de Ruanda e Srebrenica, o Conselho de Segurança parara de pedir ajuda à ONU na pacificação ou na resolução de conflitos, e o quadro de pessoal do Departamento de Operações de Paz, sempre escasso, sofrera uma redução de mais de um quarto. Mas subitamente, em 1999, Annan viu-se incapaz de atender às necessidades. Os planejadores de missões de pacificação, ao mesmo tempo que vinham criando as administrações transitórias do Timor Leste e do Kosovo, lidavam com missões em Serra Leoa e na República Democrática do Congo, além de manter treze operações preexistentes.[39] O departamento estava tão mal suprido que só podia alocar um membro do quadro profissional por operação.[40]

Depois que Brahimi recusou o convite de Annan, era óbvio quem se tornaria o administrador da ONU. Vieira de Mello era o único dirigente com português fluente, ampla experiência em Ásia e, após sua segunda permanência em Kosovo, o apoio entusiasmado do governo Clinton, que bancaria grande parte da conta da ONU. Era o funcionário mais gabaritado da Organização para realizar tarefas tão variadas como supervisionar a redação de uma Constituição, planejar eleições e facilitar o retorno dos refugiados timorenses. Só havia um problema: ele já exercia um cargo de subsecretário-geral para assuntos humanitários.

Annan pediu novamente que ele se licenciasse da sede da ONU e se tornasse o representante especial do secretário-geral no Timor Leste. Vieira de Mello aceitou com prazer. Ele vinha se irritando com o trabalho burocrático em Nova York depois que retornou de Kosovo, em julho. Convidou colegas de missões anteriores para se juntar a ele por um curto período. "Serão apenas seis meses", prometeu. "Estaremos de volta a Nova York em tempo para o verão." Na verdade, permaneceria em Timor Leste por dois anos e meio.

Ele embalou os objetos do seu apartamento em Nova York e, em 8 de novembro, voou para Genebra a fim de ver Annie e seus filhos. Como o Timor Leste era o lugar mais inacessível que se podia imaginar, sabia que veria a família ainda menos do que enquanto estivera na sede. Laurent e Adrien cursavam a universidade, e Sergio falava com eles ao telefone e por e-mail, mas, embora tivessem gostado de passar por Nova York, convencê-los a ir ao Timor Leste seria mais difícil.

Em vez de renunciar ao cargo, de modo a permitir que um sucessor o assumisse, Vieira de Mello entrou em licença temporária, e seu escritório, repleto de livros e lembranças, aguardou seu retorno. Fabrizio Hochschild ficou triste por seu chefe abandonar o escritório recém-reestruturado. "Tentei fazer com que se sentisse culpado", ele recorda. "Para ser honesto, falhei."[41]

Em seus vários voos de conexão rumo a Díli, Vieira de Mello leu e releu a superabrangente Resolução 1272 do Conselho de Segurança, que não deixava nada à imaginação. Apesar de o texto incluir uma linha vaga sobre a necessidade da ONU de "consultar o povo leste-timorense e cooperar estreitamente com ele", seu controle como administrador era absoluto.[42] Antes de partir, Brahimi brincou com ele: "Sergio, em vez de você ser o ditador e Gusmão seu assessor, por que não faz de Gusmão o ditador e fica como assessor dele?". Porém os dois sabiam que funcionários da ONU não podiam reverter as determinações do Conselho de Segurança. Ele havia sido nomeado o que chamava de "déspota benévolo" num país que nunca visitara. Nem os timorenses, nem outras organizações internacionais haviam sido consultados sobre como o país deveria ser administrado — ou, naquele caso, construído. Jamais se tentara algo assim antes. E, embora o estado final do Timor Leste fosse claro — a independência —, Vieira de Mello teria que abrir seu próprio caminho para aquele objetivo. Ele muitas vezes reclamaria que lhe faltava "um manual de instruções".[43]

Se bem que conhecesse a resolução do Conselho de Segurança de cor no momento em que aterrissou em Díli, Vieira de Mello levaria meses para entender a importância do que estava faltando no texto de quatro páginas: um plano para compartilhar o poder com os timorenses e dotá-los de segurança econômica e física no dia a dia. Essas lacunas atormentariam a missão e por pouco não impediram, para ele e a ONU, um raro sucesso.

15. Acúmulo de poder e de culpa

"ANO ZERO"

Quando seu avião da Cruz Vermelha aterrissou na escuridão de Díli, em 16 de novembro de 1999, Vieira de Mello tinha dois pensamentos. O primeiro: "Desta vez, você tem que acertar". Ele, como todo o pessoal veterano da ONU, sabia que a reputação de competência da Organização despencara na década de 1990. Seu segundo pensamento foi: "Como fazer isto? Nunca fizemos algo deste porte antes".[1] No aeroporto com uma só pista, lia-se num cartaz: BEM-VINDO AO PAÍS MAIS RECENTE DO MUNDO.

Ele sabia que a missão da ONU tinha várias peculiaridades. Num país etnicamente homogêneo, 90% católico, não precisava se preocupar com conflitos étnicos ou sectarismos do tipo que grassava entre albaneses étnicos e sérvios em Kosovo. Além disso, a população estava unida no objetivo de conquistar a independência. A maioria dos milicianos e eleitores que votaram por permanecer como parte da Indonésia havia fugido para o Timor Oeste. E Xanana Gusmão, o líder *de facto* do Timor Leste, pregava a reconciliação e a paciência. Vieira de Mello notou a ausência do "ódio mortal" que observara nos Bálcãs.[2]

Um fator adicional que distinguia o Timor Leste de Kosovo, tornando-o o que ele mais tarde denominou "uma cápsula de Petri perfeita", foi que todos os países do Conselho de Segurança estavam unidos em torno dos objetivos da missão da ONU. A Rússia e a China juntaram-se às democracias ocidentais no apoio à marcha pela independência do Timor Leste. E os países ricos pareciam propensos a ser generosos na ajuda ao nascimento e desenvolvimento do novo país.

Mas, no percurso do aeroporto à cidade, ao ver a escala chocante da destruição, percebeu que precisaria de toda a ajuda do mundo. Observou fileiras e fileiras de casas transformadas em cinzas. Embora em Nova York tivesse acompanhado a campanha de incêndios e assassinatos dos indonésios, a ponto de defender a intervenção militar, a extensão e a recentidade do ataque eram deprimentes. "É chocante pensar que tudo isto *acabou* de acontecer", ele disse a seu assistente especial Fabrizio Hochschild. "Três meses atrás, todas estas construções estavam de pé, e agora desapareceram." Em Kosovo, escolas, hospitais e correios foram deixados intactos. "Tratava-se de descobrir onde estava a chave", ele recordou. "Nada, literalmente nada, foi deixado intacto sobre o chão, exceto a vontade dos timorenses."[3]

O Timor Leste nunca desfrutara a autonomia que Kosovo tivera antes de 1989. Sob o domínio indonésio, os timorenses haviam se ocupado basicamente das funções não qualificadas. Os escalões médios e superiores do serviço público teriam que ser recrutados e treinados quase do zero, dentre uma população com quase 60% de analfabetos.[4] Em Kosovo, a missão da ONU lutara para restabelecer o primado da lei na esteira da partida dos sérvios, mas a província não carecia de advogados. Em Timor Leste, Vieira de Mello logo foi informado de que a ilha contava somente com sessenta deles. Embora tivesse previsto que as leis e os registros da Indonésia tivessem que ser minuciosamente emendados, não esperava descobrir que os indonésios sistematicamente queimaram todos os registros em que puseram as mãos, inclusive escrituras, registros fiscais e certidões de casamento. A campanha de destruição total, inclusive dos registros do Estado, lembrou-lhe o "Ano Zero", a criação de uma sociedade nova pelo Khmer Vermelho em 1975.[5]

Como administrador da ONU, sabia que teria de tomar uma grande variedade de decisões às pressas. Era preciso abrir aeroportos e portos, distribuir água potável, fornecer assistência médica, restaurar as escolas, criar uma moeda, normalizar as relações com a Indonésia, redigir uma Constituição, escolher a língua oficial e criar os sistemas fiscal, alfandegário e bancário. Políticas que normalmente evoluíam no decorrer de centenas de anos teriam que ser todas decididas em questão de meses após sua chegada — por ele e sua equipe. Durante décadas, ele observou, consultores da ONU "instruíram governos sobre como realizar melhor suas tarefas", mas a Organização agora se achava "na posição incômoda de ser convocada para praticar o que vinha pregando".[6]

Os funcionários da ONU que estiveram no Timor Leste durante o referendo sangrento sentiram que Vieira de Mello estava se esforçando para se distanciar dos predecessores. Tamrat Samuel, um eritreu de 47 anos que ajudara a planejar o referendo, acompanhou-o até Díli e ali permaneceu por um mês. Ele advertiu seu chefe de que os funcionários da ONU que passaram pelo trauma da eleição suspeitavam dos recém-chegados. "Você tem que se preocupar com os sentimentos", Samuel disse. "As pessoas acham que os 'moços do Sergio' de Kosovo estão vindo para botar banca." Vieira de Mello riu. "Isto é besteira", ele disse. "Estamos aqui para trabalhar juntos. Não existe algo como 'meu pessoal'." Mas Samuel enfatizou que muitos funcionários das Nações Unidas acreditavam que a equipe de Sergio pensava "somos os salvadores e viemos consertar a bagunça feita pela ONU antes de nós".

Vieira de Mello alegou que não compartilhava o ponto de vista dos dirigentes da ONU em Nova York, que agiam como se a carnificina fosse culpa dos funcionários eleitorais. Na verdade, admirava tanto a posição dos funcionários da ONU em Díli a favor dos timorenses no complexo da Organização que pedira a Carina Perelli, que dirigira a divisão de eleições, que o levasse para conhecer o cenário. "Quero saber cada detalhe do cerco, quem fez o que e quando", ele falou. De fato, quando chegou em Timor Leste, ouviu dos timorenses como respeitavam a missão anterior da ONU por ter conduzido o referendo em meio à violência e se recusado a abandoná-los no complexo. Mas não fez um esforço suficiente para comunicar seu respeito aos funcionários eleitorais da ONU com quem cruzou no Timor. Estava bem mais preocupado com a impressão que dava aos timorenses do que aos colegas da ONU.

LACUNA DE EXPECTATIVAS: COMPARTILHAMENTO DO PODER

Sua primeira prioridade foi erigir as estruturas de governo. Ao trabalhar no Camboja, percebera a veneração pelo príncipe Sihanouk e passou meses cultivando laços com ele. No Timor Leste sabia que seu sucesso dependeria das relações com Gusmão, o ex-comandante rebelde agora líder político inconteste.

No dia seguinte à chegada a Díli, após ter viajado mais de 24 horas, Vieira de Mello fez uma visita de cortesia incomum, mas essencial. Em vez de esperar que Gusmão viesse expressar seu respeito, fez o percurso de duas horas até a cidade de Aileu, onde o líder timorense estava acampado. A viagem extenuante ao longo de estradas por montanhas íngremes, a maioria não pavimentada, proporcionou-lhe um primeiro vislumbre do país que agora governava. Gusmão considerou a visita um gesto de boa vontade. "Eu esperava ter que ir até Díli para vê-lo", ele recorda. "Portanto, tive uma boa impressão quando Sergio se desviou de seu caminho para vir me encontrar."

Gusmão contou a Vieira de Mello que estava satisfeito com a nomeação de um brasileiro pela ONU, o que permitiu que se comunicassem em português, a língua dos timorenses que haviam sido educados pelos colonizadores portugueses antes da anexação pela Indonésia. Entretanto reclamou que, até então, a ONU vinha distribuindo ajuda humanitária sem suficiente consulta local. E comentou algo que o preocupava desde a conversa com Hun Sen em Nova York: o Timor Leste não queria sofrer o "trauma do Camboja". "Sei que a ONU está bem-intencionada", disse ao administrador das Nações Unidas, "mas no Camboja a ONU chegou, gastou milhões e depois deixou um vácuo atrás dela, que foi preenchido pelo caos. Como saber se o mesmo não se repetirá aqui?" Vieira de Mello deu um sorriso gentil. "Bem, eu servi no Camboja, de modo que sei algumas coisas sobre aquela missão", disse. "A ONU certamente cometeu erros, só que não foi a única culpada." Gusmão não estava interessado nos detalhes. "Simplesmente me prometa que você não vai dirigir o Timor como dirigiu o Camboja", ele pediu. "Não queremos que vocês venham e depois desapareçam e nos deixem balançando a cabeça, dizendo: 'Foi um temporal que acabou de passar por aqui?'." Vieira de Mello concordou: "Prometo que não vamos repetir o Camboja aqui." Não repetir o Camboja significava criar, ousadamente, estruturas governamentais funcionais que fizessem uma diferença concreta e duradoura para os cidadãos.

Vieira de Mello lutou para decidir o grau do status preferencial que concederia a Gusmão. Os dirigentes da ONU em Nova York recomendaram que não houvesse favoritismo e que ele o tratasse como o líder de um partido entre outros. Mas não eram necessárias pesquisas do Gallup ou uma eleição formal para confirmar a extraordinária popularidade de Gusmão.[7] O brasileiro compreendia as preocupações de Nova York. Se dependesse de Gusmão para aferir "a vontade do povo", afastaria qualquer um que não o seguisse. Além disso, embora agradasse ao sentimento geral dos timorenses, enviaria o sinal errado de como seus líderes seriam escolhidos no novo Timor Leste democrático. Antes das eleições presidenciais, ele tentaria um meio-termo, respeitando a autoridade *de facto* de Gusmão sem entronizá-lo formalmente.

Enquanto no Camboja a administração de Yasushi Akashi havia supervisionado certos ministérios, no Timor Leste Vieira de Mello e sua equipe da ONU teriam que dirigi-los sozinhos. Em 2 de dezembro de 1999, em sua decisão inicial mais importante, criou o Conselho Consultivo Nacional (CCN), que esperou fizesse os timorenses sentir que tinham voz ativa sobre seu futuro. Aparentemente o Conselho parecia bastante razoável. Além de Vieira de Mello, incluiu três outros funcionários da ONU, sete representantes do partido de Gusmão, três membros de outros grupos políticos e um representante da Igreja católica timorense.[8]

Mas, como o Conselho de Segurança autorizara somente o administrador da ONU a legislar, o CCN não passava de uma caixa de ressonância. Vieira de Mello poderia ter imposto qualquer medida que quisesse, independentemente da vontade dos timorenses. Na prática, ele só criava regras que o Conselho Consultivo inteiro estivesse disposto a apoiar. Nos primeiros meses da missão, elaborou regulamentações que estabeleceram um sistema bancário, um serviço público e uma moeda: dólares norte-americanos.[9]

José Ramos-Horta, futuro ministro do Exterior do Timor Leste, riu do convite da ONU para aderir ao CCN. "Já fiquei sem poder fora do Timor Leste tempo suficiente", ele contou a Vieira de Mello. "O que menos preciso é ficar sem poder dentro do Timor." Gusmão aceitou o convite para participar, mas ele recorda que, após várias reuniões, "sentimos que estávamos sendo usados. Percebemos que não estávamos ali para ajudar a ONU a tomar decisões ou nos prepararmos para assumir a administração. Estávamos ali para pôr nossos carimbos nas ordens de Sergio, para permitir que a ONU alegasse que estava nos consultando". Paradoxalmente, outros achavam que Vieira de Mello estava sendo respeitoso demais com Gusmão, que o país estava se tornando uma "República de Xanana".[10]

Como administrador, Vieira de Mello precisava encontrar um meio de, ao mesmo tempo que oferecia soluções de curto prazo, promover a capacidade dos timorenses de se governarem no longo prazo. Ele repetidamente enfatizou que a ONU não estava lá para governar, e sim para preparar os timorenses para tal. Nesse meio-tempo, a Untaet teria que assegurar que os impostos fossem arrecadados, o lixo fosse coletado e as escolas fossem reformadas e postas em funcionamento. A missão da ONU recrutaria e treinaria um serviço público timorense local, mas provisoriamente a própria ONU supriria os serviços básicos. Timorenses desempregados (cerca de 80% da população ativa) viram, assim, estrangeiros ocupando seu serviço público, enquanto passavam fome.

Vieira de Mello sabia que os timorenses não tolerariam o governo da ONU por muito tempo. Numa sessão de *brainstorming* com seu pessoal, em 27 de novembro, argumentou: "A boa vontade atual dos leste-timorenses para com a missão é um ativo de pouca duração. Quanto mais a Untaet permanecer, maiores as chances de que será percebida como um poder concorrente". Contudo, embora sensível ao perigo de alimentar o ressentimento timorense, estava tão convicto da imparcialidade da ONU que achava impossível vê-la como um poder colonial. Ele empalidecia sempre que alguém usava a palavra "protetorado" para descrever o que ele e seus colegas vinham tentando realizar. Via a administração da ONU como algo totalmente diferente de uma missão colonial dirigida por um só país, e enfatizava que o Conselho de Segurança havia explicitamente incumbido a Untaet de se autoextinguir. No entanto, apesar de ansioso por realizar eleições, o referendo recente havia sido tão traumático que ele sugeriu o adiamento da votação por um ou dois anos.[11]

Na maioria dos setores, membros da equipe internacional da ONU foram encarregados de orientar e treinar os timorenses e restaurar os serviços. Infelizmente para Vieira de Mello, o pessoal da ONU não realizou bem nenhuma das duas tarefas. A maioria dos funcionários não falava nenhuma das línguas envolvidas (português, indonésio ou tétum), dificultando a transferência de habilidades.[12] Porém, a despeito do inchaço da burocracia em certos departamentos de Nova York, a ONU carecia de pessoal com *know-how* técnico real. Como ele não podia recrutar a partir de uma lista de experts previamente avaliados, cargos cruciais permaneciam vagos por meses. "O nosso sistema de lançamento de operações foi às vezes comparado a um corpo de bombeiros formado por voluntários", o secretário-geral Annan mais tarde escreveu. "Mas tal descrição é generosa demais. Cada vez que há um incêndio, temos primeiro que arranjar carros de bombeiros e os recursos para operá-los, antes que possamos começar a combater as chamas."[13] Vieira de Mello reclamou que podia contratar especialistas em política, logística e administração, mas não conseguia arranjar os engenheiros de estradas, gerentes de coleta de lixo, especialistas em política fiscal e engenheiros elétricos de que precisava para fazer o Timor Leste funcionar. Ian Martin, que de longe observava as lutas de Vieira de Mello, recorda: "De súbito, a ONU tornou-se formalmente responsável por tudo, embora tivesse capacidade zero para qualquer coisa". Jonathan Prentice, um especialista em política da missão, que mais tarde substituiu Hochschild como assessor especial de Vieira de Mello, observou: "Não somos grande coisa como governo de aluguel. Nos meses iniciais, Nova York nos enviou todo esse pessoal capaz de redigir telegramas diplomáticos, mas ninguém que soubesse instalar um cabo elétrico".[14]

Os timorenses, já frustrados por terem tão pouca autoridade no governo, reagiram aos primeiros sinais de fraqueza. "Sei que muitos deles não têm nenhuma experiência, nenhum *know-how*, nenhuma qualificação acadêmica", Ramos-Horta disse sobre o pessoal da ONU. "Perguntei a uma delas — uma senhora americana — qual a sua qualificação, e ela respondeu que havia trabalhado no Parque Nacional de Yosemite."[15] A maioria das decisões de contratação era tomada em Nova York. E, uma vez contratados os funcionários internacionais, Vieira de Mello não podia se livrar deles. Embora estivesse dirigindo uma missão própria, não dispunha de autoridade de contratação para fazer uso da "caixa de possibilidades" que mantivera no seu escritório por quase uma década. E, mesmo que dispusesse desses poderes, não seria fácil convencer os poucos especialistas que ele conhecia a se mudar, de uma hora para a outra, para uma ilha do Pacífico infestada de malária. Ele não sabia o que fazer para fornecer bens e serviços tangíveis aos timorenses.

Não obstante alguns funcionários da ONU tivessem dificuldade em ver como parceiros seus colegas timorenses menos instruídos, outros tinham consciência da defasagem entre as responsabilidades enormes da Organização e a experiência inapropriada de sua equipe. Hochschild recorda: "Eu entrava em discussões sobre qual deveria ser a escala salarial dos professores, até de repente ouvir minhas palavras e pensar: 'Que diabo estou falando? É justo para o Timor Leste deixar pessoas como eu contribuírem para este debate?'". Mas Vieira de Mello fez o máximo para lembrar a si e a seu pessoal que "somente o Conselho de Segurança, não eu, pode me despojar desta autoridade suprema".[16]

INSULTO ALÉM DE OFENSA

Vieira de Mello sempre fora muito sensível ao simbolismo e ao que ele chamava, desde muito tempo, de "autoestima nacional". Nos primeiros meses da missão, tentou não agir como um governador. Ele disse para tantos timorenses "Simplesmente me chame de Sergio" que, quando suas secretárias ligavam em nome do "sr. Vieira de Mello" tentando marcar uma reunião para o chefe, o interlocutor geralmente não sabia de quem se tratava. Em várias ocasiões, quando seu veículo ficava preso no trânsito, seu guarda-costas egípcio Gamal Ibrahim afixava uma sirene no teto do carro. "Gamal, Gamal, o que você está fazendo?!", Vieira de Mello costumava gritar. "Tire este negócio daí. Prefiro me atrasar a agir como um rei."

No início ele dormia no Hotel Resende, sem trancas nas portas nem água quente, mas com uma abundância de baratas. Em certa ocasião, cansado de ouvir Gusmão e Ramos-Horta se queixarem do estilo de vida luxuoso do pessoal da ONU, convidou-os ao seu quarto de hotel para uns drinques. Orgulhosamente, recebeu-os em sua suíte, acompanhando-os através do quartinho até o banheiro minúsculo. "Quero que vejam o palácio opulento de que costumam falar", disse aos convidados. Após quatro meses, ficou sabendo que um casarão diante do mar de Savu havia sido restaurado para ele. Mas, ao ver a casa de oito quartos, ficou horrorizado. "Não posso permanecer aqui", ele disse em sua primeira visita ao imóvel espaçoso. Mandou dividirem a casa, mantendo dois aposentos para si e destinando o resto para hospedar visitantes internacionais.

Ele estudou a língua local, o tétum, com Domingos Amaral, seu tradutor, que lhe dava várias aulas por semana, e, sempre que sua agenda oferecia uma janela, participava de sessões práticas. Quando Amaral trabalhou como tradutor na missão eleitoral da ONU, viajava atrás do carro de seu chefe. Mas Vieira de Mello o surpreendia convidando-o com frequência a se sentar ao seu lado. "Domingos, aonde você está indo?", costumava protestar. "Vamos aproveitar a viagem para praticar meu tétum." Mergulhando em sua vasta coleção de blocos de hotéis, Vieira de Mello anotava palavras e a respectiva pronúncia. Antes de fazer algum pronunciamento, pedia que o tradutor anotasse foneticamente as palavras ou linhas principais em tétum, para saber onde colocar o acento tônico. Referia-se a Amaral como "Professor". "Professor, como se conquistam as boas graças do povo?", perguntava retoricamente. "Primeiro você precisa aprender a língua. A língua é a chave para a cultura de um povo, e a cultura é a chave para o coração de um povo. Se você forçá-lo a falar a sua língua, nunca conquistará sua simpatia." Enquanto Amaral o ajudava a ensaiar parágrafos inteiros em tétum, ele murmurava: "Não conte para Ramos-Horta ou Xanana. Será nosso segredo".

Os membros locais da equipe não estavam habituados a ser tratados com tanto respeito por estrangeiros. Quando Vieira de Mello promoveu um churrasco na sua casa, fez questão de que a família inteira de Amaral comparecesse. E, como fizera por intermédio de Lola Urosevic, sua tradutora em Sarajevo, nunca deixava de perguntar aos timorenses o que achavam de suas perspectivas econômicas ou do desempenho da ONU.

A despeito de toda a sua sensibilidade aos símbolos, algumas de suas decisões enviavam sinais errados aos timorenses. Com a destruição provocada pelo Exército de Libertação do Kosovo em sua mente, ele de início insistiu que os timorenses extinguissem as Forças Armadas de Libertação Nacional do Timor Leste (Falintil), o exército de guerrilha que viera lutando pela independência por um quarto de século. Assim como a Otan havia sido incumbida de estabilizar Kosovo, Vieira de Mello achou que a Força Multinacional liderada pelos australianos deveria ter por tarefa manter os timorenses seguros. Pensou que a presença dos guerrilheiros das Falintil poderia intimidar a população que, no referendo, votara por permanecer como parte da Indonésia e que acabaria retornando aos seus lares. Mas sua ideia inicial foi recebida com protestos, pois os rebeldes eram adorados como o símbolo e o veículo do fim da ocupação da Indonésia. Ele rapidamente reverteu sua decisão e instruiu os combatentes a permanecer em seus quartéis, fora das ruas. Essa determinação também desagradou a Gusmão, que se queixou de que os combatentes pela independência não deveriam ser "engaiolados como frangos".[17]

Em 18 de novembro, as tensões em torno das Falintil chegaram ao auge. O comandante da força australiana, general Peter Cosgrove, instruiu os guerrilheiros a reunir cerca de 1700 combatentes num só quartel em Aileu. Os soldados obedeceram de forma relativamente ordeira, porém o pneu de um caminhão repleto de soldados furou, e eles decidiram pernoitar em Díli. O militar australiano ficou sabendo dessa presença não autorizada e encarou os guerrilheiros, confiscando suas facas e armas de fogo. Quando Gusmão foi acordado em sua cama e informado do que acontecera, ficou indignado. "Os australianos estão tratando meus homens como criminosos comuns", exclamou. "Vieram ao Timor, não travaram uma batalha sequer, as milícias fugiram, e agora eles circulam por aí de peito estufado como conquistadores. Nós combatemos durante 24 anos, mas eles se julgam superiores."

A primeira incumbência de Gusmão foi acalmar seus homens. "Jogamos conforme as regras indonésias durante todos aqueles anos", ele disse para si e para seus combatentes. "Podemos seguir as regras da ONU por mais alguns meses." Mas depois opôs resistência publicamente. Dirigiu-se a Díli com um pelotão armado e foi pessoalmente interceptado pelo general Cosgrove. "Eu não falo nas ruas", disse Gusmão. "Estou a caminho de Díli. Se quiser, sinta-se à vontade para vir junto." Quando Cosgrove bloqueou a estrada com um veículo blindado australiano de transporte de tropas, Gusmão desembarcou. "Estamos habituados a andar", disse. Ele e seus homens caminharam os quilômetros que faltavam até a cidade, e Cosgrove seguiu-os a pé. Vieira de Mello havia marcado um encontro com Gusmão naquela mesma manhã. Quando este chegou em meio a um alvoroço, Vieira de Mello exclamou: "Xanana, o que você fez? Pensei que íamos nos reunir para discutir nosso plano estratégico!".

Os erros simbólicos da Untaet foram se acumulando. Como os hotéis e hospedarias haviam sido queimados junto com todo o resto no Timor Leste, a maioria dos funcionários da ONU não tinha onde morar. No início, os funcionários eleitorais que haviam permanecido dormiam sob suas escrivaninhas no complexo das Nações Unidas, pendurando varais com roupas entre seus escritórios. Insensatamente, o pessoal administrativo providenciou dois navios, conhecidos como *Hotel Olympia* e *Amos W*, para virem a Díli, onde serviriam de hotel aos que esperavam alojamento. Os quartos de 160 dólares por noite dos hotéis flutuantes não eram grande coisa — os navios não passavam realmente de barcaças com quatro camadas de contêineres empilhados —, mas do ponto de observação dos timorenses na costa pareciam transatlânticos de luxo, sobretudo depois que uma discoteca no terraço foi inaugurada, trombeteando música noite adentro. A princípio, os timorenses foram impedidos de jantar ou dormir nos navios, o que provocou ainda mais revolta. Timorenses desempregados zanzavam em torno da esplanada, junto às pranchas de embarque e desembarque, esperando ser contratados pelo salário pago pela ONU e outros empregadores internacionais: três dólares por uma jornada de doze horas.[18] Os

344

navios se tornariam tamanha dor de cabeça que, em julho de 2000, Vieira de Mello ordenou que a boate que funcionava em seu interior fechasse à meia-noite. Porém, àquela altura o dano já fora causado.

Os timorenses estavam desempregados, sem teto e famintos. Viam poucos sinais de que seu país estava sendo reconstruído. Não controlavam seus destinos. E foram ficando insatisfeitos. Em dezembro de 1999, cerca de 7 mil timorenses que aguardavam, sob um calor abrasador, serem entrevistados para 2 mil empregos da ONU ficaram sabendo que seria dada prioridade a quem falasse inglês. A multidão pôs-se a atirar pedras, atingindo um soldado australiano na boca. Então se voltaram contra os timorenses que trabalhavam na ONU, espancando vários deles e apunhalando um. Somente quando Ramos-Horta chegou ao local os ânimos se acalmaram.[19] No mês seguinte, no primeiro grande protesto contra a ONU, um dos manifestantes segurava um cartaz que dizia: "OS LESTE-TIMORENSES NECESSITAM DE COMIDA E REMÉDIOS, NÃO DE HOTÉIS E DISCOTECAS".[20]

Em 2000, a ONU mudou-se de seu centro de operações das eleições, no complexo de treinamento de professores, para a Casa do Governador, uma mansão mediterrânea de dois andares, com colunata e vista para o oceano, que abrigara primeiro os portugueses e, depois, os poderes coloniais indonésios. Como nenhuma outra instalação ainda de pé conseguiria acomodar a grande missão das Nações Unidas, Vieira de Mello mudou-se para o mesmo escritório do segundo andar que, meses antes, abrigara o impopular governador indonésio.

Em vez de simplesmente deixar seu centro de operações anterior, o pessoal da ONU "depenou" as instalações. Numa interpretação altamente literal das regras das Nações Unidas formuladas pelos Estados membros, removeram todas as "propriedades da ONU": não apenas mesas, cadeiras e lâmpadas, mas também os ares-condicionados, cabos e fiação. "O que não puderam levar, quebraram", recorda o padre Filomeno Jacob, que mais tarde se tornaria o ministro da Educação timorense. "Foi algo bem parecido com vandalismo." Ao saber do incidente, Vieira de Mello enviou pessoalmente alguns itens de volta aos timorenses. No entanto, era tarde demais. "Foi aí que percebemos que teríamos que nos proteger", diz Jacob. "Entramos na fase de confronto." Gusmão passou a se referir à presença da ONU como a "segunda ocupação".

Vieira de Mello e Xanana Gusmão.

Os protestos ganharam força. Em fevereiro de 2000, estudantes de medicina enraivecidos marcharam pelas ruas exigindo o direito de retornar à faculdade. Um mercador de peixes aproximou-se da missão da ONU e despejou peixe cru na soleira, protestando contra a falta de eletricidade, que o privava de refrigeração. Os timorenses reuniam-se regularmente para protestar contra os aumentos de preços, e os 1400 funcionários locais da ONU realizaram suas próprias greves por aumento de salário.

A chegada da ONU havia aumentado as expectativas de que, devido à rigidez financeira familiar da Organização, a missão não daria resultados. O Conselho de Segurança concedera à Untaet um mandato ambicioso e um orçamento generoso de mais de 600 milhões de dólares. Contudo, as regras da ONU ainda proibiam que os recursos de operações de paz fossem gastos na reconstrução da rede elétrica timorense ou no pagamento de salários a funcionários públicos locais. Assim como no Camboja e no Kosovo, o orçamento só podia ser aplicado em instalações da ONU e em salários da ONU. "Algo claramente não está certo se a Untaet pode custar 692 milhões de dólares, enquanto o orçamento inteiro do Timor Leste é um pouquinho superior a 59 milhões de dólares", Vieira de Mello declarou ante o Conselho de Segurança. "Devemos nos surpreender se existem tantas críticas às extravagâncias da ONU, enquanto os timorenses continuam sofrendo?"[21]

Uma regra da ONU ainda mais notável explicitava que os ativos da ONU só podiam ser usados pelo pessoal da missão. Isso significava que, conquanto a ONU estivesse ali para ajudar na "construção do Estado", por questões de imputabilidade, os timorenses tecnicamente não podiam ser transportados em helicópteros ou em veículos das Nações Unidas. O pessoal da ONU dispunha de mais de quinhentos veículos, mas Vieira de Mello teve que transgredir as regras para liberar uma dúzia deles para os líderes timorenses, que um dia governariam o país.[22] "Isto é ridículo", ele exclamou durante uma das muitas discussões com o funcionário da ONU encarregado da administração. "Tenho autoridade para ordenar às tropas que abram fogo contra os líderes da milícia, mas não tenho autoridade para entregar um computador a Xanana Gusmão!" Como em Nova York eram treze horas a menos que no Timor Leste, raramente ele conseguia obter em tempo hábil a autorização de que precisava. Prentice explica: "Sempre haverá essa tensão, com a sede pensando que somos um bando de coronéis Kurtz, e o pessoal de campo pensando: 'Esses sujeitos que ficam sentados em suas belas escrivaninhas não entendem nada'." As regras, Vieira de Mello escreveu em um artigo sobre as "lições aprendidas", "fazem com que a ONU pareça arrogante e egoísta aos olhos daqueles que deveríamos ajudar".[23] O Banco Mundial administrou um fundo fiduciário de 165 milhões de dólares para o Timor Leste, a ser aplicado na reconstrução vital, porém Vieira de Mello não tinha nenhuma influência sobre o modo como o orçamento era desembolsado.[24] "Estamos muito voltados para o risco de corrupção. Nem sempre reconhecemos que existe um risco semelhante no atraso", recorda Sarah Cliffe, que dirigia o programa do Banco Mundial ali. "Algo provavelmente não está certo se temos as mesmas regras para uma concessão de 500 mil dólares e para um empréstimo de 400 milhões de dólares."

LACUNA DE LEI E ORDEM

Cada setor debateu até que ponto confiar na experiência dos timorenses ou contar com o *know-how* internacional. "O reflexo natural de uma organização internacional é despejar um pessoal internacional numeroso numa situação", recorda Hansjörg Strohmeyer, o consultor legal de Vieira de Mello que o acompanhou ao Timor Leste, bem como ao Kosovo. Strohmeyer preferiu procurar advogados do país. A força liderada pelos australianos lançou folhetos de aviões solicitando que timorenses qualificados contatassem a ONU. Além disso, a ONU contratou uma dupla de timorenses para percorrer Díli em suas motocicletas informando que os advogados se reuniriam todas as sextas-feiras às três da tarde na escadaria do prédio do Parlamento.

Em uma semana, identificou-se um grupo inicial de dezessete juristas que, na falta de cadeiras ou mobília, sentavam com Strohmeyer no chão.[25] Os timorenses instruídos geralmente haviam se bacharelado em universidades indonésias, mas possuíam o que Vieira de Mello chamou de "*une rage de bien faire, de vite faire*" — uma vontade de fazer bem feito e rápido.[26] Numa cerimônia comovente em 7 de janeiro de 2000, Vieira de Mello entregou togas pretas a oito juízes e dois promotores, no esqueleto carbonizado do Palácio da Justiça em Díli.[27] Domingos Sarmento, o antigo guerrilheiro das Falintil, foi um dos timorenses treinados às pressas que recebeu a toga naquele dia. "O senhor Sergio entregou-me a toga, e senti como se ele estivesse me entregando o país", recorda. Sarmento e os outros juízes nomeados pela ONU ocuparam escritórios em salas enegrecidas pela fumaça, privados pelos indonésios das portas, janelas e canos.[28]

Com a partida das forças de segurança indonésias, o Timor Leste precisava desesperadamente conter os crimes violentos. A bem equipada Força Multinacional liderada pelos australianos havia, em janeiro de 2000, passado o controle para uma força de pacificação tradicional da ONU, composta de 8500 boinas-azuis levemente armados. Desta vez, ao contrário de Kosovo, o comandante da força se subordinaria a Vieira de Mello. A polícia civil da ONU foi lenta como sempre para chegar. A Resolução 1272 autorizara o envio de 1600 policiais, mas, três meses após o início da missão, apenas quatrocentos deles haviam chegado.[29] Ele procurou encontrar uma solução local, e abriu a primeira academia de polícia do país. A academia recebeu cinquenta alunos timorenses, inclusive onze mulheres, para um curso intensivo de três meses. Entretanto, por mais longamente que tivesse servido no sistema da ONU, ou por mais telegramas frustrados que escrevesse para Nova York, Vieira de Mello teve dificuldades em preencher o vácuo de segurança inevitável em locais vulneráveis que se seguiu à chegada da ONU.

Como as prisões haviam sido queimadas e todos os agentes penitenciários haviam fugido para território indonésio, poucas detenções podiam ser realizadas, e muitos criminosos tinham que ser soltos para abrir lugar para os presos novos. Em abril de 2000, Vieira de Mello disse: "Não podemos encher prisões que não temos". Ele sugeriu sentenças de serviços comunitários a "pessoas que não provocaram nenhuma lesão corporal, que não têm nenhum sangue nas mãos".[30] O resultado foi a libertação de muitos infratores.

Os timorenses despreparados fizeram o possível para aprender rapidamente as leis, participando de cursos de treinamento de uma semana na Austrália. Mas eram poucos e inexperientes demais para enfrentar a pauta sobrecarregada. No início de 2001, havia um acúmulo de mais de setecentas causas somente na categoria de crimes graves.[31] Enquanto os timorenses em outras áreas do governo reclamavam da falta de poder, os juízes timorenses reclamavam que a decisão da Untaet de lançá-los despreparados nas salas de tribunal comprometera a fé local no primado da lei. "Não tínhamos nenhuma ideia do que estávamos fazendo", recorda Sarmento, que se tornaria ministro da Justiça em 2003. "E a população levará muito tempo para se recuperar depois de ver todos os erros inicialmente cometidos."

Vieira de Mello procurou proporcionar o maior acesso possível à Casa do Governador. A população local podia simplesmente subir de bicicleta até a entrada se quisesse fazer uma queixa ou solicitar um emprego. Em meados de 2000, quando o chefe da administração da ONU tentou proteger o complexo com arame farpado, Vieira de Mello ficou furioso: "Que porra de sinal você está tentando enviar?", ele gritou, insistindo na retirada do arame farpado e das barricadas. "Muitas pessoas diziam que Sergio não ligava para a segurança", recorda Gamal Ibrahim, que passaria dois anos como seu guarda-costas no Timor Leste. "Mas sou um dos poucos que sabem: ele não queria viver de uma maneira inacessível às outras pessoas." Quando ia ao mercado após o trabalho comprar bananas, brincava com seus guarda-costas sobre seus olhos vigilantes. "Um dia, serei atingido por um franco-atirador enquanto vocês estiverem batendo papo com uma garota", disse. Gilda, sua mãe de 82 anos no Brasil, estava tão preocupada com que o filho contraísse malária ou fosse alvejado por forças próindonésias que ele transformou seu telefone celular de Genebra em uma "linha direta" para ela, entregando o aparelho a Ibrahim ao entrar em reuniões de alto nível. "Se minha mãe ligar", dizia, "diga que sairei daqui a uma hora." Nos primeiros meses da missão, ela ligava dia sim, dia não para saber notícias de Sergio.

A ameaça representada pelas milícias pró-Indonésia que viviam no Timor Oeste ainda era bem real. No primeiro ano da missão da ONU, os timorenses morriam de medo de que seus assassinos retornassem. Em certa ocasião, Gusmão e Ramos-Horta informaram a Vieira de Mello que elementos leais à Indonésia procedentes de Timor Oeste se infiltraram em Díli e estavam prestes a capturá-la. Os dois pediram que ele autorizasse a polícia a deter qualquer pessoa da lista de suspeitos deles. Embora tivesse relutado em recorrer à força na Bósnia, Vieira de Mello ficou tentado a atender ao pedido. Quando Sidney Jones, seu veterano conselheiro de direitos humanos, levantou objeções, Ramos-Horta exclamou: "Direitos humanos? Direitos humanos? Isto é *Alice no país das maravilhas*. Temos que lidar com a realidade aqui". Hochschild, sentindo que Vieira de Mello estava propenso a autorizar detenções ilegais, argumentou que este estava perdendo o contato com seus valores. Vieira de Mello, que se sentiu cercado por todos os lados, estrilou: "Talvez eu devesse renunciar e voltar a Nova York". Muitos timorenses começavam a desejar que a missão da ONU inteira fizesse exatamente isso.

LONGA PERMANÊNCIA

O circuito diplomático do Timor Leste desagradava a Vieira de Mello tanto quanto o de Nova York. Quando informado de reuniões com dignitários, praguejava de brincadeira por e-mail, expressando sua aversão por elas com pseudoxingamentos ("?#!%&X"). Como acontecera em todas as suas missões, seus vínculos mais estreitos eram com seus assessores especiais (Hochschild e, mais tarde, Prentice) e seus guarda-costas (Ibrahim e Alain Chergui, um ex-paraquedista francês). Pouco depois da chegada de Ibrahim ao Timor Leste, em janeiro de 2000, Lyn Manuel, a secretária filipina de Vieira de Mello, observou num manifesto de voo que Ibrahim estava fazendo aniversário. Do lado de fora do escritório do chefe, Ibrahim ficou surpreso ao ouvir Vieira de Mello, que ele ainda não conhecia bem, gritar: "Bem, Lyn, quer dizer que hoje temos aniversário!". Ibrahim foi arrastado para dentro, e Vieira de Mello providenciou uma garrafa de Johnnie Walker Black Label. Cada membro de seu círculo interno brindou a Ibrahim com um "copo" diferente: um copo descartável, uma xícara de café de plástico e uma garrafa de Coca-Cola de plástico cortada ao meio.

Pouco antes de deixar os Estados Unidos, Ibrahim ficara noivo de Marcia Luar, uma angolana. Com o passar das semanas, Luar desconfiou que Ibrahim pudesse estar saindo com mulheres timorenses. "Como são as mulheres lá?", ela perguntou ao noivo. "Por que você quer saber sobre 'mulheres'?", Ibrahim respondeu. "Falta até comida lá!" Luar não se deixou persuadir. "Com quem você está trabalhando?", quis saber. "Deixe-me falar com ele. Ele fala português, certo?" Ibrahim, apavorado, contou a Luar que trabalhava para o representante especial do secretário-geral e que ela sob circunstância nenhuma poderia falar com ele.

Um dia, quando aguardavam o helicóptero ser reabastecido, Vieira de Mello ouviu Ibrahim discutindo com Luar. "Passa o telefone, Gamal. Vou acertar as coisas com ela." Ibrahim segurou o telefone sobre o peito. "Cometi um erro", ele disse. "Telefonei para ela antes de vir para cá." Vieira de Mello agarrou o telefone e assegurou a Luar que seu noivo estava andando na linha. Desse dia em diante, sempre que ouvia o casal conversando, insistia em intervir, fazendo o que ele chamava de "reunião de segurança". Quando percebeu que a missão duraria bem mais de seis meses, arranjou um emprego para Luar na ONU no Timor Leste.

Como o trabalho de campo o afastara de sua própria família, e seus amigos mais próximos eram os colegas da ONU, ele fazia questão de indagar sobre a vida pessoal de sua equipe. Em fevereiro de 2000, Strohmeyer, o consultor legal da Untaet, enfiou um bilhete sob sua porta, no Hotel Resende, solicitando que fosse liberado para retornar a Nova York. Ele se casara em 1998 e achava que o casamento não sobreviveria a mais um ano de separação. Vieira de Mello o chamou ao seu escritório e concordou com seu pedido de retorno à sede. "Veja bem, se você quer que um casamento funcione, precisa estar presente", disse. "Eu deveria saber isso." Strohmeyer, que achara que teria dificuldades para convencer o chefe, ficou aliviado com sua compreensão. Mas, antes que saísse, Vieira de Mello o deteve. "Antes de você deixar o Timor", ele disse, "existem três projetos que eu gostaria que você realizasse." Aqueles "três projetos", que ele anunciou com uma expressão séria no rosto, eram herculeos: ajudar a normalizar as relações timorenses com a Indonésia, negociar um tratado de compartilhamento da receita do petróleo e criar um tribunal de crimes de guerra. Strohmeyer não fez muito progresso em nenhum deles, mas permaneceu no Timor Leste até julho de 2000. Divorciou-se no ano seguinte.

Vieira de Mello nunca imaginou que sua permanência no Timor Leste seria tão prolongada. A maioria dos colegas achava que ele seria nomeado alto-comissário para Refugiados da ONU, cargo que sua antiga chefe, Sadako Ogata, desocuparia no final de 2000, mais prestigioso e poderoso do que o de coordenação que ocupava em Nova York. Embora tivesse se cansado do trabalho com refugiados enquanto atuara no Acnur, dirigir uma agência inteira da ONU proporcionaria grandes desafios políticos e diplomáticos. Além disso, seus dois anos em Nova York o deixaram nostálgico da assistência tangível oferecida pelo Acnur, que antes parecia corriqueira. Ele sabia que os cargos nobres no sistema da ONU geralmente não eram atribuídos àqueles que tivessem militado nas fileiras da Organização. Annan era uma grande exceção. Mas Vieira de Mello redigira mais acordos de repatriação, negociara com mais autoridades governamentais e liderara mais missões de campo do que qualquer outro candidato. A maioria do pessoal em Genebra, Nova York e no Timor Leste estava certa de que o cargo era dele. O consenso popular era de que, após seu período no Timor Leste, ele retornaria a Genebra para assumir a coroa dos refugiados — coroa que muitos acreditavam seria seu penúltimo cargo antes de se tornar secretário-geral.

No entanto, duas coisas atrapalharam esse plano. Primeiro, Annan, como seus predecessores, procurava preencher os altos cargos com elementos dos países que doavam mais dinheiro. Segundo, as próprias qualidades que tornavam Vieira de Mello o candidato ideal ao cargo de alto-comissário faziam com que os governos relutassem em afastá-lo do Timor Leste. Richard Holbrooke, o embaixador do presidente Clinton na ONU, acreditava que as operações de paz da ONU, que haviam sofrido o "tríplice fracasso" da Somália, da Bósnia e de Ruanda, haviam chegado ao ponto de ruptura. A missão do Timor Leste proporcionou às Nações Unidas a chance rara de ressuscitar. No outono de 2000, quando o nome de Vieira de Mello começou a circular para o cargo de alto-comissário, Holbrooke telefonou a Annan pedindo que mantivesse "o supremo apagador de incêndios" no Timor Leste. "Não precisei ser persuadido", Annan recorda. "Eu sabia que Sergio era valioso demais para trazê-lo de volta cedo." Holbrooke telefonou para Vieira de Mello em Díli e disse: "Sinto muito fazer isto com você, mas estou pedindo a Kofi que o mantenha aí. Esta missão definirá a ONU por décadas. Mostrará que ela consegue realmente acertar os ponteiros". Vieira de Mello não revelou seu desapontamento. "Farei o que meu irmão mandar", ele disse, referindo-se a Annan. Em outubro de 2000, Annan convidou Ruud Lubbers, o ex-primeiro-ministro da Holanda, a terceira maior fonte de recursos do Acnur, para ser o alto-comissário para refugiados.

Vieira de Mello magoou-se menos com a notícia da designação de Lubbers do que com a maneira como foi comunicada. Tomou conhecimento dela através do noticiário da mídia e depois recebeu uma carta datilografada formal com a assinatura mecânica de Annan impressa no rodapé. "Dado o longo histórico de Sergio na ONU", seu auxiliar especial Hochschild recorda, "ele obviamente achou que merecia ao menos um telefonema." Hochschild convenceu seu chefe desmoralizado a promover um jantar para seus funcionários mais próximos e combinou com eles que viessem de pijama para fazer uma surpresa. Isso divertiu Vieira de Mello, bem como uma "ode" escrita por sua secretária britânica Carole Ray, que em parte dizia:

> Caro chefe, esta noite especial tem por objetivo deixá-lo contente,
> Pois a última notícia de Nova York foi bem deprimente.
> Embora as coisas nas últimas semanas não corressem como você previu,
> Ninguém pode negar que o escritório tem uma equipe nota mil.
> Sabemos que viver neste local é algo bem desgastante,
> E se o tivessem consultado, você diria que já fez o bastante.
> Assim, embora reconhecendo a grande mancada do secretário-geral
> A sua fiel equipe está aqui para se esforçar em levantar seu moral [...]
> Você é o único que sabe as datas, os nomes, os horários e os lugares
> Você recorda os dignitários e, é claro, as moças espetaculares [...]
> A sua equipe se mata de trabalhar e raramente se zanga
> Mas só porque Sergio Vieira de Mello é quem manda.
> Estamos felizes porque você não vai embora, porque ficará aqui conosco
> Portanto aproveite ao máximo e pare de fazer alvoroço!

Num esforço por espantar a claustrofobia naquela ilha minúscula, Vieira de Mello tentou convencer os amigos da Europa e da Ásia a fazer uma visita. "Mas, Sergio", a soprano norte-americana Barbara Hendricks disse, "o Timor simplesmente não está *no caminho* para nenhum lugar!" Desde meados da década de 1980, sempre que estivera afastado numa missão, sua amiga Fabienne Morisset lhe enviava uma mala diplomática, ao final de cada semana, com as cinco edições da semana de *Le Monde*. Ao chegar a Díli, ele a desencorajou de enviar os jornais, dizendo: "Vão levar seis meses para chegar!". Sua mãe lhe enviava do Brasil a revista *Veja*, que ele lia religiosamente, por mais atrasada que chegasse.

Ele escreveu à sua velha amiga Annick Stevenson (antes Roulet),* implorando que viajasse até o Timor Leste para escrever uma matéria para o jornal francês regional *Le Progrès* sobre as eleições e a formação de um governo novo. "Sei muito bem que a Indonésia e o Timor não constituem a preocupação principal dos leitores de Lyon", ele escreveu, "mas você poderia tentar ampliar seus horizontes."[32] Stevenson transmitiu com pesar a resposta de seu editor: "Levando em conta a densidade das notícias no mundo a esta altura (Oriente Médio, Macedônia, Irlanda do Norte), parece difícil justificar o seu envio para lá".[33] Vieira de Mello escondeu seu desapontamento exclamando alegremente: "A resposta não me surpreende!".[34]

O clima dentro da missão da ONU era quase tão tenso quanto nas ruas de Timor. O calor (32 ºC diariamente, com umidade entre 60 e 90%) era sufocante. A maioria do pessoal da ONU se alimentava de arroz e macarrão indonésio. Aqueles que trabalhavam nos distritos distantes de Díli sentiam-se particularmente isolados, incapazes de obter escritórios, computadores ou mesmo canetas e papel. Seguindo o exemplo do chefe, os funcionários trabalhavam dezenove horas por dia, inclusive nos fins de semana. O Timor Leste não oferecia nenhuma diversão. A ONU vinha sendo culpada de tudo o que estava saindo errado, e o pessoal mais próximo a Vieira de Mello tinha a impressão de estar na iminência de um grande fracasso ou ao menos de uma irrupção de agitação social. "As pessoas normais reagiam de formas estranhas", recorda Hochschild, "mas as pessoas estranhas reagiam de formas bizarras."

Vieira de Mello conhecia intimamente as falhas do sistema da ONU. Enquanto trabalhou em Nova York, manteve pregada na parede uma charge de meados da década de 1990, na época em que a Euro Disney enfrentava uma crise financeira. A charge mostrava Mickey dizendo ao companheiro Pateta: "Parece que a ONU vai assumir o controle — agora é que nada mais vai funcionar".[35] Mas

* Annick Roulet casou-se em 1999 e adotou o sobrenome Stevenson.

entender aquelas falhas era diferente de vivenciá-las. A população do Timor Leste tinha grandes esperanças de se governar e melhorar as condições de vida, porém Vieira de Mello sentia como se ele e a Untaet as estivessem frustrando diariamente. "A nossa visão era que administraríamos o local e consultaríamos os timorenses. Depois das eleições, entregaríamos as chaves a eles e iríamos embora", recorda Prentice. "Os timorenses, que esperaram séculos para se governar, compreensivelmente tinham ideias diferentes." E Vieira de Mello também acabou por tê-las; foi quando se deu conta de que precisaria modificar as regras da ONU a fim de salvar a missão. A forma mais eficaz de ele exercer o poder em Timor Leste seria entregá-lo.

16. "Um Sergio novo"

Se Vieira de Mello revelou uma qualidade importante no Timor Leste, foi mais sua adaptabilidade do que sua sabedoria. Já na primavera de 2000, sentiu que sua missão, vista fora do país como um raro sucesso da ONU, estava à beira do fracasso. A segurança física estava em colapso, a economia estava em ruínas, e os timorenses haviam começado a ver a ONU com um segundo "ocupante". Desesperado por reverter tal situação, atacou agressivamente as ameaças à segurança e tentou dar voz ativa aos timorenses em seus próprios assuntos. Para recuperar o ímpeto, percebeu que teria que prestar mais atenção à dignidade e ao bem-estar da população do que às regras da ONU.

SEGURANÇA EM PRIMEIRO LUGAR

O maior medo dos timorenses era de que as milícias indonésias voltassem. Embora se ressentissem do poder político da ONU, valorizavam sua presença militar. Quando as tropas de paz substituíram a Força Multinacional, Vieira de Mello deixou claro que não haveria recuo na segurança. A força da ONU, ele advertiu, "manteria a capacidade de dissuasão e a reação máxima no Timor Leste, que eu não aconselharia ninguém a testar".[1] Rumores continuavam a circular de que a milícia pró-Indonésia planejava voltar para massacrar a população. Em 24 de julho de 2000, o soldado raso Leonard Manning, um boina-azul de 24 anos da Nova Zelândia, tornou-se a primeira baixa em batalha da força de paz, ao ser atingido na cabeça durante uma patrulha perto da cidade de Suai, na fronteira com o Timor Oeste. Quando seu corpo foi recuperado, horas depois, a garganta havia sido retalhada e as orelhas, arrancadas.[2]

No dia do ataque, Alain Chergui, um dos guarda-costas de Vieira de Mello, foi de carro até a casa do chefe. Ao chegar à porta, o brasileiro omitiu as amabilidades costumeiras e disse simplesmente: "Nós vamos para Suai". Chergui relembra a transformação. "Seu rosto estava tão sério, tão fechado, triste", o segurança francês recorda. "Não parecia o Sergio." Quando chegaram à cidade onde ocorrera a morte, Vieira de Mello interrogou os colegas de Manning no batalhão neozelandês. "Ele estava obcecado", diz Chergui. "Queria todos os detalhes do que Manning havia feito o dia inteiro." As informações seriam utilizadas para tentar convencer Nova York de que a norma de fogo das tropas de paz deveria se tornar mais agressiva. Mas ele também as usaria para atenuar o golpe sofrido pelos pais de Manning, que receberiam uma descrição precisa do bem que seu filho vinha realizando no dia em que morreu. Ele faria questão de visitá-los, ao passar pela Nova Zelândia em viagem oficial.

Vieira de Mello aprendera uma lição vital na Bósnia e no Zaire. Era essencial sinalizar aos elementos armados que a ONU não seria derrubada. Ele sabia que, se os militantes farejassem fraqueza, a explorariam. Portanto, na esteira da morte de Manning, revisou a norma de fogo das tropas de paz para maximizar sua flexibilidade de se defender e proteger os civis. Normalmente, as tropas de paz tinham que esperar até serem alvejadas antes de revidar e disparar tiros de advertência antes de visar diretamente alguém. Mas desse evento em diante os boinas-azuis poderiam abrir fogo contra milícias suspeitas sem aguardar. Os soldados e policiais da ONU também seriam autorizados a deter indivíduos suspeitos com base em indícios mínimos. Vieira de Mello autorizou grandes batidas policiais e militares para expulsar as milícias e restaurar a confiança pública. E mais tarde refletiu: "Resolvemos não optar pela abordagem clássica e habitual das missões de paz: sofrer insultos, levar tiros, sofrer baixas e não reagir com força suficiente, não atirar para matar. A ONU havia agido assim antes e não iríamos repeti-lo aqui".[3] Em um discurso em que congratulou as tropas por neutralizarem a ameaça, ele apresentou uma face belicosa da ONU. "Se eles tentarem de novo, receberão a mesma resposta", disse.[4]

Sua parte favorita do serviço, ele deixava claro, envolvia a direção de assuntos militares. Sua equipe caçoava do seu prazer aparente em comparecer a paradas militares sob um sol escaldante. Grande adepto dessas paradas desde que acompanhou Brian Urquhart pelo sul do Líbano em 1982, Vieira de Mello visitava cada unidade separadamente e, com frequência, encontrava ocasiões para conceder medalhas aos soldados para levantar seu moral. "Uma parada pode nunca ter sido o evento mais importante no dia de Sergio", recorda Jonathan Prentice, "mas ele sabia que tendia a ser o evento mais importante no dia de um soldado."

Nem ele nem as tropas de paz tinham jurisdição sobre o Timor Oeste, que fazia parte da Indonésia. Mesmo assim, agências humanitárias da ONU, como o Acnur, operavam ali para ajudar a repatriar cerca de 90 mil refugiados leste-timorenses que ainda não haviam voltado para casa. Em 5 de setembro de 2000, o líder da milícia, Olivio Moruk, um dos dezenove homens citados pelo procurador-geral indonésio como orquestrador-chave dos massacres de 1999 e suspeito do assassinato de Leonard Manning, foi morto em sua aldeia natal no Timor Oeste. A notícia de sua morte logo se espalhou. No dia seguinte, o cortejo fúnebre com cerca de 3 mil pessoas passou pelo complexo do Acnur na cidade de Atambua, no Timor Oeste controlado pelos indonésios. O pessoal da segurança do Acnur pensou em evacuar o escritório, mas o chefe de polícia local assegurou que o cortejo passaria pacificamente. Em vez disso, um grupo avançado de trinta a cinquenta milicianos em motocicletas, armados com pedras, garrafas, armas de fogo caseiras e armas semiautomáticas, separou-se do cortejo e atacou o escritório da ONU. "Os brancos causaram nossa derrota no referendo", um pistoleiro bradou, "e agora estão causando o nosso sofrimento."[5] Os homens queimaram a bandeira do Acnur e ergueram a bandeira da Indonésia. Enquanto os milicianos gritavam insultos, Carlos Caceres, um trabalhador porto-riquenho do Acnur que se encontrava dentro do complexo da agência, respondia a um e-mail de um colega. Caceres escreveu:

> Meu próximo cargo terá que ser numa ilha tropical sem malária nem guerreiros loucos. Neste exato momento, estamos isolados no escritório. Um líder miliciano foi assassinado na noite passada. Foi decapitado e teve a cabeça e o pênis decepados

[...] O tráfego desapareceu e as ruas estão estranha e sinistramente quietas. Estou contente por termos comprado, semanas atrás, rolos e rolos de arame farpado [...]

Enviamos a maior parte do pessoal para casa, em busca de segurança. Acabei de ouvir alguém dizer no rádio que estão rezando por nós no escritório. Os milicianos estão a caminho, e estou certo de que farão o possível para demolir este escritório. O homem morto era o líder de um dos grupos milicianos mais famosos e criminosos de Timor Leste. Esses sujeitos agem sem pensar e podem matar um ser humano tão facilmente (e sem dor) como mato mosquitos no meu quarto.

Você devia ver este escritório. Compensado nas janelas, os funcionários espiando por aberturas nas cortinas instaladas às pressas minutos atrás. Estamos aguardando este inimigo, sentados aqui como iscas, desarmados, esperando que uma onda nos atinja. Estou feliz por deixar esta ilha por três semanas. Espero que possa partir amanhã.

Carlos

Minutos após clicar em "enviar", Caceres foi brutalmente esfaqueado até a morte, junto com Samson Aregahegan, um funcionário de suprimentos etíope, e Pero Simundza, um funcionário de telecomunicações croata.[6] Os corpos foram então incendiados diante do escritório. Outro funcionário do Acnur foi ferido a machete na cabeça. A multidão, que depois saqueou e pôs fogo no escritório da agência, circulou pela cidade em caminhões e motocicletas inspecionando as residências particulares e os hotéis, à procura das "pessoas brancas do Acnur" para "acabar" com elas.[7] Com o forte apoio de Vieira de Mello, o secretário-geral Annan declarou "Fase de segurança V" para o Timor Oeste, ordenando a retirada de todo o pessoal internacional e a suspensão das operações do Acnur até que a segurança pudesse ser restabelecida e os culpados, levados à justiça.

As autoridades indonésias mostraram pouco interesse em refrear a milícia ou deter os assassinos.[8] As condições no Timor Oeste permaneceram voláteis demais para a ONU retornar. Embora soubesse que a presença do Acnur no Timor Oeste poderia acelerar a repatriação de refugiados, Vieira de Mello nunca recomendou o recomeço das operações ali, porque nunca teve certeza de que poderia fazê-lo com segurança. O imperativo humanitário já não atropelava as demais preocupações.

No próprio Timor Leste, concentrou-se em melhorar o desempenho da polícia da ONU. Apesar de comprometido com o multilateralismo, cometeu a "heresia" de decidir que, ocasionalmente, a distribuição geográfica deveria ser sacrificada a favor da coesão. "O que é mais importante?", ele perguntou. "Que vinte países enviem, cada um, seis policiais, ou que a polícia da ONU combata o crime?" Em março de 2001, a Untaet começou a experimentar modelos novos de policiamento da ONU, delegando a responsabilidade pelo distrito de Bacau a policiais de um único país: as Filipinas.[9] Quando os dirigentes da ONU em Nova York objetaram, por considerarem as unidades novas, de uma só nacionalidade, uma afronta ao espírito das Nações Unidas, Vieira de Mello defendeu com sucesso a mudança.

Em 2001, convenceu o amigo Dennis McNamara, tão diferente dele, a se tornar seu substituto. Falara com empolgação sobre a missão e de como se divertiriam voltando a conspirar juntos. Mas quando McNamara chegou, Vieira de Mello estava assoberbado pela pressão implacável de suas tarefas. Seu espírito brincalhão parecia ter desaparecido e, embora os dois homens houvessem tido suas discussões sobre princípios no passado, nunca brigaram como no Timor Leste. "Sergio não queria um número dois", McNamara recorda. "Queria assessores especiais que, acima de tudo, fossem fiéis a ele."

Vieira de Mello tornou McNamara responsável pela organização da Unidade de Crimes Graves da ONU, com o propósito de perseguir os responsáveis por crimes contra a humanidade. As conversações sobre um tribunal internacional, tendo por modelo os de Ruanda e da ex-Iugoslávia, rapidamente perderam força, à medida que os Estados ocidentais se apressaram em normalizar os vínculos com a Indonésia. O painel de crimes graves, que consistia em dois juízes internacionais e um timorense, viria a investigar 1339 assassinatos e indiciaria 391 suspeitos. A despeito de 55 julgamentos terem sido realizados, 303 suspeitos importantes, inclusive o ex-governador de Timor e o general Wiranto, chefe do exército durante os massacres, viveriam comodamente na Indonésia ou no Timor Oeste.[10]

Vieira de Mello não deu a McNamara apoio quando este precisou. Seu substituto viajou à Indonésia para pressionar Jacarta a deter suspeitos de crimes de guerra, mas Vieira de Mello apoiou seu chefe do estado-maior, Nagalingam Parameswaran, um malaio que encorajou os líderes da milícia a retornar ao Timor Leste, com a garantia de que não seriam processados. Vieira de Mello acreditava que, se pudesse convencer os saqueadores a se reintegrar ao Timor Leste, as perspectivas de paz do país melhorariam. "Sergio, você se tornou um maldito político", McNamara reclamou. "Como pode deixar que assassinos permaneçam livres?" A estabilidade importava mais a Vieira de Mello do que a justiça imediata. Embora pessoalmente ele apoiasse os tribunais de crimes de guerra, Gusmão e Ramos-Horta estavam ansiosos por normalizar os laços com a Indonésia, ainda que isso implicasse perdoar aqueles com sangue nas mãos. No papel que desempenhava, Vieira de Mello acreditou que deveria aceitar a conclusão deles de que a paz no presente era mais importante que o ajuste de contas com os crimes do passado. McNamara continuou pressionando o Ministério Público a prosseguir com os indiciamentos e prisões. O choque com Parameswaran agravou-se quando o malaio tachou publicamente McNamara de "racista" e um órgão supervisor da ONU acusou-o de interferência política em crimes graves. McNamara ficou chocado quando seu amigo não se pronunciou a seu favor. Pelo contrário, Vieira de Mello concentrou-se na missão como um todo, insistindo que seus críticos no Timor Leste e além adotassem uma visão de longo prazo e não se desesperassem. "Regularmente", ele comentou, "ficamos sabendo do indiciamento de criminosos de guerra idosos da Segunda Guerra Mundial."[11]

COMPARTILHAMENTO DO PODER: TIMORIZAÇÃO

O Conselho de Segurança da ONU havia concedido a Vieira de Mello um mandato para governar o Timor Leste por mais de dois anos. Durante seus seis primeiros meses, ele não desafiou esse pressuposto, embora lutasse com as responsabilidades colossais associadas ao poder absoluto. Mas, na primavera de 2000, com o agravamento da inquietação dos timorenses, Vieira de Mello enviou meia dúzia de membros de confiança de sua equipe para um retiro de dois dias e pediu que retornassem com propostas para reestruturar a missão. Ele ofereceu um conjunto novo de opções aos timorenses, na reunião anual de seu movimento de resistência. "A fase mais aguda da emergência está superada", disse aos líderes timorenses. "Ouvimos claramente as suas preocupações de que a Untaet não está conseguindo se comunicar ou envolver suficientemente com os leste-timorenses." Em seguida descreveu os dois modelos alternativos. "Sob o primeiro modelo, a Untaet e eu continuaremos dando socos no saco de pancadas", contou, sorridente, ao público. Sob o segundo "modelo político" a ONU aceleraria o processo de "timorização" e formaria um governo conjunto a fim de "compartilhar os socos com vocês".[12] Ele criaria um gabinete misto, dividido igualmente entre quatro timorenses e quatro elementos internacionais. "Diante de nossas próprias dificuldades no estabelecimento desta missão, não envolvemos os timorenses, nem podíamos envolver, tanto quanto mereciam", Vieira de Mello disse. "Na medida em que isso se deveu às nossas omissões ou negligência, assumo a responsabilidade e expresso meu pesar. Foi preciso algum tempo para nos entendermos uns com os outros."[13]

Gusmão recorda a sensação de alívio dentro de seu partido. "Aquele foi o momento em que começamos a acreditar que Sergio estava comprometido com os timorenses", ele disse. "O Conselho de Segurança havia concedido a ele todo o poder, mas Sergio disse: 'Não, preciso de vocês'." Gusmão se aproximou de Vieira de Mello após o discurso e declarou: "Afinal vejo que isto não é o Camboja".

Os laços de Vieira de Mello com as autoridades timorenses melhoraram. Ramos-Horta, o ministro do Exterior extraoficial, passou a zombar de suas tendências autoritárias, chamando-o de "Saddam Hussein do Timor Leste" ou brincando: "Sergio, você tem mais poderes do que Suharto chegou a ter. Como você consegue se aturar?". Vieira de Mello sabia revidar à altura. Referia-se a Ramos-Horta como "Gromyko", o eterno ministro do Exterior soviético. "José, você é ministro do Exterior do Timor Leste há 24 anos. Você nunca conseguiu uma promoção ou uma mudança de carreira."

Os dirigentes da sede da ONU exibiram uma reação diferente. Vieira de Mello estava rompendo as regras. O Conselho de Segurança concedera poderes à ONU, não aos timorenses, para administrar o lugar antes da independência. Vieira de Mello programou uma videoconferência com Nova York para defender seu plano de compartilhamento do poder. Sem informar à sede, convidou os timorenses que haviam sido designados membros do gabinete a participar da discussão. "Sergio sabia que ele vinha tentando algo revolucionário no sistema da ONU", recorda Prentice. "E sua atitude foi: 'Se vocês querem negar o poder aos timorenses, então tenham a coragem, porra, de dizer isso na cara deles'." Os dirigentes da ONU em Nova York abrandaram suas preocupações, e, em 15 de julho de 2000, Vieira de Mello deu posse ao novo gabinete misto. O pessoal da ONU manteria o controle sobre a polícia e os serviços de emergência, além dos assuntos políticos, justiça e portfólios financeiros. Os timorenses se incumbiriam dos ministérios de Administração Interna, Infraestrutura, Assuntos Econômicos e Assuntos Sociais. Alguns meses depois, Ramos-Horta, que representara informalmente o Timor Leste no exterior durante anos, tornar-se-ia o ministro de Relações Exteriores oficial. Pela primeira vez na missão da ONU, estrangeiros altamente remunerados trabalhariam subordinados a administradores timorenses.

Alguns funcionários da ONU no Timor Leste ficaram ainda mais apreensivos com o sistema novo do que os dirigentes em Nova York. Eles alegaram que não haviam feito a longa viagem até o Timor Leste para se subordinarem a timorenses. Seus contratos rezavam que eles trabalhavam para o secretário--geral da ONU.[14] Vieira de Mello decidiu enfrentar os funcionários que resistiam às mudanças. Reuniu todo o pessoal da ONU — cerca de setecentas pessoas —, além dos quatro ministros timorenses novos, no auditório do prédio do Parlamento. Falou do alto de uma plataforma e, apontando para os timorenses sentados na primeira fila, disse: "Estes são seus chefes novos". Quando um funcionário da ONU reclamou que nenhum dispositivo da resolução do Conselho de Segurança da Organização das Nações Unidas previa o que a Untaet estava fazendo, Vieira de Mello foi desafiador: "Assumo plena responsabilidade", respondeu. "Ou você obedece, ou vai embora."

Vieira de Mello resolveu também aparar as arestas com os soldados das Falintil, ainda isolados em seu quartel. A ONU forneceu 35 mil dólares em ajuda humanitária por mês até fevereiro de 2001, quando o exército novo, a Força de Defesa Timorense, foi oficialmente batizado. Ele deixara de ver as Falintil pelo prisma do Exército de Libertação do Kosovo e passou a entender a importância dos combatentes — culturalmente e do ponto de vista prático — para a identidade e a estabilidade timorenses.

Os líderes timorenses se apaziguaram apenas temporariamente com a iniciativa de compartilhamento do poder de Vieira de Mello. Logo ficaram insatisfeitos com o ritmo da transferência de poder.[15] Conquanto participassem de um gabinete misto, não podiam demitir o pessoal da ONU, e os altos dirigentes das Nações Unidas continuavam a realizar suas reuniões executivas regulares sem eles, apresentando as regras como fatos consumados.

Ainda que nunca atacasse Vieira de Mello pessoalmente, Gusmão criticou a Untaet, que supostamente estava dando aos timorenses lições de "democracia", ele disse, não obstante "muitos daqueles que nos ensinam nunca a terem praticado nos próprios países". A ONU pregava a confiança nas organizações não governamentais, contudo "numerosas ONGs viviam da 'indústria' da ajuda aos países pobres".[16]

Parte do que incomodava Gusmão era a ausência de um "cronograma de transição".[17] Conforme ele recorda:

> As pessoas estavam perguntando: Quanto tempo? Quanto tempo? Quanto tempo? Era importante psicologicamente definir um intervalo de tempo. Se você apenas diz "transição", sem dar detalhes, os timorenses comuns dirão: "Vinte e quatro anos — sim, isto foi uma transição!". Eles estavam perguntando, nós todos estávamos perguntando, pura e simplesmente: Quando os *malaes* [estrangeiros] irão embora?

Vieira de Mello atendeu às exigências de Gusmão e, em janeiro de 2001, finalmente traçou um mapa político. Uma Assembleia Constituinte de 88 membros seria eleita em agosto. Essa assembleia, por sua vez, redigiria e adotaria uma Constituição dentro de noventa dias, decidiria a data das eleições presidenciais e escolheria a data em que o Timor Leste se tornaria independente. A Assembleia, devidamente eleita, assinaria a Constituição em março de 2002, realizaria eleições presidenciais em abril e receberia enfim a independência plena em maio.

Em meados de setembro, Vieira de Mello formara um gabinete ministerial novo, composto somente de timorenses. Com o cronograma em funcionamento, os timorenses afinal estavam confiantes de que logo assumiriam o controle, e as tensões se reduziram.

UMA LACUNA GRANDE DEMAIS

Vieira de Mello conseguiu ajustar as regras da ONU ao que ele considerava melhor para o Timor Leste em termos de segurança e autonomia política. Mas nunca conseguiu aliviar a maior fonte de frustração no Timor Leste: as regras da ONU que o impediam de gastar dinheiro diretamente no país. Na esfera econômica, tais regras faziam com que a grande missão política e de pacificação da ONU distorcesse a economia local, sem contribuir para o desenvolvimento. Reconstruir o país e revitalizar a economia foram tarefas deixadas para o Programa de Desenvolvimento da Organização das Nações Unidas, o Banco Mundial e o Fundo Monetário Internacional. Devido à lentidão com que essas agências e fundos trabalhavam, a missão da ONU levou a culpa pelos poucos resultados tangíveis que deixou. O lado econômico do que Gusmão denominara o "trauma do Camboja" vinha de fato se repetindo no Timor.

Vieira de Mello batalhou com Nova York em torno da política fiscal. Em março de 2001, escreveu para a sede, relatando seu "dilema de Salomão". Por um lado, sob as regras da ONU, tanto o pessoal da ONU como os contratados não podiam ser tributados localmente. Por outro, como chefe de um governo, Vieira de Mello precisava de receita fiscal, e estava enviando um mau sinal aos timorenses ao isentar de impostos as pessoas mais ricas da ilha. Ele discutiu a questão sob a perspectiva timorense. Se a ONU pagasse aos trabalhadores um adicional para compensar a diferença em impostos, o ônus ao orçamento da ONU seria mínimo, enquanto a infusão daquela receita no orçamento timorense faria uma diferença significativa.[18] Mas ele foi outra vez informado de que as regras não podiam ser alteradas.

Embora soubesse que regras eram regras, insistiu que o Secretariado tentasse persuadir os países da ONU a mudá-las. "O que gastamos com peças sobressalentes para nossos veículos, por exemplo, é o mesmo que o Timor Leste pode gastar em justiça", ele escreveu à sede. "Gastamos em fretamento de helicópteros três vezes a previsão do orçamento nacional para a educação." Ele propôs que, no mínimo, após a independência os Estados membros da ONU permitissem a entrega, pela Untaet, ao governo leste-timorense de ativos utilizados pela ONU.[19] Como careciam até de infraestrutura básica e equipamentos, os timorenses receberam com satisfação veículos, geradores, computadores e outros equipamentos de segunda mão. Após uma batalha longa, Vieira de Mello conseguiu permissão para doar 11% dos ativos da ONU — cerca de 8 milhões de dólares em equipamentos — ao novo governo do Timor Leste.[20] Alegando que as estradas destruídas da região vinham danificando veículos da ONU, conseguiu também que parte de seu orçamento fosse empregada no reparo de estradas — uma grande vitória.

A imprensa, com pouco conhecimento de suas batalhas internas, passou a fazer dele alvo de seus ataques. *Tempo*, uma revista semanal indonésia, publicou uma denúncia das discrepâncias de remuneração entre o pessoal internacional (que recebia em média 7800 dólares mensais) e o pessoal local (que ganhava somente 240 dólares). O artigo descreveu imprecisamente Vieira de Mello como o "o pai exuberante de três filhos" e "um dos mais diligentes frequentadores de festas" de Díli. Vivendo com um salário mensal de 15 mil dólares, o artigo o acusava de promover "festas exuberantes com abundância de vinhos e comida". Embora a maioria dos fatos a seu respeito (exceto seu salário) fosse falsa, o artigo o incomodou, pois as observações centrais — por exemplo, que a ONU gastava em cuidados odontológicos para suas tropas de paz (7 milhões de dólares) mais do que com salários do pessoal local (5,5 milhões de dólares) — eram verdadeiras.[21]

Como ele era o governador efetivo do local, quaisquer críticas à missão da ONU eram, de fato, críticas à sua liderança. No início de 2001, o jornal brasileiro *O Globo* citou amplamente uma carta enviada por uma missionária católica anônima, designada apenas como "A.M.". A.M. descreveu a Untaet como um "banco de empregos para estrangeiros" que agiam como "'faraós' arrogantes e autoritários". Os funcionários da ONU andavam de utilitários com ar-condicionado, enquanto os timorenses lotavam caminhões repletos de "galos, porcos, cabritos, sacos de arroz, vômito e calor sufocante". A maioria dos funcionários da ONU tratava os timorenses como "macacos", A.M. escreveu. "Eles não vêm para servir. Vêm para mandar e ser servidos."[22]

Vieira de Mello esquentou a cabeça com o artigo durante um mês, quando então explodiu por escrito, denunciando a autora. Ele escreveu:

> Sou, com muito orgulho, funcionário de carreira da ONU, desde que deixei a universidades, há 31 anos. Servi — ou, segundo sua informante, passei deleitáveis férias — em paraísos turísticos como Bangladesh, Sudão, Chipre, Moçambique, Peru, Líbano, Camboja, Bósnia, Ruanda, Kosovo e, desde novembro de 1999, Timor Leste. Fui alto-comissário adjunto para os Refugiados e subsecretário-geral da ONU para Assuntos Humanitários. Deixei meu cargo em Nova York e vim para Díli porque acreditava na causa deste povo sofrido. Aceito, melhor, estimulo, críticas construtivas, mas não admito ataques gratuitos como o seu.
>
> Foi a ONU que manteve acesa a chama do direito à autodeterminação desde a invasão de Timor pela Indonésia, em dezembro de 1975. Foi o nosso secretário-geral quem mediou o acordo de 5 de maio de 1999, que tornou possível o referendo de 30 de agosto de 1999, no qual mais de 78% da população escolheu a independência.
>
> Chefio, com humildade, esta missão e assumo todos os seus erros. Tivemos

que improvisar e, com escassos recursos, criar um governo num ambiente de desolação. [...]

Se destruir é fácil — aqui levou alguns dias —, construir um novo funcionalismo público e serviços à população leva tempo. Não aprendi a fazer milagres, e uma das razões da demora são os mecanismos de controle, cujo propósito é justamente prevenir o que sua fonte afirma ser a norma: corrupção. [...]

O título do seu artigo era "Intervenção Branca no Timor Leste". Intervenção, sim! Branca? Há mais asiáticos, africanos e árabes do que europeus nesta missão. Se a palavra tinha um sentido figurado, pior ainda, pois o senhor estaria nos acusando de racismo. Não sirvo à ONU há mais de três décadas para engolir desaforos gratuitos de ninguém.

Aos leitores do *Globo* peço desculpas pelo tom desta resposta. É fácil malhar quando não se tem conhecimento dos fatos.[23]

Uma luta com a sede que Vieira de Mello se recusou a perder foi em torno da indenização às famílias de dezesseis funcionários da ONU mortos durante o referendo de 1999. Quando Nova York solicitou as certidões de nascimento e casamento e os atestados de óbito, bem como prova por escrito do emprego, ele pacientemente explicou por telegrama que o Timor Leste era um "caso singular" onde toda documentação havia sido destruída, e que a ONU teria que ser flexível e aceitar declarações de testemunhas atestando o emprego e a morte dos funcionários. "Estou certo de que vocês concordarão que temos uma obrigação moral para com os funcionários que morreram no cumprimento do dever", ele escreveu, "particularmente porque as milícias violentas visaram especificamente o pessoal local."[24]

Em março de 2001, Jean-Marie Guéhenno, chefe do Departamento de Operações de Paz, escreveu a Vieira de Mello expressando pesar pelo fato de "nossas mãos estarem atadas". Apesar das circunstâncias incomuns em torno das mortes e dos pedidos de indenização, Guéhenno escreveu, o departamento não conseguiu a dispensa das exigências corriqueiras. Mais de duas décadas após ter batalhado em Nova York pela indenização ao médico libanês morto por tropas de paz, Vieira de Mello argumentou que a ONU precisava reformular toda a sua abordagem. "Em minha longa associação com operações de paz da ONU, o atraso incrível no pagamento de indenização aos cidadãos dos países hospedeiros sempre foi uma fonte de constrangimento para a Organização", ele escreveu. "As famílias das vítimas costumam ser muito pobres, e é difícil para elas compreender como a ONU, vista como uma organização rica, não pode pagar indenizações dentro de um intervalo de tempo razoável." Ele informou a Guéhenno que pretendia ir em frente e "conceder um pagamento total único de 10 mil dólares" a cada família. Sabendo como forçar uma resposta, ele alertou: "Se eu não ouvir notícias suas até 19 de julho, instruirei o diretor de Administração a desembolsar esses recursos imediatamente".[25] Esse telegrama chamou a atenção de Nova York, e a campanha de vários anos de Vieira de Mello enfim gerou frutos. Guéhenno informou-o de que finalmente convenceu os administradores da ONU a permitir que as famílias timorenses fossem indenizadas a partir de 1º de agosto de 2001.[26]

O embate mais acirrado de Vieira de Mello com a sede girou em torno do petróleo, a única fonte de receita potencialmente lucrativa do Timor Leste. Em 1989, quando a Austrália reconheceu a ocupação do Timor, a Indonésia retribuiu com a concessão de um acesso generoso às reservas petrolíferas próximas da costa do Timor Leste. Vieira de Mello sabia que a Untaet seria considerada um fracasso se não convencesse os australianos a devolver o que pertencia de direito aos timorenses. As receitas que a Austrália auferiria do petróleo na vizinhança de Timor Leste representariam uma fração ínfima de seu PIB. Mas se a ONU conseguisse assegurar os campos petrolíferos para o Timor, o PNB da ilha potencialmente triplicaria.

As negociações foram tensas desde o princípio. Os diplomatas australianos tentaram alegar que o valor reduzido do petróleo não justificava uma alteração do *status quo*. Sentindo que a Austrália não desistiria de sua reivindicação sem uma briga, Vieira de Mello decidiu preservar seus laços calorosos com o governo australiano e afastou-se do processo. Designou então como negociador principal da ONU Peter Galbraith, que havia sido embaixador da Croácia nos Bálcãs e que fora por ele nomeado ministro de Assuntos Políticos da Untaet. Galbraith, que sabia ser rude, ameaçou processar a Austrália na Corte Internacional de Justiça se o país não oferecesse aos timorenses, consoante o direito do mar, todas as receitas ao norte do ponto médio entre o Timor Leste e a Austrália. Os australianos reclamaram várias vezes a Vieira de Mello que Galbraith vinha elevando absurdamente as expectativas dos timorenses e sabotando os laços entre a ONU e a Austrália. Eles esperavam que a ONU negociasse o acordo, não que agisse estritamente segundo os interesses do Timor. Mas o Conselho de Segurança incumbiu a Untaet de atuar como governo timorense, de modo que não cabia uma mera mediação. Vieira de Mello solicitou a Galbraith que obtivesse o melhor acordo para o novo país.

Para obter tal acordo, ele, Galbraith e outros na Untaet solicitaram à sede da ONU um advogado com experiência em direito do petróleo. Porém, assim como esta levou dois anos para enviar experts em crime organizado a Kosovo, não seria da noite para o dia que conseguiria especialistas para o Timor. Contudo, quando um acordo que repartia parte das receitas do petróleo estava prestes a ser assinado, o subsecretário-geral da ONU para Assuntos Políticos Kieran Prendergast enviou a Vieira de Mello um longo telegrama, informando que havia consultado um especialista em direito do mar segundo o qual ele estaria fazendo concessões excessivas. "Caberá ao Timor Leste, como uma nação independente, definir seu interesse nacional", Prendergast escreveu. Vieira de Mello ficou furioso. "Sergio concluíra, com toda razão, que, para ter sucesso, precisava se tornar mais timorense do que os próprios timorenses", recorda Prentice. "Portanto qualquer insinuação de que ele não batalhara por seus melhores interesses provocaria uma reação estridente." Vieira de Mello escreveu às pressas um dos telegramas mais revoltados de sua longa carreira:

> Embora eu tenha lido o memorando de Prendergast em 1º de abril, observo que ele é datado de 22 de março e portanto, apesar das aparências, não foi uma brincadeira do Dia da Mentira. A sede foi mantida plenamente informada em cada um dos estágios. Eu teria apreciado qualquer conselho em tempo hábil. [...] Por que não ouvi nenhum antes, quer pessoalmente, quer por telefone ou por escrito?
>
> Estou (eu esperava que presumissem isto) plenamente consciente de que o Timor Leste terá que conviver com qualquer decisão tomada por muito mais tempo e mais profundamente do que nós [...] Em suma, ao contrário da impressão dada, a liderança leste-timorense tem mentes próprias e não fica simplesmente esperando, silenciosa, por nossos maus conselhos. Um contato mais frequente com as realidades de campo — como aprendi em minha carreira — proporciona um antídoto vital contra tais conceitos equivocados.

Ele defendeu a abordagem de Galbraith nas negociações e revidou acusando Nova York de estar sendo indevidamente influenciada por um consultor da subsidiária de uma empresa americana chamada Oceanic, que tinha um interesse velado nas negociações. "Ainda estou para ler uma rota alternativa e viável que pudesse ter sido tomada e levasse a um resultado mais benéfico", escreveu. "Esses ganhos não devem ser prejudicados por uma falta de unidade tardia entre o Timor Leste e as Nações Unidas, sobretudo se ela se tornasse pública, o que, como todos sabemos, infelizmente é um risco dentro das Nações Unidas." Numa segunda redação do telegrama, Vieira de Mello observou que, embora os timorenses tivessem sido informados de sua resposta, "o ressentimento é meu". E na redação final, alterou a frase para: "O desapontamento, a irritação e o ressentimento são meus".[27]

No final, Galbraith obteve um acordo pelo qual timorenses e australianos criariam uma Área de Desenvolvimento de Petróleo Conjunta, da qual os primeiros receberiam 90% das receitas e os segundos, 10%, uma melhoria substancial em comparação com a divisão meio a meio que antecedeu as negociações da ONU. Acreditava-se que o campo de Bayu-Undan nessa área contivesse de 6 a 7 bilhões de dólares em reservas de petróleo e gás, o que traria uma receita de 5 bilhões de dólares ao minúsculo Timor Leste.[28] As negociações conduzidas por Galbraith quadruplicariam o petróleo disponível ao país para venda.

Em 24 de abril de 2002, as eleições presidenciais de Timor Leste se realizaram. O oponente de Xanana Gusmão declarou que, embora esperasse perder por ampla margem, achava importante mostrar aos timorenses que teriam alternativas nas eleições. Os dois candidatos dirigiram-se, de braços dados, ao local de votação onde depositaram seus votos. Num contraste marcante com o referendo de agosto de 1999, apenas uma ligeira irregularidade foi registrada nos 282 locais de votação através do país.[29] Gusmão foi eleito presidente do Timor Leste com 83% dos votos. Vieira de Mello disse a Carlos Valenzuela, o colombiano que organizou as eleições para a ONU: "Obrigado pelas eleições mais entediantes da minha vida". O Timor Leste estava a menos de um mês de se tornar uma nação plenamente independente.

VIDA PRÓPRIA

Vieira de Mello tinha tempo para trabalhar dezenove horas por dia em parte por não estar preso a nenhum relacionamento amoroso sério. Os desafios da missão faziam com que esquecesse a solidão. De fato, em fevereiro de

2000, segundo mês do novo milênio, reclamou memoravelmente à sua amiga em Genebra Fabienne Morisset: "Já é fevereiro, e ainda um século sem sexo".

Em seu isolamento, Vieira de Mello se acostumara com a rotina no Timor Leste. Comia um sanduíche no escritório no almoço, usava a internet e pacotes de leitura dos amigos para se manter informado a respeito dos acontecimentos no resto do mundo, levava trabalho para casa, jantava frugalmente arroz e barras de chocolate, fazia suas ligações para Nova York a altas horas da noite e evitava o circuito de coquetéis. Kosovo lhe dera sua primeira sensação como celebridade local. Mas, como governante do Timor Leste, era quase tão conhecido quanto Gusmão. Raramente saía às ruas, porque sua polidez infalível com os timorenses e com seus funcionários da ONU exigia energia, e porque aproveitava as poucas horas que tinha para si mesmo. Foi padrinho de casamento de seu assessor especial Fabrizio Hochschild, em Díli, mas saiu cedo da recepção. "Desculpe, Fabrizio", disse ao amigo. "Não consigo mais ficar 'ligado'. Estou exausto." Contava à amiga Morisset sobre o vazio que sentia, embora tivesse afinal atingido grandes alturas na ONU. "Tudo está fluindo bem profissionalmente", disse. "Mas o que estou fazendo com minha vida? Tudo isto é para quê?"

No final de 2000, havia conhecido Carolina Larriera, uma argentina esbelta e elegante, de 27 anos, que cursara a universidade em Nova York e, em 1997, candidatara para o cargo de coordenador de comunicações da sede. No Timor Leste, sua primeira missão em campo, ajudou a distribuir microcrédito do Banco Mundial a empresas timorenses. Larriera sentiu-se atraída pelo carisma sul-americano familiar de Vieira de Mello, mas ouvira falar de suas aventuras com mulheres e o evitou. Em outubro de 2000, havia quase um ano naquela missão, informou-o sobre o programa de microcrédito para uma conferência de doadores de que ele participaria. Os dois discutiram o problema de encontrar e conservar administradores timorenses qualificados. Um mês depois, quando Larriera compareceu a um pequeno jantar na casa de Ramos-Horta, Vieira de Mello aproximou-se e engrenaram uma conversa. Aludindo à rivalidade tradicional entre Brasil e Argentina, ele contou como sua mãe, grávida de sete meses, havia deixado Buenos Aires e retornado ao Rio para garantir que ele nascesse no Brasil.

O casal começou a namorar em janeiro de 2001 e manteve o relacionamento em particular. Larriera temia que seus colegas a julgassem pelo envolvimento com o chefe da missão da ONU. Ele não se envolveu plenamente: encontrava-se com outras mulheres e concentrava-se sobretudo no trabalho, passando várias noites em casa, sozinho, ouvindo Beethoven ou outro compositor sombrio e fazendo trabalho burocrático, enquanto bebia um copo de Black Label. "Você pode trabalhar e se envolver num relacionamento significativo. Não são coisas incompatíveis", Larriera insistia. "Não, não posso", ele dizia.

Em setembro de 2001, frustrada com a recusa dele em priorizar o namoro, Larriera rompeu o relacionamento e parou de atender seus telefonemas. "Assim não vale a pena", disse. "Você não está comigo, e quero mais." Ele pediu que ela voltasse atrás, mas Larriera se manteve firme. A não ser que ele se envolvesse realmente, ela disse, o caso estava encerrado.

Em 11 de setembro de 2001, Vieira de Mello estava em Jacarta, na Indonésia, para encontrar-se com autoridades indonésias. Ao final do dia, disse boa-noite aos assessores e subiu até o quarto, onde solicitou o serviço de quarto. Seu telefone celular tocou: era Larriera mandando que ligasse a televisão. A CNN havia interrompido a transmissão normal para exibir as torres em chamas do World Trade Center, que Vieira de Mello costumava ver de seu apartamento em Nova York. Ibrahim, seu guarda-costas, bateu forte na porta. "Sr. Sergio", ele gritou, "viu o que aconteceu?" Quando Ibrahim entrou, seu chefe segurava o rádio de ondas curtas sintonizado numa estação francesa, enquanto a transmissão em inglês da CNN soava ao fundo. Ele fez um sinal de não com a cabeça, emudecido. "Não havia nada a dizer", recorda Ibrahim. "O que se pode dizer?"

Em 14 de outubro de 2001, um mês após os ataques terroristas, Vieira de Mello telefonou para Larriera dizendo que precisava conversar com ela. Quando ela chegou à casa dele em Díli, encontrou as lâmpadas apagadas. Entrou pela porta lateral e deparou com uma fileira de velas da porta até a sala de estar. No chão, corações de cartolina colorida que ele recortara. "De agora em diante, é o novo Sergio!", ele disse, emergindo. Larriera estava cética. "Eu mudei", ele anunciou. "E mudarei. Não acredite em mim. Observe-me." Daquele ponto em diante, os dois se referiam ao seu relacionamento antes daquela reviravolta de outubro como a sua "pré-história". "A história", ele disse, "começa hoje."

Os colegas mais próximos de Vieira de Mello naquela época estavam envolvidos em relacionamentos sérios. Jonathan Prentice, seu assessor especial, casara-se com a namorada do tempo do colégio, Antonia, e o casal era inseparável. Hochschild, seu assessor anterior, havia sido um solteiro convicto, mas sua esposa havia dado à luz uma criança logo após seu casamento em Timor

Leste. Martin Griffiths, seu antigo substituto em Nova York, havia se divorciado e voltou a se casar em 1999, convidando Vieira de Mello para ser padrinho da filha recém-nascida. Vieira de Mello parecia querer o que eles tinham. Ele escreveu a Larriera uma semana depois de voltarem a namorar, soando como um adolescente. Após enviar "*un besito matinal*", escreveu que se viu pensando que o que eles tinham juntos era bom demais para ser verdade, mas exclamou: "Felizmente, *é* verdade".[30]

Ele solicitou o divórcio em dezembro de 2001. Embora vivesse longe de Annie desde 1996, ela recebeu mal a notícia. Por mais que tivessem se distanciado, ela nunca esperara que ele abandonasse o casamento. Mas Vieira de Mello estava determinado a ir em frente. Escreveu para Antônio Carlos Machado, seu melhor amigo no Brasil, dizendo que, após "várias gafes minhas tentando evitar a realidade", concluíra que estava profundamente apaixonado. Observando que não tinha nenhuma ideia de como o amor podia ser exaustivo, escreveu que, mesmo assim, preenchera-o "com um *élan* novo e vital", e que estava determinado "a aproveitar ao máximo o que resta de minha vida, em vez de desperdiçar os poucos anos restantes".

Vieira de Mello contou a Machado que ainda teria que permanecer seis meses cansativos no Timor Leste. Depois planejava tirar três meses de férias para "fazer muitas das coisas com que sonhei e que protelei minha vida inteira".[31] Algumas daquelas ambições, concentrou-as nos fins de semana com Larriera. Insistiu que escalassem o Ramelau, o pico mais alto do país. Disse que queria aprender mergulho autônomo, e eles foram certificados pela Associação Profissional de Instrutores de Mergulho. Ele anunciou que queria realizar o mergulho mais profundo da área, de modo que mergulharam a quarenta metros da costa da ilha de Atauro.

No Natal, fez com Larriera o que nunca fizera com outras namoradas: convidou-a para conhecer sua mãe no Brasil. Ela, por sua vez, o levou a Buenos Aires, onde o conduziu à rua Vincente López, 1853, a casa onde a família de Vieira de Mello havia morado desde seus vinte dias de idade até os três anos.

Com a intensificação do relacionamento com Larriera, ele se adaptou a uma rotina doméstica de reclusão. Ela mudou-se para a casa dele, e adquiriram um cão, Manchinha. No início da noite, quando o tempo refrescava, faziam longos passeios ao longo da orla ou subiam um morro próximo até a estátua de 27 metros do Cristo, semelhante à estátua do Cristo Redentor sobre o Rio de Janeiro. Nos fins de semana, faziam compras no mercado ou continuavam suas aventuras de mergulho com o guarda-costas Alain Chergui e os Prentice. Quando a missão começou a ficar tranquila, perto da independência timorense, ele e Larriera chegaram a passar longos fins de semana na ilha de veraneio próxima de Bali. Vieira de Mello estava eufórico com a aproximação da data da independência, ouvindo em sua casa, em alto volume, a canção de Paul McCartney "Freedom".

Na semana anterior à cerimônia de gala da independência do Timor Leste, os líderes timorenses ofereceram um jantar ao governador, que estava de partida. Vieira de Mello ergueu um brinde a eles e ao seu futuro como um país independente. Mas brindou principalmente a Larriera: "O Timor Leste é especial para mim por várias razões", ele disse, "mas a principal é que aqui conheci Carolina. Durante dois anos trabalhamos juntos no mesmo prédio em Nova York e nunca nos conhecemos. Tivemos que viajar até esta ilha pequena, a 16 mil quilômetros de distância, para encontrarmos um ao outro."

Os amigos íntimos de Vieira de Mello ficaram surpresos com sua transformação e sua aceitação da monogamia. Muitos especularam que sua fidelidade não iria durar. Outros discordaram, observando que, no pináculo do sistema da ONU, ele percebera que não poderia continuar com relacionamentos fora do casamento. Todos pareciam concordar que Larriera havia revelado um lado tranquilo de Sergio jamais manifestado com tal intensidade. Morisset recorda longas conversas com ele durante sua permanência no Timor Leste:

> Sergio não conseguia aceitar ficar velho, ficar menos bonito. Ele sempre se preo-
> cupara com seu aspecto, mas nos últimos anos ficara obcecado com a forma física.
> Queria permanecer um jovem sedutor. Aquele era seu papel. Aquela era sua identi-
> dade. Aquilo era o que o tornava famoso. E Carolina despertou nele sua juventude.

Enquanto se concentrava no seu futuro com Larriera, esperava que o secretário-geral Annan o compensasse por tê-lo isolado em Timor por dois anos e meio. Ele contou a Larriera: "Ele tem a obrigação de me enviar a um lugar civilizado, a um posto decente".

Mas, embora sua missão estivesse se aproximando do fim, Annan não informou aonde ele iria a seguir. Quando um jornalista perguntou a Vieira de Mello sobre seus planos, este respondeu irritado: "Quanto à minha próxima missão, você terá que abordar o assunto com o secretário-geral. Ainda não sei".[32] Ao encerrar a vida que construíra no Timor, exclamou para McNamara: "Para onde devo mandar minhas malditas caixas?". Ele não conseguia entender como os altos dirigentes em Nova York não eram mais compreensivos com aqueles que labutavam na linha de frente. "Alguns daqueles canalhas em Nova York deviam experimentar isto por algum tempo", disse.

Vieira de Mello refletiu publicamente sobre os sucessos e os fracassos da missão. "Quando vim em 1999, senti-me como o motorista de ambulância que chega ao local do acidente de carro e acha um corpo desmembrado em estado de morte clínica", contou a repórteres em Díli. A administração da ONU ajudara a pôr o território novamente de pé, ele disse, mas, com o timorense comum ainda sobrevivendo com 55 centavos de dólar por dia, a transição seria longa. "Você não transforma a devastação de 1999 num Jardim do Éden em dois anos e meio", continuou, acrescentando que "assentamos bases sólidas para o país viver em paz".[33]

A ONU gastara 2,2 bilhões de dólares. Havia reformado setecentas escolas, recuperado dezessete usinas de força rurais, treinado milhares de professores, recrutado mais de 11 mil funcionários públicos para 15 mil cargos, criado dois batalhões do exército e uniformizado mais de 1500 policiais. E Vieira de Mello aprendeu uma lição valiosa sobre legitimidade: ela dependia do desempenho. "A ONU não pode presumir que será considerada legítima pela população local só porque, em alguma sala distante do Conselho de Segurança, uma folha de papel foi preenchida", ele disse. "Precisamos mostrar por que somos benéficos à população em campo, e precisamos mostrá-lo rapidamente."[34]

Sua maior surpresa, ele disse, foi a "capacidade de perdoar" dos timorenses. "Nunca a vi em outro lugar", contou a um jornalista, "e olha que presenciei vários conflitos." Vieira de Mello lamentou ter entregado o Judiciário aos timorenses cedo demais e ter sido restringido por regras "detalhadas demais e complexas demais para um país que ainda estava saindo do tratamento intensivo".[35] "A população local tem pouco tempo para regras", ele escreveu mais tarde. "Ela quer resultados."[36] Seu veredicto final? "Senti que havíamos feito o máximo que uma organização despreparada poderia ter feito." Quando tentou publicar um relatório autocrítico sobre as lições que a ONU havia aprendido, seus superiores em Nova York vetaram.

*Vieira de Mello presenteando Gusmão com uma chave simbólica da
Casa do Governador, em 16 de maio de 2002.*

Em 18 de maio, na véspera da chegada do presidente Clinton e outros chefes de Estado para a cerimônia de hasteamento da bandeira, ele recebeu no Timor Leste os pais de Leonard Manning, o primeiro soldado da ONU assassinado pela milícia. Eles foram seus únicos convidados pessoais na cerimônia da independência, e Larriera os acompanhou durante sua estada. Vieira de Mello passou a véspera da independência no seu escritório e permaneceu a noite inteira na sua escrivaninha assinando cartas aos indivíduos desconhecidos que o haviam ajudado no Timor Leste. Ao final de cada carta, redigiu à mão duas ou três frases de agradecimento pessoal. Escreveu ao pessoal da ONU, aos soldados das tropas de paz (do passado e do presente), a diplomatas, aos timorenses e aos indonésios.

No dia seguinte, com a chegada do secretário-geral Annan, Vieira de Mello abordou seu auxiliar Nader Mousavizadeh e implorou: "Você tem que me arrumar um tempo para eu falar com ele em particular. Preciso descobrir para onde irei a seguir. Não quero ser abandonado". Mais tarde, ele e Annan sentaram-se no terraço de sua casa, de frente para o mar, mas Annan foi vago. O secretário-geral ainda não decidira onde colocá-lo.

Vieira de Mello escrevera para a banda U2 na esperança de que viajasse até

Díli e cantasse a sua canção "Beautiful day" no dia da independência, porém seus agentes não responderam, e ele acabou recorrendo à velha amiga Barbara Hendricks. À meia-noite de 19 de maio, em uma cerimônia à luz de velas, a bandeira azul-celeste da ONU foi arriada em Díli, enquanto Hendricks cantava "Oh, freedom", um *spiritual* dos escravos do tempo da Guerra Civil americana. A bandeira timorense vermelha, amarela, preta e branca, por muito tempo a bandeira da resistência, foi então hasteada. Vieira de Mello fez questão de ficar atrás de Annan e Gusmão durante o evento, e na cerimônia comovente foi Annan quem oficialmente transmitiu a soberania das Nações Unidas para os timorenses. A missão mais comprida de sua carreira chegara ao fim. O período que passou no fim do mundo, distante de museus, concertos e amigos, transpirando sob o sol equatorial, anunciando a primeira nação nova do século XXI, desafiara sua resistência e sua constante animação.

No dia seguinte, enquanto as celebrações da independência prosseguiam e os líderes timorenses se misturavam com Clinton e uma dúzia de outros chefes de Estado, Vieira de Mello escapuliu e foi fazer um passeio com Larriera — sua primeira saída sem guarda-costas no Timor Leste.

Ao meio-dia de 21 de maio, Taur Matan Ruak, o antigo líder guerrilheiro, agora chefe do exército timorense, chegou ao aeroporto com seu colega Paulo Martins, o chefe da polícia. Eles esperavam que uma multidão de timorenses viesse se despedir de Vieira de Mello. Mas Matan Ruak recorda: "Chegamos e não havia ninguém lá. Então Sergio e Carolina apareceram, e o tempo começou a passar, e mesmo assim ninguém veio". Matan Ruak ficou furioso com seus colegas do governo pelo desrespeito. "Não dizer adeus a Sergio, após tudo o que fez pelo Timor Leste [...] era traí-lo", diz. "O único consolo era que sabíamos que teríamos muitas outras chances de agradecer apropriadamente."

Matan Ruak abraçou Vieira de Mello antes que ele embarcasse no avião. "Obrigado", ele disse. "Você terá amigos aqui para sempre." Vieira de Mello subiu as escadas do jatinho com Jonathan e Antonia Prentice, além de Larriera.

Ele vinha dizendo havia meses que não via a hora de brindar pelo final de sua missão, e Prentice trouxera duas garrafas de champanhe a bordo. Mas, ao apoiar a cabeça na janela, Vieira de Mello foi dominado pela melancolia. Colocou a mão sobre o vidro, como que para dizer adeus. E enquanto o rosto dos poucos timorenses na pista de decolagem ia desaparecendo à distância, desviou o rosto da janela, enterrou a cabeça no colo de Larriera e soluçou.

PARTE III

Vieira de Mello em entrevista coletiva em Genebra, 4 de dezembro de 2002.

17. "O medo é mau conselheiro"

A recompensa de Vieira de Mello por ter governado sucessivamente o Kosovo e o Timor Leste foi ser nomeado para um cargo nas Nações Unidas, bem no centro do que o presidente George W. Bush vinha denominando "guerra ao terrorismo". Nessa sua nova encarnação, e num mundo de opiniões cada vez mais polarizadas sobre como lidar com os desafios econômicos e de segurança do século XXI, ele seria solicitado a tomar partido, o que nunca foi seu ponto forte.

"E AGORA, O QUE EU FAÇO?"

Antes de se ver lançado nessa confusão, e ainda sem saber da nomeação ao cargo, Vieira de Mello passou vários meses no sudeste da Ásia com Carolina Larriera. No passado ele sempre fora capaz de relaxar, mesmo que não por muito tempo. Aquela talvez tenha sido a primeira vez em sua vida adulta que ele se sentiu livre de fato, no tempo e no espaço. Valendo-se, então, de trinta anos de férias acumuladas, levou Larriera em uma viagem que começou em Bali, estendeu-se para oeste, em direção a Papua Ocidental (antigo Irian Jaya), e depois para o norte, rumo a Myanmar, Tailândia, Laos, Camboja, Vietnã, Macau e Hong Kong. Na maior parte desse itinerário, viajaram anônimos, mas, ao chegarem à Tailândia, aguardava-os uma recepção oficial de surpresa, com coroas de orquídeas e um comboio, organizada por um amigo de Sergio, o general Winai Phattiyakul, o tailandês que havia comandado as tropas de paz da ONU no Timor Leste.

O casal não passou mais de duas noites em cada lugar, viajando de avião, ônibus e uma motocicleta alugada. Fizeram compras para a futura casa, entre elas portas entalhadas em Bali, lanças e escudos em Papua, bonecas antigas na Tailândia, Budas de ferro no Camboja e tecidos no Laos. Como ainda não sabiam se iriam para Nova York ou Genebra, enviaram as compras para o apartamento de Vieira de Mello em Nova York, que ele havia alugado enquanto estava no Timor Leste. Programaram paradas no caminho para assistir aos jogos de suas seleções na Copa do Mundo de 2002. Em geral, não faziam contato telefônico quando em viagem, mas, depois que o Brasil eliminou o Reino Unido nas quartas de final, Sergio não resistiu e telefonou para Jonathan Prentice, seu auxiliar especial britânico, para tripudiar. O ponto alto da viagem veio em 30 de junho, quando o rei Sihanouk recebeu o antigo aliado no palácio real em Phnom Penh. Os dois homens falaram sobre as perspectivas do Camboja e o planejado julgamento dos crimes de guerra do Khmer Vermelho (que provavelmente incluiria Ieng Sary), e Vieira de Mello convidou Sihanouk para seu casamento. O casal dirigiu-se então ao Clube dos Correspondentes Estrangeiros, onde assistiu num telão à vitória do Brasil sobre a Alemanha na final da Copa.

Os únicos momentos de tensão durante a viagem foram as raras ocasiões em que Vieira de Mello telefonou à sede das Nações Unidas para tentar descobrir seu próximo destino. "Vou ligar para o chefe na segunda-feira", dizia para Larriera na quarta-feira. Aí, na sexta, acordava e dizia: "Lembre-se, vou ligar para o secretário-geral na segunda-feira". E, quando a segunda chegava, passava o dia se preparando mentalmente para a conversa com Annan. "Nunca via Sergio nervoso", recorda Larriera, "a não ser quando falava com o secretário-geral ou pensava em falar com ele." Ela caçoava: "Você está roendo as unhas?". "Não", ele respondia, "estou roendo as cutículas. É bem diferente!" Embora conhecesse Annan havia duas décadas, respeitava tanto o cargo de secretário-geral que se dirigia a ele com a mesma formalidade com que falaria com um estranho. Jamais o chamava de "Kofi", apenas de "secretário-geral".

O casal retornou a Nova York no final de julho. Larriera retomou o emprego de coordenadora de comunicações que ocupara antes do Timor Leste e estudava para o Graduate Record Examination, que lhe permitiria candidatar-se a uma pós-graduação em políticas públicas. Vieira de Mello aguardava notícias sobre seu destino, brincando com os amigos que estava "desempregado" e pretendia viver às custas de Larriera. Annan finalmente decidiu oferecer-lhe o cargo de alto-comissário das Nações Unidas para os Direitos Humanos, com sede em Genebra. Diante da falta de alternativas, Vieira de Mello, que tão cedo não estaria pronto para voltar à linha de frente e dirigir outra missão, sentiu que não tinha escolha senão aceitar. Em 22 de julho de 2002, o secretário-geral anunciou sua designação. Dentre uma longa lista de candidatos, que incluía Corazon Aquino, ex-presidenta das Filipinas, Surin Pitsuwan, ex-ministro do Exterior tailandês, e Bronislaw Geremek, o dissidente polonês, Vieira de Mello saíra-se vitorioso.[1]

Sua predecessora no cargo havia sido a ex-presidenta irlandesa Mary Robinson, que criticara com veemência os desrespeitos aos direitos humanos do governo Bush após os ataques de 11 de setembro. Ela havia condenado a decisão do presidente Bush de negar *status* de prisioneiros de guerra e a aplicação da Convenção de Genebra aos suspeitos da Al-Qaeda e do Talibã detidos em Guantánamo e em outros lugares.[2] E apelara para que os Estados Unidos aumentassem sua porcentagem do PNB dedicado à ajuda externa, que caíra de 0,21%, em 1990, para 0,10%, em 1999. A despeito de os Estados Unidos serem o maior contribuinte individual da ONU, ela desagradara aos dirigentes norte--americanos ao observar que, enquanto cada dinamarquês contribuía com uma ajuda anual de 331 dólares, cada norte-americano doava apenas 33 dólares anuais.[3] Como era de se esperar, os Estados Unidos recusaram-se a apoiar sua candidatura a um segundo mandato de quatro anos. Mesmo assim, Robinson não se arrependeu. "Calar as críticas por qualquer motivação política que seja", declarou, "retira a legitimidade da agenda e da causa."[4]

Conquanto tivesse lidado com o sofrimento humano e o direito humanitário durante toda a carreira, Vieira de Mello nunca se viu como um "típico defensor dos direitos humanos". Entendia esses defensores como pessoas que acusavam e envergonhavam governos. Considerava que seu ponto forte era o trabalho nos bastidores, em busca de um consenso. Não julgava possuir o temperamento adequado para um cargo que exigia mais rudeza do que qualquer outro no sistema das Nações Unidas. Depois de Robinson, no entanto, Annan sentiu que a própria inadequação de Vieira de Mello para o cargo de comissário de direitos humanos era o que fazia dele o candidato ideal para aparar as arestas com os Estados Unidos.

Os diplomatas ocidentais aplaudiram a escolha, mas os grupos de direitos humanos pareceram insatisfeitos. Michael Posner, dirigente do Comitê dos Advogados pelos Direitos Humanos, ficou em dúvida se o novo comissário se disporia a enfrentar os russos em relação à Chechênia, ou a denunciar as detenções pós-Onze de Setembro nos Estados Unidos. "É preciso uma determinação muito forte", afirmou Posner. "Mary Robinson tinha isso."[5] "Minha preocupação", recorda Ken Roth, diretor executivo do Human Rights Watch, "era que Sergio não tinha nenhuma experiência no emprego de pressão pública." Roth e outros estavam dispostos a dar-lhe um voto de confiança, mas acreditavam que sua ambição pessoal faria com que relutasse em desagradar aos governos. "O ideal seria alguém que visse o cargo de alto-comissário como o ápice de sua carreira, e não como um trampolim para voos maiores, como o cargo de secretário-geral", diz Roth.

Naturalmente, quanto mais veterano Vieira de Mello se tornava, mais as pessoas se convenciam de que ele almejava o cargo máximo. Naquele verão, o príncipe Zeid Raad Zeid al-Hussein, embaixador da Jordânia nas Nações Unidas, contou a Sergio o que os demais embaixadores vinham falando dele, como sério concorrente à sucessão de Annan em 2006. Vieira de Mello negou toda e qualquer possibilidade, referindo-se à tradição segundo a qual, no cargo de secretário-geral, alternavam-se representantes dos blocos regionais. "A América Latina já teve sua vez", disse ele. Javier Pérez de Cuéllar, um peruano, dera lugar a Boutros Boutros-Ghali, um egípcio, que fora substituído por Annan, de Gana. Em 2006, seria a vez da Ásia. "Mas Sergio", Zeid retrucou animadamente, "depois de tudo que você fez pelo Timor Leste, não me diga que não lhe deram a cidadania. Você poderá ser o candidato da Ásia."*

A ambição crua da juventude parecia ter diminuído, em parte pelo fato de que, depois de 35 anos no sistema, Vieira de Mello conhecia-lhe as falhas — falhas que apenas se avultariam se ele ocupasse o cargo supremo. Menos de

---

* Se Vieira de Mello poderia ou não ter se tornado secretário-geral é uma questão que suscita grandes debates até hoje. Como em 2006 seria a vez de a Ásia nomear o secretário-geral, os que postulavam a nomeação de Vieira de Mello julgavam que as rivalidades nacionais asiáticas impediriam um consenso e que, portanto, ele seria o escolhido para romper o impasse. Outros achavam que, tendo aguardado várias décadas por sua vez, a Ásia jamais jogaria fora a oportunidade de nomear alguém, e que Vieira de Mello seria escolhido uma década mais tarde.

uma semana antes de voar para Genebra e assumir o novo posto, ele se encontrou com Larriera no saguão da ONU, e o casal caminhou vários quarteirões pela Primeira Avenida. Subitamente um comboio de automóveis que levava Annan irrompeu dos portões da sede das Nações Unidas. "Você quer ser secretário-geral?", ela perguntou. Ele deu de ombros. "Carolina, se eu me tornasse secretário-geral, não haveria mais Sergio, nem Sergio e Carolina." Ele segurou a mão dela ao atravessarem a rua 48. "Haveria apenas aquilo", disse, indicando com um movimento da cabeça os portões da ONU que se fechavam atrás do último veículo do comboio. Seguindo adiante, ele esclareceu melhor suas dúvidas. "Quando assumiu o cargo, o secretário-geral tinha seus ideais, uma agenda de reformas ambiciosas", explicou. "E o que aconteceu com ela? O cargo prevaleceu. O cargo sempre prevalece. Agora não existe mais Kofi. Não existe mais ideal nenhum. Ele é apenas o secretário-geral. É o que aconteceria comigo." Mas, por maiores que fossem as desvantagens de se tornar secretário-geral, Sergio jamais recuara diante de um desafio, e se governos poderosos houvessem proposto seu nome, é pouco provável que ele tivesse deixado de concorrer ao cargo.

A promoção a alto-comissário das Nações Unidas para os Direitos Humanos não lhe parecia grande progresso na carreira. Embora fosse o posto mais alto que já ocupara, o cargo tinha pouco prestígio em comparação com outros para os quais ele também tinha chance de ser nomeado. Além disso, o orçamento do Alto Comissariado das Nações Unidas para os Direitos Humanos (conhecido pela sigla inglesa OHCHR) era um dos menores entre as agências da ONU (66 milhões de dólares). O OHCHR realizava poucas operações de campo, com as quais ele se sentia mais à vontade. O comissário era inevitavelmente atacado, quer por governos (se os criticasse) ou por grupos pró-direitos humanos (se não os criticasse). E em uma década de existência, a influência do Alto Comissariado sobre o mundo real havia sido escassa. Os governos poderosos tinham pouca estima por ele.

Os colegas nas Nações Unidas diziam que o alto-comissário ideal haveria de combinar as habilidades de um político, de um burocrata e de um especialista em direitos humanos. Sergio não era nada disso. Carecia de base política independente, não tinha nenhuma paciência com a burocracia e possuía pouca experiência em direitos humanos. Após a entrevista coletiva em que Annan anunciara sua designação, Vieira de Mello subiu de elevador ao vigésimo segundo andar, onde dividia com Prentice um escritório emprestado. Entrou, fechou a porta e disse: "E agora, o que eu faço?". A primeira coisa que fez foi caminhar com seu auxiliar até a Barnes & Noble, perto da Universidade de Nova York, e juntar uma pilha de livros sobre teoria e prática dos direitos humanos. "Alguma vez ele imaginou que seria alto-comissário para os Direitos Humanos?", Prentice pergunta. "Não, nunca lhe passou pela cabeça."

HORA DE FALAR SÉRIO

Desgastados pelo trabalho árduo e longo no Timor Leste, Vieira de Mello e Larriera passaram o resto do verão no apartamento dela em Nova York. Nos fins de semana, ela trabalhava como voluntária no Metropolitan Museum of Art, onde ele a apanhava depois do trabalho. Como a sede das Nações Unidas ficava quase deserta em agosto, Sergio não se sentia pressionado a frequentar o circuito de coquetéis diplomáticos.

Quaisquer que fossem as dores de cabeça à frente, ele se sentia aliviado por estar de volta à civilização ocidental, após quase três anos nos rincões mais remotos do Sudeste Asiático. Estava também determinado a não deixar que o novo cargo atrapalhasse sua vida pessoal, agora prioritária. Contou aos amigos que, embora o processo de divórcio se estendesse, logo poria fim ao que denominava "*l'hypocrisie du passé*", a hipocrisia do passado — do seu passado. Annan, que vivera um divórcio complicado duas décadas antes, o alertou: "Seja paciente e aja da forma correta. Já que vocês estão vivendo separados, não há necessidade de forçar a barra. Pelo bem de seus filhos, aja de maneira civilizada". Vieira de Mello contou a Annan que estava contente por se mudar para Genebra, onde poderia enfim estar perto dos filhos. "Era uma espécie de sentimento de culpa", Annan recorda.

Vieira de Mello sentia um orgulho pueril do namoro com Larriera. Em Nova York, apresentou-a ao amigo Omar Bakhet. Quando ela se levantou para ir à toalete, ele a observou, dizendo: "Estou completamente apaixonado". De início, Bakhet reagiu com ceticismo, como os demais amigos. "Você tem ideia de quantas vezes já me disse isso?", perguntou. Mas Sergio insistiu. "Escute o que estou dizendo", prosseguiu ele. "Cansei de magoar o coração das pessoas. Chegou a hora de falar sério." A amiga Fabienne Morisset recorda: "Sergio se cansara das próprias contradições. Na vida profissional, trabalhava o dia inteiro para tentar reduzir o sofrimento no mundo. Mas, na vida pessoal, sabia que causara sofrimento. Estava determinado a conciliar as duas metades do seu ser".

Em 11 de setembro de 2002, Vieira de Mello passou pelo controle de passaportes do Aeroporto Internacional JFK. Estava a caminho de Genebra, onde finalmente estrearia no cargo novo. Parou num quiosque com acesso à internet para marcar o início do próximo estágio de sua vida com Larriera — uma vida, escreveu, "com tantas incertezas e tão perigosas, em que espero que você me acompanhe". Agradeceu pelo apoio numa época em que "eu mesmo sei que não foi fácil lidar comigo", e prometeu a ela retribuir o apoio nos dias à frente.[6]

Larriera planejava mudar-se para Genebra na primavera, quando passaria a trabalhar com Martin Griffiths, que deixara a ONU para dirigir um centro de resolução de conflitos em Genebra. E conseguira ser admitida num curso de mestrado a distância para funcionários das Nações Unidas da Fletcher School of Law and Diplomacy de Boston, que começaria em agosto. Vieira de Mello achou difícil ficar separado dela. Em 13 de setembro, enviou-lhe por e-mail os telefones de casa, do celular e do trabalho. Pediu que ela os mantivesse ao alcance o tempo todo, e mesmo que os "escondesse no Central Park, para a eventualidade de sentir um desejo irresistível de ligar durante um passeio".[7] No mesmo dia, escreveu ainda para Marcia Luar Ibrahim, a esposa de seu antigo guarda-costas no Timor Leste, contando que estava solitário porque "não sei mais viver sem a Carolina".[8]

Sergio alugou um apartamento minúsculo, apenas sala e quarto, no centro histórico de Genebra, prometendo a Larriera que, depois que ela se mudasse para a Europa, eles se permitiriam o luxo de uma casa à beira do lago. Quando ela olhou pela primeira vez para fora da janela do apartamento temporário, avistou uma placa no prédio na diagonal: a antiga residência de Jorge Luis Borges, seu escritor favorito, também de Buenos Aires. Certo dia, passeando pela cidade, toparam com um pequeno parque cercado de um muro, comprimido no centro de Genebra. Descobriram que era um cemitério para os cidadãos mais honoráveis. Encontraram ali o túmulo modesto de Borges, tão elegante que retornaram para fotografá-lo.

O casal desenvolveu uma série de hábitos que lhes permitiram manter estreito contato, apesar dos quase 6500 quilômetros que separava os dois durante a semana. Pela internet, faziam compras juntos na Ikea: ele de Genebra, ela de Nova York. Recusavam convites para sair à noite. Ele dizia aos colegas: "Não sou do tipo que gosta de sair para jantar", e sugeria que se encontrassem na hora do almoço. Larriera o acordava por telefone, à uma da madrugada no horário de Nova York, e ele fazia o mesmo, ligando para ela à uma da tarde no horário de Genebra. Tentavam se ver todos os fins de semana. Duas vezes por mês, ele voava para Nova York, e ela, para Genebra. Quando um câncer foi diagnosticado nos rins da mãe dela, Sergio voou 21 horas até Buenos Aires para passar o dia da cirurgia ao lado de Larriera. Em geral, conversavam em espanhol, já que o dele era impecável, ao passo que ela ainda aprendia português. Mas sempre que falava de seus sentimentos em relação a ela ou do futuro dos dois, ele mudava para o português sem perceber. Com a idade, Sergio passara a se orgulhar mais de ser brasileiro. Fazia questão de verificar as etiquetas nas lojas para ver se os produtos eram "*made in Brazil*". Colou um adesivo da bandeira brasileira em seu carro em Genebra, e vestia camisetas verde-amarelas da seleção brasileira. Ao reciclar papel da ONU, explicava: "Estamos imprimindo nas árvores da minha Amazônia". O namoro com Larriera tornou esses hábitos mais pronunciados, e ele dizia aos demais que ela o havia redespertado para suas raízes.

O primeiro aniversário do início da "história", ou seja, do relacionamento entre os dois, ele o assinalou com outro e-mail agradecendo a ela "por me aguentar um ano", e nele manifestava a esperança de que "pelo resto da minha vida as coisas sejam assim".[9] Desde que a "história" principiara, em outubro, Sergio se referia a Larriera em público como "minha esposa Carolina", e no verão começaram a usar alianças de ouro da Tiffany's. A sua, com o nome "Carolina" gravado; a dela, com o nome "Sergio".

Mas a felicidade romântica teve um preço. Annie resistia aos esforços dele por divorciar-se, recusando-se a comparecer às sessões do tribunal. Sergio ficou mais sentido com as críticas dos filhos, que se puseram do lado da mãe e se recusaram a conhecer Larriera. Não conseguiu convencê-los da própria sinceridade. "Eu devia ter feito isso dez anos atrás", contou à amiga Annick Stevenson. "Talvez tivesse sido mais fácil para eles quando eram menores. Mas não posso protelar mais. Tenho que tratar da minha vida." Quando os filhos se negaram a atender suas ligações, ele enviou e-mails propondo um "diálogo direto". Escreveu que não pretendia solapar a lealdade deles para com a mãe, mas que queria "uma chance de explicar uma porção de coisas a vocês, para que possam talvez entender meus erros".[10]

Nesse período de mudança pessoal profunda, Vieira de Mello tornou-se mais espiritualizado. Por muito tempo, defendera seu ateísmo com veemência. Certa vez, ele e Larriera compareceram a uma missa no Timor Leste celebrada pelo bispo Felipe Ximenes Belo; quando todos os demais fizeram o sinal da cruz, ele, apesar de sua proeminência, manteve as mãos esticadas ao longo do corpo, fitando teimosamente o chão. Mais tarde, ela zombou daquele ato de rebeldia, mas ele fez que não com a cabeça. "Você sabe que não acredito em todo esse papo furado da Igreja católica", disse. "Não posso trair meus princípios." Na casa dos vinte, trinta anos, dizia aos colegas religiosos: "Precisamos perceber Deus no homem". Não dava nenhum sinal de estar se aproximando da religião institucionalizada, mas havia muito que observava as superstições de sua terra natal. "Se Deus é brasileiro", costumava dizer, batendo três vezes na madeira, "estou salvo."[11]

O budismo, porém, que ele via mais como filosofia do que como religião, sempre o intrigara. Desde 1989, levava consigo um Buda de prata, presente de Bakhet. Quando sentiu que precisaria de sorte, ao começar o repatriamento dos refugiados cambojanos em 1992, queimou incenso diante da estátua de Buda perto da fronteira tailandesa. Todo ano, Bakhet viajava à Índia para um retiro de seis semanas de meditação, e embora, nos primeiros anos da amizade, Vieira de Mello zombasse do interesse do amigo por "absurdos místicos", sua atitude começou a mudar. "Um dia desses, preciso me sentar com você, Omar", dizia. Em 1998, Bakhet deu-lhe um grande e reluzente livro ilustrado sobre o budismo e achou que o amigo simplesmente o guardara sem ler. Mas ao visitá-lo no Timor Leste, encontrou o livro bem à vista, sobre a mesa do café. Quando Vieira de Mello desapareceu no chuveiro, Bakhet abriu o livro e descobriu anotações meticulosas ao longo das margens.

"Quando eu me aposentar", Sergio anunciou um dia à amiga Morisset, "quero virar budista." Enquanto isso, embora não dispusesse de tempo para obter instrução formal, aprendeu o que pôde sobre o assunto. Em novembro, pouco depois de retornar a Genebra, ele e Larriera visitaram o Museu Britânico em Londres, e Sergio posteriormente enviou um e-mail a seu guia na ocasião, relatando que "desenvolvi, junto com minha mulher, Carolina, curiosidade e gosto pela filosofia, pela arte e pela cultura budistas", o que, observou ainda, era "bem incomum para dois latino-americanos". Pediu mais esclarecimentos sobre o Luohan,* que entendeu ser um guia para a verdade. Perguntou especificamente sobre o esforço do Luohan para "transcender a repetitividade mundana (será que entendi

---

* Luohan, correspondente chinês da palavra sânscrita *arhat*, designa aquele que atingiu o nirvana. (N. T.)

direito?) e alcançar a unidade com o mundo".[12] O guia respondeu que o Luohan havia conseguido atingir um nirvana pessoal sem abandonar o mundo terreno, tendo portanto alcançado um nível de espiritualidade entre o homem comum e Buda. "O nível de consciência do Sergio vinha se elevando", Morisset recorda, "o que significa que estava mais sintonizado com a crueldade do mundo."

"O QUE AS VÍTIMAS ESPERAM DE NÓS?"

Ao se acomodar à vida nova em Genebra, Vieira de Mello tentou obter uma compreensão rápida da atividade do alto-comissário. O cargo parecia atolado em um paradoxo impossível. Sem o apoio direto dos governos, não obteria os recursos ou a cooperação política necessária; mas, se fosse visto como íntimo demais dos poderosos, ficaria sem credibilidade. Ele respondeu a seus primeiros críticos. Em 20 de setembro de 2002, declarou: "Meu cargo exigirá que eu me manifeste. [...] Mas também requer diplomacia e sagacidade política, bem como habilidade para arregaçar as mangas e ir à luta na proteção dos direitos humanos longe dos refletores e dos microfones".[13] Brincou também, afirmando que sua preparação para um cargo em que teria que andar na ponta dos pés sobre o campo minado da política advinha da experiência adquirida na direção do Centro de Combate às Minas no Camboja.[14] Admitiu aos amigos que criticar governos em público exigiria o maior ajuste que já tivera de fazer na carreira. "Sergio estava consciente de que os dias em que todos o adoravam estavam chegando ao fim", recorda Prentice.

Começou a conceber seu papel como o do "primeiro a reagir" numa emergência. Ele podia aparecer num lugar onde abusos eram cometidos e atrair grande cobertura da mídia. Em uma sessão de *brainstorming* em Nova York, Harold Koh, que havia sido subsecretário de Estado para a Democracia, os Direitos Humanos e o Trabalho do governo Clinton e, depois, se tornara reitor da Yale Law School, recomendou que ele tentasse passar no "teste do chofer de táxi". "Quando o chofer de um táxi comum — seja em Nova Déli, no Rio de Janeiro, em Nairóbi, no Cairo, em Paris, Pequim ou em Nova York — perguntar 'Você não é o Sergio, o alto-comissário?' (chamando você pelo nome, como faria com Saddam, Madonna ou Pelé), aí você estará prestes a alcançar a base política independente de que necessita."[15] Quanto mais conhecido Vieira de Mello se tornasse, menos dependente seria dos governos em si.

Ele jamais acharia fácil voltar à rotina de um escritório, mas o cargo de alto-comissário era ainda pior. Ao travar conhecimento com os novos funcionários, teve a impressão de que muitos mediam o impacto da própria atuação não pelas vidas que haviam ajudado a melhorar, e sim pelo número de conferências sobre direitos humanos que planejavam ou pelo número de tratados sobre direitos humanos que citavam. "Este lugar está infestado dos malditos advogados", disse aos assistentes mais próximos. Percebeu que não seria "com *workshops*" que chegariam aos necessitados de ajuda premente das Nações Unidas.[16] "Se nossas regras, nossos debates, esta comissão e a própria existência do meu cargo não conseguem proteger os fracos", declarou, "para que servimos?"[17] Seu adjunto, Bertrand Ramcharan, sugeriu que o escritório fosse expandido, para acomodar o influxo das novas contratações que o comissário esperava realizar. Vieira de Mello mal pôde acreditar na sugestão: "Não, nós vamos dividir as salas que temos. O pouco dinheiro de que dispomos deve ser gasto com direitos humanos". Em uma nota para Prentice, nas margens de seu rascunho para o plano estratégico de direitos humanos, ele escreveu: "O que as vítimas esperam de nós, de mim?".[18]

Grande parte do pessoal de direitos humanos que encontrou em Genebra era composta de funcionários de carreira da ONU, gente que raras vezes se aventurara na linha de frente.[19] O alto-comissário prometeu tornar o escritório mais ativo. "A maioria das pessoas que trabalha nos Direitos Humanos está aqui há séculos. Séculos! Pergunte se já viram alguma violação dos direitos humanos em suas carreiras profissionais. Quase todos vão dizer que não", ele contou a Philip Gourevitch, da revista *The New Yorker*. "Esse é um sistema maluco, que mata a motivação e apaga a chama."[20] A um colega, Sergio escreveu num e-mail que a vida burocrática nas Nações Unidas "desmotiva o pessoal jovem e capaz, recompensa os dinossauros que fizeram carreiras inteiras nos escritórios do quartel-general, pune os que acreditam em mobilidade ou rotatividade e ousam se oferecer para missões de campo e, como resultado, solapa os objetivos da própria ONU".[21] Assim, planejava começar um rodízio sistemático do pessoal de Genebra na linha de frente, para que todos vissem a realidade das violações que pretendiam impedir.

Como alto-comissário das Nações Unidas para os Direitos Humanos, Vieira de Mello procurou se distanciar da Comissão de Direitos Humanos, que via como um constrangimento tanto para a Organização em si como para os próprios direitos humanos. A Comissão, que se reunia em Genebra durante seis semanas, entre março e abril, constituía-se de 53 Estados eleitos por indicação dos países de sua região. Com frequência, eram eleitos notórios violadores dos direitos humanos. No ano anterior a sua chegada, os Estados Unidos, que ocupavam assento na Comissão desde 1947, haviam tido sua participação negada em votação secreta.[22] A rejeição fora vista como o troco pela falta de pagamento de cerca de 580 milhões de dólares em contribuições atrasadas às Nações Unidas, pela não aceitação do pacto ambiental de Kyoto, pelo ataque frontal ao Tribunal Penal Internacional e pela decisão norte-americana de apressar a construção de um escudo nuclear antimísseis. A cada ano, a Comissão aprovava diversas resoluções condenando a ocupação de territórios palestinos por Israel, mas jamais em sua história aprovara resoluções contra a China, a Síria ou a Arábia Saudita. Em 2002, a Comissão de Direitos Humanos da ONU deixara de criticar Irã, Zimbábue e Rússia. E, em 2003, o presidente líbio Muammar Gadaffi foi eleito para presidir a reunião seguinte.

Vieira de Mello ficou contrariado com a associação natural que as pessoas fizeram entre ele e a Comissão, alvo das maiores e mais amplas críticas às Nações Unidas. Ao que parece, as pessoas esperavam que ele, como comissário, conseguisse influenciar a composição e os hábitos daquele grupo, coisa para a qual era impotente. Sergio buscou ser paciente com os jornalistas que constantemente o questionavam sobre os violadores dos direitos humanos que o integravam. "Eu controlo o escritório do alto-comissário da ONU", afirmou. "O Alto Comissariado é um órgão intergovernamental composto por Estados." Ele entendia a insatisfação das pessoas com o presidente da próxima reunião, mas recomendou aos críticos que "tratassem da questão" com os governos que haviam eleito a Líbia.[23]

Participar até o fim de sua primeira sessão de seis semanas na Comissão de Direitos Humanos das Nações Unidas mostrou-se uma tarefa torturante. Os membros derrubaram uma resolução criticando o Zimbábue e ignoraram a posição do inspetor de direitos humanos no Sudão. O representante palestino acusou Israel de "nazismo sionista".[24] Tentando ao mesmo tempo preservar a integridade do cargo e manifestar suas opiniões, Vieira de Mello ridicularizou a "linguagem insultuosa" e ritual, que fazia a Comissão parecer "parada numa época distante".[25] "Eu sugiro a vocês", disse, "que abandonem ou revisem toda denúncia que já tenha se tornado tradição." O problema da Comissão não era ser "política demais", o que seria compreensível em órgão composto por governos. "Para alguns neste salão, acusar os outros de serem políticos", afirmou ele, "é um pouco como um peixe criticar outro por estar molhado."[26] O problema não estava na política. O problema era simplesmente que muitos países na Comissão tinham pouco respeito pelos direitos humanos.

A parte de seu trabalho que Vieira de Mello mais apreciava era a filosófica: estava voltando às raízes. Seus discursos diante de organizações internacionais, grupos de direitos humanos e em encontros de dignitários eram pontilhados de referências a Hannah Arendt, Kant e Hegel. "Quais são os direitos humanos fundamentais?", perguntava. "Eles não serão a base da filosofia?"[27] No Timor Leste ele havia sido responsável por assegurar a impressão de livros escolares e o reparo de canos d'água. Como alto-comissário, analisava definições de democracia. Com frequência, apontava as deficiências da própria democracia: "O governo democrático não possui correspondência direta com o respeito aos direitos humanos, nem sua presença leva necessariamente ao desenvolvimento econômico e social".[28] Adorava promover seu conceito de "democracia holística", que abrangia a liberdade de não passar medo ou necessidade de que falava Franklin Delano Roosevelt. Criticava os que equiparavam democracia ao comparecimento às urnas, e argumentava: "A democracia envolve tanto o que acontece durante as eleições como o que ocorre entre elas".[29] Gostava de parafrasear Nelson Mandela, e dizia que as pessoas nunca deveriam ser "forçadas a escolher entre eleições e pão".[30] Além do direito ao voto, a democracia holística proporcionaria segurança física e econômica.

Vieira de Mello postulava que os direitos humanos constituíam a base da estabilidade entre os Estados. Queria que eles importassem para a geopolítica (porque sempre queria estar onde "a ação estava"), mas não conseguia entender por que o desarmamento era item-chave na lista do Conselho de Segurança, ao passo que os direitos humanos não eram. "Um regime capaz de violar brutalmente os direitos do próprio povo é, *ipso facto*, uma ameaça a seus vizinhos, à paz e à segurança regional e internacional", insistia.[31] Já havia considerado histéricos e absolutistas alguns defensores dos direitos humanos com quem entrara em choque na carreira. Quando insistiram para que protelasse o retorno dos refugiados ao Camboja ou para que evitasse negociar com o Khmer Vermelho, os nacionalistas sérvios ou o Talibã, achou que estavam sendo pouco realistas e, muitas vezes, que atrapalhavam. Mas agora compreendia que, ainda que a legislação humanitária internacional, a que protegia os refugiados e também a que garantia o respeito aos direitos humanos fossem politicamente inconvenientes, eram também um mecanismo essencial à regulamentação da conduta dos Estados.[32] Explicava aos céticos que "direitos humanos" não era senão outra expressão a designar o primado da lei, conceito que eles julgavam menos controvertido. "Sergio estava impressionado e surpreso", recorda Prentice. "Foi um aprendizado para ele descobrir que seus valores essenciais — todo o conjunto de seus instintos e crenças básicas — estavam corporificados na legislação dos direitos humanos." A Edward Mortimer, um alto consultor de Annan em Nova York, ele disse: "Venho lidando a vida inteira com o efeito das violações aos direitos humanos. Enfim tenho um trabalho que lida com a origem do problema". Gostava de citar o antigo embaixador afegão nas Nações Unidas, Abdul Rahman Pazhwak, que, na presidência da Assembleia Geral em 1966, afirmara: "Se é possível dizer que as Nações Unidas possuem uma ideologia, ela só pode ser a dos direitos humanos".[33]

O novo alto-comissário sempre apoiara os tribunais da ONU para o julgamento dos crimes de guerra cometidos na Iugoslávia e em Ruanda, mas agora contava com um púlpito para trabalhar em prol do Tribunal Penal Internacional. As objeções dos que achavam que esse tribunal jamais sairia do papel, como os altos funcionários do governo Bush, ele as enfrentou citando avanços históricos recentes: "Muita gente achou que os tribunais *ad hoc* na ex-Iugoslávia e em Ruanda eram brincadeira. Pois não eram. Um tribunal penal internacional [...] será instituído [...], e vocês verão que não se tratará de brincadeira nenhuma. [...] O Tribunal Penal Internacional ganhará existência e vai funcionar independentemente da adesão deste ou daquele país".[34]

A EXCEPCIONALIDADE NORTE-AMERICANA

Os Estados Unidos eram o país que preocupava a todos. No tocante ao Tribunal Penal Internacional e a inúmeras outras questões, a maior potência mundial divergia de Vieira de Mello. O alto-comissário e sua equipe ocupavam o Palais Wilson, um solar cor de pêssego situado numa encosta com vista para o lago de Genebra. Primeira sede da Liga das Nações, o prédio recebera seu nome em homenagem ao presidente norte-americano Woodrow Wilson. Vieira de Mello não hesitava em se referir a suas próprias tendências "wilsonianas" e lembrava aos visitantes o papel fundador dos Estados Unidos na formação de instituições internacionais. Buscava convencer seus interlocutores de que o unilateralismo do atual presidente norte-americano não haveria de ser permanente. O desprezo do governo Bush pelo direito internacional talvez se refletisse melhor nas declarações de John Bolton, subsecretário de Estado para o controle de armas e a segurança internacional. "Constitui um grande erro para nós admitir a validade do direito internacional, ainda que isso pareça atender a nosso interesse imediato. A longo prazo, porém, os objetivos daqueles que atribuem qualquer significado real ao direito internacional são os de quem deseja sufocar os Estados Unidos", declarou o subsecretário.[35] Foi Bolton quem teve o prazer de informar ao secretário-geral Annan que os Estados Unidos iriam "retirar a assinatura" do tratado que criava o Tribunal Penal Internacional, tachado por ele de "produto de um romantismo confuso que, além de ingênuo, é perigoso".[36] Mais tarde, ele se vangloriaria de ter levado "um grande frasco de líquido corretivo" para o ato da assinatura por parte do presidente Clinton. Foi "o momento mais feliz que passei no governo", disse Bolton.[37] Em 2004, o Bush o nomearia embaixador norte-americano na ONU.

Vieira de Mello sabia que teria de descobrir um meio de trabalhar com os Estados Unidos, de se valer deles ou mesmo de contorná-los. Em seus discursos, ele contestava a noção da excepcionalidade norte-americana, argumentando que a tendência a violar direitos era tão universal quanto os direitos em si. "Não existe nesta Terra um Paraíso dos direitos humanos", declarou. "É por demais tentador dividir o mundo em zonas de luz e zonas de sombras, mas a verdade é que todos navegamos entre as duas."[38]

Sergio defendia o equilíbrio entre o direito de um país de proteger seus cidadãos de ataques terroristas e os esforços para assegurar que isso fosse feito dentro do respeito às regras internacionais. Achava que as organizações de direitos humanos que condenavam Bush às vezes soavam como se defendessem o terrorismo. Em suas manifestações públicas, enfatizava a importância de mergulhar nas "causas básicas", mas perguntava: "Não existirão justificativas para cada crime e cada atrocidade?". E continuava: "O sádico tem lá suas razões, assim como aquele impelido pela loucura. Motivações econômicas existiram até mesmo para a escravidão", afirmou. "Temos o direito de viver sem esse medo de morrer, onde quer que seja, a todo momento."[39] Insistia em que sua equipe se lembrasse de denunciar atos terroristas com o mesmo fervor com que criticava violações dos direitos humanos pelos Estados. Não queria alienar os Estados Unidos antes de poder influenciá-los nos bastidores.

Como estava na Ásia no Onze de Setembro, não experimentou pessoalmente o choque dos ataques na psique norte-americana. Mais palpável para ele foi o ataque terrorista ocorrido um mês depois da posse como alto-comissário. Em 12 de outubro de 2002, diversas bombas explodiram dentro e ao lado de uma casa noturna na ilha indonésia de Bali, onde ele e Larriera haviam passado tantos fins de semana prolongados. Mais de duzentas pessoas foram mortas, muitas delas jovens australianos. Após o ataque, a rede Al-Jazeera transmitiu uma declaração de Osama bin Laden, que lembrava ter advertido a Austrália a não enviar soldados para se juntarem ao "esforço desprezível" das Nações Unidas "de separar o Timor Leste" da Indonésia. "Ela ignorou o aviso, até que despertou ao som das explosões em Bali", Bin Laden disse. Perguntava ainda por que a matança de civis muçulmanos no Afeganistão, na Chechênia e na Palestina não revoltava o público ocidental. "Por que o medo, a matança, a destruição, o deslocamento, os órfãos e as viúvas devem continuar sendo nosso destino, enquanto a segurança, a estabilidade e a felicidade permanecem destinados a vocês?" E concluía: "Isso é injusto. É hora de acertarmos as contas. Vocês serão mortos da mesma forma como matam, e serão bombardeados como bombardeiam".[40]

Aquele era o segundo discurso em que a libertação do Timor Leste da Indonésia servia como brado de guerra para Bin Laden. No ano anterior, em novembro de 2001, o líder da Al-Qaeda havia proferido uma longa diatribe contra as Nações Unidas, culpando uma resolução da ONU pela partilha da Palestina em 1947, atacando suas tropas de paz por não reagirem quando muçulmanos foram assassinados nas áreas de segurança na Bósnia e acusando "o criminoso Kofi Annan" de dividir a Indonésia, "o país mais populoso do mundo islâmico". Depois de identificar a ONU com os interesses norte-americanos e israelenses, Bin Laden disse: "Sob nenhuma circunstância um muçulmano ou qualquer pessoa lúcida deve recorrer às Nações Unidas. Elas não passam de uma ferramenta do crime".[41]

O atentado em Bali indignou Vieira de Mello. Ele e Larriera estavam juntos em Genebra quando ouviram a notícia. Passaram a tarde procurando um mapa de Bali na internet, na tentativa de descobrir qual casa noturna, dentre tantas pelas quais haviam passado, tinha sido atingida. Ficaram horrorizados com a brutalidade que se abatera sobre um lugar tão tranquilo. Dois soldados da ONU em missão no Timor Leste (um deles brasileiro) estavam entre os mortos. Um mês depois do ataque, quando os balineses celebravam uma cerimônia no local da destruição, o casal realizou seu próprio ritual privado em Genebra, acendendo uma vela em homenagem aos mortos.

A indignação com os ataques da Al-Qaeda contra alvos civis levou Vieira de Mello a insistir ainda mais incansavelmente na necessidade de os países ocidentais obedecerem ao direito internacional. Mesmo antes de ele assumir o cargo, indícios perturbadores do envolvimento norte-americano em torturas vinham aumentando. Em janeiro de 2002, fotografias de prisioneiros algemados em Guantánamo, ajoelhados e usando luvas pesadas, máscaras e protetores de ouvidos, vazaram para a imprensa, despertando indignação internacional, mas poucos protestos nos Estados Unidos.[42] Em março de 2002, o *Washington Post* citava diplomatas norte-americanos descrevendo a prática das "rendições extraordinárias", ou seja, o envio de suspeitos de terrorismo a países como o Egito, onde agentes do serviço secreto faziam uso rotineiro da tortura.[43] E em abril, a imprensa mostrava fotos tiradas como "lembrança" por soldados americanos de seus colegas posando ao lado do corpo algemado, de olhos vendados e nu de John Walker Lindh, o californiano de 21 anos que havia se juntado ao Talibã. O secretário da Defesa, Donald Rumsfeld, negou aquilo que chamou de boatos sobre maus-tratos. "Acho que, se vocês me perguntassem ao acordar de manhã, com gente morrendo no Oriente Médio e uma guerra se desenrolando no Afeganistão, se vou mudar meus compromissos do dia para ir atrás desse tipo de boato, eu diria que é improvável que eu o faça."[44]

Os indícios de maus-tratos pelos norte-americanos aumentaram durante a gestão de Vieira de Mello em Genebra. Em setembro, logo depois de deixar a chefia do centro de contraterrorismo da CIA, Cofer Black depôs numa audiência conjunta do chamado Comitê de Inteligência da Câmara e do Senado norte-americanos: "Esse é um assunto extremamente sigiloso, mas tenho de dizer aos senhores que tudo que precisam saber é que houve um 'antes do Onze de Setembro' e um 'depois do Onze de Setembro'. Depois do Onze de Setembro, a briga é para valer".[45] Em dezembro, os repórteres do *Washington Post* Dana Priest e Barton Gellman publicaram um relato devastador sobre a "busca de informações com mão de ferro" do governo Bush e o tratamento duro dispensado a suspeitos de terrorismo. O longo artigo de capa citava um oficial norte-americano responsável por capturar e transferir os suspeitos: "Se você não violar os direitos humanos de alguém por algum tempo, provavelmente não estará fazendo seu trabalho".[46] Priest e Gellman mencionavam ainda outro norte-americano envolvido na rendição de suspeitos, o qual explicava com toda a franqueza as virtudes da prática. "Nós não os cobrimos de porrada", o oficial revelou. "Apenas os enviamos a outros países para que possam cobri-los de porrada."[47] Apesar dessas revelações amplamente divulgadas e do dano que poderiam causar à imagem dos Estados Unidos no mundo islâmico e em outras partes, os altos funcionários do governo Bush não procuraram se distanciar de práticas dessa natureza, nem sequer as condenaram até maio de 2004, quando se descobriu que soldados norte-americanos, agentes da CIA e prestadores privados de serviços militares haviam sistematicamente torturado prisioneiros iraquianos na prisão de Abu Ghraib, em Bagdá.

À luz da hostilidade declarada do governo Bush contra as Nações Unidas em geral, e contra os tratados de direitos humanos em particular, Vieira de Mello sabia que não encontraria receptividade quando solicitasse a Washington que respeitasse as regras internacionais. Tentou ser político, enfatizando nos discursos a gravidade da ameaça das redes terroristas. "Um ataque brutal e uma ameaça excepcional podem requerer uma resposta extraordinária e inequívoca", disse. Mas, continuou:

> Essas medidas precisam ser tomadas com transparência, devem ser de curta duração e ocorrer dentro do arcabouço da lei. Sem isso, os terroristas acabarão vencendo, e teremos perdido por ter permitido que eles destruam a própria base de nossa civilização humana moderna. Estou convencido de que é possível combater essa ameaça sem sacrificar nossos direitos humanos. Proteger cidadãos e respeitar direitos não são coisas incompatíveis: pelo contrário, precisam andar juntas, para não perdermos o rumo.[48]

Vieira de Mello acreditava que a legislação internacional acerca dos direitos humanos já proporcionava aos governos a flexibilidade necessária para enfrentar ameaças excepcionais. Deixava-os livres para estender a duração das detenções em períodos emergenciais, contanto que notificassem o secretário--geral, como fizera a Grã-Bretanha em dezembro de 2001.[49]

Embora, de modo geral, ele preferisse levantar suas preocupações com as práticas dos Estados a portas fechadas, a tortura foi uma exceção. "Fiquei abismado com o ressurgimento do debate, em certas partes do mundo, sobre se a tortura se justifica no enfrentamento do terrorismo", disse ele numa conferência regional em Islamabad. "Não se justifica. O direito do cidadão de não ser submetido a tortura foi reconhecido tempos atrás por todos os Estados. Não pode haver retrocesso, por mais — e repito — por mais grave que seja a provocação."[50]

Washington acabara de inventar suas próprias regras legais e começara a agir como se o direito internacional simplesmente não existisse. Sergio insistiu para que os prisioneiros em Guantánamo fossem julgados ou soltos, e argumentou que a negação dos direitos era "um dos objetivos dos próprios terroristas".[51] "Vivemos em tempos assustadores, e o medo é mau conselheiro", afirmou em uma de suas falas mais memoráveis diante da Comissão de Direitos Humanos da ONU. "Quando a definição de segurança é por demais restritiva — como, por exemplo, quando ela é entendida como o dever de um Estado de proteger única e exclusivamente seus próprios cidadãos —, a busca dessa segurança pode levar à violação dos direitos humanos daqueles que estão fora do círculo dos protegidos."[52]

Cada ato público de Vieira de Mello era observado de perto. Em maio de 2003, Annick Stevenson, que havia se tornado secretária de imprensa do Alto Comissariado, encaminhou-lhe um e-mail de um jornalista árabe. O jornalista reclamava que ele havia condenado um ataque suicida palestino, mas que não fizera o mesmo após violenta reação israelense. Sergio sabia que não adiantava argumentar. Escreveu para Stevenson:

> Besteira, é claro. Como tampouco emiti uma declaração sobre os atentados a bomba na Chechênia [...], isso na certa me torna antirrusso e pró-terroristas chechenos (muçulmanos, por sinal). O problema é: ou emitimos uma declaração após cada ataque ou vamos continuar expostos a esse tipo de interpretação tendenciosa. De uma coisa tenho certeza: enquanto jornalistas árabes (ou judeus) continuarem pensando dessa forma unidimensional, não haverá paz no Oriente Médio.[53]

IRAQUE

A ameaça de guerra em outra parte do Oriente Médio lançou uma sombra sobre a gestão de Vieira de Mello como comissário de direitos humanos. Em seu primeiro dia no cargo, 12 de setembro de 2002, o secretário-geral Annan e o presidente George W. Bush partiram para o confronto no salão da Assembleia Geral, diante de chefes de Estado do mundo todo. O tema era o Iraque. Apontando para a Guerra do Golfo, autorizada pela ONU e coordenada pelo pai de Bush, Annan argumentou: "Não há substituto para a legitimidade exclusiva proporcionada pelas Nações Unidas".[54] O secretário-geral defendia um meio-termo que não levasse à guerra, exigindo o reinício das inspeções de armas, mas também que o Iraque finalmente cumprisse com suas obrigações. "Se a desobediência do Iraque continuar", Annan advertiu, "o Conselho de Segurança terá que enfrentar suas responsabilidades."[55] Annan desejava a paz, mas queria desesperadamente que o Conselho de Segurança adotasse uma posição unânime. Para isso, sabia que Saddam Hussein teria que fazer concessões novas e visíveis.

O presidente Bush levara ao pódio sua arrogância característica. Em plena assembleia lotada, e na presença de Annan, que observava de perto, Bush acenou com a perspectiva da irrelevância da ONU. "Criamos o Conselho de Segurança das Nações Unidas para que, ao contrário da Liga das Nações, nossas deliberações fossem mais do que palavras vazias, e nossas resoluções, mais do que desejos", disse o presidente. "As resoluções do Conselho de Segurança devem ser honradas e impostas ou podem ser deixadas de lado sem maiores consequências? As Nações Unidas servirão ao propósito de sua fundação ou serão irrelevantes?"[56] Bush oferecia sua própria definição do que seria cumprir os princípios da ONU: ficar do lado dos Estados Unidos e contra Saddam Hussein.[57]

Em parte, Vieira de Mello viu-se tentado a apoiar a guerra no Iraque. Ele apoiara abertamente a intervenção no Timor Leste liderada pela Austrália, e terminara por julgar justificada a guerra da Otan em Kosovo. Repetiu em público a recomendação do secretário-geral de que os Estados têm o direito, e até o dever, de intervir para pôr fim a violações brutais dos direitos humanos. Com frequência, invocava ainda a "responsabilidade" dos Estados-membros

400

das Nações Unidas de "proteger" cidadãos ameaçados de morte ou cujo assassinato fosse promovido por seus próprios governos.* Vieira de Mello estava ansioso para que o regime genocida de Saddam Hussein fosse substituído. Não aderira aos colegas da ONU que haviam criticado uma década de sanções norte-americanas ao Iraque. Quando lhe perguntaram, em dezembro de 2002, o que as Nações Unidas fariam para aliviar os danos provocados pelas sanções, ele enfatizou: "Não nos esqueçamos também de que, quando um não quer, dois não brigam", e culpou o ditador iraquiano pela não obtenção de alimentos e remédios para seu povo.[58] Num editorial, questionou o debate no Conselho de Segurança sobre armas de destruição em massa no Iraque, porque não levava em conta a destruição em massa de civis por Saddam Hussein. O que faltava na geopolítica, Vieira de Mello escreveu, era "o reconhecimento de que violações flagrantes e sistemáticas dos direitos humanos são, com frequência, a causa principal da insegurança global".[59] Os Estados tinham que se afastar das "definições imperfeitas de segurança" e começar a reconhecer a ligação entre segurança e direitos humanos.

Ainda assim, por mais que o comissário de direitos humanos das Nações Unidas desejasse a remoção de Saddam Hussein, o governo Bush vinha justificando sua invasão sob o argumento de que o ditador representava uma "ameaça iminente" — alegação que Vieira de Mello julgou pouco convincente. Ele conhecia bem o desafio que representava reorganizar um país depois da derrubada de um regime. A tarefa se mostrara difícil mesmo nos minúsculos Kosovo e Timor Leste, e o Iraque era um país heterogêneo, tanto étnica como religiosamente, com uma população de 27 milhões de pessoas.

Acima de tudo, Vieira de Mello estava preocupado com o precedente que uma guerra norte-americana e britânica criaria. Sua fidelidade aos procedimentos das Nações Unidas fazia com que se sentisse bastante perturbado com as críticas do governo Bush ao Conselho de Segurança. Temia que as divisões em relação ao Iraque pudessem, na verdade, derrubar ou tornar obsoleta a arquitetura da ONU. Via semelhanças entre as circunstâncias vigentes em 2003 e aquelas

---

* A "Responsabilidade por proteger" (R2P) foi um conceito introduzido em dezembro de 2001 pela Comissão sobre Soberania Nacional e Intervenção, dirigida por Gareth Evans e Mahmoud Sahoun e de composição independente, formada por ex-diplomatas, políticos e intelectuais. Em setembro de 2005, 150 países endossaram unanimemente a nova norma na Assembleia Geral da ONU.

verificadas à época da guerra da Otan em Kosovo, quatro anos antes. Se, porém, a Otan fora em frente em 1999 e atacara a Sérvia, apesar da oposição da China e da Rússia, dessa vez os Estados Unidos e o Reino Unido dispunham-se a contrariar a maioria dos membros do Conselho, à exceção da Espanha. No período de um ano que culminara com os ataques aéreos de 1999, o presidente sérvio Slobodan Milošević havia matado cerca de 3 mil kosovares albaneses e deslocado outros 300 mil. Saddam Hussein era responsável pelo genocídio contra os curdos entre 1987 e 1988, mas mesmo uma tirania brutal como a sua não parecia motivo adequado para empreitada tão arriscada como uma mudança de regime. Além disso, Vieira de Mello sabia que a equipe de política externa do governo Clinton fizera todo o possível para convencer os países do Conselho de Segurança a apoiar a guerra em Kosovo. E quando os russos deixaram claro que bloqueariam toda e qualquer resolução autorizando o ataque, Washington, ao mesmo tempo que lançou uma campanha de bombardeios, manteve estreito contato com Kofi Annan. Já a equipe de Bush parecia empenhada em desprezar a ONU. De fato, um planejador do alto escalão do governo Bush chegou a dizer a Strobe Talbott, ex-subsecretário de Estado de Clinton: "Eis a diferença entre vocês e nós, Strobe. Tipos como vocês ficam pensando. Nós agarramos as oportunidades. Vocês veem nossos interesses no Iraque e nas Nações Unidas como conflitantes. Nós vemos aí uma oportunidade de matar dois coelhos com uma só cajadada".[60] Altos funcionários norte-americanos identificavam em uma eventual guerra no Iraque a oportunidade de, a um só tempo, derrubar Saddam Hussein e enfraquecer a ONU. Era compreensível, pois, a preocupação de Vieira de Mello de que tal ação constituiria repúdio bem pior do que Kosovo às regras internacionais e ao primado do Conselho de Segurança. No final das contas, embora tivesse se tornado partidário da intervenção humanitária, ele não acreditava que a motivação por trás dos altos consultores de Bush fosse a preocupação com os iraquianos. Além disso, julgava que uma invasão anglo-americana poria em risco tanto o povo iraquiano como as Nações Unidas.

A despeito desse seu ponto de vista pessoal, ele não se manifestou. "Por que me manifestaria?", perguntou às pessoas mais próximas. "Ninguém vai me dar ouvidos, e isso só vai interferir na minha capacidade de ajudar os iraquianos mais à frente." Contudo, tentar deter a guerra, por um lado, e procurar se certificar de que a ONU desenvolveria uma estratégia coerente para lidar com ela, por outro, eram duas coisas diferentes. Sergio acreditava que as Nações

Unidas vinham se comportando de maneira demasiado reativa em relação ao Iraque. Por isso, enviou uma carta a Annan, também assinada por Dennis McNamara (com quem voltara a ter bom relacionamento) e vários outros colegas, em que se oferecia para reunir um grupo de veteranos e formular uma estratégia no tocante à invasão. "Estava claro que seríamos atingidos por um tsunami", recorda um funcionário da ONU, "e não estávamos preparados." Annan nunca respondeu.

Enquanto as Nações Unidas discutiam as consequências do conflito iminente, o presidente Bush parecia totalmente convencido dos benefícios estratégicos e morais de remover Saddam Hussein. Consultores haviam providenciado reuniões do presidente com exilados iraquianos que defendiam a guerra, subestimando os custos potenciais. Em 10 de janeiro de 2003, Kanan Makiya, professor de estudos islâmicos e médio-orientais da Universidade Brandeis e eminente exilado iraquiano, disse a Bush que a invasão transformaria a imagem dos Estados Unidos no Oriente Médio. "As pessoas vão saudar as tropas com doces e flores", Makiya previu. Hatem Mukhlis, um médico sunita também presente à reunião, concordou em termos gerais com Makiya, mas recomendou que Bush mantivesse o exército iraquiano intacto e enfatizou a importância de uma impressão inicial forte e humana: "Se vocês não conquistarem os corações dos iraquianos desde o início, se eles não obtiverem benefícios", alertou, "em dois meses vocês podem ter outra Mogadíscio em Bagdá."[61]

Em 5 de fevereiro de 2003, Colin Powell fez seu discurso deplorável ante o Conselho de Segurança, recheado de acusações preocupantes, e que mais tarde se mostrariam falsas, aos programas de armas químicas, biológicas e nucleares do Iraque.[62] Debates e uma grande expectativa dominaram os corredores da sede das Nações Unidas em Nova York. Funcionários responsáveis por regiões e assuntos diversos, e que por isso mesmo jamais haviam se encontrado, viram-se de súbito envolvidos em discussões acaloradas sobre o Iraque. As discussões versavam sobre diferentes temas: o testemunho mais recente de Hans Blix, chefe da equipe de inspeção de armas da ONU; a necessidade ou não de retirar do Iraque a equipe que dirigia o programa de troca de "petróleo por alimentos"; as regras previstas na Carta da ONU e sua adequabilidade às ameaças do século XXI (em que armas de destruição em massa *poderiam* ser utilizadas sem aviso prévio); e a preocupação de que o Conselho de Segurança ou o secretário-geral não sobreviveriam ao rolo compressor de dois dos Estados-membros e fundadores das Nações Unidas. Annan parecia convencido de que, se os Estados Unidos e a Grã-Bretanha entrassem em guerra sem a aprovação do Conselho de Segurança, a ONU pareceria irrelevante. Os funcionários de nível operacional, porém, nunca se sentiram mais relevantes. "O mundo inteiro — os inspetores de armas no Iraque, os ministros do Exterior das grandes potências, os principais correspondentes da grande mídia —, todos haviam se voltado para as Nações Unidas", recorda Oliver Ulich, um funcionário de nível médio. "Éramos o centro do universo. Afora isso, a única maneira de se tornar mais 'relevante' era virar cúmplice da guerra."

Annan optou por não condenar a invasão do Iraque. "Nós realmente acreditamos que essa guerra pode ser evitada ou protelada se eu me manifestar?", ele perguntou aos colegas. Seu assessor especial, Nader Mousavizadeh, recorda: "Foi como escolher entre a peste e a cólera. Devíamos concordar implicitamente com a guerra ou pôr a instituição em rota de colisão com seu membro mais influente?".

UMA GRANDE ENTREVISTA?

Em março de 2003, num encontro que alteraria o rumo de sua vida, Vieira de Mello teve oportunidade de expressar suas preocupações com os direitos humanos diretamente ao presidente Bush. Anthony Banbury, com quem ele trabalhara no Camboja e na Bósnia, integrara o Conselho de Segurança Nacional no governo Clinton e permanecera nele após a eleição de Bush. Antes de deixar o cargo, Banbury quis que o governo Bush visse o rosto mais atraente das Nações Unidas: o de Vieira de Mello.

Conseguir vaga na agenda do presidente era quase impossível, sobretudo às vésperas de uma guerra liderada pelos Estados Unidos no Iraque. Mas, num memorando para a conselheira de Segurança Nacional Condoleezza Rice, Banbury insistiu para que Bush se encontrasse com Vieira de Mello. "Há um pessoal muito bom na ONU", observou ele. "Sergio é o melhor entre os melhores." Banbury também argumentou que seria do interesse da Casa Branca ser vista dialogando com o comissário de direitos humanos. "Os Estados Unidos vêm recebendo críticas na área dos direitos humanos", argumentou. "O país é líder nesse campo. O encontro dará ao presidente uma oportunidade de se defender das críticas e de mostrar nosso lado da história." Banbury recorda: "Foi um desafio. O presidente dos Estados Unidos não se reúne com o pessoal de direitos humanos da ONU. Isso era função do secretário de Estado ou da equipe dele."[63]

Entretanto, para surpresa sua e de Vieira de Mello, Rice concordou com a ideia e incluiu o encontro na programação do presidente (sob o protesto dos funcionários que cuidavam da agenda de Bush). Vieira de Mello, um verdadeiro crente das Nações Unidas, e o presidente Bush, que jamais acreditara na instituição, teriam um encontro na tarde de 5 de março de 2003.

Sergio passou a manhã em reuniões com altos funcionários do Departamento de Estado, discutindo o papel que o Alto Comissariado desempenharia na esteira de qualquer invasão norte-americana e compartilhando com eles a experiência adquirida nos Bálcãs e no Timor Leste, no tocante a crimes de guerra e policiamento. Temendo que o governo Bush marginalizasse a ONU, ficou aliviado ao ouvir Richard Armitage, o subsecretário de Estado, dizer que esperava que as Nações Unidas desempenhassem papel de destaque, assim que Saddam Hussein fosse derrubado. "Quanto mais cedo as atividades puderem ser entregues a protagonistas internacionais respeitados, melhor será", disse o subsecretário. "Vamos recorrer um bocado a vocês."[64] Quando Vieira de Mello observou que dezesseis prisioneiros em Guantánamo haviam recentemente tentado o suicídio, Armitage admitiu uma distorção no equilíbrio delicado entre segurança e liberdade. "Os fins não justificam os meios", Armitage declarou. "O pêndulo oscilou demais para um lado só."[65] Em outras reuniões no Departamento de Estado, Vieira de Mello foi informado sobre o projeto "Futuro do Iraque", elaborado ao longo de dezoito meses e a um custo de 5 milhões de dólares por exilados iraquianos e especialistas norte-americanos, que projetaram leis e instituições para substituir as de Saddam Hussein após sua queda. Vieira de Mello descobriria mais tarde que o futuro dos iraquianos seria decidido pelos funcionários do Departamento de Defesa Donald Rumsfeld, Paul Wolfowitz e Douglas Feit. As páginas do projeto "Futuro do Iraque" nem sequer seriam lidas pelos administradores norte-americanos que acompanharam as tropas rumo a Bagdá.

Talvez porque Rice tivesse traçado um perfil favorável de Vieira de Mello, o presidente Bush saudou-o calorosamente, dando-lhe a mão com vigor e elogiando sua boa forma física. "Você deve praticar exercícios", Bush comentou. Assim que os dois homens se sentaram e começaram a discutir o tratamento dispensado aos detidos, Bush salientou que, em época de guerra, medidas excepcionais faziam-se necessárias. "Guantánamo não é um clube de campo, nem deveria ser", disse ele. Vieira de Mello assentiu. "Eu sei", concordou. "No Timor Leste autorizei as tropas de paz da ONU a atirar para matar na perseguição às milícias." Prentice ficou tão surpreso com a conversa que passou um bilhete a um colega. "Porra, não dá para acreditar", escreveu. "O alto-comissário das Nações Unidas para os Direitos Humanos se gabando de sua política de atirar para matar!" Mais tarde, ele compreenderia que a manifestação aparentemente espontânea de seu chefe havia sido proposital. "Sergio sabia exatamente o que estava fazendo", lembra. "Sabia que Bush provavelmente o julgava um pacifista, e aquele era um meio rápido de mostrar que não era bem assim."

Vieira de Mello, que mesmo com o Khmer Vermelho parecera à vontade, sentou-se na beirada da cadeira. O sorriso fácil tinha um quê de paralisado ou forçado. Mas o charme involuntário surtiu efeito. Ele conseguiu não colocar o presidente na defensiva ao descrever Guantánamo como "um buraco negro legal" ou ao alertá-lo para possíveis torturas praticadas por americanos no Afeganistão. Khalid Sheikh Mohammed, o suspeito de ter planejado os ataques do Onze de Setembro, acabara de ser preso no Paquistão, e Sergio pediu a Bush que os interrogadores norte-americanos seguissem as normas legais. "Ele é um assassino", Bush respondeu, "mas será tratado humanamente."[66] Um ano depois, o *New York Times* informava que o prisioneiro de alto nível havia sido sistematicamente submetido a afogamentos simulados e a outras formas de tortura proibidas pelo direito internacional.[67]

Vieira de Mello havia visitado o Paquistão no final de fevereiro. Ali encontrara um homem que acreditava que os filhos estivessem em Guantánamo, embora não tivesse certeza. Sergio falou com Bush sobre o desespero do paquistanês, pedindo ao presidente, também pai, que avisasse as famílias do destino de seus parentes. Bush dirigiu-se a Rice: "Precisamos examinar isso. Não saber o paradeiro dos filhos é uma coisa terrível". Mesmo assim, o governo americano só revelaria as identidades dos prisioneiros de Guantánamo em março de 2006. Quanto à tortura, Bush foi taxativo. "Os americanos não vão torturar ninguém", prometeu. "Não vou permitir." A guerra a que os Estados Unidos dariam início no Iraque, Bush justificou-a com base justamente nos direitos humanos. "Difícil dizer o que sinto sobre o que Saddam Hussein fez com seu povo", afirmou ele. "No fundo do peito, meu desejo real é o de que as pessoas tenham liberdade. A condição humana importa para mim."[68] Bush também disse que, indo à guerra para desarmar o Iraque, estaria defendendo as Nações Unidas. "As palavras da ONU precisam ter significado", declarou.[69]

Embora Vieira de Mello tivesse levantado as questões de direitos humanos mais espinhosas do momento, ficou visível que Bush gostara dele. O presidente envolveu-se tanto na discussão que dobrou a duração do encontro, previsto para quinze minutos. Quando a secretária de Bush veio avisar que havia chegado a hora de um telefonema agendado, ele a dispensou com um aceno. "Diga ao Tony que eu ligo de volta", disse o presidente, referindo-se ao primeiro-ministro britânico. "Sergio era Sergio", recorda Banbury. "O presidente estava tão acostumado à reverência das pessoas diante dele que gostou do estilo direto do Sergio." Outro observador recordou: "Os cortesãos notaram que o rei estava satisfeito". Banbury lembra que os altos funcionários norte-americanos saíram do encontro pensando: "Este é um sujeito razoável, com quem podemos negociar. Não vai nos dar tudo que queremos, mas é um interlocutor inteligente".

No início de 2003, o mundo estava tão polarizado, e o debate sobre a guerra no Iraque tão acirrado, que quaisquer progressos de Vieira de Mello com Washington eram prejuízo certo para sua imagem em outras agências das Nações Unidas. Alguns de seus críticos começaram a dizer à boca pequena que o presidente Bush concordara com a reunião somente porque Vieira de Mello estava tendo um caso amoroso com Rice (o que era mentira). Na sede das Nações Unidas em Nova York, outros especulavam que Vieira de Mello oferecera a Bush um lado amigável da ONU apenas para conseguir um emprego no Iraque após a guerra — e o cargo máximo de secretário-geral na sucessão de Annan. "Sujeitos como Sergio não se encontram com George Bush", recorda o porta-voz da ONU Fred Eckhard. "Para mim, aquilo foi uma grande entrevista." Vieira de Mello riu-se dos comentários e voltou ao trabalho, informando às famílias com quem se encontrara no Paquistão que havia transmitido suas preocupações ao presidente dos Estados Unidos.

RUMO À GUERRA

Bush havia insistido em que retornaria ao Conselho de Segurança para obter uma resolução autorizando a invasão do Iraque. Mas, com o passar das semanas, até aliados aparentemente confiáveis, como Vicente Fox, do México, e Ricardo Lagos, do Chile, rejeitaram os planos bélicos do presidente. Bush não considerou essas negativas motivo suficiente para reconsiderar a questão, e sim prova de que a ONU não estava à altura da tarefa de combater regimes perigosos. "As Nações Unidas precisam ter um significado", afirmou. "Lembrem-se de Ruanda ou Kosovo. A ONU não cumpriu sua tarefa. Esperemos que amanhã ela venha a cumpri-la. Do contrário, todos nós vamos ter de parar e tentar descobrir como fazer a ONU funcionar melhor à medida que avançamos pelo século XXI."[70] Vieira de Mello redigiu um editorial em resposta a essa provocação, enfatizando que a "grande crise" das Nações Unidas era culpa de seus membros, e não da instituição em si. "Se Estados-membros fazem de suas próprias regras uma balbúrdia ou se rompem com sua própria arquitetura política coletiva", escreveu, "é errado culpar a ONU ou seu secretário-geral."[71]

Quando Ruud Lubbers, alto-comissário das Nações Unidas para os Refugiados, pediu ajuda para arregimentar dirigentes das agências da ONU em uma oposição conjunta à guerra, Vieira de Mello recusou. Passara a ver a guerra como inevitável. "Quando me sentei com Bush, vi um homem bem relaxado", ele contou a Lubbers. "Não era um homem que refletia sobre outras possibilidades."

De fato, mesmo sem uma resolução do Conselho de Segurança que o autorizasse a fazê-lo, o presidente Bush foi em frente. Em 17 de março de 2003, emitiu um ultimato de 48 horas a Saddam Hussein, exigindo que ele e seus filhos deixassem o Iraque. O ultimato expirou às oito da noite de 19 de março, no horário da costa leste americana. Cerca de noventa minutos mais tarde, forças norte-americanas e britânicas invadiam o país. "Concidadãos", o presidente Bush declarou do Salão Oval, "a esta hora, forças norte-americanas e da Coalizão estão nos estágios iniciais da operação militar para desarmar o Iraque, libertar seu povo e defender o mundo de um grave perigo."[72]

Em meados de abril, quando Bagdá já havia caído, Vieira de Mello telefonou à sede das Nações Unidas para pedir orientação. "Qual a posição da ONU sobre a guerra no Iraque?", quis saber. Estava escalado para aparecer no dia seguinte no programa de entrevistas *HARDtalk* da BBC, notório por sua postura combativa, e precisava que o secretário-geral e seus altos consultores desenvolvessem às pressas uma estratégia. "Que mensagem as Nações Unidas desejam transmitir ao público sobre o Iraque?", ele perguntou. "Se não definirmos nossa posição, vou ser massacrado." Embora não recebesse nenhuma instrução de

Nova York, achou que precisava ir em frente com a entrevista, porque a ONU não podia se calar num momento tão crucial. Ao adentrar o estúdio em Genebra, comentou com Prentice: "Veja este cordeirinho aqui, indo para o matadouro".

Vieira de Mello mostrou-se tranquilo, mas evasivo, dando assim a impressão de defender os invasores norte-americanos. Quando o entrevistador, Tim Sebastian, perguntou sobre os chamados danos colaterais, Sergio respondeu que era "difícil evitar baixas de civis". Perguntado sobre a onda de saques que havia irrompido em Bagdá, ele disse: "Isso provavelmente é inevitável, depois de se manter o jugo sobre aquelas pessoas por tantos anos". Quando Sebastian indagou sobre relatos de que os marines norte-americanos estavam atirando em civis desarmados, o alto-comissário explicou: "O problema é que houve muita farsa do outro lado, que usou combatentes disfarçados de civis". Quanto a um mau planejamento por parte da Coalizão, Sergio corrigiu: "Não estou certo de que a coisa tenha sido mal planejada. Acho que o plano era derrubar o regime e neutralizar as Forças Armadas. [...] Estou certo de que, mais cedo ou mais tarde, eles vão conseguir isso". Sebastian então perguntou se ele estava preocupado com o desrespeito aos direitos dos prisioneiros iraquianos, assim como acontecera em Guantánamo. Vieira de Mello respondeu: "Não tenho nenhuma razão para presumir que eles serão sujeitos ao mesmo tratamento". E quando Sebastian o forçou a responder se os iraquianos estavam pagando um preço alto demais pela liberdade, ele pediu que as pessoas se lembrassem dos 24 anos de sofrimento sob o regime anterior. O entrevistador acabou perdendo a paciência. "O comissário de direitos humanos está amedrontado demais para se manifestar contra os Estados Unidos?", perguntou.[73]

Depois de deixar o estúdio, Vieira de Mello e Prentice não discutiram a entrevista. "Dava para ver até por sua linguagem corporal que ele sabia como tinha sido terrível", Prentice recorda. "Não vi motivo para dizer, depois do fato consumado, que ele tinha ido mal." Na sede das Nações Unidas em Nova York, a transcrição da entrevista no *HARDtalk* circulou por e-mail, de um funcionário indignado para outro. "Aquelas respostas", recorda um funcionário, "forneceram a qualquer um que tivesse alguma suspeita sobre o que Sergio pretendia, ou se estava bajulando os americanos, todas as provas de que precisava."

18. "Não pergunte quem provocou o incêndio"

UM PAPEL VITAL?

Uma vez iniciada a invasão pela Coalizão, duas perguntas consumiam os dirigentes das Nações Unidas: Saddam Hussein iria lutar? A instituição desempenharia um papel político no pós-guerra? Embora as embaixadas norte-americana e britânica em Bagdá estivessem fechadas desde 1991, a ONU mantinha uma base de operações constante no Iraque desde a Guerra do Golfo. Antes da guerra liderada pelos Estados Unidos, mais de mil estrangeiros trabalhavam no país, em parceria com cerca de 3 mil funcionários iraquianos.*

Na sede das Nações Unidas em Nova York, a alta direção da instituição passara meses debatendo se a ONU deveria se envolver na "paz" do pós-guerra e como fazê-lo. Annan temia que a marginalização imposta por Washington

---

* O maior programa das Nações Unidas (e, mais tarde, o mais conhecido também) era o da troca de "petróleo por alimentos". Em 1996, sob sanções rigorosas, o governo iraquiano assinou um acordo com o Secretariado da ONU que permitia ao país vender petróleo para financiar a compra de alimentos e remédios. No todo, o programa, monitorado pela própria ONU, financiou a entrega de cerca de 31 bilhões de dólares em suprimentos humanitários, enquanto outros 8,2 bilhões permaneceram no fluxo de produção e distribuição.

diminuísse a relevância global da Organização. Assim, ansiava por encontrar um meio de reenviar o pessoal internacional ao Iraque o mais cedo possível. A seus altos consultores, enfatizou repetidas vezes: "Temos que provar que podemos fazer algo de útil". Mark Malloch Brown, amigo de Vieira de Mello dos tempos em que eram colegas no Acnur e agora chefe do Programa de Desenvolvimento da ONU, concordava. Seu argumento era o de que "para o bem do Iraque, para o bem do mundo e para o bem das Nações Unidas, não podemos deixar de participar". O próprio Malloch Brown recorda: "Havia muitas conversas táticas sobre quanto da nossa virgindade devíamos perder, mas a maioria de nós sentia que, se você é da brigada de incêndio, não pergunta quem provocou o incêndio nem se o incêndio é moral antes de ir apagá-lo."

Os subsecretários-gerais para as operações de paz e assuntos políticos Marie Guéhenno e Kieran Prendergast foram mais cautelosos. "Não é imperativo nem está escrito em parte alguma que a ONU tem que se mobilizar a cada crise", disse Guéhenno. Prendergast, fortemente influenciado por seu assessor especial Rick Hooper, um norte-americano de quarenta anos, argumentou que constituía um erro "desempenhar um papel só por desempenhar". Hooper, que estudara na Universidade de Damasco e falava árabe fluentemente, ficou conhecido nos círculos das Nações Unidas por seus pontos de vista incisivos sobre a política no Oriente Médio e pela capacidade de combinar o pensamento operacional e o estratégico. "Devemos buscar a vantagem comparativa da ONU", Hooper recomendou, "em vez de só apanhar as migalhas que nos atiram."

Parecia provável que Washington acabaria tendo que envolver a ONU, fosse porque as boas-vindas aos norte-americanos no Iraque não durariam muito, porque a ocupação prejudicaria a imagem internacional do país ou porque os Estados Unidos não iriam querer bancar sozinhos a reconstrução do Iraque. Vieira de Mello participou dessas discussões de alto nível de Genebra, por viva-voz. Ele acreditava que o governo Bush se voltaria para as Nações Unidas tão logo atingisse seus objetivos militares. Sabia melhor do que ninguém como era difícil administrar transições pós-guerra, e sabia que faltava aos Estados Unidos o *know-how* necessário para restabelecer as Forças Armadas iraquianas, facilitar o retorno de refugiados ou planejar eleições. Sempre que lhe perguntavam se a guerra no Iraque marcava o fim da ONU, ele dizia dos norte-americanos: "Eles vão voltar".[1]

Desde o final de 2002, os britânicos vinham pressionando os norte-americanos a, depois da guerra, dar à ONU papel político de destaque. O primeiro-ministro Tony Blair, parceiro da Coalizão de mais confiança do presidente Bush, sabia que os eleitores britânicos não se entusiasmavam com os planos dos Estados Unidos de administrar unilateralmente o país. Pesquisas de opinião do *Daily Telegraph* mostravam que, embora o apoio da população britânica à guerra tivesse aumentado para um pico de 66%, somente 2% dos consultados apoiavam o estabelecimento de uma administração controlada pelos americanos.[2] Em 3 de abril, duas semanas após o início da guerra, o ministro das Relações Exteriores britânico Jack Straw apresentou ao secretário de Estado Colin Powell um plano detalhado de pós-ocupação, que previa a nomeação de um enviado especial poderoso das Nações Unidas.[3] O plano mostrava que, caso a ONU dirigisse o espetáculo, os Estados Unidos, em vez de pagar pela ocupação, precisariam contribuir com apenas 20% de seu custo (a parcela norte-americana do orçamento de operações de paz das Nações Unidas).[4] França e Alemanha decerto defenderam o plano britânico, porque, tendo se oposto à guerra, estavam decididas a não permitir que os americanos controlassem o Iraque. A França havia proposto esquema semelhante após a guerra do Kosovo em 1999, em que a Otan dirigira as operações militares e a ONU, de início sob Vieira de Mello, supervisionara a administração política.[5]

Mas o governo Bush rejeitou a proposta britânica. Sua atitude foi: "Não vamos derramar sangue e dinheiro para que *vocês* decidam quem administra o Iraque". Os altos consultores de Bush não tinham as Nações Unidas em bom conceito, em parte devido à recusa do Conselho de Segurança de aprovar a guerra e, em parte, por menosprezarem o desempenho passado da instituição nos Bálcãs, em Ruanda, Kosovo — e até no Timor Leste, que em outros locais era encarado como um sucesso.[6] Num discurso de fevereiro de 2003, Donald Rumsfeld declarara que os Estados Unidos pretendiam evitar o tipo de "reconstrução da nação" que a ONU realizava. Ele criticava o desempenho da instituição em Kosovo. "Eles emitem selos postais, passaportes, carteiras de motorista e coisas parecidas", dizia o discurso, "e decisões tomadas pelo parlamento local não têm valor sem as assinaturas dos administradores da ONU."[7] No Timor Leste, assolado pela pobreza, prosseguia sua crítica, as Nações Unidas teriam transformado a capital, Díli, em "uma das cidades mais caras da Ásia". Os restaurantes "servem trabalhadores internacionais cujos salários equivalem a cerca de duzentas vezes o salário médio no país", acusava. E, por fim, "nos principais supermercados da cidade, dizem que os preços estão no nível dos de Londres e de Nova York".[8] Rumsfeld parecia acreditar que os Estados Unidos conseguiriam simplesmente desalojar Saddam Hussein e se retirar, sem se envolver nos assuntos iraquianos.

Ao pensar o pós-guerra, outras autoridades norte-americanas enxergavam um dilema entre legitimidade e controle, expressando clara preferência por exercer o controle. Até o secretário Powell foi insistente: "A Coalizão, tendo assumido o risco político e pago o custo em vidas, precisa desempenhar um papel de liderança", afirmou.[9] Três semanas após o início da guerra, à saída de sua terceira reunião de cúpula no período, Bush e Blair concordariam em que "as Nações Unidas têm um papel vital a desempenhar na reconstrução do Iraque".[10] Nenhum dos dois especificou que "papel vital" era esse. Quando os jornalistas pressionaram Bush a esclarecer o sentido da expressão, ele se irritou. "Evidentemente há certo ceticismo aqui na Europa quanto à sinceridade das minhas palavras", declarou. "Saddam Hussein sabe muito bem que falo a verdade. E o que quero dizer com papel vital das Nações Unidas é que as Nações Unidas terão um papel vital."[11] Paul Wolfowitz foi mais concreto, afirmando que a instituição realizaria tarefas humanitárias. "A ONU pode ser um associado importante", disse o subsecretário da Defesa. "Mas não pode ser o sócio majoritário. Não pode estar no comando."[12]

Apesar das divergências com Washington, Annan, Vieira de Mello e outros dirigentes das Nações Unidas concordavam plenamente com o governo Bush em que a instituição não deveria administrar o Iraque. Em um memorando de 21 de março, os principais consultores de Annan argumentavam que a ONU deveria "recusar e desestimular" a ideia de uma eventual administração transitória a cargo da instituição, porque isso estava bem além da sua capacidade. Em 2000, Lakhdar Brahimi, ex-ministro do Exterior argelino, havia divulgado um relatório muito elogiado em que examinava as lições extraídas das operações políticas e de paz da ONU na década anterior. Nele, concluía que o Secretariado das Nações Unidas precisava aprender a "dizer não" a mandatos inexequíveis. Como Vieira de Mello em pessoa experimentara na Bósnia e em Kosovo, a ONU com frequência levava a culpa pelas decisões equivocadas dos membros de seu Conselho de Segurança. Quando um repórter perguntou se a Organização estaria disposta a presidir um governo iraquiano semelhante aos do Timor Leste e de Kosovo, Annan respondeu: "O Iraque não é o Timor Leste nem é Kosovo. Lá, existe pessoal treinado, um serviço público razoavelmente eficaz, existem engenheiros e outros capazes de desempenhar um papel em seu próprio país. [...] Os iraquianos precisam ser responsáveis por seu futuro político e controlar seus próprios recursos naturais".[13]

Quando as especulações sobre o período do pós-guerra começaram a esquentar, Vieira de Mello passou a se perguntar se seria envolvido na briga. O trabalho em Genebra o frustrava. Num e-mail endereçado a Peter Galbraith, comentou que ainda batalhava para definir seu papel, o que não "é fácil após três décadas de missões operacionais com altos níveis de adrenalina".[14] Queixou-se também a um jornalista de que uma "sucessão de compromissos, reuniões e viagens privam-me da minha liberdade".[15] Quando Fabrizio Hochschild, seu assessor especial em Kosovo e no Timor Leste, foi visitá-lo no escritório novo e elegante, várias vezes maior que as instalações de que dispusera anteriormente, levou consigo o filho de dois anos, Adam, que começou a brincar na cadeira giratória de Vieira de Mello. Enquanto os dois amigos contavam as novidades um ao outro, Adam de repente abriu o berreiro. Hochschild fez tudo que pôde para acalmá-lo, mas o menino não parava de chorar, como se em agonia. O alto-comissário brincou: "Ao menos alguém sabe como me sinto".

Em março de 2003, pouco antes de se encontrar com Bush, Vieira de Mello viajou a Bruxelas, onde trabalhava seu amigo Omar Bakhet. Bakhet marcou uma reunião com Romano Prodi, então presidente da Comissão Europeia, mas no meio da discussão Prodi caiu no sono. Ao sair do encontro, Vieira de Mello explodiu: "Porra, Omar, veja o que estamos fazendo da nossa vida, aturando esse tipo de lixo. Ele não ousaria fazer isso se eu representasse um país ocidental". Bakhet tentou minimizar o incidente. "Como você acha que eu me sinto, Sergio? Essa é minha vida aqui. Normalmente trago um cobertor para as reuniões." Mas seu amigo não riu. Bakhet recorda: "Senti como se a chama se apagasse lentamente dentro dele".

Mesmo assim, ainda que a vida de escritório não combinasse com ele, que se sentia distante da "ação" no Iraque, Vieira de Mello estava empenhado em terminar o que havia começado. Vinha planejando uma viagem politicamente delicada a Israel e aos territórios palestinos no outono, e estava pronto para explorar o capital político que havia acumulado durante a carreira e aumentar, assim, a visibilidade do Alto Comissariado e dos direitos humanos. Estava também determinado a consumar seu divórcio. Quando seu nome começou a circular na imprensa como possível candidato a enviado da ONU ao Iraque, não deu muita importância. A edição de 1º de abril do *Development News*, uma publicação do Banco Mundial, citava um artigo do *Times* londrino, segundo o qual os norte-americanos o viam como seu candidato. Sergio repassou a matéria para Larriera. "Aqui começa a especulação", escreveu. "Devo ter sérios inimigos no Reino Unido para alguém dizer isso de mim!"[16] Como ele acabara de assumir o cargo em Genebra, não achava que Annan cogitaria em removê-lo. Alguns dias depois, encaminhou a Larriera um e-mail com um convite do prefeito de Genebra para uma recepção, em 7 de junho, em que seriam abertas quinhentas garrafas de vinho. "Uma boa notícia!", comentou. "Vamos lá!"[17]

Em 9 de abril, um tanque dos fuzileiros navais norte-americanos ajudou a derrubar a imponente estátua de Saddam Hussein na praça Firdos, em Bagdá. O clima no 38º andar da sede das Nações Unidas, onde a maioria se opusera à guerra, não era de celebração. Um dos poucos funcionários da ONU que havia apoiado a invasão estava indignado com os colegas. "Eles não podiam dar um tempinho de um dia só e comemorar o fim da tirania de Saddam?", recorda. Os norte-americanos estavam eufóricos. Em 1º de maio de 2003, o presidente Bush fez sua proclamação deplorável diante de uma faixa que dizia MISSÃO CUMPRIDA: "As principais operações de combate no Iraque terminaram. Na batalha do Iraque, os Estados Unidos e seus aliados venceram".[18]

Numa reunião ocorrida numa base norte-americana no Qatar, um oficial do exército perguntou a Rumsfeld se ele havia sido "bombardeado com pedidos de desculpas" de seus críticos, "profetas da desgraça". Em meio a muitos risos e aplausos, Rumsfeld respondeu: "É, tivemos um bocado de medrosos por aí, não foi? Vocês sabem, durante a Segunda Guerra Mundial, acho que Winston Churchill estava falando sobre a Batalha da Inglaterra, e ele disse: 'Nunca tantos deveram tanto a tão poucos'. Outro dia, um humorista de Washington me enviou uma paráfrase: 'Nunca tantos estiveram tão errados sobre tanta coisa'. Mas eu nunca diria isso".[19]

Vieira de Mello esperava que a empáfia das autoridades americanas se fizesse acompanhar de competência prática. O sucesso no campo de batalha não se traduzia automaticamente em estabilidade a longo prazo, como os próprios Estados Unidos já vinham aprendendo no Afeganistão. Ele sabia muito bem com que rapidez o progresso podia ser revertido. Como diria mais tarde o general aposentado dos fuzileiros navais Anthony Zinni, ex-chefe do Comando

Central dos Estados Unidos, referindo-se ao rápido sucesso inicial de seu país na guerra convencional no Iraque: "Ohio State venceu Slippery Rock por 62 a 0. Não diga!".[20] O sucesso duradouro da invasão americana e britânica dependeria de os americanos terem a capacidade de proporcionar segurança física e econômica aos iraquianos. Nesse aspecto, Vieira de Mello percebeu que ninguém com quem conversara nas Nações Unidas, na Europa ou no governo Bush parecia capaz de responder a uma questão essencial: depois que Saddam fosse derrotado, quem iria governar o país?

GOVERNO NORTE-AMERICANO

De início, as autoridades norte-americanas haviam afirmado que um governo iraquiano interino (dividido entre exilados iraquianos e aqueles que permaneceram no Iraque e sofreram sob Saddam) seria escolhido assim que as tropas da Coalizão obtivessem o controle do país.[21] Após uma reunião de cúpula com o primeiro-ministro Blair em abril, o presidente Bush afirmou: "Ouço muita gente falando que vamos impor este ou aquele líder. Esqueçam isso. Desde o primeiro dia, dissemos que o povo iraquiano é capaz de dirigir seu próprio país. [...] Só os céticos acham impossível os iraquianos se governarem".[22] Depois do encontro com Bush em março, Vieira de Mello havia se reunido com a conselheira de Segurança Nacional Condoleezza Rice, segundo a qual Washington esperava "em breve identificar tecnocratas capazes de ajudar a dirigir o país". Ela havia insistido em que as pessoas que afirmavam ser a intenção do presidente Bush nomear um governador militar "não sabem o que estão falando", e acrescentou: "Não temos o menor desejo de permanecer no Iraque mais tempo do que o necessário".[23] Em público, a conselheira declarou: "Se a experiência no Afeganistão pode nos servir de base, a própria população chega e diz a você: 'Olhe, aquela pessoa ali é um líder'".[24] Ainda em meados de maio, o governo Bush imaginava poder contar, no final do mês, com um governo de transição composto de iraquianos exilados e dos que haviam ficado no país.[25]

Jay Garner, um general aposentado de 65 anos a quem caberia administrar a presença civil norte-americana no pós-guerra, só chegou a Bagdá em 21 de abril, doze dias após a queda da cidade. Foi informado de que, antes da criação do novo governo iraquiano, ele dirigiria 23 ministérios — cada um sob a chefia de um americano com auxílio iraquiano. Esses ministérios manteriam o país em funcionamento até o retorno da normalidade. Os norte-americanos tinham objetivos ambiciosos, mas limitados. Queriam remover Saddam Hussein e seus capangas e decapitar o aparato de terror do partido Baath. E na esteira da derrubada de Saddam, queriam ver as instituições iraquianas funcionando "sob nova direção".

À frente da administração do Timor Leste, Vieira de Mello fizera questão de viver uma vida normal e abrir mão da pompa de dignitário. Em contraste, Garner se deslocava num GMC Suburban, seguido por um comboio de nove Humvees e três veículos de segurança repletos de soldados da Coalizão. Garner tentou comunicar aos iraquianos que eles controlariam seu próprio destino. Ao visitar uma usina de força destruída por vândalos, perguntaram se ele era o novo governante do Iraque. "O novo governante do Iraque é um iraquiano", o americano respondeu, sem entrar em maiores detalhes.[26] Estava improvisando. O único plano formal que recebera havia sido um documento de 25 páginas, datado de 16 de abril de 2003 e intitulado: "Plano de ação unificado para o Iraque pós-hostilidades". Começava assim: "A história julgará a guerra contra o Iraque não pelo brilho de sua execução militar, mas pela eficácia das atividades pós-hostilidades".[27]

O desempenho "pós-hostilidades" da Coalizão não começou bem. A infraestrutura iraquiana era bem mais precária do que esperavam os planejadores norte-americanos. Para piorar, nos dias após a queda de Bagdá, gangues iraquianas realizaram saques generalizados, que depenaram dezessete dos 23 ministérios, queimaram a Biblioteca Nacional Iraquiana (destruindo mais de 1 milhão de livros), destituíram os hospitais de seus equipamentos e remédios e estraçalharam e roubaram as antiguidades do Museu Nacional.[28] Rumsfeld minimizou a importância dos saques. "A liberdade é desordenada, e povos livres estão livres também para cometer erros, crimes e para fazer coisas ruins", disse.[29] Mas imagens dos militares norte-americanos impassíveis e impotentes — incapazes de decretar a lei marcial ou impor o toque de recolher — foram transmitidas pelo Iraque, pela região e pelo mundo.[30] As cenas não difeririam daquelas que Vieira de Mello havia visto em Kosovo, quando os soldados da Otan se recusaram a impedir saques de aldeias sérvias por pistoleiros kosovares. No Iraque, porém, país de 27 milhões de habitantes na região mais volátil do mundo, havia muito mais em jogo.

No início de maio, com o caos à solta, o presidente Bush anunciou que substituiria Garner por L. Paul "Jerry" Bremer, de 61 anos, que fora embaixador na Holanda, embaixador para contraterrorismo e, mais recentemente, diretor-gerente da Kissinger Associates. Dali em diante, ele encabeçaria a recém-criada Autoridade Provisória da Coalizão (APC).[31] Em 8 de maio, John Negroponte, embaixador norte-americano nas Nações Unidas, e Jeremy Greenstock, embaixador britânico na mesma instituição, enviaram uma carta ao Conselho de Segurança em que explicitavam as responsabilidades da APC. Foi a primeira declaração por escrito que os dirigentes da ONU receberam de que os invasores norte-americanos e britânicos — *e não os próprios iraquianos* — iriam de fato governar o país e cuidar da "administração responsável pelo setor financeiro iraquiano".[32]

A maioria dos iraquianos ficou chocada. "Até a criação da APC, achávamos que iríamos administrar nosso próprio país. Era o que os americanos vinham nos dizendo", recorda Adnan Pachachi, importante exilado iraquiano que servira na década de 1960 como embaixador iraquiano na ONU. Em abril, Pachachi comparecera a duas grandes reuniões de iraquianos residentes ou de volta do exílio que acreditavam estar debatendo a composição de um novo governo. Foram portanto pegos de surpresa pela decisão do governo Bush de tornar Bremer o governante efetivo do país. Em 19 de maio, em reação ao adiamento indefinido da soberania iraquiana, o jovem clérigo militante Moqtada al-Sadr levou cerca de 10 mil pessoas às ruas de Bagdá, na maior manifestação pública desde a chegada das forças norte-americanas, seis semanas antes. A multidão condenou o anúncio de Bremer de que a soberania iraquiana seria postergada. "Não à administração estrangeira", entoavam. "Sim ao Islã."[33]

Bremer arrebatou o Iraque como um anti-Garner. Se Garner, com suas calças cáqui e camisas polo, era reverente e hesitante, Bremer, trajando ternos executivos e botas de combate, era firme e rápido. Se Garner fazia questão de insistir que "iraquianos" ainda não identificados estavam no comando, Bremer mostrou de imediato que era ele quem estava no comando. Somente ele, "o administrador", tinha o poder de assinar leis, que eram chamadas de "ordens".

O sucesso de qualquer administração norte-americana no país seria prejudicado pelas decisões tomadas antes da chegada de Bremer. O Pentágono havia resolvido guarnecer a "paz" com apenas 130 mil soldados, uma impossibilidade num país tão grande. A Casa Branca optara por tornar o Pentágono a agência principal do pós-guerra, excluindo assim o único capital intelectual do governo norte-americano em matéria de governança, desenvolvimento e reconstrução: aquele representado pelo Departamento de Estado e pela Agência Norte-Americana para o Desenvolvimento Internacional (Usaid). E a onda de saques, que começara no início de abril, danificara serviços básicos, erodindo a confiança dos iraquianos na Coalizão.

Mas Bremer também foi vítima das ordens que emitiu ao chegar. Em 16 de maio, apenas quatro dias após aterrissar em Bagdá, emitiu um decreto fatídico que mudaria para sempre o Iraque: proibiu que o Partido Baath de Saddam Hussein e seus membros graduados participassem da vida pública. Embora Garner tivesse prometido punir apenas os principais culpados, a ordem de Bremer teve por alvo os quatro níveis superiores do partido, cujo número de membros variava de 1 milhão a 2,5 milhões. A ordem de desbaathização, inspirada no processo de desnazificação após a Segunda Guerra Mundial, teria vindo da Casa Branca.[34] O efeito da medida foi imediato. Burocratas e tecnocratas que sabiam como manejar os ministérios da Saúde, dos Transportes e das Comunicações foram substituídos por "reservas", nas palavras do dirigente da Coalizão Stephen Browning, que tentou administrar o Ministério da Saúde. "Ninguém sabia coisa nenhuma."[35] Enquanto na Segunda Guerra Mundial os aliados haviam deixado intacta a maioria das instituições alemãs, livrando-se apenas dos nazistas graúdos, agora as principais instituições iraquianas (escolas, hospitais, serviços sociais, telecomunicações, polícia, tribunais) não eram apenas decapitadas e postas à espera de uma direção superior: elas foram estripadas a ponto de não conseguir mais atender às necessidades diárias da população. Os membros do escalão inferior do Partido Baath foram informados de que poderiam recorrer, mas mecanismos para julgar seus recursos só seriam criados dali a meses.

Uma semana depois, Bremer anunciou sua segunda medida fatal: a dissolução do exército iraquiano. Mais de 400 mil soldados e oficiais foram dispensados, dos quais somente alguns haviam sido de fato leais ao regime anterior, e a maioria tinha famílias para sustentar.[36] Bremer justificou a medida afirmando que apenas formalizava uma dissolução espontânea e já ocorrida. Em questão de dias, porém, a APC tinha dissolvido os dois instrumentos básicos de governo do país. As sementes da implosão iraquiana haviam sido plantadas.

RETORNO À ONU

Embora a segurança no Iraque tivesse começado a se deteriorar, mesmo os críticos dos Estados Unidos ainda viam a invasão da Coalizão como um sucesso militar. Nenhuma das calamidades que franceses, alemães e russos haviam previsto se concretizara. Empolgados com a vitória e ansiosos por consolidá-la com a bênção internacional negada antes da guerra, as autoridades americanas retornaram ao Conselho de Segurança das Nações Unidas, em Nova York, na tentativa de fazer com que ele aprovasse uma resolução legitimando o domínio norte-americano e britânico. Um funcionário da missão francesa recorda a atitude americana: "Eles disseram: 'Nós falamos que levaríamos um mês para derrubar Saddam, e cumprimos o prometido'". Os governos europeus tinham vários motivos para querer a aprovação de uma nova resolução da ONU no pós-guerra. Desejavam aparar as arestas com os norte-americanos, assegurar a participação de suas empresas na reconstrução e nos contratos petrolíferos, sinalizar apoio a um Iraque democrático e estável e submeter os americanos à Convenção de Genebra — forçando-os a reconhecer que, sob o direito internacional, eram tecnicamente ocupantes (e não "libertadores"). Além disso, buscavam dar às Nações Unidas (em que confiavam mais do que nos americanos) papel relevante na moldagem do novo Iraque.

Quaisquer que fossem as aspirações europeias, os diplomatas norte-americanos impuseram grande parte das cláusulas da nova resolução do Conselho de Segurança. Após três semanas de negociações, os países que em março se haviam oposto à guerra concordaram em reconhecer os Estados Unidos como a autoridade de ocupação no Iraque, o que muitos interpretaram como uma demonstração tardia de apoio à invasão por parte da ONU. Embora a resolução obrigasse os ocupantes a seguir a Convenção de Genebra, ela, na prática, substituiu as regras legais tradicionais ao conceder a norte-americanos e britânicos o direito de escolher a liderança política no Iraque e de transformar as estruturas legais, políticas e econômicas do país.[37] Apelava também para que outros Estados-membros contribuíssem com pessoal, equipamentos e demais recursos para o esforço da Coalizão.

Antes de aprovada, um diplomata notou como ela era radical. "O Conselho de Segurança estaria legitimando a ocupação do território e das funções de um Estado-membro por um grupo de outros Estados-membros", apontou. "Isso nunca aconteceu."[38] "A ocupação era uma mina de ouro", recorda uma autoridade norte-americana. "A ONU e os europeus queriam que aceitássemos nossas responsabilidades como potências de ocupação, e com isso obtivemos, pela via do Conselho, coisas que jamais achamos que iríamos conseguir: receitas do petróleo, o gerenciamento cotidiano dos ministérios, poder sobre as Forças Armadas. Ficamos empolgados. Ainda não tínhamos achado um meio de chegar legalmente ao petróleo iraquiano, até que as Nações Unidas nos conduziram até ele. Foi a realização de um sonho para o Pentágono. Os europeus não entenderam o que estávamos obtendo de fato com a resolução. Só bem mais tarde se conscientizaram: 'Como foi que votamos nisso?'"

O único aspecto da resolução que os europeus podiam considerar uma concessão norte-americana era a nomeação de um representante especial do secretário-geral das Nações Unidas para o Iraque, que desempenharia um papel na criação de uma "administração iraquiana interina". Mas até esse enviado da ONU seria subserviente à Coalizão. Ele não disporia de nenhum dos poderes de Lakhdar Brahimi, o enviado da instituição ao Afeganistão, que ajudara a escolher o presidente do país. Os consultores de Annan estavam divididos quanto a quem ele deveria escolher para desempenhar aquele papel limitado. Vários achavam que o secretário-geral deveria enviar um funcionário de baixo escalão, uma pessoa cujo nível hierárquico fosse mais condizente com as responsabilidades mínimas que a Coalizão parecia disposta a oferecer à ONU. "Os norte-americanos vão de fato abrir espaço para que tenhamos um papel político", perguntou o subsecretário-geral Prendergast, "ou pretendem fazer tudo sozinhos e apenas se apropriar do carimbo das Nações Unidas?" Ele recomendou a Annan que selecionasse um falante de árabe. "Se uma multidão vem em sua direção, e você não entende o que ela diz nem consegue ler as placas de trânsito, você estará em apuros", argumentou. Os britânicos, que ainda tinham esperança de que a ONU viesse a desempenhar papel efetivamente vital no Iraque, recomendaram a Annan que designasse uma figura de peso. O secretário-geral contou a Jeremy Greenstock, embaixador britânico nas Nações Unidas, que pensava em nomear o ex-presidente da Costa Rica. Greenstock fez um sinal negativo com a cabeça e aconselhou: "Na verdade estamos falando do Sergio".

"O SERGIO VAI DAR UM JEITO NAQUILO"

Greenstock e outros próximos de Annan acreditavam que se o secretário-geral não enviasse alguém da estatura de Vieira de Mello, os Estados Unidos passariam por cima da ONU. Sergio não falava árabe, mas em compensação tinha bastante conhecimento e experiência prática. "É do próprio interesse do secretário-geral e das Nações Unidas nomear um representante que seja o mais eficiente e confiável possível", um auxiliar de Annan escreveu em memorando interno, "alguém capaz de interagir de fato com os representantes da Coalizão e de demonstrar à comunidade internacional a contribuição que um representante da ONU pode dar." O fato de os norte-americanos preferirem Vieira de Mello, o auxiliar escreveu, não deveria impedir Annan de nomeá-lo. Pelo contrário, era importante o secretário-geral levar em consideração que, do ponto de vista iraquiano, Vieira de Mello era o melhor nome para o cargo.[39]

Annan ainda não estava convencido disso. Tendia a nomear Kamel Morjane, alto funcionário que falava árabe e naquele momento ocupava o cargo no Acnur que já havia sido de Vieira de Mello: era assistente do alto-comissário para refugiados. Contudo, em 16 de maio, Morjane leu no *New York Times* uma matéria de Elizabeth Becker que, citando um veterano do Conselho de Segurança, afirmava ser Vieira de Mello "o homem que Washington deseja". Os dois amigos encontraram-se no centro histórico de Genebra para um café numa manhã de domingo, e Morjane disse: "Sergio, tome cuidado. Mesmo que você acabe sendo enviado ao Iraque, esse tipo de publicidade não é bom. Se os interventores estão endossando seu nome, você será visto como instrumento deles". Vieira de Mello concordou. "Eu sei", disse. "Kamel, se você é meu amigo, diga a todo mundo que você sabe que eu não quero ir."

Sergio estava dividido. Levava a sério a cláusula de seu contrato que o obrigava a servir onde fosse que o secretário-geral o enviasse. Tampouco fazia segredo de que sentia falta de ação. Em Genebra, passava os dias reorganizando o Alto Comissariado, encontrando-se com diplomatas, dando palestras sobre a importância crucial dos direitos humanos e fazendo recomendações a sua pequena equipe na linha de frente. Era um trabalho burocrático. Sentia-se distante do Iraque, uma das crises geopolíticas mais decisivas de seu tempo. Embora houvesse parado de admitir sua aspiração ao cargo de secretário-geral, devia saber que seu prestígio aumentaria muito se ele ajudasse a estabilizar o Iraque. Sabia também que era o melhor homem para uma missão espinhosa e podia, sem arrogância, constatar que sua experiência na direção de transições pós-conflitos superava a de qualquer outro no âmbito das Nações Unidas. Podia valer-se de seus talentos para ajudar o povo iraquiano, que já havia sofrido bastante.

A despeito, porém, dos atrativos óbvios, muita coisa o dissuadia também. Estava se adaptando ao novo cargo e, se saísse correndo para o Iraque, a já desconfiada comunidade dos direitos humanos cairia em cima dele. Acabara de completar 55 anos e começara enfim a se concentrar na vida pessoal. Em 16 de maio, mesmo dia da publicação da matéria de Becker, Annie e ele compareceram à audiência do divórcio. Um ano e meio após solicitar a separação legal, o juiz determinou a partilha dos bens, cabendo a Annie a casa em Massongy, e exigiu de Vieira de Mello o pagamento de uma considerável pensão mensal.

À medida que os dias passavam e os países-membros do Conselho de Segurança refinavam o texto da resolução, Sergio percebeu que as chances de ser convocado aumentavam. Assim, resolveu tratar do assunto em pessoa: telefonou para Iqbal Riza, chefe de gabinete de Annan. "Iqbal, se meu nome aparecer nas listas para o Iraque, por favor retire", pediu. "Não posso ir ao Iraque. Preciso concluir meu divórcio. Não posso enviar um sinal desses à comunidade dos direitos humanos. E não acreditei nessa guerra." Riza respondeu que compreendia e que atenderia ao pedido. Na cabeça de Vieira de Mello, o assunto estava resolvido. Quando, no mesmo dia de seu comparecimento ao tribunal, Peter Galbraith, ex-colega no Timor Leste e especialista nos curdos iraquianos, enviou-lhe um e-mail se oferecendo para dar informações sobre o Iraque, Sergio disse a Galbraith que não acreditasse no que havia lido na imprensa, e enfatizou: "Espero não precisar dessas informações".[40] Steven Erlanger, do *New York Times,* também lhe perguntou a respeito das especulações. Ele respondeu: "Não posso deixar meu cargo atual (de oito meses) e partir para outra aventura. Além disso, o mandato, ao que me parece, não está correto".[41]

Riza contou a Morjane que ele próprio era forte candidato ao cargo. Ao contrário de Vieira de Mello, Morjane mantinha vínculos estreitos com o governo de sua terra natal, a Tunísia, e devido às implicações políticas da nomeação de um árabe para o cargo no Iraque ocupado, teria que discutir o assunto com seu presidente. "Ir para o Iraque como representante da ONU não seria o mesmo que ir para a Austrália ou para o Peru", Morjane recorda. Com discrição, ele tomou as providências necessárias para voar a seu país e se encontrar, dois dias depois, com o presidente Zine El Abidine Ben Ali.

No domingo, 18 de maio, Vieira de Mello foi correr no lago de Genebra com seu auxiliar Jonathan Prentice. Depois, sentaram-se na grama para descansar, e Prentice pediu ao chefe que encarasse o inevitável: "Sergio, vai ser você". Mas Vieira de Mello continuava convencido de que não seria convidado. "Na verdade, acho que não", respondeu. "Deixei claro ao secretário-geral que não quero ir." No dia seguinte, Sergio almoçou com sua secretária, Carole Ray, que lhe pediu que confirmasse os rumores de que estava indo para Bagdá. "Carole, minha querida, estou neste cargo há oito meses. O que os governos que me apoiaram vão pensar se eu me mandar para o Iraque? Portanto, se você está pensando em fazer parte de outra missão, esqueça." Quando os dois se levantaram para deixar o refeitório das Nações Unidas, ele admitiu: "Se o velho disser que preciso ir, aí não tenho escolha".

De início, quando o secretário de Estado Colin Powell pressionou Annan para nomear Vieira de Mello, ele se recusou a fazê-lo. "Sergio tem um cargo", Annan disse. "E é um cargo importante, que ele acabou de assumir." Mas Powell tornou a ligar, com os britânicos fazendo coro. Embora a pressão viesse dos dois países que haviam ignorado o Conselho de Segurança, Annan viu-se sem muita opção. "Se o secretário de Estado norte-americano vem e diz: 'Queremos o senhor Jones'", explica um dirigente da ONU próximo de Annan, "as razões para um não precisam ser mais convincentes do que: 'Ele já tem um cargo' ou 'Ele está cansado' ou 'Ele precisa cuidar do divórcio'."

Hoje em dia, Annan insiste em que Vieira de Mello mudou de ideia sobre a ida ao Iraque. "Os americanos o influenciaram", recorda. Mas a última palavra oficial de Vieira de Mello sobre sua possível nomeação havia sido o telefonema para Riza e a solicitação de que seu nome fosse retirado da lista de candidatos. Ao contrário do que alega Annan, altos funcionários do governo Bush não contataram Sergio diretamente. Ele nunca mais falou com o presidente após aquele primeiro encontro.[42] Apenas Kevin Moley, embaixador norte-americano em Genebra, foi visitá-lo. "O que fiz foi dizer: 'Oi, Sergio, gostaríamos muito que você fizesse isso'", Moley recorda, "e nada mais." O governo Bush tinha consciência dos riscos de exagerar na pressão. "Ser o candidato dos Estados Unidos é o beijo da morte", diz Moley. "Se era para o Sergio ir ao Iraque, queríamos que ele tivesse legitimidade."

Na quarta-feira, 21 de maio, o dia de Vieira de Mello no Palais Wilson foi cheio de reuniões, incluindo-se aí um encontro no final da tarde com uma dúzia de estagiários. Um de seus altos consultores tentou convencê-lo a cancelar o compromisso, mas ele se recusou: "Não retire da agenda", pediu. "Eles trabalham aqui de graça. Merecem o meu tempo." Assim como Thomas Jamieson gostava de chamá-lo para longos almoços, trinta anos antes, ele agora achava relaxante bater papo com estudantes e jovens entusiastas dos direitos humanos. Quando Ray tentou encerrar a reunião após 25 minutos, ele objetou: "Me dê um pouco mais de tempo". Quinze minutos depois, Ray voltou para lhe dizer que Annan queria falar com ele. Sergio levantou-se relutante da mesa, e saíram da sala. "Era mentira?", ele perguntou. Mas uma ligação da sede da ONU de fato o aguardava. Era Annan, pedindo que ele voasse a Nova York no dia seguinte. Vieira de Mello desligou o telefone e voltou-se para Ray: "Acho que vão me pedir para ir ao Iraque", disse. "Posso contar com você lá por três meses?"

Pedira com todas as letras para ser retirado da lista, algo que nunca fizera na carreira, e estava frustrado pela falta de talentos no topo da instituição, o que resultava em frequentes rupturas em sua vida. Outros, como o colega indiano subsecretário-geral Shashi Tharoor, pareciam galgar naturalmente a hierarquia das Nações Unidas, sem jamais ter que servir num lugar difícil. "Se esse cargo é tão importante", perguntou a Prentice, "por que diabo não mandam o Shashi? Por que sempre eu?" Telefonou para Morjane, que voaria até a Tunísia para falar com seu presidente. "Kamel, o secretário-geral telefonou na noite passada. Vou hoje a Nova York. Se me pressionarem e eu não conseguir recusar, digo que vou ficar lá três meses, e que você vai me suceder."

Na quinta-feira, 22 de maio, Vieira de Mello embarcou na primeira classe do voo diurno de Genebra para Nova York. Antes de partir, ele e Prentice ligaram para o embaixador chinês na ONU, em Nova York, e para Irene Khan, dirigente da Anistia Internacional, e pediram que, caso ele fosse nomeado enviado das Nações Unidas ao Iraque, os dois fizessem declarações elogiando a nomeação. Esperava com isso anular qualquer insinuação de que ele era um títere dos norte-americanos e deixar claro que contava com amplo apoio da comunidade internacional.

Prentice, que costumava viajar na classe econômica, recebeu um *upgrade* inesperado. Ele e Vieira de Mello passaram a noite juntos, na primeira classe, bebendo champanhe, deleitando-se com lagosta e queijos finos e caçoando da minuta da resolução do Conselho de Segurança: era de longe (em sua longa carreira de mandatos tenebrosos) a pior que Vieira de Mello já tinha visto. "Que porra significa isto?", perguntou, apontando para a cláusula que delineava as funções do representante especial. "Não tenho a menor ideia", respondeu Prentice.

Enquanto Sergio voava para os Estados Unidos, os países com assento no Conselho de Segurança se reuniam para votar o texto definitivo da resolução. Às nove e meia da manhã em Nova York, diplomatas conversavam amistosamente na sala do Conselho e olhavam esperançosos para a porta, na expectativa de que o embaixador sírio aparecesse. Após uma espera de quarenta minutos e várias ligações por telefone celular, o embaixador não apareceu. Os demais catorze membros do Conselho votaram por unanimidade a favor da Resolução 1483.[43] A maioria dos funcionários de nível médio das Nações Unidas sentiu-se desmoralizada com a pressa em aprovar a ocupação norte-americana e britânica. Uma advogada, Mona Khalil, instalou uma proteção de tela em seu computador com os dizeres: "A Carta da ONU deixou o prédio". Mas Annan estava satisfeito que a ONU estivesse "de volta à mesa", além de aliviado, uma vez que o Conselho não solicitara às Nações Unidas que administrasse o país. "Sempre sustentei que a unidade do Conselho é a base indispensável da ação eficaz para a manutenção da paz e da segurança internacionais", declarou aos repórteres após a sessão. "Devemos todos estar contentes com essa unanimidade."[44] Mark Malloch Brown, chefe do Programa de Desenvolvimento da ONU, aprovou a satisfação de Annan, dizendo que a Resolução 1483 "é muito boa, porque dá um pé na porta da ONU".[45]

Os europeus haviam capitulado, dando aos Estados Unidos e à Grã-Bretanha o controle efetivo sobre as receitas do petróleo iraquiano, e às Nações Unidas, tarefas vagas e subservientes. Ainda assim, deram uma interpretação otimista ao ocorrido. Como prova de sua influência, apontaram para cerca de noventa mudanças no texto original da resolução.[46] "A guerra que não quisemos, e que a maioria do Conselho não quis, aconteceu", disse o embaixador alemão Gunter Pleuger. "Não podemos desfazer a história. Estamos agora numa situação em que nos cabe agir em prol do povo iraquiano."[47] Os franceses julgaram que se opor não era uma possibilidade. "Podíamos ter nos abstido", recorda um alto funcionário da missão francesa na ONU. "Mas nos perguntamos: o que vamos obter com isso? Seremos acusados de anti-iraquianos e de impedir os esforços de reconstrução. E se as coisas derem errado, os Estados Unidos ainda vão nos fazer de bode expiatório, dizendo que obstruímos o que era necessário. Não podíamos dar a eles outra oportunidade de nos culpar."

O governo Bush estava com tudo. Havia enfurecido os aliados, ido à guerra, derrubado Saddam Hussein e agora conseguira que o Conselho de Segurança abençoasse a ocupação. Como recorda um alto funcionário norte-americano: "Tínhamos evitado o divórcio ou o assassinato e voltado a morar juntos na mesma casa".

Quando os iraquianos tomaram conhecimento do teor da resolução, ficaram arrasados. Um mês antes, o clérigo xiita militante Moqtada al-Sadr havia concedido uma das primeiras entrevistas de sua vida a Anthony Shadid, do *Washington Post*. Quando Shadid perguntou a Al-Sadr se os americanos eram ocupantes ou libertadores, Al-Sadr foi cauteloso: "Essa não é uma pergunta a ser feita para mim", disse. "Ela deve ser feita a eles. Não sei quais são suas intenções. Só Deus sabe." A aprovação da Resolução 1483 respondia a Al-Sadr e a milhões de iraquianos: tratava-se de uma "ocupação" — era o que a resolução da ONU dizia. A palavra árabe para ocupação, *ihtilal*, tinha diversas conotações desfavoráveis: lembrava a ocupação britânica do Iraque (1915-32), a ocupação israelense do Líbano (1978-2000) e a ocupação em curso da Cisjordânia e da Faixa de Gaza por Israel.

Aprovada a resolução, só restava anunciar quem seria nomeado representante especial do secretário-geral para o Iraque. Quando Vieira de Mello aterrissou em Nova York, telefonou para Larriera, que aguardava sua chegada no escritório dela nas Nações Unidas. Por telefone, ensaiaram os argumentos contra a ida dele para o Iraque. "Repita comigo, Sergio: 'Posso dizer não. Sou o alto-comissário das Nações Unidas para os Direitos Humanos, e não faz muito tempo'", Larriera disse. Ele a tranquilizou: "Já pedi a Riza que me retirasse da lista. Eles devem estar querendo discutir sobre os outros candidatos". No fundo, sabia que não era aquilo.

Sergio pegou um táxi direto do aeroporto Kennedy para o apartamento minúsculo de Larriera na rua 62, entre a Primeira e a Segunda Avenida. Tomou uma ducha e, depois, caminhou os cinco quarteirões curtos até a casa de Annan. No início da reunião, discutiram as funções gerais que o enviado das Nações Unidas ao Iraque deveria desempenhar. "Ele vai precisar servir como uma ponte para a Coalizão, mas terá também que se distanciar dela", disse Annan. O enviado teria que ir ao interior do país para ouvir o que os iraquianos diziam.

E teria também que forçar a Coalizão a preparar um cronograma mais transparente para as eleições, a redigir uma Constituição e a entregar a soberania plena aos iraquianos. Os dois homens não discutiram os riscos físicos da ida ao Iraque porque, embora saques viessem ocorrendo, as forças da Guarda Republicana de Saddam Hussein pareciam ter sido derrotadas por completo. O Iraque se afigurava mais pacífico do que a Bósnia e o Kosovo, onde Vieira de Mello já arriscara a vida como enviado da ONU. Annan não perguntou diretamente se ele aceitaria ir, mas após quase uma hora de discussão geral acerca das tarefas pela frente, o secretário-geral indagou: "Então, quando anunciamos sua nomeação?".

Gamal Ibrahim, antigo guarda-costas de Vieira de Mello, ainda não o vira desde que o ex-chefe se tornara comissário para Direitos Humanos em setembro. Saía do prédio das Nações Unidas para fazer um lanche quando viu, na rua, Vieira de Mello vindo da casa de Annan. "Pare o carro", pediu à pessoa que estava dirigindo. "Sergio? O que você está fazendo aqui?" O rosto de Vieira de Mello se iluminou. "Gamal!" Ibrahim ofereceu-lhe uma carona até o apartamento de Larriera. "O secretário-geral acaba de me informar que vou para Bagdá", Sergio disse. Ibrahim ficou impressionado. "Isso é bom para o senhor, bom para sua carreira", comentou o ex-guarda-costas. "Como assim, Gamal? Faz trinta e quatro anos que trabalho para a ONU. Vou me aposentar em dois ou três anos. Estive por toda parte. Fiz de tudo. Sou o alto-comissário para Direitos Humanos. Que carreira ainda vou fazer? O que me falta provar?" Surpreso, Ibrahim perguntou: "Então por que o senhor vai?". Vieira de Mello respondeu: "Você pode dizer não ao seu chefe?". E concluiu: "Eu não posso dizer não ao meu". Chegaram ao prédio de Larriera. "Conversamos mais tarde", Sergio disse ao saltar do carro. Ibrahim sabia o que aquilo significava, e achou que ele também não poderia recusar um trabalho que não queria.

Como Sergio não telefonou, Larriera sabia que algo saíra errado. Quando ela ligou do trabalho para o apartamento, ele atendeu. "Eles formularam a coisa de uma maneira que não deu para dizer o que a gente tinha planejado", desabafou. "Você iria comigo?" Ela ficou estupefata. "O que você quer dizer?", perguntou. "Pediram para você ir para o Iraque?"

Vieira de Mello aceitara o cargo sob duas condições. A primeira era que, ao contrário de seu posto no Timor Leste, a estada no Iraque não fosse prolongada. Annan pediu seis meses. Sergio propôs três. E os dois concordaram com um período de quatro meses. Vieira de Mello dirigiria uma missão preliminar das

Nações Unidas, como fizera em 1999 em Kosovo; depois, entregaria a operação a outro representante especial mais duradouro e retomaria seu cargo, em tempo integral, de alto-comissário para Direitos Humanos. Não ficaria um só dia além do prazo combinado, informou a Annan, "aconteça o que acontecer". A segunda condição era inegociável: ele escolheria sua equipe. E não iria sem Larriera.

O casal passou a noite triste e resignado. Tinham planejando durante meses a próxima fase de sua vida em comum em Genebra, e de repente os planos haviam mudado radicalmente. Sergio convencera Annan a adiar o anúncio formal, a fim de poder desfrutar de um fim de semana de relativa paz. Determinados a aproveitar ao máximo o tempo de que dispunham em Nova York, ela sugeriu que deixassem o apartamento apertado por algumas horas e fossem jantar em um de seus restaurantes favoritos. Ao entrarem no L'Absinthe, uma *brasserie* na rua 67, viram uma multidão de colegas das Nações Unidas lá dentro. "Chega de ONU por hoje", ele disse, e deram meia-volta.

Como sabia que seria muito requisitado, Sergio evitou a sede da instituição no dia seguinte, temendo o assédio. Em Túnis, o amigo Kamel Morjane reunia-se com o presidente Ben Ali, que concordou em apoiar sua candidatura. "Só tenho uma condição", disse o presidente. "Se o secretário-geral escolher você, vou lhe dar uma equipe de minha própria unidade de segurança pessoal. Não vou deixar você ir sozinho". Morjane aceitou a oferta de segurança adicional e telefonou para Riza, que lhe informou da escolha de Vieira de Mello. Morjane viu-se ferido em seu amor-próprio, mas telefonou ao amigo para felicitá-lo. "Prepare-se", Sergio disse. "Não fico lá nem um dia além dos quatro meses, e você vai me substituir." Morjane estava decepcionado. "A única pessoa contente na minha casa era minha esposa", ele recorda. "Mas racionalmente eu achava que Sergio era a pessoa mais indicada para a missão, não apenas devido a seus talentos, que eram óbvios, mas também por ser a única pessoa nas Nações Unidas capaz de influenciar os Estados Unidos e o Reino Unido. Ele conseguiria cavar o melhor espaço para a ONU. Não havia ninguém melhor do que ele para isso". Annan chegara à mesma conclusão. "No fim das contas, todos esperavam que a Resolução 1483, apesar de seus absurdos, fosse salva pelo Sergio", recorda um alto funcionário da Organização. "Esse era o plano: Sergio vai dar um jeito naquilo."

Vieira de Mello telefonou para a mãe, a fim de evitar que ela ficasse sabendo de sua mais nova missão pela imprensa brasileira. Ao receber a notícia, ela ficou inconsolável. "Sergio, pare de cuidar do mundo e comece a cuidar de você", recomendou. Sempre se preocupara com a segurança física do filho. "E se eles confundirem você com um americano?", perguntou.[48] Ele garantiu que não confundiriam e prometeu que voaria direto para o Rio ao final dos quatro meses. A mãe escreveu seu nome num pedaço de papel e o guardou dentro de uma Bíblia.[49]

No sábado, após permanecer na ONU algumas horas para obter informações, encontrou-se com Larriera, e foram ver a exposição "A arte das primeiras cidades: o terceiro milênio a.C., do Mediterrâneo ao Indo", no Metropolitan Museum of Art. O casal prestou atenção especial à arquitetura, às esculturas, joias e tábuas entalhadas do Iraque. Em seguida, compraram camisas de algodão e calças cáqui leves.

No frigir dos ovos, Vieira de Mello foi para o Iraque não porque almejava o cargo de secretário-geral ou pela adrenalina, mas por uma razão bem mais prosaica: o secretário-geral das Nações Unidas lhe pediu. "As pessoas esquecem isso sobre Sergio", Prentice diz. "Para um homem de enorme vaidade, ele respeitava a estrutura da ONU. Era uma pessoa absolutamente singular."

Na terça-feira, 27 de maio, Vieira de Mello participou de uma reunião do Grupo de Coordenação do Iraque, o grupo de peritos de Annan para o assunto. Continuou examinando a Resolução 1483 e pedindo esclarecimentos aos colegas. Como eles haviam estado em Nova York durante as três semanas de redação do documento, podiam avaliar melhor a "intenção original" do Conselho. "Alguém pode explicar isto para mim?", perguntava. Edward Mortimer, o diretor de comunicações de Annan, recorda: "Cada vez que tentavam explicar, eu pensava comigo mesmo: 'Se ele não estava confuso antes, com certeza agora vai ficar'".

Os acontecimentos se precipitavam com tanta rapidez que Vieira de Mello teve de absorver uma quantidade enorme de informações novas da noite para o dia. Ele havia lido sobre a decisão da Coalizão de desmobilizar o exército iraquiano, mas na reunião do Grupo de Coordenação começou a ouvir opiniões sobre as consequências violentas da ordem norte-americana. Ramiro Lopes da Silva, um funcionário português de 52 anos que havia sido o coordenador para as ações humanitárias das Nações Unidas no Iraque antes da guerra, retornara no início de maio a Bagdá com uma equipe pequena, para retomar as operações e aguardar informações sobre o papel futuro da instituição. No viva-voz, relatou que a ONU oferecera ajuda humanitária aos soldados iraquianos, que já

430

não recebiam o soldo. Louise Fréchette, subsecretária-geral e chefe do Grupo de Coordenação, argumentou que pagamentos ao exército eram de responsabilidade dos Estados Unidos, e que a ONU não devia desviar auxílio de outras partes do mundo para beneficiar os americanos. No final, os dirigentes da Organização decidiram que os soldados faziam jus à ajuda, como os demais iraquianos.

Os funcionários da ONU estavam divididos quanto à decisão de Annan de nomear Vieira de Mello. Muitos condenavam o fato de que, depois de ser atropelado pela Coalizão, o secretário-geral ainda corresse a atender as necessidades norte-americanas, enviando seu melhor homem ao Iraque. Incomodava-os também o fato de Vieira de Mello ser o "preferido dos americanos", e especulavam se aquilo não passava de um ensaio geral para sua promoção a secretário-geral. "Sergio foi contaminado por sua consagração pelos norte-americanos", Prendergast disse a Annan. Outros reagiram de forma diferente. "Foi lisonjeiro para nós que Bush o quisesse", recorda Fred Eckhard, o porta-voz das Nações Unidas. "Sergio era um dos nossos. E não era vira-casaca. Defendia aquilo em que acreditava."

A comunidade dos direitos humanos não ficou nem um pouco dividida. Expressou de imediato sua insatisfação. Michael Posner, o diretor executivo do Comitê dos Advogados pelos Direitos Humanos, lamentou a escolha de Annan. "Ela sugere que cuidar de direitos humanos é trabalho de meio período, que pode ser feito de Bagdá", disse. "Esse não é o sinal que desejamos enviar."[50] Como quase todos que conheciam Vieira de Mello, os defensores dos direitos humanos estavam certos de que ele permaneceria no Iraque muito mais que quatro meses. Conjuntamente, os grupos de direitos humanos levaram a Annan uma lista de altos-comissários que poderiam ocupar o posto. Sergio ficou magoado. Sentiu que nunca haviam confiado plenamente nele e que se valiam da missão no Iraque como desculpa para tirá-lo dali.

Depois que Annan anunciou sua nomeação, em 27 de maio, Vieira de Mello recebeu dezenas de e-mails de amigos e colegas do mundo inteiro. Mais tarde, escreveria a uma colega que "nunca me convenci de todo se deveria receber parabéns ou condolências".[51] Talvez nenhuma das mensagens tenha sido tão incisiva quanto a de Mari Alkatiri, primeiro-ministro do Timor Leste, que se recorda de ter escrito duas linhas: "Sergio, tome cuidado. O Iraque não é o Timor Leste". O secretário de Estado Colin Powell telefonou e lhe disse que a imprecisão da resolução oferecia a ele oportunidade de dar às Nações Unidas papel forte no Iraque.

Quando Vieira de Mello respondeu que pretendia aproveitar as ambiguidades do documento, Powell riu: "Bom, se você for longe demais, a gente avisa".[52]

Em 29 de maio, o novo enviado da ONU ao Iraque despachou um e-mail coletivo a treze amigos próximos que lhe haviam escrito. Agradeceu pelas mensagens em cinco línguas e afirmou que iria para o Iraque "munido de sentimentos contraditórios". Por um lado, queria fazer o "melhor para a ONU". Por outro, estava "consciente das muitas armadilhas, de minha própria ignorância e das ambiguidades do mandato do Conselho de Segurança", além de "triste porque minha vida pessoal fica de novo por último, ainda que revigorada e inspirada por Carolina".[53]

Embora dividido quanto à ida ao Iraque, estava satisfeito com a convocação das Nações Unidas. A mobilização da missão da ONU era prova da dependência dos Estados Unidos do trabalho da Organização. A um repórter do *Wall Street Journal*, ele declarou: "Depois de xingarem as Nações Unidas, de tacharem-na de irrelevante, de a compararem à Liga das Nações e de afirmarem alto e em bom som que não dariam atenção ao Conselho de Segurança, caso ele não apoiasse a guerra contra Saddam Hussein, os Estados Unidos apressaram-se em recorrer à ONU, o que nunca vão admitir, em busca de legitimidade internacional. Perceberam que de fato não podem agir por conta própria tanto tempo assim".[54] E continuou: "Não tenho bola de cristal, mas meu palpite é que Estados Unidos e Reino Unido vão se dar conta de que a tarefa é grande demais, que construir um Iraque democrático não é tão simples [...]. Portanto, têm todo o interesse em estimular outros, considerados mais imparciais, independentes e palatáveis, a aderir ao esforço e ajudar a criar instituições novas [...]. Aí, então, vamos ver essa guerra como um interlúdio que terá durado dois ou três meses, que foi de fato chocante e nos abalou muito, mas que não terá sido mais do que isto: um acidente, e não uma nova prática [...] e bato na madeira ao dizer isso".[55]

19. "Não dá para ajudar as pessoas a distância"

Vieira de Mello, o guarda-costas Gamal Ibrahim (direita) e o porta-voz da ONU Ahmad Fawzi (esquerda) no aeroporto de Bagdá, em 2 de junho de 2003.

"UMA EQUIPE"

Vieira de Mello sabia pouco sobre o Iraque, mas muito sobre como ajudar sociedades que emergiam da tirania e do conflito. Entendia que, numa missão tão curta, era ainda mais essencial reunir a melhor equipe possível. Antes de deixar Nova York, pediu a Rick Hooper (o analista político norte-americano que falava árabe) e a Salman Ahmed (um americano que havia sido assessor de Lakhdar Brahimi no Afeganistão) que, junto com seu próprio auxiliar especial, Jonathan Prentice, reunissem um "time de primeira". "Quero falantes de árabe", disse, "e quero que os membros da minha equipe estejam comigo quando eu desembarcar do avião." Precisava de tal dinamismo desde o princípio.

Entre os falantes de árabe mobilizados estavam Nadia Younes, uma egípcia que havia sido chefe de gabinete de Bernard Kouchner em Kosovo; Jamal Benomar, advogado marroquino que, antes de ingressar nas Nações Unidas, passara oito anos preso em seu país como ativista dos direitos humanos; Ahmad Fawzi, um egípcio que havia sido porta-voz de Brahimi durante a Conferência de Bonn sobre o Afeganistão; Mona Rishmawi, consultora de direitos humanos palestina; e Jean-Sélim Kanaan, veterano franco-egípcio do Kosovo, com uma reputação de exímio especialista em logística e de operador político sagaz. Entre o restante do pessoal que levou consigo, além de Prentice e Ahmed, estavam Fiona Watson, escocesa especialista em política que vinha trabalhando em questões iraquianas em Nova York; Carole Ray, sua secretária britânica em Genebra; e Alain Chergui e Gamal Ibrahim, que haviam sido seus guarda-costas no Timor Leste. Como Vieira de Mello oferecera ao amigo Dennis McNamara um lugar no avião, McNamara acabou designado enviado especial do Acnur para o Iraque.

Sergio não era do tipo que se contentava com uma resposta negativa. Havia transformado a insistência, a adulação e a pressão em formas de arte na obtenção do que queria. Quando Lyn Manuel, sua ex-secretária em Nova York e no Timor Leste, recusou seu convite, alegando que a filha ia se casar, ele não desistiu. Quando ela enfim aceitou, o supervisor em Nova York recusou-se a liberá-la, mas Vieira de Mello arrancou uma contraordem de Iqbal Riza, chefe de gabinete de Annan. Ele acreditava que o pessoal da ONU tinha, por definição, que estar prontamente disponível para qualquer missão de campo, a qualquer momento — como, aliás, ele próprio. Fosse com gente do baixo ou do alto escalão, usava o mesmo argumento que sabia que Annan teria empregado, caso ele tivesse dito não: "A missão é importante para o Iraque e para as Nações Unidas, e seus serviços são indispensáveis". Vieira de Mello aceitara o cargo em 22 de maio de 2003, dia da aprovação da Resolução 1483. Fez uma escala em Chipre em 1º de junho, para trocar informações, e voaria com sua equipe para Bagdá no dia seguinte.

Sabia que sua escolha mais importante seria a do consultor político. Aconselhado por Riza, encontrou-se em Chipre com Ghassan Salamé, ex-ministro da Cultura libanês e professor de relações internacionais do prestigioso Institut d'Études Politiques (Sciences Po) de Paris. Salamé havia estudado política e história iraquianas e conhecia, desde muito tempo, oposicionistas e intelectuais importantes no Iraque, bem como membros do Partido Baath. Seu livro, *Democracia sem democratas*, e as colunas ocasionais que escrevia para o diário pan-árabe *al-Hayat* eram muito conhecidos no país, ainda que seu rosto não fosse.

No encontro em Chipre, Vieira de Mello disse: "Não sei muita coisa sobre o Iraque. Preciso de suas informações sobre quem é quem e sobre como o país está evoluindo". Salamé alertou para um aumento, em vez da diminuição, da influência dos países vizinhos nos meses vindouros, e afirmou que, ao decidir desmobilizar um exército de mais de 400 mil soldados, os norte-americanos haviam cometido "haraquiri".[1] Depois de duas horas de discussão, a sintonia entre eles era evidente. Salamé se opusera à guerra, mas queria fazer o possível para ajudar a ONU a acabar com a ocupação.

No voo de Chipre para Bagdá, em 2 de junho, Vieira de Mello trajava terno cinza de corte impecável, camisa branca engomada e gravata Ferragamo verde-esmeralda ("a cor do Islã", ele disse), presente de aniversário de Larriera, que cuidava da papelada e se juntaria a ele em 15 de junho. Tornara-se muito sentimental. Na pasta, carregava os corações de papel que havia recortado no Timor Leste e espalhado pelo chão, na noite em que reataram o namoro, em 2001.

Numa atitude típica, aproveitou a viagem de avião para estudar as únicas instruções reais das grandes potências: a Resolução 1483. Concentrou-se na cláusula "enfatizando o direito do povo iraquiano de escolher livremente seu próprio futuro político". A resolução não estipulava o que as Nações Unidas fariam para que isso acontecesse. Após exercer o poder absoluto no Timor Leste, Vieira de Mello não estava acostumado com verbos auxiliares a modular suas funções. No Iraque, não lhe caberia criar leis ou estruturas políticas; ele iria "estimular" e "promover" medidas para melhorar o bem-estar do povo iraquiano. Em outras palavras, interferiria apenas na medida em que a Coalizão aceitasse seus conselhos. "Acho que, lá de Genebra, eu também poderia muito bem 'estimular' o progresso", brincou.

O mandato da ONU era no mínimo tosco. Em vez de negociar com o governo local, como costumavam fazer os funcionários das Nações Unidas nos países para onde eram enviados, sua equipe teria que negociar com os invasores, que tinham desmantelado as estruturas preexistentes. Sergio sabia que grande parte do que lhe cabia fazer era enfatizar, pública e repetidamente, que o dia da autonomia iraquiana estava próximo.

Antes de o grupo deixar o Chipre, Prentice imprimira uma dúzia de cópias da minuta da declaração que Vieira de Mello faria na pista após aterrissarem. No avião, cada funcionário sugeriu mudanças, e Sergio aproveitou meia dúzia delas. A declaração parecia um tanto *pro forma*, e alguns ficaram surpresos com seu perfeccionismo. "Para um discurso de três minutos, parecia exagero examinar e reexaminar cada detalhe", recorda Fawzi, o porta-voz. "Mas para Sergio tinha que ser daquele jeito." Experiente em desembarcar em terras estrangeiras, ele entendia desde muito tempo o que os planejadores norte-americanos não haviam percebido direito antes de invadirem o Iraque: forasteiros quase nunca têm uma segunda oportunidade de transmitir uma boa impressão.

Quando o avião pousou em Bagdá, ele desembarcou. Esperava grande comparecimento no aeroporto, já que a "volta da ONU" vinha sendo muito aclamada na região e além dela. Mas, quando pôs os pés no calor de Bagdá, menos de uma dúzia de jornalistas estava no aeroporto para saudá-lo. Funcionários das Nações Unidas souberam mais tarde que Paul Bremer dera sua própria entrevista coletiva naquela tarde. Depois de semanas tão intensas, descer do avião e ver tão poucos jornalistas provocou uma "sensação de fracasso", como recorda um deles. Depois de desembarcar, Vieira de Mello ligou para Larriera em Nova York e insistiu para que ela ligasse a televisão e visse sua primeira coletiva.

Sergio foi tão meticuloso ao falar como havia sido ao se vestir. Enfiou o texto preparado no bolso interno do paletó e parecia falar de improviso: "O momento em que os iraquianos governarão a si próprios precisa chegar rápido", declarou. "Nos próximos dias, pretendo ouvir com grande dedicação o que o povo iraquiano tem a dizer."[2]

Mas, quando se tratou de contatar "o povo iraquiano", ele não sabia por onde começar. Pedia a Prentice que incomodasse Salamé, de volta a Paris, e ligasse para ele todo dia, ou mesmo várias vezes por dia. O próprio Sergio também telefonava. "Onde você está?", perguntava. "Por que não está aqui?" Salamé explicava que não podia simplesmente se mandar para Bagdá por um mês. Não era funcionário de carreira da ONU, acostumado a desaparecer de uma hora para outra. Sergio foi implacável: "Preciso de você. O Iraque precisa de você". Salamé sucumbiu ao charme do novo chefe, mas os funcionários das Nações Unidas não lhe prestavam grande ajuda. "A ONU inteira me liga", queixou-se a Vieira de Mello, "todos dizendo que sabem que eu vou a Bagdá e que precisam dos meus dados. Mas, apesar de todos esses telefonemas, continuo sem minha passagem de avião!" Sergio brincou: "Bem-vindo às Nações Unidas".

Salamé conseguiu enfim chegar a Bagdá em 9 de junho, uma semana depois do restante do "time de primeira". Em pouco tempo os dois homens, que se tornariam inseparáveis, começaram a fazer brincadeiras um com o outro. "Ghassan, endireite essa gravata", Vieira de Mello costumava caçoar do desmazelado consultor, antes das reuniões de alto nível. Salamé fumava dois charutos por dia, e o novo chefe insistia para que ele parasse com aquilo. "Você não vai querer morrer jovem, como meu pai", dizia. Um mês após sua chegada, Salamé, que Vieira de Mello apelidara de "o vizir", fez menção de partir. "Claro que você não está pensando em ir embora", Sergio disse a ele. "As aulas nas universidades de Paris só começam em outubro. Portanto, nós vamos juntos, vizir."

Uma fonte vital de experiência no país era o coordenador da ajuda humanitária da ONU no Iraque, Ramiro Lopes da Silva. Tendo morado em Bagdá de 2002 até as vésperas da invasão, Lopes da Silva dirigira a primeira missão das Nações Unidas de volta a Bagdá em 1º de maio. Antigo membro da missão preliminar de dez dias em Kosovo, em 1999, compartilhava com Sergio de um traço cultural importante: era falante nativo do português. O trabalho a fazer era tanto que podia ser dividido entre as tarefas humanitárias e de reconstrução, as quais Lopes da Silva gerenciava, e as tarefas políticas, que Vieira de Mello supervisionava. Lopes da Silva continuaria coordenando o trabalho das agências humanitárias e desenvolveria um plano de liquidação do programa "petróleo por alimentos".[3] Vieira de Mello, que preferia a alta política à "entrega de comestíveis", atuaria junto à Coalizão, na tentativa de acelerar o fim da ocupação. Precisaria a um só tempo conquistar a confiança dos iraquianos e desenvolver um forte relacionamento de trabalho com a Coalizão. E sabia que iraquianos desconfiados, insatisfeitos com o aumento dos crimes violentos e com a aparente continuidade do domínio norte-americano, não veriam essas duas tarefas como complementares.

BRINCANDO NO JARDIM

Quando Vieira de Mello chegou ao Timor Leste, em 1999, os timorenses sentiam-se gratos às Nações Unidas, que tinham patrocinado o plebiscito da independência. Mas, ao aterrissar no Iraque, ele sabia que Saddam Hussein havia demonizado os inspetores de armas da ONU e o programa de "petróleo por alimentos". Os inspetores foram tachados de agentes intrusos de Washington. E os funcionários do programa de alimentos, embora tecnicamente oferecessem socorro humanitário a cidadãos necessitados, simbolizavam as sanções que enfraqueciam a economia iraquiana. Sergio tinha consciência de estar herdando os pecados de seus predecessores. A despeito, porém, de todas as desvantagens do passado da ONU no Iraque, havia vantagens também. Enquanto a Coalizão dependia muito dos exilados iraquianos para obter informações, as Nações Unidas dispunham de 3 mil funcionários iraquianos que mantiveram seu envolvimento com o país mesmo durante a invasão. Vieira de Mello achou que teria mais facilidade do que Paul Bremer em obter um panorama do que ia pelas ruas de Bagdá. Ao contrário do que acontecera no Timor Leste, não teria que sair à cata de escritórios, computadores, veículos ou tradutores. Ele e sua equipe se instalaram em escritórios no Hotel do Canal, uma antiga faculdade de hotelaria de três andares, convertida em quartel-general da ONU na década de 1980. Pintado com o azul-claro característico das Nações Unidas e localizado nos subúrbios da zona leste de Bagdá, o hotel era bem conhecido dos iraquianos.

A ideia de Sergio era tornar o Canal bem conhecido também dos norte-americanos. Em 3 de junho, seu primeiro dia completo em Bagdá, ele se aventurou pelo bairro fortificado de quase doze quilômetros quadrados ao longo do Tigre, já à época conhecido como Zona Verde. Quando a Terceira Divisão de Infantaria do Exército americano abriu caminho até o centro de Bagdá, escolheu o centro do poder de Saddam Hussein como sede da própria Coalizão. O moderno quartel-general do Partido Baath, a Assembleia Nacional e o Palácio Republicano, de 258 aposentos, foram convertidos em escritórios.[4] Muros de concreto reforçados e cercas de arame farpado foram erguidos em torno do perímetro de quase treze quilômetros. Postos de metralhadoras, fortificados com sacos de areia, espantavam os intrusos.

Enquanto soldados norte-americanos verificavam os distintivos dos funcionários do comboio da ONU, Vieira de Mello observou a fila comprida e lenta de iraquianos diante das barricadas americanas, em busca de emprego ou desejando registrar alguma queixa. Antes de serem autorizados a entrar, eram revistados, alguns com rudeza. Ele fez um gesto de desaprovação com a cabeça: "Lá se vão os corações e as mentes", murmurou para Prentice.

Havia muito de repugnante na Zona Verde. À noite, norte-americanos dançavam na discoteca do Hotel Rashid, onde Uday, o filho de Hussein, era antes cortejado por bajuladores. As lojas de presentes logo começaram a vender camisetas do Tio Sam desafiando os insurgentes: PODEM VIR![5] Milhares de estrangeiros (sobretudo norte-americanos, mas alguns britânicos, australianos, holandeses, japoneses, poloneses e espanhóis também, todos parte da Coalizão) trafegavam entre os antigos prédios do governo iraquiano decorados com murais que representavam a glória da Babilônia. Passeavam também por bulevares orlados de eucaliptos e palmeiras, trajando jaquetas safári, botas de combate e calças cargo. E dormiam em casas pré-fabricadas, feitas de contêineres. Seus telefones eram de Nova York (prefixo 914), o que fazia com que, tão logo restaurado o sistema telefônico local, falar com um iraquiano custasse o preço de uma ligação internacional.[6] Os gramados bem cuidados e o pouco tráfego dentro da Zona Verde contrastavam com os congestionamentos caóticos da malha urbana não policiada, para além das muralhas. Até o pessoal da Coalizão começara a se referir à ilha onde residia e trabalhava como "a bolha".[7] Em conversa telefônica com Bernard Kouchner, seu sucessor na administração de Kosovo, Vieira de Mello se mostraria admirado com o isolamento norte-americano. "Você sabe como eles são", contou a Kouchner. "É como Camp Bondsteel em Kosovo. Criaram sua própria cidade artificial. Ficam em seus alojamentos. Andam em carros blindados. Usam coletes a prova de balas. Quase não saem dali, e quando saem retornam o mais rápido possível."

Quando Vieira de Mello e sua equipe entraram no palácio onde Bremer havia se instalado, viram norte-americanos garbosos emergir de escritórios com os nomes de diversos ministérios. Foi a primeira vez que compreendeu de fato que a Coalizão se considerava o verdadeiro governo do Iraque. Não querendo se indispor com Bremer logo de início, limitou-se praticamente a ouvir, ocultando seus próprios pontos de vista. Esperava saber detalhes do plano de Bremer para a devolução do poder aos iraquianos, mas logo percebeu que os dirigentes da Coalizão não possuíam tal plano. Estavam improvisando.

O principal consultor norte-americano de Bremer, Ryan Crocker, era o arabista com quem Vieira de Mello fizera amizade em Beirute em 1982. "Sergio é o que há de melhor, não apenas na ONU, mas na diplomacia internacional também", Crocker contara a Bremer antes do primeiro encontro. "Ele é a personificação do que as Nações Unidas poderiam e deveriam ser, mas raramente são." Bremer queria formar seu próprio juízo. "Não botou fé em mim", Crocker recorda. "Queria ver por si mesmo."

Bremer explicou que via a primeira fase da transição como a extirpação do antigo regime e o estabelecimento da lei e da ordem, bem como de serviços básicos. "Esperamos já ter vencido essa etapa por volta do próximo mês", ele disse, aparentemente sem perceber que a evisceração total do antigo regime, por ele realizada, dificultaria a imposição da lei e da ordem. A seguir, viria a segunda fase, que incluía a reconstrução econômica, a criação de empregos e a formação de instituições democráticas. No importantíssimo lado político, Bremer disse que pretendia designar uma equipe de iraquianos para selecionar um grupo que redigiria uma Constituição nova. Vieira de Mello estremeceu ante a ideia de que uma nova Constituição seria formulada antes das eleições gerais, o que lhe daria o aspecto de uma carta magna norte-americana ilegítima. Bremer contou que nomearia também um "comitê consultivo", composto de representantes de todos os grupos religiosos, políticos e sociais. Esse comitê, por sua vez, nomearia tecnocratas iraquianos para trabalhar nos diferentes ministérios, sob a direção de ministros norte-americanos e britânicos.[8] Bremer ficou impressionado com Vieira de Mello. "Tanto os iraquianos como nós estávamos preocupados se a ONU poderia ou não desempenhar um papel útil", o norte-americano recorda. "O que me agradou foi Sergio ter dito que não agiria contra nós nem criaria obstáculos. Queria colaborar conosco."

Aquilo não foi bem-visto por alguns dos funcionários de Vieira de Mello. Após a reunião na Zona Verde, ele retornou ao Hotel do Canal para discutir com a equipe as possibilidades da ONU. Benomar, um de seus conselheiros políticos, insistiu que a Coalizão vinha violando a Resolução 1483, ao assumir as funções de governo do Iraque. Ele recomendou que Vieira de Mello fizesse pressão para a criação de um governo iraquiano; se não fizesse isso, pareceria cúmplice de uma ocupação repudiada pelos iraquianos. Marwan Ali, assessor político palestino que cursara a universidade no Iraque, reclamou da imprecisão da resolução do Conselho de Segurança, que não oferecia nenhuma orientação de como a instituição deveria interagir com os norte-americanos ou com os iraquianos. "É uma imprecisão construtiva", Vieira de Mello tentou argumentar. "Não há imprecisão que possa ser construtiva no Iraque", Ali replicou. "É pura e simplesmente uma imprecisão imprecisa." A maioria dos membros da equipe reconhecia que a APC havia criado fatos que a ONU não teria como alterar. Boa parte achou que a única forma pela qual a Organização poderia fazer uma diferença significativa no Iraque seria não condenar a Coalizão, mas convencê-la a alterar seu modo de proceder. Vieira de Mello ficou do lado dos pragmáticos. "Não podemos ficar aqui sentados, sem fazer nada", disse. "Não dá para ajudar as pessoas a distância".

Nas reuniões com autoridades norte-americanas e britânicas, Vieira de Mello jamais tratava do acerto ou desacerto da invasão. "Sergio não queria saber se a guerra estava certa ou errada", diz Prentice. "A guerra era um fato. A ocu-

440

pação era um fato. E esses fatos oferecem uma única escolha: ou você tenta ajudar o povo iraquiano a sair da desordem e a pressionar por um fim rápido da ocupação ou faz-se de paladino da moralidade e vira as costas para ele." Ao longo da carreira, Vieira de Mello muitas vezes falara da importância de colocar as intenções numa "caixa-preta". "Se tomarmos as palavras dos norte-americanos literalmente e, depois, fizermos com que cumpram essas palavras", disse aos colegas, "estaremos criando poder." Era o que ele tinha feito com o Khmer Vermelho no Camboja e com os sérvios na Bósnia. E a ONU fizera a mesma coisa com a Indonésia, quando Jacarta concordou com o plebiscito no Timor Leste e, depois, foi obrigada a aceitar os resultados.

Em sua terceira noite em Bagdá, Vieira de Mello jantou com John Sawers, o diplomata britânico que era o vice de Bremer. Como a época ainda era de relativa calma, os dois se sentaram num terraço ao ar livre, comeram bifes e beberam cerveja iraquiana até altas horas da noite. A experiência adulta de Vieira de Mello com o mundo islâmico se limitara às incursões no Sudão, em 1973 e 1974, e no Líbano, entre 1981 e 1983. Ele falava fluentemente inglês, francês, italiano, português e espanhol, além de arranhar o tétum (o dialeto timorense), mas não falava uma palavra de árabe. Sawers notou que Vieira de Mello se preocupava com essa limitação linguística. "Ali estava um dos maiores poliglotas da história das Nações Unidas", recorda Sawers, "e mal conseguia falar 'oi' e 'tchau' em árabe. Não estava satisfeito."

Sergio sabia que a maioria dos funcionários da ONU que havia acumulado experiência em Oriente Médio acumulara também ideias preconcebidas. Consolava-o o fato de que, como observador externo, ele poderia trazer um olhar novo aos desafios do país. Seu principal patrimônio não eram os conhecimentos específicos sobre o Iraque, mas sua experiência na resolução de problemas e sua capacidade, testada em guerras, de conquistar a confiança de vilões. Carina Perelli, chefe da Divisão de Assistência Eleitoral da ONU, chamou-o de "*encantador de serpientes*", capaz de hipnotizar até as cobras mais peçonhentas. Durante o jantar com Sawers, Vieira de Mello forneceu um panorama comparativo, falando longamente sobre o que ele considerava a lição do Timor Leste. "Os timorenses concordaram com a liderança das Nações Unidas por um período de tempo fixo e breve, mas a certa altura tivemos que mudar para um papel de apoio", disse. "Vocês vão ter que fazer o mesmo." Naquelas primeiras semanas de Iraque, quando Vieira de Mello tinha uma sugestão a dar, ele a transmitia a Sawers. "Se Bremer achar que essas são ideias britânicas, e não da ONU", gostava de dizer, "será bem mais fácil aceitá-las!" Sawers sugeriu que as Nações Unidas se instalassem junto com os norte-americanos e os britânicos na Zona Verde. Mas Vieira de Mello descartou a ideia, argumentando: "Meus instintos me dizem para manter um grau de distância da Coalizão. E isso demanda certa distância física".

Nadia Younes, chefe de gabinete de Sergio, cuidava das relações cotidianas com a Coalizão. No primeiro grande encontro entre funcionários de nível médio dos Estados Unidos e da ONU na Zona Verde, Younes distribuiu cópias da Resolução 1483, e o grupo examinou o texto linha por linha. Os norte-americanos pareciam desconcertados. "O que significa 'estimular'?", um funcionário norte-americano perguntou. "Não sabemos", Younes respondeu. "Foram vocês que escreveram este negócio!" Outro funcionário norte-americano interferiu: "Bom, provavelmente significa que Sergio deve emitir uma declaração por mês elogiando a APC". Benomar, colega de Vieira de Mello lembra: "A APC deixou claro que esperava que a ONU fizesse comunicados regulares à imprensa elogiando os esforços da Coalizão. Eles fariam de tudo e nós aplaudiríamos". Seria preciso muitas outras reuniões para que os funcionários da Coalizão vissem o papel das Nações Unidas como algo mais do que cosmético ou crítica. Para Bremer, a resolução era útil porque deixava claro que havia um só governante do Iraque: "Éramos a autoridade de ocupação. Éramos o soberano. Sob o direito internacional, ou você é soberano ou não é. É como estar grávida. Pela Resolução 1483, o papel que Sergio e as Nações Unidas podiam desempenhar era limitado. Estavam ali para nos ajudar".

Se Vieira de Mello logo conseguiu conquistar o respeito de Bremer (mas jamais sua confiança plena), outros altos funcionários americanos mantiveram sua desconfiança da ONU. No final de junho, pararam Sergio num posto de controle da Coalizão, na estrada para o aeroporto. Alain Chergui, que fazia parte de sua equipe de guarda-costas, informou a um soldado norte-americano que, consoante as regras internacionais, veículos das Nações Unidas não deveriam ser controlados. O jovem soldado recusou-se a deixar o comboio passar. "Você sabe quem está no carro?", Chergui perguntou, frustrado. "Não, nem me interessa", o soldado respondeu. Chergui telefonou para Patrick Kennedy, chefe de gabinete de Bremer, que concordou em intervir. Mas Chergui não conseguiu nada ao informar ao soldado quem estava na linha. "É um civil?", o soldado perguntou. Chergui fez que sim. "Então não quero nem saber." Quando Ibrahim,

442

o guarda-costas mais estourado de Vieira de Mello, começou a provocar briga com outro dos soldados, o representante especial saltou do carro e telefonou para Bremer, que se comunicou com alguém na cadeia de comando militar, finalmente liberando a passagem do comboio. Em ocasiões posteriores, quando os guarda-costas da ONU (muitos dos quais eram franceses e, portanto, acreditavam que a hostilidade dos norte-americanos era proposital) se envolviam em discussões, Chergui pedia aos colegas que controlassem a fúria. "Vocês têm que ficar calmos, senão vamos prejudicar o trabalho do Sergio por razões fúteis", dizia. "Os norte-americanos nem querem a nossa presença aqui. Estamos brincando no jardim deles."

A desconfiança era mútua. Quase todo mundo das Nações Unidas havia se oposto à invasão liderada pelos Estados Unidos. Achavam o pessoal da Coalizão, que passara pelo crivo do escritório de Rumsfeld no Pentágono, assustadoramente jovem e inexperiente. A maioria era de republicanos, e muitos sonhavam em voz alta em transformar o Iraque num laboratório do livre-mercado. Um número crescente havia adotado o código de vestuário de Bremer, circulando pelo deserto em uniformes militares, blazers azuis e botas de combate. Enquanto dois terços dos conselheiros mais próximos de Vieira de Mello falavam árabe, pouquíssimos no alto escalão de Bremer dominavam o idioma.[9]

Jeff Davie, coronel das Forças de Defesa Australianas e consultor militar de Vieira de Mello, sentiu na carne essa desconfiança mútua. Quando Davie chegou a Bagdá, suas malas com o uniforme militar australiano atrasaram, e ele vestia roupas civis. Os funcionários da ONU o receberam de braços abertos, já que ele fornecia informações valiosas sobre a Coalizão, da qual a Austrália era membro. Mas dez dias após sua chegada os uniformes militares australianos chegaram, e ele começou a trajá-los no trabalho, além da boina azul. O pessoal das Nações Unidas ficou horrorizado. "De repente, viam um soldado da Coalizão saindo do escritório vizinho ao do Sergio. Eu parecia alguém da quinta-coluna", ele recorda. "Não conseguiam acreditar que Sergio fosse capaz de contratar alguém como eu." A recepção não foi mais calorosa na Zona Verde. Ele recorda: "A Coalizão disse: 'Você está usando boina azul: não podemos confiar em você', e o pessoal da ONU dizia: 'Você está usando uniforme da Coalizão: não podemos confiar em você'".

SEM LEI E SEM ORDEM

Hoje parece inacreditável o breve período, entre o início de abril e o final de junho de 2003, em que o Iraque foi um lugar relativamente pacífico. Os dois meses que se seguiram à derrubada da estátua de Saddam Hussein por soldados norte-americanos apresentaram algumas cenas alegres, de iraquianos celebrando a derrubada do tirano, e outras traumáticas, de famílias em busca dos restos mortais de parentes desaparecidos. Acima de tudo, porém, aqueles dois meses ensejaram uma incerteza arrepiante e o choque diante da falta de organização da Coalizão.

A Bagdá a que Vieira de Mello e sua equipe chegaram parecia mais segura do que o território do Khmer Vermelho em 1992, a Sarajevo sitiada de 1993 ou o Kosovo dilacerado pela guerra de 1999. Os iraquianos com quem Vieira de Mello se encontrava preocupavam-se com os roubos, o desemprego, a falta de eletricidade e a afronta de uma ocupação estrangeira, mas não com uma guerra civil iminente ou com ataques de homens-bomba. Uma insurreição tinha início, mas seu alvo eram as forças da Coalizão, e os ataques naquele momento pareciam ser o último suspiro do regime anterior. Em poucos meses, ataques contra "alvos civis" se tornariam tão frequentes que Bagdá, além da pequena Zona Verde, se tornaria conhecida como a Zona Vermelha. Mas esse não era o Iraque de junho de 2003.

Ao chefe de uma missão das Nações Unidas (nesse caso, Vieira de Mello) em geral cabia também o papel de "autoridade de segurança", responsável supremo pela segurança da equipe. Mas como Lopes da Silva já possuía o título, por ter dirigido a missão humanitária anterior à guerra, e como Vieira de Mello estaria em trânsito constantemente e só permaneceria no Iraque até 30 de setembro, o próprio Lopes da Silva permaneceu à testa da segurança. "Estou aqui por quatro meses", Sergio disse ao colega. "Nem tente me envolver nisso!"

A maior preocupação de iraquianos e estrangeiros era a criminalidade, nada incomum após a queda de um regime.[10] Vieira de Mello e Lopes da Silva temiam que os colegas fossem assaltados ou atingidos por fogo cruzado acidental, se próximos do pessoal da Coalizão. "Nosso maior medo eram incidentes provocados por se estar 'no lugar errado na hora errada'", Lopes da Silva recorda.

Enquanto Lopes da Silva dava a última palavra em termos de segurança

444

geral da missão, Robert Adolph, ex-fuzileiro naval norte-americano, coordenava a segurança cotidiana. Uma de suas primeiras tarefas foi encontrar acomodações seguras para o pessoal da ONU em Bagdá, o que se mostrou difícil. A maioria dos hotéis ou parecia povoada de personagens sombrios do regime passado ou era totalmente vulnerável. O primeiro grupo das Nações Unidas a chegar dormira embaixo das próprias escrivaninhas no Hotel do Canal, tendo depois se mudado para uma "cidade de barracas", no campo vizinho ao quartel-general da ONU. Em 28 de maio, Adolph anunciara que os funcionários da instituição seriam autorizados a deixar as dependências do Hotel do Canal e a ocupar quartos em um dos muitos hotéis que sua equipe examinara. Supunha-se que morariam em hotel apenas temporariamente. Uma vez que a segurança melhorasse e a criminalidade diminuísse, o provável era que alugassem seus próprios apartamentos ou casas particulares, como havia sido feito em outras missões.

Vieira de Mello recebeu uma suíte num dos andares superiores do Hotel Sheraton, cujos elevadores raramente funcionavam, e se sentiu vulnerável ali. "Como vou descer todas essas escadas se o hotel for atingido?", perguntou a Chergui, seu guarda-costas. "Isto aqui é inseguro e impossível de proteger", Chergui concordou. Sergio insistiu em ser transferido para o Hotel Cedar, mais tranquilo, o que ocorreu no final de junho.[11]

Na época de Saddam Hussein, a criminalidade no Iraque era quase nula, e a base da ONU no Hotel do Canal, protegida pela polícia diplomática iraquiana, era lugar seguro. Quando Lopes da Silva retornou a seu antigo escritório em 1º de maio, os guardas iraquianos não estavam mais lá, e soldados norte-americanos do Segundo Regimento de Cavalaria Blindado vinham utilizando o hotel como centro de comando. Foi informado então de que, em abril, na esteira da invasão norte-americana, saqueadores haviam invadido e pilhado o Hotel do Canal, então deserto, roubando carros, escrivaninhas, computadores, aparelhos de ar-condicionado e tudo mais que pudessem levar. Os soldados norte-americanos tinham assumido o controle do hotel porque um grupo de funcionários iraquianos das Nações Unidas saíra de seu esconderijo e os chamara, para que detivessem o saque. Com o retorno do pessoal humanitário e do programa de "petróleo por alimentos" em maio, e a chegada da pequena equipe política de Vieira de Mello em junho, a presença norte-americana se reduzira a uma pequena proteção em torno do perímetro do complexo. Iraquianos desarmados controlavam os portões da frente. A população iraquiana entrava e saía o dia inteiro, encontrando-se com o pessoal da ONU no refeitório para um chá ou café. Entrar ali era tão fácil como havia sido na embaixada norte-americana em Beirute, duas décadas antes. Como acontece com medidas de segurança não muito rigorosas, os guardas da ONU incomodavam, mas não dissuadiam nem impediam ninguém de entrar.

Os mais veteranos em segurança temiam que a explosão próxima de uma bomba contra as forças da Coalizão pudesse estilhaçar algumas das muitas janelas de vidro do Hotel do Canal. De fato, cinco dias antes da chegada de Vieira de Mello, forças da Coalizão haviam explodido material bélico ali perto, quebrando várias delas. Quando uma inspeção no prédio revelou que cerca de 1260 metros quadrados de vidro externo estavam expostos, a Equipe de Gestão da Segurança das Nações Unidas resolveu cobrir as janelas com uma película resistente a explosões. Como, porém, não estava claro na conta de que orçamento administrativo a despesa deveria ser lançada, a providência foi adiada.[12] Lopes da Silva e Adolph também constataram inúmeras brechas no cercado em torno do complexo e ordenaram a construção de um muro para proteger o Hotel do Canal. O muro teria quatro metros de altura e lanças no topo. Mas como as normas complexas da ONU exigiam um processo de licitação aberta, o contrato de construção levaria seis semanas para ser assinado.[13]

A falta de lei e de ordem no Iraque se agravava dia após dia. Devido a seus decretos de desbaathização e desmobilização, Bremer perdera justamente as forças iraquianas que poderiam ter garantido a segurança. Como Donald Rumsfeld enviara um número insuficiente de soldados norte-americanos para controlar as fronteiras do Iraque e cuidar do restante do país, insurgentes estrangeiros do Irã e da Síria passaram a entrar e sair do Iraque com facilidade. Além disso, não tendo havido apoio do Conselho de Segurança à guerra, outros Estados-membros das Nações Unidas tampouco enviaram forças estabilizadoras ou policiais civis no pós-guerra, como haviam feito nas missões de paz no Camboja, na Bósnia, no Kosovo e no Timor Leste. Os ministérios responsáveis pela coleta do lixo, pela circulação dos ônibus e pela distribuição de eletricidade eram agora dirigidos por cidadãos americanos e britânicos que não falavam árabe e nunca haviam desempenhado funções semelhantes nos Estados Unidos ou no Reino Unido. E os ex-oficiais desempregados do exército iraquiano, cujos empregos Jay Garner prometera preservar, sentiram-se traídos pela Coalizão. Como ela não possuía nenhum parceiro para a segurança do Iraque, viu-se obrigada a desenvolver uma força de segurança totalmente nova, da estaca zero. Tinha ainda uma preocupação adicional: os soldados do antigo exército haviam conservado suas armas.

Vieira de Mello recomendou a Bremer que restringisse o decreto de desbaathização e atendesse às necessidades dos veteranos do exército iraquiano. Lembrou ao administrador norte-americano que, no mundo inteiro, funcionários das Nações Unidas haviam acumulado experiência em programas de reintegração de soldados desmobilizados. Mais promissora ainda era a informação que transmitiu a Bremer em reunião, dando conta de que a ONU recebera um comunicado do principal consultor do secretário-geral da União Europeia, Javier Solana: ainda em caráter informal, ele oferecia às Nações Unidas guardas civis espanhóis, *carabinieri* italianos e membros da *gendarmerie* francesa. Em vez de aproveitar a oportunidade, que poderia ter atenuado a carga dos Estados Unidos, Bremer respondeu que, se os europeus quisessem contribuir com policiais, precisariam pô-los à disposição da Coalizão.[14]

A cada vez que Vieira de Mello visitava Bremer, mais fortificada encontrava a Zona Verde. Sacos de areia se empilhavam ao redor da entrada, e as filas serpenteantes de iraquianos aumentavam. Já no Hotel do Canal, os iraquianos podiam se dirigir à guarita e pedir para entrar. Se alguém lá dentro se responsabilizasse, o visitante era conduzido até o funcionário apropriado, que ouvia sua queixa ou pedido. O Iraque era um país cheio de ressentimentos, passados e presentes. Depois que se espalhou a notícia de que a ONU (ao contrário da APC) não mandava embora os suplicantes iraquianos, antigos membros do partido Baath, oficiais desmobilizados e parentes dos detidos pelas forças da Coalizão passaram a se aglomerar no portão do hotel, na esperança de obter alguma reparação.

Em 18 de junho, cerca de 2 mil ex-oficiais iraquianos reuniram-se diante da Zona Verde para protestar contra a dissolução do exército. Enquanto o protesto fervilhava, um pequeno grupo de oficiais desgarrou-se e rumou para o Hotel do Canal, na esperança de convencer Vieira de Mello a ajudar em sua reintegração. Ele prometeu servir de intermediário com Bremer, que, no entanto, rejeitou seus apelos. Quando Salamé anunciou a notícia, os oficiais deram meia-volta e se afastaram. "Aí vão os futuros insurgentes", Benomar comentou com Salamé, que assentiu. "É", concordou, "vejo balas nos olhos deles."

Ex-soldado iraquiano diante da Zona Verde, em 18 de junho de 2003. Um porta-voz do exército norte-americano confirmou que soldados de seu país mataram dois iraquianos durante o protesto.

VIAGEM DE APRENDIZADO

A fim de ser útil de fato a Bremer e ao Iraque, Vieira de Mello sentiu que precisava aprender muita coisa, e com rapidez. Nas primeiras semanas, absteve-se de falar à mídia. Quando enfim deu sua primeira entrevista coletiva, em 24 de junho de 2003, explicou: "Vocês devem ter observado que, nas três últimas semanas, tenho estado bem quieto. Estive ouvindo, viajando e aprendendo". Estupefato por Bremer ter ordenado a desbaathização e a desmobilização após tão pouco tempo no Iraque, Vieira de Mello estava determinado a observar bem antes de agir. Quando se punha a aprender, não era às pressas. Desenvolveu um plano estratégico para examinar sistematicamente as necessidades e os interesses dos iraquianos. "O.k., com quem vou me encontrar hoje?", costumava perguntar a sua equipe de manhã. A sociedade iraquiana havia sido dividida em categorias: partidos políticos, associações profissionais, ONGs, grupos de direitos humanos, advogados, juízes, grupos de mulheres e grupos religiosos. Depois de percorrer os contatos em Bagdá, anunciou: "Muito bem, agora vou partir para as regiões". Iraquianos influentes foram identificados em Basra, Mosul,

Erbil, Sulaimaniya, Hilla e Najaf. "Bremer não tinha tempo de conversar com as pessoas", Salamé recorda. "Como a Resolução 1483 não deu à ONU nenhuma tarefa real, tínhamos todo o tempo do mundo para ouvi-las."

Na época em que Vieira de Mello iniciou sua viagem de aprendizado, os norte-americanos mantinham pouco contato com os líderes religiosos iraquianos. Seus consultores políticos acreditavam que as Nações Unidas poderiam dar uma contribuição valiosa à estabilidade se conquistassem o apoio dos clérigos poderosos, especialmente o do aiatolá xiita Ali al-Sistani. Salamé fez uma proposta por intermédio da dra. Aquila al-Hashimi, poderosa muçulmana xiita de Bagdá que falava francês e inglês fluentes e era provável candidata a primeira embaixadora do Iraque na ONU. Quando ela confirmou que seu tio, clérigo influente em Najaf, se disporia a tentar agendar um encontro com Al-Sistani, Vieira de Mello sentiu que havia marcado um tento. "Ya'llah!", exclamou.

O pano de fundo político da viagem de 28 de junho foi complexo. "Existem três forças em Najaf", Salamé explicou. "O papa, Sistani; a ovelha negra, Moqtada al-Sadr; e o político, Mohammed Baqir al-Hakim. O ideal seria fazer três viagens à cidade." Mas mesmo Vieira de Mello tinha seus limites e não conseguia imaginar-se fazendo a viagem de carro de duas horas e meia, na ida e na volta, em três ocasiões diferentes. "Está bem, vamos nos encontrar com os três", ele disse, "mas sem almoçar com nenhum deles." Almoçaram com o tio de al-Hashimi, o xeique Mohammed al-Faridhi, que havia organizado a visita.

Após um encontro breve com al-Faridhi em sua casa em Najaf, a delegação rumou para a reunião que Vieira de Mello sabia ser a mais importante de sua estada no Iraque. Al-Sistani exibiu uma agenda política que surpreendeu os visitantes. Numa voz suave, pouco mais do que um sussurro, disse que os norte-americanos não tinham nada que privatizar estatais, porque aquilo era tarefa de um governo soberano. E queria que as Nações Unidas agissem com mais autonomia em relação à Coalizão. Disse ainda que a Organização deveria condenar um ataque recente de um helicóptero norte-americano na fronteira sírio-iraquiana. Vieira de Mello prometeu examinar o incidente.

Mas a parte mais importante da conversa dizia respeito à futura Constituição iraquiana. Al-Sistani afirmou que planejava emitir uma *fatwa*, determinando que somente iraquianos poderiam redigir a carta magna. "*Samahet al Sayyid*", Vieira de Mello disse, usando a expressão árabe para "vossa eminência" (ensaiada na viagem desde Bagdá), "entendo que queira uma Constituição redigida por iraquianos..." Al-Sistani interrompeu-o. "Eu não disse que a Constituição deva ser redigida por iraquianos", o clérigo corrigiu com veemência, agarrando a mão de Marwan Ali, que lhe servia de intérprete. "Disse que ela deveria ser redigida por iraquianos *eleitos.*" Vieira de Mello assentiu, dizendo que havia aprendido a mesma lição no Timor Leste.

Sem perceber a importância do que havia dito, Sergio acabara de se situar em oposição frontal à Coalizão, que planejava nomear uma comissão própria para selecionar redatores para a Constituição. Em um aspecto, seu instinto de contrariar Bremer estava correto, uma vez que a Coalizão pouco atentava para o descrédito de que gozariam formuladores da nova Constituição escolhidos pelos Estados Unidos. Mas, com aquela sua afirmação informal, o representante especial das Nações Unidas havia também, de forma implícita, aumentado a esperança de que eleições poderiam se realizar muito em breve, o que era tecnicamente impossível. Daí por diante, ao insistir em que apenas as decisões de iraquianos eleitos deveriam ser reconhecidas como leis, Al-Sistani faria referência frequente àquele encontro com Vieira de Mello. Bremer ficava enfurecido. "Levaríamos meses para desfazer o estrago que Sergio tinha provocado naquele encontro", ele recorda.

Depois de se reunir com Al-Sistani, Vieira de Mello foi levado ao santuário onde o imame Ali havia sido sepultado. "Quero entrar no mausoléu", pediu a Salamé, que lhe fez um sinal negativo com a cabeça, explicando que um confronto sangrento ocorrera ali poucas semanas antes. Com o mesmo entusiasmo com que tirara fotos do Khmer Vermelho, Vieira de Mello implorou: "Não, Ghassan, temos que entrar. Posso nunca mais voltar aqui". Salamé perguntou a Al-Faridhi se podiam entrar no mausoléu externo da mesquita, mas Sergio insistiu: "Quero ir lá dentro". Salamé recorda que Al-Faridhi empalideceu de pânico e discretamente implorou que partissem logo. Um grupo grande de iraquianos reunia-se em torno daquele ajuntamento misterioso de estrangeiros. Alguns haviam começado a murmurar entre si: "O que estes estrangeiros estão fazendo aqui?". "Saia já, Sergio", Salamé ordenou com firmeza. "Por quê?", Sergio perguntou. "Saia agora mesmo", Salamé repetiu. "Sergio estava descobrindo o mundo iraquiano", recorda Marwan Ali. "Como intelectual, queria ver tudo, e às vezes se esquecia das suscetibilidades políticas."

A equipe da onu desfrutou de um almoço relativamente calmo com Al-Fahridi, partindo depois para o encontro com Moqtada al-Sadr, o radical de vinte e poucos anos que vinha reunindo um grande e violento grupo de adeptos e que Bremer andava evitando. Quando Vieira de Mello entrou, Al-Sadr estava sentado no chão, fumava sem parar, junto com dois de seus auxiliares religiosos. Sergio fez sua exposição habitual. Descreveu a imparcialidade das Nações Unidas e expressou esperança de que a Organização pudesse ajudar a encerrar a ocupação que, ele sabia, Al-Sadr condenava. Al-Sadr fitou-o com indiferença, recusando-se a esboçar qualquer reação. Quando o iraquiano enfim falou, deixou claro que não sabia nada sobre a ONU. "Países muçulmanos podem ser membros?", perguntou. Quando Salamé respondeu que sim, Al-Sadr pediu exemplos, e Salamé contou que seu próprio país havia sido membro fundador da Organização das Nações Unidas. De novo, Al-Sadr caiu no silêncio. E, ao cabo de um diálogo insatisfatório e tosco, a delegação se levantou para partir.

No último encontro em Najaf, os funcionários da ONU se reuniram com Mohammed Baqir al-Hakim. Na década de 1960, Al-Hakim e Mohammed Baqir al-Sadr, sogro de Moqtada, haviam fundado o movimento político islâmico xiita moderno no Iraque. Quando Mohammed Baqir al-Sadr foi assassinado em 1980, Al-Hakim fugiu para o Irã e formou o Conselho Supremo para a Revolução Islâmica no Iraque. Retornara ao país em maio de 2003, mas Moqtada o rejeitara, por não julgá-lo apto a exercer nenhuma liderança política xiita.[15] O encontro transcorreu bem melhor que o anterior, pois Al-Hakim era caloroso e agradável. Explicou a impaciência iraquiana com a Coalizão, comparando a ocupação do Iraque a um gato adquirido para livrar a casa dos ratos. "O gato deu cabo dos ratos", Al-Hakim disse. Mas depois, infelizmente, "não quis mais ir embora".[16]

Na viagem de volta a Bagdá, Salamé cumprimentou Vieira de Mello pela jornada impressionante, que demonstrara claramente as credenciais singulares da ONU, e comentou que a reunião com Al-Sistani poderia se revelar importante. "Você sabe que fez uma declaração de peso lá", lembrou, referindo-se ao aval dado ao preceito básico de Al-Sistani, referente a eleições. Vieira de Mello deu um soco de brincadeira em Salamé e recorreu àquele que estava se tornando seu gracejo favorito: "Você sabe, Ghassan, não quero me tornar um Bremello!".

Dois dias após o encontro, Al-Sistani emitiu uma *fatwa* em que declarava não reconhecer a legitimidade de nenhuma Constituição que não fosse redigida por uma assembleia eleita de iraquianos. Declarou também que a ONU concordava com ele. Bremer pediu a Vieira de Mello que refutasse a afirmação do clérigo como uma interpretação equivocada da posição das Nações Unidas, mas

Sergio se recusou a fazê-lo, esperando com isso que a Coalizão ao menos acelerasse o planejamento das eleições. Em carta a um colega escrita pouco depois, soou otimista: "Sinto-me confiante de que a ONU será capaz de desempenhar de fato, e não apenas no plano da retórica, um 'papel vital' no Iraque".[17]

COMPARTILHAMENTO DO PODER E LEGITIMIDADE

No decorrer dos anos, Vieira de Mello notara que os norte-americanos tendiam a não reconhecer a importância da legitimidade. Viu o estrago que a ocupação vinha causando no moral iraquiano. "É preciso levar em conta o orgulho e o trauma dessa gente", disse a Sawers.[18] A paciência iraquiana duraria mais, enfatizou, se as pessoas recebessem dividendos materiais tangíveis da Coalizão. Mas norte-americanos e britânicos não ofereciam retorno substancial. Jean-Sélim Kanaan, um dos auxiliares políticos de Vieira de Mello, escreveu cartas à esposa, Laura Dolci-Kanaan, funcionária da ONU em Genebra, em que refletia sobre os norte-americanos com quem vinha deparando na Zona Verde:

> Ver norte-americanos jovens e inexperientes, enviados de seus subúrbios virginais para bancar os aprendizes de feiticeiro em questões tão importantes como o sistema de pensões, as redes de distribuição nacional de salários ou a reorganização ministerial [...] é um tanto surreal. [...]
>
> Passamos por portas onde tabuletas rapidamente afixadas anunciam em triunfo: "Ministro da Saúde", "Ministro dos Transportes". Atrás da porta, em geral há um bom americano sentado. [...] É o ministro. Não importa que, a cinco metros dali, a revolta troveje e que ele quase não tenha contato com os homens e as mulheres do ministério que supervisiona.
>
> Mas que contato poderia ter? Assim que resolve dar três passos, precisa ser escoltado por dois veículos lotados de soldados armados até os dentes e, com frequência, muito nervosos. Atravessa a cidade sem vê-la de verdade. [...] O Iraque é hoje um país ocupado, e mal ocupado.[19]

Kanaan, cujo pai era egípcio e a mãe, francesa, sabia ler e escrever em árabe desde criança, mas jamais chegara a dominar o árabe falado. Tinha ficado empolgado com a vaga no "time de primeira", mas em telefonemas para casa descrevia seu horror crescente com a falta de preparo dos americanos. "Na ONU, muitas vezes fazemos besteira", Kanaan contou à esposa. "Mas, com todos os nossos erros na Bósnia e em Kosovo, nunca fomos *tão* ruins assim. Os americanos não tinham nenhum plano. Absolutamente nenhum plano!"

Vieira de Mello compartilhava o horror de Kanaan pelos erros crassos da Coalizão, mas também via na falta de experiência e competência dos norte-americanos uma abertura para a ONU. Sua equipe tinha *know-how* genuíno a oferecer sobre como desenvolver um plano de compartilhamento do poder. "Os iraquianos precisam saber que terão uma autoridade tangível, executiva, ao final desta primeira fase", Vieira de Mello disse às autoridades da Coalizão.[20]

As Nações Unidas tinham grande experiência com eleições, Constituições e cronogramas de transição. Nas reuniões semanais, Vieira de Mello insistia para que Bremer começasse a planejar eleições, que levariam quase um ano para ser organizadas. Apelou para que ele apresentasse ao povo iraquiano um cronograma transparente, que explicitasse o processo pelo qual o Iraque viria a controlar o próprio destino. No Timor Leste, Sergio se arrependera por não ter, já de início, oferecido uma rota clara do caminho a seguir. Em e-mail a Carina Perelli, da Divisão de Assistência Eleitoral, em Nova York, informou que vinha pressionando Bremer a iniciar um registro de eleitores, "uma demonstração tangível de que a retórica da APC de entregar a soberania o mais breve possível a um governo representativo iraquiano tem, de fato, substância".[21]

Vendo nas eleições uma oportunidade de aumentar a influência política das Nações Unidas, Vieira de Mello pediu a Perelli que viesse a Bagdá para fazer um estudo de viabilidade. Grande parte do e-mail, com cópia para vários funcionários da instituição, estava num inglês formal, mas, sabendo que Perelli estava na América do Sul, onde aguardava o nascimento de sua sobrinha, ele se despediu em espanhol: "*No me vengas con el cuento de que tenías vacaciones programadas en Montevideo: yo tenía planeado pasar tres semanas en Rio...!*". Como de hábito, insistiu várias vezes, para se certificar de que Perelli viria logo. "Quando você chegar, já vai estar fresquinho aqui, uns cinquenta graus (Celsius!) ou mais", escreveu ele. "Melhor se agasalhar."[22]

Os planos políticos de Bremer despertaram temores diversos em Vieira de Mello. Ele se lembrava da hostilidade que sua criação de um órgão consultivo não executivo despertara no Timor Leste, uma sociedade relativamente homogênea em comparação ao Iraque. Se Bremer concedesse aos iraquianos cargos sem responsabilidades no novo conselho consultivo, eles seriam vistos como títeres dos americanos. Se Bremer em pessoa escolhesse os integrantes, aconteceria a mesma coisa. Decisões sobre quem incluir ou excluir teriam consequências imprevistas, e os estrangeiros não estavam em posição de adivinhá-las. Por outro lado, Vieira de Mello reconhecia a situação difícil do americano. Como a preparação das eleições no Iraque levaria no mínimo um ano, e o Conselho de Segurança havia posto os norte-americanos (e não as Nações Unidas) no comando, Bremer considerou que era sua atribuição nomear logo algum tipo de comissão iraquiana.

Vieira de Mello ofereceu uma série de sugestões. Recomendou que Bremer mudasse o nome de "comitê consultivo" para "governo provisório" iraquiano. Bremer recusou a sugestão, mas acabou aceitando a ideia de que os iraquianos não deveriam ser relegados ao papel de meros "consultores". Vieira de Mello o convenceu de que "conselho" exprimia mais autoridade do que "comitê". Mas aquilo não era suficiente. "Precisamos sinalizar poderes executivos", disse o representante especial da ONU. Salamé, o único falante nativo de árabe na sala, interveio. "Devemos pôr *hukm* no nome", sugeriu. Em árabe, *hukuma* significava "governo", o que daria a impressão de que o conselho teria poderes próprios. "Assim que ouvi aquilo", Crocker recorda, "pensei comigo: 'Como é que não pensamos nisso antes?'." Ficou acertado: o novo conselho se chamaria *majlis al-hukm*, cujo significado é "Conselho Governante".

Bremer às vezes mudava de ideia após consultar Washington, razão pela qual os funcionários da ONU tinham dúvidas sobre se o nome novo "pegaria". Mas, na reunião seguinte com a APC, Bremer foi logo perguntando: "Quando vamos instituir o..." — apanhou uma papeleta do bolso e continuou — "o *majlis al-hukm*?". Salamé piscou para Sergio.

As funções do Conselho Governante ficaram indefinidas. Vieira de Mello sabia que, quanto mais independente o órgão novo fosse no exercício de sua responsabilidade de governar, mais os iraquianos o respeitariam. Recomendou que Bremer concedesse ao conselho o poder de cuidar das relações exteriores, das finanças, da segurança e do processo constitucional. Insistiu ainda para que os iraquianos no conselho pudessem nomear "ministros" e, algo crucial, que o conselho tivesse poder de aprovar o orçamento. Sabia, no entanto, que precisava ser cauteloso. "A Resolução 1483 quase não deixou à ONU nenhuma margem de manobra", recorda Salamé. "A qualquer momento a APC poderia dizer: 'Vocês estão passando dos limites', e teria razão."

Decidir quem integraria o conselho de 25 membros não foi fácil. Vieira de Mello, que passara as seis semanas anteriores alimentando sua agenda Rolodex, serviu de intermediário entre Bremer a as lideranças políticas, religiosas e civis iraquianas. Insistiu para que Bremer permitisse a inclusão do secretário-geral do Partido Comunista, Hamid Majeed Mousa. E recomendou também que tivesse o cuidado especial de maximizar a participação dos sunitas. Aquila al-Hashimi, que ajudara a organizar os encontros de Vieira de Mello em Najaf, foi incluída, tornando-se uma das três representantes femininas no conselho. Vieira de Mello também aceitou a inclusão de Abdul Aziz al-Hakim, do Conselho Supremo para a Revolução Islâmica no Iraque, apesar de seus vínculos com o Irã. Somente membros do alto escalão do partido Baath foram excluídos.

Sergio sentiu-se orgulhoso de suas contribuições ao Conselho Governante. Em telegrama à sede das Nações Unidas do início de julho, escreveu que "Bremer fez questão de afirmar que nosso pensamento influenciou nas modificações". Observava ainda que a APC vinha demonstrando "compreensão crescente" de que "é preciso lidar com as aspirações e as frustrações dos iraquianos com maior empatia e flexibilidade, e a ONU tem um papel importante a desempenhar nisso".[23] Vieira de Mello considerou uma vitória que apenas nove dos 25 membros iraquianos do conselho fossem exilados. Mas, do ponto de vista iraquiano, seis dos treze representantes xiitas e três dos cinco sunitas eram exilados, e nem a inclusão de cinco representantes curdos que haviam vivido no norte do Iraque sob Saddam, nem o acréscimo de representantes turcomanos ou cristãos apaziguaram a população sunita.[24] Sergio saudou ainda o fato de que o Conselho Governante teria poderes de nomear ministros interinos e propor políticas, mas os iraquianos perceberam que caberia a Bremer o poder de vetar quaisquer decisões do novo conselho.

A equipe da ONU voltou a se dividir, dessa vez sobre se deveria aceitar aquele organismo novo. Vieira de Mello argumentou que, apesar das imperfeições patentes, o Conselho Governante era "a única alternativa disponível".[25] "Precisamos ter confiança", ele preconizou. Enfim o Iraque disporia de um organismo reconhecido, e as Nações Unidas poderiam oferecer seus serviços a ele, em vez de aos americanos. "É só um começo", ele insistiu. "Mas um começo necessário, assim como o primeiro gabinete misto do Timor Leste foi um começo."

Sergio compareceu à cerimônia de posse do conselho, em 13 de julho de 2003. Os membros do Conselho Governante agiram como se não tivessem sido nomeados pela Coalizão, mas apenas se congregado num organismo próprio. Em cerimônia cuidadosamente planejada, o conselho convidou Bremer, Sawers, Crocker e Vieira de Mello e "se autoproclamou". Sergio foi o único não iraquiano convidado a discursar. Com uma gravata azul-clara, para lembrar ao público a organização que representava, começou e encerrou sua fala em árabe: "*Usha-rifuni, an akouna ma'akum al-yaom. Wa urahhib bitashkeel majlis al-hokum*". Embora soubesse poucas palavras, pronunciou-as sem dificuldade: "É uma honra estar com vocês hoje. E eu saúdo a formação do Conselho Governante". Saudou a assembleia como o primeiro grande passo para a devolução da soberania aos iraquianos e prometeu apoio permanente das Nações Unidas. "Estaremos aqui, da forma como desejarem, pelo tempo que nos quiserem", disse aos membros radiantes do conselho.[26] Crocker observou-o admirado. "Ele estava envolvendo a bandeira azul em torno do que vínhamos tentando fazer politicamente. Achei que foi um ato de coragem política real. Foi também um ato de coragem física inacreditável, embora a gente não tenha percebido isso à época."

Vieira de Mello sabia que parte do seu pessoal preferiria que ele evitasse qualquer associação com a Coalizão. Seguiu tendo discussões acaloradas com Marwan Ali, seu auxiliar político. "Sergio, você não vê? Você não está mudando os americanos, está ajudando os americanos." Mas Vieira de Mello acreditava que fazia progressos e que Bremer poderia se mostrar receptivo. Os dois homens estavam se entendendo bem. Ambos eram bem-apessoados e carismáticos, *workaholics* de alto desempenho que sabiam exercer o comando. Ainda que Bremer estivesse associado aos neoconservadores, conhecidos pelo fervor anti-ONU, Vieira de Mello acreditava que ele se compunha de um estofo diferente, por falar francês, holandês e norueguês. Esse dom para línguas indicava uma curiosidade e uma amplidão de perspectiva que dificilmente encontrava nos norte-americanos. "Tenho aconselhado Bremer sobre como administrar o orgulho ferido dos iraquianos", Sergio contou a Jonathan Steele, do *Guardian*. "Houve uma mudança gradual nele. Tudo o que estou dizendo a você, ele aceita." Conquanto Vieira de Mello tivesse resistido à nomeação para o Iraque, achou empolgantes os dois primeiros meses da missão. Sentia-se fazendo progressos reais com a Coalizão e com os iraquianos, e adorava estar no centro do que considerava o universo geopolítico. Por e-mail, perguntou a Peter Galbraith por que ele pretendia passar só um dia em Bagdá, uma vez que a capital iraquiana era onde as coisas estavam "acontecendo... as boas e as ruins".[27]

Vez por outra, no entanto, ele se frustrava com as mensagens ambíguas de Bremer. Queixou-se da "síndrome das cinco da tarde". "Meu Bremer vai até as cinco da tarde, depois das cinco [nove da manhã em Washington], é o Bremer de Washington."[28] Mas, sujeito ele próprio ao controle da sede das Nações Unidas, solidarizava-se com Bremer, que tinha que lutar contra a enorme pressão vinda dos superiores nos Estados Unidos. "Ele terá sucesso se conseguir se tornar o homem do Iraque em Washington, em vez de o homem de Washington no Iraque", disse a Rajiv Chandrasekaran, do *Washington Post*, durante um drinque. Sergio só havia conseguido salvar a missão das Nações Unidas no Timor Leste depois de ter chegado ele próprio a essa mesma conclusão.

Em conversas com visitantes à época, Vieira de Mello oscilava entre dois extremos. Por um lado, reconhecia que a ONU desempenhava "papel secundário" no Iraque, e se confessava constrangido com sua "total falta de autoridade". Com frequência, lembrava às pessoas: "A ONU não está no comando aqui. A Coalizão é que está". Mas enfatizava também, talvez para convencer a si próprio, que as Nações Unidas não eram "uma organização que endossaria automaticamente qualquer decisão dos ocupantes militares", e insistia em que muitos iraquianos viam a instituição como a guardiã e a promotora da soberania iraquiana.[29] Acreditava que o papel da ONU se ampliaria com o tempo, e sua expectativa era de que ela ajudaria a organizar as primeiras eleições livres do país. Convencera-se de que nenhum outro organismo estava à altura dos desafios do século XXI. "O Iraque é um teste para os Estados Unidos e para a Organização das Nações Unidas", disse em entrevista a um jornalista francês em Bagdá. "O mundo tornou-se complexo demais para um só país, qualquer que seja ele, determinar o futuro ou o destino da humanidade. Os Estados Unidos vão perceber que é de seu interesse exercer o poder através desse filtro multilateral que lhe dá credibilidade, aceitabilidade e legitimidade. A era do império terminou."[30] Embora tivesse razão ao afirmar que os Estados Unidos acabariam precisando da ONU no Iraque, errava ao supor que Washington estava em vias de reconhecer esse fato.

Em 21 de julho, Vieira de Mello voou para Nova York, onde, no dia seguinte, daria informações ao Conselho de Segurança. Em defesa da representatividade do Conselho Governante, enfatizou: "O que o Conselho necessita neste momento não é de manifestações de dúvida, ceticismo ou crítica — isso é fácil demais. O que ele necessita é do apoio iraquiano e [...] do apoio dos países vizinhos".[31] A Resolução 1483 não concedera às Nações Unidas quase nenhuma autoridade formal, mas Sergio acreditava de verdade que sua pequena missão política fizera uma diferença tangível. "Dá para acreditar que conseguimos estender tanto nosso mandato secundário?", perguntou a Salamé.

Mas, apesar de seu otimismo, uma coisa o preocupava: a deterioração das condições de segurança. "A presença das Nações Unidas no Iraque permanece vulnerável a qualquer um que deseje atacar nossa organização", disse em seus comentários ante o Conselho de Segurança. "Nossa segurança continua dependendo em grande parte da reputação das Nações Unidas, de nossa capacidade de demonstrar que, de fato, estamos no Iraque para auxiliar seu povo." Dois dias antes, um motorista iraquiano da Organização Internacional para a Migração, filiada à ONU, havia morrido em Mosul ao se chocar contra um ônibus, na tentativa de escapar de pistoleiros que passavam num carro. E naquele mesmo dia em que Vieira de Mello falava ao Conselho de Segurança, um cingalês do Comitê Internacional da Cruz Vermelha tinha sido morto ao sul de Bagdá. Vieira de Mello mencionou os dois ataques em seu depoimento e enfatizou que a Coalizão era responsável pela segurança. Quando terminava suas observações, uma mulher na galeria criticou o Conselho Governante: "Esse não é um organismo legítimo", ela berrou, "e vocês sabem disso!". No comunicado à imprensa que se seguiu, um repórter pediu a Vieira de Mello que explicitasse suas preocupações com a segurança. Sergio respondeu que o sul xiita e o norte predominantemente curdo eram pacíficos. "O que você tem é um triângulo, formado por Bagdá, o norte e o oeste, que é bastante perigoso e arriscado para as forças da Coalizão. Nos últimos tempos, comecei a temer também pelos estrangeiros em geral."[32] Foram as últimas palavras de Vieira de Mello em público, antes de retornar ao Iraque.

458

20. Rejeitado

A primeira reunião do Conselho Governante iraquiano, em Bagdá, 13 de julho de 2003.

"COMO UMA CRIADA DE QUARTO VITORIANA"

Depois de ajudar Bremer na formação do Conselho Governante, a influência de Vieira de Mello diminuiu, e seus renomados instintos políticos não surtiram o efeito desejado. A Coalizão confiara nele no final de junho por sua *expertise* em transições políticas e pelas familiaridade e credibilidade de que desfrutava com uma variedade de forças políticas e religiosas iraquianas. Paradoxalmente, porém, ao servir como um descobridor de talentos, ele se tornara dispensável. Capaz de trabalhar diretamente com o Conselho Governante, Bremer passou a precisar menos de um intermediário das Nações Unidas. Do mesmo modo, iraquianos de destaque, que antes usavam Vieira de Mello para comunicar seus pontos de vista a Bremer, acharam mais fácil negociar diretamente com os americanos.

Vieira de Mello entristeceu-se ao ver Ryan Crocker e o embaixador britânico John Sawers deixarem Bagdá, no final de julho. Bremer estava se cercando de conselheiros que pareciam mais hostis à ONU. Sergio contou a um visitante que "o lado mais neoconservador da personalidade de Jerry" estava emergindo.[1]

Ainda em Nova York, depois de falar ao Conselho de Segurança, Vieira de Mello apareceu no escritório do colega Kieran Prendergast e desabou no sofá. "Meu Deus", disse, "preciso de um drinque." Ele e Prendergast não eram amigos, mas, depois da ida de Sergio para o Iraque, os dois vinham trabalhando mais próximos do que antes. Prendergast apanhou uma garrafa de vodca da Mongólia que um auxiliar lhe trouxera de uma viagem recente. "Parece horrível", Vieira de Mello observou, "mas tudo bem." Depois de vários goles, contou que norte-americanos e iraquianos já vinham demonstrando alguma perda de interesse na ajuda da ONU. O retorno a Bagdá confirmou suas suspeitas. Os iraquianos do Conselho Governante passaram a tergiversar e protelar quando ele tentava se encontrar com eles. Diziam-lhe que seria bem-vindo após um almoço marcado com Bremer, quando o café fosse servido. "Ele era como uma criada de quarto vitoriana", recorda Prendergast. "Seduzida e descartada."

Vieira de Mello esperava que os iraquianos do Conselho Governante aproveitassem a oportunidade e governassem de fato, exercendo a autoridade limitada que lhes havia sido concedida. Mas vinham fazendo o contrário, passando a maior parte do tempo em rixas. Ele sugeriu que o conselho fosse financiado pelas Nações Unidas (e não por Estados Unidos e Grã-Bretanha) e recebesse ajuda de consultores técnicos da ONU. Porém seus membros iraquianos não se interessaram pela proposta. Sergio escreveu a Nova York que a conduta deles "não indicava disposição particular para um acordo".[2] Pareciam totalmente fora de contato com os iraquianos comuns e operavam, ele se queixou, "numa espécie de casulo".[3]

Mas, se a escolha era entre um governo norte-americano absoluto e um governo iraquiano falho, Vieira de Mello preferia o Conselho Governante. Para convencer os países vizinhos a conceder ao conselho "o benefício da dúvida", Sergio empreendeu um rápido giro pela região. Em viagem à Turquia, encontrou-se como os ministros do Exterior turco e indiano. Visitou o príncipe herdeiro Abdullah da Arábia Saudita. Mais de três anos antes que o Grupo de Estudo do Iraque (encabeçado por James Baker e Lee Hamilton) recomendasse ao governo Bush o envolvimento dos vizinhos, ele tentou fazê-lo, voando até Damasco e Teerã para se encontrar com os presidentes Bashar al-Assad e Mohammad Khatami. Em Amã, encontrou-se com os ministros do Exterior do

Egito e da Jordânia. E, no Egito, encontrou-se com Amr Moussa, o secretário-geral da Liga Árabe.

Vieira de Mello sabia que era um vendedor mais palatável do que qualquer norte-americano ou do que certos membros do próprio Conselho Governante. No entanto, precisava ter cuidado para não parecer subserviente à ocupação. Quando jornalistas árabes questionaram se as Nações Unidas estavam ali apenas como "fachada para a invasão norte-americana", ele estourou: "A ONU, seu secretário-geral e o representante especial do secretário-geral não são instrumento nem fachada de ninguém. Somos uma organização independente. O secretário-geral Kofi Annan e eu somos totalmente independentes. Portanto, não queiram sugerir nem por um segundo que apoiamos os Estados Unidos ou a Coalizão".[4] Rejeitou ainda a acusação de que o Conselho Governante havia sido "selecionado" pelos americanos. Na verdade, insistiu, o conselho era "a instituição governante mais representativa que se pode conceber no Iraque de hoje". Os governos árabes que criticaram o Conselho Governante por não ter sido eleito, escreveu ele num editorial que esperava publicar na região, "deveriam estar preparados para promover o mesmo princípio em seus próprios distritos eleitorais".[5] Convenceu-se de que fazia progressos, já que diversos governos árabes se declararam dispostos a apoiar o conselho, caso os ocupantes o deixassem governar de fato.

A turnê de "caixeiro-viajante" alarmou sua própria equipe em Bagdá e amigos ao redor do mundo que leram a respeito. Em agosto de 2003, pesquisa do Gallup constatava que três-quartos dos iraquianos achavam que as políticas do Conselho Governante eram "na maior parte determinadas" por Estados Unidos e Reino Unido, enquanto somente 16% consideravam o organismo "razoavelmente independente".[6] "Ali estava o Sergio dizendo em público: 'Ajudei a criar este Conselho Governante. Apoio este Conselho Governante'", recorda Ramiro Lopes da Silva, seu vice em Bagdá. "Mas o Conselho Governante não procurava representar as preocupações reais da população iraquiana, porque seus membros estavam provavelmente mais preocupados consigo próprios. Que imagem aquilo passava das Nações Unidas?" Timur Goksel, ainda o porta-voz dos Estados Unidos no Líbano, cerca de duas décadas depois de ter trabalhado com Vieira de Mello em Naqoura, ficou chocado ao ouvi-lo defender o conselho na tevê árabe. "Pensei que ele talvez se sentisse seguro demais no Iraque, mais do que deveria", Goksel recorda. "Achei que tinha algo de errado. Ele se vestia como um administrador, falava como um administrador, parecia um deles." Goksel enviou um e-mail ao amigo recomendando que se afastasse das estruturas formais e fizesse o mesmo que haviam feito no Líbano. "Vá aos cafés, Sergio", ele se lembra de ter escrito. "Entre em contato com quem tem as armas." Omar Bakhet também procurou Vieira de Mello para transmitir-lhe a mesma mensagem. Bakhet suplicou: "Pare de tentar cavar um papel político para você. Ninguém no Oriente Médio é ingênuo".

Sergio, porém, havia investido demais para abrir mão do nascente conselho. Apesar dos sinais que via diariamente, convenceu-se de que acabaria dando certo. "Eu não percorreria os países da região tentando vender a ideia do Conselho Governante se não acreditasse no que digo", disse a George Packer, da *New Yorker*. "A última coisa de que eu ou a organização precisamos é de apregoar os interesses dos Estados Unidos."[7]

Mas a paisagem política iraquiana vinha mudando de um modo que ele não percebeu. Moqtada al-Sadr e outros militantes ganhavam força, porque forneciam os serviços sociais e a segurança física que a Coalizão não fornecia. Em julho, enquanto Vieira de Mello defendia o conselho, Al-Sadr exigia sua dissolução. Para Al-Sadr, era a Hawza, a autoridade religiosa xiita, que deveria administrar o Iraque. Em 25 de julho, ele reuniu dezenas de milhares de xiitas em Najaf para demonstrar sua força e exigir o fim da ocupação. "O Conselho Governante iraquiano foi criado pelos americanos e deve ser extinto", afirmou a seus seguidores.[8]

Vieira de Mello sabia que nas três áreas-chave em que a Coalizão fracassava — compartilhamento do poder, policiamento e desenvolvimento econômico —, a ONU havia cometido erros graves, mas desenvolvera *know-how* sem igual. Para seu espanto, porém, a Coalizão não parecia interessada em aproveitá-lo. No tocante à lei e à ordem, gostava de repetir o que havia aprendido em anos de frustrações: "Soldados são maus policiais". O Departamento de Justiça tinha feito planos de dispor mais de 6 mil instrutores de polícia, mas apenas cinquenta tinham chegado. Embora as Nações Unidas tivessem treinado policiais locais no Camboja, na Bósnia, em Kosovo e no Timor Leste, a Coalizão rejeitou seu auxílio. Um chefe de polícia da Carolina do Norte, Jon Villanova, recebeu uma equipe de quarenta homens para treinar 20 mil policiais iraquianos.[9] A energia, o abastecimento de água e outros serviços públicos funcionavam esporadicamente, na melhor das hipóteses, bem aquém das expectativas da população. Vieira de Mello lembrou a Bremer que grande parte do Kosovo e todo o Timor Leste já tinham sido destruídos por incêndios criminosos quando a ONU chegou, mas que, no fim, as administrações da instituição conseguiram mobilizar os recursos necessários à recuperação. Mesmo assim, Bremer não parecia receptivo aos conselhos das Nações Unidas. "Poderíamos ter ajudado", Vieira de Mello contou a Packer em agosto. "Ainda podemos", disse. "Ainda há tempo."[10]

Se houve um ponto em que Vieira de Mello e Bremer entraram em choque frontal foram os direitos dos prisioneiros sob custódia norte-americana. No Camboja, no Congo e no Timor Leste, Vieira de Mello havia entrado em choque com o amigo Dennis McNamara sobre questões de direitos humanos. Mas no Iraque ele se conduziu como o alto-comissário das Nações Unidas para os Direitos Humanos que relutantemente se tornara. Falava amiúde em "levar a campo o posto de alto-comissário". Comportava-se como se tivesse adquirido um orgulho novo de seu cargo em Genebra, talvez uma compreensão nova, pois percebeu que as violações dos direitos humanos eram a essência de tudo o que tinha havido de errado na tirania de Saddam Hussein e de tudo o que *poderia* dar errado sob o comando da Coalizão. "No momento em que desembarcamos no Iraque", recorda Mona Rishmawi, consultora de direitos humanos das Nações Unidas, "ele se tornou um homem diferente." "Algumas pessoas acham que os direitos humanos são o ponto fraco da ONU", ele dizia aos auxiliares. "Mas os iraquianos sabem que a situação dos direitos humanos é que vai construir ou destruir o país."

Em 15 de julho de 2003, ele e Bremer marcaram um encontro para discutir a questão dos prisioneiros. Sawers havia sugerido a Sergio que, ao abordar o problema do uso excessivo de força militar pelos Estados Unidos ou das condições das prisões, ele não fizesse nenhuma crítica, mas, em vez disso, perguntasse a Bremer: "Como você vai lidar com as críticas?".[11] Foi o único encontro na Zona Verde do qual Bremer insistiu em excluir Prentice e Salamé. Vieira de Mello indagou sobre as condições dos milhares de prisioneiros no aeroporto de Bagdá, amontoados em condições desumanas. Enfatizou a importância de criar um banco de dados dos iraquianos na prisão e, assim como fizera com o presidente Bush em março, pediu que membros das famílias e advogados tivessem acesso aos detidos. Recomendou que o período de detenção fosse reduzido de noventas dias para 72 horas, que fosse instituída a revisão de *status* dos combatentes e que algum tipo de defensoria pública fosse criado. "Não estou acusando seus soldados de abusos", disse a Bremer. "Estou dizendo que faltam freios e mecanismos para impedir os abusos." Bremer respondeu que entendia a posição das Nações Unidas, mas achava que ela vinha sofrendo uma distorção injusta por parte do "palestino na sua equipe". Referia-se a Rishmawi, portadora de passaporte jordaniano, mas de origem palestina, que em reuniões internacionais recentes criticara as práticas prisionais norte-americanas. Vieira de Mello defendeu Rishmawi, que o acompanhara à reunião e aguardava do lado de fora. Argumentou que a Coalizão prejudicava a própria causa com sua abordagem precipitada da questão dos prisioneiros. Quase um ano se passou até que o escândalo de Abu Ghraib estourasse, forçando Bremer a reconhecer o mérito das críticas de Rishmawi. Vieira de Mello foi o primeiro alto funcionário internacional a alertá-lo para a possibilidade de abusos graves e do constrangimento que isso causaria aos Estados Unidos.

Num encontro posterior com Bremer, Sergio levou consigo um recorte de um jornal local com a foto de iraquianos encapuzados sob custódia norte-americana. "Isso é inacreditável", disse, mas Bremer pareceu confuso. "O que há de errado em encapuzar prisioneiros?", perguntou. Sabedor de que o comandante da Coalizão, general Ricardo Sanchez, havia entrado em choques frequentes com Bremer nos pontos em que suas responsabilidades se entrelaçavam, Vieira de Mello levantou a questão do tratamento dos prisioneiros com Sanchez também, solicitando que a ONU tivesse o direito de inspecionar as dependências prisionais dos norte-americanos. Sanchez respondeu que o monitoramento externo era desnecessário. "Meus soldados estão entre os melhores do mundo", afirmou. "Quero manter esse padrão. Sinto orgulho deles e pretendo continuar me orgulhando de meus soldados."

Ao longo da carreira, Vieira de Mello sempre gostou que gostassem dele. No tocante aos prisioneiros, comunicou todas as suas queixas aos americanos em particular, mas em nenhum momento enunciou-as de público. Quando exigiu uma visita à prisão de Abu Ghraib, que a Coalizão havia restaurado e reaberto em 4 de agosto, pediu a Bremer que o acompanhasse. Na manhã da visita, mostrou-lhe uma tira cômica recortada do *International Herald Tribune*. A tira, *O mago de Id*, mostrava o rei que, vivendo isolado de seu povo, inspecionava as condições do calabouço. Ao entrar, um guarda o conduz ao refeitório e mostra os tipos de comida à disposição dos prisioneiros: "gororoba", "gororoba sem gordura", "gororoba vegetariana" e "gororoba *kosher*". O guarda explica: "É que o pessoal dos direitos humanos vem aí agora de manhã". Vieira de Mello estava convencido de que sua pressão particular surtia efeito. Contou a repórteres que um banco de dados central vinha sendo montado, que chuveiros haviam sido instalados para quatrocentos prisioneiros iraquianos detidos em barracas

464

abafadas, que instalações prisionais apropriadas logo substituiriam as barracas e que o número de prisioneiros menores de idade caíra de 172 para trinta. Contudo, por mais que desejasse aqueles progressos, não conseguiu que Bremer ou Sanchez dessem prioridade ao destino dos detidos.

A área em que a Coalizão se mostrou receptiva à ajuda das Nações Unidas foi a das eleições. Vieira de Mello convenceu Carina Perelli, uma das pessoas de que mais gostava na sede da Organização em Nova York, a encabeçar uma delegação ao Iraque em 1º de agosto. Perelli (ex-revolucionária impetuosa, corpulenta e fumante inveterada) e Vieira de Mello (viciado em trabalho, imaculadamente trajado e obcecado com a saúde) formavam uma dupla improvável. Mas passaram a se respeitar e até a se adorar depois de organizarem juntos as eleições no Timor Leste. Em Bagdá, completavam as frases um do outro no escritório e faziam brincadeiras para aliviar a tensão. "Preciso de uma 'rapidinha' com você", Vieira de Mello dizia quando via Perelli no corredor e queria discutir as listas eleitorais. "Na minha idade, não dou mais 'rapidinhas'", ela costumava responder.

Perelli e sua equipe passaram quase três semanas percorrendo o Iraque para avaliar se a Divisão de Assistência Eleitoral da ONU podia oferecer colaboração razoável. Pouco antes de deixar Bagdá, em meados de agosto, ela foi de carro com Vieira de Mello à Zona Verde para um encontro com Bremer. No percurso, o amigo pediu que ela fosse direta. "Bremer ainda vê eleições como um assunto técnico, e não político", Vieira de Mello explicou. "Você tem que instruí-lo, como me instruiu. [...] O problema desse pessoal que lida com eleições", continuou, sorridente, "é que leva tempo para a gente aprender a gostar de vocês."

Na reunião, Bremer apresentou seu plano: um grupo de iraquianos indicados redigiria uma lei eleitoral, que seria ratificada em plebiscito. Perelli discordou de forma veemente da sequência que a Coalizão tinha em mente. "É preciso muito cuidado com plebiscitos em períodos de transição", ela disse. "Eles se tornam pesquisas de opinião, e, a julgar por minhas conversas com iraquianos, acho que não é isso que vocês querem."*

Perelli deixou a reunião otimista com a perspectiva de a Coalizão solici-

---

* As eleições iraquianas se realizaram em janeiro de 2005, e o comitê constituinte foi designado pelo parlamento eleito. A Constituição entrou em vigor depois de aprovada por maioria em todas as províncias do Iraque, exceto duas.

tar o auxílio das Nações Unidas. Vieira de Mello gostava de citar as palavras de Yasser Arafat: "Dê-me um quilômetro quadrado e eu controlarei o país". Perelli recorda: "Vimos que tínhamos uma janela. Sabíamos que não era a porta da frente". O desafio da ONU era descobrir como abrir a janela. Vieira de Mello prometeu a ela que a instituição cortaria a assistência eleitoral, caso ela constatasse que os americanos estavam sacrificando princípios básicos. Mas Perelli tinha outra preocupação: Sergio, seu maior aliado nas Nações Unidas, deixaria Bagdá em seis semanas, e ela teria que se virar sozinha. "Se você me abandonar", disse, "vou ter que lidar não apenas com Bremer, mas também com qualquer imbecil que venha a substituir você. Posso lidar com os americanos, mas não dou conta dos dois problemas ao mesmo tempo." Ele assegurou que a apoiaria de Genebra. "Tenho que sair daqui", explicou. "Este lugar está me incomodando, e quero começar minha vida com Carolina."

Em missões anteriores, ele ajudara a levantar o moral de sua equipe levando-a para tomar uns drinques após o trabalho. Mas em Bagdá era raro que estivesse disponível. Larriera chegara em meados de junho, trazendo tudo que ele pedira: um grande estoque de chocolate, o aparelho de som portátil, um discman para os passeios, uma coleção de CDs de música brasileira, uma coleção de DVDs de James Bond que ela lhe dera de presente no Natal, fotografias do Timor Leste e, para dar sorte, duas estatuetas de ferro pequenas de Buda, que haviam trazido da Tailândia. Sergio promoveu duas festas com queijos e vinhos em seu escritório no Hotel do Canal, mas em geral voltava correndo para o oásis insípido que ele e Larriera haviam criado em sua suíte do Hotel Cedar. Ela trabalhava como economista na missão, mas também se preparava para iniciar o mestrado em agosto. "Você estuda", ele costumava dizer quando chegavam ao hotel. "Eu vou cozinhar!" E era o que fazia. Antes de deixarem o Hotel do Canal, o casal apanhava no refeitório bandejas de alumínio com comida que sobrara do almoço, e ele as aquecia num pequeno fogão elétrico. Ou preparava ele próprio vitela empanada, bifes e omeletes de batata. O pessoal reclamava que ele era antissocial. Salamé insistia para que ao menos almoçasse com os colegas na sexta. Certa vez, quando Sergio chegou ao restaurante pensando que almoçaria só com Salamé, deparou com uma mesa cheia de funcionários da ONU. Comeu sua refeição de cara séria e, mais tarde, entregou um bilhete a Salamé que dizia: "Da próxima vez, me diga quem vem para o almoço". Um dia, Salamé telefonou-lhe dizendo que encontrara um livro de fotografias iraquiano para ele e que o deixaria na recepção do hotel. "Não", Sergio replicou, "suba e tome um *scotch* comigo." O quarto de Salamé era contíguo ao dele, mas aquela foi a única ocasião em que foi convidado a entrar.

ZONA DE GUERRA

A violência vinha se agravando, e todos estavam cansados dela. Logo após a chegada de Vieira de Mello, em junho, os insurgentes começaram a testar dispositivos explosivos improvisados. De início, plantavam os explosivos nas estradas à noite, com o intuito de atingir comboios de patrulha norte-americanos. Mas, com o decorrer das semanas, os ataques foram se sofisticando. As bombas passaram a receber disfarce melhor e se tornaram mais poderosas. Muitas vezes, a explosão era seguida do ataque de pistoleiros que atiravam de esconderijos próximos. Ataques contra as forças da Coalizão aumentavam a cada dia. Foram cerca de 117 em maio, 307 em junho e 451 em julho.[12] Agentes do FBI estavam no Iraque para interrogar prisioneiros iraquianos importantes em Camp Cropper, perto do Aeroporto Internacional de Bagdá. Mas, na segunda semana de julho, solicitaram a sua sede o envio de material para lidar com os efeitos de uma explosão, como luvas e escovões. Nada disso havia sido enviado antes porque o governo Bush não previra o tipo de resistência que a Coalizão agora enfrentava.

Vieira de Mello ocupava um escritório espaçoso e com boa vista, no terceiro andar dos fundos do Hotel do Canal. Ele continha um nicho aconchegante que servia de sala de estar, a área de escritório propriamente dita e uma mesa de reuniões para grupos maiores. Das janelas numa das paredes, podia-se ver uma via de acesso de cascalho, com cerca de dois metros de largura, proveniente da rua do Canal, uma via importante. Do outro lado do acesso havia um hospital para pacientes com lesões da coluna vertebral. Mais adiante, na diagonal do escritório de Vieira de Mello, ficava uma escola de *catering* (fornecimento de alimentos) iraquiana e o recém-instalado Centro de Operações Militares Civis da Coalizão, ocupado por duas dúzias de encarregados de assuntos civis ligados ao Segundo Regimento de Cavalaria Blindado. Os norte-americanos tinham erguido montanhas de sacos de areia e um portão de aço de três metros de altura cheio de arame farpado diante de seus alojamentos. Haviam também posicionado guardas no telhado do Hotel do Canal, um posto de observação com vista de 360 graus que funcionava 24 horas por dia.

A via de acesso atrás do hotel era aberta ao tráfego. O pessoal de segurança das Nações Unidas e os militares norte-americanos do Segundo Regimento de Cavalaria Blindado tentaram interditá-la, porque ela passava muito perto dos fundos do hotel, mas os altos funcionários da ONU temiam que, se a Organização começasse a perturbar o tráfego ou bloquear o acesso à escola de *catering* ou ao hospital, criaria um mal-estar com os iraquianos, como acontecera com os norte-americanos quando isolaram a Zona Verde.

Rishmawi, a consultora de direitos humanos, ocupava um escritório nos fundos do prédio, perto do de Vieira de Mello. Sua mesa estava posicionada de modo que ela ficava de costas para a janela. Temia que um pistoleiro posicionado no telhado do hospital pudesse alvejá-la na parte de trás da cabeça. No final de junho, quando vagou outra sala mais adiante no corredor, ela se mudou correndo para lá. Vieira de Mello fingiu estar chateado. "Agora vou ter que vir até aqui?", perguntou. "Você não vai sentir falta da vista?" "A vista quem nota é você", ela respondeu. "Eu só vejo franco-atiradores." Ainda assim, ela se sentiu uma tola por ter mudado de sala.

A equipe de segurança baseada no Hotel do Canal era pequena, nunca excedendo meia dúzia de funcionários. Havia tantas agências da ONU manobrando para enviar pessoal ao Iraque que a equipe gastava mais tempo processando solicitações de viagem de Nova York e Genebra do que protegendo os funcionários já no país. Em 18 de junho, Robert Adolph enviou um e-mail a Ramiro Lopes da Silva em que reclamava daquele fluxo demasiado de gente. "A maioria do pessoal das Nações Unidas que está no Iraque não deveria estar aqui", Adolph escreveu em tom de desaprovação. "O volume de pedidos de autorização tem sido assustador. [...] Pessoas cansadas tendem a cometer mais erros. Dado o contexto de segurança atual, não podemos permitir que tais erros sejam cometidos."[13]

A pessoa mais atenta à segurança pessoal de Vieira de Mello era Alain Chergui, o ex-oficial das forças especiais francesas de 55 anos que lhe dera proteção no Timor Leste. No início de junho, Chergui se juntou a Vieira de Mello no Chipre e perguntou a Paul Aghadjanian, superintendente administrativo da missão da ONU, onde poderia encontrar a caixa com equipamentos e instruções de segurança enviada de Nova York. Aghadjanian respondeu que não sabia de caixa nenhuma. "Eu esperava a chegada de armamentos, munições, coletes à prova de balas, óculos de visão noturna, capacetes, kits para traumatismo, aparelhos de GPS — enfim, todo o equipamento obrigatório nessas missões", Chergui recorda. "Além de um mapa, algumas instruções e mais uma série de coisas." No primeiro dia no Iraque, Chergui achou banais as instruções sobre a segurança de Vieira de Mello e de sua equipe que havia recebido de Adolph. "Ele disse coisas como: 'Não se meta a besta com um sujeito armado'", recorda. "Pensei comigo: o que eles acham que se deve fazer se aparecer um sujeito armado?" Chergui havia trabalhado para as Nações Unidas no Iraque em 1998. Mesmo numa Bagdá então tirânica, mas ordeira, batalhara seis meses para conseguir que barreiras de concreto na altura da cintura fossem erguidas do lado de fora do Hotel do Canal, o que conduzia os veículos para uma descida que levava a um posto de controle. Quando ele retornou ao Hotel do Canal com Vieira de Mello, em 2 de junho, ficou abismado ao descobrir que, num ambiente bem mais letal, somente 43 funcionários iraquianos e 38 soldados norte-americanos guardavam os portões da instalação. "Dos soldados norte-americanos, alguns precisam comer, alguns precisam descansar, alguns precisam fazer trabalho burocrático", ele disse para si mesmo. "Quantos estão de fato cuidando da segurança no perímetro?" Então, viu as barreiras de concreto que havia instalado cinco anos antes. Estavam apoiadas na cerca, abandonadas.

Chergui integrava a equipe de nove pessoas responsável pela segurança pessoal de Vieira de Mello. Cada uma delas recebeu apenas uma pistola de 9 mm. Eram armas adequadas para cuidar da entrada do complexo das Nações Unidas em Genebra, mas insuficientes numa zona de guerra. Ele solicitou submetralhadoras a Nova York. Estavam em Bagdá já fazia sete semanas quando o pedido enfim chegou: armas de segunda mão da polícia civil da ONU na Bósnia. Sentiu-se aliviado, mas, ao abrir a caixa, ficou boquiaberto ao ver que, das sete submetralhadoras, três tinham vindo sem os pinos necessários para atirar. "É como presentear alguém com uma caneta sem tinta", ele compara.

Quando Chergui viu o escritório com vista panorâmica de Vieira de Mello, ficou horrorizado. Olhou pela janela, viu o hospital próximo e, a distância, uma mesquita. Preocupado sobretudo com franco-atiradores, pediu ao chefe da equipe de segurança pessoal que providenciasse a mudança de sala. Mas ao apresentar a ideia a Vieira de Mello, o chefe vetou a medida. O Hotel do Canal estava lotado, e ele disse que não pediria a seus funcionários que corressem riscos no lugar dele.

Naquele mesmo mês, dois outros guarda-costas franceses de Vieira de Mello decidiram resolver a questão por conta própria, pedindo vários fuzis AK-47 emprestados à embaixada francesa. Como a ONU em Nova York jamais teria aprovado essas armas, Vieira de Mello deu pessoalmente o sinal verde. De manhã, quando deixavam o hotel, ele costumava perguntar se "Papai Noel" (o apelido dos fuzis) ia com eles. Um dia, enquanto Perelli estava no carro, Gaby Pichon, um guarda-costas francês, confessou ao chefe: "Precisamos de treinamento". Vieira de Mello brincou: "Põe a arma na mão da Carina, e ela mostra a vocês como usar".

Enquanto o pessoal de segurança das Nações Unidas se alarmava com a escalada da violência, os dirigentes norte-americanos pareciam estranhamente despreocupados. O secretário de Estado Donald Rumsfeld, quando lhe perguntaram por que relutava em caracterizar a rebelião como uma "guerra de guerrilha", respondeu: "Suponho que a razão pela qual não usamos a expressão 'guerra de guerrilha' é porque ela não existe".[14] A resistência provinha de "dead-enders" [os sem-saída], e eles seriam esmagados.[15] Em Bagdá, os altos funcionários norte-americanos repetiam todos a mesma ladainha. Paul Bremer contou a Jon Lee Anderson, da *New Yorker*, em 7 de agosto: "Mais pessoas são mortas em Nova York a cada noite do que aqui em Bagdá".[16]

Embora menos de uma dúzia de ataques ocorressem a cada dia (número relativamente baixo se comparado ao de 2007, quando insurgentes e milícias lançariam 163 ataques diários), o pessoal da ONU entendia que as circunstâncias haviam mudado.[17] A chamada "Avaliação de perigo" das Nações Unidas, datada de 29 de junho e escrita por Adolph, observava: "Até agora, não houve ataques diretos ao pessoal ou às instalações da ONU, mas é consenso entre a Equipe de Segurança no Iraque que se trata apenas de uma questão de tempo".[18] Em uma reunião de funcionários encarregados da segurança ocorrida em 30 de junho, Kevin Kennedy, ex-fuzileiro naval norte-americano que trabalhava em logística e assuntos humanitários, disse à equipe: "A situação mudou. Estamos agora numa zona de guerra". Kennedy ordenou a construção de três abrigos antibombas para cerca de duzentas pessoas.[19] Quando um depósito e um escritório do Programa de Alimentação Mundial em Mosul foram atingidos por uma granada, Sergio enviou carta a Bremer, datada de

6 de julho, à qual anexou a tradução aproximada de um panfleto "contra os inimigos da religião", distribuído ao redor de uma mesquita próxima antes do ataque.[20]

Kennedy e Vieira de Mello discutiram a verdadeira multidão que as agências das Nações Unidas vinham irresponsavelmente despejando no Iraque. Quaisquer que fossem as pressões políticas e as oportunidades financeiras, aquela gente devia se manter longe dali até que os riscos diminuíssem. "As pessoas estão vindo a Bagdá como se estivessem fazendo uma viagem a Genebra", Kennedy observou. Alguns dias depois, enquanto os dois homens aguardavam um voo no aeroporto de Bagdá, observaram uma equipe variada de estrangeiros, funcionários da ONU e de outras agências humanitárias, emergir de um avião. "Que diabo toda essa gente veio fazer aqui?", Vieira de Mello indagou. O pessoal não essencial que afluía à cidade, ele apelidou de "os turistas".

Em reunião da Equipe de Gestão da Segurança das Nações Unidas em Bagdá, em 12 de julho, um dos membros informou aos participantes em que pé estava o atendimento às recomendações anteriores. As anotações de Adolph nessa ocasião dizem:

> Cessar o influxo de pessoal novo...
> NÃO ATINGIDO
> Reduzir pessoal...
> NÃO ATINGIDO[21]

Como os ataques à Coalizão continuaram, a segurança tentou restringir a mobilidade do pessoal da ONU. Toques de recolher foram impostos, e deslocamentos sem escolta de dois veículos foram proibidos.

Numa reunião com a imprensa em Bagdá, em 24 de julho, Salim Lone, porta-voz da missão, chamou a atenção para uma sequência de quatro ataques recentes contra estrangeiros. "Com certeza, não podemos mais considerar esses incidentes fatos isolados, de jeito nenhum", disse. Os funcionários da ONU eram "alvos civis fáceis", e era também "muito fácil escolhê-los". A declaração ecoou na mídia internacional, e Fred Eckhard, principal porta-voz das Nações Unidas em Nova York, enviou carta a Shashi Tharoor, chefe da informação, recomendando que Lone fosse impedido de falar à imprensa no futuro. Eckhard escreveu que Lone havia "contrariado a posição [oficial] de que os ataques contra trabalhadores das Nações Unidas constituem incidentes isolados".[22] Quando Lone recebeu a repreensão, respondeu com fúria, exigindo um pedido de desculpas. Descreveu como "ridícula" a ideia de Eckhard de que os ataques eram fatos isolados:

> Suponho que seja o desejo dos senhores que repitamos a posição oficial ainda que estejamos cercados no Hotel do Canal ou em fuga apressada do Iraque para implementar nosso plano de reação rápida. O que, aliás, pode vir a acontecer a qualquer momento. MUITOS acham que essa implementação deveria ocorrer de forma automática, caso haja outro ataque fatal a um veículo/funcionário das Nações Unidas. Alguns chegam mesmo a dizer que deveríamos ser retirados de Bagdá. Os senhores sabem qual a situação de segurança aqui e as condições em que trabalhamos, sobretudo após dois ataques e duas mortes de gente da ONU, além de uma terceira quase fatalidade, ocorrida dois dias antes da reunião com a imprensa? Os senhores sabem quantas missões das Nações Unidas vêm sendo conduzidas em zona de combate sob guerra de guerrilha?[23]

Vieira de Mello com clérigos xiitas em Hillah.

Mas Lone era inexperiente em ambientes de conflito. Funcionários da instituição mais versados em Iraque viam de outra forma o recente surto de incidentes.* Como vários dos ataques haviam ocorrido nas vizinhanças de escritórios ou pessoal da Organização Internacional para a Migração (OIM), muitos funcionários da ONU acreditavam que as Nações Unidas tinham se transformado em alvo por ter efetivamente se tornado parte da Coalizão. A OIM não era uma agência da ONU, mas usava seus veículos e havia se envolvido (embora tivesse prometido a Vieira de Mello que não o faria) em duas iniciativas bastante delicadas patrocinadas pela Coalizão: a resolução de disputas de propriedade em áreas curdas e o auxílio à reintegração de soldados iraquianos desmobilizados. Vieira de Mello ficou furioso com a traição da OIM, mas resistiu aos apelos dos colegas de cortar os vínculos com a organização. Lopes da Silva recorda: "Fazia parte da personalidade do Sergio tentar chegar a uma solução. Assim era ele — seguia tentando e tentando de novo, em vez de se livrar deles".

No final de julho, havia pelo menos quatrocentos funcionários estrangeiros das Nações Unidas somente em Bagdá, e sua segurança estava a cargo de cerca de vinte profissionais responsáveis pelo país inteiro.[24] Pouquíssimos dos recém-chegados compareciam às palestras obrigatórias sobre segurança, e quase nenhum chefe de agência insistia para que o fizessem. A "Avaliação de perigo" datada de 25 de julho dizia: "Ataques diretos contra pessoal e instalações das Nações Unidas claramente identificados são quase uma certeza".[25]

Em agosto, Vieira de Mello se tornara bastante irritadiço. Sempre que deixava o país e percorria a estrada para o aeroporto, os prestadores de serviços de segurança norte-americanos detinham seu carro e queriam revistá-lo. Ele continuava se recusando a conceder esse direito à Coalizão. "Os sacanas precisam aprender a respeitar a bandeira da ONU", dizia. Praticava atos de desobediência civil que lembravam suas ações como especialista em política no Líbano, aos 34 anos de idade. Com seu comboio detido sob um calor de verão de quase cin-

---

* Por coincidência, a pessoa no comando de toda a segurança da ONU, um birmanês de sessenta anos chamado Tun Myat, foi nomeado para o cargo após servir como coordenador de ações humanitárias no Iraque de 2000 a 2002. Como percebiam que ele tinha conhecimento especial do Iraque, os membros do Grupo de Coordenação que não haviam visitado o país ou a região quase nunca o contestavam.

quenta graus, ele muitas vezes ficava sentado, braços cruzados e enfurecido, por mais de uma hora, até que os guardas concordassem em deixá-lo passar.

Quando, numa rápida fuga do Iraque, foi participar da reunião do Fórum Econômico Mundial em Amã, na Jordânia, viu-se bombardeado com pedidos de reuniões de destacados primeiros-ministros. Mas ao examinar a lista dos renomados participantes, o único nome que o animou foi o do escritor brasileiro Paulo Coelho. "Veja!", ele exclamou para seu auxiliar Salman Ahmed. "Você acha que existe alguma chance de eu conseguir um encontro com ele?" Ao retornar a Bagdá, contou aos colegas que a reunião particular com Paulo Coelho tinha sido o ponto alto da viagem. Quando o romancista Mario Vargas Llosa passou por Bagdá, Vieira de Mello abriu uma brecha na agenda para passar algum tempo com ele. Depois que o escritor partiu, Sergio escreveu de imediato para André Simões, seu sobrinho e afilhado no Brasil, pedindo que lhe enviasse pelo correio a edição brasileira de *O Paraíso na outra esquina*, assim que pudesse.[26] Queria ler sobre qualquer assunto, menos sobre o Iraque. Como sempre acontecera em sua carreira, a mãe e os amigos continuavam enviando "doações" de livros, que ele devorava.

Com o pessoal da ONU, porém, tentava manter as aparências. Sua equipe o observava de perto. "Sempre que a fisionomia dele mudava", Marwan Ali recorda, "ficávamos pensando o que estava acontecendo." Seus relatórios a Nova York concentravam-se no que tinha conseguido, e não no que ainda lhe era negado. Preocupava-se com a equipe. Nos hotéis, faltava eletricidade e água corrente, e o calor era insuportável. Ao concluir os e-mails, despedia-se com "saudações calorosas (literal e figurativamente)". Quando Larriera lhe contou que um membro da equipe havia pego um resfriado naquele calor escaldante, ele a corrigiu: "Não, Carolina, ela não está resfriada. Entrou em colapso, porque a tensão é alta demais". Sergio insistiu para que Prentice tirasse uma semana de folga para visitar a mulher no primeiro aniversário de casamento. Rick Hooper, o especialista em política fluente em árabe que trabalhava como auxiliar especial para assuntos iraquianos do subsecretário-geral Prendergast em Nova York, voou até Bagdá para substituí-lo. Hooper havia muito defendia que Annan deveria ter declarado ilegal a invasão da Coalizão (o que o secretário-geral só faria em entrevista à BBC de setembro de 2004).

Jean-Sélim Kanaan, o franco-egípcio especialista em política, deixou o Iraque em julho para estar junto da esposa, Laura Dolci-Kanaan, quando ela desse à luz seu primeiro filho, em Genebra. Na última carta antes de partir de Bagdá, escreveu que a Coalizão tomara as cores das Nações Unidas e "arrastou-as na lama".

> Confesso que aguardo em segredo o momento em que as Nações Unidas enfim encontrarão um papel próprio. [...] Que momento extraordinário será — quando pudermos ordenar a um soldado [americano] que abaixe a arma e fique calado. E não teremos mais que sofrer essa humilhação pública de revistas corporais nas ruas, apesar da insígnia da ONU, apesar do nosso status diplomático. [...] Parece-me cada vez mais evidente que os Estados Unidos irão implorar pela ajuda do resto do mundo para enfrentar essa tarefa titânica. O atoleiro vai piorando a cada dia. [...] Mas precisamos ter cuidado nesse jogo, porque 28 milhões de protagonistas não acham a menor graça nele. E Deus sabe quanto dano pessoas enfurecidas são capazes de infligir.[27]

Com a multiplicação das preocupações com segurança, cada membro das Nações Unidas alimentava temores diferentes. Carole Ray, secretária de Vieira de Mello, detestava os engarrafamentos, com medo de ver surgir uma turba revoltada. Shawbo Taher, uma curda iraquiana que trabalhava como auxiliar de Salamé, sentia-se mais assustada no hotel, à noite. O hotel não era policiado, e os quartos tinham grandes janelas de vidro por onde saqueadores ou ladrões poderiam penetrar com facilidade. Predominava uma sensação de desastre iminente. No final de julho, Bob Turner, funcionário da área de ações humanitárias, observou para Kevin Kennedy: "Já não é uma questão de se vão ou não nos atingir. A questão é apenas como e onde vão fazer isso".

Embora Vieira de Mello insistisse para que os outros tirassem folga, ele não sentia que podia fazer o mesmo. "Sergio era muito consciente de seu papel de líder da missão, dando o tom para todos os demais", recorda Larriera. "Ele sabia que não podia ser visto entrando em colapso diante de sua equipe." Durante todo o período em que permaneceu no Iraque, Sergio só tirou um dia de licença: passou 24 horas com Larriera na Jordânia. Desesperado por uma trégua, chegou a Amã às duas da madrugada de 18 de julho, e às oito da manhã do dia seguinte foram de carro até Petra. Nas outras missões, ele sempre pudera praticar exercícios, mas em Bagdá o *jogging* se restringia a quinze voltas num estádio fortemente policiado por americanos. "Você sabe, Sergio, não é uma bala que vai me matar aqui no Iraque", Ibrahim, seu guarda-costas, dizia, correndo no calor de Bagdá com Larriera, Prentice e Vieira de Mello. "Mas com certeza vou morrer de insolação." Sergio também procurava se exercitar à noite no hotel, subindo e descendo as escadas. Mas a deterioração da segurança confinava seus movimentos cada vez mais à rota entre o Hotel Cedar e o Hotel do Canal.

Em missões anteriores, suas frustrações com a sede das Nações Unidas — o atraso das respostas, os incômodos administrativos, o modo como "contadores de centavos" e embaixadores pareciam esquecer-se das provações diárias do pessoal de campo — decerto o haviam exasperado. Mas no Iraque elas o enfureciam. Certa ocasião, Salamé refletia em voz alta, perguntando-se como Vieira de Mello podia ter ficado na ONU. "As Nações Unidas são uma instituição especializada no residual", Salamé disse. "Quando ninguém quer enfrentar um assunto, sobra para a ONU." De início, Sergio se pôs na defensiva. "Não, não é isso", afirmou. "Em termos de produtividade", Salamé persistiu, "não é nem um zero, é menos que zero." O chefe falou irritado: "Escute aqui, Ghassan, a ONU não consegue atrair os melhores. Nenhum Estado-membro vai dar a ela o que tem de melhor. E nas raras ocasiões em que ela consegue encontrar os melhores, não tem a menor ideia de como mantê-los. Quando a ONU obtém algum sucesso, é por acaso". E deu a Salamé um conselho: "Se algum dia você ingressar na ONU, minha dica para você é a seguinte: passe o mínimo de tempo possível em Nova York".

Cada vez mais claustrofóbico no Iraque, Vieira de Mello tentava se concentrar na vida pessoal que o aguardava quando partisse. Recebeu notícias do tribunal na França de que seu divórcio estaria concluído em outubro. A relação com os filhos havia melhorado. Laurent se formara em engenharia em Lausanne, e eles tinham comemorado juntos, antes de Sergio deixar Genebra. O relacionamento com Adrien demorara mais tempo para se normalizar, mas haviam começado a se corresponder de novo. Por sorte, Adrien estava em Nova York com a namorada e os pais dela quando Vieira de Mello esteve lá para falar ao Conselho de Segurança em julho. Tinham jantado juntos numa churrascaria. Ainda assim, Sergio esperava desenvolver laços mais estreitos com os filhos. Enviava-lhes e-mails queixando-se de que estava "muito quente e muito difícil" em Bagdá, e pedia: "Por favor, continuem me escrevendo".

Com base no que acontecera na Bósnia, Vieira de Mello sabia como era difícil convencer os países ocidentais a compartilhar informações com a ONU.

Em outras missões, as Nações Unidas conseguiam ao menos contar com suas próprias forças de paz e policiais, ou com o auxílio das autoridades locais. No Iraque, a Coalizão era a única fonte disponível de informações, possíveis alertas e segurança. O consultor militar australiano de Vieira de Mello, Jeff Davie, achava a postura de "bico calado" dos norte-americanos exasperadora. "Se eu não estivesse usando uma boina azul", Davie diz, "meu acesso à informação teria sido totalmente diferente." Ele não estava autorizado a entrar na sala de operações da Coalizão ou a examinar as avaliações do Serviço de Inteligência. Vieira de Mello insistiu com o general Sanchez para que houvesse mais cooperação. Ofereceu-se até para enviar Prentice. "As informações ficam só entre nós dois", Vieira de Mello prometeu, "e Jonathan é britânico. É um de vocês!" Sanchez ficou em dúvida. Em 14 de julho, Lopes da Silva enviou à APC uma carta solicitando permissão para nomear um oficial de ligação da ONU junto à Coalizão para questões de segurança, mas o pedido foi ignorado.[28] Nas reuniões com Sanchez, Vieira de Mello também pediu mais acesso às informações. "Estou no escuro em matéria de segurança", disse ele ao comandante norte-americano. "Não tenho a menor ideia do que está acontecendo." Em 24 de julho, ao encontrar-se com vários oficiais militares graduados da Coalizão, discutiu com o grupo a melhoria da informação de que dispunham os americanos em relação ao posicionamento do pessoal das Nações Unidas e a criação de um número telefônico de emergência para incidentes, bem como a otimização de um processo de avaliação e comunicação de potenciais ameaças à ONU.[29] Mas essa cooperação na área da segurança permaneceu improvisada e inadequada.

Muitos dentro da própria ONU teriam se contrariado se o relacionamento com a Coalizão tivesse se estreitado de fato. Em agosto, Vieira de Mello preparou-se para uma viagem ao norte do Iraque. Comprova sua preocupação crescente com a segurança o fato de ter pedido a Davie que examinasse o itinerário. "Já obtive aprovação da minha equipe de segurança", disse, "mas dê uma olhada e me diga o que você acha." Davie levou o roteiro à Zona Verde e mostrou os locais a um oficial do Serviço de Inteligência norte-americano. Quando Nadia Younes, chefe de gabinete de Vieira de Mello, soube que Davie havia feito aquilo, ficou aborrecida. "Como você pôde contar à Coalizão aonde o Sergio está indo?", reclamou. "Não queremos submeter nossos planos a eles."

O pelotão de soldados americanos responsáveis pela segurança no perímetro do Hotel do Canal recebera rádios da ONU para poder se comunicar com os funcionários de segurança da instituição, mas não estava autorizado a revistar veículos ou pessoas que chegassem. Podiam usar o refeitório e a internet, porém estavam proibidos de entrar com suas armas.[30] Contudo, a maioria escondia as pistolas na cintura da calça, atrás. Pertenciam também a esse mesmo pelotão os soldados que ocupavam dois postos equipados com metralhadora calibre 50 no telhado do hotel. Espremiam-se entre as grandes caixas-d'água, invisíveis do chão. Mas em 23 de julho, quando os dois filhos de Saddam Hussein, Uday e Qusay, foram mortos por soldados norte-americanos, tiroteios irromperam pela capital, e vários tiros atingiram o prédio. Do telhado, os soldados do Segundo Regimento de Cavalaria Blindado atiraram de volta, e um minitiroteio se seguiu.

Em agosto, a ONU estava dividida entre a necessidade que tinha dos americanos para a própria segurança e a crença de que a presença americana, cada vez mais odiada pelos iraquianos, prejudicava essa mesma segurança. "A Coalizão e as Nações Unidas eram como dois dançarinos de tango, presos num abraço, mas de braços esticados para manter certa distância", Davie recorda. Bagdá estava bem mais perigosa do que em junho, mas o número de soldados diante do Hotel do Canal não aumentou.

Lopes da Silva, que comandava as reuniões sobre a segurança da missão, estava sobrecarregado com suas diversas tarefas humanitárias. Não convocava as reuniões com regularidade nem mantinha registros detalhados. A equipe de segurança jamais formulou um plano de contingência para um ataque a bomba. E Tun Myat, que dirigia a segurança das Nações Unidas em Nova York, tampouco pressionava Lopes da Silva a cumprir as normas.

No final de julho e início de agosto, os responsáveis pela área convidaram várias empresas de segurança privadas ao Hotel do Canal, para que oferecessem seus serviços. Mas o processo de contratação seria lento e tortuoso. Mesmo as melhorias nas instalações do Hotel do Canal, encomendadas em maio, ainda não haviam sido feitas. Em 15 de junho, as janelas do escritório de Vieira de Mello receberam uma película ultravioleta resistente ao sol, mas não uma à prova de explosivos. A solução foi considerada temporária. No final de junho, depois que um tiroteio perto do hotel redespertou a preocupação com as janelas, um funcionário do Programa de Alimentação Mundial ofereceu-se para financiar a encomenda e a instalação da película, mas inexplicavelmente o superintendente administrativo, Paul Aghadjanian, rejeitou a oferta, alegando que já havia iniciado o processo de concorrência.[31] Aghadjanian estava bastante ocupado com a desativação do programa de "petróleo por alimentos", e acompanhar questões de segurança nunca foi sua prioridade. Tendo optado por financiar a instalação da película com o caixa para pequenas despesas, ele instruiu o engenheiro que, em meados de julho, começou a revestir as janelas a não exceder o teto de duzentos dólares.[32] Quase três meses após identificada a necessidade de protegê-las contra explosões, somente o escritório de Vieira de Mello e o refeitório haviam sido equipados com uma película ordinária. As demais janelas do escritório da ONU permaneceram expostas.

Nesse ínterim, o muro novo que separaria o Hotel do Canal de seus vizinhos vinha sendo erguido ao longo do próprio prédio da ONU, sem nenhum espaço intermediário entre o complexo em si e o mundo exterior. O muro teria quase quatro metros de altura ao redor de grande parte do edifício, mas sob o escritório de Vieira de Mello e as salas vizinhas atingiria apenas cerca de dois metros. Os construtores prometeram que tentariam terminá-lo em setembro.

ALVO CIVIL

O primeiro sinal dramático de que os norte-americanos não eram o único alvo da insurreição crescente veio em 7 de agosto. Às onze da manhã, uma minivan parou diante do portão da embaixada jordaniana, onde iraquianos faziam fila para obter visto. O motorista saiu do veículo, atravessou o canteiro central e entrou em outro veículo, que partiu.[33] Minutos depois, a minivan abandonada explodiu, matando dezessete iraquianos, inclusive cinco policiais. Na esteira do ataque, um grupo de iraquianos correu para os destroços da embaixada e saiu de lá carregando retratos do antigo rei Hussein da Jordânia, que despedaçaram e atiraram ao fogo. "Não precisamos de você, Jordânia!", um homem bradou em árabe, enquanto rasgava a bandeira jordaniana.[34]

A força da explosão foi tamanha que um Mercedes, estacionado ao lado do veículo detonador, foi atirado no telhado de um prédio próximo de três andares. Ao ouvir a explosão, um grupo de crianças que assistia ao Cartoon Network numa casa vizinha saiu para a rua, e viu homens e mulheres em chamas correndo impotentes enquanto morriam queimados. Partes de corpos, o que incluía uma cabeça separada do corpo, jaziam na rua.[35] Nenhum grupo reivindicou a responsabilidade pelo ataque.

O atentado à embaixada jordaniana não tinha precedentes. Foi o ataque mais mortífero até aquele momento em Bagdá, e o primeiro de peso dirigido contra "alvo civil". Antes daquela bomba, os insurgentes visavam basicamente os militares norte-americanos e os iraquianos que trabalhavam para eles. Em reuniões das Nações Unidas sobre segurança e formulação de políticas, o incidente foi calorosamente debatido. Seria aquele um divisor de águas? Os estrangeiros seriam vistos doravante como alvos legítimos? Ou aquela havia sido uma vingança pessoal contra a Jordânia? Salamé participou de um comunicado à imprensa após o ataque. Quando lhe perguntaram por que a ONU havia condenado aquele ataque mas não outros, respondeu: "Bom, esse parece ser de um tipo novo. É uma nova forma de violência. Foi um ataque contra civis, e não vejo quem possa querer aplaudir esse tipo de ato de terror injustificado e inaceitável".[36]

Davie, o consultor militar de Vieira de Mello, pediu a seus contatos na Coalizão que revelassem o resultado das análises técnicas e do serviço de inteligência sobre a bomba, o que prometeram fazer. O FBI, que tinha acabado de receber o equipamento solicitado para análise de explosivos, rapidamente descobriu o tipo de bomba e como havia sido detonada. Davie voltou a contatar a Coalizão, mas foi informado de que a avaliação do serviço de inteligência ainda estava em andamento. Não se surpreendeu com a demora, uma vez que a APC parecia ter uma visão limitada da insurreição nascente. O que Davie não sabia era que o serviço de inteligência do FBI havia levantado duas hipóteses conflitantes.

Uma teoria sustentava que os inimigos de Saddam Hussein haviam atingido a embaixada jordaniana porque a Jordânia havia recentemente concedido asilo às duas filhas de Saddam Hussein e aos nove filhos delas. As filhas não tinham apenas desaparecido. Elas apareceram na CNN e na Al Arabiya, após chegarem em Amã, e elogiaram o pai, chamando-o de "meigo, muito carinhoso".[37] O ataque podia ter sido uma vingança contra os que tinham ajudado a família do ditador iraquiano.

O outro ponto de vista era de que partidários de Saddam Hussein atingiram a embaixada porque a Jordânia se alinhara aos Estados Unidos na Guerra do Golfo, em 1991, e, durante a invasão recente, tinha permitido que cerca de 2 mil soldados das Forças Especiais norte-americanas penetrassem no Iraque a partir de bases jordanianas.[38] A Jordânia também havia sido o único Estado árabe a enviar tropas à campanha norte-americana no Afeganistão. Saddam Hussein divulgara quatro vídeos, ao estilo das declarações presidenciais, convocando os cidadãos a se tornarem "um rifle carregado em face do estrangeiro invasor".[39] A Jordânia, portanto, talvez tivesse sido alvo do ataque por sua aliança com os invasores. Como recorda um analista norte-americano envolvido nas investigações: "Um intenso trabalho analítico havia sido realizado, e dele extraíram-se conclusões diametralmente opostas".

Vieira de Mello telefonou a seu velho amigo, príncipe Zeid Raad Zeid al-Hussein, embaixador da Jordânia nas Nações Unidas, que propôs ainda uma terceira teoria: "Não podemos ter certeza", disse Zeid, "mas o fato de terem alugado uma multidão faz com que pareça coisa do pessoal de Chalabi". Em 1992, a Jordânia havia condenado o exilado iraquiano Ahmed Chalabi *in absentia* a 22 anos de prisão por delitos financeiros. No dia do atentado, a filha de Chalabi publicara um editorial no *Wall Street Journal* em que defendia o pai e atacava a "cumplicidade servil da Jordânia com Saddam".[40] Tanto Vieira de Mello quanto o príncipe Zeid acharam suspeito que, com a embaixada jordaniana ainda em chamas, um grupo de iraquianos ignorasse os feridos, penetrasse no complexo e, em vez de apanhar objetos valiosos, saísse com os retratos do rei Hussein para rasgá-los ostensivamente, de forma a aparecer na televisão.

A teoria que recebeu menos atenção foi a que se mostraria mais provável. Sete de agosto era o quinto aniversário dos ataques da Al-Qaeda contra as embaixadas norte-americanas no Quênia e na Tanzânia, que mataram 224 pessoas. A APC aventou a possibilidade de que, por trás do atentado à embaixada, estivesse o Ansar al-Islam (Defensores do Islã), grupo terrorista curdo ligado à Al-Qaeda que teria tido uma pequena presença no norte do Iraque antes da guerra. O general Sanchez afirmou em público que a presença da Al-Qaeda no Iraque era "uma possibilidade clara", mas os norte-americanos tinham então pouquíssimos indícios dessa infiltração. A teoria da Al-Qaeda não recebeu muito crédito.[41] Vieira de Mello informou ao secretário-geral que não tinha certeza se o ataque era um divisor de águas. "Depende de quem fez aquilo e por quê", disse a Annan. "O incidente em si não nos permite tirar conclusões." O governo Bush minimizou o evento. Larry Di Rita, principal porta-voz do Pentágono, afirmou que o ataque fazia parte do "fluxo e refluxo" inevitável da violência.[42] O general Sanchez afirmou que os 37 mil soldados norte-americanos em Bagdá não assumiriam a responsabilidade pela proteção às embaixadas. "Isso é responsabilidade da polícia iraquiana", declarou.[43] Colin Powell disse: "Talvez vocês devessem recuar um pouco e deixar aos iraquianos mais tarefas de proteção".[44] Mas no Iraque, Thomas Fuentes, o norte-americano que chefiava a equipe do FBI, enviou telegrama à sede do Bureau, solicitando especialistas com experiência em bombas. Esperava mais ataques contra alvos civis.

Quando Mona Rishmawi deixava seu hotel, na manhã de 12 de agosto, viu uma série de panfletos espalhados pelo chão. Ao examiná-los, constatou que exibiam o retrato de Osama bin Laden. Rishmawi pensou: "Bagdá e Al-Qaeda — essas duas coisas não combinam. Que piada de mau gosto. O que essas pessoas estão fazendo?". Como o presidente Bush havia em parte baseado a guerra num eventual vínculo entre Saddam Hussein e o Onze de Setembro, ela imaginou que os americanos pudessem ter forjado os panfletos, a fim de justificar a invasão. No mesmo dia, o boletim diário da ONU de incidentes de segurança observava: "As [Forças da Coalizão] receberam informações do serviço de inteligência de que centenas de militantes islâmicos que haviam fugido do país durante a guerra retornaram e planejam realizar grandes ataques terroristas".[45]

Em 12 de agosto de 2003, Salim Lone, relações-públicas da ONU, enviou um e-mail a Vieira de Mello em que descrevia o medo crescente na missão após o ataque à embaixada jordaniana. No dia seguinte, forneceu ao chefe uma lista de perguntas que poderiam lhe fazer na entrevista coletiva que daria naquele dia, a primeira de Vieira de Mello em mais de seis semanas. Uma dessas perguntas era: "A ONU teme ser um dos alvos civis?".[46] Lone pediu ao pessoal da segurança que mandasse embora os soldados americanos. Chergui, que sentia a escalada da violência, achou o pedido irresponsável. "Não venha me dizer que eles devem ir embora", reclamou. "Não temos mais ninguém e, se alguma coisa acontecer, vamos logo culpar os norte-americanos por não estarem aqui."

Salamé se deslocava livremente por Bagdá, sem se preocupar com os protocolos de segurança. Em 13 de agosto, porém, um jornalista libanês lhe trouxe pequenas tiras de papel que encontrara na cena de uma explosão no bairro comercial de Karada. Os papéis tinham cor azul-celeste, cada um do tamanho de um cartão de visita. Haviam sido lançados de um carro, como confete, após a explosão. Neles lia-se em árabe: "Al-Qaeda". Salamé ficou tão intrigado quanto Rishmawi, e foi direto a Vieira de Mello. "Foi a primeira vez que vi uma coisa dessas", ele disse. "Podem ser falsos, mas parece coisa séria." Vieira de Mello mostrou os papéis a seu confiável guarda-costas, Chergui. "Onde foram encontrados?", Chergui perguntou. Os três homens discutiram sobre os papéis por alguns minutos, mas não chegaram a nenhuma conclusão, exceto que teriam de ficar de olho em outros sinais de infiltração estrangeira. Foi sua primeira conversa séria sobre uma possível presença da Al-Qaeda no Iraque. Até aquele ponto, acreditava-se que a insurreição era fomentada por iraquianos próximos de Saddam Hussein ou que contestavam a ocupação americana. Chergui partiria de férias no dia seguinte, mas disse ao chefe que preferia adiar a partida. Os dois homens eram tão amigos que Vieira de Mello se correspondia por e-mail com a esposa de Chergui, Martine. Em 7 de agosto, tinha enviado uma mensagem, perguntando se ela se sentia muito sozinha sem o marido. Reivindicando a responsabilidade total pela ausência de Chergui, Sergio observou que, embora Chergui viesse realizando um excelente trabalho, "você tem o mesmo direito a ele".[47] Terminou por insistir para que Chergui tirasse suas férias, conforme estava planejado.

O pessoal das Nações Unidas estava dividido entre aqueles que esperavam um ataque e os que não conseguiam imaginar aquilo. Todos concordavam em que o problema da segurança estava fugindo ao controle. "Venho da parte mais violenta do mundo", Marwan Ali recorda, "mas nem eu conseguia acreditar que, em dois ou três meses, as coisas pudessem se deteriorar tanto, embora tivesse dito o tempo todo que as coisas iriam se deteriorar muito." A maioria do pessoal concordava também em que a Organização tinha um problema de imagem por todo o país. Vieira de Mello passara a perceber que a Resolução 1483, que legitimava a ocupação, contribuíra para a erosão da imagem da ONU. "Acho que precisamos ser honestos com nós mesmos e reconhecer que existem, nas mentes de muitos iraquianos, sentimentos ambíguos sobre a atuação das Nações Unidas aqui", disse ele a um repórter. "E você não pode esperar que eles façam distinções sutis entre mandatos concedidos pelo Conselho de Segurança ao secretário-geral e o papel do Secretariado em si. Misturam tudo isto, como qualquer opinião pública faria."[48]

Bob Turner pôs-se a comandar um grupo de defesa da ONU com o objetivo de melhorar a reputação da Organização. "Achamos que aquela impressão negativa teria um impacto sobre a segurança", ele recorda. "Estaríamos mais seguros se pudéssemos melhorar a imagem das Nações Unidas." Poucos dias depois, um membro da Organização em Mosul preparou um documento que propunha uma campanha de difusão. "À vista dos incidentes crescentes visando certas agências da ONU e ONGs", o documento dizia, estava na hora de as Nações Unidas usarem imprensa, rádio, tevê, bem como contatar figuras iraquianas proeminentes para divulgar seus serviços humanitários e obter a "confiança" dos cidadãos. Na tentativa de "alimentar" a mídia com imagens, o autor do documento alertava contra a "impressão estática da ONU que filmagens em estúdio transmitiriam" e recomendava imagens que mostrassem "que estamos lá fora, metendo a mão na massa para servir a população".[49]

Mas Vieira de Mello estava certo de que, quaisquer que fossem os pecados da Organização, os iraquianos ainda preferiam as Nações Unidas à Coalizão. Aqueles com quem se encontrava lhe diziam esperar que a ONU desempenhasse papel mais forte, e não mais fraco. "Eles veem as Nações Unidas como um parceiro independente, confiável e de boa-fé", assegurou a visitantes. "Sabem que a ONU não tem interesses ocultos." E acrescentou: "Veem claramente na instituição um protagonista imparcial e independente que é a única fonte possível de legitimidade internacional".[50] Ao falar ao Conselho de Segurança em Nova York, havia dito que o povo iraquiano "pede unanimemente — inclusive aqueles que são críticos da ONU ou estão ressentidos com o que percebem ser o histórico das Nações Unidas no país — um papel enérgico, central, para a Organização".[51] O problema, porém, era que o conceito de "povo iraquiano" nunca era decomposto naqueles que de fato o compunham. E o povo iraquiano estava cada vez mais em conflito entre si. Para piorar, os radicais islâmicos, cuja infiltração no país Sergio ainda ignorava, tinham sua agenda própria.

Vieira de Mello começou a se sentir pessoalmente vulnerável, o que não era comum. Discutiu com Chergui a mudança de seu escritório, mas temeu que aquilo criasse pânico na equipe. "Melhor deixar isso para meu sucessor", concluiu. Chergui decidiu procurar outro espaço no prédio aonde pudesse levar o chefe, em caso de um ataque. Após inspecionar o Hotel do Canal, identificou um pequeno depósito, cheio de cadeiras e mesas dobráveis, ao lado da sala de conferências do andar inferior. Resolveu que levaria Vieira de Mello para lá numa emergência.

Por toda Bagdá, as forças da Coalizão andavam cada vez mais nervosas. Em 12 de agosto, o Pentágono liberou um informe oficial inocentando as Forças Armadas norte-americanas dos disparos de abril contra o Hotel Palestina, em Bagdá, que mataram dois jornalistas e feriram outros três.[52] Esse ataque sucedeu a um incidente em 27 de julho, quando soldados americanos mataram pelo menos três iraquianos que cruzaram um cordão de isolamento militar; a outro, em 8 de agosto, em que cinco iraquianos haviam sido mortos a tiros, inclusive uma menina de oito anos, num posto de controle recém-construído;

e a um terceiro, em 9 de agosto, quando soldados da Coalizão mataram dois policiais iraquianos, confundidos com criminosos.[53] Em 17 de agosto, Mazen Dana, veterano câmera palestino da Reuters de 43 anos, foi autorizado pelos americanos a filmar a prisão de Abu Ghraib, que no dia anterior fora cenário de um ataque com morteiro que matou seis iraquianos e feriu 59. Os soldados americanos diante da prisão, talvez confundindo sua câmera de televisão de microfone branco com um lança-granadas portátil, dispararam vários tiros a queima-roupa. A câmera de Dana registrou um tanque vindo em sua direção, o estrépito de seis tiros em rápida sucessão e a confusão da própria câmera caindo no chão.[54] Dana morreu na hora. Vieira de Mello sabia que o período da diplomacia discreta com os americanos havia terminado. Ele tinha que se manifestar.

Embora Dana fosse o 12º jornalista morto desde o princípio da guerra, aquela morte em particular tocou um ponto sensível na ONU, porque parecia refletir uma tendência maior. Revestido agora do papel de comissário dos direitos humanos, Vieira de Mello sabia que o aumento dos ataques aos soldados norte-americanos os deixaria cada vez mais nervosos e propensos a atirar contra civis. "Em meus cargos anteriores, sempre condenei ataques contra jornalistas", escreveu num e-mail ao pessoal veterano. "Devo fazê-lo também desta vez?" Seus auxiliares responderam com rapidez, concordando em que o ataque devia ser condenado, mas expressando preocupação com as implicações de condenar um ataque "acidental" a um jornalista, quando as Nações Unidas não haviam acusado publicamente a Coalizão de matar civis iraquianos.

Younes, sua chefe de gabinete egípcia, recomendou que o chefe condenasse a morte de Dana em uma declaração que "deplorasse, de forma geral, o número crescente de civis mortos e feridos nas últimas semanas", mas observou: "Se você começar a reagir a toda violência, temos que pesar o efeito que suas declarações terão sobre Bremer e companhia".[55] Tendo concluído, no entanto, que as advertências privadas a Bremer não vinham surtindo efeito e que seu acesso à Coalizão já não era o mesmo, Vieira de Mello autorizou seu secretário de imprensa a redigir um comunicado condenando o incidente.

Younes era um dos membros mais francos da equipe de Vieira de Mello. Como falante de árabe, tinha uma percepção da raiva crescente em relação à Coalizão, melhor do que a da maioria dos colegas estrangeiros, cujo contato básico com os iraquianos resumia-se aos deslocamentos quando saíam de seus hotéis ou voltavam para eles. Na semana anterior, ela recebera um telefonema da sede das Nações Unidas, em Nova York. Lamin Sise, o assessor jurídico gambiano de Annan, informava que ela havia sido promovida a assistente do secretário-geral. Younes ficou eufórica, até porque o cargo a retiraria de Bagdá. Mas logo percebeu que, como chefe de gabinete, esperava-se que ela auxiliasse na passagem do cargo de Vieira de Mello a seu sucessor, ainda não designado. Aquilo não seria possível. Na sexta-feira, 15 de agosto, ela telefonou para Sise em pânico. Não podia esperar dois meses antes de partir. "Lamin", ela disse, "tenho que sair daqui. A história deste país é muito sangrenta. Isto aqui está pegando fogo." Telefonaria ainda duas vezes para pressionar por sua saída. Sise prometeu que tentaria agilizar a contratação de um substituto.

Vieira de Mello não tinha essa escolha, e concentrou-se em salvar a missão. Incapaz de controlar a segurança, refletia sobre a origem da insurreição: uma ocupação cada vez mais maligna. Concluiu que, para melhorar a segurança, deveria se esforçar ainda mais para fazer com que a Coalizão entregasse o poder. "Quem gostaria de ver seu país ocupado?", perguntou a um jornalista brasileiro. "Eu não gostaria de ver tanques estrangeiros em Copacabana." As tropas da Coalizão precisavam ter "mais sensibilidade e respeito pela cultura dessa gente", declarou.[56] A dignidade dos iraquianos vinha sendo espezinhada. Seu "orgulho", contou ele a visitantes, estava "hoje profundamente ferido". Recitou um catálogo de tragédias capaz de afligir qualquer um: os iraquianos haviam vivido sob um regime bárbaro; centenas de milhares tinham sido mortos na guerra contra o Irã; seu exército havia invadido o Kuwait e, depois, sido rapidamente expulso de lá, ao custo de milhares de vidas; haviam sofrido anos de sanções devastadoras e de isolamento; o governo fora derrubado por estrangeiros; e, naquele exato momento, em "um dos períodos mais humilhantes da história desse povo", quase não tinham voz ativa sobre como vinham sendo governados, e ninguém lhes apresentara ainda um roteiro para sua libertação. Mesmo ao falar ao Conselho de Segurança, no final de julho, Vieira de Mello insistia em que os diplomatas parassem de falar do Iraque como a soma de seus males do passado. "O Iraque é algo mais do que o regime repressivo do passado, é mais do que um Estado-pária", afirmou. "Não é apenas um cenário de conflitos, privações e abusos."[57]

Os norte-americanos precisavam parar de falar sobre a "construção da nação", ele disse; "o Iraque possui 5 mil anos de história". Os iraquianos tinham "mais a ensinar sobre a construção de nações", declarou a um entrevistador britânico, do que os Estados Unidos ou as Nações Unidas. Estavam cansados de serem tratados como um Estado falido. A outro visitante, Vieira de Mello relatou que os iraquianos reclamavam que os norte-americanos "viviam se referindo a Ruanda". "Por que cargas-d'água falam em Ruanda?", haviam lhe perguntado. "Aqui não é Ruanda!"[58] Sergio acreditava que mais soldados da Coalizão deveriam ter sido enviados logo após a vitória por terra, em abril. Mas agora achava que "saturar o Iraque com soldados estrangeiros" apenas exacerbaria a humilhação e a raiva dos iraquianos. Em vez disso, aplicando uma lição do Timor Leste, insistia num cronograma transparente, "um calendário com datas".[59] Como Gusmão havia lhe ensinado no Timor Leste, a população precisava receber um roteiro concreto, para que soubesse como e quando obteria controle sobre seu próprio destino.

Vieira de Mello começou a rascunhar um texto sobre a ocupação. "No pouco tempo em que estive no Iraque e testemunhei a realidade da ocupação", escreveu, "passei a questionar se esse estado de coisas pode ser considerado legítimo. Decerto, existe amparo legal para a ocupação. Uma ocupação também pode ser realizada de forma benigna, baseada somente em boas intenções. Contudo, sob o aspecto moral e prático, duvido que possa vir a se legitimar: seu momento, se algum dia existiu, já passou." Recomendava à Coalizão "almejar de forma aberta e efetiva o próprio desaparecimento".[60]

No domingo, 17 de agosto, Vieira de Mello deu uma longa entrevista ao jornalista brasileiro Jamil Chade, de *O Estado de S. Paulo*. Indagado sobre se temia que a ONU fosse alvo dos terroristas, respondeu: "Não acredito". Ainda que internamente tivesse recomendado uma campanha nacional para melhorar a imagem das Nações Unidas, sabia que a mãe, Gilda, leria a entrevista no Rio de Janeiro e disse: "A população local nos respeita, embora não sinta o mesmo em relação às forças de ocupação. Ela nos vê como uma organização independente e amistosa, e sabe que estamos aqui para ajudar". Afirmou ainda que tinha poucas preocupações pessoais com sua segurança. "Não sei exatamente por quê, mas acredito que já estive em situações mais arriscadas. Aqui em Bagdá, não me sinto tão em perigo como em outros lugares onde trabalhei para a ONU."[61]

No entanto, a despeito das tentativas de manter uma aparência de coragem, estava tão insatisfeito com a missão que se pusera apenas em compasso de espera. Os iraquianos do Conselho Governante haviam dito de início que um representante das Nações Unidas participaria do organismo, mas mudaram de ideia. Os vínculos com Bremer vinham se tornando mais tensos. Alguns dias depois de um almoço relativamente tranquilo com o aiatolá Hussein Ismail al-Sadr, primo moderado do jovem militante xiita, recebeu um telefonema irado de Bremer, acusando-o de "incitar os iraquianos a exigir democracia". Revoltado com a reprimenda, perguntou ao auxiliar Marwan Ali, que participara do almoço, se conseguia se lembrar das palavras que ele, Sergio, dissera na ocasião. "Nada de provocante", Ali respondeu. "Foi o blá-blá-blá de sempre sobre democracia." Vieira de Mello entendia as preocupações de Bremer com o tempo necessário para organizar eleições, mas se Bremer começasse a achar a democracia inconveniente, a missão liderada pelos Estados Unidos estaria condenada ao fracasso.

A Coalizão distanciava-se cada vez mais da rápida devolução do poder aos iraquianos que ele havia proposto. Ao mesmo tempo, Moqtada al-Sadr vinha ganhando poder, e quanto mais a Coalizão tentava esmagá-lo, mais forte se tornava. "A última coisa que devemos fazer é proscrevê-lo", Vieira de Mello disse a Jonathan Steele, do *Guardian*. "É sempre útil ter um *enfant terrible*, se você consegue controlá-lo." Se Bremer tinha um cronograma em mente para encerrar a ocupação, ele o estava mantendo em segredo. Sergio revelou aos jornalistas o que dissera a Bremer desde o princípio: "Os iraquianos estão completamente no escuro. Eles precisam saber quando a ocupação terá fim".

Com a equipe que havia trazido de Genebra, Vieira de Mello começou a discutir a reestruturação da função do alto-comissário. Começou também a fazer coisas que nunca fizera em outras missões supostamente mais perigosas, como encerrar seus e-mails pedindo aos amigos que "rezem por nós". Vindas de um ateu confesso, aquelas mensagens pareceram estranhas. Um dia antes de falar com o jornalista brasileiro, acompanhara seus guarda-costas a um estande de tiro, onde recebeu treinamento de como disparar uma arma e como manobrar seu veículo numa situação de risco.

O fim de semana de 16 e 17 de agosto não foi muito bom. Insurgentes explodiram o oleoduto que transportava petróleo à Turquia e destruíram um encanamento central no norte de Bagdá, deixando sem água quase meio milhão de pessoas.[62] O único alento que Vieira de Mello e sua equipe receberam foi o retorno de Jean-Sélim Kanaan, que chegou ao Hotel do Canal na tarde da segunda-feira, 18 de agosto, carregando charutos, champanhe e fotos do filho recém-nascido, então com três semanas e meia.

Sergio sabia que precisava fazer o que Kanaan havia feito: sair do Iraque. Perguntou a Larriera se ela podia acompanhá-lo numa folga no fim de semana seguinte. Ela lhe disse que não poderia faltar a um *workshop* sobre direitos humanos. A presença dele também seria essencial. "Preciso só de um dia de folga", disse ele. Mas Larriera não tinha como se esquivar do *workshop* conforme ele queria.

Desesperado por uma estratégia de fuga, pediu a sua secretária em Genebra que reservasse as passagens para o Brasil, para ele e para Larriera. Sergio visitaria a mãe e faria uma cirurgia no olho direito, cuja pele começara a descair um quarto de século depois que a polícia de Paris o atingira com cassetetes em maio de 1968. Na tarde da segunda-feira, 18 de agosto, as passagens aéreas chegaram de Genebra, datadas de 30 de setembro de 2003, seu último dia no Iraque. Vieira de Mello levou-as ao Hotel Cedar, para mostrá-las a Larriera. "Preciso pensar no futuro, para não enlouquecer agora", disse. As passagens eram a prova de que ele e Larriera iriam realmente escapar de Bagdá. Ao topar com Salamé no hotel, disse-lhe que precisavam discutir a excursão pelo Oriente Médio que ele e Larriera planejavam para o final do outono. Queria retornar a Alexandria, que havia visitado com seu pai, e ao Líbano, onde vivera quando menino e como jovem funcionário das Nações Unidas.

Annan telefonou naquele mesmo dia, pedindo que Sergio o encontrasse na Europa e o informasse das consultas recentes que fizera aos vizinhos árabes do Iraque. "Não se esqueça da sua promessa", Vieira de Mello lembrou. "Vou passar um mês com minha mãe no Brasil depois que terminar meu serviço aqui." Annan respondeu: "Não se preocupe, é mais do que merecido. Pode tirar seu mês de férias".

21. 19 de agosto de 2003

Na terça-feira, 19 de agosto, Vieira de Mello e Larriera tomaram café da manhã no hotel. Quando Mona Rishmawi, a consultora de direitos humanos, juntou-se a eles, discutiram o futuro da missão no Iraque. Nos dois primeiros meses em Bagdá, Sergio falara em trazer consigo para o Iraque o cargo de alto-comissário das Nações Unidas para os Direitos Humanos. Mas a partir de agosto ficara ansioso por voltar a Genebra e levar para o posto de alto-comissário os conhecimentos de campo adquiridos. "Em sua cabeça, ele já tinha partido", recorda Rishmawi. Quando retornasse ao cargo, planejava expandir a equipe de monitores de direitos humanos que havia estabelecido uma cabeça de ponte no Iraque, mas com um impacto apenas marginal. Durante o café da manhã, deu sinal verde a Rishmawi e Larriera para que fossem em frente com um *workshop* de direitos humanos no sábado seguinte, em que a ONU ajudaria a treinar iraquianos no levantamento de informações e na legislação humanitária e de direitos humanos. Julgou que o *workshop* podia ser um meio de se diferenciarem da Coalizão.

Quase todo dia, levavam vinte minutos para ir do hotel ao quartel-general da ONU. Mas o trânsito naquele dia estava melhor do que de costume, e chegaram ao Hotel do Canal em dez minutos. Os guardas de segurança iraquianos, desarmados, checaram os distintivos dos integrantes do comboio, revistaram o fundo do veículo à procura de explosivos e acenaram aos rostos familiares para que passassem pelo portão.

Gil Loescher e Arthur Helton, especialistas americanos em refugiados que estudavam o efeito humanitário da guerra para a revista eletrônica *OpenDemocracy.net*, aterrissavam naquele momento em Bagdá. Loescher, pesquisador da Universidade de Oxford de 58 anos, havia voado de Londres para Amã, na Jordânia. Helton, advogado de 54 anos nascido em St. Louis, trabalhava no Council of Foreign Relations em Nova York e encontrara o colega no aeroporto de Amã, de onde a dupla pegara o voo tranquilo para Bagdá.

Loescher e Helton conheciam Vieira de Mello havia muito tempo. Na década de 1980, haviam criticado o Plano de Ação Abrangente da ONU, que Sergio ajudara a negociar e que contribuíra para deter o fluxo de refugiados vietnamitas, mas também originara abusos contra os direitos humanos. Loescher argumentara que Vieira de Mello havia acatado os interesses de Estados, em vez de defender os direitos dos refugiados. Para Helton, os procedimentos de triagem para manter os refugiados vietnamitas fora dos países vizinhos haviam sido rigorosos demais. Mas os dois não tinham ido ao Iraque para ressuscitar velhas divergências. Estavam ali para uma avaliação de campo de duas semanas.

Vieira de Mello recebera bem a notícia de sua visita. Em geral, não apreciava muito as "avaliações". Com frequência, achava que eram realizadas por indivíduos inexperientes, que examinavam superficialmente um local e depois, em jantares badalados, se vangloriavam das dificuldades sofridas "em campo". A maioria dos estudos oferecia recomendações genéricas ou pomposas, sem quaisquer propostas concretas para mobilizar a vontade política de atores indiferentes ou relutantes. Naquele caso, porém, ele recebia de braços abertos uma análise independente do desempenho da Coalizão. Estava cheio de ideias sobre como mudar as coisas e sabia que se as recomendações partissem de dois americanos, ganhariam mais força em Washington do que se tivessem vindo da ONU.

Desde o momento em que desembarcaram do avião, Loescher e Helton sentiram-se perturbados em Bagdá. Embora não fizessem parte das Nações Unidas, um veículo da Organização foi apanhá-los no aeroporto. Tiveram sorte, pois os deslocamentos da ONU haviam se tornado mais raros nas últimas semanas. Ataques crescentes contra o pessoal da Coalizão haviam feito com que a ONU reforçasse as normas de segurança e exigisse comboios de dois veículos. A estrada do aeroporto, conhecida como "alameda das emboscadas", tinha fama de perigosa. Os dois homens sentiram-se aliviados ao chegar ao centro, onde, com exceção do ataque à embaixada jordaniana, civis ainda não tinham sido alvo deliberado de ataques.

Foram direto do aeroporto à Zona Verde, onde se encontraram com Paul Bremer, que lhes concedeu uma hora inteira de seu tempo. Bremer apresentou um quadro cor-de-rosa. "Existem alguns problemas de segurança", disse, "mas estamos pondo tudo sob controle."

Os dois especialistas só deveriam se encontrar com Vieira de Mello às quatro da tarde, de modo que aproveitaram a brecha na agenda para deixar as malas no hotel. A secretária de Sergio havia reservado quartos num hotel considerado seguro. Ao chegarem à recepção, porém, foram informados de que não constava reserva nenhuma. O motorista levou-os a outro hotel, mas quando subiram até os quartos, descobriram que as portas não tinham tranca. Decidiram, então, procurar acomodação quando retornassem da reunião no Hotel do Canal.

O quartel-general da ONU vivia um dia rotineiro. Larriera passou a manhã fora, visitando as principais organizações legais, de direitos humanos e de direitos das mulheres de Bagdá e convidando-as pessoalmente para o *workshop* do sábado. Bob Turner, o funcionário da ação humanitária, comandou uma reunião sobre estratégia de comunicações nas "mensagens das Nações Unidas ao povo iraquiano", às dez e meia da manhã. Khaled Mansour, porta-voz do Programa de Alimentação Mundial, apresentou um estudo sobre como melhorar a posição da instituição. "O objetivo principal", escreveu, "é apresentar com a maior sutileza possível uma ONU diferente da coalizão liderada pelos Estados Unidos."[1] Ao lidar com os iraquianos, Mansour argumentava, os funcionários da Organização precisavam enfatizar seu desejo de "assegurar o fim da ocupação o mais cedo possível".[2]

Marwan Ali, especialista palestino em política, também sentia o recrudescimento da raiva dos iraquianos. Ele vinha pressionando Vieira de Mello a criticar a Coalizão por um ataque recente no triângulo sunita que matara um menino de oito anos e sua mãe. O chefe havia aprovado a declaração no dia anterior. "Fiz todo o possível para influenciar os norte-americanos nos bastidores", dissera a Ali. "Tenho que começar a abrir a boca em público." Ali ficou aliviado. Aquela seria a primeira condenação pública das Nações Unidas a uma violação dos direitos humanos por parte da Coalizão. Finalmente, pensou, a instituição se esforçava para criar uma identidade própria. Ele esperava que não fosse tarde demais.

Às 13h30, a agenda de Vieira de Mello previa um encontro com Bremer e uma delegação de congressistas norte-americanos na Zona Verde. Alain Chergui, chefe da segurança pessoal, saíra de férias cinco dias antes, junto com Jonathan Prentice, o auxiliar de Sergio, e Ray, sua secretária. Gaby Pichon, outro guarda-costas francês, preparou o comboio de três veículos, que se enfileiraram na entrada do prédio. Mas logo recebeu a notícia de que o voo de um grupo de senadores e deputados norte-americanos, que incluía Harold Ford Jr., Lindsey Graham, Kay Bailey Hutchinson e John McCain, se atrasara.[3]

Às duas da tarde, Vieira de Mello topou com Marwan Ali no corredor e perguntou se a declaração havia sido emitida. Sabia que Ali sairia de férias e perguntou para onde ele ia. Ali respondeu que voaria para Amã no dia seguinte. "Tente voltar revigorado", recomendou Sergio. "E cuidado para não ser detido pelos israelenses!"

Às três da tarde, encontrou-se com uma dupla de altos funcionários do Fundo Monetário Internacional (FMI) vindos de Washington: Scott Brown e Lorenzo Perez. Larriera, responsável pelos contatos com instituições financeiras, também compareceu. Era a delegação de mais alto escalão do FMI no Iraque em mais de três décadas. Vieira de Mello deu conselhos sobre o trabalho com Bremer, recomendando que Perez fosse sutil, a fim de que Bremer se sentisse no domínio das iniciativas do Fundo (ou as bloquearia). Disse também que era importante que os iraquianos vissem os programas do FMI como independentes. Quando a reunião acabou, às quatro da tarde, Larriera retirou-se com os visitantes. Enquanto ela saía, Vieira de Mello acenou para que voltasse, mas ela fez sinal de que precisava entrar em outra reunião, já quase no fim. Ele lançou um olhar brincalhão de saudades. Quando ela descia correndo as escadas para pegar os últimos minutos da reunião de coordenação das ONGs, ouviu uma mulher do Comitê Internacional da Cruz Vermelha (CIVC) relatar, em pânico, que alguém havia visto pessoas anotando as placas de todos os carros que deixavam o complexo do CICV. Larriera achou o alarme grave o suficiente para telefonar a Vieira de Mello, que estava prestes a começar a reunião seguinte. "Sério?", ele perguntou em português. Disse que sua reunião com Loescher e Helton ia começar, mas que gostaria de saber detalhes em seguida.

Benon Sevan, subsecretário-geral das Nações Unidas e dirigente por muito tempo do programa de "petróleo por alimentos" (em janeiro de 2007, ele seria indiciado por uma corte federal de Nova York por suborno e conluio em fraude eletrônica), por acaso estava em Bagdá para ajudar a liquidar o programa. Preparava-se para um encontro, às quatro, com uma delegação visitante da OMS sobre a construção de hospitais no norte do Iraque. Sua reunião deveria ocorrer no escritório logo abaixo do de Vieira de Mello.

Pouco depois das quatro da tarde, Sevan enfiou a cabeça no escritório de Lopes da Silva e disse que preferiria fazer a reunião ali. "Sua secretária faz um ótimo café, gosto de olhar este seu peixe dourado e quero fumar um charuto", explicou. O escritório de Lopes da Silva, com uma varanda de porta corrediça, era ideal para um fumante.

Quando Loescher e Helton chegaram no Hotel do Canal para a reunião com Vieira de Mello, passaram sem problemas pela segurança no portão da frente e foram conduzidos por dois lances de escadas. Pichon, o guarda-costas de Sergio, acompanhou os dois convidados do corredor do terceiro andar até o pequeno escritório anterior ao de Vieira de Mello, onde ficavam as secretárias. Ranillo Buenaventura, um filipino de 47 anos, substituía Ray. Lyn Manuel, uma filipina de 54 anos, veterana de dezoito anos de ONU que servira com Vieira de Mello no Timor Leste, acomodou os convidados em torno de uma mesinha de vidro da altura dos joelhos, posicionada no nicho diante da janela com vista para a via de acesso e o hospital.

Vieira de Mello saudou os visitantes com calorosos apertos de mão. Younes participaria da reunião, bem como Fiona Watson, a especialista escocesa em política, convidada de última hora. Watson retornara de Nova York no dia anterior, onde fora participar de um treinamento gerencial relativo a orçamentos. Havia sido selecionada para o "time de primeira" de Vieira de Mello não apenas por ter trabalhado em Kosovo, mas também porque, em fevereiro, havia ajudado o secretário-geral a criar um plano estratégico relativo ao papel das Nações Unidas no pós-guerra iraquiano. Ela costumava brincar que os planos mais bem arquitetados em geral resultavam nos piores mandatos.

Vieira de Mello sentou-se ao lado da janela, junto com Younes, num sofá de couro preto. Loescher e Helton sentaram-se em frente, com Loescher mais perto da janela. Watson sentou-se numa cadeira na ponta da mesa, de frente para a parede e a janela. Pichon e Manuel voltaram a seus escritórios. Eram 16h27.

Rick Hooper, um dos melhores amigos de Marwan Ali, estava em Bagdá substituindo Prentice. Ali passou pelo escritório temporário de Hooper, ao lado do de Vieira de Mello, para lembrá-lo de que deveriam entrevistar um advogado iraquiano contratado como motorista, mas que ambos achavam que poderia ser mais bem aproveitado. "Me dê quinze minutos", Hooper pediu. "Preciso terminar uma coisa antes." Ali, que deixaria Bagdá no dia seguinte, fez um sinal de não com a cabeça. "Preciso comprar presentes para meus filhos antes do toque de recolher", disse. Hooper, que conhecia os filhos de Ali desde que nasceram, concordou: "Está bem, deixo para depois. Vou já".

Enquanto Ali deixava o escritório de Hooper e Vieira de Mello reencontrava Loescher e Helton, um caminhão-plataforma Kamash percorria a rua do Canal, uma via de várias pistas dividida por um canal fétido. Caminhões Kamash, de fabricação russa, haviam sido adquiridos em grandes quantidades em 2002, pelo governo de Saddam Hussein, para serem usados na mineração, na agricultura e na irrigação. Eles se assemelhavam aos caminhões comerciais que vinham se tornando comuns na cidade, agora que a reconstrução finalmente ganhara impulso. O caminhão-plataforma que avançava pela rua do Canal possuía cabine marrom e base laranja. Às 16h27, o motorista entrou à direita numa rua de acesso estreita e desprotegida, atrás do complexo do Hotel do Canal. Ninguém prestou muita atenção em sua manobra ou na sua carga.

A maioria dos caminhões-plataforma na vizinhança do hotel carregava material de construção para fortalecer o muro em torno do quartel-general da ONU ou reformar escritórios nos prédios próximos. Mas aquele, em especial, não levava cimento nem ferramentas de construção. Tudo que se via na plataforma era uma caixa de metal, semelhante a um gabinete de ar-condicionado. Sob a caixa, porém, ocultava-se uma bomba cônica, do tamanho de um homem grande, constituída de granadas de artilharia de 120 mm e 130 mm, morteiros de 60 mm e granadas de mão. Tudo somado, cerca de 450 quilos de explosivos rumavam para o hotel.

O caminhão não precisou ir muito longe. Desceu em alta velocidade noventa metros da via de acesso, ladeando um estacionamento da ONU.[4] O cascalho que espalhou atingiu as janelas do térreo e surpreendeu os funcionários.[5] Quando o motorista alcançou o Hotel do Canal, virou o veículo em direção ao muro de tijolos inacabado, ao longo dos fundos do prédio, dois andares abaixo dos ocupantes do escritório de Vieira de Mello, que de nada suspeitavam.

Depois que Pichon deixou a sala do chefe, atravessou o corredor e voltou ao pequeno escritório dos seguranças pessoais. Ao se sentar, uma explosão enorme projetou-o para longe da cadeira. Ele foi parar a quase cinco metros de sua mesa, perto do elevador, no final do corredor. Tudo enegreceu. Loescher, sentado defronte a Vieira de Mello, não viu escuridão, e sim luz — o brilho súbito de "um milhão de flashes".

Larriera estava sentada em seu pequeno escritório no terceiro andar, no alto da escada. Quando chegou ao Iraque, em meados de junho, ocupou uma mesa sob uma janela gradeada minúscula. Ainda assim, visível a qualquer um que subisse as escadas, dezenas de pessoas paravam para pedir informações a ela. Larriera cansou-se de bancar a recepcionista do terceiro andar, e Vieira de Mello ajudou-a a empurrar a mesa para junto da parede, fora do alcance visual das pessoas no corredor. Aquela mudança salvou-lhe a vida. Ela ouviu um som de explosão ensurdecedor e, no mesmo instante, viu a grade de aço que cobria sua janela voar por toda a extensão do escritório, junto com estilhaços de vidro. Arrancada da dobradiça, a porta de metal sobre seu ombro esquerdo desabou no centro da sala. A sucção provocada pela explosão também fez com que a porta do escritório ao lado, o de Rishmawi, se abrisse de súbito. Rishmawi levantou-se devagar e olhou na direção de Larriera, que divisou um corte minúsculo no meio da testa da colega, do qual sangue começou a gotejar.

Jeff Davie, o consultor militar de Vieira de Mello, cedido pela Austrália às Nações Unidas, havia passado a tarde acompanhando uma dupla de consultores aeronáuticos da ONU pelo aeroporto de Bagdá. As reuniões duraram mais do que o esperado, em parte porque os especialistas haviam parado para posar para fotos no aeroporto. Davie enfim se livrara deles, e corria de volta ao Hotel do Canal para uma reunião com Younes.

Estava a vários minutos do hotel quando o veículo em que viajava tremeu em razão da onda de choque. Ao olhar para o lado, viu uma enorme nuvem cinza de fumaça emergindo da área em torno do Hotel do Canal. Pelo celular, ligou para o coronel Rand Vollmer, o chefe de operações da Coalizão. "Houve uma grande explosão no hotel", Davie informou. "A coisa é feia. Providencie resgate médico já." Vollmer ligou de imediato para o número da brigada médica de resgate, e uma dúzia de helicópteros Black Hawk, marcados com cruzes brancas, foi enviada ao local.

No momento do ataque, Bremer estava na Zona Verde, reunido com a delegação do Congresso americano que chegara atrasada. O palácio tremeu com a força da explosão distante. Um de seus auxiliares entregou-lhe uma papeleta amarela: "Houve uma explosão no Hotel do Canal. Estamos tentando nos comunicar pelo telefone com o pessoal de lá". Dez minutos depois, o auxiliar passou-lhe um segundo bilhete: "A situação parece bem ruim". Quando a embaixada jordaniana sofrera um atentado, dias antes, o chefe de gabinete de Bremer, Patrick Kennedy, servira de contato entre militares jordanianos e norte-americanos. Agora, Kennedy retirou-se da reunião, chamou seu auxiliar Dennis Sabal, coronel dos fuzileiros navais, reuniu rádios e um par de telefones celulares e rumou para o Hotel do Canal. Sabal já havia visto pela CNN imagens da base da ONU em chamas. Ele tinha um currículo incomum, uma vez que já havia sido chamado para lidar com os estragos do ataque contra a embaixada norte-americana no Quênia, que matara 212 pessoas, inclusive doze americanos. Depois, no Onze de Setembro, estava no Pentágono assistindo à cobertura pela tevê das Torres Gêmeas em chamas quando o próprio Pentágono foi atingido, e ajudou a instalar um necrotério para os mortos. Devido àqueles ataques, perpetrados pela mesma entidade, Sabal teve uma súbita epifania que outros só teriam depois de várias semanas: "A Al-Qaeda está aqui", pensou. "No instante em que vi na CNN 'Ataque à ONU'", ele recorda, "tive o estalo: a Al-Qaeda tinha vindo para o Iraque."

O sargento William von Zehle, um bombeiro aposentado de 52 anos de Wilton, em Connecticut, estava no Iraque como oficial de assuntos civis do exército. Sentado ao computador no prédio militar norte-americano do outro lado da via estreita que passava ao longo do Hotel do Canal, achou que a explosão tinha ocorrido pertinho de sua janela e atirou-se ao chão. Viu uma luz laranja intensa e sentiu uma dor forte na coxa direita. A janela tinha se estilhaçado, e ele foi atingido por um pedaço de vidro de dez centímetros, que mais parecia a lâmina de uma faca. Arrancou o vidro da perna e tentou retirar estilhaços de bomba do braço. Olhou, então, para o relógio em sua mesa. Ele havia parado. Marcava 16h28.

Quando Von Zehle conseguiu alcançar o telhado de seu prédio, viu que o Hotel do Canal estava em chamas. Entrou em contato pelo rádio com seu comandante e obteve permissão para se dirigir ao local do ataque. Ao percorrer a via de acesso que ligava seu prédio ao quartel-general da ONU, mal conseguia esconder o nervosismo, brandindo seu AK-47 e alternando arremetidas com um colega. Quando a dupla se aproximou do cenário da explosão, viu que quase todos os veículos azul-marinho com letras laranja, os carros da ONU no estacionamento, estavam em chamas. Pela primeira vez, Von Zehle achou que sua experiência como bombeiro seria útil no Iraque. "Aquilo havia se tornado uma operação de resgate", ele recorda. "Eu precisava de guindastes, holofotes, equipamento de escoramento."

Depois de um dia longo de patrulhas, o capitão Vance Kuhner, um reservista norte-americano encarregado de uma unidade de polícia militar, retornava à base, um grupo de barracas ao lado do Monumento ao Mártir de Saddam Hussein, a cerca de um quilômetro e meio de distância do Hotel do Canal. Após ordenar a seus homens que descarregassem os veículos Humvee, Kuhner andava rumo ao alojamento para tomar uma ducha e comer alguma coisa. Ao passar pela quadra de vôlei com chão de cimento onde crianças brincavam, caiu de joelhos devido à explosão atrás dele. Levantou-se rápido, deu meia-volta e viu a escura nuvem cinza na distância. "Voltem aos veículos", bradou aos homens. "Alguém foi atingido." Achou que tinham derrubado um helicóptero ou avião da Coalizão, ou que algum comboio norte-americano sofrera uma emboscada. "Preciso de todos os médicos disponíveis", solicitou pelo rádio a seu comandante. Andre Valentine, um bombeiro paramédico, distribuiu seis médicos em quatro Humvees. "Siga a fumaça", ordenou ao motorista do seu Humvee.

No pequeno escritório vizinho ao de Vieira de Mello, Lyn Manuel estava confusa. Alguns segundos antes da explosão, desviara o olhar da porta do chefe para dar um telefonema. Assim que pegou o fone, ficou cega dos dois olhos. Achou que um fio caíra do teto e que ela havia sido eletrocutada. Em pânico, pôs-se a gritar ao colega de escritório, Ranillo Buenaventura. "Rannie, Rannie", berrou, "socorro!" Mas como ele ignorava seus gritos, achou que talvez tivesse saído do escritório sem que ela percebesse. Manuel voltou a gritar, mas logo se deteve. Temeu que os gritos perturbassem a reunião de Vieira de Mello.

Por um milagre, Larriera não foi atingida pelos destroços que voaram por seu escritório, mas, à semelhança de Manuel, estava em estado de choque. Tendo visto Rishmawi se levantar, saiu correndo da sala e abriu caminho pelo corredor escuro em direção a Vieira de Mello, temendo que ele estivesse preocupado com ela. Com a falta de luz e as nuvens de poeira, nada enxergou ao avançar pelo corredor, mas esperava topar com ele enquanto caminhava. Chamou-lhe o nome suavemente: "Sergio, estou aqui, Sergio... Você está aí?". O prédio ainda tremia com a força da explosão, e ela sentia o cheiro do que lhe pareceu ser pólvora.

Manuel, ainda sem enxergar, abriu caminho para fora de seu escritório, esperando encontrar ajuda em outro ponto do prédio. Se tivesse virado à direita, e não à esquerda, teria despencado numa cratera de três andares de concreto, metal e móveis em chamas. Em vez disso, foi tateando pelo corredor em direção à escada, o rumo oposto ao da fonte da explosão. Avançando rente a uma parede, deve ter passado por Larriera, que vinha encostada à parede oposta, mas nenhuma delas percebeu a presença da outra.

Larriera tinha um único destino em mente. Queria alcançar a porta lateral, privativa, do escritório de Vieira de Mello — porta por onde só ela tinha permissão de entrar. Mas ao prosseguir ao longo da parede, viu que, no final do corredor, as luzes aparentemente voltavam a se acender. De tão desorientada, achou que talvez tivesse morrido e se aproximava dos portões do céu. Depois, com o raciocínio oscilando, imaginou que o gerador tivesse entrado em ação e que a eletricidade do prédio havia sido restaurada. Até que percebeu, horrorizada, que a luz que via não era artificial, e sim a luz natural da tarde de Bagdá. O corredor terminou abruptamente e, onde antes havia chão e teto, agora se viam apenas nuvens e a luz do sol, acima. Sem entender o que acontecera, deu meia-volta, agindo mecanicamente. Retornou por onde viera e tentou entrar no escritório de Vieira de Mello pela sala de Manuel e Buenaventura.

Deparou ali com um cenário aterrador. As portas tinham saltado das dobradiças. Vidro e escombros espalhavam-se pelo chão e pelas mesas. Papéis por toda parte. Os aparelhos de ar-condicionado e os monitores de computador haviam explodido. E uma grande estante de livros branca caíra sobre a mesa de Buenaventura. Ranillo tinha sido projetado sobre a mesa de Manuel. Estava deitado em posição fetal, olhos tremulando, parte do rosto faltando. Ainda sem compreender nada, Larriera rapidamente passou para o cômodo seguinte, a saleta que antecedia o escritório de Vieira de Mello. Ali, viu que Hooper, de camisa quadriculada vermelha e branca, puxara sua cadeira giratória para o lado da mesa, para ficar mais perto de um visitante. Inclinado na cadeira, sua espinha dorsal parecia ter se estendido de forma anormal. O visitante, que Larriera não conseguiu identificar, era, descobriu-se depois, Jean-Sélim Kanaan, o especialista em política franco-egípcio que retornara a Bagdá na tarde anterior, após passar um mês em Genebra com o filho recém-nascido. Kanaan, que entrara no escritório logo depois de Ali deixar Hooper, estava sentado de pernas cruzadas. Os dois homens imóveis e cobertos de pó branco. Pareciam ter sido esmagados por vigas do teto desmoronado.

À vista daquelas mortes, Larriera se deu conta do tamanho da devastação. Parou de chamar baixinho e começou a gritar: "SERGIO!". Mas a passagem à sua frente estava bloqueada pelas vigas e pilhas de escombros, e ele não respondeu. Ela deu meia-volta, saiu para o corredor e tentou novamente encontrar a porta lateral do escritório de Vieira de Mello. Dessa vez, quando o corredor terminou, ela olhou com mais atenção para a cratera de escombros abaixo. Ali, pela primeira vez, viu movimento. Um homem coberto de poeira jazia de costas, nove metros abaixo, e milagrosamente piscava e acenava com os braços, como um boneco. A pessoa lá embaixo parecia alta demais para ser Sergio, mas Larriera achou que ele também poderia estar lá. Pensou em saltar sobre os escombros, mas a queda seria grande, e ela poderia não apenas morrer, como matar também o homem ferido. Caminhou pelo corredor para longe da destruição, em busca de Ronnie Stokes, o chefe da administração. Menos de um minuto decorrera desde a explosão.

Pisos e vigas sob o escritório de Vieira de Mello haviam explodido para cima e, depois, desabado. Seu escritório no terceiro andar estava agora no primeiro pavimento. O teto do escritório e o telhado do Hotel do Canal haviam permanecido em grande parte intactos, mas desabaram diagonalmente. Quem estava do lado sudoeste do edifício no momento da explosão jazia sob sofás, mesas, computadores, aparelhos de ar-condicionado e grandes lascas de vidro das janelas destroçadas, assim como debaixo de vigas e do concreto das paredes do prédio.

Manuel ainda estava cega. Ao cambalear rumo às escadas no terceiro andar, topou com Pichon, que recobrara a consciência. Ele a instruiu a sair do prédio e entrou correndo no escritório que Larriera acabara de deixar. Chegou à mesma conclusão devastadora de Larriera. "Não resta nada por aqui", disse para si mesmo.

Ghassan Salamé, o consultor político de Vieira de Mello, estava reunido em seu escritório com o irmão da primeira autoridade do regime anterior detida pela Coalizão. Dali, correu para o terceiro andar, onde se juntou a Pichon. Gritou o nome do chefe e não obteve resposta. Mas, lá embaixo, sobre os escombros visíveis do corredor, divisou o mesmo que Larriera havia visto: um homem com o corpo inteiro coberto de poeira, exceto os olhos, que pareciam piscar furiosamente. O homem acenou. Salamé achou que fosse Vieira de Mello. "*Courage, Sergio, nous venons te sauver!*", gritou. "Vamos até ele pelos fundos do prédio", propôs a Pichon.

Enquanto se afastava, correndo dos destroços em busca do chefe da administração, Larriera viu Rishmawi, que sangrava muito. "Não consigo enxergar", Rishmawi gritou. "Acho que perdi o olho." Larriera desceu com ela as escadas, que tremiam e estavam cobertas de pó, vidro, sangue, sapatos, fragmentos de roupas e papelada de escritório. No segundo andar, o marido de Rishmawi, Andrew Clapham, assessor jurídico da missão, emergiu de sua sala, e o casal se juntou. Larriera subiu de volta as escadas. "Preciso encontrar o Sergio", disse. "Não, Carolina!", Rishmawi gritou. "O prédio vai desabar!"

Manuel continuava sem saber o que estava acontecendo. Tentou caminhar pelo corredor às apalpadelas, mas ouviu o estranho som de escombros sob seus pés. Começou também a ouvir gritos e ordens soando pelo prédio, o que significava que não era a única ferida. Esfregou um dos olhos e conseguiu distinguir Marwan Ali vindo em sua direção, à procura do amigo Rick Hooper. Ela o chamou: "Marwan!". Ele a fitou sem expressão, como se não a reconhecesse. "Marwan, sou eu, Lyn", ela disse. O rosto dele contorceu-se de horror. "Lyn, meus Deus!", ele exclamou. "Nãããão." Estava horrorizado com o aspecto dela. Pela primeira vez, Manuel ficou realmente assustada.

Ali pegou Manuel nos braços e desceu com ela dois lances de escada até a entrada do Hotel do Canal. Deitou-a sobre o cimento do lado de fora do edifício e fez menção de voltar para dentro. Ela gritou: "Não, Marwan, a calçada está quente demais!". O cimento acumulara o calor do dia e sua temperatura estava agora em torno dos setenta graus. Com o único olho que enxergava, ela olhou para as próprias pernas e percebeu que estava descalça. Os sapatos haviam sido arrancados dos pés. Voltou a chamar por Ali, mas ele desaparecera dentro do prédio, onde muitos outros estavam soterrados.

Dezenas de funcionários da ONU iam saindo do Hotel do Canal e passando por Manuel, deitada no chão. Muitos sangravam profusamente devido aos cortes causados por estilhaços de vidro. Duas pessoas exibiam ferimentos por pedaços de aço, uma delas na cabeça, a outra no ombro. As portas de alumínio das salas haviam sido convertidas em macas.

Kuhner, o reservista do exército de Nova York que comandava a 812ª unidade da Polícia Militar, lembrou-se do Onze de Setembro. Estava preocupado com os policiais e bombeiros nova-iorquinos de sua equipe. Dois deles já haviam entrado em colapso. Ao correrem rumo ao prédio, haviam parado de repente. Um deu meia-volta: "Me desculpe, capitão", explicou. "Não consigo." Estava tendo um flashback do World Trade Center, onde perdera amigos próximos quando as torres desabaram. O Hotel do Canal também parecia à beira da implosão. Kuhner, sem experiência em resgates, deduziu o óbvio: dado o tamanho das lajes nos escombros, os soterrados só seriam salvos com equipamentos de engenharia e resgate próprios para o combate a incêndios.

Ramiro Lopes da Silva, o vice de Vieira de Mello, era o funcionário responsável pela segurança. Embora tivesse uma lasca de vidro encravada na testa, estava plenamente consciente. O desejo de Benon Sevan de fumar um charuto durante a reunião das dezesseis horas mantivera Lopes da Silva afastado da lateral do prédio onde a explosão ocorrera. Embora antigo trabalhador de campo da ação humanitária, e não especialista em segurança, Lopes da Silva se lembrou das instruções: em caso de explosão externa, todos deveriam se abrigar num grande pátio fechado, revestido de ladrilhos azuis. "Sempre nos instruíram: 'Vão para dentro, e não para fora'. Porque lá fora era onde se esperava que a explosão ocorresse. Quando a explosão aconteceu dentro do prédio", ele recorda, "não tínhamos plano nenhum para aquilo. Estávamos perdidos. Não sabíamos o que fazer. Se tivéssemos pensado na possibilidade de um ataque dessa natureza, e se tivéssemos planejado uma reação àquele nível de emergência, a ONU não estaria em Bagdá." Lopes da Silva se juntou aos outros funcionários que se agachavam sob as vigas desmoronadas para sair do prédio. Eles subiam na alvenaria amontoada no corredor e desciam as escadas de mãos dadas.

Após deixar o Hotel do Canal, caminhou uns oitenta metros até a cidade das barracas, onde funcionários das Nações Unidas haviam morado temporariamente no início de maio, antes da reabertura do hotel. As barracas agora adquiriam funções inesperadas. Uma delas foi convertida em posto de primeiros socorros; outra, com um telefone por satélite sobre uma mesinha, tornou-se um centro de comunicações. Lopes da Silva ligou para Tun Myat, o chefe da segurança da ONU em Nova York, com o intuito de dar informações e receber orientação. "De início", ele recorda, "nem pensei nos colegas do terceiro andar ou em Sergio." Achou que o impacto tivesse ferido muita gente, mas sem matar ninguém. Cerca de quinze minutos depois da explosão, Rishmawi lhe disse: "Sergio está no prédio. O que você está fazendo por ele?". Lopes da Silva pareceu confuso, e ela ficou agitada. "Ramiro, temos aqui o maior exército do mundo, e é isso o que *eles fazem*. Ligue para Bremer!" Lopes da Silva deixou a cidade das barracas e retornou ao prédio do Hotel do Canal, aventurando-se pelos fundos, e pela primeira vez, no cenário da explosão. Viu soldados norte-americanos, que começavam a se reunir no local. Sabia que a ONU não dispunha de equipamento nem de experiência para resgate e recuperação de vítimas e supôs, com certa lógica, que a Coalizão tivesse feito planos para lidar com ataques em grande escala contra alvos civis. Embora Vieira de Mello estivesse claramente fora de ação, Lopes da Silva não se considerou no comando do cenário do atentado. Depois de apenas alguns minutos nos fundos do Hotel do Canal, ele retornou à cidade das barracas e retomou a conversa com Nova York.

Lá, Tun Myat não foi o primeiro a saber do ataque. Às 8h32 (16h32 no horário de Bagdá), Kevin Kennedy, o ex-fuzileiro naval norte-americano e alto funcionário da ação humanitária que deixara Bagdá em 28 de julho, saiu do elevador do 36º andar e viu um recado no telefone celular. Bob Turner havia ligado logo após o ataque. "Carro-bomba, carro-bomba, Hotel do Canal, Hotel do Canal", Turner havia gritado na mensagem na caixa postal. Kennedy ligou para a sala de operações das Nações Unidas, mas eles ainda não haviam tomado conhecimento de bomba nenhuma. A seguir, ligou para o 38º andar, para que o secretário-geral, em férias com a esposa numa pequena ilha na costa da Finlândia, pudesse ser avisado. Depois, saiu correndo pelo corredor em busca de uma sala com um aparelho de tevê. A CNN não mostrava nada sobre o ataque, o que deixou Kennedy esperançoso de que Turner pudesse ter exagerado. Mas às 9h01, trinta minutos após a explosão, ele ficou boquiaberto quando a CNN transmitiu uma "notícia de última hora", direto de Bagdá. O quartel-general das Nações Unidas no Iraque havia sido atingido por um carro-bomba.

As informações eram confusas. Poucos minutos depois do ataque, soldados norte-americanos do Segundo Regimento de Cavalaria Blindado haviam começado a isolar o hotel, impedindo que a correspondente da rede de notícias Jane Arraf alcançasse o complexo. Mas Duraid Isa Mohammed, intérprete da CNN, estava em uma entrevista coletiva sobre os esforços de desativação de minas da ONU. Durante as três horas seguintes, enquanto o pessoal das Nações Unidas em Genebra e Nova York aguardava informações de seus amigos e colegas, Arraf e o colega de CNN Wolf Blitzer tornaram-se os retransmissores das más notícias.

Em seu primeiro comentário, às 9h01 no horário de Nova York (17h01 no horário de Bagdá), Arraf descreveu a fachada destroçada do Hotel do Canal e os helicópteros de socorro Black Hawk circundando o edifício. Explicou, erroneamente, que as Nações Unidas haviam "aumentado muito a segurança, sobretudo prevendo um atentado com carro-bomba". Mas, "apesar disso, era um prédio da ONU, e não quiseram passar a mensagem de que fosse um acampamento armado ou alguma instalação das Forças Armadas norte-americanas".

Arraf não falou em baixas, mas, meia hora depois, Duraid Isa Mohammed, dentro do cordão de isolamento norte-americano, informou que cinco helicópteros já haviam retirado vítimas do local. Enquanto falava pelo telefone, disse que via macas trazendo duas vítimas para fora do prédio. As Forças Armadas norte-americanas, observou, "não estão respondendo a nenhuma pergunta dos parentes dos funcionários iraquianos que vieram ao local atrás de notícias. Vejo muitas mulheres chorando por aqui, tentando encontrar seus filhos ou maridos".[6] Com as informações sobre as macas e as famílias desesperadas, funcionários das Nações Unidas grudados em seus televisores pelo mundo afora souberam que aquele não tinha sido um ataque pequeno. Em torno das nove e meia da manhã, no horário de Nova York, a CNN informou pela primeira vez que Vieira de Mello tinha sido "gravemente ferido".[7]

Jeff Davie fez o mesmo que todos que trabalhavam próximos de Sergio: saiu à procura do chefe. Quando o trânsito na rua do Canal parou, ele saltou do veículo, correu até o prédio e subiu as escadas até o terceiro andar. Encontrou Stokes e Buddy Tillett, um funcionário da área de suprimentos, inspecionando os escritórios para ver quem estava ferido. Numa sala do terceiro andar, Davie encontrou Henrik Kolstrup, um dinamarquês de 52 anos encarregado do Programa de

Desenvolvimento da ONU no Iraque. Kolstrup estava vivo, mas bastante ferido pelos vidros. Ao se contorcer de dor no chão, cortava-se ainda mais com o vidro quebrado. Davie rapidamente embrulhou a porção superior do corpo ferido de Kolstrup. Stokes e Tillett chegaram com uma maca e o carregaram escada abaixo, até a área dos feridos. Davie prosseguiu até o escritório de Vieira de Mello. Kolstrup se contorcia tanto que quase caiu da maca e despencou pelo vão da escada.[8]

Quando Davie abriu caminho até a sala de Vieira de Mello, olhou para baixo junto à parede desmoronada do escritório e viu a mesma pessoa que Larriera, Pichon e Salamé haviam visto, deitado com as costas nos escombros e coberto de pó. O homem, que Davie não achou que fosse seu chefe, parecia jazer numa parte do piso da sala de Vieira de Mello, que agora se tornara o térreo. Davie notou que, embora o atentado houvesse infligido dano colossal, muitos dos pisos e tetos, inclusive o telhado plano do edifício, haviam ao menos desmoronado em grandes lajes, como uma panqueca, criando vazios. Um túnel estreito, com diâmetro não superior a noventa centímetros no topo e pelo menos nove metros de profundidade, separava Davie do homem lá embaixo. Ele julgou que Vieira de Mello estaria deitado na pilha de escombros perto daquele homem e desceu correndo as escadas, para tentar encontrar outro ponto de acesso.

Para alcançar os fundos do Hotel do Canal, Davie normalmente precisaria sair pela entrada da frente e percorrer toda a largura e a profundidade do prédio. Agora, porém, na base da escada do hotel, ele tentou virar à direita e entrar pelos escritórios embaixo do de Vieira de Mello. Conseguiu acesso a uma cavidade do tamanho de uma saleta. Mas, ao tentar se mover pelo aposento, foi detido pelo que verificou ser o teto do primeiro pavimento. Saiu da cavidade, escura como breu, e encontrou um caminho melhor pelos escombros de duas salas parcialmente intactas. As paredes e as janelas haviam sido tão destroçadas pelo ataque que ele conseguiu transpô-las até os fundos do prédio, onde o caminhão explodira. Impressionou-se com a destruição à sua frente.

Após deixar Rishmawi, Larriera subira de volta ao terceiro andar, mas se sentiu impotente. Ela havia visto Stokes e Tillett abrirem um armário e apanharem aparentemente as duas únicas macas no prédio. Desceu de novo as escadas e tornou a alcançar Rishmawi na entrada do Hotel do Canal. "Você o viu?!", perguntou desesperada. Um guarda de segurança iraquiano aproximou-se e disse que vira o chefe da missão da ONU sair andando do prédio. Embora Larriera tivesse deixado o escritório de Vieira de Mello dez minutos antes da explosão e falado com ele apenas dois minutos antes dela, e ainda que não fosse típico de Sergio fugir de tamanho caos, o iraquiano pareceu tão seguro que ela se agarrou à esperança, imaginando que talvez ele tivesse assumido o controle do resgate de fora do prédio. Um soldado norte-americano que tentava remover os feridos dirigiu-se a Larriera com autoridade: "Madame", disse mecanicamente, "a senhora precisa se cuidar. Nós cuidaremos do resgate."

Diante da entrada do prédio, ela viu uma escavadeira que atravessava o estacionamento, passando pelos restos carbonizados do carro blindado em que ela e Vieira de Mello haviam chegado ao trabalho naquela manhã e dirigindo-se para os fundos do hotel. Correu em direção à escavadeira. Foi aí que viu Stokes, que, tendo carregado Kolstrup escada abaixo, estava na entrada do prédio. "Onde está Sergio?", ela gritou para ele enquanto corria. "Ele está vivo", ele gritou de volta. "Já o encontraram." "Mas onde ele está?", ela berrou. Stokes apontou para a pilha enorme de escombros no canto do prédio. "Ali", respondeu. "Está preso nos escombros."

Andre Valentine, o bombeiro e técnico em emergências médicas de Nova York, foi um dos primeiros paramédicos norte-americanos a chegar ao local, alcançando o Hotel do Canal cerca de quinze minutos após ter ouvido a explosão. Soldados já haviam começado a formar um perímetro de segurança, mas Valentine recorda: "Não sabíamos quem estava envolvido ou se os criminosos ainda estavam lá dentro". Acostumado a responder a emergências nos Estados Unidos, onde um posto de comando se forma com rapidez, Valentine frustrou-se com o caos. Mais calmos, uns poucos militares norte-americanos e funcionários das Nações Unidas haviam criado uma área de triagem e tratamento, num gramado na entrada do hotel, mas a maioria do pessoal da ONU zanzava para lá e para cá sem ajudar. "Vocês não precisam ligar para as Nações Unidas em Nova York para contar que o prédio explodiu", Valentine disse, enfurecido com os funcionários que falavam aos celulares e obstruíam a passagem. "A esta altura, todo mundo já sabe. Enfiem o maldito telefone no bolso. Parem de fumar. Preciso de ajuda." Valentine ficou tão enfurecido que instruiu os soldados norte-americanos em volta que proibissem a entrada de qualquer um que não fosse médico ou paramédico no perímetro de noventa metros da área de tratamento. "A não ser que seja um general de quatro estrelas, atirem para matar", ordenou. Os demais paramédicos o fitaram, sem saber se falava sério.

Lyn Manuel não se movera. Jazia escorada na entrada do prédio, enquanto dezenas de colegas histéricos passavam por ela. Tentou atrair a atenção de alguém com um telefone celular, para ligar para o marido em Queens, Nova York. Naquele ano, seu irmão havia sido morto acidentalmente em uma caçada e o pai morrera de ataque cardíaco. Manuel temia que o coração da mãe idosa não resistisse à notícia de um ataque ao quartel-general da ONU. Por mais que tentasse, porém, ela não conseguiu atrair a atenção de ninguém à sua volta. As pessoas que olhavam para ela rapidamente viravam a cabeça. "Não estou bem", ela gritou para Shawbo Taher, o curdo iraquiano auxiliar de Salamé. "Não estou bem", repetiu. Taher tentou tranquilizá-la: "Não, Lyn, você está bem. Não tem nada de errado com você. São apenas ferimentos leves". Mas, como recorda Taher: "O rosto dela era um pedaço de carne, um pedaço de carne vermelha sangrenta". Os norte-americanos ordenavam que aqueles capazes de se deslocar sozinhos deixassem a área. O prédio ainda corria risco de desabamento. Manuel, que seguia sangrando, começou a perder a consciência. Teve tempo, no entanto, de observar o cenário à sua volta: estava cercada de corpos, beges e inertes.

O tenente-coronel John Curran, que supervisionava o resgate médico, prestou um serviço notável. Ele havia submetido seus homens a exercícios complexos de planejamento, ensaiando a retirada de pessoal do Hotel do Canal e examinando a vizinhança em busca de locais de pouso para helicópteros, no caso de uma emergência. Graças a essa sua precaução e ao desempenho do esquadrão de apoio de seu regimento, os feridos (inclusive Manuel) foram retirados da área de estacionamento para caminhões e helicópteros, e dali transportados para instalações médicas norte-americanas. Embora muitos viessem a morrer naquele mesmo dia, ninguém morreria pela demora no resgate.

Ralf Embro, técnico em emergências médicas e colega de Valentine na 812ª unidade de Polícia Militar, ajudou a providenciar o transporte dos corpos da área de tratamento para a área de pouso dos helicópteros. Embro ajudou a colocar os feridos em caminhões e helicópteros militares. Nas três horas seguintes, eles transportaram cerca de 150 feridos para mais de uma dúzia de hospitais militares norte-americanos e iraquianos na área de Bagdá e, de lá, para instalações mais sofisticadas em Amã e na Cidade do Kuwait.

Por caminhos diferentes, Jeff Davie, Ghassam Salamé e Gaby Pichon haviam se dirigido para os fundos do prédio, onde o caminhão-bomba explodira. Cada um deles observara, do terceiro andar, a cratera de escombros humanos e materiais, concluindo que, se seu chefe estava vivo, ele só poderia ser alcançado por baixo, e não por cima.

Davie começou a remexer nos escombros nos fundos do Hotel do Canal, que lhe pareceu o local mais próximo de onde Vieira de Mello fazia sua reunião. Logo depois de remover parte do concreto mais leve e abrir uma pequena abertura, ouviu uma voz que soou como aquela que vinha procurando. Espremeu-se, então, até a cintura entre o que parecia uma laje do telhado e uma laje do terceiro andar, e gritou para a pessoa que havia produzido aquele som. Milagrosamente, Vieira de Mello respondeu, dessa vez com clareza. "Jeff, minhas pernas", ele disse. Mais de meia hora decorrera desde a chegada de Davie ao hotel.

Vieira de Mello, que Davie não conseguia ver, mas agora podia ouvir, estava consciente e lúcido. Embora soubesse que suas pernas estavam feridas, não conseguia descrever sua condição física. Imobilizado sob os escombros, não podia ver nem sentir as pernas. Após um ou dois minutos, Davie retirou-se da abertura e gritou para Pichon, que cavava destroços a uns nove metros dali. "Sergio está vivo!", disse. "Mas está preso entre os pavimentos."

Davie subiu nos escombros e encontrou uma abertura de meio metro entre duas lajes de concreto. De lá, viu o mesmo homem que lhe acenara antes, quando estava no terceiro andar. Esticou o braço através dos destroços para segurar-lhe a mão e falou com ele pela abertura. O homem disse que perdera ao menos parte de uma das pernas. Contou que se chamava Gil. Era Gil Loescher, o especialista em refugiados que chegara dos Estados Unidos naquela manhã. Davie disse a Loescher que iria buscar ajuda.

Correu em torno do hotel e agarrou o primeiro soldado norte-americano que conseguiu encontrar. Era William von Zehle, o bombeiro de Connecticut que ajudava Valentine, Embro e outros na triagem médica na área do estacionamento. "Temos pessoas soterradas", Davie informou, e levou Von Zehle consigo até o monte de destroços onde Loescher estava soterrado. Disse ao soldado que a única forma de alcançar Loescher seria provavelmente pelo buraco no terceiro andar. Não achou que poderiam alcançar Vieira de Mello também, que parecia distante o suficiente — ao menos três metros — para necessitar de resgate em separado. Após medir a pulsação de Loescher, Von Zehle rapidamente deixou a pilha de escombros e correu para a entrada do prédio, por onde esperava alcançá-lo.

Annie Vieira de Mello e os dois filhos, Laurent e Adrien, ainda não haviam sido informados do atentado. Tinham passado uma tarde quente na casa da família Personnaz, à beira de um lago na França, onde ela e Vieira de Mello costumavam passar férias quando os filhos eram pequenos. Ao chegarem de volta à margem e atracarem o barco, Annie viu a mãe de sua cunhada, que corria em direção à doca. "Aconteceu um atentado!", ela gritou. "Aconteceu alguma coisa com Sergio!" Annie passou correndo por ela e voou de carro até Massongy. Laurent e Adrien seguiam no carro logo atrás. Nervosos, giravam o dial do rádio, na esperança de ouvir notícias, mas só conseguiram a confirmação de que o quartel-general da ONU em Bagdá fora atacado. Ao chegarem em casa, ligaram a televisão e viram a pilha monstruosa de escombros sob a qual seu pai jazia soterrado. As legendas na parte inferior da tela davam esperança. Diziam que seu pai se ferira na explosão, mas que recebera água.

Depois de deixar Loescher aos cuidados de Von Zehle, Davie voltou correndo à abertura por onde falara com Vieira de Mello. Mas no breve intervalo transcorrido, a brecha que ele limpara havia se enchido parcialmente de lama. Lama não era algo que Davie esperava encontrar na árida Bagdá, mas ele percebeu que o concreto iraquiano se constituía de cimento e argila. A explosão da bomba tinha destroçado o concreto e arrebentado os canos d'água, de modo que argila e água se misturavam, forçando os sobreviventes e as equipes de resgate a se preocupar com deslizamentos e sufocação, além de outros colapsos estruturais. A voz de Vieira de Mello era agora mais fraca. "Jeff, não consigo respirar", ele disse. Davie, retardado pela exiguidade do espaço, pôs-se a remover a lama e os detritos do buraco. Passados cerca de dez minutos, a voz de Vieira de Mello tornou-se mais clara: "Consigo respirar", disse. "Vejo luz."

Davie emergiu de novo da abertura. Os norte-americanos haviam trazido pequenas pás de cerca de trinta centímetros de comprimento, quase inúteis na remoção dos blocos de parede e teto. Mas a maioria dos soldados estava preocupada com a segurança: era para isso que haviam sido treinados, e não para resgates. O coronel Mark Calvert, um comandante de esquadrão do Segundo Regimento de Cavalaria Blindado, montou um cordão de isolamento impenetrável em torno do prédio. A segurança que estabeleceu ao redor do local, usando 450 homens, era hermética. Faltavam, porém, os profissionais de resgate e os equipamentos de que Vieira de Mello e outros soterrados precisavam. "Fomos à luta com o que tínhamos", recorda Calvert. "Mas as armas eram adequadas? De jeito nenhum. Simplesmente não estávamos treinados nem equipados para resgatar pessoas depois de um ataque daquele tipo."

Por cerca de uma hora, Pichon juntou-se a Davie na tentativa de remover o entulho da abertura. Davie seguia falando com Vieira de Mello, sobretudo para mantê-lo consciente e tentar descobrir sua localização precisa. "Estou de frente para um grande objeto chato", Vieira de Mello disse. "Está escuro", acrescentou. "Minha cabeça e um braço estão livres." Pediu água, mas Davie não conseguiu alcançá-lo. Vieira de Mello repetiu várias vezes: "Jeff, minhas pernas". Perguntava constantemente sobre os membros de sua equipe. "Jeff, e os outros... onde estão? Quem está tratando deles?", perguntou. "Onde está Carolina? Onde está Gaby e os outros? Por favor, procure por eles. Não os abandone... não vá embora."[9]

William von Zehle era técnico em emergências médicas desde 1975. Sabia, de missões de resgate passadas, que a melhor forma, e com frequência a única, de extrair pessoas soterradas de prédios desmoronados era por dentro. Após falar brevemente com Loescher nos fundos do prédio, ele entrou no edifício e foi até a beira da cratera no terceiro andar. Olhando para os escombros de cima, sentiu-se como se na varanda de um hotel. Dispunha de um rádio, mas sem recepção. Ligou pelo celular a Scott Hill, seu comandante. "Diga à minha esposa e a meus filhos que amo todos eles, porque posso não sair mais daqui", informou. Hill ficou surpreso. "Recebido e entendido!", respondeu. Von Zehle retirou o colete à prova de balas e preparou-se para entrar no buraco.

Usou as barras de reforço que se projetavam do concreto estraçalhado para firmar as mãos na descida. A pilha de escombros era tão instável que, ao tocar nela, o entulho muitas vezes desmoronava abaixo ou ao lado dele. Sabia que um dos maiores riscos para os soterrados era que, na tentativa de alcançá-los, ele desencadeasse uma miniavalanche e acabasse matando todo mundo.

Depois de descer quase cinco metros, o buraco se alargou um pouco. Quando alcançou Loescher, já no fundo, viu outro homem à direita dele, ou seja, a sua esquerda. O homem estava de costas para o centro do buraco. Jazia virado para a direita. O braço direito parecia apontar para baixo, como se houvesse tentado interromper a queda. As pernas estavam soterradas, e ele parecia preso entre duas lajes de concreto. Estava de frente para uma das lajes, enquanto a outra pairava vários centímetros acima dele. "Você está bem?", Von Zehle gritou. "Estou vivo", o homem respondeu. "Sou Bill", Von Zehle apresentou-se. "Qual o seu nome?" "Sergio", ele disse.

Embora Vieira de Mello não fosse visível do alto do buraco no terceiro andar, estava tão próximo de Loescher que os dois homens quase poderiam dar-se as mãos. Sergio havia falado algumas vezes com a equipe de resgate lá de fora, mas precisara se esforçar muito para ser ouvido. Agora, com maior facilidade para falar com Von Zehle, perguntou se alguém tinha morrido. Von Zehle disse que sim, mas que não sabia quem nem quantos. "Não vou conseguir sair daqui, vou?", Vieira de Mello perguntou. "Não se preocupe", tranquilizou-o. "Você tem minha palavra: vamos tirar vocês dois daí."

Von Zehle sabia que a situação dos dois homens era terrível, mas havia lidado com resgates mais difíceis no passado. Tornou a ligar pelo celular para seu oficial superior. "Preciso de corda, lanterna, morfina, barras de reforço, tábuas para escorar o entulho e macacos de rosca", pediu. Em seus quatro meses de Bagdá, tentara melhorar o funcionamento do corpo de bombeiros. Sabia por experiência própria que eles não dispunham dos materiais que solicitara. "Espero que o pessoal de engenharia do exército tenha isso tudo", disse para si mesmo.

O ataque ocorrera no setor de Bagdá sob controle do Segundo Regimento de Cavalaria Blindado. Mas ele se compunha acima de tudo de combatentes, dispondo apenas de uma companhia de engenharia leve. Por consequência, o regimento precisou recorrer aos batalhões de engenharia da Primeira Divisão Blindada, baseada no Aeroporto Internacional de Bagdá, que operava equipamentos de engenharia pesada. Os engenheiros estavam no Iraque para construir bases, casamatas, estradas, campos de aviação e pontes. Mas o equipamento que utilizavam para construção também podia ser usado em operações de resgate e recuperação. O 1457º Batalhão de Engenharia — com sede em Utah, dotado de equipamento de engenharia sobre rodas, e não sobre lagartas, e que se orgulhava de servir como unidade de emergência do exército, havia sido designado para prestar os primeiros socorros a emergências no Iraque.

Como mandava o figurino, quando do ataque à ONU, o major John Hansen, oficial de operações do 1457º Batalhão de Engenharia, despachou dois contingentes separados ao local. Um grupo, da 671ª Companhia de Pontes, passara o dia aparafusando e estendendo uma ponte portátil sobre um rio a dez minutos de carro do Hotel do Canal. Hansen enviou metade daqueles homens, cerca de quinze soldados, ao quartel-general da ONU, para ajudar no resgate. Ordenou que levassem o equipamento pesado que vinham usando para estender a ponte sobre o rio. A Companhia de Pontes chegou cerca de uma hora após a explosão, mas foi direcionada para a segurança e a limpeza do perímetro externo do complexo do Canal, e não para ajudar no trabalho de resgate. Usaram uma retroescavadeira para remover os veículos utilitários das Nações Unidas, que estavam em chamas e haviam sido espalhados pela explosão.

Hansen também instruíra um pelotão de engenheiros de combate, em sua base do aeroporto, para que se equipasse e rumasse para o local da explosão. Aquilo levou tempo, uma vez que os equipamentos solicitados não estavam prontos. O material que empacotaram incluía trajes e máscaras antigás para se protegerem de emanações nucleares, biológicas ou químicas; kits de sapa, contendo machados, picaretas, serras, cordas, pás de bico, pás de ponta, pés de cabra, equipamentos de elevação e ferramentas manuais; meia dúzia de caminhões basculantes; um veículo sobre lagartas com um enorme braço, denominado escavador hidráulico, tão grande que precisou ser transportado num caminhão-plataforma; várias escavadeiras SEE (veículos leves, de alta mobilidade, com transmissão em todas as rodas e pás escavadoras), serras de cadeia, perfuratrizes e uma perfuradora de rocha hidráulica ligada a uma mangueira. Com todo esse equipamento, os engenheiros de combate do 1457º Batalhão de Engenharia só foram chegar ao Hotel do Canal cerca de três horas após a explosão. Mesmo então, não foram encaminhados aos fundos do prédio ou para seu interior, onde o equipamento móvel que haviam trazido poderia ter sido útil.

Von Zehle precisava de mais do que equipamentos. Precisava também de ajuda. Com quase um metro e noventa e mais de oitenta quilos, era corpulento demais para se mover no espaço entre Loescher e Vieira de Mello. Conseguira inserir um tubo intravenoso no braço direito de Loescher. Mas Vieira de Mello não estava tão exposto, e tudo que Von Zehle pôde fazer foi tentar afastar os destroços com as mãos e apoiar alguns blocos de concreto mais pesados para estabilizar os entulhos em volta.

Então, perguntou a Vieira de Mello se conseguia mover os dedos dos pés. Ele respondeu que sim. "E os dedos das mãos?" Também conseguia. "Que dia da semana é hoje?" "Terça-feira", veio a resposta. Von Zehle ficou satisfeito por ele estar lúcido e poder ser resgatado. "Carolina está bem?", ele quis saber. "É sua mulher?", Von Zehle indagou. Vieira de Mello confirmou com um gemido. Von Zehle ficou surpreso e pensou consigo: "Não acredito que a esposa esteja aqui com ele em Bagdá". Mas Vieira de Mello não parecia delirante. "Eu não sabia quem era aquele homem", recorda Von Zehle, "mas estava claro que era o tipo de sujeito que sabia assumir o comando." Ele fez várias perguntas. "Qual a gravidade da explosão?", perguntou. "Quantas pessoas estão feridas?" Como Vieira de Mello em nenhum momento mencionou quem era, só mais tarde Von Zehle ficou sabendo que estivera cuidando do chefe da missão das Nações Unidas.

Cerca de trinta minutos depois de Von Zehle descer pelo buraco, três rostos apareceram na luz, lá no alto. "Podemos ajudar você?", um deles perguntou. Von Zehle não estava progredindo muito com sua escavação solitária, mas temia que soldados bem-intencionados, mas sem experiência em busca e resgate, pudessem piorar ainda mais as coisas. "Algum de vocês tem treinamento nisso?", perguntou. Dois dos homens acenaram que não com a cabeça, mas um disse as palavras que ele esperara ouvir. "Sou um bombeiro paramédico de Nova York", disse. Von Zehle examinou o homem de um metro e setenta e 77 quilos, lá em cima. Era Andre Valentine, o paramédico que estivera organizando a triagem na entrada do Hotel do Canal. "Sou grande demais", explicou Von Zehle. "Desça aqui."

No alto do buraco do terceiro andar, Valentine tirou o colete blindado, depôs a arma e calçou as luvas. Tendo já tratado dos feridos lá embaixo, estava quase sem suprimentos. Tudo que restava no seu kit médico eram três tubos intravenosos, duas ampolas de morfina e cinco ataduras. Von Zehle saiu da cratera, e os dois trocaram ideias sobre suas experiências. "Bom, ao menos duas pessoas em Bagdá já fizeram esse tipo de trabalho antes", Valentine observou. Olhando para o túnel escuro de escombros abaixo, disse ainda, meio de brincadeira. "Deveríamos estar bem agora." Von Zehle assentiu com a cabeça. "O que eu não daria pelo equipamento certo neste momento", comentou. Eram cerca de cinco e meia da tarde, mais de uma hora após o atentado. Davie tentava manter Vieira de Mello informado sobre o andamento do resgate. Um médico, o sargento do exército norte-americano Eric Hartman, chegou. "Eric é especialista neste tipo de resgate", Davie contou a Sergio. "Tem uma equipe especializada e equipamentos de engenharia." Vieira de Mello depositou suas esperanças nos conhecimentos do recém-chegado. Disse que conseguia ouvir Hartman e chamou-o várias vezes: "Eric, você consegue me ouvir?". Hartman não conseguia ouvi-lo, talvez por estar virado na direção oposta ou devido ao aumento excessivo do barulho no local, com a chegada de helicópteros. "Sergio, estamos tentando encontrar um caminho até você de duas direções", Davie disse. Vieira de Mello respondeu simplesmente: "Jeff, por favor, depressa".

Quando Larriera chegou aos fundos do prédio, os guarda-costas de Vieira de Mello e os soldados americanos junto dos escombros tentaram mantê-la afastada, agarrando-a pelos braços com rudeza e tentando levá-la de volta para além do cordão de isolamento. Ela ficou espantada ao ver como era pequeno o número de pessoas que escavavam os destroços. A maioria dos soldados estava de costas para os escombros, mais concentrada em manter as pessoas afastadas do que em resgatar os soterrados. Larriera implorou aos soldados que a agarravam para que começassem a cavar também. "A gente pode usar os metais destroçados espalhados por aí", ela tentou. "Ou que tal os seus capacetes?" Agachada na base da pilha enorme de escombros, ela começou a escavar com as mãos. "Achei que se eu cavasse, mesmo que parecesse uma tolice, eles talvez entendessem a ideia", ela recorda. Mas os soldados cumpriam ordens e continuaram de costas para o Hotel do Canal. Vários câmeras filmavam o resgate, e ela implorou para que eles se juntassem à equipe. "Por favor, ajudem", gritou. "Não filmem! Ajudem!"

O mais próximo que havia de uma liderança civil no local era Patrick Kennedy, chefe de gabinete de Bremer, que chegara com o coronel Sabal 45 minutos após a explosão. Ao chegarem, guardas da defesa civil iraquiana tentavam entrar, mas os soldados americanos que haviam erguido o cordão de isolamento esforçavam-se por mantê-los afastados. "Tenho que fazê-los entrar", Kennedy disse a Sabal. "Nós treinamos essas pessoas. Não podemos simplesmente deixá-los de fora. Este é o país deles." Kennedy conseguiu que autorizassem a entrada dos iraquianos e correu até o capitão Kuhner. "Capitão, do que você precisa?"

Kuhner respondeu: "Preciso de uma retroescavadeira, de materiais de escoramento para sustentar o prédio, de um caminhão com perfuratriz, guindastes, equipamento de terraplenagem". Kennedy respondeu que faria o possível. Contatou por rádio os assistentes militares de Bremer e solicitou mais auxílio.

Kuhner já havia enviado um grupo de policiais militares para requisitar o corpo de bombeiros iraquiano. Ficou satisfeito quando, em torno das seis da tarde, noventa minutos após a explosão, dois carros de bombeiros vermelhos e reluzentes adentraram o complexo do Canal. Kuhner e um sargento correram ao seu encontro. Mas quando tentaram abrir o compartimento de carga, perceberam que ele estava trancado com cadeado. E embora os veículos tivessem motoristas, não haviam trazido um único bombeiro. Quando Kuhner perguntou pelas chaves a um dos motoristas, ele deu de ombros. "Alguém providencie cortadores de cadeados!", Kuhner ordenou. Quando os cortadores chegaram, ele e o sargento correram para lados opostos do veículo e cortaram os cadeados de ferro. As portinholas se abriram. Kuhner olhou para dentro e viu apenas as pernas do sargento, do outro lado. O equipamento — marretas, escadas de vários tamanhos, ferramentas para remover placas de reboco, pés de cabra, cordas e padiolas — não estava ali. "Onde, diabo, está o material?", perguntou enfurecido ao motorista iraquiano. O motorista deu de ombros. "*Ali babá*", respondeu, usando a expressão iraquiana para "ladrão". Outra consequência do surto de saques no Iraque: os *ali babás* haviam surrupiado os equipamentos do corpo de bombeiros.

Em Genebra, Jonathan Prentice, que acabara de celebrar o aniversário de casamento em Beirute, tinha ido passear de manhã e parou no centro para cortar os cabelos. No caminho de casa, passou pela guarita de seu local habitual de trabalho, o Palais Wilson, sede do Alto Comissariado das Nações Unidas para os Direitos Humanos. Os guardas olharam para ele como se estivessem vendo um fantasma. "O que você está fazendo aqui?", perguntou um deles. "Estou de férias", Prentice respondeu alegremente. "Você não soube?", um guarda perguntou. "Explodiu uma bomba no Hotel do Canal." Prentice sentiu um frio na barriga, mas logo se convenceu de que aquele era mais um incidente em meio a tantos outros. Entrou no Palais e juntou-se aos colegas apinhados em torno da televisão, no escritório de Vieira de Mello, no último andar. Quando a CNN mostrou o tamanho da pilha de escombros onde ficava o escritório de Vieira de Mello, Prentice suspirou. Passou o resto do dia tentando falar com um amigo na sede das Nações Unidas em Nova York, para onde ligava de meia em meia hora.

Alain Chergui, o guarda-costas da confiança de Vieira de Mello que deixara o Iraque em 14 de agosto com Prentice e Ray, estava em Bali. As lavanderias iraquianas tinham manchado algumas de suas roupas, e ele passava a tarde fazendo compras. Retornou ao hotel e ligou a tevê, onde viu notícias sobre o ataque e reconheceu a parte de trás da calva do colega Pichon. Telefonou, desesperado, aos membros da equipe de proteção pessoal em Bagdá. Conseguiu falar com um guarda-costas sueco e tentou assumir o comando a partir de Bali. "Vamos precisar de sangue", Chergui disse. "Teremos de fazer uma transfusão". O sueco soou como se tivesse perdido as esperanças. "Não dá para conseguir sangue aqui", respondeu. "Até conseguirmos, será tarde demais."

Com o atentado, Salim Lone tornou-se de súbito o rosto da missão da ONU na televisão. Em suas várias aparições na CNN, Lone, de cabeça enfaixada, fez comentários confusos e pouco educados. Muitas vezes, parecia falar mais consigo próprio do que com os interlocutores. "É simplesmente inominável atacar pessoas desarmadas. Vocês sabem, não temos proteção. Somos alvos fáceis. Sabíamos disso desde o princípio, mas viemos mesmo assim, sabendo do risco. Cada um de nós queria vir e ajudar o povo do Iraque, que sofreu por tanto tempo. E agora, que maneira de nos retribuir!"[10]

Uma hora depois, Lone voltou a aparecer na CNN: "Existem também alguns iraquianos maravilhosos que morreram aqui hoje, portanto não fomos só nós", disse, observando que a contagem dos mortos da ONU já chegara a treze. "É uma experiência horrível ser tão odiado, quando tudo o que você quer fazer é ajudar. Cada um dos mortos era um trabalhador da ajuda humanitária." A única nota de otimismo em seu discurso foi uma referência aos esforços para salvar Vieira de Mello. "Tem sido agoniante. Estamos fazendo o possível para retirá-lo e ainda não conseguimos. Mas achamos que progredimos bastante, e logo ele poderá ser removido dos escombros."[11] Rumores circulavam entre os sobreviventes. Os soldados norte-americanos diziam palavras tranquilizadoras, ainda que fossem em grande parte especulação. Lone repetia essas palavras esperançosas na CNN.

O capitão Kuhner frustrou-se na tentativa de requisitar equipamento de resgate dos bombeiros iraquianos. Voltou, então, para os fundos do prédio e se tornou a principal barreira entre Larriera e a pilha de escombros. Ela achou que, se Kuhner soubesse quem estava sob a pilha, faria com que os soldados norte-americanos trabalhassem mais. "Sergio Vieira de Mello, o RESG, está soterrado bem ali", ela disse. Kuhner olhou para ela sem entender. "O representante especial do secretário-geral das Nações Unidas está soterrado ali", ela tentou de novo. E outra vez Kuhner permaneceu impassível. "O chefe da ONU está soterrado ali", explicou. "O enviado de Kofi Annan, o equivalente ao general Sanchez." Kuhner insistiu para que Larriera fosse à cidade das barracas se juntar aos demais sobreviventes. "Você só vai dificultar ainda mais as coisas para nós", ele disse. Larriera não se deixou dissuadir. "Não, eu não vou", ela respondeu. "Você não pode me obrigar." Quanto mais "protetores" os soldados se mostravam, mais ela tinha que lutar para manter a calma.

Por cima do ombro de Kuhner, Larriera viu que Davie, Pichon e Salamé pareciam ter encontrado um meio de se comunicar com Vieira de Mello por um buraco no topo de uma pilha de escombros. Fingiu, então, que se encaminharia para a cidade das barracas, o que fez Kuhner baixar a guarda. Foi quando ela se livrou dos soldados, esquivou-se de Kuhner e foi ao encontro dos outros. Ele ainda foi atrás dela, mas a blindagem pesada que vestia o deteve.

Nos fundos do prédio, Vieira de Mello aparentemente conseguia ouvir as pessoas através de duas fendas diferentes entre lajes de concreto. A primeira estava a quatro metros e meio de altura e era por onde Davie havia segurado a mão de Loescher. A segunda ficava quase cinco metros para a direita e um pouco mais abaixo, perto do canto traseiro direito do prédio. Era ali que Larriera tinha visto Davie, Pichon e Salamé falando com Vieira de Mello, ao que tudo indicava. Eles não conseguiam alcançá-lo, mas quando Davie se espremeu para dentro da fenda até a cintura, pôde ver um dos braços do chefe. Dali, era capaz de ouvi-lo e ser ouvido. Davie acreditava que, se o pessoal da ONU e os soldados americanos conseguissem levantar alguns centímetros a laje ou remover o entulho daquela abertura, conseguiriam alcançá-lo.

Larriera estava determinada a falar com Vieira de Mello e, para isso, precisava escalar os escombros. Depois de escapar do controle de Kuhner, topou ainda com a resistência dos colegas. Pichon, mais abaixo na pilha de escombros do que Salamé e Davie, tentou acenar para que ela se afastasse, mas Larriera persistiu. "O que você faria se sua mulher estivesse lá embaixo?", ela perguntou. Salamé, em cima, respondeu: "Carolina, você vai fazer os destroços desabarem sobre Sergio". Ela não desistiu. "Você é bem mais pesado do que eu, Ghassan", gritou. Larriera subiu com rapidez nos escombros, temendo que os soldados tentassem puxá-la por trás. Na subida, suas sandálias ficaram presas na lama, e ela sentiu que a saia ficara presa num pedaço de aço. Mas foi em frente e fez uma careta quando a parte de trás da saia rasgou, expondo-lhe as roupas íntimas.

Depois, ergueu os olhos para um último bloco de concreto chato e íngreme entre ela e Salamé. Gritou por ajuda, e ele estendeu a mão, erguendo-a até onde ele estava, agachado sobre a pilha. Pelos cinco minutos seguintes, Larriera permaneceu acocorada ali, com a cabeça enfiada na abertura. "Sergio, você está aí? Sou eu", ela disse em espanhol. "Carolina, estou tão contente... Você está bem?", perguntou, aliviado pela confirmação de que ela havia sobrevivido. "Como você está se sentindo?", ela perguntou. "Minhas pernas, elas estão doendo. Carolina, me ajude", pediu. "Fique quieto, meu amor", ela disse. "Vou tirar você daí." Percebendo a necessidade de uma operação de resgate bem mais poderosa, e julgando-se a única pessoa ali possuída por uma sensação de urgência, ela explicou a ele que teria que deixá-lo temporariamente para obter ajuda apropriada. "Volto logo", prometeu. "*Volve rápido, te amo*", ele disse.

Logo depois que a notícia da explosão chegou a Londres, a BBC abriu uma página de discussão na internet. "Atentado à ONU em Bagdá. Qual o futuro das Nações Unidas?" Uma variedade de comentários surgiu, criticando a ocupação norte-americana, lamentando o silêncio dos muçulmanos moderados e deplorando o ataque. O décimo comentário vinha da Argentina:

> Minha irmã estava no prédio, ela trabalha para a ONU, seu nome é CAROLINA LARRIERA. POR FAVOR, quem tiver qualquer notícia dela, me mande um e-mail. Me disseram que ela apareceu na transmissão da BBC. OBRIGADO.
>
> Pablo Larriera, Argentina

Um funcionário das Nações Unidas em Kosovo logo postou uma resposta, informando ao irmão de Larriera, de 32 anos, de que ela estava a salvo. "Aparentemente", o funcionário escreveu, "ela foi vista na televisão tentando entrar no local depois que a bomba explodiu."[12]

Com Kofi Annan e sua vice, Louise Fréchette, ausentes de Nova York, em férias, Iqbal Riza, o chefe de gabinete do secretário-geral era a autoridade mais graduada na sede da instituição. Ele não telefonou para o secretário de Estado Colin Powell, nem para a conselheira de Segurança Nacional, Condoleezza Rice, ou para qualquer outra autoridade norte-americana para que agilizassem o resgate. A julgar pelo que mostrava a CNN, parecia, segundo suas próprias palavras, "que tudo que era possível estava sendo feito". O contato com a mídia, porém, foi deixado a cargo do porta-voz das Nações Unidas Fred Eckhard. Um minuto após o meio-dia em Nova York, ele leu a primeira declaração de Annan sobre o atentado, da Finlândia. O secretário-geral condenava o "ato de violência gratuita e sanguinária contra homens e mulheres que foram para o Iraque com um só propósito: ajudar o povo iraquiano". Pressionado por repórteres a falar sobre as implicações do ataque para a ONU, Eckhard respondeu que tinha poucas dúvidas de que "vamos perseverar".[13] E, em resposta a acusações de que a Organização relaxara na segurança, ele declarou: "Segurança é responsabilidade dos parceiros da Coalizão. Nós dependemos do país hospedeiro para nossa segurança, onde quer que trabalhemos no mundo".[14]

O caos no Hotel do Canal em 19 de agosto resultou, em parte, da novidade do que se passara ali. Um único grande ataque a alvo civil havia acontecido no Iraque, doze dias antes: o ataque de 7 de agosto contra a embaixada jordaniana. Mas grande parte da confusão resultou também de várias estruturas de comando conflitantes e de um planejamento inadequado, dando origem a uma capacidade insuficiente de resposta. Sempre que as Nações Unidas realizavam operações ao redor do mundo, dependiam das autoridades locais para serviços de emergência. Se a sede da ONU em Nova York fosse atingida, os bombeiros e a polícia de Nova York acorreriam ao local, e policiais do FBI se encarregariam da investigação. Em Bagdá, assim como a instituição dependera de forças norte-americanas e iraquianas para proteção, dependia delas agora para o resgate.

Contudo, não estava claro ali quais as "autoridades locais" em matéria de resgate. Seriam os americanos ou os iraquianos? A Coalizão tornara-se a "autoridade provisória", e era um civil americano, e não um bombeiro iraquiano, quem de fato dirigia o corpo de bombeiros em Bagdá. Os soldados norte-americanos no Hotel do Canal ignoravam de que equipamentos dispunha o corpo de bombeiros, onde esses equipamentos se encontravam ou quem tinha autoridade para providenciá-los. E, se os americanos estavam no comando, quem deveria comandar o resgate: os civis ou os oficiais militares norte-americanos? Se o ataque tivesse ocorrido nos Estados Unidos, a divisão entre responsáveis civis e militares estaria clara. Mesmo quando o Pentágono foi atingido, em 11 de setembro de 2001, o chefe do corpo de bombeiros de Arlington, no estado da Virgínia, atuou como comandante *in loco* por dez dias. Até os oficiais mais graduados do Departamento de Defesa ficaram subordinados a ele. No Iraque, no entanto, ainda que os oficiais de assuntos civis tivessem experiência em resgates, não tinham autoridade hierárquica para dar instruções a seus oficiais superiores. "Não havia ninguém claramente no comando", recorda Patrick Kennedy, o chefe de gabinete de Bremer — ele próprio sem nenhuma autoridade sobre as Forças Armadas norte-americanas.

Assim sendo, as Nações Unidas não estavam no comando, o corpo de bombeiros iraquiano não estava no comando, e o exército norte-americano tentou comandar, mas, nas palavras de Valentine, "nunca havia lidado antes com um prédio demolido por uma explosão. Eles não sabiam o que fazer". Para Valentine e Von Zehle, dois dos poucos homens no local do atentado com experiência em missões de resgate, descer por aquele buraco constituía um alívio. Dali em diante, ao menos, seriam senhores de seus próprios destinos.

Desesperada para fazer alguma coisa que pudesse ajudar seu noivo, e chocada pela falta de empenho e de recursos do resgate, Larriera deixou os escombros e foi até a cidade das barracas implorar por ajuda. Tentou envolver os funcionários mais graduados da ONU. Depois de Vieira de Mello, a mais alta autoridade no Hotel do Canal naquele dia era o subsecretário-geral Benon Sevan, vindo de Nova York. Mas Sevan não retornou ao hotel depois de alcançar a cidade das barracas. Quando Larriera insistiu para que ele assumisse o controle, Sevan recusou-se até a olhá-la nos olhos. Lopes da Silva, o vice de Vieira de Mello, não parava de falar com Nova York ao telefone. Tinha feito uma única visita aos fundos do prédio. Bob Adolph, o chefe da segurança, também estava na cidade das barracas. "Quem está no comando?", Larriera perguntou, implorando para que um dos responsáveis pela segurança fosse até os fundos do Hotel do Canal. "Os soldados lá não têm a menor ideia de quem está sob os escombros! Sergio está morrendo!" Os dois homens tentaram convencer Larriera de que o máximo já vinha sendo feito. "Estamos tentando tirá-lo de lá, Carolina", Lopes da Silva disse. "Você tem que se acalmar." Enquanto ela o seguia, ele deu-lhe as costas, dizendo: "Os americanos estão no comando".

Sem conseguir ajuda na cidade das barracas, Larriera de novo tentou alcançar os fundos do hotel. Mas agora o exército criara um cordão de isolamento interno composto de soldados, sacos de areia e caminhões, impedindo funcionários da ONU e soldados americanos não especializados de chegar aos fundos do prédio. Larriera percorreu todo o cordão, implorando aos soldados que a deixassem passar, mas em vão. Embora tivesse prometido a Vieira de Mello que voltaria, não pôde fazê-lo.

Bremer poderia ter ajudado a agilizar as várias linhas de comando, mas só chegou ao Hotel do Canal ao anoitecer. Diante das críticas de Eckhard à segurança proporcionada pelos Estados Unidos, pediu que Kennedy e Sabal descobrissem qual proteção as forças norte-americanas haviam oferecido. Sobre esse pedido de Bremer, Sabal escreveu em seu caderno de anotações: "Como responder por que não conseguimos oferecer segurança?". E anotou a seguir: "Falta de soldados". No próprio hotel, Bremer falou à mídia: "Meu caro amigo Sergio está em algum lugar lá nos fundos", disse. "É bem possível que ele tenha sido o alvo do ataque." A declaração deixava clara sua crença de que partidários de Saddam haviam sido os responsáveis. "Essa gente não se contenta em ter matado milhares de pessoas antes", disse. "Eles querem continuar matando, matando e matando. Mas não vão conseguir."[15] Bremer estava certo de que, apesar do ataque, a ONU permaneceria no Iraque. "Tenho certeza absoluta de que as Nações Unidas, em vez de interromper as atividades e sair correndo, permanecerão firmes, como aliás fará a Coalizão."[16]

Nos Estados Unidos, o presidente Bush estava de férias em seu rancho em Crawford, no Texas. Na verdade, havia tantos jornalistas em férias que o colunista do *Newsday* Jimmy Breslin caracterizou o 19 de agosto como um dia em que "um congressista poderia cometer um homicídio sem virar manchete".[17] Bush recebeu a notícia do ataque enquanto jogava golfe. De início, continuou jogando, mas, uma hora depois, retornou ao rancho e fez uma declaração às 19h05, horário de Bagdá. "O povo iraquiano enfrenta um desafio e uma escolha", declarou. "Os terroristas desejam voltar à época das câmaras de tortura e das covas coletivas. Os iraquianos que querem paz e liberdade precisam rechaçá-los e combater o terrorismo."[18]

As Nações Unidas não tinham como descobrir quem perpetrara o ataque ou como submeter os criminosos à justiça. Mas a reação do FBI, logo após o atentado, foi impressionante. Quando o caminhão explodiu, Thomas Fuentes, que dirigia a unidade do FBI no Iraque, estava no aeroporto de Bagdá e, orientado por GPS, chegou com uma equipe de agentes ao local do atentado. Uma hora após a explosão, cerca de duas dúzias de agentes estavam na cena do crime para começar a examinar os destroços em busca de indícios. Era o primeiro ataque em que civis norte-americanos tinham sido atingidos e, assim, a jurisdição do FBI era incontestável.

Quando Fuentes chegou, encontrou iraquianos aglomerados em torno do cordão de isolamento externo, gritando os nomes de seus entes queridos que trabalhavam no prédio. Adolescentes iraquianos com isopores vendiam refrigerantes à multidão.[19] O hospital, do outro lado da via de acesso ao hotel, também havia sido bastante danificado pela explosão. Dez de seus pacientes haviam se ferido, e os outros, muitos deles sobreviventes das três guerras do Iraque, estavam apavorados. Alguns ficaram presos por mais de uma hora sob o telhado que desabara, enquanto outros, seminus, foram levados para fora em cadeiras de rodas e deixados ali, com suas bolsas de drenagem, sob o sol escaldante.[20]

No próprio dia 19, os analistas do FBI evitaram os fundos do Hotel do Canal, onde o resgate vinha sendo realizado, preferindo espalhar-se por uma área ao lado do hospital. A noventa metros do ponto de impacto, o terreno estava coberto de uma variedade de entulhos: fragmentos de metal do caminhão-bomba, destroços dos muros de cimento e várias partes do corpo do motorista do caminhão. A equipe de Fuentes incluía um especialista em explosivos, que havia vindo ao Iraque para ajudar a investigar o ataque à embaixada jordaniana. O especialista ministrou treinamento *in loco* aos colegas, para que eles pudessem coletar pistas com eficiência. A explosão projetara fragmentos de indícios em centenas de direções, mas eles seriam recuperados numa área de treze quilômetros quadrados. Para dar apenas uma ideia da escala da explosão: na cratera aberta, caberia facilmente um Volkswagen.

Valentine, o paramédico de Nova York, tinha uma cratera ainda maior a percorrer. "Mantenham os olhos fechados, pessoal", ele recomendou ao descer pelo buraco. Temia a queda de entulhos. "Estou descendo!" Loescher respondeu: "Ótimo, preciso da sua ajuda". Porém Vieira de Mello permaneceu em silêncio. Em sua carreira de 28 anos, o técnico em emergências médicas havia lidado com vários prédios desmoronados, tendo certa vez retirado uma mulher presa sob um guindaste em Nova York. Mas, embora já tivesse servido onze meses no Afeganistão e quatro meses no Iraque, aquela era sua primeira missão de resgate de civis em tempo de guerra.

Os técnicos em emergências médicas são treinados a seguir procedimentos iniciais básicos — concentram-se, antes de mais nada, na passagem do ar, na respiração e na circulação, bem como em estancar hemorragias. São apenas a linha de frente do resgate médico: cuidam dos fundamentos e vão em frente. "Conheço meu trabalho", Valentine diz. "Trato de fazer a intervenção de emergência nos feridos e, em seguida, aguardar a chegada da cavalaria, com equipamento e especialistas reais." Ao descer por aquele buraco em Bagdá, Valentine sabia que não teria ninguém na retaguarda.

Ele alcançou Loescher em torno das quinze para as cinco. Estava deitado num ângulo de 45 graus, a cabeça mais baixa do que os pés, o que ajudou a manter sua circulação. Valentine usou soro para remover a poeira de argamassa do rosto de Loescher e tentou manter o paciente consciente fazendo perguntas sobre sua família. "Você é casado, Gil?", indagou. "Quantos filhos tem?" Loescher contou que tinha duas filhas, e Valentine falou de seus seis filhos. "Vamos tirar você daí para você poder dançar com sua esposa logo, logo", o técnico em emergências médicas prometeu. "Mas vou estar engessado", Loescher disse. "E nunca dançou de muletas antes?", Valentine perguntou.

Quando, depois de embarcar mortos e feridos em caminhões e helicópteros, Ralf Embro retornou à área de triagem diante da entrada do Hotel do Canal, ele entrou no prédio e gritou: "Algum paramédico da 812ª unidade por aqui?". Ao atingir o terceiro andar, um soldado norte-americano gritou de volta: "Sim, tem um paramédico aqui, mas ele está dentro do buraco". Embro olhou para dentro da cratera, e Valentine gritou para cima: "Preciso remover os escombros em volta dos feridos. Vamos precisar de um sistema de roldanas".

Embro estava perplexo. Não dispunha de roldanas nem de nenhum lugar onde pôr os escombros. Percorreu os escritórios escuros do terceiro andar e voltou carregando uma cortina, o cordão da cortina e uma grande bolsa de palha feminina. "Isto é tudo que temos", disse. Amarrou o cordão em torno da bolsa e baixou-a, fazendo-a passar por Von Zehle, sentado na metade do buraco, e chegar a Valentine. Com as mãos nuas, Valentine recolheu destroços soltos, depositando no máximo meia dúzia de pedaços de concreto de cada vez na bolsa, que Embro e dois soldados rasos norte-americanos puxavam para cima. A cortina serviria de maca improvisada, se conseguisse soltar Loescher ou Vieira de Mello. A fim de puxar os detritos para cima, Embro e os outros apoiavam-se em vigas que tremiam. Embro temia que Valentine e Von Zehle acabassem soterrados, como as pessoas que estavam tentando salvar.

Abaixo dos joelhos, as pernas de Loescher pareciam ter sido esmagadas pelo teto do escritório de Vieira de Mello. Valentine esticou o braço até o bolso de Loescher e apanhou um passaporte. Colocou-o na bolsa, junto com os entulhos. Daquele ponto em diante, a linha de montagem de soldados americanos sabia o nome do homem que estavam tentando ajudar. Sabiam também que era norte-americano. "Gil, fique acordado", Valentine pediu repetidas vezes. "Nós vamos tirar você daí."

Vieira de Mello estava um metro e vinte centímetros à direita de Loescher, mas preso por outro conjunto de escombros. Sua perna direita estava soterrada, assim como o braço direito, que se estendia para dentro do entulho abaixo. Se Valentine podia cuidar de Loescher apenas agachando-se, para alcançar Vieira de Mello precisava se deitar de bruços e esticar o braço esquerdo até o espaço apertado sobre a cabeça de Sergio. Naquela posição, o paramédico conseguiu iluminar com uma lanterna as pernas de Vieira de Mello, parcialmente enterradas e sangrando. Conseguiu também amarrar uma atadura ao redor de seu braço esquerdo e, na primeira tentativa, encontrar uma veia para aplicar um dispositivo intravenoso. Inseriu o dispositivo intravenoso e pendurou uma bolsa de soro numa barra de aço que se projetava de um bloco de concreto pendente. "Me tirem daqui", Vieira de Mello pediu, enunciando cada palavra com clareza.

A tentativa de tirar os dois homens dali foi lenta e tortuosa. Valentine era o único soldado cuja constituição física permitia alcançar o fundo do buraco. Ele se arrastava entre os dois soterrados, tentando mantê-los conscientes, oferecendo-lhes morfina ou soro quando possível e lutando contra o tempo enquanto tentava remover o entulho abaixo e acima deles. Valentine passou a maior parte do tempo com Loescher. Sentia-se pessimista quanto a Vieira de Mello, cujo braço direito estava preso de tal forma nos escombros que não via como tirá-lo dali. Começou a pensar em amputá-lo, mas não tinha espaço para tanto. Ou em mover Vieira de Mello para o fundo do buraco, até que tivesse removido Loescher, que lhe vedava o acesso a Sergio. Quando Valentine retirava entulho ao redor de Vieira de Mello, o único lugar onde conseguia depositá-lo era na cavidade onde Loescher jazia. "Eu tinha um plano. Precisava retirar Gil primeiro. Depois disso, teria onde pôr os escombros e poderia tentar mover Sergio para onde Gil estava", relata Valentine.

Em seus breves diálogos, porém, Vieira de Mello foi se irritando com Valentine. "Você é cristão?", o paramédico perguntou. Vieira de Mello respondeu que não. "Você acredita em Nosso Senhor Jesus Cristo?", Valentine continuou. De novo, a resposta foi não. "Estamos numa situação difícil aqui", Valentine disse. "Seria bom rezarmos juntos para Deus."

Vieira de Mello não estava gostando nem um pouco daquilo. "Não quero rezar", ele disse. "Se Deus fosse o que você diz, não teria me deixado aqui."

"Deus tem razões para tudo que faz", Valentine insistiu.

"Foda-se Deus", Vieira de Mello disse. "Por favor, só me tire daqui."[21]

Enquanto Valentine, Von Zehle e Embro realizavam seu próprio minirresgate lá dentro, membros da equipe de resgate bem-intencionados do lado de fora do prédio dificultavam seus esforços. Como ninguém assumira o comando geral da operação, bons samaritanos da ONU e das Forças Armadas norte-americanas ficaram livres para improvisar táticas de resgate. Valentine e Von Zehle eram gratos aos paramédicos lá de fora que, através das fendas nos escombros, lhes haviam passado bolsas de soro, ataduras, morfina e água. Mas gostariam que os outros se afastassem. Quando haviam quase conseguido remover os escombros de cima do tronco de Loescher, alguém do lado de fora removeu uma laje, derrubando pedaços de concreto sobre Loescher. Precisariam começar tudo de novo. "O exército estava fazendo o que lhe parecia lógico", recorda Von Zehle. "O bom senso recomenda que, se alguém está sob uma pilha de material, você começa removendo o material da pilha." Mas o que era lógico não vinha ajudando. Valentine — normalmente de temperamento esquentado — ficou furioso. "Diga a eles que parem de atrapalhar!", berrou buraco acima. "Eles são imbecis?" Precisava de equipamento profissional, não da ajuda de amadores. "Sabíamos que tínhamos um problema de tempo. Cada resgate tem uma hora crítica", recorda Von Zehle. "E já estávamos muito além desse ponto."

Lá fora, os agentes do FBI também tinham um momento crítico. Precisavam coletar os indícios antes que a cena do crime ficasse contaminada. E, ao contrário de Valentine e Von Zehle, faziam grandes progressos. Às seis da tarde, meia hora depois da chegada do FBI, o especialista em explosivos levou a Fuentes, no comando, um fragmento de metal retorcido de 46 centímetros de comprimento, oito de largura e cinco de espessura, em forma de casca de banana. "Sei qual foi o tipo de bomba", o analista disse. Fuentes fitou, incrédulo, a tira fina de metal. Não era nenhum perito e ficou surpreso que um pedaço tão pequeno de metal pudesse fornecer alguma pista. "Foi uma bomba aérea de fabricação soviética da década de 1970", o analista informou.

A abundância de indícios só aumentaria. Passados alguns minutos, outro agente do FBI aproximou-se de Fuentes. Segurava o eixo do caminhão e parte da porta, contendo o número de identificação do veículo. Na manhã seguinte, um jornalista da CNN telefonaria para informar que um grande pedaço de metal, do tamanho de uma mesa, aterrissara no posto de controle militar do outro lado da rua do Canal, a cerca de um quilômetro e meio do cenário da explosão. Foram precisos três agentes e uma picape para recolher o metal, que continha a placa do caminhão. Completando as pistas recolhidas, um analista do FBI apresentaria a Fuentes a mão esquerda do terrorista. Cortada na altura do pulso, ela ainda segurava parte do volante do caminhão, tendo sido encontrada no teto do Centro de Operações Militares Civis onde Von Zehle trabalhava.

Fuentes achou que a investigação estava indo bem demais: dispunha de uma série de testemunhas que haviam visto o caminhão dobrar na via de acesso; sabia o tipo de bomba e o número de identificação do veículo; e tinha como obter impressões digitais do terrorista. Usou uma equipe voluntária de cerca de cem soldados para reunir granadas, morteiros e explosivos menores que haviam sido amarrados à bomba. Os criminosos haviam atado ali centenas de tipos de munição, mas sem acrescentar os detonadores necessários, de modo que quase todo o material foi parar na pilha do FBI, de aproximadamente dois metros de altura.

Dentro do buraco, Von Zehle se transformara numa viga humana. Na metade do túnel vertical, tapava com a cabeça um lado da passagem e com as nádegas o outro, protegendo Loescher e Valentine de quaisquer escombros que caíssem de cima. Servindo de intermediário numa lenta linha de montagem que removia os destroços, continuou esperançoso de que equipamentos de engenharia por fim chegassem. Maquinário grande costumava ser de difícil manejo, em geral de maior utilidade na recuperação dos mortos do que no resgate dos vivos. Mas, naquele caso, como as lajes do teto e do piso haviam despencado quase intactas, Von Zehle imaginou que buracos pudessem ser abertos na laje superior, que, mediante a inserção de pinos, um guindaste poderia, então, puxar inteira para cima. Ele sabia dos riscos que o uso de tal equipamento implicava. Embora a remoção de uma laje grande pudesse libertar uma pessoa presa embaixo, ela poderia também deslocar entulhos, pondo em risco tanto os sobreviventes quanto a equipe de resgate, que precisaria permanecer no buraco para estabilizar as condições dos dois feridos. Von Zehle também sabia que, às vezes, vítimas de desmoronamentos permaneciam vivas somente *porque* o peso dos escombros retardava a hemorragia interna. Temia, assim, que a remoção rápida do concreto ao redor de Loescher e Vieira de Mello pudesse, paradoxalmente, acelerar-lhes a morte. Nos Estados Unidos, em emergências desse tipo, as equipes de resgate avaliavam os riscos com base sobretudo na planta do prédio e na opinião de engenheiros estruturais, que, examinando o local, eram capazes de determinar que manobras minimizariam o risco de mais desmoronamento. Em Bagdá, Von Zehle não dispunha da planta nem de especialistas. Não obstante, enquanto ajudava a alçar a bolsa feminina ao terceiro andar, esperava que a linha de montagem logo começasse a funcionar na direção inversa, fornecendo ao menos os materiais e ferramentas leves indispensáveis ao resgate.

Mas isso não aconteceu. O que Valentine e Von Zehle mais precisavam, o 1457º Batalhão de Engenharia não trouxera ao Iraque: tábuas de madeira. Com apenas umas poucas tábuas, ou mesmo simples compensado, poderiam ter estabilizado o buraco, ganhando mais agilidade na remoção dos escombros abaixo e acima dos feridos. Na situação vigente, sem nada para escorar as paredes, tinham que avançar com cautela. Como nunca tinha lidado com um ataque de carro-bomba daquela proporção, nem jamais tivera de escavar um prédio em ruínas, o exército norte-americano não considerara prioritária a estocagem de madeira. No Iraque, onde quase não havia florestas e os construtores usavam cimento e concreto nas obras, era quase impossível achar madeira. Somente ao escurecer, em torno das sete da noite, o major Hansen, chefe de operações do 1457º, despachou algumas poucas tábuas do aeroporto de Bagdá para o Hotel do Canal. "A gente não sabia onde estava se metendo", diz Hansen. "Resgate e recuperação num prédio desmoronado exige especialização. Não era algo com que tivéssemos intimidade. Fizemos o possível para ajudar, mas o fato é que éramos engenheiros de combate, e não técnicos em emergências médicas ou bombeiros." Para os dois paramédicos americanos, era incompreensível que não dispusessem de tábuas.

O segundo item de que os homens precisavam, e esse não esperavam receber, eram cunhas e fresas para serrar as barras de reforço e as vigas de ferro dentro do buraco. Ainda que constituíssem equipamento básico da Federal Emergency Management Agency e de várias unidades do corpo de bombeiros nos Estados Unidos, o exército não as enviou às unidades no Iraque. O substituto mais próximo nos estoques do exército eram maçaricos a gás, mas eles, que só chegariam ao Hotel do Canal à noite, dependiam de fontes de gás externas. Seus fios de extensão não teriam alcançado o fundo do buraco. O resultado disso foi que, embora dotadas do que havia de mais moderno em equipamento de combate, do momento da explosão, às 16h28, ao encerramento dos trabalhos, após escurecer, as Forças Armadas mais poderosas da história da humanidade dependeram, para o resgate, da força bruta, de um cordão de cortina e de uma bolsa de mulher.

Valentine sabia que o tempo estava se esgotando e que a cavalaria não viria. Havia estabilizado Loescher, mas precisava tirá-lo do buraco para proporcionar-lhe cuidados médicos. Ainda que conseguisse deslocar a parede que lhe cobria as pernas, o prédio inteiro poderia, em consequência disso, desmoronar sobre eles. Decidiu que não tinha escolha senão amputar Loescher para soltá-lo dos escombros. "Gil, preciso lhe fazer uma pergunta e quero que você reflita com cuidado", disse. "Você me autorizaria a amputar suas pernas?" Loescher, ainda consciente, não hesitou. "Só me tire daqui", respondeu. "Quero ver minha família."

Valentine tinha o consentimento de seu paciente, mas não dispunha de instrumental cirúrgico. Gritou buraco acima pedindo instrumentos, e os soldados saíram à procura deles em torno do Hotel do Canal. Em poucos minutos, retornaram com uma serra de carpinteiro enferrujada, que desceram pela bolsa buraco abaixo. Valentine deu de ombros. Teria que se virar com aquilo. Um cirurgião do exército norte-americano apareceu no alto do buraco, e Valentine pediu permissão para começar a cortar. "Faça o que for preciso para retirá-lo daí", o cirurgião disse. Valentine injetou dez miligramas de morfina em Loescher, amarrou duas ataduras como torniquetes sob os joelhos e começou a usar tesoura e serra para remover o que restava da parte inferior das pernas de Loescher, acima do tornozelo. Loescher mergulhou em tamanho estado de choque que sequer gritou de dor. Removidas as duas pernas, Valentine ajudou Von Zehle a retirar o homem ferido.

Jeff Davie e Gaby Pichon ignoravam que a equipe de resgate lá embaixo estava tão próxima de seu chefe. Continuavam se revezando à direita dos fundos do prédio, tentando cavar uma fenda grande o suficiente para atingir Vieira de Mello. O calor era perigoso. Cerca de noventa minutos após começarem sua tentativa de resgate, Davie havia desmaiado, e Pichon o havia puxado para fora da abertura, substituindo-o. Pichon trabalhava furiosamente, mas o calor logo o vitimou também, e um soldado norte-americano o substituiu. Davie foi buscar água e ao retornar, dez minutos depois, perguntou ao soldado se ainda conseguia falar com Vieira de Mello. O soldado respondeu que não. Eram quase sete da noite.

A abertura que Davie e Pichon tentavam alargar parecera promissora. No entanto, mais de duas horas após a explosão, o resultado era pífio. O golpe de misericórdia veio quando, escavando um canto do telhado desmoronado, descobriram que o "buraco" que vinham se esforçando por desobstruir nada mais era do que o isolamento da laje do teto. Mais dez centímetros de concreto jaziam abaixo. Eles estavam exaustos e não sabiam o que fazer. Davie virou-se para Pichon e reconheceu o que nenhum dos dois homens quisera admitir. "Não dá para alcançar o Sergio por fora sem erguer o telhado."[22]

No interior do buraco, Valentine não desistira. Com o passar dos minutos, Vieira de Mello reagia cada vez menos. "Preciso que você colabore, Sergio. Preciso que fique acordado", Valentine disse, cutucando-o e beliscando-o para que recobrasse a consciência. "Vou morrer, não vou?", Vieira de Mello perguntou. Valentine não dispunha de uma boa resposta. Apesar de todo o esforço de escavação, o chefe da ONU continuava na mesma posição em que fora parar após o impacto. Em torno das sete da noite, Vieira de Mello parou de puxar conversa, mas ainda conseguia responder com lucidez quando falavam com ele. Quando Valentine perguntava: "Sergio, Sergio, você está bem?", ele respondia que sim ou que não. Mas ao redor das sete e meia, passou a reagir apenas a estímulos dolorosos, e sua respiração se tornara mais pesada. "Dava para ver que ele estava entrando em estado de choque", Von Zehle recorda.

Desde que Annie, Laurent e Adrien voltaram para casa em Massongy, o telefone não parou de tocar. Annie atendia na esperança de receber notícias, mas eram sempre amigos e parentes, em vez de alguém no Iraque que soubesse de algo. Quando ela ligou para a sede das Nações Unidas em Nova York, os funcionários com quem falou assistiam ao mesmo noticiário da CNN e não lhe forneceram nenhuma informação adicional nem qualquer esperança.

Xanana Gusmão, presidente do Timor Leste e grande amigo de Vieira de Mello, sintonizou a CNN pouco antes de ir com a mulher, Kirsty, para a cama em Díli. O atentado à ONU era a notícia principal. De início, os relatos haviam sido encorajadores. O representante especial estava ferido, mas vinha recebendo água. Poderia ser resgatado. Porém, à medida que acompanhava a cobertura ao longo das três horas seguintes, Gusmão foi ficando agitado. Viu Larriera na tevê, tentando escapar dos soldados americanos. "É Carolina!", exclamou. Pôs-se a gritar para a tela da tevê: "Deixem ela passar!". Viu alguns homens escavando os escombros com as mãos. "Onde estão as porras das escavadeiras? Onde estão as serras?", perguntou-se, enquanto caminhava de um lado para outro. Sua esposa também estranhou aquele resgate primitivo. O casal ficou assistindo, esperançoso. Gusmão continuou berrando, mas sua raiva transformou-se em desespero. "Onde estão os americanos? Por que não vêm?!", reclamou. Viu um homem calvo e musculoso implorando, impotente, por mais ajuda. Era Pichon.

Com o passar dos minutos, Gusmão começou a chorar. "Eles não vão salvá-lo", disse. "Vão deixar o Sergio morrer."

Na verdade, o resgate no buraco vinha progredindo. Tendo amputado os pés de Loescher e conseguido soltá-lo, Valentine e Von Zehle puseram-no na maca de cortina criada por Embro. Enquanto os homens no alto do buraco puxavam, Valentine e Von Zehle empurravam por baixo. Depois das oito da noite, Loescher atingiu o terceiro andar, com Valentine atrás dele. Valentine saiu do buraco e deitou-se perto da maca, exausto. Estivera lá dentro por quase três horas. "Estamos em cima, Gil", ele disse. Loescher conseguira conservar parcialmente a consciência. "Obrigado", agradeceu. Nenhum dos paramédicos tinha grandes esperanças de que Loescher sobrevivesse, mas sabiam que, se conseguisse alcançar o hospital do exército norte-americano em Landstuhl, na Alemanha, receberia ao menos cuidados médicos de primeira.

Embro ajudou a transportar Loescher numa padiola até uma ambulância, que, contornando os fundos do prédio, chegou a um helicóptero Black Hawk. Foi só aí que Embro viu o local da explosão. "Puta merda!", exclamou em voz alta. Então, depois de deixar Loescher aos cuidados de outros, voltou ao Hotel do Canal para ajudar no resgate de Vieira de Mello. Mas ao entrar, topou com Valentine, carregando sua maleta médica, suando em bicas e coberto de sangue. "A outra pessoa não resistiu", ele disse.

Larriera passara a primeira hora após o atentado correndo entre o terceiro andar e a pilha de escombros nos fundos do prédio. Depois, rumara para a cidade de barracas e tentara, em vão, convencer altos funcionários das Nações Unidas a se empenhar no esforço de resgate. Como os soldados norte-americanos impediram seu retorno ao Hotel do Canal, sentou-se o mais perto possível, no chão, ao lado de um telefone sobre uma cadeira de jardim de plástico. Alguém dissera a ela que cuidasse do telefone.

Uma torrente de paramédicos, soldados americanos e funcionários da ONU passou por Larriera, mas ninguém lhe deu atenção. Em torno das oito da noite, um oficial norte-americano encaminhava-se para os fundos do prédio. Larriera bloqueou-lhe a passagem, e ele prometeu descobrir como estava Vieira de Mello. Tão logo ele se foi, uma ambulância da Cruz Vermelha, sirene ligada, passou por ela e transpôs o cordão de isolamento rumo ao prédio do Hotel do Canal. O americano retornou: "Tenho boas notícias", ele disse. "Seu marido foi salvo." Apontou para cima. "Está vendo aquele helicóptero?", perguntou.

530

O coração de Larriera disparou quando viu o Black Hawk no céu. "Ele está lá dentro." Mas o americano disse que tinha também uma notícia ruim. "Tivemos que amputar as pernas dele", informou. Ela suspirou aliviada. "Contanto que esteja vivo", ela disse, "não me importo com suas pernas." Sua intuição lhe dizia, porém, que a informação não era confiável. "Como você sabe que era Sergio?", ela perguntou. "A equipe de resgate me disse", ele respondeu.

Jeff Davie recusara-se a desistir. Tendo esgotado todas as possibilidades nos fundos do prédio, decidiu enfim retornar ao terceiro andar. Esperava achá-lo repleto de pessoal de resgate, mas em vez disso estava vazio. Uma lanterna jazia na entrada do buraco. Davie apanhou-a e iluminou o local onde o homem que se identificara como "Gil" estivera deitado. Loescher havia sumido, mas Davie viu que as costas de outra pessoa estavam agora visíveis. Rastejou para dentro do buraco e logo reconheceu Vieira de Mello. A remoção dos entulhos e a retirada de Loescher haviam exposto uma pequena área adjacente à que ele ocupara.

Davie deparou com a parte de trás da cabeça de Vieira de Mello. Ele estava deitado perto do telhado de concreto, por onde o próprio Davie não conseguira penetrar de fora. Um triângulo se formara entre o telhado, o piso do escritório de Vieira de Mello e o sofá de couro preto, que amortecera em parte sua queda e impedira que os destroços esmagassem suas costas e a cabeça. "Sergio!", Davie gritou. "Sergio!" Nenhuma resposta.

Um grupo de soldados norte-americanos chamou do alto e iluminou o buraco com lanternas. Um deles, um tenente-coronel engenheiro do exército, desceu e ajudou Davie a remover o entulho. Foi aquele engenheiro quem primeiro tocou no pescoço de Vieira de Mello, sem detectar nenhuma pulsação. Davie, que vinha lutando havia quatro horas ininterruptas para resgatar seu chefe, entrou em desespero. De súbito, sentiu-se esgotado.

Durante toda a semana anterior, Michael Rose, o controvertido general britânico que comandara a Forpronu na Bósnia, pretendera enviar um e-mail a Vieira de Mello elogiando sua franqueza recente contra a ocupação. Por fim, na noite de 19 de agosto, subiu a seu gabinete para escrever a mensagem que vinha formulando na cabeça. "Você está tomando a posição correta", recorda-se de ter escrito. "Se a Coalizão continuar abusando da força, induzirá cada vez mais iraquianos a aderirem à resistência. Persista nessa sua atitude." Quando Rose terminava de escrever o e-mail, a esposa, Angela, gritou da escada: "Você enviou o e-mail a Sergio?". "Não, estou terminando de digitar", ele respondeu. "Pode esquecer", ela disse.

Recuperar o corpo de Vieira de Mello continuava uma tarefa arriscada, porque os entulhos ainda se deslocavam. Davie e o engenheiro norte-americano removeram cabos elétricos que bloqueavam a passagem. Amarraram uma corda em torno da cintura de Sergio, e os soldados no andar superior puxaram até ele ser enfim arrancado do triângulo protegido adjacente ao buraco. Foi a primeira vez que Davie conseguiu ver o corpo de Vieira de Mello. Suas pernas estavam laceradas. A manga esquerda estava rasgada, e a mão, coberta de sangue. Contrariando todas as probabilidades, jazera sobre uma parte da bandeira das Nações Unidas que estivera pendurada em seu escritório. Sergio foi levado ao terceiro andar e colocado numa maca. Eram cerca de nove da noite.

Ghassan Salamé foi solicitado a identificar o corpo de Vieira de Mello. Subiu as escadas e removeu o lençol. Sergio parecia calmo. O único sinal visível de traumatismo eram pequenas manchas de sangue no rosto de bronze. Foi levado ao necrotério numa base norte-americana perto do aeroporto e conduzido a uma barraca onde jaziam cerca de quinze corpos.

Às 2h24 da madrugada, no horário do Timor Leste (21h24 no horário de Bagdá, 14h24 no horário de Brasília e 13h24 no horário de Nova York), o correspondente da CNN Michael Okwu anunciou: "Soubemos, Kyra, pelo escritório do porta-voz da ONU, que Sergio Vieira de Mello veio a falecer. Recebemos a notícia faz apenas alguns minutos — trata-se, é claro, do senhor Vieira de Mello, veterano de 55 anos, diplomata brasileiro altamente respeitado aqui nas Nações Unidas". Adrien, Laurent e Annie Vieira de Mello assistiram a essa declaração antes de receberem qualquer notícia da sede da instituição.

Pouco depois, Wolf Blitzer virou-se para a câmera e convidou os telespectadores a opinar sobre a notícia. "Nossa pergunta do dia na internet é: 'O Iraque está se tornando um atoleiro para os Estados Unidos?'. Os resultados, mais tarde nesta edição."

No Rio de Janeiro, a mãe de Vieira de Mello, Gilda, de 85 anos, estava confusa. Moradores de seu prédio, membros da família e amigos próximos tinham vindo a seu apartamento naquele dia. Até mesmo pessoas desconhecidas juntavam-se defronte ao prédio. Temendo durante todo o verão que o filho fosse confundido com um americano, ela aumentara a dosagem do ansiolítico. André Simões, sobrinho e afilhado de Vieira de Mello, Antonio Carlos Machado, seu maior amigo de infância, e o dr. Antonio Vieira de Mello, seu primo mais próximo, deram a notícia. Quando ela começou a gritar, o dr. Vieira de Mello ministrou-lhe sedativos.

No Hotel do Canal, Larriera continuava aguardando notícias. Em torno das nove da noite, quinze minutos depois da informação do oficial americano de que Vieira de Mello fora transportado de helicóptero ao hospital, ela ouviu Lopes da Silva comentando com alguém: "Sergio está morto". Pôs-se a gritar e a correr na direção dele. "Me diga que não é verdade!", Larriera implorou. Lopes da Silva virou-se e disse: "Ele se foi".

Larriera recusou-se a deixar o Hotel do Canal enquanto não visse o corpo, mas às onze da noite foi informada de que ele já havia sido transportado para o necrotério americano. Levada para uma residência particular alugada por funcionários da ONU, ela recebeu um sedativo. Ao romper da aurora na manhã seguinte, pediu que a conduzissem até ele. Quando seus colegas se recusaram, Larriera deixou a casa e começou a andar naquela que lhe parecia a direção certa. Um funcionário rapidamente a alcançou e a levou para o hotel, onde Ronnie Stokes, chefe da administração, informou que ela e os demais sobreviventes seriam retirados do Iraque. De volta ao quarto que ela e Vieira de Mello compartilharam por mais de dois meses, Larriera fez as malas, no total de oito, e apanhou um terno feito sob medida para Sergio durante a viagem à Tailândia, bem como a gravata verde que ela lhe dera de aniversário.

Pichon e outro dos guarda-costas de Vieira de Mello, Romain Baron, que deixara um hospital italiano, apesar de uma grave ferida provocada por estilhaços de bomba no ombro, levaram o terno ao necrotério. Ali, lavaram o corpo do chefe e rasgaram as costas do terno ao meio para poder vesti-lo em Sergio. Baron pôs um rosário na mão dele. Os dois guarda-costas então disseram adeus. Vieira de Mello manteve-se elegante até o fim.

Salamé acabou conseguindo que Larriera visitasse o necrotério. Quando ela chegou e correu para dentro, encontrou Vieira de Mello deitado sobre a mesa. Foi então, olhando para o corpo sem vida, que sentiu todo o impacto de sua morte. "Seu corpo estava lá", ela recorda, "mas Sergio se fora." O terno subitamente pareceu grande demais nele. Estava com a aliança de ouro gravada com o nome "Carolina" e a corrente de ouro que usara por muitos anos, com um "C" dourado que retirara do colar dela e transformara em pingente. A explosão privara-o de sua corrente de prata e da placa de identificação com seu nome, a data de nascimento e a bandeira da ONU gravados.

Desde o primeiro dia no Iraque, ele mantivera na mesa de cabeceira uma cópia impressa do e-mail de Larriera, pedindo que conservasse a confiança em si enquanto permanecesse ali. "Embora o Iraque seja um desvio da nossa meta de nos estabelecermos e começarmos nossa vida", ela escrevera, "nada voltará a nos separar. Somos um, e vamos percorrer esta estrada da vida juntos." Naquele dia, o último que passariam juntos, ela dobrou o e-mail que apanhara no quarto deles no Cedar e colocou-o no bolso dele. "Sempre vou te amar, Sergio", ela disse, soluçando. Antes de partir, recebeu uma pequena sacola do exército americano com os pertences de Vieira de Mello: notas de dólar manchadas de sangue, hidratante Chapstick para os lábios, um lenço ensanguentado e a aliança, que haviam retirado de seu dedo.

No mesmo dia, por coincidência, as autoridades do Timor Leste realizavam uma cerimônia para reenterrar os mortos na guerra de independência contra a Indonésia. Haviam reunido mais de seiscentos esqueletos em Waimori, a quatro horas de carro de Díli. Cerca de 20 mil enlutados e dignitários prestaram homenagem solene aos combatentes mortos. Xanana Gusmão subiu ao palco para dizer algumas palavras. Informou ao público que Sergio Vieira de Mello havia sido morto por uma bomba no Iraque. O público suspirou. Quando o bispo Felipe Ximenes Belo leu a longa lista de nomes dos mártires timorenses, acrescentou mais um: o de Sergio Vieira de Mello.

Presidente Xanana Gusmão (direita) e primeiro-ministro Mari Alkatiri (esquerda) no Timor Leste.

22. *Post-mortem*

RETORNO AO HOTEL DO CANAL

Na noite de 19 de agosto, os funcionários da ONU sobreviventes do atentado ao Hotel do Canal retornaram a seus hotéis em Bagdá. Muitos, de tão paralisados pelo choque, ainda não haviam chorado. Mas quando entraram nos hotéis e reviram os colegas cujos destinos desconheciam, os acontecimentos do dia os atingiram em cheio, prostrando-os. Somente ao chegarem a seus quartos e se olharem no espelho foi que vários perceberam que estavam cobertos de sangue. Em muitos casos, o sangue não era deles próprios. Informações sobre mortos e feridos eram difíceis de obter, mas a impressão geral era de que quem estava no escritório de Vieira de Mello no terceiro andar, ao lado ou embaixo dele, não resistira.

Boatos competiram com fatos a noite inteira, porém a lista de mortos e feridos graves era longa. Muitos tiveram morte instantânea, e suas famílias foram notificadas. Rumores de que outros, como Lyn Manuel, a secretária filipina de Vieira de Mello, e Nadia Younes, a chefe de gabinete egípcia, tinham sido vistos persistiram noite adentro. Por fim, a família de Manuel em Queens e a família de Younes no Cairo foram notificadas de que nenhuma das duas mulheres sobrevivera à explosão.

A lista de mortos, além de Sergio Vieira de Mello, o representante especial do secretário-geral das Nações Unidas, incluiu:

NAÇÕES UNIDAS

Reham al-Farra, 29 anos, Jordânia, porta-voz

Emaad Ahmed Salman al-Jobory, 45, Iraque, eletricista

Raid Shaker Mustafa al-Mahdawi, 32, Iraque, eletricista

Leen Assad al-Qadi, 32, Iraque, assistente de informações

Ranillo Buenaventura, 47, Filipinas, secretário

Rick Hooper, 40, Estados Unidos, especialista em política

Reza Hosseini, 43, Irã, especialista em assuntos humanitários

Ihssan Taha Husain, 26, Iraque, motorista

Jean-Sélim Kanaan, 33, Egito/França, especialista em política

Christopher Klein-Beekman, 32, Canadá, coordenador de programas do Fundo das Nações Unidas para a Infância (Unicef)

Marilyn "Lyn" Manuel, 53, Filipinas, secretária

Martha Teas, 47, Estados Unidos, gerente do Centro de Informações Humanitárias da ONU

Basim Mahmood Utaiwi, 40, Iraque, guarda de segurança

Fiona Watson, 35, Reino Unido, especialista em política

Nadia Younes, 57, Egito, chefe de gabinete

OUTROS

Saad Hermiz Abona, 45, Iraque, funcionário do refeitório do Hotel do Canal

Omar Kahtan Mohamed al-Orfali, 34, Iraque, motorista e intérprete do Fundo Cristão para Crianças

Gillian Clark, 48, Canadá, agente de proteção à criança do Fundo Cristão para Crianças

Arthur Helton, 54, Estados Unidos, diretor de estudos de paz e conflitos do Council on Foreign Relations

Manuel Martín-Oar Fernández-Heredia, 56, Espanha, assistente do embaixador especial da Espanha no Iraque

Khidir Saleem Sahir, Iraque, motorista

Alya Ahmad Sousa, 54, Iraque, consultora da equipe iraquiana do Banco Mundial

O secretário-geral tinha fama de não se permitir laços estreitos nas Nações Unidas, mas falou de Vieira de Mello e Younes como se fossem exceções. Conhecera Vieira de Mello desde quando trabalharam juntos no Acnur, na década de 1980, e Younes fora sua chefe de protocolo por três anos em Nova York. Numa rápida escala no aeroporto de Estocolmo, a caminho de Nova York, foi menos diplomático do que de costume. "Esperávamos que, a esta altura, as forças da Coalizão já tivessem tornado o ambiente seguro para que pudéssemos realizar [...] a reestruturação econômica e o desenvolvimento das instituições iraquianas", disse Annan. "Isso não aconteceu." Mas sempre cauteloso, acrescentou: "Alguns erros podem ter sido cometidos, algumas suposições equivocadas talvez tenham sido acalentadas, porém isso não é desculpa nem justificativa para o tipo de violência absurda que estamos vendo no Iraque de hoje".

Annan não cogitava retirar as Nações Unidas do Iraque. "O mínimo que devemos a essas pessoas é assegurar que suas mortes não foram em vão", declarou. "Vamos continuar." A ONU atuara no Iraque por mais de doze anos sem ser atacada. "É um trabalho essencial", Annan disse. "Não vamos nos intimidar."[1] As palavras de Annan ecoavam as das autoridades norte-americanas no Iraque e em Washington.

Em 21 de agosto, Kevin Kennedy, ex-fuzileiro naval americano que trabalhava para a ONU, voltou a desembarcar no aeroporto de Bagdá. Embora tivesse perdido Vieira de Mello e vários outros colegas próximos, sabia que seu estado psicológico era bem mais estável do que o daqueles que haviam vivido de fato o ataque e não estavam em condições de cuidar da retirada de mortos e feridos.

Kennedy caminhou pela pista de decolagem, onde cerca de cinquenta funcionários da ONU, traumatizados pelo atentado, estavam reunidos para serem enviados à Jordânia. Exaltada, Carolina Larriera o abordou: "Não vou embarcar no avião para Amã", disse. "Estão me obrigando a partir. Quero ir no avião com Sergio." O governo brasileiro despachara um 707 da Força Aérea a Bagdá para trasladar o corpo de Vieira de Mello. Kennedy havia sido informado de que Annie estaria no avião. Telefonou para Lopes da Silva. "Carolina quer viajar com Sergio", ele disse. "O que a gente faz agora?" Lopes da Silva foi firme. "Embarque-a no avião para Amã", disse. "Tire-a daí." Kennedy garantiu a Larriera que ela poderia reencontrar o avião brasileiro em Amã, e ela foi conduzida ao avião das Nações Unidas com os demais sobreviventes.

A maioria das famílias dos mortos havia começado a providenciar os sepultamentos. A família enlutada de Lyn Manuel, em Woodhaven, Queens, não era exceção. O marido de Manuel, de 34 anos, e os três filhos, que já haviam celebrado um serviço religioso íntimo em casa, aguardavam o corpo dela para o funeral. Às três da madrugada de 21 de agosto, dois dias após o atentado, Eric e Vanessa, os dois filhos mais novos de Manuel, de 25 e 29 anos, estavam sentados na sala de estar, contando histórias sobre a mãe. O telefone tocou, e Eric atendeu. A ligação era quase inaudível. O coração de Eric parou. "Alô?", a voz disse. "Alô, Eric? É a mamãe." "O quê?", ele exclamou. "É a mamãe", ela repetiu. "Eric, é a mamãe." Vendo o olhar do irmão, Vanessa correu ao andar de cima para ouvir na extensão. Lyn Manuel, listada pelos funcionários da ONU no Iraque entre os mortos de 19 de agosto, ligava de uma clínica do exército norte-americano nas redondezas de Bagdá. Ela recobrara a consciência ao lado de um paciente com telefone celular. Manuel entrou em pânico ao ouvir a voz da filha, que morava no Havaí e não tinha nenhuma viagem planejada a Queens, em Nova York. "Estão todos bem?", perguntou. O filho e a filha garantiram que estava tudo bem e não disseram nada sobre a confusão. Pelo contrário, desejaram um feliz aniversário pelos 54 anos da mãe e disseram que a amavam. Depois, desligaram o telefone e choraram de alegria.

Quando os sobreviventes do atentado se preparavam para deixar Bagdá, uma equipe do FBI procedeu a uma espécie de *checkout*, pedindo nomes e informações de contato. Muitos dos funcionários eram hostis ao FBI, visto apenas como mais um desdobramento da ocupação norte-americana. A maioria, porém, concordou em ficar à disposição para inquirições futuras. O FBI fez perguntas em especial sobre o pessoal iraquiano da ONU, e dois funcionários iraquianos da Organização foram detidos e interrogados várias vezes nos dias que se seguiram. As Nações Unidas pouco fizeram para manter os sobreviventes e seus familiares informados do andamento das investigações, afora criar um site confidencial e uma lista de discussão na internet (iraqinvestigation@ohchr.org) por intermédio do escritório de Vieira de Mello em Genebra. O site quase não foi acessado.

Em 22 de agosto, um dia depois que Larriera e outros sobreviventes foram conduzidos para fora de Bagdá, o Boeing 707 do governo brasileiro chegou para trasladar o caixão de Vieira de Mello. O avião voaria então a Genebra, onde apanharia Annie, Laurent, Adrien e convidados, a caminho do Brasil. William von Zehle, o bombeiro de Connecticut que fizera companhia a Vieira de Mello durante suas últimas horas, escrevera uma carta a Annan relatando trechos do que ele dissera sob os escombros. Von Zehle se lembrava claramente de que, durante a agonia, Sergio pedira: "Não deixe que acabem com a missão".

Na pista de decolagem, durante a cerimônia de embarque do caixão, Benon Sevan, o funcionário das Nações Unidas mais graduado em cena, citou a carta de Von Zehle ao defender a continuidade da presença da ONU:

> Sergio dedicou-se por completo às Nações Unidas até seu último suspiro. Mesmo sob a dor mais extrema, preso sob os escombros de seu escritório, ele disse: "Não deixe que acabem com a missão".
>
> Nosso querido Sergio. [...] Curvando-me diante de você nesta hora tão difícil, garanto que nenhum ato monstruoso de terrorismo nos impedirá de desempenhar as tarefas nobres que nos foram confiadas a serviço das Nações Unidas. Retomaremos nossas atividades a partir de amanhã e vamos dar continuidade a seu legado.[2]

As pessoas mais próximas de Vieira de Mello acharam improvável que, insatisfeito como estava com a ineficácia da missão da ONU, ele tenha feito semelhante pedido. Mas, dali por diante, Annan e a imprensa fizeram referências frequentes àquele suposto último desejo. "Seu desejo ao morrer foi de que a missão das Nações Unidas no Iraque não fosse retirada", Annan declarou. "Vamos respeitá-lo. Que Sergio, que deu sua vida por essa causa, encontre uma homenagem póstuma adequada num Iraque livre e soberano."[3]

A mídia tentou induzir o secretário-geral a acusar o governo Bush por ter iniciado a guerra, mas Annan manteve-se cauteloso. "Todos sabemos que a ação militar desafiou a posição do Conselho de Segurança", afirmou. "Muita gente neste prédio, inclusive eu, foi contra a guerra, como vocês sabem. Mas acho que temos que superar esse fato. Isso é matéria para historiadores e cientistas políticos debaterem." O foco das Nações Unidas precisava estar no futuro, pois "um Iraque caótico não é do interesse de ninguém — não é do interesse dos iraquianos, não é do interesse da região e não é do interesse de nenhum membro desta organização".[4]

A família de Vieira de Mello ficou dividida sobre onde ele deveria ser enterrado. Cosmopolita, Sergio não morava no Brasil desde menino, mas o orgulho por sua nacionalidade se intensificara no decorrer dos anos. Sua mãe, Gilda, estava desesperada para que ele voltasse à terra natal. Annie propôs que ele fosse enterrado no túmulo da família dela num cemitério perto de Massongy. Por fim, o governo suíço ofereceu-lhe repouso no exclusivo Cimetière des Rois, ou cemitério dos reis, pequeno e elegante cemitério de Genebra onde foi enterrado o escritor argentino Jorge Luis Borges e que, por ironia do destino, Vieira de Mello e Larriera haviam visitado duas vezes naquela primavera. André Simões, seu sobrinho de 37 anos, explicou a decisão a um jornalista brasileiro: "Os filhos dele alegaram que, como o pai sempre esteve ausente, pelo menos agora queriam estar junto dele". E, com a voz embargada, concluiu: "É compreensível".[5]

Carolina Larriera não conseguiu alcançar Vieira de Mello antes de ele ser enterrado. Após viajar a Amã, tentou uma conexão para o Rio de Janeiro em tempo para o serviço fúnebre. Mas os dirigentes em Nova York temiam que, se ela e Annie se encontrassem, poderia haver uma cena dramática. Com um formalismo excessivamente frio até para os padrões de uma burocracia gigantesca, disseram que o regulamento só permitia que a ONU pagasse a ela passagem de volta a seu país natal, a Argentina. A viagem ao Brasil teria que ser por conta própria. Larriera voou de Amã, via Paris, a Buenos Aires, e de lá ao Rio de Janeiro, mas ao chegar, cinco dias após o atentado, ainda com a saia rasgada e ensanguentada do dia do ataque, o caixão do companheiro já havia partido. O 707 brasileiro decolara rumo a Genebra no dia anterior.

Da esquerda para a direita: Gilda Vieira de Mello, Carolina Larriera, Renata e André Simões, e Sonia Vieira de Mello na missa de sétimo dia no Rio de Janeiro.

Thomas Fuentes, chefe da equipe do FBI no Iraque, coletara indícios abundantes na cena do atentado. No ataque terrorista ao World Trade Center, em 1993, e em Oklahoma City, em 1995, o número de identificação do veículo levara o FBI aos terroristas. Em Bagdá, ele também dispunha desse número, bem como da placa do caminhão e da mão do terrorista.[6] Contudo, e a despeito de todas essas pistas iniciais encorajadoras, a investigação rapidamente estagnou. Como os sepultamentos muçulmanos costumam ocorrer até 24 horas após a morte, os necrotérios iraquianos não dispunham de câmaras frigoríficas. O único local disponível para conservar os mortos da ONU e as partes do corpo do terrorista era o necrotério com ar-condicionado na base norte-americana próxima ao Aeroporto Internacional de Bagdá. Mesmo ali, porém, a temperatura muitas vezes atingia 38 graus, devido às quedas de energia e à superlotação. Como resultado, a mão do terrorista, que parecera uma fonte promissora de impressões digitais, começou a se decompor. Na esperança de preservá-la, Fuentes foi autorizado a enviá-la de avião aos Estados Unidos, juntamente com os três norte-americanos mortos. Mas quando a mão chegou ao laboratório do FBI em Quantico, no estado da Virgínia, os analistas só conseguiram obter impressões digitais parciais. Mais tarde, o FBI constatou ainda que o Iraque de Saddam Hussein jamais criara um banco de dados de impressões digitais. Desse modo, Fuentes não dispunha de registros iraquianos com os quais comparar as impressões do terrorista. Quanto ao caminhão Kamash, descobriu que ele havia sido fabricado na Rússia e adquirido pelo governo iraquiano provavelmente em 2001. Mas o frustrante foi que, apesar de dispor do número de identificação e da placa, o FBI não conseguiu encontrar os registros de veículos do governo iraquiano, supostamente saqueados.

A alta direção das Nações Unidas em Nova York deixou a investigação criminal nas mãos do FBI e se concentrou no futuro da ONU no Iraque. Iniciaram-se debates acalorados sobre o que ficara conhecido como o "problema de percepção" da entidade, ou seja, a crença iraquiana de que ela era um lacaio da Coalizão. Antes da tomada de qualquer decisão de longo prazo, a alta direção concordou com a necessidade de "reduzir o tamanho do 'alvo ONU'", nas palavras empregadas em um debate do Grupo de Coordenação do Iraque.[7] O pessoal internacional que sobrevivera ao ataque foi obrigado a tirar catorze dias de férias compulsórias, e a maioria não foi mandada de volta.* Os 4 mil iraquia-

---

* Em 23 de setembro, havia 49 estrangeiros em Bagdá e 47 no norte do Iraque.

nos que trabalhavam para a Organização também receberam férias, embora tenham sido instruídos a passá-las dentro do Iraque.⁸

Ghassan Salamé voou para Nova York, sua primeira viagem desde que acompanhara Vieira de Mello até a reunião do Conselho de Segurança em julho. Lá, contou ao secretário-geral e a outros dirigentes das Nações Unidas que a Organização caíra num dilema: "Seria imprudente não aceitarmos proteção maior da APC", argumentou. "Por outro lado, se aceitarmos, vamos reforçar a percepção de que somos seus colaboradores."⁹ O defensor mais veemente da retirada total do pessoal da ONU foi Kieran Prendergast, chefe do Departamento de Assuntos Políticos, que ficou arrasado com a morte de Rick Hooper. Ele não acreditava que a missão estivesse fazendo bem suficiente para justificar sua presença contínua no Iraque. "A ONU não foi capaz de criar uma identidade diferenciada", argumentou. "Se é preciso uma fortaleza para garantir a segurança, por que ficar lá?"¹⁰ Ele estimulou seus colegas a fazerem uma única pergunta a respeito da missão da ONU no Iraque: "Ela vale arriscar a vida de alguém?".¹¹ Permanecer, prosseguiu ele, não passava de "uma missão suicida".¹² A equipe reduzida que continuou no Iraque pouco fez além de se concentrar na própria segurança. A maioria se apavorava nos hotéis, sobretudo à noite, e alguns, Lopes da Silva escreveu para a sede das Nações Unidas, "vinham exibindo sinais de comportamento irracional, inclusive solicitando permissão para portar armas de fogo".¹³

Funcionários da ONU oram em memória dos mortos, 30 de agosto de 2003.

A ONU escalou 26 guardas de segurança adicionais para trabalhar em Bagdá, um aumento substancial em comparação com o esquadrão minúsculo que vivia assoberbado durante o verão. O serviço de inteligência da Coalizão, que antes do atentado tendia a negar pedidos de informação sobre a insurreição, fez-se de súbito prestativo. Em 1º de setembro, alertou a ONU de que três grandes caminhões de limpeza de esgoto haviam desaparecido, e que um deles poderia ser empregado para atacar a Organização entre 5 e 10 de setembro.[14] Em 2 de setembro, veio um informe de Erbil, no norte do Iraque, de que dois veículos com a identificação UN-HABITAT haviam desaparecido e poderiam ter sido roubados e enchidos de explosivos.[15] Mais adiante, funcionários da ONU começaram a ouvir rumores em Bagdá de que o ataque ao Hotel do Canal havia sido obra das próprias forças norte-americanas, com o intuito de expulsar as Nações Unidas do Iraque e, nas palavras de um funcionário iraquiano da Organização, "governarem sozinhas".[16] Embora nenhum indício tenha surgido para respaldar essa teoria, a hostilidade arraigada do governo Bush contra a ONU fez com que ela se tornasse popular no Oriente Médio e na terra de Vieira de Mello, o Brasil.

Como o Hotel do Canal havia sido reduzido a escombros, Lopes da Silva, Kennedy e outros puseram-se a percorrer Bagdá à procura de imóveis. A Coalizão voltou a se oferecer para abrigar a missão da ONU dentro da Zona Verde, mas Kennedy não aceitou. Ele e Lopes da Silva logo concluíram que seria mais fácil fortificar o complexo do Canal, estabelecendo ali mesmo o pessoal da Organização, do que encontrar um espaço novo e seguro. O Hotel do Canal era, segundo Kennedy, "a melhor solução no pior cenário possível".[17]

Contêineres onde o pessoal da ONU passaria a trabalhar e dormir foram enviados por avião do Kuwait e instalados no terreno do Hotel do Canal, junto às ruínas. Os funcionários começaram a se referir ao complexo do Canal como "Forte Knox". A Coalizão substituiu o pelotão antiaéreo defronte às instalações por uma companhia reforçada de fuzileiros. Como, no entanto, a ONU seguia preocupada com a mensagem transmitida por aquela parceria, ela voltou a examinar ofertas de firmas de segurança privadas que pudessem proteger as dependências, tornando-as menos vulneráveis.[18]

Todas as medidas de segurança que não haviam sido tomadas — ou que haviam sido tomadas pela metade — antes do 19 de agosto recebiam agora atenção plena. Os guardas de segurança da ONU no Iraque mantinham vigilância constante sobre as listas de pessoal da missão, coletando não apenas nomes, mas tipos sanguíneos, detalhes para contato, identificação de chamada de rádio e números de telefones celulares. Criaram também um inventário de recursos disponíveis: equipamentos de rádio e comunicação, veículos protegidos, coletes blindados, capacetes, película de plástico para as janelas e revestimento balístico capaz de proteger portas, janelas e pessoas. Instalações médicas de emergência foram providenciadas, bem como uma sala de operações de segurança e novas barreiras muradas externas. Aumentou-se o número de casamatas para abrigar funcionários durante ataques de morteiros, e setas luminescentes foram pintadas no chão entre os contêineres, com o objetivo de guiar as pessoas até as saídas, caso um ataque provocasse escuridão repentina ou ocorresse à noite.[19] Kennedy pediu que seus chefes em Nova York apelassem aos Estados-membros das Nações Unidas para que substituíssem os pesados aviões de transporte da ONU, tão vulneráveis ao fogo antiaéreo, por aviões militares capazes de detectar e neutralizar mísseis terra-ar.[20] Nesse meio-tempo, a Organização passou também a variar os horários de seus voos e parou de divulgá-los. Além disso, repintou de branco parte da frota de veículos laranja e azul-marinho e removeu os decalques da ONU.[21]

Com o passar das semanas e a onda de novos ataques dos insurgentes contra uma variedade de alvos iraquianos e internacionais, ficou claro que o atentado ao Hotel do Canal tinha sido um divisor de águas na história iraquiana. O coronel Mark Calvert, comandante de esquadrão responsável pelo cordão de isolamento em 19 de agosto, recorda: "Tínhamos apoio de muitas ONGs até aquele momento, pessoas acorrendo no afã de ajudar e trazendo recursos que forças de combate não oferecem. Aquele atentado a bomba teve um impacto devastador sobre os esforços de reconstrução e desenvolvimento — exatamente o que os terroristas queriam". A segurança degringolou para os civis em toda parte. Em 29 de agosto, um carro-bomba defronte à mesquita do imame Ali, em Najaf, matou 95 pessoas, a maioria peregrinos xiitas.

Em 2 de setembro, aconselhado pela Equipe de Gestão da Segurança em Bagdá, Tun Myat, chefe do Departamento de Segurança das Nações Unidas em Nova York, recomendou que a missão no Iraque passasse para a Fase V, o nível de segurança máximo, e retirasse seu pessoal estrangeiro de Bagdá.[22] O secretário-geral Kofi Annan, único dirigente com autoridade para ordenar uma retirada de pessoal, rejeitou a recomendação, alegando que isso enviaria o sinal errado aos terroristas. Em 13 de setembro, um tiroteio de noventa minutos irrompeu do lado de fora do complexo do Hotel do Canal. Os funcionários sentiam-se muito vulneráveis, mas Annan continuou determinado a ostentar ali a bandeira da ONU. "Nós não permanecemos no Iraque para fazer coisa nenhuma", recorda um funcionário da Organização. "Permanecemos lá só para mostrar que havíamos permanecido."[23]

Em Nova York, os dirigentes das Nações Unidas viram-se naturalmente envolvidos num jogo de acusações cada vez mais intenso. Analistas "sabe-tudo" dos Estados Unidos, da Europa e do Oriente Médio apontaram para os terríveis sinais de alerta que Vieira de Mello e outros funcionários da ONU não haviam percebido. O consenso foi que a Organização havia sido ingênua ao se considerar intocável e não perceber como era odiada no Iraque, devido às sanções, às inspeções de armas e (graças ao papel altamente visível de Vieira de Mello como intermediário) a sua associação com o Conselho Governante. Assim como as pessoas haviam especulado o que o governo jordaniano fizera para merecer a ira dos agressores de 7 de agosto, agora todo mundo parecia dispor de uma teoria para explicar o ataque selvagem às Nações Unidas.

Os funcionários da ONU em Nova York ficaram aturdidos durante um mês, até que se reuniram, em 19 de setembro, para uma grande homenagem no salão gigantesco da Assembleia Geral. Annan falou de seus "amigos insubstituíveis, inimitáveis, inesquecíveis. Quando os perdemos, nossa organização sofreu também outra perda, de um tipo diferente: a perda da inocência das Nações Unidas", declarou. "Nós, que tentamos desde o princípio ajudar as vítimas da violência e da destruição, também nos tornamos alvos." [24] O ataque de 19 de agosto, muitos observaram, foi o Onze de Setembro da ONU.

No dia do serviço em memória dos mortos, a bandeira das Nações Unidas no Hotel do Canal foi hasteada ao topo do mastro, pela primeira vez desde o ataque. Os funcionários em Bagdá aguardavam, impacientes, orientações da sede da instituição, e alertaram Nova York: "Se a ONU quiser permanecer no Iraque, e em particular se quiser voltar a se envolver em assuntos políticos, deve presumir que será vítima de mais ataques".[25]

Às nove da manhã de 20 de setembro, Aquila al-Hashimi, uma das três mulheres do Conselho Governante e a muçulmana xiita que ajudara a marcar o encontro de Vieira de Mello com Al-Sistani, foi vítima de uma emboscada por parte de nove pistoleiros em uma rua residencial a dois quarteirões de sua casa, na zona oeste de Bagdá. Protegida apenas pelos irmãos desarmados, foi atingida no abdome e morreu cinco dias depois. Era o primeiro assassinato de um membro do Conselho Governante do Iraque. Antes de sua morte, a Coalizão não oferecia guarda-costas ou escoltas policiais aos políticos iraquianos, pondo em risco, de forma desproporcional, os independentes do Conselho que não dispunham de milícias próprias.[26]

Os insurgentes não deram trégua à ONU. Em 22 de setembro, às 8h04, um homem dirigindo um pequeno sedã Opel cinza aproximou-se do portão dos fundos do complexo do Hotel do Canal e foi informado pelos guardas iraquianos de que teria de estacionar no terreno do outro lado da rua, onde os funcionários iraquianos das Nações Unidas e os próprios guardas estacionavam. Cumprindo os procedimentos de segurança mais rigorosos adotados após 19 de agosto, um guarda iraquiano aproximou-se do Opel e pediu ao chofer que abrisse o porta-malas. Quando o guarda o abriu, o chofer detonou dois conjuntos de explosivos: um no porta-malas e outro que usava no cinto. A explosão partiu o carro pela metade, matando instantaneamente o guarda iraquiano e o homem-bomba, e ferindo dezenove pessoas. Os guardas iraquianos se queixaram de que vinham sendo alvos fáceis, forçados a guardar prédios sem treinamento, armas ou coletes blindados, enquanto os bem armados soldados norte-americanos evitavam tais riscos. "Somos como escudos humanos para os norte-americanos", reclamou Haider Mansour al-Saadi, um guarda de 22 anos, ferido na explosão com estilhaços de bomba na mão e nas pernas.[27]

O ataque que matou Vieira de Mello e 21 outros no mês anterior ocorrera ao final do dia. No afã frenético do resgate e da identificação que se seguiram, a Equipe de Gestão da Segurança da ONU em Bagdá não tivera a chance de recomendar a retirada total do pessoal antes que Annan anunciasse que as Nações Unidas permaneceriam no país. Mas aquele segundo ataque ocorreu de manhã, no horário iraquiano. Quando os dirigentes em Nova York chegaram a seus escritórios, a equipe de segurança já havia telegrafado a "recomendação unânime" para que o secretário-geral declarasse Fase V para todo o Iraque.[28] Cientes de que Nova York costumava esquecer o pessoal local, a equipe de segurança no Iraque enfatizou que "a segurança dos membros das equipes nacional e internacional precisa ser igualmente considerada".[29]

Annan, porém, ignorou o conselho de sua equipe iraquiana e do pessoal graduado (todos, menos um, votaram pela retirada), tornando a rejeitar as recomendações para que a ONU deixasse o país. Os funcionários em Bagdá não acreditaram.

Os ataques de insurgentes contra alvos civis (dos quais aqueles contra a embaixada jordaniana e a própria ONU haviam sido apenas o início) continuaram. Em 25 de setembro, o hotel que abrigava a equipe da NBC News foi atingido, sinal de que a mídia se tornara alvo. Dois dias depois, três foguetes foram disparados contra o Hotel Rashid, dentro da Zona Verde. Era a primeira vez que um alvo civil dentro da Zona Verde era atingido. Em 9 de outubro, um diplomata espanhol foi assassinado. Em 12 de outubro, o Hotel Bagdá, que alojava prestadores de serviços militares aos norte-americanos e membros do Conselho Governante, sofreu um ataque a bomba que matou oito e feriu 38 pessoas. Em 14 de outubro foi a vez da embaixada turca. Em 26 de outubro, o Hotel Rashid, onde o subsecretário da Defesa norte-americano Paul Wolfowitz estava hospedado, voltou a ser atingido, resultando em uma morte e quinze pessoas feridas. E em 27 de outubro, o primeiro dia do Ramadã, num devastador ataque coordenado, quatro bombas foram detonadas simultaneamente, uma delas no quartel-general do Comitê Internacional da Cruz Vermelha em Bagdá, matando 34 e ferindo duzentas pessoas. Três dias depois, após a Cruz Vermelha anunciar que estava de partida, Annan enfim declarou a chamada Fase V, e todo o pessoal internacional das Nações Unidas foi retirado de Bagdá.

O secretário-geral deu início a duas investigações: uma sobre a segurança pessoal dos funcionários e outra sobre a segurança do complexo quando dos ataques ao Hotel do Canal. A primeira, dirigida pelo ex-presidente finlandês Martti Ahtisaari, produziu um breve relatório nove semanas depois do 19 de agosto. A segunda, encabeçada por Gerald Walzer, o ex-vice-alto-comissário para refugiados — e, por ironia do destino, quem presenteara Vieira de Mello com um colete blindado na despedida do Acnur —, gerou um relatório de 150 páginas, com seis volumes de documentos de apoio, entregue a Annan em 3 de março de 2004. Após receber o relatório de Walzer, que tachou o sistema de segurança da ONU de "deficiente", o secretário-geral exigiu a renúncia de Tun Myat, o coordenador de segurança da Organização, que acatou a exigência. Além disso, as Nações Unidas tomaram medidas disciplinares contra Paul Aghadjanian, o superintendente administrativo, e Pa Momodou Sinyan, o gerente de construções, que não providenciou o revestimento das janelas e a conclusão do muro de concreto. Como Lopes da Silva havia sido designado para a segurança, Annan rebaixou-o, destituindo-o do posto de secretário-geral adjunto e proibindo-o de assumir cargos com funções de segurança na ONU.[30] Louise Fréchette, a subsecretária-geral que presidia o Grupo de Coordenação do Iraque em Nova York, onde a segurança no país foi discutida, ofereceu sua renúncia a Annan, mas ele não a aceitou.

O pessoal da ONU e os sobreviventes do ataque sentiram-se decepcionados com o secretário-geral. Em nenhum momento ele se aprofundara nas falhas mais fundamentais das Nações Unidas no Iraque — falhas com implicações bem maiores para o futuro da Organização do que a ausência de forro de plástico à prova de explosão nas janelas. Por que Annan aceitou com entusiasmo a convocação do Conselho de Segurança para ir ao Iraque? Por que enviou o que tinha de melhor para cumprir um mandato quase inexistente? Por que, após o ataque, optara por manter os funcionários da Organização numa situação perigosa, embora não desempenhassem funções vitais? O que seria preciso para o secretário-geral das Nações Unidas aprender a dizer não aos países poderosos?

Amigos e familiares das vítimas do 19 de agosto especularam que a experiência do Iraque teria sido tão dolorosa que Annan não conseguiu encará-la. Muitos, porém, julgaram o pedido de renúncia de Fréchette pura encenação, acreditando não ter havido a menor intenção de responsabilizar os altos escalões. Alguns se enfureceram com o fato de o próprio Annan não ter renunciado. Culpavam-no por deixar que o pessoal de baixo escalão fosse punido por falhas acima de tudo de liderança. "Se você estivesse na sala com Kofi Annan, Iqbal Riza [seu chefe de gabinete] e Tun Myat", observou um funcionário da ONU, "não veria Tun Myat ser responsabilizado por nada."

Depois do atentado, os pesos-pesados do Conselho de Segurança não pareceram mais preocupados com os funcionários da ONU do que em maio, quando os enviaram ao Iraque. Após o assassinato de Rafiq Hariri, ex-primeiro-ministro libanês, em fevereiro de 2005, o Conselho de Segurança logo providenciou uma investigação que custou cerca de 50 milhões de dólares anuais. Mas quando se tratou do assassinato do pessoal das Nações Unidas, o Conselho de Segurança pareceu indiferente. Com a escalada da violência no Iraque, a lembrança do ataque à ONU desvaneceu.

SOBREVIVENTES

Gil Loescher, a única pessoa que sobreviveu à reunião no escritório de Vieira de Mello, foi transportado de avião a Landstuhl, na Alemanha, com 25%

de chances de sobreviver. Depois do procedimento inicial de serragem — primitivo, mas salvador — executado por Andre Valentine, os médicos na Alemanha amputaram as duas pernas de Loescher acima do joelho. Em 2 de setembro, ele começou a recobrar a consciência, pelo menos em grau suficiente para dizer algumas palavras e perguntar sobre a dor em suas pernas. Mas apenas no final de setembro, mais de um mês após o ataque, percebeu sua real condição. "Agora não tenho joelhos, certo?", perguntou à filha.

Por mais de um ano após o atentado, cacos minúsculos de vidro se soltariam de sua pele.[31] O rosto ficou marcado por cicatrizes, e de início ele não conseguia usar a mão direita, mas fez progressos notáveis, recuperando os movimentos da mão e aprendendo a controlar as pernas, agora substituídas por próteses computadorizadas. Retomou o livro que vinha escrevendo sobre crises prolongadas de refugiados e, em 2006, conseguiu viajar à fronteira norte da Tailândia para entrevistar refugiados birmaneses. Em um dos campos, fez questão de visitar um centro de assistência a refugiados inválidos mantido pela Handicap International. Rumando para lá, e depois de atravessar o campo em sua cadeira de rodas, percebeu que o centro havia sido erguido sobre um banco de lama íngreme que sua cadeira de rodas não conseguiria subir. Já se resignara a retornar quando percebeu que, do alto do banco, cinco rostos birmaneses o fitavam. Os birmaneses, todos com próteses de madeira no lugar das pernas, desceram o banco, ergueram a cadeira de rodas de Loescher sobre os ombros e a carregaram morro acima.

Loescher hoje divide sua existência em duas partes: a "primeira vida" e a "segunda vida". Diz que, às vezes, quando se sente tentado a sentir pena de si, pensa em tudo que se perdeu no 19 de agosto, inclusive seu amigo Arthur Helton. Mas pensa também nos refugiados. "Durante toda a minha carreira, tenho visitado campos de refugiados e, sem perceber, recebi verdadeiras lições de resistência. Se eles conseguem se recuperar, eu com certeza também consigo." Diz que tem seus períodos de melancolia, mas que não os atribui aos ferimentos. "Há muita coisa capaz de nos deixar melancólicos neste mundo", afirma.

Enquanto Loescher vive com as cicatrizes visíveis do ataque, os guarda-costas de Vieira de Mello convivem com os fantasmas do 19 de agosto. Gaby Pichon, o francês que estava a apenas seis metros de distância do chefe quando a bomba explodiu, diz que seus sonhos são assolados pela incapacidade de salvar o homem que lhe foi confiado. "Por que ele, e não eu?", indaga. "Tenho flashbacks. Não é como uma tevê, que você pode desligar. Não tenho controle remoto." Gamal Ibrahim, o egípcio que protegeu Vieira de Mello no Timor Leste e nos dois primeiros meses no Iraque, deixou a equipe de proteção pessoal das Nações Unidas após o atentado, transferindo-se para a unidade canina. "Nunca mais quero me tornar amigo de quem estou protegendo", ele diz. "Trabalhar com um cão está bom para mim." Alain Chergui, que por insistência de Vieira de Mello saíra de férias cinco dias antes do ataque, está convencido de que teria encontrado um meio de salvar o chefe. Não consegue se perdoar por ter estado ausente no momento mais crítico para Vieira de Mello, para a ONU e para o mundo. "Se eu não fosse casado", afirma, "provavelmente estaria morto agora. Talvez tivesse dado um tiro em mim mesmo. Proteger Sergio era o que me cabia fazer; era tudo que me cabia fazer."

Lyn Manuel, 58 anos, voltou para o bairro do Queens, em Nova York, e trabalha na sede das Nações Unidas. Passou por quatro cirurgias plásticas no rosto e cinco no olho esquerdo. Sua recuperação é quase um milagre. Mas, por ter perdido a visão do olho esquerdo, e como começou a ter problemas também no olho bom, planeja aposentar-se em 2008. Sabe que, para muitos funcionários, ela é uma lembrança viva dos mortos.

Jonathan Prentice e Carole Ray, o auxiliar especial e a secretária de Vieira de Mello, que saíram de férias com Chergui poucos dias antes do atentado, vivem com a consciência de que seus substitutos, Rick Hooper e Ranillo Buenaventura, morreram nas mesas que, normalmente, eram as deles. Após a morte do chefe, permaneceram no Alto Comissariado das Nações Unidas para os Direitos Humanos em Genebra, em parte como uma forma de permanecerem próximos da lembrança de Vieira de Mello. "Já não voo tão perto do sol como quando Sergio me levava", Prentice diz. "Mas talvez isso não seja tão importante quanto eu pensava que fosse, ou quanto Sergio pensava que fosse."

Dois dos maiores amigos de Vieira de Mello nas Nações Unidas, Omar Bakhet e Dennis McNamara, haviam sido colaboradores francos e anticonvencionais em suas passagens pela Organização. Em várias ocasiões, quando entravam em choque com seus superiores, Vieira de Mello interviera em seu favor. No ano seguinte ao do ataque ao Hotel do Canal, Bakhet deixou a ONU, e hoje assessora a União Africana em sua reestruturação. McNamara, que atingiu o posto de secretário-geral adjunto, aposentou-se em 2007 e trabalha como consultor de proteção a civis em áreas de conflito na África. Embora muitas vezes entrassem em choque, McNamara e Vieira de Mello trabalharam juntos em Genebra, no Camboja, no Congo, em Kosovo, no Timor Leste e no Iraque. "Se as coisas tivessem tomado outro rumo", ele diz, "Sergio e eu com certeza teríamos ido parar em algum outro fim de mundo juntos." Fabrizio Hochschild, o auxiliar especial de Vieira de Mello em Genebra, Nova York, Kosovo e Timor Leste, compartilhava do gosto de seu mentor pelo trabalho de campo, mas também tentou fazer o que seu chefe e amigo nunca conseguiu: pôr a família em primeiro lugar. Pai de três filhos, Hochschild retornou da Tanzânia a Genebra após o atentado em Bagdá e tornou-se diretor de operações de Louise Arbour, a alta-comissária das Nações Unidas para os Direitos Humanos, sucessora de Vieira de Mello. Fez viagens periódicas para pontos conturbados do mundo, mas procurou permanecer perto de casa, aprendendo até a se tornar gerente.

Martin Griffiths, amigo tardio de Vieira de Mello, deixou a ONU em 2000 para dirigir o Centro Henry Dunant para o Diálogo Humanitário, em Genebra, onde atua como mediador de conflitos armados. Contente por se ver livre dos grilhões da burocracia e da politicagem das Nações Unidas, acredita que Vieira de Mello estava em vias de conciliar suas ambições pessoais e profissionais. "Sergio dedicou a vida aos ideais e à organização da ONU. E os países-membros tanto falharam e o decepcionaram, como também contribuíram para aperfeiçoá-lo e glorificá-lo", Griffiths observa. "O problema de Sergio era sua juventude. Ainda queria o que os jovens querem. Estava cada vez mais impaciente com suas deficiências. Sua tragédia não foi a morte — essa foi nossa tragédia. A tragédia dele foi nunca ter enfim atingido o ponto de equilíbrio que os adultos chamam de felicidade."

Annie Vieira de Mello, que ainda vive em Massongy, permanece muito próxima dos filhos, Laurent e Adrien. Ambos com quase trinta anos, os dois fugiram deliberadamente dos holofotes públicos. Laurent trabalha como engenheiro em Zurique, enquanto Adrien, graduado em geografia, trabalha na construção civil e no projeto de edifícios em Genebra. Com tudo o que a mídia escreveu e divulgou sobre seu pai, passaram a entender melhor a constante ausência dele em sua infância.

Carolina Larriera é a única pessoa que a um só tempo sobreviveu ao atentado, mas perdeu a pessoa amada. Acometida por forte estresse pós-traumático, deixou as Nações Unidas e mudou-se para o Rio de Janeiro. Ali, ela e a mãe de Vieira de Mello, Gilda, tentaram torná-lo mais conhecido no Brasil, país que só se familiarizou com ele na morte. As duas também pressionaram o FBI a investigar o ataque e a fracassada tentativa de resgate. Larriera falou com o FBI, localizou William von Zehle e, junto com o ministro do Exterior timorense José Ramos Horta, visitou Gil Loescher no Reino Unido, mas fez pouco progresso.

No início de 2004, depois de coletar com Gilda um saco da areia do trecho preferido de Vieira de Mello da praia de Ipanema, no Rio, ela voou a Genebra e visitou o cemitério que eles haviam descoberto juntos, espalhando a areia brasileira sobre seu túmulo. Naquele mesmo ano, rematriculou-se no curso de mestrado da Fletcher School, onde deveria ter começado a estudar no mês do ataque. Em 2006, após concluir os estudos, passou a lecionar relações internacionais na Pontifícia Universidade Católica do Rio de Janeiro e, no ano seguinte, assumiu a direção do escritório latino-americano de uma organização que reivindica o acesso dos pobres a medicamentos.

Gilda Vieira de Mello, com 85 anos à época do atentado, permanece lúcida, em forma e exuberante. Há muito tempo declarou-se velha demais para voar, mas em 2004 abriu uma exceção, fazendo uma última viagem a Genebra para participar da cerimônia do primeiro aniversário do atentado ao Hotel do Canal. Permanece em luto profundo. Seu apartamento é praticamente um santuário ao filho falecido. Gilda e Larriera se veem quase todo dia. Culpam George W. Bush pela guerra no Iraque e culpam Kofi Annan por enviar Vieira de Mello ao país. No ano-novo de 2006, brindaram com champanhe o fim do mandato de Annan como secretário-geral.

O Hotel do Canal continua vazio em Bagdá. O prédio se distingue pelo azul e branco desbotado dos arcos e pelo impressionante buraco negro de três andares na lateral. Fortemente pressionado pelo governo Bush, Annan restabeleceu a presença das Nações Unidas no Iraque um ano após o ataque. Em julho de 2004, Ashraf Jehangir Qazi, um diplomata paquistanês, foi nomeado representante especial. Como o desejo de manter a aparência de independência desde muito sobrepujado pela preocupação com a segurança, Qazi morou e trabalhou isolado na Zona Verde, protegido por um contingente pequeno de soldados da ONU provenientes de Fidji.[32] Sua equipe oferecia assistência política e humanitária ao governo do Iraque quando possível, mas seu papel foi marginal. Se, antes, os iraquianos que trabalhavam para as Nações Unidas evitavam qualquer ligação com a Coalizão, hoje evitam igualmente a associação com a ONU, trabalhando em segredo. Em novembro de 2007, Staffan de Mistura, o amigo de Vieira de Mello, substituiu Qazi nesse posto ingrato. "Concordei por uma única razão, por um homem", diz. "Não conheço ninguém capaz de sequer andar na sombra de Sergio. Mas talvez possamos nos surpreender e conseguir algo, se tentarmos."

Muitos dos sobreviventes do ataque e dos familiares dos mortos ficaram anos sem saber a identidade dos criminosos. Somente em 2006 algumas pessoas souberam, por acaso, pela mídia, que, em janeiro de 2005, um tal Awraz Abd Al Aziz Mahmoud Sa'eed, vulgo Al-Kurdi, confessou ter ajudado Abu Mussab al-Zarqawi, o líder da Al-Qaeda no Iraque, a planejar o ataque. Em julho de 2006, uma pequena delegação das Nações Unidas dirigiu-se da Zona Verde ao centro de detenção norte-americano de Camp Cropper, onde Al-Kurdi estava preso. Ele havia sido detido pelo envolvimento em outro ataque e confessou seu papel no atentado contra a ONU.

Após uma conversa de três horas, os funcionários da Organização se convenceram de que Al-Kurdi, com 34 anos à época do atentado, não estava mentindo. Pai de dois filhos, havia sido preso por participar de uma rebelião contra Saddam Hussein, após a Guerra do Golfo em 1991. Fora solto em 1995, em uma das anistias de Saddam. Ingressou no grupo de Al-Zarqawi em 2002 e trabalhou de motorista para ele, que também morou em sua casa por quatro meses. Mais tarde, promovido a "Príncipe Geral dos Mártires", Al-Kurdi revelou que, em agosto de 2003, Al-Zarqawi o instruiu a planejar ataques à embaixada jordaniana e ao quartel-general das Nações Unidas em Bagdá. Naquela época, os agentes de inteligência norte-americanos sabiam tão pouco da rede de Al-Zarqawi que ele e Al-Kurdi não tinham dificuldade em se encontrar diariamente. Depois, por motivos de segurança, os encontros teriam que ser reduzidos a um por mês.

Al-Kurdi havia examinado pessoalmente o local antes do atentado. Tentara várias vezes entrar no complexo da ONU com carteira de identidade falsa, fingindo procurar emprego, mas havia sido barrado. Também com identificação falsa, penetrou no hospital vizinho e observou a distância pequena entre o muro de tijolos inacabado e o prédio do Hotel do Canal. Confessou ter informado a Al-Zarqawi que havia "apenas um lugar por onde podemos penetrar". Era pela estreita via de acesso que passava sob o escritório de Vieira de Mello.

Al-Kurdi não sabia que o enviado das Nações Unidas ao Iraque mantinha seu escritório na parte mais vulnerável do prédio, acima do muro inacabado, mas sabia que o chefe da ONU era o alvo. Estimava as chances de sucesso em apenas 50%, "porque o caminhão, ao se dirigir para o prédio, podia ser notado, e uma única bala teria matado o motorista". Revelou que seu grupo havia tido preocupações de ordem moral. "Percebemos que havia o risco de danificar o próprio hospital, prejudicando a reputação da nossa organização e fazendo com que o tiro saísse pela culatra", Al-Kurdi disse. "Chegamos mesmo a hesitar."

Em 18 de agosto, na casa de Al-Kurdi em Ramadi, Al-Zarqawi explicou ao homem-bomba designado, Abu Farid al-Massri, os motivos para o ataque à ONU. Al-Zarqawi informou que o conselho decisório da Al-Qaeda ordenara o atentado porque um alto funcionário das Nações Unidas abrigado ali era, nas palavras de Al-Kurdi, "a pessoa responsável pela separação do Timor Leste da Indonésia e também o culpado pela divisão da Bósnia e da Herzegovina". Al-Zarqawi passou a noite inteira com o homem-bomba, enquanto Al-Kurdi e os filhos dormiam no quarto ao lado. Al-Zarqawi ajudou pessoalmente a colocar a bomba no caminhão. Decepcionado com a potência do atentado à embaixada jordaniana, decidira acrescentar morteiros e o explosivo plástico C4 à carga de TNT.

Pela programação original, Al-Kurdi deveria deixar Ramadi às seis da manhã para atacar às nove, mas recebeu uma chamada telefônica antes de partir, protelando o atentado para a tarde. Conduziu o caminhão até as proximidades do Hotel do Canal, onde chegou ao meio-dia. O homem-bomba foi levado em outro veículo e se encontrou com Al-Kurdi às três e meia da tarde. Al-Massri havia optado por acionar o dispositivo de detonação manualmente, em vez de empregar detonação remota. Al-Kurdi mostrou-lhe como fazer e indicou a via de acesso e o alvo.

Depois de se separar de Al-Massri, Al-Kurdi aguardou do outro lado da rua por dez minutos e, vendo o caminhão explodir, misturou-se à multidão e voltou para casa em Ramadi. Tinha sido instruído a não deixar a área enquanto não ouvisse o som da explosão. Ao chegar em casa, porém, os colegas de conspiração se zangaram com ele por não ter permanecido no local por tempo suficiente para informar sobre o resultado. Por fim, souberam pela mídia que Vieira de Mello havia de fato sido morto. Os interrogadores da ONU perguntaram a Al-Kurdi se ele e Al-Zarqawi tinham considerado a operação um sucesso. "O propósito do ataque foi enviar uma mensagem [...] não foi como uma operação militar, que obtém sucesso ou fracassa", respondeu. "Mas, com a morte de Sergio, acreditamos que a mensagem foi plenamente enviada, e se Sergio não tivesse sido morto, ainda assim metade dela teria sido enviada."[33]

Quando Al-Kurdi detalhou os motivos por trás do ataque, disse que tinha seu próprio ponto de vista sobre por que a ONU em geral, e Vieira de Mello em particular, eram alvos apropriados:

> Para mim, pessoalmente, como iraquiano, acredito que as resoluções das Nações Unidas não foram justas, e que muitos danos foram infligidos ao povo iraquiano durante treze anos, como a fome e as doenças. Na verdade, as sanções [da ONU] atingiram o povo iraquiano, e não o governo. [...] Em segundo lugar, muitos países islâmicos sofreram injustiças e ocupações diversas por tropas estrangeiras valendo-se das resoluções da ONU [...] contra o povo muçulmano, em nome da ONU. Talvez não seja a própria ONU que emite essas resoluções, e sim superpotências que fazem uso dela. Crimes são cometidos em países islâmicos, de modo que queríamos enviar uma mensagem à Organização. [...] O compromisso pode ser obtido antes da luta, mas não depois dela, e se a ONU quisesse salvar o povo, deveria ter intervindo antes que a catástrofe ocorresse. [...] Muitas famílias e crianças foram mortas.

Al-Kurdi declarou-se inocente ao tribunal iraquiano. Explicou suas razões: "Talvez civis inocentes tenham sido mortos durante algumas das operações, mas nós não pretendíamos matar nenhuma criança, e se isso aconteceu por engano, pedimos a Deus misericórdia e perdão". A insurreição se justificava plenamente, ele disse:

> Meu país foi ocupado, e não fui a nenhum outro país para lutar. [...] Meu país foi ocupado por tropas estrangeiras sem nenhuma legitimidade internacional, e o povo tem sido morto, e minha religião afirma que devo lutar. Até os cristãos e os secularistas dizem que, quando seu país é ocupado, você deve combater o ocupante, e isso não ocorre apenas nos países muçulmanos, mas também em áreas cristãs, como no Vietnã, na Somália ou no Haiti. Quando países são ocupados, é legítimo resistir ao ocupante. Não há nenhuma norma ou tradição religiosa ou internacional, oriental ou ocidental, nem ninguém que apoie a ocupação do meu país, seja de um ponto de vista religioso ou intelectual. Os que colaboram com o ocupante devem receber o mesmo tratamento do ocupante. [...] Quanto a mim, sou inocente. Não matei nenhuma pessoa da rua. Não roubei dinheiro de nenhuma casa. [...] Milhares de iraquianos estão na prisão de Abu Ghraib ou em outras prisões da ocupação sem acusação formal. Faz dois ou três anos que estão

lá, e ninguém pode ajudar, e agora vocês vêm me dizer que não querem que a ONU, a Cruz Vermelha ou outros sejam atacados. [...] Quando os americanos chegaram, pisaram com seus sapatos nas nossas cabeças, e o que vocês esperam que a gente faça? A morte é mais honrosa do que a vida. [...] Podem perguntar às pessoas comuns. Agora o próprio povo sente saudades dos tempos de Saddam.[34]

Em 3 de julho de 2007, enquanto soldados norte-americanos no Iraque se preparavam para esquecer um pouco a sangrenta guerra civil e comemorar o dia da independência americana, o governo iraquiano enforcou Al-Kurdi. Nas poucas notícias que trataram da execução, jornalistas fizeram menção a diversos atentados conhecidos que ele ajudara a orquestrar. Nenhum deles achou conveniente mencionar seu envolvimento no ataque às Nações Unidas.

Epílogo

Na época em que Sergio Vieira de Mello foi ao Iraque, ele sabia demais. Sabia que governos tendem a definir seus interesses nacionais no curto prazo e a negligenciar o bem comum. Sabia que grupos armados poderosos vinham se fortalecendo e crescendo à custa da humilhação individual e coletiva. Sabia que esses grupos costumam ser mais ágeis e flexíveis do que os Estados que lhes dão combate. E sabia que as Nações Unidas, a organização multinacional que, segundo ele acreditava, deveria intervir para enfrentar problemas de saúde, ambientais, socioeconômicos e de segurança transnacionais, tendia a "apagar a chama" — a chama do idealismo que motivava alguns a combater as injustiças e que inspirava os vulneráveis a acreditar na ajuda iminente.

Vieira de Mello cometeu alguns erros e obteve poucos sucessos perenes, de continuidade garantida (o mundo é complexo demais para tais garantias). Mesmo assim, enquanto esteve por perto — tratando dos conflitos mais espinhosos como se a paz dependesse de um simples telefonema, evitando a hierarquia diplomática na busca frenética de soluções e permanecendo imperturbável, impecável e aparentemente intocável, enquanto bombas caíam a sua volta —, uma chama seguiu tremulando em algum lugar.

Ele se foi. O que podemos aprender com o que viu, com o que aprendeu? O que nós perdemos? Em outras palavras, para onde vamos, daqui por diante?

Enquanto muitos reagem às divisões e inseguranças atuais com ideologias, a vida de Vieira de Mello afasta-nos da doutrina inflexível, tendendo a um pragmatismo flexível, baseado em princípios, mas capaz de se adaptar a desafios difusos e imprevisíveis.

UM SISTEMA ARRUINADO

Após o atentado a bomba no Hotel do Canal, o secretário-geral Kofi Annan procurou transmitir uma ideia de em que medida Vieira de Mello se tornara insubstituível e que grave perda o mundo sofria. "Eu só tinha um Sergio", declarou ele.[1] Annan não conhecia ninguém com as mesmas qualidades — conhecimentos linguísticos, amplidão cultural, mente crítica, habilidades políticas, compromissos humanitários e sabedoria de quem já não se surpreende com mais nada. "Sergio", como era conhecido por chefes de Estado e refugiados mundo afora, ultrapassara havia muito tempo seu mentor, Thomas Jamieson, até mesmo como figura lendária. Diante de crises, ele muitas vezes se perguntava: "O que Jamie faria?". Daqui por diante, é provável que gerações de diplomatas e trabalhadores de ajuda humanitária se perguntem: "O que Sergio faria?".

Vieira de Mello começava cada missão tentando "cair na real": ver o mundo como era, e não como ele gostaria que fosse. Hoje em dia, cair na real implica reconhecer que as piores ameaças no horizonte são transnacionais e não podem ser enfrentadas por um só país. Cair na real também exige que se reconheça que o sistema internacional é polarizado e lento, justamente quando mais precisamos de cooperação e ação urgentes. Vieira de Mello foi um homem das Nações Unidas até o fim, determinado a "ostentar a bandeira da ONU" sempre que chegava a uma área conflagrada pela guerra. Ao longo de sua carreira, os sucessos da Organização — na promoção da descolonização, da volta para casa de refugiados, no convencimento de militantes a se engajar em processos políticos, no patrocínio a eleições e na obtenção de independência — enchiam-no de um orgulho aparentemente ingênuo e confiante. Para ele, a ONU corporificava ainda a "consciência do mundo", por ser o lugar onde os governos se reuniam para entronizar seus compromissos legais e morais. Era a sede das normas internacionais, que, uma vez seguidas, gerariam mais paz e segurança. À época de sua morte, porém, preocupava-o muito que o sistema em que ingressara 34 anos antes não estivesse à altura de enfrentar a barbárie e o desregramento generalizado dos tempos. "Sou a primeira pessoa a reconhecer que as Nações Unidas deixam muito a desejar", ele confessou.[2] Admitia que a "transição do ideal ao real é, com frequência, longa, difícil, custosa e cruel".[3]

Sabia que a Organização que estimava era, ao mesmo tempo, protagonista dos acontecimentos, mas também um simples prédio, não melhor nem pior do que a vontade coletiva dos países que a formavam. Na qualidade de protagonista, a ONU precisava de reformas. As regras do século XX não serviam para as crises do século XXI. A mediocridade e a corrupção entre o pessoal da própria instituição tinham que ser extirpadas, mas o chamado à responsabilidade não podia significar apenas mais burocracia ou ingerência da sede, como costumava acontecer. E os funcionários das Nações Unidas precisavam se tornar mais autocríticos e introspectivos, aceitando o que Vieira de Mello levara anos para aprender: que são agentes da mudança, e não meros serviçais de governos poderosos.

Suas divergências com Dennis McNamara haviam surgido porque, na visão do amigo, "Sergio ficava do lado do poder". Ficara do lado dos governos para ajudar a organizar o retorno forçado dos refugiados vietnamitas e ruandeses, e calou-se de tal forma sobre as atrocidades sérvias que ganhou o apelido de "Sérvio". Mas depois que se mudou para a sede das Nações Unidas, ainda que mantivesse sempre o cuidado de avaliar os ventos predominantes, tendeu em menor medida a simplesmente acatá-los. Ergueu a voz com mais frequência pelos direitos e necessidades das populações civis, desafiando a vontade dos Estados Unidos ao liderar uma missão de avaliação no Kosovo sob bombardeio da Otan e quando as milícias pró-Indonésia começaram a incendiar o Timor Leste, insistindo em que as Nações Unidas não podiam abandonar os timorenses desesperados, independentemente do que diziam seus Estados-membros. "Ao menos uma vez", argumentou com os colegas veteranos, "vamos deixar que os Estados do Conselho de Segurança tomem as decisões erradas, em vez de poupá-los de problemas e tomar as decisões erradas por eles." Quando ele próprio governou o Timor Leste, seguiu as regras da ONU de início. Mas aquelas regras haviam sido formuladas para uma era de operações de paz, quando tropas das Nações Unidas se interpunham como uma "fina linha azul" entre dois lados que haviam concordado com um cessar-fogo. Eram totalmente impróprias para missões multifacetadas em países ainda assolados pela violência interna, ou onde a ONU teria que reconstruir instituições inteiras do zero. Quando percebeu que perdia o apoio dos timorenses, mudou de rumo, tomando o passo revolucionário de nomear timorenses para supervisionar seus subalternos. Sergio escolhia suas batalhas. Parecia ter um talento incomum para levar as regras da ONU ao ponto de ruptura, sem com isso conquistar reputação de insubordinado.

Contudo, o poder de um funcionário das Nações Unidas só ia até certo ponto. A capacidade da Organização de ajudar a "humanizar a história", em suas palavras, não dependia de seus burocratas se tornarem mais autocríticos ou de quanto protestassem contra as injustiças. Se a ONU pretendia se tornar um protagonista do século XXI verdadeiramente construtivo e estabilizador, como teria que ser, os *governos* no prédio precisavam mudar suas preferências e sua conduta. Isso significava jogar o peso desses governos nas tarefas que as Nações Unidas desempenhavam bem: apoiando o trabalho das agências de campo humanitárias especializadas como o Acnur, aumentando pouco a pouco o apoio logístico e estratégico às missões de paz e aproveitando a reunião de potências sob um mesmo prédio para aprofundar e ampliar as regras que governavam as práticas estatais internacionais e internas em áreas vitais, como a da mudança climática e a do terrorismo. Significava também ser seletivo, não exigir que a ONU desempenhasse tarefas demais ou que outras organizações pudessem desempenhar melhor — organizações regionais, organizações não governamentais, fundações filantrópicas ou entidades operacionais semigovernamentais, como o Fundo Global para a Aids, Tuberculose e Malária ou o Tribunal Penal Internacional (que os governos deliberadamente criaram fora do sistema da ONU).

Vieira de Mello notou que, frustrados, os países vinham cada vez mais contornando a paralisia da instituição com a criação de organismos menores, de acordo com interesses geográficos ou compartilhados. Como acreditava haver imensos desafios à disposição de todos, não costumava tratar as iniciativas de segurança e desenvolvimento externas à ONU como concorrentes, e sim como parceiras. Mas se irritava com o que via como uma tendência a romantizar essas iniciativas, cujo sucesso dependeria, afinal, dos mesmos Estados-membros que se mostravam falíveis nas Nações Unidas. Vieira de Mello argumentava que, qualquer que fosse a forma e a composição precisas de um agrupamento internacional, se os países dentro desses organismos não mudassem, muitas das fraquezas da ONU — paralisia diplomática, entraves burocráticos ou falta de vontade política — comprometeriam também seus resultados. De seu ponto de vista, não havia nenhuma solução ou reforma milagrosa no horizonte. Havia apenas o trabalho complicado e ingrato de tentar mudar as percepções que os Estados tinham de seus interesses. Quando países como os Estados Unidos começaram a falar em contornar as Nações Unidas — e criar uma "comunidade de democracias" nova e mais amistosa —, ele entendeu o apelo que a proposta exercia. A própria ONU havia sido fundada como um clube de países com ideias afins. Mas, a longo prazo, ele não via como enfrentar as ameaças globais sem envolver os Estados não democráticos ou as nações fora da lei. Como todos os desafios iminentes transpunham fronteiras, os Estados precisariam cooperar e compartilhar a carga, e as Nações Unidas ainda eram a única instituição internacional que reunia, num só lugar, representantes de todos os países.

Vieira de Mello sabia por experiência própria que, quando os países do Conselho de Segurança se mostravam unidos e determinados a promover a paz e a segurança, suas missões de paz ou de auxílio à construção de Estados tinham muito mais chances de dar resultados. Se os poderosos se dividiam ou, como costumava acontecer, se sua atenção se dispersava, os beligerantes e sabotadores percebiam. "A ONU é um instrumento, uma moldura, um motor", ele observou. Ela é "tão dinâmica, conciliatória, inovadora ou bem-sucedida" quanto os governos "desejem, permitam ou façam com que seja".[4] Mas em que medida eles *desejavam* que ela fosse dinâmica ou bem-sucedida?

As Nações Unidas não criaram as divisões globais entre ricos e pobres, seculares e religiosos, urbanos e rurais, modernos e tradicionais. E, no entanto, sendo elas o único ponto de encontro global, essas tensões se refletem em suas instâncias de tomada de decisões. Hoje, quase cinco anos após a morte de Vieira de Mello, quando o consenso é mais necessário do que jamais foi, o Conselho de Segurança encontra-se mais dividido do que em qualquer outra época desde o fim da Guerra Fria. A China, que raras vezes se impôs na ONU durante grande parte da carreira de Vieira de Mello, emerge agora econômica e geopoliticamente. Enquanto muitos líderes ocidentais saúdam a erosão da soberania num mundo globalizado, a China se apega a ela, alegando que ninguém deve imiscuir-se em seus assuntos internos ou nos de qualquer outro país.

A China não está sozinha. Os chamados países petroautoritários, liderados pela Rússia, recuaram em seus ganhos democráticos domésticos e começaram a se valer de seus recursos naturais para molestar os vizinhos. As potências europeias ainda parecem confusas sobre como aproveitar seu peso coletivo recente.

E os Estados Unidos, devido à guerra no Iraque, o repúdio às restrições legais internacionais e os abusos cometidos nos esforços antiterrorismo, não mais despertam respeito no mundo, tendo dificuldades crescentes em obter apoio em cenários internacionais. A erosão da influência norte-americana, combinada com uma nova assertividade de países que não consideram de seu interesse melhorar as condições de vida dos outros, faz com que as negociações sobre segurança e direitos humanos conduzam a atitudes ainda mais teatrais, e a impasses ainda maiores, do que no tempo de Vieira de Mello.

Sergio exasperava-se com o fato de que os críticos mais ruidosos das Nações Unidas eram políticos dos próprios países que atribuíam à ONU tarefas impossíveis para, depois, negar recursos a ela ou se recusar a ceder seu pessoal de alto nível. "Por que não tentam fazer o que cobram de nós?", costumava exclamar, quando um ataque simplista chegava até ele, em algum ponto remoto do globo. Nos últimos anos de vida, passou a revidar, tentando chamar a atenção da mídia e do público para seus próprios governos. No início da carreira, trabalhando no Sudão, no Chipre e em Moçambique, satisfazia-se com o fato de sua agência poder erguer barracas, alimentar refugiados e lembrar governos de suas obrigações humanitárias. Depois, na Bósnia e em Ruanda, atuou com base no imperativo humanitário das Nações Unidas, ajudando a garantir que centenas de milhares de vítimas recebessem alimento e abrigo. Mas, após os massacres naqueles dois países, começou a criticar os governos que vinham usando a ajuda humanitária para não ter que lidar com as causas políticas e econômicas mais profundas da violência e da morte. Sergio comparava os trabalhadores da ajuda humanitária a motoristas de ambulância, e reclamava que eram tratados como se devessem impedir sozinhos as mortes nas estradas. "Pouco se faz para assegurar o estado apropriado das estradas, controlar motoristas bêbados, introduzir limites de velocidade e impor padrões de segurança", argumentava.[5] Os grupos de ajuda e a própria ONU, que intervêm para prestar socorro, observou, "desviam a atenção e a responsabilidade daqueles que estão em posição de provocar a mudança: os protagonistas políticos".[6]

Repetidas vezes Vieira de Mello insistiu em que a chave estava nos protagonistas políticos. Ele via que as muitas falhas das Nações Unidas refletiam os erros do mundo em si. Acreditava que, em vez de depender "da ONU" para mudar os países, os países é que deviam mudar para transformar a ONU. À época de sua morte, porém, a insegurança global estava levando esses mesmos países a se entrincheirar e a acusar os outros, em vez de buscar um acordo e unir esforços para atacar os problemas comuns. Sergio perguntava-se o que seria necessário para que Nações *Unidas* de verdade emergissem. "Dada a intransigência da estupidez humana", afirmou, "talvez tenhamos que aguardar por uma ameaça extraplanetária, como nos filmes de ficção científica, para que as Nações Unidas enfim realizem sua missão." Esperava que a ameaça externa não fosse necessária para conjuminar as mentes dos cidadãos e de seus líderes, mas achava alarmante que perigos contemporâneos não constituíssem "imperativos racionais" suficientes para estimular a unidade e mobilizar recursos.[7]

CONSERTAR O SISTEMA

Nos países ocidentais de hoje, as ameaças transnacionais poderiam servir como as forças unificadoras que Vieira de Mello julgava necessárias. Contudo, se essas terríveis ameaças lograram, por um lado, atrair a atenção dos governos para as instituições internacionais, por outro, elas até agora quase só fizeram soar alarmes, sem provocar mudanças reais no comportamento do indivíduo ou dos Estados.

Sergio certa vez disse: "O futuro deve ser inventado". Com o aumento aparente da irracionalidade e da raiva num mundo cada vez mais interligado, um futuro melhor poderia ser inventado se cidadãos e governos prestassem atenção às lições-chave da longa carreira de Vieira de Mello:

- Legitimidade é importante, e ela advém tanto da autoridade ou do consentimento legal como do desempenho competente.
- Sabotadores, Estados fora da lei e militantes não estatais devem ser envolvidos, mesmo que para serem avaliados e neutralizados.
- Vítimas do medo precisam receber mais segurança.
- A dignidade é o pilar da ordem.
- Nós, estrangeiros, devemos lidar com humildade e paciência em terras estrangeiras.

Legitimidade

Vieira de Mello sabia que manter a legitimidade era essencial. Países que intervêm no exterior sem a bênção das Nações Unidas são recebidos com desconfiança e hostilidade direta, ao passo que uma missão da ONU tem mais chance de ser percebida como um mandato mundial, o que lhe proporciona um período de tolerância maior. Mas ele via também que muitos outros fatores moldavam a percepção da legitimidade. Uma dada operação trazia mais benefícios do que malefícios? Os estrangeiros seguiam as regras internacionais? Respeitavam as normas culturais? Estavam ali para se dar bem ou para promover o bem? Prestavam contas de seu desempenho? A população local aceitava o que estava sendo feito? Chegava a ser consultada?

Vieira de Mello descobriu que competência era essencial. A legitimidade tinha por base o desempenho. E nem a ONU nem os governos em si dispunham de *expertise* suficiente para um desempenho confiável e para conquistar o respeito da população. Ao dar início às missões de governo em Kosovo e no Timor Leste, ele apelou para que Nova York reunisse um grupo de tecnocratas especialistas em questões alfandegárias, agricultura, imigração, comunicações, bancos, saúde, estradas, portos, drogas, crime e política fiscal. Os generalistas que as Nações Unidas despachavam podiam ter sido bons analistas políticos, mas poucos tinham qualquer experiência de governo real, o que prejudicava a imagem da instituição aos olhos dos kosovares e timorenses. "Enquanto não formos capazes de trazer a bordo com rapidez as pessoas certas e, se necessário, lançá-las ao mar com a mesma rapidez", ele argumentou, "continuaremos afundando."[8] Nada sufocava tanto a legitimidade como a falta de resultados. "A ONU não pode presumir que será vista como legítima pela população local só porque, em alguma sala distante do Conselho de Segurança, uma folha de papel foi preenchida", escreveu. "Precisamos mostrar por que somos benéficos à população no local, e precisamos mostrá-lo rapidamente."[9] O mesmo valia para os governos, as ONGs e os indivíduos agindo fora da ONU. A legitimidade resultaria da obediência às regras e de melhorias concretas, o que exigiria uma sensibilidade cultural aguçada e habilidades tangíveis.

Envolver todos os tipos

Desde cedo em sua carreira, Vieira de Mello defendeu seus princípios com eloquência. Ao ingressar nas Nações Unidas, em 1969, gostava de recitar tratados políticos marxistas e de atacar os "imperialistas", que acreditava estarem tratando o planeta com arrogância. Ao ver carros americanos pelas ruas de Genebra, queria atirar pedras neles. Ao ouvir o sotaque dos norte-americanos, parodiava-o. Mesmo como especialista em política de 34 anos no sul do Líbano, suas críticas à invasão israelense foram tão eloquentes que um de seus superiores o tachou de "prima-dona e bebê chorão". Mas foi no Líbano que aprendeu que empregar palavras como "inaceitável" ou condenar injustiças dava pouco resultado. Em vez disso, resolveu encontrar meios de apelar aos interesses das diversas partes envolvidas.

Nos anos à frente, jamais veria os Estados Unidos como um amigo confiável, mas passaria a ver o país como um parceiro necessário. As políticas norte-americanas eram muitas vezes executadas com arrogância, acreditava, e com um olho na política interna. Mesmo assim, quando se tratava de assuntos humanitários, operações de paz e diplomacia, sabia que ele e as Nações Unidas precisavam do dinheiro, do impulso e da liderança dos Estados Unidos. Ao acumular experiência na ONU, Sergio percebeu que, por menos confiável que fosse, Washington também arcava com responsabilidades financeiras, humanitárias e de segurança globais maiores do que as de outros países. Tornou-se, assim, exímio especialista em apelar às autoridades norte-americanas na própria linguagem delas. Mesmo quando seus objetivos eram puramente idealistas, os meios de que se valia podiam ser pragmáticos ao extremo, fazendo dele uma espécie incomum.

O pragmatismo de Vieira de Mello também implicava a disposição de se envolver com o "mal". Como estudioso vitalício da filosofia que foi, debruçara-se por longo tempo sobre os textos clássicos acerca da natureza do mal. Ao deparar com os perpetradores de atrocidades e instigadores de guerras no mundo, as categorias teóricas se lhe afiguraram incompletas. Pareciam não deixar espaço para o escorregão, para o pai de família que (pouco a pouco) racionaliza sua transformação em assassino. Era esse passo em falso que o preocupava. Onde o Khmer Vermelho se desencaminhara? Houve um momento individual em que topou com uma encruzilhada na estrada e optou pelo caminho apocalíptico? Sergio parecia acreditar que, se ele ou alguém pudesse diagnosticar como e por que indivíduos e grupos se tornam militantes, os promotores da paz teriam chances maiores de pôr o gênio de volta na garrafa. Se forasteiros desejavam conduzir refugiados de volta ao lar ou negociar acordos de paz, teriam que entender os criminosos. Para ele, o hábito de Washington de juntar grupos não estatais — como o Hamas, a Al-Qaeda, o Talibã e o Hezbollah — com países como Iraque e Síria, além de uma simplificação intelectual, era prática estrategicamente contraproducente ou até mortal.

Seu princípio altamente prático de "conversar com todos" causou erros de julgamento. Tomar vinho francês com Ieng Sary pode ter envolvido o Khmer Vermelho no processo de paz do Camboja além do que ele estaria normalmente inclinado a se envolver, mas levou também Vieira de Mello a dar pouca atenção às atrocidades cometidas. Na Bósnia, sua deferência às vezes obsequiosa com líderes sérvios como Radovan Karadžić e Slobodan Milošević resultou em poucas concessões. Ao levar a Karadžić a edição mais recente do *The New York Review of Books* ou percorrer as lojas de Belgrado em busca do presente perfeito para Milošević, Sergio não viu que estava silenciando em questões de princípio e ignorando como os extremistas vinham explorando sua neutralidade para atingir os próprios objetivos.

Mas ele cresceu no desempenho de suas funções. Com o massacre em Srebrenica e o genocídio em Ruanda, aparentemente superou a credulidade anterior. Pelo resto da carreira, embora ainda se envolvesse com bandidos e assassinos, mostrou-se menos propenso a satisfazer seus interlocutores. Nem sempre evocou os pecados passados, mas nunca os esqueceu. Após a viagem de 1999 pelas aldeias de Kosovo vítimas da limpeza étnica, Vieira de Mello recusou-se a falar português com o ministro do Exterior sérvio e condenou com firmeza incêndios e deportações, embora continuasse dialogando por tempo suficiente para argumentar que a Sérvia tinha que cessar sua ofensiva. Se pudéssemos sintetizar essa sua abordagem em constante evolução, essa síntese diria: converse com os vilões, tente entender o que os move, extraia concessões deles sempre que possível, mas deixe claro quem eles são e o que realizaram, bem como o que você representa. Os pecados do passado importavam não apenas intrinsecamente, mas também por serem indicativos de comportamentos futuros. "Pense como é difícil para qualquer um de nós mudar", ele me disse certa vez. "Por que esperamos que seja mais fácil para um criminoso de guerra?"

Lei e segurança primeiro

Após o atentado de 11 de setembro, Vieira de Mello ouviu as longas discussões dos líderes ocidentais sobre a importância de promover valores universais. Em 2002, ao ler a Estratégia de Segurança Nacional de Bush, observou 56 referências à liberdade. Vieira de Mello era claramente a favor da promoção da liberdade, mas acreditava que consertar o sistema internacional implicaria promover uma liberdade acima de todas as outras: aquela que nos liberta do medo. "Segurança é prioridade número um", gostava de dizer, "e é também a número dois, a número três, a número quatro" e assim por diante. Os planos mais bem formulados para Estados enfraquecidos — retorno de refugiados, promoção dos direitos humanos, restauração da infraestrutura, fortalecimento dos serviços de saúde e educação, promoção de eleições — pouco representariam se os cidadãos não se sentissem seguros em suas próprias casas e em suas próprias ruas. De fato, ele viu muitas eleições no mundo em desenvolvimento levarem linhas-duras ao poder, porque cidadãos assustados votaram não em quem governaria melhor, mas em extremistas que atiçavam os temores para, depois, oferecer segurança. E repetidas vezes observou promissoras transições pós-guerra entrarem em colapso pela incapacidade de preencher o vazio precisamente de segurança.

Em dezembro de 1991, Vieira de Mello rumou para Phnom Penh, no Camboja, e descobriu uma cidade devastada pela guerra cujos moradores, amedrontados, esperavam a chegada iminente de uma grande força de paz das Nações Unidas que impusesse o cumprimento dos acordos de paz recentes. Em vez disso, observou, horrorizado, o desenrolar das semanas. Quando os boinas-azuis chegaram, ataques políticos já haviam se disseminado, e grande parte do ímpeto das negociações de paz se perdera.

Nada o frustrava mais do que a tendência das pessoas de repetirem seus erros. "Às vezes me pergunto se os envolvidos nas operações de paz são os equivalentes humanos dos peixes dourados", falou certa ocasião. "Dizem que esses peixes têm uma memória que dura em torno de dois segundos. Para eles, isso significa que passar a vida dando voltas dentro de um aquário não será uma monotonia interminável. O problema é que, quando isso se aplica a nós, o impacto é maior e bem mais grave."[10] Sergio gostava de citar o velho adágio: "A experiência é o que nos permite repetir nossos erros, só que com mais finesse".[11] O que pode ter sido uma lacuna de segurança perdoável no Camboja, foi bem menos perdoável uma década depois da queda do muro de Berlim. Em junho de 1999, no mesmo dia em que compartilhou do júbilo dos refugiados kosovares albaneses que encheram as ruas para aclamar seus libertadores da Otan, viu um homem que acabara de ser assassinado à luz do dia. No espaço de uma semana, gangues kosovares albanesas haviam expulsado dezenas de milhares de sérvios. E embora 50 mil soldados vitoriosos da Otan patrulhassem as ruas, eles haviam sido treinados para travar guerras, e não para policiar comunidades coesas. Quando Vieira de Mello partiu, apenas cinco semanas após a entrada das tropas, a sensação de triunfo havia sido estragada pelo "olho por olho, dente por dente" dos paramilitares albaneses. Quando a polícia internacional foi enfim mobilizada em número suficiente, mais de um terço da população sérvia de Kosovo havia fugido ou sofrido limpeza étnica. Qualquer esperança de coexistência se dissipara.

Em circunstâncias nas quais as grandes potências enviaram tropas de paz e funcionários das Nações Unidas, Vieira de Mello se acostumara a observar a apatia dessas potências. Afinal, nenhuma delas, individualmente, tinha em jogo interesses suficientes para se responsabilizar pelo preenchimento da lacuna da lei e da ordem. Mas como na véspera da guerra do Iraque, em 2003, os Estados Unidos haviam alegado que seus interesses estavam mortalmente ameaçados, ele esperava da maior potência militar do mundo um planejamento cuidadoso e recursos volumosos. Sergio não apoiou a guerra, mas nunca imaginou que os planejadores norte-americanos pensassem tão pouco na paz. Achava que eles haviam atentado para as falhas das tropas de paz das Nações Unidas em seus esforços por preservar a ordem na década de 1990, e que a Coalizão tomaria precauções para evitar um tipo de caos que poderia ser ainda mais mortal do que a ação de um exército regular. Achava que soubessem que a segurança humana era pré-requisito para conseguir outros objetivos. Achava...

Vieira de Mello não viveu para ver o Iraque descambar para o atual pesadelo sectário e sangrento. Nem viveu para ver o efeito desastroso que a guerra do Iraque teria em outras regiões do mundo ou na aplicação dos princípios das Nações Unidas. No passado, sempre se opusera com eloquência ao emprego da força para fins humanitários, mas aos poucos passou a acreditar que a ação militar ou policial internacional, conquanto indesejável, às vezes era necessária. Temia que a admissão dessa exceção viesse a beneficiar países oportunistas motivados por outros interesses, capazes de invocar a causa da proteção civil para justificar objetivos ocultos. Mas também acreditava que idealistas como ele, confiantes no poder da razão, tinham decepcionado as vítimas. As tropas de paz da ONU não deveriam elas próprias travar a guerra, mas precisavam estar preparadas para distinguir entre vítimas e agressores. Além do mais, para que a diplomacia das Nações Unidas fosse eficaz ou tivesse suas regras respeitadas, era necessário "projetar uma força convincente", capaz de dar proteção à própria ONU e de impedir ataques em grande escala contra civis.

Em 2002, Sergio adotara uma nova norma, proposta pela primeira vez por uma comissão independente: a "responsabilidade de proteger". A responsabilidade principal de proteger os indivíduos da violência recaía sobre seu próprio governo. Mas quando esse governo se mostrava incapaz (num Estado arruinado) ou sem vontade (num Estado repressivo) de oferecer tal proteção, essa responsabilidade passava a ser da comunidade internacional, que tinha o dever de mobilizar os meios necessários para deter assassinatos em massa. Vieira de Mello sabia que fazer com que governos concordassem com o conceito abstrato era o mais fácil. Ainda que cada país-membro das Nações Unidas apoiasse a ideia da "responsabilidade de proteger", pouquíssimos se mostrariam dispostos a exercê-la. Queriam proteção para os civis, mas não estavam dispostos a pôr em risco seus próprios soldados ou policiais para dar essa proteção. Era mais fácil trabalhadores desarmados de ajuda humanitária de ONGs penetrarem em áreas violentas do que as Forças Armadas nacionais. Se isso era verdade quando Vieira de Mello estava vivo, é ainda mais verdadeiro agora, com o espectro do Iraque pairando sobre as discussões públicas acerca do envolvimento estrangeiro, dissuadindo missões de paz e o auxílio à construção de Estados em outras partes do mundo. E, a despeito de muito se falar hoje em ameaças globalizadas, poucos países parecem preparados para reagir à advertência de Vieira de Mello de que "uma crise distante é algo que não existe mais".[12]

Uma forma de zelar pela segurança física das pessoas era dar apoio aos tribunais internacionais, que visavam acabar com a impunidade e tirar de circulação os responsáveis por crimes de guerra ou crimes contra a humanidade. Quando atuava estritamente na área humanitária, Vieira de Mello chegou a questionar se a imputabilidade legal não tornava os criminosos ainda mais determinados a continuarem lutando. Mas seu ponto de vista mudou em meados da década de 1990. O mesmo Vieira de Mello que tentara convencer o correspondente do *Washington Post* John Pomfret de que os países deveriam simplesmente superar o passado e "aprender a esquecer" tornou-se um defensor eloquente da memória e da punição. Manteve um cartaz dos suspeitos de crimes de guerra mais procurados da ex-Iugoslávia e de Ruanda pendurado na parede de seu escritório em Genebra e, depois, em Nova York. E, após a viagem ousada a Kosovo, em maio de 1999, fez questão de guardar em sua pasta as provas dos crimes de guerra colhidas pelo investigador Frank Dutton, a fim de se certificar de que chegariam a Haia. Foi nos Bálcãs e nos campos de refugiados do Congo que

Sergio adquiriu sua crença de que buscar a justiça não reduzia as chances de paz, mas, a longo prazo, contribuía para aumentá-las. Milošević, o homem responsável pela guerra da Bósnia, foi tratado como um dignitário em 1995, para que a guerra tivesse fim. Mas o mesmo Milošević não perdeu o gosto pela limpeza étnica e pelos massacres e, em 1999, lançou outra ofensiva sérvia em Kosovo. Ele só deixaria de desestabilizar a região depois de incapacitado. Na África, ao percorrer os campos onde *génocidaires* afiavam as facas para embates futuros, Vieira de Mello percebeu que assassinos determinados continuariam causando destruição, se deixados à solta. "É uma falsa dicotomia esse negócio de paz e justiça", disse aos colegas. "Nenhuma paz será duradoura enquanto prevalecer a impunidade." Sergio não era um absolutista. Sabia que indiciamentos podiam às vezes ser desestabilizadores e que precisavam obedecer a uma sequência cuidadosa, mas o importante era que questões de imputabilidade fossem tratadas tendo em mente os interesses imediatos e de longo prazo das vítimas. Mesmo sabendo da aversão do governo Bush pelo Tribunal Penal Internacional, Vieira de Mello estava tão comprometido com ele que, embora em geral diplomático, fez questão de defendê-lo em seu único encontro com o presidente norte-americano.

A dignidade é o pilar

O relacionamento de Vieira de Mello com os direitos humanos evoluiu da mesma forma que sua visão da justiça, mas exigiu mais tempo. Embora direitos humanos e o humanitarismo pareçam, a olho nu, variações em torno de um mesmo tema, em zonas de desastre eles costumavam ser encarados como domínios rivais. Trabalhadores de ajuda humanitária que denunciavam abusos dos direitos humanos eram, muitas vezes, impedidos de ter acesso aos necessitados, o que os fazia calar para não serem expulsos por governos abusivos ou pistoleiros. No Acnur, quando Vieira de Mello buscava defender o bem-estar global e duradouro dos refugiados como uma classe, às vezes mostrou-se disposto a, para tanto, transigir nos direitos individuais.

Mas, quando assumiu o cargo de alto-comissário das Nações Unidas para os Direitos Humanos, começou a ver os próprios direitos humanos como o veículo para amainar as relações entre os Estados. Com os direitos humanos e o direito internacional cerceados por todos os lados, Sergio percebeu que a preservação da ordem global requeria que as regras internacionais se tornassem igualmente obrigatórias aos protagonistas estatais e não estatais. O reconhecimento da importância maior dos direitos humanos para a alta política surgiu no Iraque. Durante a ocupação, Vieira de Mello enfatizou diversas vezes que a Coalizão precisava fazer o possível para respeitar e proteger os direitos da população iraquiana, o que implicava alterações nas políticas de detenção e no procedimento adotado nos postos de controle, bem como respeito aos costumes locais. A transformação do Iraque num Estado estável não dependeria dos recursos petrolíferos, mas de os iraquianos poderem viver com dignidade. "Pude vê-lo mudando a cada dia que passou em Bagdá", recorda Mona Rishmawi. "Os direitos humanos já não eram princípios abstratos no papel: eram a base indispensável da sobrevivência de uma sociedade." Vieira de Mello lutou com os dilemas inerentes à conquista do respeito pelos direitos humanos. Assistiu aos iraquianos vivendo a tensão entre liberdade e igualdade, à medida que exilados se aproveitavam das novas liberdades para encher os bolsos. Viu os perigos da autodeterminação para os direitos das mulheres e das minorias. Mas quaisquer que fossem os dilemas, direitos humanos não podiam ser tratados como secundários. Precisavam ocupar posição central, para o Iraque, para a Coalizão e para o planejamento regional. Nenhuma estratégia realista para estabilizar um país traumatizado — fosse ele o Iraque ou qualquer outro — podia excluí-los.

Embora Sergio só tenha se tornado um defensor eloquente dos direitos humanos no final da carreira, já vinha pressionando por eles havia décadas. Depois de morto, sua qualidade mais elogiada foi o respeito que nutria pelos indivíduos. Os colegas observaram como era raro e até surpreendente encontrar, mesmo na área do humanitarismo, um funcionário que cuidasse de fato dos seres humanos, um por um, com que deparava. No Líbano, Vieira de Mello fez visitas frequentes aos parentes dos libaneses feridos ou mortos por fogo das Nações Unidas. No Camboja, aprendeu a história do país com os motoristas e intérpretes que trabalhavam para a ONU e haviam sobrevivido ao massacre, e supervisionou em pessoa o reassentamento de centenas de Montagnards cristãos — indesejados pelo Vietnã e pelo Camboja — na Carolina do Norte, onde vivem até hoje. Na Bósnia, recusou-se a usar colete blindado, porque os civis de Sarajevo não dispunham daquele luxo, e ajudou a organizar o "trem" secreto para retirar civis da capital bósnia sitiada. No Azerbaijão, deu meia-volta para escutar a camponesa idosa que desejava se tornar uma nuvem, ouvindo-a como se ela soubesse o segredo da paz mundial. Em Kosovo, insistiu em procurar o sobrinho albanês de sua faxineira, e prosseguiu na busca com telefonemas e faxes incessantes ao pessoal da ONU na Macedônia. No Timor Leste, convidou os pais de Leonard Manning, o primeiro soldado das tropas de paz a morrer lá, a participarem da cerimônia da independência do país. E até no Iraque arrumou tempo para enviar dinheiro à mulher timorense que havia limpado sua casa, para que ela pudesse custear a educação dos filhos. Numa carreira de 34 anos, as "cartas de Sergio" tornaram-se sua marca registrada, quase uma biblioteca de milhares de cartas manuscritas — saudações, agradecimentos ou recomendações —, enviadas a amigos e colegas ao redor do mundo. Tratava o pessoal subalterno, funcionários e cidadãos locais com respeito. Sabia que tinha o poder de, sem a ajuda de mais ninguém, promover a sensação de dignidade, poder que usou com frequência.

Vieira de Mello achava que o sistema internacional seria bem mais eficaz e humano se também enfocasse a dignidade — a dignidade dos indivíduos, das comunidades e de nações inteiras. Mas sabia que, para promover essa dignidade, protagonistas externos precisavam fazer algo que em geral não faziam: investigar a fundo as sociedades onde atuavam. Tinha plena consciência de que o futuro dos lugares onde trabalhava pertencia aos indivíduos que moravam lá. Estrangeiros bem-intencionados podiam trazer dinheiro, força política ou *know-how* técnico, mas estavam ali para apoiar líderes, processos e para desenvolver a capacidade local. Algumas vezes Sergio errou ao confiar demais em auxiliares próximos ou em seus favoritos neste ou naquele país de atuação. Mas aonde quer que fosse, testava seus pressupostos e sempre buscava feedback variado. Insistiu em caminhar pela Sarajevo sitiada para ter uma ideia das "ruas" bósnias. No Congo, sabia que não seria tão convincente na defesa de uma força militar multinacional se não falasse pessoalmente com os refugiados locais, o que o levou a transpor em segredo a fronteira ruandesa. No Timor Leste, insistiu para que o diretor de administração da ONU retirasse o arame farpado que circundava a Casa do Governador, para que os timorenses pudessem se aproximar e levar suas queixas. Quando representantes timorenses contaram que estavam fartos de trabalhar para funcionários das Nações Unidas que só haviam tomado o lugar dos opressores indonésios, ele os ouviu e mudou de rumo, abrindo mão do poder tanto quanto lhe permitia o Conselho de Segurança. No Iraque, correndo risco supremo, tornou acessível o Hotel do Canal, apelidando-o de "Zona Antiverde" e convidando os iraquianos a denunciar abusos aos direitos humanos (passados e presentes) ou simplesmente a entrar ali para baixar seus e-mails. Argumentava que se os funcionários da ONU se isolassem como os norte-americanos, iriam se indispor com os cidadãos que lhes cabia ajudar. E ainda que, se não se tornassem mais sensíveis à dignidade pisoteada pela ocupação, os norte-americanos fracassariam.

Sergio ofereceu conselhos a outros que intentavam reconstruir Estados: "Sejam humildes", recomendou numa conferência de diplomatas e trabalhadores de ajuda humanitária, em 2002. "Admitam seus erros e suas falhas assim que os identificarem, e, claro, tentem aprender com eles. Sejam francos e honestos com as pessoas que vocês pretendem ajudar, pois só assim terão uma chance verdadeira de êxito, e de que suas realizações sejam reconhecidas por elas, o que é mais importante do que obter reconhecimento da comunidade internacional."[13] Valorizava o aprendizado de línguas, porque isso permitia comunicar-se com as pessoas na língua delas. Era um sinal de respeito pelas tradições, bem como uma janela para suas psiques. Tentou aprender tétum no Timor Leste, e tinha consciência de que, embora no Iraque, não sabia árabe. Achava mais importante entender a história, o orgulho e os traumas de uma nação do que se informar sobre suas taxas de alfabetização ou perspectivas comerciais. Prestava atenção especial ao simbolismo. "Quantas guerras poderiam ter sido evitadas mediante o esforço para não criar tratados internacionais baseados na desconfiança e no desprezo pela autoestima das nações?", perguntou.[14] Passou a acreditar que, por mais inexperientes que fossem, os kosovares, timorenses e iraquianos estariam melhor governando a si mesmos, e aprendendo com isso, do que recebendo ordens de estrangeiros.

Complexidade, humildade e paciência

Vieira de Mello percebeu que, em suas tentativas de impedir conflitos, estimular o desenvolvimento econômico ou apoiar Estados decaídos, forasteiros se defrontavam com grandes desafios. Apesar de bilhões de dólares de investimentos, nenhum dos lugares onde atuou goza hoje de estabilidade plena. O Sudão e o Iraque continuam assolados por violência selvagem, enquanto o Líbano e o Congo permanecem Estados problemáticos e fragmentados, sofrendo ondas de lutas mortais. O Camboja passa por um *boom* econômico, mas Hun Sen permanece no poder, intimidando a oposição. A Bósnia não assistiu a novos combates desde a intervenção militar da Otan em 1995, porém perdeu o espírito multiétnico que Vieira de Mello tanto valorizava, e seus maiores criminosos de guerra, Radovan Karadžić e Ratko Mladić, continuam à solta. No tocante a Kosovo, os países-membros do Conselho de Segurança seguem divididos quanto a sua plena independência, e as tensões interétnicas contidas desde 1999 parecem prestes a explodir, caso não se encontre logo solução pacífica. O Timor Leste permanece livre do controle indonésio, mas o desemprego generalizado e a estagnação econômica têm resultado em distúrbios violentos, o que já fez com que 150 mil pessoas abandonassem suas casas e obrigou o Conselho de Segurança a enviar 1600 policiais internacionais. O tumulto levou críticos das Nações Unidas a observar que até uma rara história de sucesso da ONU acabou em fracasso.

Vieira de Mello lia os relatórios de situação e os informes da ONU, bem como as notícias do mundo inteiro para acompanhar os eventos nos lugares em que havia trabalhado. Ficava decepcionado quando via revertido o progresso conquistado a duras penas. Mas se consolava lembrando a desolação que encontrara de início naqueles mesmos lugares. Não eram apenas as estradas que não tinham pavimentação ou a eletricidade esporádica — em muitos casos, a estrutura inteira da sociedade havia sido destruída, criando problemas de extrema complexidade que protagonistas internacionais não resolveriam nem com facilidade nem com rapidez. Desse modo, o filósofo-humanitário impaciente tornou-se mais confiante no final da carreira, reconhecendo que quem entrava numa sociedade despedaçada pela guerra tinha de fazê-lo com humildade e paciência. "Todos tendemos a medir e a julgar a história à luz de nossa própria existência", declarou ele num discurso. "Mas precisamos adotar uma perspectiva de mais longo prazo. A história não tem pressa."[15] Investimentos estrangeiros podem não render retornos fáceis ou visíveis. Eleições podem produzir resultados indesejáveis. Autoridades corruptas podem impedir a reconstrução. Distúrbios civis podem macular o advento da democracia. Mas, sempre que países-membros ou sua própria equipe da ONU se exasperavam e se sentiam tentados a desistir, ele insistia para que se perguntassem: "Comparado a quê?". "Sabemos como estão ruins as coisas atualmente", costumava dizer, "mas devemos nos lembrar de como estavam ruins no passado, e pensar em quanto ainda podem piorar." A frustração tendia a explodir quando era grande a defasagem entre as expectativas da população local e dos governos patrocinadores, por um lado, e as melhorias lentas e frustrantes nas sociedades destroçadas, por outro. Para ele, metade de seu papel consistia no "gerenciamento de expectativas".

* * *

Quando Vieira de Mello desembarcou no Iraque, em junho de 2003, provavelmente era tarde demais para salvar o país da selvageria de suas fissuras internas e dos erros cometidos pelos ocupantes. Mas, se existia uma pessoa capaz de encontrar — com base na sabedoria acumulada numa vida de tentativas e erros — um denominador comum entre os inimigos, ou ao menos de mitigar o sofrimento humano, essa pessoa era ele. Para que pudesse ser útil, no entanto, os norte-americanos no Iraque teriam que reconhecer que precisavam de ajuda. Não reconheceram.

De modo semelhante, quando ingressou nas Nações Unidas nos idos de 1969, provavelmente era tarde demais para salvar a Organização das rivalidades entre países que, de diferentes formas, amaldiçoaram a instituição desde o princípio. Contudo, se havia alguém capaz de arrancar da ONU quaisquer reformas ou promessas que ela pudesse evocar, era ele. Mas, para que pudesse consertar a ONU, os principais Estados-membros, e em especial os Estados Unidos, teriam que de fato desejar essa transformação.

Quando o presidente George W. Bush declarou, diversas vezes, em 2001 e 2002: "Ou vocês estão do nosso lado ou estão contra nós", estava enganado. Centenas de milhões de cidadãos do mundo todo podiam não estar exatamente *do lado* dos Estados Unidos, mas tampouco estavam contra os Estados Unidos. Todavia, como grande parte da retórica de Bush, essa descrição de uma dicotomia imaginada logo gerou políticas que conduziram a uma dicotomia real. A doutrina autorrealizável de Bush garantiu que aqueles tratados como inimigos dos Estados Unidos se tornassem inimigos de fato dos Estados Unidos. E os terroristas tampouco deixaram de abraçar a mesma lógica totalizante. Em suas convocações da *jihad*, também disseram: "Se vocês não estiverem do nosso lado na luta contra os Estados Unidos, estão contra nós, e vamos destruí-los".

Vieira de Mello nasceu em 1948, justamente quando a ordem pós-Segunda Guerra Mundial vinha ganhando forma. Morreu em 2003, no momento mesmo em que as linhas de batalha do primeiro grande embate do século XXI eram traçadas. Seu fim não poderia ter sido mais trágico. Logo quando estava pronto para ser ainda mais útil — aos Estados Unidos, ao Iraque, ao mundo —, ele foi morto. E em 19 de agosto, após a explosão da bomba, ao ser retirado dos escombros, encontrou-se na mesma posição de vulnerabilidade total daqueles cujos destinos havia defendido durante toda a carreira. Quando percebeu que havia milagrosamente sobrevivido à explosão, deve ter esperado que soldados profissionais das Forças Armadas mais sofisticadas da história encontrariam um meio de retirá-lo dos entulhos. Mas, à medida que a vida ia se desvanecendo, deve ter havido um momento — e esperamos que tenha sido breve — em que se percebeu tão impotente em sua necessidade como milhões de vítimas antes dele. Morreu sob os escombros do Hotel do Canal — soterrado pelo peso da própria ONU.

Agradecimentos

Em certo sentido, este livro foi mais fácil de escrever do que o anterior. Das cerca de quatrocentas pessoas que contatei para entrevistar, as que conheceram Sergio — mesmo aquelas que só o encontraram uma vez — passaram a ter sentimentos tão fortes em relação a ele que de modo geral correram para partilhar suas lembranças. Não importa onde estivessem no mundo, raramente tive de escrever ou telefonar duas vezes para marcar um encontro ou uma visita. Muitas das entrevistas deram lugar a longas conversas telefônicas, que por sua vez desembocaram em longas refeições, que ocasionalmente originaram o que espero sejam amizades vitalícias. Ainda que o próprio Sergio jamais tivesse a chance de lançar mão plenamente de sua "caixa de possibilidades" para criar um "esquadrão classe A" duradouro, tive o privilégio de passar algum tempo com as pessoas notáveis que ele atraiu e, com frequência, orientou. Minha pesquisa também foi muito facilitada pelos funcionários do Acnur em Genebra e pelo Departamento de Operações de Paz em Nova York, que me deram acesso a seus arquivos reservados. Foi mais fácil do que o esperado entrar na pele de um homem que já não estava aqui para oferecer orientação.

Do ponto de vista pessoal, porém, este livro apresentou desafios maiores do que seu predecessor. Quando escrevi *Genocídio: A retórica americana em questão*, eu era estudante de direito, jornalista em tempo parcial e professora adjunta da John F. Kennedy School of Government de Harvard. Embora meus amigos, minha família e eu alimentássemos grandes esperanças em relação ao livro, a maioria de nós tinha poucas expectativas. A vantagem de escrever uma obra pela qual ninguém estava esperando foi que tive poucas oportunidades ou preocupações profissionais concorrentes. Devido à recepção surpreendentemente calorosa a *Genocídio*, escrever *O homem que queria salvar o mundo* mostrou-se mais difícil. Pesquisei e escrevi o livro enquanto lecionava em horário integral na Kennedy School, colaborando com meus colegas na tentativa de desenvolver um público antigenocídio permanente e, desde 2005, oferecendo toda a ajuda possível a Barack Obama, a pessoa, dentre todas as que conheci, cujo rigor e compaixão mais se aproximavam dos de Sergio. Como comprimi em quatro anos o que poderia ter sido um projeto de livro de uma década, algo teve de ser sacrificado, e infelizmente o que sacrifiquei foi o mais importante para mim: meu tempo com os amigos e a família. Portanto, gostaria de agradecer aqui aos que me apoiaram durante essa longa labuta, sem se perturbarem com o solipsismo que acaba me dominando durante esses empreendimentos absorventes.

Em primeiro lugar, devo agradecer aos que ajudaram na criação deste livro. Ele simplesmente não existiria sem Cullen Murphy, que, enquanto ainda editor da *Atlantic Monthly*, propôs que eu escrevesse um perfil de Sergio para a revista. A qualidade de cada livro depende da inventividade ou importância da questão por trás, e Cullen é a pessoa que escolheu uma questão à qual eu não chegaria por mim mesma. Meus amigos Philip Gourevitch e George Packer me lançaram ao trabalho, doando as transcrições de longas entrevistas que realizaram com Sergio pouco antes de sua morte. Um número notável de pessoas ofereceu-se para ler os rascunhos, talvez não imaginando que eu aceitaria a oferta, infligindo-lhes um manuscrito complicado. Os que mais sofreram foram os primeiros leitores, que fingiram ignorar as graves falhas de conteúdo e estilo, envolvendo-se criticamente com cada parágrafo, como se eu estivesse bem mais perto do término: Jamshid Anvar; Omar Bakhet; Nader Mousavizadeh; Carina Perelli; Carole Ray; Strobe Talbott; Oliver Ulich; meus leais conselheiros de apólice de seguro de vida Richard Holbrooke e Jonathan Moore (que, junto com sua mulher, Katie, me apresentaram a Sergio, em 1994); o romancista Nick Papandreaou, que encena um retorno essencial a cada ciclo de livro doloroso; Chuck Cohen, que nunca me abandona; e meus extravagantes e brilhantes tio e tia de Waterville, Irlanda: Patricia e Derry Gibson. Salman Ahmed, Jeff Davie, Helena Fraser,

Peter Galbraith, James Lynch, Jon Randal e Ghassan Salamé examinaram partes do livro para maior precisão. Outros comentaram criticamente versões mais desenvolvidas, mas ainda falhas: John Gomperts, Richard Goodwin, Michael Ignatieff, Georgeanne Macguire, Fabienne Morisset, Cullen Murphy, Izumi Nakamitsu-Lennartsson, Laura Pitter, John Schumann e Diederik Vanhoogstraten. Jonathan Prentice e Fabrizio Hochschild foram parceiros transatlânticos neste empreendimento, oferecendo *feedback* intenso, bem como amizade vital. Tentei levar em conta cada comentário que recebi, mas quaisquer erros ou omissões remanescentes são meus. No Brasil, Antonio Vieira de Mello, André Simões, Sonia Vieira de Mello e a épica Gilda Vieira de Mello deram um generoso salto de fé, ao me convidarem para conhecer sua família unida, compartilhando lembranças, cartas e fotos. Apesar da dureza da perda e da dor de recordar o Iraque, Carolina Larriera fez o mesmo, dando uma contribuição valiosa à minha compreensão do homem e da sua missão. Leon Wieseltier entrou em ação, como costuma fazer, para fornecer conselhos quando mais importavam. Minha colega Sarah Sewall, do Carr Center for Human Rights Policy, ofereceu apoio moral constante e críticas criativas. Ela depois salvou os meses finais do livro, emprestando-me o infatigável Meghan Frederico para me ajudar noite adentro a conferir os detalhes de um tomo volumoso. Robin Trangsrud organizou minhas viagens e deu apoio em meus cursos. Daniel Camos-i-Duarella valeu-se de seu francês, espanhol e português para me ajudar a aprofundar mistérios que persistiram até os últimos dias da redação do livro. E Sarah Stanlick e Nahreen Ghazarian (graças a Swanee Hunt) chegaram no meio a tempo de me ajudar a encaminhar o material para publicação.

Michel Thieren, um médico da Organização Mundial de Saúde, merece agradecimentos especiais. Depois de ler *Genocídio*, enviou-me um e-mail, sem que eu ainda o conhecesse, oferecendo-se para conseguir uma editora francesa para o livro. Depois de passar dois anos levando o material de porta em porta na França, sem sucesso, pediu para ver *O homem que queria salvar o mundo* em seu estado bruto e forneceu sessenta páginas de micro e macrocomentários profundos. Além disso, localizou os professores de Sergio na Sorbonne, conduziu-me furtivamente às antecâmaras da ONU para que eu pudesse xerocar documentos secretos e deu telefonemas e enviou e-mails animados, controlando cada prazo como se fosse seu próprio.

Seis meses após iniciar o livro, conheci Terry George, o diretor de *Hotel*

Ruanda. Quando tentei persuadi-lo a fazer um filme sobre Raphael Lemkin, o criador da palavra "genocídio", ele não mostrou muito interesse. Mas, assim que mencionei este projeto, ele se empolgou. Não tenho dúvidas de que Terry fará um filme esplêndido sobre a vida de Sergio, mas nesse ínterim tive a sorte de tê-lo como colaborador. Cineastas são famosos por arruinar livros, mas minhas longas conversas com Terry melhoraram este. Sempre que eu me encontrava perdida em alguma alameda de jardim leste-timorense, era Terry quem me trazia de volta. "Mas qual é a história universal aqui, que não depende da época ou lugar?", ele costumava perguntar. "Pense nestes termos: 'Era uma vez um reino. E naquele reino havia um cavaleiro bom e imperfeito chamado Sergio. Ele tinha uma espada, e tinha um escudo...'." Também me beneficiei de conversas com Greg Barker, o renomado documentarista, que está rodando um documentário sobre o ataque ao Hotel do Canal em 19 de agosto de 2003. Meredith Blake, que tanto contribuiu para tornar o documentário *Uma verdade inconveniente* inconvenientemente relevante para tantas pessoas, assumiu a tarefa difícil de descobrir como maximizar o impacto social desses empreendimentos (ver www.sergiovdm.com). Ela tem o apoio de Randy Newcomb e do incomparável Pam Omidyar, que vem fazendo mais do que qualquer outro que eu conheça para — nas palavras de Sergio — "inventar o futuro".

Jon Favreau, Mark Lippert, Dennis McDonough e Ben Rhodes, da equipe de Obama, ofereceram infusões diárias de persuasão e brincadeiras, enquanto o próprio Obama sempre deu um jeito de fornecer apoio moral na hora certa, embora constantemente muito ocupado.

Tenho a sorte de contar com amigos íntimos que vejo e com quem converso menos do que gostaria, mas cuja voz reverbera na minha cabeça mesmo assim: Amy Bach, Steven Bourke, Allan Buchman, Holly Burkhalter, Gillian Caldwell, Greg Carr, Chuck Cohen, Lenor Cohen, Emma Daly, Joy DeMenil, Anna Devere Smith Sharon Dolovich, Mano Felciano, Debbie Fine, Jody Freeman, Danna Harman, Oren Harman, Michele Horgan, George Timothy Horry, Anna Husarska, Peter Jukes, Kate Lowenstein, Harriet Martin, Martha Minow, Jonathan Moore, Charlotte Morgan, Julian Mulvey, Azar Nafisi, Luis Moreno Ocampo, David Pressman, Lee Siegel, Alexis Sinduhije, Stacy Sullivan, Jim Tipton, Zain Verjee e Miro Weinberger. Curt Wood, meu vizinho e amigo, impediu que minha casa virasse um caos enquanto eu estava afastada e, ocasionalmente, enquanto trabalhava lá dentro, distraída. O professor de direito Cass Sunstein entrou em ação para oferecer uma ajuda fundamental. Uma voz de barítono permanecerá para sempre comigo: a do grande David Halberstam, já falecido, que me ordenou abolir os almoços e lembrar que tínhamos o melhor trabalho do mundo.

Dizem que não é bom misturar amizade com negócios, mas não sei o que faria se minha editora, Vanessa Mobley, e minha agente, Sarah Chalfant, não fossem também caras amigas. Elas são as melhores em seu respectivo ramo e tornam meu trabalho melhor, enquanto também aturam uma escritora pra lá de exigente. No trecho final, Lindsay Whalen e Bruce Giffords, da Penguin Press, mostraram uma paciência infinita enquanto faziam horas extras para acertar cada detalhe precioso. Agradeço também a David Remnick e Daniel Zalewski, de *The New Yorker*, que divulgaram Sergio ao mostrar sua experiência no Iraque.

No núcleo de meu esquadrão classe A está minha ex-assistente Hillary Schrenell. Hillary se formara recentemente na faculdade quando ingressou no Carr Center como estagiária, em 2003. Nos quatro anos seguintes, transformou-se numa administradora escrupulosa, pesquisadora incansável, descobridora de fotos, editora implacável e verdadeira amiga. Nunca conheci outra pessoa que se preocupe ainda mais do que eu em encontrar a fonte inencontrável, que sofre para achar as palavras certas, como se o futuro do planeta dependesse da precisão linguística, e cujo perfeccionismo me forçou a elevar meu padrão nestas páginas para suportar seu bisturi reluzente e satisfazer seu olho amoroso. Acho que não conheço mais ninguém que combine um intelecto tão excepcional com uma consciência tão implacável. O mundo precisa de mais Hillarys.

Depois vêm os amigos que me fizeram companhia diária: Doris Kearns Goodwin e Richard Goodwin, historiadores de padrões elevado e confidentes adorados; David Rohde e Elizabeth Rubin, repórteres valentes e infatigáveis que se importam com suas amizades a ponto de cultivá-las lá de Kandahar; Sayres Rudy, que entende de tudo, sempre; Michal Safdie e Moshe Safdie, que juntos mudaram o que os meus olhos veem no mundo; e Elliot Thomson, o "super-gêmeo" que me ensinou a apreciar a trajetória mesmo dos arremessos que vão cair direto na lama.

Em 1993, nos Bálcãs, Laura Pitter pacientemente apresentou a esta repórter novata o conceito do "*nut graph*", tendo desde então oferecido uma amizade espontânea. Defensora pública no Bronx, ela enche de calma e bondade aqueles que a conhecem. E John Prendergast, um amigo que eu mal acredito só conhecer desde 2004, viveu e respirou este livro comigo, telefonando diariamente à meia-noite, insistindo em falar quando tudo o que eu queria era desligar os telefones, e fazendo com que eu me sentisse inequivocamente acompanhada. Como atestam as contas telefônicas de Darfur, das Filipinas, de Uganda e de incontáveis outros lugares, a geografia não foi uma barreira para as discussões longas e orientadoras sobre as novas táticas do time de beisebol Kansas City Royals, o objetivo da última ofensiva da milícia sudanesa *janjaweed* ou, inevitavelmente, os assuntos mais profundamente pessoais da vida e do amor. Não é exagero dizer que, sempre que um campo minado jornalístico, geopolítico ou pessoal à minha frente possa ter me assustado, John deu de ombros, colocou-me sobre seus ombros e me carregou para o outro lado.

A obra é dedicada a três pessoas: Mort Abramowitz, Frederick Zollo e Stephen Power. Mort e Fred são duas pessoas que, apesar de tudo o que viram, conservam a incredulidade em relação ao pensamento trivial e aos atos injustos. Ambos acharam este livro uma péssima ideia — "Samantha, Sergio trabalhou para as *Nações Unidas*", Fred dizia. "O que ele conseguiu exatamente?" Mort, que nunca viu o lado melhor de Sergio, ficou simplesmente intrigado com toda a minha empolgação. Mas o ceticismo deles se baseava em padrões tão elevados, e num apoio tão incondicional a mim, que me ajudaram a entender, tardiamente, o sentido do livro e, em vários aspectos, o sentido de minha carreira. E Stephen Power, meu irmão, fez o que muitos prometem mas poucos cumprem: mudou sua vida. De fato, a profundidade de seu autoescrutínio e transformação é impressionante.

É claro que, como todos os que me conhecem sabem, cada palavra que escrevo é implicitamente dedicada aos meus pais, Edmund Bourke e Vera Delaney. Assim como fizeram no meu primeiro livro, de novo leram cada palavra de cada rascunho, conseguindo agir como se cada leitura fosse uma revelação. Acho que foi ao imprimirem a sexta versão do que era então um livro de oitocentas páginas que a terceira de suas "impressoras do Sergio" quebrou. Seu empenho com o projeto foi tão completo que chegaram a esconder capítulos um do outro — atrás de caixas de *corn flakes*, sob almofadas do sofá e em gavetas de meias — para serem os primeiros a dar *feedback*. Eddie telefonava quase todas as manhãs para recomendar livros que achava que poderiam dar ideias. Se eu não aceitava a sugestão, ele os comprava e lia para reforçar seu argumento. Sua abertura a ideias novas e crescimento pessoal é espantosa. Quanto à minha mãe, poderia perfeitamente ter escrito este livro, tamanha a emoção que investiu nos últimos quatro anos. Não deve ser fácil para ela internalizar minhas lutas como se fossem dela, mas suas interpretações perfeitas de monólogos de Jon Stewart, descobertas de peças teatrais exuberantes *off-Broadway*, novidades sobre o beisebol e simples alegria faziam cada dia difícil parecer bem melhor. Eddie e mamãe continuam um modelo de como deveríamos ser no mundo: insaciavelmente curiosos, infalivelmente sinceros e em busca constante de uma chance de cair na gargalhada. Tenho mesmo muita sorte.

Notas

Realizei mais de quatrocentas entrevistas com colegas, amigos e membros da família de Sergio Vieira de Mello, muitos dos quais compartilharam comigo suas cartas e e-mails. Para preservar a confidencialidade, não listei minhas próprias entrevistas nas notas, mas citei quaisquer materiais que recebi de outras pessoas. Sou especialmente grata ao Alto Comissariado das Nações Unidas para os Refugiados (Acnur), em Genebra, e ao Departamento de Operações de Manutenção da Paz da ONU, em Nova York, que generosamente me concederam acesso aos arquivos internos nunca antes examinados por acadêmicos ou jornalistas. No final, consegui examinar mais de 10 mil páginas de telegramas e memorandos internos confidenciais, juntamente com as anotações manuscritas do próprio Vieira de Mello em suas missões.

INTRODUÇÃO (pp. 19-31)

1. Dick Cheney, entrevistado por por Tim Russert, *Meet the Press*, 16 de março de 2003.

2. Bernard-Henri Lévy citado em Roger Cohen, "A Balkan Gyre of War, Spinning Onto Film", *New York Times*, 12 de março de 1995, sec. 2, p. 1.

3. Paolo Lembo, "*Lest We Forget*: The UN in Iraq — Sergio Vieira de Mello (1948-2003)", *Azerbaijan International* 11, nº 3 (outono de 2003).

1. DESLOCADOS (pp. 35-53)

1. Embaixador Lincoln Gordon, Telegrama Altamente Secreto, 29 de março de 1964, Departamento de Estado norte-americano, www.gwu.edu/~nsarchiv/NSAEBB/NSAEBB118/bz02.pdf.

2. "Brazil: The Military Republic, 1964-85", em Rex A. Hudson (org.), *Brazil: A Country Study* (Washington D.C.: Federal Research Division, Library of Congress, 1998), p. 80.

3. "The Post-Vargas Republic, 1954-64", ibid., p. 78.

4. A Bahia mais tarde se tornaria a terra de ícones culturais brasileiros, como os cantores Caetano Veloso e Gilberto Gil e o romancista Jorge Amado. Possuía a população mais diversificada racialmente e algumas das terras mais férteis do Brasil.

5. Arnaldo Vieira de Mello, *Bolivar, o Brasil e os nossos vizinhos do Prata* (Rio de Janeiro, 1963).

6. Morreu muito menos gente no Brasil do que na Argentina, onde mais de 30 mil pessoas foram "desaparecidas".

7. Quando Tarcilo deixou o Congresso, o *Jornal do Brasil* denominou-o "o maior parlamentar brasileiro desde 1930". *Perfis parlamentares* 29, pp. 55-8, Câmara dos Deputados, Centro de Documentação e Informação, Coordenação de Publicações, Brasília, 1985.

8. Sergio Vieira de Mello (daqui para a frente SVDM), "Sentido da Palavra Fraternidade", in *Pensamento e memória* (São Paulo: Editora da Universidade de São Paulo, 2004), pp. 231-2.

9. SVDM, "Un chaos salutaire", *Combat*, 18/19 de maio de 1968.

10. Ibid.

11. SVDM para uma namorada que prefere permanecer anônima, 2 de março de 1969.

12. SVDM para anônimo, 12 de março de 1969.

13. SVDM para anônimo, 19 de maio de 1969.

14. SVDM para anônimo, 23 de junho de 1969.

15. "'Jamie': A Man of Action", ACNUR nº 1, março de 1974.

16. SVDM para anônimo, 11 de julho de 1970.

17. "'Jamie': A Man of Action".

18. Ibid. Gil Loescher, *The UNHCR and World Politics: A Perilous Path* (Nova York: Oxford University Press, 2002), p. 157. A independência de Bangladesh foi declarada em março de 1971 e foi reconhecida pelo Paquistão em dezembro.

19. "Quotes from the Press Conference", Acnur nº 1, julho de 1972. A entrevista coletiva ocorreu em 6 de julho de 1972, no Palais des Nations.

20. Arnaldo Vieira de Mello, *Os corsários nas guerras do Brasil e o dramático batismo de fogo de Garibaldi* (Sialul, 1992).

21. Robert Misrahi, entrevistado por Michel Thieren, 7 de junho de 2007.

22. SVDM, "La rôle de la philosophie dans la société contemporaine" (Panthéon-Sorbonne, 1974).

2. "JAMAIS VOLTAREI A USAR A PALAVRA 'INACEITÁVEL'" (pp. 54-74)

1. As fontes variam sobre o número de baixas ocasionadas pela invasão israelense. Uma matéria da *Newsweek* estimou que mil civis palestinos e libaneses foram mortos, além de dezoito

soldados israelenses e cerca de 250 guerrilheiros da OLP. Raymond Carroll et al., "Operation Cease-fire", *Newsweek*, 3 de abril de 1978, p. 39.

2. O primeiro round da guerra civil libanesa, que se desenrolou de abril de 1975 a outubro de 1976, deixara o governo central sem controle sobre o sul do Líbano. Quando tropas sírias, constituindo uma Força de Dissuasão Árabe, tentaram se mobilizar ali, Israel protestou. Após a invasão israelense em 1978, autoridades do governo libanês reclamaram que o obstrucionismo de Israel privou o Líbano de meios de neutralizar as forças palestinas ao sul.

3. "A Mission for the UN", *Washington Post*, 19 de março de 1978, p. C6.

4. As primeiras missões militares da ONU foram missões de observação, e não o que se tornaria conhecido como operações de manutenção da paz. Em 1948, depois que Israel entrou em guerra com combatentes palestinos e exércitos árabes, o Conselho de Segurança votou pelo envio de 21 monitores para supervisionar a trégua. Em 2007, a Organização para Supervisão da Trégua da ONU (UNTSO) ainda mantinha 152 observadores no Sinai. De forma semelhante, depois da irrupção do conflito em 1947 entre Índia e Paquistão em torno da província contestada de Caxemira, o Conselho de Segurança estabeleceu uma comissão para monitorar o cessar-fogo Índia-Paquistão, papel que o Grupo de Observadores Militares das Nações Unidas na Índia e no Paquistão (Unmogip) realiza até hoje. A Força de Emergência das Nações Unidas (Unef) foi criada em 1956 na região egípcia do Suez, quando a Assembleia Geral realizou sua primeira Sessão Especial de Emergência, depois da invasão do Egito pelo Reino Unido, França e Israel, que havia sido precipitada pela nacionalização egípcia do Canal de Suez. Sob a supervisão da Unef, o Reino Unido e a França se retiraram da região após dois meses, e as forças israelenses, depois de cinco. O cessar-fogo perdurou por dez anos, até 1967, quando a Unef se retirou por solicitação do governo egípcio.

5. Cinco missões começaram depois daquilo no Congo na década de 1960. Na Nova Guiné Ocidental (1962-3), tropas de paz monitoraram o cessar-fogo durante a transição do governo holandês para o indonésio em Irian Ocidental; no Iêmen (1963-4) supervisionaram a retirada da Arábia Saudita e do Egito da guerra civil do Iêmen; no Chipre (1964 até o presente) ajudaram a impedir um conflito entre cipriotas gregos e turcos; na República Dominicana (1965-6) monitoraram a situação após a irrupção da guerra civil; na Índia-Paquistão (1965-6) supervisionaram o cessar-fogo entre os dois países fora da Caxemira.

6. Em 1978 cerca de 1200 capacetes azuis foram estacionados nas Colinas de Golan, e 2300 permaneceram mobilizados no Chipre.

7. James Mackinlay, *The Peacekeepers* (Londres: Unwin Hyman, 1989), pp. 56, 66.

8. H. McCoubrey e N. D. White, *The Blue Helmets* (Nova York: UN Department of Public Information, 1996), p. 94.

9. David B. Ottaway, "Lebanon Is Alarmed by Increasing Israeli Activity in Its South", *Washington Post*, 26 de outubro de 1980, p. A25.

10. Em 1981, um repórter do *Washington Post* narrou um diálogo em que um oficial israelense com quem tinha contato reclamou que os soldados nigerianos que guardavam os postos de controle não falavam árabe, hebraico nem inglês. Como resultado, os israelenses reclamaram, pois quando guerrilheiros da OLP chegavam ao posto de controle, os nigerianos não realizavam inspeções rigorosas. "Tudo o que eles perguntam é: 'Você tem bum-bum?'. Se a resposta é não, deixam passar", um soldado israelense disse. O repórter do *Post* resolveu conferir a história perguntando ao soldado nigeriano em serviço se ele falava inglês. "Somos de uma ex-colônia

britânica", o nigeriano respondeu com sotaque britânico. "Claro que falamos inglês." William Claiborne, "Israeli Army Warns of Clashes Between Unifil, Haddad Militia", *Washington Post*, 2 de abril de 1981, p. A16.

11. Woerlee Naq para Erskine/Aimé, Telegrama Codificado Urgente, 12 de fevereiro de 1982, nº FILTSO 351 NAQ 503.

12. Ao visitar Beirute em fevereiro de 1982, Urquhart ouviu o embaixador britânico no Líbano insistir (com o que Urquhart mais tarde descreveu como "o ar de autoridade total que apenas os simplórios e autocratas possuem") que a única solução para o problema do Líbano seria a Unifil "lutar para abrir caminho até a fronteira". Urquhart observou ironicamente que era uma vergonha que os próprios britânicos não pareceram dispostos a contribuir com tropas para a Unifil. Brian Urquhart, *A Life in Peace and War* (Nova York: Norton, 1991), p. 336.

13. Mackinlay, *Peacekeepers*, p. 61.

14. Urquhart, *A Life in Peace and War*, p. 293.

15. Ibid.

16. Woerlee Naq para Urquhart, Telegrama Codificado, 17 de fevereiro de 1982, nº NAQ 542.

17. Woerlee para Urquhart, Telegrama Codificado, 18 de fevereiro de 1982, nº NAQ 561.

18. Urquhart para Callaghan, Telegrama Codificado, 10 de abril de 1982, nº NYQ 1009 UNTSO 680.

19. Urquhart, *A Life in Peace and War*, p. 373.

20. Callaghan para Urquhart, Telegrama Codificado, 8 de junho de 1982, nº NAQ 2045.

21. Andersen para Husa, 10 de março de 1982, "Medical Facilities", nº NAQ 807.

22. Arafat na verdade desprezava Abu Nidal, que supostamente cometeu o assassinato para prejudicar ao máximo a OLP. Argov, atingido na cabeça, sobreviveu mas ficou parcialmente cego e paralítico pelo resto da vida. Morreu em 2003, tendo passado os últimos 21 anos de vida num hospital de Jerusalém.

23. Callaghan para Urquhart, Telegrama Codificado, 6 de junho de 1982, nº NAQ 2016 FILTSO 1261.

24. Ibid.

25. Ibid.

26. Relatório do secretário-geral sobre a Força Interina das Nações Unidas no Líbano, 11 de junho de 1982.

27. De junho a setembro, estima-se que um total de 17 825 pessoas foram mortas no Líbano, sendo que 5515 mortas em Beirute e em seus subúrbios. Jay Ross, "War Casualties Put at 48,000 in Lebanon", *Washington Post*, 3 de setembro de 1982, p. A22.

28. David Ottaway, "Arafat Charges UN Force Failed to Resist Israelis", *Washington Post*, 9 de junho de 1982, A18.

29. Urquhart para Callaghan, Telegrama Codificado, 7 de junho de 1982, nº NAQ 1600.

30. Callaghan para Urquhart, Telegrama Codificado, 8 de junho de 1982, nº NAQ 2045.

31. Callaghan para Urquhart, Telegrama Codificado, 14 de junho de 1982, nº NAQ 2141.

32. Timour Goksel, entrevistado por Jean Krasno, Yale-UN Oral History, 17 de março de 1998.

33. Os libaneses naturalmente se opunham à invasão israelense, mas apoiavam a continuação da Unifil. A permanência da ONU ao menos sinalizaria a intenção do mundo de promover a retirada israelense e a volta da soberania libanesa. De fato, quando a renovação do mandato da

Unifil foi votada no Conselho de Segurança, os *mukhtars* (prefeitos das aldeias) libaneses escreveram ao secretário-geral solicitando a extensão. Mc-Coubrey e White, *Blue Helmets*, p. 103.

34. Callaghan para Urquhart, Telegrama Codificado, 29 de julho de 1982, nº NAQ 2564.

35. Robert Misrahi, entrevistado por Michel Thieren, 7 de junho de 2007.

36. Ibid.

37. Muitos palestinos que viviam no Líbano residiam em campos como Sabra e Shatila desde a guerra árabe-israelense de 1948.

38. Urquhart, *A Life in Peace and War*, p. 346.

39. Henry Kamm, "Arafat Demands Three Nations Return Peace Force to Beirut", *New York Times*, 17 de setembro de 1982, p. A6.

40. Em resposta aos protestos da opinião pública israelense e estrangeira pelo massacre, o primeiro-ministro Menachem Begin criou uma comissão de inquérito no final de setembro. Encabeçada pelo juiz da Suprema Corte Yitzhak Kahan, a comissão divulgou seus resultados em fevereiro de 1983, atribuindo o massacre às forças falangistas cristãs, mas criticando o ministro da Defesa Ariel Sharon e o chefe do Estado-Maior tenente-general Rafael Eitan por aprovarem a entrada dos falangistas no acampamento, por não impedirem o massacre e por não o terem detido, uma vez começado. O primeiro-ministro Begin demitiu Sharon, que segundo a comissão Kahan teve "responsabilidade pessoal", mas Eitan permaneceu no cargo.

41. Ronald Reagan, "Discurso à nação anunciando a formação de uma nova Força Multinacional no Líbano", 20 de setembro de 1982.

42. Os países que contribuíam com tropas para a Unifil viram a decisão das grandes potências de não enviar uma Unifil reforçada a Beirute como uma afronta e um golpe adicional à reputação da ONU na região. Callaghan escreveu para o quartel-general da ONU em Nova York que a Nigéria decidira retirar suas tropas da Unifil porque não queria ser vista como ajudando a ocupação israelense e também porque a criação de uma Força Multinacional extra-ONU constituía "um golpe direto no conceito de manutenção da paz da ONU e só pode ser interpretada como humilhante para os contribuintes da Unifil". Callaghan para Urquhart, Telegrama Codificado, 28 de dezembro de 1982, nº NAQ 4123.

43. Brian Urquhart, "A Brief Trip to the Middle East 5-11 January 1983", arquivos confidenciais da Unifil.

44. Ibid. Urquhart fez outras críticas também. Escreveu que as forças norte-americanas em Beirute "nunca foram vistas saindo em patrulha, exceto uma vez numa patrulha fortemente divulgada por Beirute oriental, que é bem mais segura do que a cidade de Nova York. [...] Que situação para os marines, e quão humilhante deve ser para eles. Não vi um único marinheiro de guerra, aviador ou fuzileiro naval norte-americano em Beirute ou na periferia durante minha estada aqui. Eles permanecem no acampamento".

45. Um porta-voz do clã denunciou a Unifil, dizendo que a ONU viera para trazer a paz, mas havia começado a matar libaneses. Insistiu que todo o "pessoal da Unifil de cor" seja dispensado de suas tarefas em postos de controle. A Unifil ficou numa posição tão vulnerável que Callaghan sentiu que não tinha opção senão concordar e rapidamente substituiu os fijianos em postos de controle voláteis por membros dos pelotões holandeses, irlandeses e franceses, em grande parte caucasianos. Callaghan para Urquhart, Telegrama Codificado, 31 de março de 1983, nº NAQ 915 FILTSO 763.

46. Urquhart para Callaghan, Telegrama Codificado, 3 de junho de 1983, nº NYQ 1219.

47. Thomas Friedman, "Peacekeepers Become Another Warring Faction", *New York Times*, 23 de outubro de 1983, seção 4, p. 1.

48. Thomas L. Friedman, "Marines Release Diagram on Blast", *New York Times*, 28 de outubro de 1983, p. A1.

49. Thomas L. Friedman, "Beirut Death Toll at 161 Americans; French Casualties Rise in Bombings; Reagan Insists Marines Will Remain; Buildings Blasted", *New York Times*, 24 de outubro de 1983, p. A1; Friedman, "Marines Release Diagram".

50. Pouco menos de dois minutos após o ataque ao complexo dos marines, enquanto soldados franceses se aglomeravam nas janelas de seu complexo para ver o que causara o tumulto, um segundo carro-bomba foi de encontro ao seu prédio de oito andares, matando 58 paraquedistas franceses. Dez dias depois, no sul do Líbano, um homem jovem num caminhão Chevrolet verde carregado com cerca de 360 quilos de explosivos transpôs os portões principais do quartel-general da inteligência militar israelense ao sul de Tiro. O carro-bomba matou 28 soldados e pessoal de segurança israelenses, bem como 32 árabes, a maioria detida em celas. Terence Smith, "At Least 29 Die as Truck Bomb Rips Israeli Post in Lebanon", *New York Times*, 5 de novembro de 1983, seção 1, p. 1; Herbert H. Denton, "Bomb in Tyre Kills 39; Israeli Planes Retaliate, Strike PLO Near Beirut", *Washington Post*, 5 de novembro de 1993, p. A1.

51. Ronald Reagan, "Remarks to Reporters on the Death of American and French Military Personnel in Beirut, Lebanon", 23 de outubro de 1983.

52. Ronald Reagan, "Remarks and a Question-and-Answer Session with Regional Editors and Broadcasters on the Situation in Lebanon", 24 de outubro de 1983.

53. Steven Strasser et al., "The Marine Massacre", *Newsweek*, 31 de outubro de 1983, p. 20.

54. Ronald Reagan, "Address to the Nation on Events in Lebanon and Grenada", 27 de outubro de 1983.

55. Mesmo antes do ataque ao complexo dos marines, uma pesquisa de opinião do *New York Times*-CBS constatou que três quartos dos entrevistados apoiavam uma retirada das tropas norte--americanas do Líbano se continuassem incapazes de estabilizar o país, enquanto mais norte-americanos (47%) desaprovavam a política externa de Reagan do que aprovavam (38%). David Shribman, "Foreign Policy Costing Reagan Public Support", *New York Times*, 30 de setembro de 1983, p. A1.

56. Ronald Reagan, President's News Conference, 4 de abril de 1984.

57. Donald Rumsfeld, "Take the Fight to the Terrorists", *Washington Post*, 26 de outubro de 2003, p. B7; "Donald H. Rumsfeld Holds Defense Department News Briefing", 23 de outubro de 2003. Disponível em: <www.defenselink.mil/transcripts/2003/tr20031212-secdef0986.html>.

58. "Donald Rumsfeld Delivers Remarks at the National Conference of State Legislatures", 12 de dezembro de 2003. Disponível em: <www.defenselink.mil/transcripts/2003/tr20031212-secdef0986.html>.

3. SANGUE AZUL (pp. 75-95)

1. SVDM, entrevistado por Philip Gourevitch, 22 de novembro de 2002.

2. Jean-Pierre Hocké substituiu o alto-comissário anterior, Poul Hartling, um dinamarquês de 72 anos que servira por sete anos.

3. O Acnur acumulou um déficit de 7 milhões de dólares em 1988 e de 40 milhões em 1989.

4. "Hocké Says Resignation Was His Decision", Associated Press, 27 de outubro de 1989.

5. "Démission de M J-P Hocké: Bon organisateur mais trop autoritaire", *Le Monde*, 28 de outubro de 1989.

6. Anthony Goodman, "UN Aide Says He Was 'Stabbed' Over Refugee Job", Reuters, 14 de novembro de 1990.

7. Paul Lewis, "2 Camps in the Search for U. N. Refugee Chief", *New York Times*, 18 de novembro de 1990, seção 1, p. 6.

8. "General Assembly President's Remarks at Conclusion of General Debate", *press release*, 14 de outubro de 1988.

9. Lawyers Committee for Human Rights, *Inhumane Deterrence: The Treatment of Vietnamese Boat People in Hong Kong* (1989), p. 8.

10. Imediatamente após a guerra, aqueles que fugiram do Vietnã geralmente haviam sido pessoas envolvidas com os norte-americanos e seus aliados sul-vietnamitas. Outros haviam fugido da "reeducação" comunista ou do serviço militar.

11. O presidente Carter havia concordado em receber o número espantoso de 168 mil vietnamitas, laosianos e cambojanos por ano. França, Canadá, Austrália, Reino Unido e outros países seguiram o exemplo. Mas esses números haviam caído significativamente.

12. A Malásia já havia adotado uma política de "redirecionamento", fornecendo aos vietnamitas barcos, coletes salva-vidas, uma bússola e mapas e insistindo que prosseguissem até a Indonésia. Arthur Helton, "The Comprehensive Plan of Action for Indo-Chinese Refugees: An Experiment in Refugee Protection and Control", *New York Law School Journal of Human Rights* 8, parte 1 (1990-1).

13. Pierre Jambor, o representante do Acnur na Tailândia, levantou a ideia da triagem pela primeira vez já em 1986, mas os advogados de direitos humanos do Acnur custaram a adotá-la.

14. Ver Sten Bronee, "The History of the Comprehensive Plan of Action", *International Journal of Refugee Law* 5, nº 4 (1993), pp. 534-43.

15. Editorial, *New York Times*, 14 de junho de 1989, p. A26.

16. W. Courtland Robinson, *Terms of Refuge: The Indochinese Exodus and the International Response* (Londres: Zed Books, 1998), p. 208.

17. Helton, "The Comprehensive Plan of Action for Indo-Chinese Refugees".

18. W. Courtland Robinson, "The Comprehensive Plan of Action for Indochinese Refugees, 1989-1997: Sharing the Burden and Passing the Buck", *Journal of Refugee Studies* 17, nº 3 (2004), p. 323.

19. Robinson, *Terms of Refuge*, p. 217.

20. No total, cerca de 28% dos vietnamitas em busca de asilo conseguiram ser considerados refugiados. Robinson, "Comprehensive Plan of Action", pp. 323, 328. As autoridades de Hong Kong foram as mais relutantes em conceder asilo, achando que apenas 20% dos solicitantes vietnamitas corriam risco real de perseguição. Alexander Betts, *Comprehensive Plans of Action* (Genebra: Evaluation and Policy Analysis Unit. Documento de Trabalho nº 120, 2006), p. 37.

21. Betts, *Comprehensive Plans of Action*, p. 40.

22. Mais de 1 milhão de curdos e outros iraquianos tinham fugido para o Irã. Outros 450 mil rumaram em direção à Turquia, que se recusou a admiti-los. Desamparados nas cadeias de

montanhas inóspitas e gélidas ao sul da fronteira turca, acredita-se que entre 500 e 2 mil curdos estivessem morrendo diariamente.

23. Os Estados Unidos, o Reino Unido, a França e a Turquia foram os grandes protagonistas, mas no final treze nações participaram diretamente da Força-Tarefa Combinada, e o apoio material veio de um total de trinta países. O Conselho de Segurança também declarou uma zona interditada ao voo para impedir Saddam Hussein de usar seus bombardeiros para atacar civis reunidos nas montanhas

24. SVDM, *Civitas Maxima: Origines, fondements et portée philosophique et pratique du concept de supranationalité*, thèse pour le Doctorat d'État ès Lettres et Sciences Humaines, Université de Paris I (Panthéon-Sorbonne), Paris, abril de 1985.

25. Esta e todas as citações subsequentes do discurso são de SVDM, "Philosophical History and Real History: The Relevance of Kant's Political Thought in Current Times". Genebra: International Peace Research Institute, 4 de dezembro de 1991.

26. SVDM, entrevistado em *De frente com Gabi*, Sistema Brasileiro de Televisão (SBT), 2002.

4. BOTANDO PRA QUEBRAR (pp. 96-118)

1. Vieira de Mello conhecia Yasushi Akashi apenas pelo currículo. Akashi começara sua carreira no serviço de relações exteriores japonês e em 1979 havia partido para ingressar na equipe do Secretariado da ONU, onde passou treze anos. Antes de ser nomeado representante especial do secretário-geral no Camboja, Akashi havia dirigido o Departamento de Informação Pública e o mais desconhecido Departamento de Assuntos de Desarmamento da ONU.

2. Philip Shenon, "Norodom Sihanouk: The Prince of Survivors", *New York Times*, 25 de outubro de 1991, p. 6.

3. O acordo de Paris deixou ambíguo o poder do Conselho Nacional Supremo (CNS). Ele foi criado como "o único órgão legítimo e fonte de autoridade no Camboja em que, durante o período transitório, a soberania e a unidade nacional estão encerradas". Mas em Paris o CNS também concordou em delegar à ONU "todos os poderes necessários para garantir a aplicação do presente acordo". No que dizia respeito à relação da ONU com os ministérios da Defesa, Relações Exteriores, Finanças, Segurança Pública e Informações citados, o acordo atribuía à Untac apenas a tarefa de exercer "o controle necessário para assegurar a estrita neutralidade [deles]", deixando para Akashi e os protagonistas locais grande liberdade de ação para decidirem o grau de interferência, supervisão e ação executiva da ONU. Ver: <www.usip.org/library/pa/cambodia/agree_comppol_10231991.html>.

4. Sihanouk para SVDM, 23 de janeiro de 1993.

5. O planejamento era tão caótico que mostraram ao general John Sanderson, o comandante da força da ONU, uma declaração do Conselho de Segurança das Nações Unidas em que ele figurava como comandante da força da ONU que estava sendo mobilizada na Bósnia.

6. Nate Thayer, "Plunder of the State", *Far Eastern Economic Review*, 9 de janeiro de 1992, p. 11.

7. Rodney Tasker e Nate Thayer, "Tactics of Silence", *Far Eastern Economic Review*, 12 de dezembro de 1991, p. 10.

8. Ibid., pp. 10-1.

9. Nate Thayer, "Murderous Instincts", *Far Eastern Economic Review*, 6 de fevereiro de 1992, p. 13.

10. Relatórios da ONU advertiram que os repatriados teriam provavelmente "perdido parte de sua 'memória camponesa'" e não seriam capazes de se defeñder. UNHCR Absorption Capacity Survey, janeiro de 1990, p. 15, citado em W. Courtland Robinson, *"Something Like Home Again": The Repatriation of Cambodian Refugees* (Washington D.C.: U.S. Committee for Refugees, 1994), p. 13.

11. William Branigin, "U.N. Starts Cambodian Repatriation", *Washington Post*, 31 de março de 1992, p. A1.

12. Ron Moreau, "The Perilous Road Home", *Newsweek*, 13 de abril de 1992, p. 37.

13. Jarat Chopra, "United Nations Authority in Cambodia", Watson Institute for International Studies Occasional Paper nº 15, 1994, p. 57.

14. Acnur, "Cambodia: Land Identification for Settlement of Returnees, November 4-December 17, 1991", PTSS Mission Report 91/33, p. 12, citado em Robinson, *"Something Like Home Again"*, p. 19.

15. Robinson, *"Something Like Home Again"*, p. 13.

16. Em 1991, havia 30 mil cambojanos amputados dentro do país mais 5 mil a 6 mil residindo nos campos da fronteira tailandesa. "Land Mines in Cambodia: The Coward's War", *Asia Watch*, setembro de 1991.

17. Mats Berdal e Michael Liefer, "Cambodia", em James Mayall (org.), *The New Interventionism 1991–1994: United Nations Experience in Cambodia, Former Yugoslavia and Somalia* (Nova York: Cambridge University Press, 1996), p. 48.

18. Remover uma mina custava entre trezentos e mil dólares, incluindo o custo de treinar os desativadores de minas. John Ryle, "The Invisible Enemy", *New Yorker*, 29 de novembro de 1993, p. 126.

19. Os políticos locais do Camboja também tinham sido invisíveis do céu. Quando representantes do Acnur percorreram o interior, perceberam que, embora Hun Sen tivesse se vangloriado da abundância de terras que seu governo cederia aos refugiados, as autoridades provinciais e distritais autônomas tinham suas próprias ideias. Muitas haviam começado a privatizar as terras em seus distritos, a fim de ganhar uma bolada, antes que a ONU tentasse distribuí-las de graça.

20. Nicholas Cumming-Bruce, "UN Struggles to Meet Pledge to Refugees", *Guardian*, 6 de maio de 1992, p. 11.

21. Robinson, *"Something Like Home Again"*, p. 66.

22. Cumming-Bruce, "UN Struggles".

23. SVDM para Sadako Ogata, 21 de março de 1992.

24. William Branigin, "Cambodians Launching Offensive; Khmer Rouge Cited as Endangering U.N. Peace Operation", *Washington Post*, 30 de março de 1992, p. A1.

25. Nate Thayer, "Phnom Penh Launches Offensive as Cease-Fire Efforts Stall", Associated Press, 29 de março de 1992. A Carta da ONU autoriza duas formas de intervenção militar. Na primeira, que se enquadra no Capítulo 6, um governo anfitrião convida capacetes azuis da ONU para realizar um conjunto de tarefas consensuais. Em tal missão, as tropas só devem recorrer à força em defesa própria. O outro tipo de intervenção da ONU, que se enquadra no Capítulo 7 da Carta, pode ser lançado mesmo sem o consentimento das partes. Este segundo tipo permite aos capacetes azuis "impor" a paz, e não apenas mantê-la. O Camboja foi uma mobilização do Capítulo 6.

26. Bruce Wallace, "Death Returns to the Killing Fields", *Maclean's*, 1º de março de 1993, p. 32.

27. Antes da Untac, a missão de paz mais ambiciosa da ONU havia sido o Transitional Assistance Group na Namíbia. Ali o componente de policiamento da ONU foi visto como um sucesso. Mas a Namíbia tinha começado com um corpo policial nativo bem mais forte e profissional, e o inglês era falado em todo o país, tornando mais fácil aos policiais de língua inglesa ajudarem as forças locais nas tarefas policiais.

28. SVDM, Declaração no Local 2, 30 de março de 1992.

29. Teresa Poole, "Cambodians Take Road Back to the Future", *Independent*, 28 de março de 1992, p. 14.

30. Yuli Ismartono, "Refugees Head Home to Uncertainty and Strife", Inter Press Service, 31 de março de 1992; Branigin, "U.N. Starts Cambodian Repatriation".

31. Philip Shenon, "Peppered with Mines, Awash in Civil War, It Still Is Home for Cambodians", *New York Times*, 30 de março de 1992, p. A3.

32. SVDM, declaração no centro de recepção de Sisophon, 30 de março de 1992.

33. Teresa Poole, "Cambodians Begin New Life", *Independent*, 31 de março de 1992, p. 16.

5. CAIXA-PRETA (pp. 119-137)

1. SVDM, "Philosophical History and Real History: The Relevance of Kant's Political Thought in Current Times", Geneva International Peace Research Institute, 4 de dezembro de 1991.

2. Conselho de Segurança da ONU, segundo relatório de andamento do secretário-geral sobre a Untac, 21 de setembro de 1992, para. 29, p. 7.

3. SVDM para Sadako Ogata, "Visit to Party of Democratic Kampuchea (PDK) Zone — 6 to 8 April 1992", 12 de abril de 1992.

4. SVDM para Ogata e Jamshid Anvar, "Report on Visit to Area Controlled by the Party of Democratic Kampuchea (PDK), 6-8 April 1992", 10 de abril de 1992.

5. Tiziano Terzani, "An Indecent Peace", *Far Eastern Economic Review*, 25 de junho de 1992, p. 21.

6. Bruce Wallace, "Death Returns to the Killing Fields", *Maclean's*, 1º de março de 1993, p. 32.

7. Yasushi Akashi para Tetsuo Miyabara, U.S. General Accounting Office, I-32, 5 de agosto de 1993, pp. 1-2, citado em Janet E. Heininger, *Peacekeeping in Transition: The United Nations in Cambodia* (Nova York: The Twentieth Century Fund Press, 1994), p. 72.

8. Mats Berdal e Michael Liefer, "Cambodia", em James Mayall (org.), *The New Interventionism 1991-1994: United Nations Experience in Cambodia, Former Yugoslavia and Somalia* (Nova York: Cambridge University Press, 1996), p. 42; John Sanderson, "Untac: Successes and Failures", em Hugh Smith (org.), *International Peacekeeping: Building on the Cambodian Experience* (Canberra: Australian Defence Studies Centre, 1994), p. 132.

9. Nayan Chanda, "UN Divisions", *Far Eastern Economic Review*, 23 de julho de 1992, p. 9.

10. SVDM, Reginald Austin e Dennis McNamara para Akashi, memorando altamente confidencial, 15 de junho de 1992.

594

11. SVDM, esboço de um documento de trabalho altamente confidencial sobre Estratégia de Repatriação de Contingência, 28 de julho de 1992.

12. Jean-Claude Pomonti, "Selon un expert français les capacités militaires des Khmers rouges sont surestimées", *Le Monde*, 22 de agosto de 1992.

13. SVDM para Christophe Peschoux e Jahanshah Assadi, nota manuscrita sobre recorte de jornal, 13 de setembro de 1992.

14. SVDM para Son Sen, 3 de setembro de 1992.

15. SVDM para Ogata e Warren Blatter, "Visit to DK Zone, 30 Sept-1 Oct".

16. Ibid.

17. SVDM, entrevistado por James S. Sutterlin, 5 de maio de 1998, Yale-UN Oral History, p. 26.

18. W. Courtland Robinson, "*Something Like Home Again*": *The Repatriation of Cambodian Refugees* (Washington D.C.: U.S. Committee for Refugees, 1994), p. 34.

19. Ibid., p. 37. Robinson, um crítico da falha do Acnur em revelar todos os fatos aos retornados, observa: "Boas informações são a pedra de toque e a pedra angular da repatriação segura e voluntária".

20. Philip Shenon, "Call of Land Lures Refugees to Khmer Rouge Zone", *New York Times*, 31 de janeiro de 1993.

21. Vieira de Mello também resistiu à vontade do Conselho de Segurança. Em julho de 1992, quando o Khmer Vermelho se recusou a depor armas, o Conselho de Segurança aprovou uma resolução requerendo que o secretário-geral garantisse que o "auxílio internacional à reabilitação e reconstrução do Camboja doravante beneficia apenas as partes que estejam cumprindo suas obrigações sob o acordo de Paris e cooperando plenamente com a Untac". Resolução do Conselho de Segurança da ONU 766, citada em Robinson, "*Something Like Home Again*", p. 33.

22. Ibid., p. 35.

23. Shenon, "Call of Land".

6. A SÍNDROME DO CARRO BRANCO (pp. 138-157)

1. Nate Thayer e Susumu Awanohara, "Cambodia Takes a Bath", *Far Eastern Economic Review*, 15 de outubro de 1992, p. 56.

2. E. V. K. Fitzgerald, "The Economic Dimension of the Peace Process in Cambodia", em Peter Utting (org.), *Between Hope and Insecurity: The Social Consequences of the Cambodian Peace Process* (Genebra: UNRISD Report, 1994), p. 44.

3. Ibid., p. 55.

4. Em 1992 e 1993, 65% de toda a ajuda alimentar da ONU foi para os retornados, embora constituíssem apenas 4% da população. W. Courtland Robinson, "*Something Like Home Again*": *The Repatriation of Cambodian Refugees* (Washington D.C.: U.S. Committee for Refugees, 1994), p. 59.

5. William Branigin, "Missteps on the Path to Peace; Problems Mount and Budgets Soar", *Washington Post*, 22 de setembro de 1992, p. A1.

6. Os Estados Unidos, que haviam assumido o maior compromisso em Tóquio, forneceram apenas 14 milhões dos prometidos 135 milhões de dólares. O Japão, o segundo maior doador,

pagara apenas 9 milhões. Relatório do secretário-geral sobre a implantação da Resolution 722 do Conselho de Segurança (1992), 13 de fevereiro de 1993, para. 31, p. 8.

7. Philip Shenon, "Most Cambodians See Nothing of Aid", *New York Times*, 21 de fevereiro de 1993, seção 1, p. 10.

8. Jarat Chopra, "United Nations Authority in Cambodia", Watson Institute for International Studies Occasional Paper nº 15, 1994, p. 65.

9. Ao perguntarem a um porta-voz norte-americano se a força búlgara inteira poderia ser retirada, ele admitiu que "se comportam de uma maneira que nos faz corar a todos", mas disse que não podiam ser repatriados porque "aquilo seria um insulto terrível" à Bulgária. William Branigin, "Tarnishing the U.N.'s Image in Cambodia; Bulgarians Chided for Monkey Business", *Washington Post*, 29 de outubro de 1993, p. A33.

10. Um estudo do Ministério da Saúde descobriu que 77% dos cambojanos não sabiam o que era um preservativo. William Branigin, "Key Phases of UN Peace Operation in Cambodia Seen Breaking Down", *Washington Post*, 4 de outubro de 1992, p. A33.

11. Report on Public Perceptions of Untac in the City of Phnom Penh, Information/Education Division Analysis Report, 18 de setembro de 1992, p. 102.

12. "French U.N. Army Commander Orders Brothels Removed", Agence France-Presse, 1º de novembro de 1992.

13. Terry McCarthy, "Hot Tempers Rise on the Seamier Side", *Independent*, 19 de outubro de 1992, p. 12.

14. Assim como no lado militar, a qualidade da polícia da ONU variava. Cingapura, por exemplo, enviou uma unidade de 75 policiais previamente selecionados para a missão. Com experiência policial de dez anos, chegaram após um curso de treinamento especial de oito semanas, em que aprenderam comunicação intercultural e história cambojana. Janet E. Heininger, *Peacekeeping In Transition: The United Nations in Cambodia* (Nova York: The Twentieth Century Fund Press, 1994), p. 80.

15. Nayan Chanda, "Cambodia: I Want to Retake Power", *Far Eastern Economic Review*, 4 de fevereiro de 1993, p. 20.

16. Ibid.

17. Ibid., p. 28.

18. Nate Thayer, "Cambodia: Legal Weapon", *Far Eastern Economic Review*, 21 de janeiro de 1993; "Khmer Rouge Release 21, but Take 46 More Peacekeepers Captive", Agence France-Presse, 17 de dezembro de 1992.

19. Chopra, "United Nations Authority in Cambodia", p. 27.

20. SVDM para Marrack Goulding, "Our Recent Conversations", 12 de fevereiro de 1993.

21. *Indochina Digest*, 12 de março de 1993, citado em Chopra, "United Nations Authority in Cambodia", p. 42.

22. William Branigin, "Montagnards End Fight Against Hanoi", *Washington Post*, 11 de outubro de 1992, p. A46.

23. Nate Thayer, "The Forgotten Army", *Far Eastern Economic Review*, 10 de setembro de 1992, p. 18.

24. Coronel Y-Pen Ayun para SVDM, declaração manuscrita, 28 de setembro de 1992.

25. SVDM para Lionel Rosenblatt, 10 de outubro de 1992.

26. SVDM para sede do Acnur, "Chronology of Events", outubro de 1992.

27. Robinson, *Something Like Home Again*", p. 63.

28. Ron Moreau, "Cambodia:'This Is My Home", *Newsweek*, 22 de fevereiro de 1993, p. 38.

29. SVDM, entrevistado por James S. Sutterlin, 5 de maio de 1998, Yale-UN Oral History, p. 15.

30. Robinson, *Something Like Home Again*", p. 46.

31. SVDM, "Refugee Repatriation and Reintegration in Cambodia", *The Untac: Debriefing and Lessons, Report and Recommendations of the International Conference, Singapore, August 1994* (Londres: Kluwer Law International, 1995), p. 151.

32. SVDM para Ogata, "On Visit of Secretary-General to Cambodia, April 18-20, 1992", 6 de maio de 1992.

33. Nicholas Cumming-Bruce, "Sixth UN Victim Shot Dead in Cambodia", *Guardian*, 9 de abril de 1993, p. 11. O resultado do incidente ressaltou a fragilidade da relação de muitos países-membros da ONU com as operações de pacificação. No Japão, o assassinato motivou um debate que vinha se intensificando naquele mês. A Constituição do Japão, o segundo maior doador para as Nações Unidas, "renunciava à guerra como um direito soberano da nação e à ameaça ou uso de força como meio de resolver disputas internacionais". Em 1992, o Parlamento japonês aprovou uma lei de manutenção da paz internacional permitindo que seiscentos soldados e policiais japoneses ingressassem na Untac. Mas essas tropas serviam como engenheiros, construtores de estradas e policiais, e de acordo com a lei teriam de se retirar se uma guerra total irrompesse. Alguns membros do Parlamento achavam que aquele dia já chegara.

34. "Angola: UN Secretary-General's Envoy Margaret Antsee Reportedly to Be Replaced", BBC News, 11 de maio de 1993.

35. "Angola: UN to Appoint New Special Envoy Soon", Inter Press Service.

36. "Angola Peace Parley Resumes", Agence France-Presse, 14 de maio de 1993.

37. "Angola: UN to Appoint New Special Envoy Soon", Inter Press Service. A pessoa escolhida no lugar de Vieira de Mello foi o antigo ministro do Exterior malinês Alioune Blondin Beye, que chegou em junho. Beye morreu num acidente de avião em 1998 durante uma das viagens entre as capitais africanas em busca de um acordo.

38. Chopra, "United Nations Authority in Cambodia", p. 49.

39. "Akashi Declares Campaign a Success Despite Violence", Agence France-Presse, 20 de maio de 1992.

40. O orçamento oficial foi de 1,6 bilhão de dólares. Mas se acrescentarmos o auxílio prometido para reabilitação e repatriação e custos extraorçamentários, a quantia chegava a 2,5-2,8 bilhões de dólares. Michael W. Doyle, *UN Peacekeeping in Cambodia: Untac's Civil Mandate* (Boulder, CO: Lynne Reinner Publishers, 1995), p. 29.

41. SVDM, entrevistado por Sutterlin, p. 25.

42. SVDM para Courtland Robinson, 9 de agosto de 1993.

43. SVDM, esboço de proposta, "Deceit and Estrangement: The Aborted Relationship Between the KR and the Cambodian Peace Process (1989-1993)".

44. SVDM para Ogata, "Clearance to Engage in a Research Project Related to My Cambodia Experience", 20 de setembro de 1993.

45. Christine Dodson para A. Henning, "Mr. Vieira de Mello: Request for Clearance to Engage in a Research Project", 29 de outubro de 1993.

46. Lisa Coulombe para svdm, 23 de junho de 1992.

47. John Burns, "Sarajevans Jeer as U.N. Leader Urges Restraint", *New York Times*, 1º de janeiro de 1993, p. A1.

48. George Gordon-Lennox e Annick Stevenson, *Sergio Vieira de Mello: An Exceptional Man* (Genebra: Éditions du Tricorne, 2004), p. 67.

49. Em dezembro de 1992, o primeiro governo Bush enviou 28 mil soldados à Somália para uma missão de alimentação. Em maio de 1993, os norte-americanos se retiraram, entregando as tarefas de pacificação a uma força menor da onu. A força sucessora, com pouca participação americana, foi autorizada a receber 28 mil soldados, mas apenas 16 mil foram mobilizados. A missão norte-americana maior havia agido somente no Sul e no Centro da Somália, enquanto a força menor da onu foi incumbida de proteger o país inteiro. Após o massacre de junho de 1993 de 25 capacetes azuis paquistaneses, Clinton enviou quatrocentos Army Rangers e 130 Delta Forces à Somália e ofereceu uma recompensa de 25 mil dólares pela captura do chefe guerreiro somali Mohammed Farah Aideed.

50. Bill Clinton, entrevista coletiva, 14 de outubro de 1993.

7. "SANDUÍCHES NOS PORTÕES" (pp. 158-183)

1. Além dos 3096 soldados da França, 2281 do Reino Unido e 1219 da Espanha, outros países a contribuir com soldados, em 1º de junho de 1993, eram Canadá (1043), Bélgica (100), Dinamarca (186) e Noruega (35). Os Estados Unidos enviaram 290 soldados para um hospital de campo na Croácia. Os principais contribuintes da força Unprofor na Croácia foram Argentina (895), Bélgica (702), Canadá (1222), República Checa (503), Dinamarca (975), Finlândia (296), França (2239), Jordânia (918), Quênia (935), Nepal (897), Holanda (925), Polônia (973), Rússia (842), Eslováquia (404) e Reino Unido (250).

2. Cinco nações voavam regularmente: Estados Unidos, 4597 voos; França, 2133; Reino Unido, 1902; Canadá, 1860; e Alemanha, 1279. Tom Squitieri, "History's Longest Airlift Ends with Food Delivery to Sarajevo", *USA Today*, 10 de janeiro de 1996, p. 4A. Embora muitos aviões da onu tivessem sido atingidos, somente uma vez um míssil terra-ar conseguiu derrubar um pesado C-130 e sua tripulação. Um fragmento dos destroços daquele avião, que caiu em setembro de 1992 matando quatro membros da tripulação italiana, repousa no escritório da alta-comissária Ogata em Genebra. Sadako Ogata, *The Turbulent Decade* (Nova York: Norton, 2005), p. 62.

3. George Gordon-Lennox e Annick Stevenson, *Sergio Vieira de Mello: An Exceptional Man* (Genebra: Éditions du Tricorne, 2004), p. 70.

4. Bill Clinton, Discurso à nação, 7 de outubro de 1993.

5. Bill Clinton, Observações e conversa com repórteres antes de uma reunião com membros do Congresso, 19 de outubro de 1993.

6. Ruth Marcus e John Lancaster, "U.S. Pulls Rangers Out of Somalia; Officials Send Conciliatory Signals to Aideed", *Washington Post*, 20 de outubro de 1993, p. A1.

7. John Lancaster, "Mission Incomplete, Rangers Pack Up; Missteps, Heavy Casualties Marked Futile Hunt in Mogadishu", *Washington Post*, 21 de outubro de 1993, p. A1.

8. William Shawcross, "The UN Murderers Must Never Be Allowed to Achieve Their Aim", *Daily Telegraph*, 22 de agosto de 2003, p. 18.

9. Steven A. Holmes, "Word of Bosnian's Killing Cuts Clinton Briefing Short", *New York Times*, 9 de janeiro de 1993, seção 1, p. 1.

10. Paul Alexander, "Renowned Soprano Headlines Concert of Peace", Associated Press, 31 de dezembro de 1993.

11. Boutros-Ghali gostava de citar a Rainha Branca de *Alice através do espelho*, de Lewis Carroll, argumentando que o Conselho de Segurança solicitara que as forças da ONU realizassem "seis coisas impossíveis antes do café da manhã". Ele escreveu: "Ao ajudarem a evacuar populações ameaçadas pelo terror ou por morte pelas forças em avanço, as Nações Unidas poderiam ser acusadas de ajudar na limpeza étnica. E ao tentarem negociar cessar-fogos, as Nações Unidas poderiam estar ajudando a selar os resultados da aquisição de território pela força". Boutros Boutros-Ghali, *Unvanquished: A U.S.-U.N. Saga* (Nova York: Random House, 1999), pp. 86-7.

12. Bernard Henri-Lévy, citado em Roger Cohen, "A Balkan Gyre of War, Spinning Onto Film", *New York Times*, 12 de março de 1995, seção 2, p. 1.

13. Milan Jelovac, "Hrvatska ne može biti cipar" [A Croácia não pode ser como o Chipre], *Danas*, 21 de junho de 1994, pp. 7-9.

14. Ibid.

15. "Oproštajna posjeta Serda di mela kód Dr. Harisa Silajdažić" [Uma visita de despedida de SVDM ao dr. Haris Silajdžić), *Oslobodjenje*, 3 de fevereiro de 1994.

16. "In Bosnia's Bog", *Economist*, 23 de abril de 1994, p. 16.

17. Tony Smith, "New British Commander of UN Troops Pledges New, Tougher Aid Approach", Associated Press Worldstream, 2 de fevereiro de 1994.

18. Ibid.

19. Boutros-Ghali, *Unvanquished*, p. 141.

20. Michael Rose, *Fighting for Peace: Lessons from Bosnia* (Nova York: Warner Books, 1998), p. 35.

21. Ibid., p. 37.

22. Ibid., p. 241.

23. Rose contou ao primeiro-ministro bósnio Haris Silajdžić que suas palavras haviam sido deturpadas e que ele na verdade dissera que não queria desenvolver uma "*mentalidade* de cerco" em Sarajevo. Como Rose mais tarde observou, Silajdžić "optara por concordar com a mentira, provavelmente porque ainda não sabia se eu viria a ser útil ou não aos bósnios". Ibid., p. 42.

24. SVDM e Viktor Andreev para Akashi, "Security of Civil Affairs Staff in BH", 26 de janeiro de 1994, nº D-SRSG-SAR-0061.

25. "Civil War Between Good and Evil, Say Bosnian Officials", CNN News, 5 de fevereiro de 1994.

26. John Kifner, "Mourners Fear Gunners Even at Burials", *New York Times*, 8 de fevereiro de 1994, p. A15.

27. Paul Adams, "Mortar Attack in Sarajevo Kills at Least 60", *All Things Considered*, 5 de fevereiro de 1994.

28. SVDM, entrevistado em *De Frente com Gabi*, Sistema Brasileiro de Televisão (SBT), 2002.

29. Rose, *Fighting for Peace*, p. 47.

30. "Serb Leader Claims No Responsibility in Shelling", CNN News, 5 de fevereiro de 1994.

31. "Reciprocal Blame in Mortar Attack on Sarajevo Market", CNN News, 6 de fevereiro de 1994.

32. Mark Heinrich e Robert Block, "Sarajevo Atrocity Turns Market into Bloodbath", *Independent*, 6 de fevereiro de 1994, p. 1.

33. Roger Cohen, "Nato Gives Serbs a 10-Day Deadline to Withdraw Guns", *New York Times*, 10 de fevereiro de 1994, p. A1.

34. *Irish Times*, 8 de fevereiro de 1994, p. A1.

35. Em 1997, a Otan e a Rússia criariam o Conselho Conjunto Permanente Otan-Rússia, proporcionando a esse país um vínculo formal com a aliança. O acordo que produziu o conselho conjunto reconheceu os objetivos de segurança compartilhados pela Rússia e Otan e, com as tensões na Bósnia em mente, descreveu o organismo novo como "o principal foro de consulta entre a Otan e a Rússia em tempos de crise ou para qualquer outra situação afetando a paz e a estabilidade".

36. Boutros-Ghali, *Unvanquished*, p. 142.

37. Akashi para Annan, "Use of Air Power", Telegrama Codificado Urgente, 15 de fevereiro de 1994, nº CCZ 229. Vieira de Mello foi incumbido de dissuadir os países "indecisos" de bombardearem os sérvios. Ele foi coautor de um documento para o governo britânico que, segundo declararam autoridades do Reino Unido, mais tarde ajudou a convencer o secretário do Exterior Malcolm Rifkind a continuar resistindo aos norte-americanos e à tentação de bombardear. "Sempre me intrigou", Rose mais tarde escreveu, "que alguns dos argumentos mais convincentes do documento 'UK Eyes Only' houvessem sido redigidos por um diplomata brasileiro." Rose, *Fighting for Peace*, p. 64.

38. Rose, *Fighting for Peace*, p. 62.

39. Um divisor de águas ocorreu em 17 de fevereiro, quando, por insistência britânica, a Rússia apresentou aos sérvios uma opção de retirada sem desmoralização: os sérvios se retirariam, conforme a exigência da Otan, mas quatrocentas tropas russas estacionadas na Croácia se instalariam em torno de Sarajevo. Em 20 de fevereiro, com Karadžić entre eles, multidões sérvias acorreram às ruas para saudar seus "irmãos" russos eslavos, que bateram a continência sérvia com três dedos. Rose mais tarde admitiu que "nossa determinação comum de não permitir ataques aéreos me levou a certo tipo de aliança nada santa com os russos contra a Otan". Ibid., p. 88.

40. Ibid., p. 89.

41. Trevor Huggins, "Weather Could Prevent Full Control of Some Weapons", Agence France-Presse, 20 de fevereiro de 1994.

42. *Nightline*, ABC News, 21 de fevereiro de 1994.

43. Akashi para o secretário-geral, "Situation in Sarajevo", 20 de fevereiro de 1994, nº CCZ 263.

44. "Tenuous Peace Reigns in Sarajevo after Deadline Passage", CNN News, 20 de fevereiro de 1994.

45. SVDM para Akashi, "Meetings with President Izetbegović, Ministers Ljubijankic and Muratović", 21 de fevereiro de 1994.

46. Alija Izetbegović, Resumo da Declaração para a Televisão da Bósnia e Herzegovina, 21 de fevereiro de 1994.

47. Laura Silber e Allan Little, *Yugoslavia: Death of a Nation* (Nova York: Penguin Books, 1997), p. 318.

48. Logo após o ultimato da Otan, Washington intermediou um acordo histórico entre as forças bósnias e croatas, encerrando alguns dos combates e limpezas étnicas mais cruéis da guerra. E em 28 de fevereiro, quando quatro jatos Galeb sérvios bombardearam uma fábrica bósnia, violando uma zona interditada ao voo pela ONU, dois F-16 norte-americanos, agindo pela Otan, derrubaram-nos. A *imposição* da paz, e não a mera manutenção da paz, parecia ser a voga do futuro.

49. David B. Ottaway, "Sarajevo Exit Route to Open; Muslims, Serbs Sign Access Pact", *Washington Post*, 18 de março de 1994, p. A1.

50. SVDM, entrevistado em *De Frente com Gabi*, 2002.

51. No total, no primeiro dia, 41 pessoas atravessaram a ponte, nove viajaram de ônibus até a Bósnia central, quinze bósnios atravessaram o aeroporto e noventa sérvios se aventuraram entre os dois subúrbios. Chuck Sudetic, "Siege of Sarajevo Lifts Briefly as 83 Leave the City", *New York Times*, 24 de março de 1994, p. A5.

52. David B. Ottaway, "Routes out of Sarajevo Are Opened; A Few Risk Dangers to Reunite with Kin", *Washington Post*, 24 de março de 1994, p. A21.

53. Emma Daly, "'I Think the Dark Days Are Almost Over'", *Independent*, 23 de março de 1994, p. 1.

8. "SÉRBIO" (pp. 184-205)

1. UN Joint Commission Officers Reporting, on Gorazde Pocket, 6-7 de abril de 1994.

2. Chuck Sudetic, "Serbs Propose Bosnia Cease-Fire as They Pound Enclave", *New York Times*, 7 de abril de 1994, p. A3.

3. Michael Rose, *Fighting for Peace: Lessons from Bosnia* (Nova York: Warner Books, 1998), p. 156.

4. Vladislav Guerassev para SVDM, "Reactions to Gorazde Events: View from Belgrade", Telegrama Codificado Urgente, 11 de abril de 1994.

5. Chuck Sudetic, *Blood and Vengence: One Family's Story of the War in Bosnia* (Nova York: Penguin, 1999), p. 233.

6. Jonathan Randal, "Bosnian Serbs Seize, Harass UN Troops", *Washington Post*, 15 de abril de 1994, p. A1.

7. Michael R. Gordon, "Conflict in the Balkans: The Bluff That Failed; Serbs Around Gorazde Are Undeterred by Nato's Policy of Limited Air Strikes", *New York Times*, 19 de abril de 1994.

8. Douglas Jehl, "Clinton Is Telling Serbs That Nato and UN Are Neutral", *New York Times*, 15 de abril de 1994, p. A8.

9. Roger Cohen, "Conflict in the Balkans: United Nations; U.N.'s Bosnia Dilemma: Press Serbs or Pull Out?", *New York Times*, 17 de abril de 1994, p. A12; Viktor Andreev para SVDM (redigido por Harland), "Weekly BH Political Assessment (#62)", Telegrama Reservado, 16 de abril de 1994.

10. Christopher Bellamy, "Rose Fears 'Tragedy' as Serbs Take Gorazde", *Independent*, 19 de abril de 1994, p. 9.

11. Ruth Marcus, "Nato Powers Consider Expanding Bosnia Role", *Washington Post*, 19 de abril de 1994, p. A1.

12. Muhamed Sacirbey, Debate Aberto do Conselho de Segurança, 21 de abril de 1994.

13. Funcionário da ONU (anônimo), notas manuscritas na reunião, 18 de maio de 1994.

14. Guerassev para SVDM, "Aftermath of Gorazde: View from Belgrade", Telegrama Codificado Urgente, 18 de abril de 1994.

15. Chuck Sudetic, "Serbian Soldiers Seize Guns Held by UN, Then Return Most", *New York Times*, 20 de abril de 1994, p. A13.

16. Laura Silber e Bruce Clark, "City Where the Dead Are Lucky: UN Aid Group Describes the 'Living Hell' of Gorazde", *Financial Times*, 23 de abril de 1994, p. 2; Peter Jennings (repórter) e David Gelber (produtor), *No Peace to Keep*, ABC News, 1995.

17. Jonathan Randal, "Serb Forces Rain Fire on Gorazde", *Washington Post*, 19 de abril de 1994, p. A10.

18. Srecko Latal, "U.N. Says Little Left to Do,'Catastrophe'Awaits Gorazde", Associated Press Worldstream, 18 de abril de 1994.

19. Michael Specter, "Yeltsin Warns Bosnian Serbs to Stop Assault on Gorazde", *New York Times*, 20 de abril de 1994, p. A12.

20. Michael Specter, "Moscow Withdraws Its Objections to Nato Strikes Near Gorazde", *New York Times*, 24 de abril de 1994, p. A13.

21. Rick Atkinson, "Nato Has Plan for Massive Air Strikes Against Bosnian Serb Forces", *Washington Post*, 25 de abril de 1994, p. A14.

22. Shitakha para Akashi, "Meeting in Belgrade with Bosnian Serb Civil and Military Authorities, 22 April 94", 23 de abril de 1994, nº Z630.

23. Rose, *Fighting for Peace*, p. 176.

24. Conforme citado em Sudetic, *Blood and Vengeance*, p. 234.

25. Observador militar da ONU, Gorazde para UNMO HQ, Situation Report, 23 de abril de 1994.

26. Ian Traynor, "The Inscrutable Face of a Man Who Said No to Nato", *Guardian*, 25 de abril de 1994, p. 9.

27. Rose, *Fighting for Peace*, p. 179.

28. Roger Cohen, "U.N. and Bosnians at Odds on Serb Pullout", *New York Times*, 28 de abril de 1994, p. A10.

29. Jonathan Randal, "Bosnian Serbs Meet Weapons Deadline", *Washington Post*, 27 de abril de 1994, p. A25.

30. Milan Jelovac, "Hrvatska ne može biti cipar" [A Croácia não pode ser como Chipre]", *Danas*, 21 de junho de 1994, pp. 7-9.

31. Akashi para o secretário-geral Boutros Boutros-Ghali, 27 de abril de 1994, nº Z646.

32. Roger Cohen, "Man in the Middle Calls on Confucius", *New York Times*, 26 de abril de 1994, p. A6.

33. Paul Lewis, "Serbs Complying with Nato Demand on Arms Pullouts; U.N. Mediator Rebuked", *New York Times*, 27 de abril de 1994, p. A6. Albright disse: "A posição do meu governo sobre a mobilização de tropas terrestres norte-americanas na Bósnia é bem conhecida. Acreditamos que essa posição é correta e coerente com nosso interesse nacional. Se o sr. Akashi acreditava que devíamos nos envolver em campo, deveria ter expresso esse ponto de vista às autoridades norte-americanas. No entanto, não deveria ter insultado publicamente meu presidente".

34. Jonathan Randal, "U.N., in Double Reverse, Again Blocks Serb Tanks; Muslims Call Akashi Partner in Aggression", *Washington Post*, 7 de maio de 1994, p. A12.

35. Robert Dole, "Lift Bosnia Arms Embargo", entrevista coletiva, 10 de maio de 1994.

36. Akashi para Annan, "HCA's Meetings with PM Silajdžić and Dr. Karadžić on 7 May in Vienna and Pale Respectively, and with President Izetbegović on 8 May in Sarajevo", Telegrama Codificado Direto, 8 de maio de 1994.

37. Akashi para Karadžić, 10 de maio de 1994.

38. Dr. Jovan Zametica para Akashi, 10 de maio de 1994.

39. John Pomfret, "Serbs Move Guns from Gorazde — Possibly for a New Offensive", *Washington Post*, 28 de abril de 1994, p. A20.

40. Funcionário da ONU (anônimo), anotações manuscritas, 10 de maio de 1994.

41. "U.S.Troops in UN Peacekeeping", *New York Times*, 25 de abril de 1994, p. A14.

42. Roger Cohen, "U.N. and Bosnians at Odds on Serb Pullout", *New York Times*, 28 de abril de 1994, p. A10.

43. Chris Stephen, "A Sheriff Being Driven Out of Town", *Guardian*, 30 de abril de 1994, p. 24.

44. Boutros-Ghali, Report of the Secretary-General Pursuant to Resolution 908, United Nations Security Council, 17 de setembro de 1994.

45. "UN Official Predicts Progress on Sarajevo Demilitarization", Agence France-Presse, 8 de setembro de 1994.

46. Ibid.

47. Akashi para Annan, "Bosnia and Herzegovina — HCA Meetings with Authorities in Pale and Sarajevo", 26 de setembro de 1994, nº Z-1473.

48. Milan Jelovac, "O planu za hrvatsku znam koliko i Globus" [sei tanto quanto Globus sobre um plano para a Croácia], *Danas*, 1º de novembro de 1994, pp. 8, 9, 11.

9. EM RETROSPECTO (pp. 206-217)

1. Sadako Ogata para Kofi Annan, 23 de agosto de 1994.

2. Claire Messina e Oleg Shamshur, "Conference Reports: Regional Conference to Address the Problems of Refugees, Displaced Persons, Other Forms of Involuntary Displacement, and Returnees in the Countries of the Commonwealth of Independent States and Relevant Neighboring Countries", *International Migration Review* 31, nº 2 (1997), p. 464. Holly Cartner, da Human Rights Watch, afirmou que o esboço do programa de ação não tinha "nenhuma eficácia, nenhum mecanismo de responsabilização", e descreveu a reunião como "uma abdicação grave da responsabilidade e o desperdício de uma oportunidade valiosa". Ver "Human Rights Group Faults U.N. Conference on CIS Refugees", Deutsche Presse Agentur, 30 de maio de 1996.

3. Paolo Lembo, "Lest We Forget: The UN in Iraq — Sergio Vieira de Mello (1948-2003)", *Azerbaijan International* 11, nº 3 (outono de 2003).

4. SVDM, "Humanitarian Aspects of Peacekeeping", em Daniel Warner (org.), *New Dimensions of Peacekeeping* (Nova York: Springer, 1995), p. 142.

5. SVDM, "The Evolution of UN Humanitarian Operations", em Stuarte Gordon (org.), *Aspects of Peacekeeping* (Londres: Frank Cass, 2000), p. 124.

603

6. David Rieff, *Slaughterhouse: Bosnia and the Failure of the West* (Nova York: Touchstone, 1996), p. 203.

7. SVDM, entrevistado por Philip Gourevitch, 22 de novembro de 2002.

8. Adrian Brown, "Serbs Expel 3,000 Civilians from Fallen Srebrenica", Agence France-Presse, 12 de julho de 1995.

9. Relatório do Painel da ONU sobre Operações de Paz (Relatório Brahimi), 21 de agosto de 2000, p. ix. O relatório continua: "Em alguns casos, as partes locais não são moralmente iguais, mas consistem obviamente em agressores e vítimas, e as tropas de paz não só têm justificativas operacionais para recorrer à força como estão moralmente obrigadas a fazê-lo. [...] Imparcialidade não é o mesmo que neutralidade ou tratamento igual a todas as partes em todos os casos o tempo todo, o que pode equivaler a uma política de apaziguamento" (parte II, E, 50).

10. Tom Squitieri, "History's Longest Airlift Ends with Food Delivery to Sarajevo", *USA Today*, 10 de janeiro de 1996, p.A4.

11. A ponte aérea de Berlim funcionou de 26 de junho de 1948 até 30 de setembro de 1949. Seus 277 mil voos transportaram 2,3 milhões de toneladas de carga, e 65 pilotos foram mortos.

12. O Acnur também entregou cerca de 950 mil toneladas de alimentos por comboios terresres, que atingiram 2,7 milhões de beneficiários. Sadako Ogata, *The Turbulent Decade* (Nova York: Norton, 2005), p. 330.

10. VOCÊ ERRA SE AGIR, E ERRA SE NÃO AGIR (pp. 218-250)

1. A área de Goma continha seis "campos" improvisados com 850 mil refugiados; a área de Bukavu continha 28 campos com 290 mil refugiados; e a área de Uvira abrigava 25 campos com 250 mil refugiados.

2. Fiona Terry, *Condemned to Repeat?: The Paradox of Humanitarian Action* (Ithaca, NY: Cornell University Press, 2002), pp. 8-10.

3. Keith B. Richburg, "U.N. Report Urges Foreign Forces to Protect Rwandans", *Washington Post*, 18 de novembro de 1994, p. A1. Os líderes dos refugiados pediram paciência, apontando para seus inimigos da FPR (predominantemente tútsis) que estiveram no exílio durante trinta anos, mas acabaram recuperando o poder em Ruanda pela força das armas.

4. Os campos de Goma ficavam a cerca de 1,6 quilômetro da fronteira; Kibumba ficava a 2,4 quilômetros; Bukavu ficava ao longo da fronteira; Mugunga ficava a cerca de 26 quilômetros de distância; Camp Benaco, na Tanzânia, ficava a quase dez quilômetros.

5. Vieira de Mello estava realmente interessado em Moçambique e no Sudão, os dois países onde ele trabalhou como um jovem funcionário de campo do Acnur.

6. Cerca de 5800 tropas de paz da ONU estavam presentes em Ruanda, mas o Conselho de Segurança proibiu expressamente os capacetes azuis de prestar ajuda a partir do Zaire. As regras da ONU os proibiam de atravessar uma fronteira internacional. Kofi Annan, o chefe do Departamento de Operações de Pacificação, sugeriu contratarem uma empresa de segurança privada chamada DSL, mas Ogata não achou que conseguiria convencer os Estados Unidos, o Japão, ou outros países ricos a pagarem uma taxa de 250 milhões de dólares por dois anos. Sadako Ogata, *The Turbulent Decade* (Nova York: Norton, 2005), pp. 203-4.

7. John Pomfret, "Aid Dilemma: Keeping It from the Oppressors; U.N., Charities Find Crises Make Them Tools of War", *Washington Post*, 23 de setembro de 1997, p. A1.

8. SVDM para Ogata, "My Mission to Eastern Zaire: 29 to 31 July 1996", 6 de agosto de 1996, nº AHC/96/0231.

9. Sadako Ogata, "End of Year Statement to Staff", 14 de dezembro de 1994. Disponível em: <www.unhcr.org/admin/ADMIN/3ae68fcb30.html>.

10. Ray Wilkinson, "The Heart of Darkness", *Refugees* 110 (1º de dezembro de 1997), p. 9.

11. Em dezembro de 1935, o alto-comissário da Liga das Nações para refugiados alemães, James G. McDonald, renunciou em protesto contra a inércia internacional na ajuda à fuga dos refugiados judeus. McDonald, que havia sido designado em 1933, demitiu-se do cargo depois que a Alemanha aprovou as Leis de Nuremberg. Gil Loescher, *Beyond Charity: International Cooperation and the Global Refugee Crisis* (Oxford: Oxford University Press, 1996), pp. 42-4.

12. Reuters, "Zairean Security Force Enters Rwandan Refugee Camps", Agence France--Presse, 12 de fevereiro de 1995; "Zairians Begin a U.N. Mission for Rwandans", *New York Times*, 13 de fevereiro de 1995, p. A6.

13. CZSC, o acrônimo da força zairense, vem do francês Contingent Zaïrois pour la Sécurité des Camps.

14. Reuters, "Zairians Begin a U.N. Mission for Rwandans".

15. "U.N. Official Praises Refugee Action Plan", Deutsche Presse Agentur, 19 de fevereiro de 1995.

16. Uma fonte do governo norte-americano estimou que, num só campo, a apropriação e revenda de ajuda humanitária por autoridades hútus geraram 6 milhões de dólares adicionais ao ano para a compra de armas. Pomfret, "Aid Dilemma". Um mês antes da chegada de Vieira de Mello, o Acnur tentara recensear os habitantes dos acampamentos, mas os militantes hútus espalharam o boato de que a tinta usada causaria esterilidade ou morte. A propaganda funcionou: pelo menos 700 mil refugiados boicotaram o recenseamento, facilitando aos líderes dos campos continuarem inflando os números para desviarem o excesso de rações aos seus pistoleiros. Ver "UN Locates Missing Hutus", *Financial Times*, 22 de novembro de 1996, p. 4.

17. Joel Boutroue, *Missed Opportunities: The Role of the International Community in the Return of the Rwandan Refugees from Eastern Zaire, July 1994-December 1996* (Cambridge, MA: MIT, junho de 1998), p. 70.

18. SVDM para Ogata, "My Mission to Eastern Zaire: 29 to 31 July 1996".

19. Kurt Mills, "Refugee Return from Zaire to Rwanda: The Role of UNHCR", em Howard Adelman e Govind C. Rao (orgs.), *War and Peace in Zaire-Congo: Analyzing and Evaluating Intervention, 1996-1997* (Africa World Press, 2004).

20. Boutroue, *Missed Opportunities*, p. 75.

21. Acnur, *Refugee Camp Security in the Great Lakes Region*, abril de 1997, nº EVAL/01/97, pp. 12-3, 25.

22. Buchizya Mseteka, "Rwanda Says It Seeks Orderly Return of Refugees", Reuters, 23 de agosto de 1996.

23. Xinhua News Agency, "62 Dead in Sweep Against Rwandan Rebels", 14 de julho de 1996.

24. SVDM para Ogata, "My Mission to Eastern Zaire: 29 to 31 July 1996".

25. Elif Kaban, "Rwanda Strongman Blasts Zaire, Wants Refugees Home", Reuters, 6 de abril de 1996.

26. Mahmoud Mamdani, "Why Rwanda Admitted to Its Role in Zaire", *Weekly Mail and Guardian (South Africa)*, 8 de agosto de 1997.

27. SVDM para Ogata, "My Mission to Eastern Zaire: 29 to 31 July 1996".

28. Chris McGreal, "Rwanda Warns of Looming War; Kigali's Forces Cross into Zaire in Retaliation for Border Shelling", *Guardian*, 31 de outubro de 1996. Kagame defendeu a incursão de Ruanda através da fronteira e declarou que "não havia dúvida" de que seu exército iria em frente. "Se você bater no meu rosto", ele disse, "quando eu revidar, não será no rosto. Baterei em outra parte."

29. "Another Congo Crisis", *Africa Confidential* 39, n⁰ 16 (7 de agosto de 1998).

30. Stephen Buckley, "Rwandans Strike Town Inside Zaire; Officer Tells of Raid 'To Destabilize Them'", *Washington Post*, 31 de outubro de 1996, p. A26.

31. Amnesty International, "Hidden from Scrutiny: Human Rights Abuses in Eastern Zaire", 19 de dezembro de 1996.

32. "Une situation humanitaire désespérée s'installe dans l'est du Zaïre", *Le Monde*, 30 de outubro de 1996.

33. De 1978 a 1981, Chrétien servira como embaixador do Canadá nos países dos Grandes Lagos, conjuntamente credenciado no Zaire, em Ruanda e na República do Congo.

34. Jimmy Burns e Frances Williams, "Refugees' Agency Lost in Wilderness of Bungling and Waste", *Financial Times*, 29 de julho de 1998, p. 7.

35. SVDM para Benon Sevan, 12 de novembro de 1996, n⁰ AHC/GL/006.

36. Tony Smith, "Rwandan Hutu Refugees Dare to Go Home; World Cannot Decide How to Help", Associated Press, 9 de novembro de 1996.

37. Jim Wolf, "Africa-Bound U.S. Troops Will Not Disarm Factions", Reuters, 14 de novembro de 1996.

38. Jessen-Petersen para Ogata, "Situation in Eastern Zaire", 14 de novembro de 1996.

39. Luis Arreaga para A. Mahiga, "Redefining the Role of a Multinational Force", 21 de novembro de 1996.

40. SVDM para Akashi, Ogata e Chrétien, "Situation in Burundi — Visit to Bujumbura, 6-7 December 1996", 9 de dezembro de 1996. Vieira de Mello encontrou-se com o coronel Firmin Siuzoyiheba, que vinha expulsando burundienses, impelindo-os para a Tanzânia.

41. George Gordon-Lennox e Annick Stevenson, *Sergio Vieira de Mello: An Exceptional Man* (Genebra: Éditions du Tricorne, 2004), p. 85.

42. SVDM para Akashi, Ogata e Chrétien, "Meeting with General M. Baril — Entebbe, 27 November 1996", 27 de novembro de 1996.

43. Nos dois anos desde o genocídio, a repatriação havia sido muito pequena. Apenas 6427 refugiados hútus retornaram a Ruanda provenientes da Tanzânia em 1995, e metade desse número voltou para casa em 1996. *UNHCR, The State of the World's Refugees 2000: Fifty Years of Humanitarian Action* (Nova York: Oxford University Press, 2001), p. 265.

44. Raymond Bonner, "U.N. Shift on Rwandans a Bow to 'New Realities'", *New York Times*, 21 de dezembro de 1996, seção 1, p. 7.

45. Annie Thomas, "Abandoned Refugee Camp Is Ghost Town", Agence France-Presse, 18 de dezembro de 1996.

46. Sokiri para SVDM, "Return of Refugees from Tanzania", 27 de novembro de 1996.

47. SVDM, "The Humanitarian Situation in the Great Lakes", anotações para uma apresentação ao comitê permanente do comitê executivo em 30 de janeiro de 1997, Comex de 1º de agosto de 1994 a dezembro de 1997; citado em Acnur, *State of the World's Refugees 2000*, p. 265.

48. Anteriormente naquele ano, McNamara havia divulgado uma doutrina nova da agência do "retorno imposto", pela qual o Acnur aprovaria o envio de refugiados contra a sua vontade "para condições menos do que ótimas em seus países natais", contanto que o Acnur pudesse monitorar as condições. Ele disse que o Acnur foi forçado a aprovar tais retornos porque os países hospedeiros não queriam mais os refugiados e os doadores não queriam mais pagar por eles. Ben Barber, "Refugees May Be Sent Home", *Washington Times*, 22 de abril de 1996, p. A14.

49. A partir da década de 1960, refugiados do Burundi, República Democrática do Congo, Malawi, Moçambique, Ruanda, Somália, África do Sul, Uganda e Zimbábue acorreram à Tanzânia para se beneficiarem de sua política generosa de asilo. O governo oferecia aos refugiados terra para se assentarem, integração nas comunidades locais e, às vezes, a cidadania plena. Em 1983, o presidente da Tanzânia Julius Nyerere recebeu a Medalha Nansen do Acnur pelo excelente assentamento de refugiados. Hania Zlotnik, "International Migration 1965-96: An Overview", *Population and Development Review* 24, nº 3 (setembro de 1998), pp. 429-68.

50. SVDM para Ogata e Akashi, "Meetings in Dar, 29-30 November 1996", 1º de dezembro de 1996, nº AHC/GL//026.

51. Ibid.

52. "Message to all Rwandese Refugees in Tanzania from the Government of the United Republic of Tanzania and the Office of the United Nations High Commissioner for Refugees", *International Journal of Refugee Law* 9 (1997), pp. 328-9. Vieira de Mello disse publicamente: "Acreditamos que as condições em Ruanda evoluíram de uma maneira positiva e encorajadora, de modo que os refugiados podem retornar com segurança e dignidade". Raymond Bonner, "U.N. Shift on Rwandans Bow to 'New Realities'", *New York Times*, 21 de dezembro de 1996.

53. Chris Tomlinson, "400,000 Rwandans Leave Refugee Camps to Hide in Game Park", Associated Press, 13 de dezembro de 1996.

54. Karin Davies, "Confronted by Tanzanian Soldiers, Rwandan Refugees Head Back", Associated Press, 14 de dezembro de 1996.

55. Ibid.

56. Christian Parayre, "Rwandan Refugees Crossing from Tanzania at 10,000 an Hour", Agence France-Presse, 16 de dezembro de 1996.

57. Matti Huuhtanen, "Tanzania Sends More Refugees Home to Rwanda", Associated Press, 16 de dezembro de 1996.

58. Karin Davies, "Tanzania Sends Rwandan Refugees Home", Associated Press, 16 de dezembro de 1996.

59. Sokiri para Chefike e Mahiga, "Preliminary Report on the Role of the Army and Police in the Repatriation of Rwandese Refugees from Karagwe and Ngara Districts", 30 de dezembro de 1996.

60. Karin Davies, "Tanzania Police and Soldiers Herd Reluctant Refugees and Hutu Extremists Toward the Border with Rwanda", Associated Press Worldstream, 19 de dezembro de 1996.

61. Christian Parayre, "Rwandan Hutus Press Homewards Despite Fears Over Unfair Trials", Agence France-Presse, 28 de dezembro de 1996. Com os retornos, acreditou-se que a população ruandesa aumentou 20%.

62. Acnur, anotação para o arquivo, 10 de janeiro de 1997 (autor desconhecido).

63. Ibid.; Arthur C. Helton, "The State of the World's Refugees: Fifty Years of Humanitarian Action", *International Journal of Refugee Law* 13, nº 1/2, p. 273.

64. Bonner, "U.N. Shift on Rwandans"; "Africa: Human Rights Developments", *Human Rights Watch World Report*, 1998.

65. SVDM para Jessen-Petersen, "Meetings with Kabila and Senior AFDL Officials, Lubumbashi, 13 May 97", 13 de maio de 1997.

66. Mobutu havia mudado o nome de Congo para Zaire, em 1971, como forma de suprimir a influência ocidental.

67. Judith Matloff, "Taking Zaire Easier Than Ruling the New 'Congo'", *Christian Science Monitor*, 19 de maio de 1997, p. 1.

68. Acnur, *State of the World's Refugees 1997: A Humanitarian Agenda* (Oxford: Oxford University Press, 1997), p. 23.

69. John Pomfret, "Rwandans Led Revolt in Congo; Defense Minister Says Arms, Troops Supplied for Anti-Mobutu Drive", *Washington Post*, 9 de julho de 1997, p. A1.

70. SVDM, anotações para uma apresentação, Excom Standing Committee, 30 de janeiro de 1997, "The Humanitarian Situation in the Great Lakes Region".

71. SVDM, "The Evolution of UN Humanitarian Operations", em Stuarte Gordon (org.), *Aspects of Peacekeeping* (Londres: Frank Cass, 2000), p. 121.

72. SVDM, "The Impact of the External Environment and Responsibilities of External Actors", Conferência no CICV, 28 de março de 1998.

73. A oposição norte-americana a Boutros-Ghali resultou em grande parte do fato de que, num ano de eleições presidenciais, os republicanos o criticaram tanto que Clinton, que nunca se dera muito bem com ele, passou a lhe fazer oposição. O secretário de Estado Warren Christopher notificou Boutros-Ghali, em maio, da intenção norte-americana de vetar sua reeleição. Quando Boutros-Ghali indagou pelas razões, Christopher recusou-se a responder, dizendo que não queria prejudicar sua amizade. Boutros-Ghali teria dito: "Você é um advogado. Não dá para defender minha causa junto ao presidente?". Mas Christopher respondeu: "Sou o advogado do presidente". Global Policy, "Secretary-General Elections 1996", Chronology, www.globalpolicy. org/secgen/ pastsg/e196chro.htm. Em meados de setembro de 1996, Boutros-Ghali chegara a um almoço na ONU após umas férias e declarou: "É ótimo estar de volta das férias. Francamente, fico entediado nas férias. É bem mais divertido estar trabalhando aqui bloqueando reformas, voando nos meus helicópteros pretos, impondo impostos globais, desmoralizando meu pessoal". Barbara Crossette, "With Little Fanfare and Facing Crisis, U.N. Starts a New Year", *New York Times*, 18 de setembro de 1996, p. A9.

74. Em 1999, Mark Malloch Brown, um britânico, tornar-se-ia o primeiro não americano nomeado para dirigir o Programa de Desenvolvimento da ONU.

75. Em novembro de 2006, Margaret Chan seria nomeada para dirigir a Organização Mundial de Saúde, o primeiro cidadão chinês a dirigir uma agência da ONU.

76. Thomas G. Weiss, "Civilian-Military Interactions and Ongoing UN Reforms: DHA's Past and OCHA's Remaining Challenges", em Jim Whitman (org.), *Peacekeeping and the UN Agencies* (Londres: Frank Cass, 1999), p. 56.

77. Ver www.shashitharoor.com.

11. "UMA CHANCE À GUERRA" (pp. 253-278)

1. Desde 1994, os Estados Unidos realizavam apenas pagamentos simbólicos à ONU. Quando os republicanos da Câmara dos Representantes bloquearam a liquidação da dívida, frustraram o esforço que Bill Richardson, o embaixador norte-americano na ONU, vinha realizando para reduzir a contribuição dos EUA de 25% para 22% do total global. "O Congresso enviou-me para uma batalha para reduzir as nossas contribuições sem sequer um estilingue", Richardson comentou. John Goshko, "U.S. Refusal to Pay Debt Alarms UN", *Washington Post*, 15 de novembro de 1997, p. A1.

2. Kofi Annan, entrevista coletiva na sede das Nações Unidas, 14 de novembro de 1997. Disponível em: <www.un.org/News/Press/docs/1997/19971114.SGSM6393.html>.

3. Ibid. Os Estados Unidos suspenderam os ataques de mísseis planejados quando o governo do Iraque ofereceu cooperação incondicional.

4. Kofi Annan, Statement to the Special Meeting of the General Assembly on Reform, 16 de julho de 1997.

5. Antes de ingressar na ONU, Kieran Prendergast servira como embaixador na Turquia, alto-comissário britânico no Quênia e alto-comissário britânico no Zimbábue.

6. SVDM, "OCHA: Visions, Priorities and Needs", Genebra, Palais des Nations, 8 de junho de 1998.

7. Ibid.

8. UN Department of Public Information, "Episode 708", *UN World Chronicle*, 21 de abril de 1998.

9. Geir Moulson, "U.N. Official: Afghan Rivals' 'War Games' Endanger Aid", Associated Press Worldstream, 26 de fevereiro de 1998.

10. Thalif Deen, "U.N. Restricts Aid to Saving Lives", Inter Press Service, 22 de julho de 1998. Somente o Paquistão, a Arábia Saudita e os Emirados Árabes Unidos reconheceram o Talibã como governantes legítimos do Afeganistão.

11. "Taliban Places Restrictions on Foreign Muslim Women Working for UN", Associated Press Worldstream, 13 de março de 1998.

12. Luisa Ballin, "Nous posons des conditions à l'aide aux talibans", *La Croix*, 2 de março de 1998, p. 7.

13. Ibid.

14. Physicians for Human Rights, "Medical Group Condemns UN Agreement with Taliban", junho de 1998.

15. O governo Clinton realizou o ataque ao Afeganistão no mesmo dia de seu malfadado ataque de míssil cruise à fábrica de produtos farmacêuticos de Al Shifa no Sudão.

16. Farhan Haq, "U.N. Staff to Return to Afghanistan", Inter Press Service, 12 de março de 1999; "No U.S., British Nationals Among UN Staff in Afghanistan", Agence France-Presse, 18 de março de 1999.

17. Dennis King, "Paying the Ultimate Price: Analysis of the Death of Humanitarian Aid Workers (1997-2001)", janeiro de 2002, www.reliefweb.int/symposium/payingultimateprice97 10.html. Não existem estatísticas do número de trabalhadores de ajuda humanitária no mundo inteiro, nem procedimentos-padrão de informe de ferimentos ou mortes.

18. Conrad N. Hilton Foundation, *Conference Report on Humanitarian Challenges in the New Millennium: Where Are We Headed?*, 29 de setembro de 1998, p. 14.

19. "UN Official Condemns Attacking of Humanitarian Vehicles in Angola", Agência de Notícias Xinhua, 22 de maio de 1998.

20. Edward Luttwak, "Give War a Chance", *Foreign Affairs* 78, nº 4 (julho-agosto de 1999).

21. SVDM, "Enough Is Enough", *Foreign Affairs* 79, nº 1 (janeiro-fevereiro de 2000).

22. Ibid.

23. Ibid.

24. SVDM, "War and Politics: The Humanitarian Deceit", 1998 (inédito).

25. Barbara Crossette, "Reports of Spying Dim Outlook for Inspections", *New York Times*, 8 de janeiro de 1999, p. A8.

26. Colum Lynch, "U.S. Used UN to Spy on Iraq, Aides Say", *Boston Globe*, 6 de janeiro de 1999, p.A1.

27. Javier Solana, declaração à imprensa, 23 de março de 1999. Disponível em: <www.nato.int/docu/pr/1999/p99-040e.htm>.

28. SVDM, "Promoting Peace and Security: Humanitarian Activities Relevant to the Security Council", Discurso para uma Sessão Aberta do Conselho de Segurança, 21 de janeiro de 1999.

29. Sandy Berger, Informe Especial da Casa Branca sobre Kosovo e as Operações Aéreas da Otan, 25 de março de 1999. Berger disse: "Sempre preferimos operar de acordo com uma resolução da ONU. Mas também adotamos a posição de que a Otan tem autoridade, em situações que considere ameaças à estabilidade e segurança de sua área, para agir por consenso, sem a autorização explícita da ONU. E este é o caso aqui também".

30. O Conselho de Segurança autorizou a Guerra da Coreia em junho de 1950, enquanto a União Soviética estava boicotando o Conselho. Mais tarde naquele verão, quando os soviéticos retornaram e passaram a vetar as resoluções patrocinadas pelos EUA sobre a Coreia, os Estados Unidos apresentaram à Assembleia Geral a resolução União pela Paz (também conhecida como Plano Acheson, devido ao então secretário de Estado, Dean Acheson), que rezava que, caso os membros permanentes do Conselho de Segurança não conseguissem chegar a um consenso e deixassem de exercer sua "responsabilidade básica" de preservar a paz e a segurança internacionais, a responsabilidade passaria para a Assembleia Geral, onde dois terços dos membros presentes teriam de autorizar a ação. Desde a Coreia, a resolução União pela Paz foi usada para convocar a Assembleia Geral para sessões especiais dez vezes, nem sempre para contornar o veto soviético. Após a invasão britânico-francesa do Egito, em 1956, resoluções do Conselho de Segurança exigindo cessar-fogos foram vetadas pela França e pelo Reino Unido. Uma sessão de emergência convocada sob a União pela Paz aprovou uma resolução norte-americana, levando à retirada da

França e do Reino Unido menos de uma semana depois. Ver Michael Ratner e Jules Lobel, "A UN Alternative to War: 'Uniting for Peace'", *Jurist*, 10 de fevereiro de 2003.

31. Kofi Annan, "Statement Regarding Nato Airstrikes of Serbian Military Targets", 24 de março de 1999.

32. Judith Miller, "The Secretary-General Offers Implicit Endorsement of Raids", *New York Times*, 25 de março de 1999, p. A13.

33. Kofi Annan, "The Effectiveness of the International Rule of Law in Maintaining International Peace and Security", 18 de maio de 1999. Disponível em: <www.un.org/law/cod/sixth/54/english/hague.htm>.

34. Kofi Annan, "A United Nations That Will Not Stand Up for Human Rights Is a United Nations That Cannot Stand Up for Itself", discurso à Comissão de Direitos Humanos, 7 de abril de 1999.

35. Ivo Daalder e Michael O'Hanlon, *Winning Ugly: Nato's War to Save Kosovo* (Washington D.C.: Brookings Institution, 2001), p. 140.

36. Acnur, "Comments to British House of Commons Report on the Kosovo Humanitarian Crisis", s. d.

37. Peter Capella, "UN Agency Failed to Meet Refugee Crisis, Says Report", *Guardian*, 12 de fevereiro de 2000, p. 17. Ver também David Rieff, "The Agency That Has Had a Bad War", *Guardian*, 10 de junho de 1999, p. 19.

38. Farhan Haq, "U.N. Pushes for Access to Refugees", Inter Press Service, 5 de abril de 1999.

39. Edith M. Lederer, "Divided Council Manages to Express Concern Over Kosovo Refugees", Associated Press Worldstream, 5 de abril de 1999.

40. Blaine Harden, "A Long Struggle That Led Serb Leader to Back Down", *New York Times*, 6 de junho de 1999, p. 1.

41. "Secretary General Shocked and Distressed by Bombing of Civilian Buildings in Yugoslavia, Including Chinese Embassy", relatório de imprensa, 10 de maio de 1999.

42. Nicole Winfield, "Annan Asks Yugoslavia to Accept UN Humanitarian Team", Associated Press Worldstream, 4 de maio de 1999.

43. "Nato Raids Go On as Hopes Rise for Negotiated End to Kosovo Conflict", Agence France-Presse, 7 de maio de 1999.

44. SVDM, comunicado à imprensa, 7 de maio de 1999.

45. Ibid.

46. CNN World Report Forum, Morning Q&A Session, 7 de maio de 1999.

47. Ibid.

48. Ibid.

49. Kofi Annan, entrevista coletiva, 14 de maio de 1999.

12. INDEPENDÊNCIA EM AÇÃO (pp. 279-294)

1. Slobodan Milošević, entrevistado pela CBS News, 22 de abril de 1999. Disponível em: <www.serbia-info.com/news/1999-04/25/11279.html>.

2. Ibid.

3. Slobodan Milošević, entrevistado por Arnaud de Borchgrave, UPI, 30 de abril de 1999.

4. William Cohen e Henry Hugh Shelton, participação em *Face the Nation*, 16 de maio de 1999.

5. Candice Hughes, "Nato Pounds Kosovo; Serbs Complain Troop Withdrawal Obstructed", Associated Press, 16 de maio de 1999.

6. "UN Team Arrives to Study Kosovars' Plight", *New York Times*, 18 de maio de 1999, p. A10; "UN Team to Spend 2-3 Days in Kosovo", Associated Press Worldstream, 17 de maio de 1999.

7. Candice Hughes, "UN Team Tries to Steer Neutral Course in Question of Who Is Suffering More", Associated Press Worldstream, 20 de maio de 1999.

8. "UN Aid Team in Kosovo", *Guardian*, 21 de maio de 1999.

9. Candice Hughes, "Silent Kosovo Bears Witness to the Ethnic Conflict", Associated Press, 21 de maio de 1999.

10. Embora as duas repúblicas fizessem então parte, conjuntamente, da República Federal da Iugoslávia, Montenegro, dotada de um litoral deslumbrante e perspectivas econômicas superiores, não compartilhava dos objetivos militares da Sérvia. Cerca de 55,5% dos montenegrinos votaram pela independência em 2006, satisfazendo o limite mínimo estipulado pela União Europeia para que o referendo fosse válido e tornando-se o 192º membro da ONU em 28 de junho de 2006.

11. "'Enough Evidence of Ethnic Cleansing' in Kosovo", Agence France-Presse, 24 de maio de 1999.

12. Fabrizio Hochschild para SVDM, 26 de maio de 1999.

13. SVDM, informe ao Conselho de Segurança sobre a Missão Interagências de Avaliação de Necessidades da ONU na República Federal da Iugoslávia, 2 de junho de 1999.

14. Ibid.

13. VICE-REI (pp. 295-316)

1. SVDM, "Humanitarian Needs in Kosovo and Yugoslavia", National Press Club, 7 de junho de 1999.

2. Michael Dobbs, "Nato Occupies Tense Kosovo Capital; British Troops Confront Russians at Pristina Airport", *Washington Post*, 13 de junho de 1999, p. A1.

3. SVDM, "How Not to Run a Country: Lessons for the UN from Kosovo and East Timor", 2000, inédito.

4. Donna Bryson, "Aid Workers Follow Troops to Kosovo", Associated Press, 13 de junho de 1999.

5. "UN Civilian Administrator Arrives in Pristina", Agence France-Presse, 13 de junho de 1999.

6. Ibid.

7. SVDM, "How Not to Run a Country."

8. Administração Interina da ONU em Kosovo, "Chronology". Disponível em: <www.un.org/peace/kosovo/news/kos30day.htm>.

9. SVDM, "Humanitarian Needs".

10. Ian Johnstone, "Note on the Kosovo Mission Planning Meeting at United Nations Headquarters, New York, on 9 June 1999 at 5:15 p.m.", 12 de junho de 1999.

11. Administração Interina da ONU em Kosovo (Unmik), Fact Sheet, 12 de junho de 1999. Disponível em: <www.ess.uwe.ac.uk/Kosovo/Kosovo-Closure14.htm>.

12. Fabrizio Hochschild, "'It Is Better to Leave, We Can't Protect You': Flight in the First Months of United Nations Transitional Administrations in Kosovo and East Timor", *Journal of Refugee Studies* 17, nº 3 (setembro de 2004), pp. 286-300.

13. Ibid.

14. Antes da guerra da Otan, os albaneses étnicos constituíam apenas trinta dos 756 juízes e promotores em Kosovo. Relatório do secretário-geral sobre a Missão de Administração Interina da ONU em Kosovo, 12 de julho de 1999, p. 14.

15. Somente em 4 de julho Vieira de Mello usou sua autoridade de governo para emitir uma ordem legal autorizando retroativamente as tropas da Otan a deterem suspeitos.

16. Hansjörg Strohmeyer, "Collapse and Reconstruction of a Judicial System: The United Nations Missions in Kosovo and East Timor", *American Journal of International Law* 95, nº1 (janeiro de 2001), p. 53.

17. Ibid., p. 52.

18. SVDM, "How Not to Run a Country".

19. Simon Chesterman, *You, the People: The United Nations, Transitional Administration, and State-Building* (Oxford e Nova York: Oxford University Press, 2004), p. 11.

20. Colleen Barry, "Rugova Returns to Kosovo from Wartime Exile", Associated Press, 15 de julho de 1999.

21. Kosovo organizou quatro eleições desde 1999: eleições municipais em 2000 e 2003, e eleições para a Assembleia Nacional em 2001 e 2004. Essas eleições foram conduzidas sob supervisão internacional. A Organização para a Segurança e Cooperação na Europa e outros grupos observadores consideraram as eleições, em geral, justas e livres.

22. Niko Price, "Competing Governments in Kosovo Raise Questions about Future", Associated Press, 4 de julho de 1999.

23. Num gesto de boa vontade para com Washington, Annan também anunciou que James "Jock" Covey, ex-diplomata norte-americano que servira na Casa Branca, seria o principal auxiliar de Kouchner.

24. "UN Kosovo Mission Appeals for End to Attacks on Minorities", 14 de julho de 1999.

25. John Ruggie, "Press Briefing on Kosovo", 21 de julho de 1999. Disponível em: <www.un.org/news/briefings/docs/1999/19990721.RUGGIE.html>.

26. SVDM, "Resist the Apartheid Temptation in the Balkans", *International Herald Tribune*, 25 de agosto de 1999, p. 26.

27. Fiona Terry, *Condemned to Repeat?: The Paradox of Humanitarian Action* (Ithaca, NY: Cornell University Press, 2002), p. 23.

28. Bill Clinton, Observações à 54ª Sessão da Assembleia Geral das Nações Unidas, 21 de setembro de 1999.

29. Hochschild, "'It Is Better to Leave, We Can't Protect You'", p. 295.

30. SVDM, "How Not to Run a Country".

14. DITADOR BENEVOLENTE (pp. 317-334)

1. No dia anterior à invasão da Indonésia, o presidente norte-americano Gerald Ford e o secretário de Estado Henry Kissinger reuniram-se em Jacarta com o presidente Suharto. As anotações sobre a discussão Ford-Kissinger-Suharto (disponíveis em: <www.gwu.edu/ ~ nsarchiv/NSAEBB/NSAEBB62/doc4.pdf>) revelam que os Estados Unidos aprovaram abertamente o plano de invasão. Suharto disse: "Queremos a sua compreensão se julgarmos necessário tomar uma atitude rápida ou drástica". E Ford consentiu, dizendo: "Nós compreenderemos e não os pressionaremos sobre a questão". Kissinger expressou certa preocupação quanto à possível reação do público norte-americano e advertiu: "Entendemos seu problema e a necessidade de agir rapidamente, mas estou apenas dizendo que seria melhor se isso fosse feito depois que retornarmos [aos Estados Unidos]".

2. Pediu-se que os timorenses votassem sim em uma das seguintes perguntas: "Você ACEITA a autonomia especial proposta para o Timor Leste dentro do Estado Unitário da República da Indonésia?" ou "Você REJEITA a autonomia especial proposta para o Timor Leste, fazendo com que o Timor Leste se separe da Indonésia?".

3. Ian Martin, "The Popular Consultation and the United Nations Mission in East Timor — First Reflections", em James J. Fox e Dionisio Babo Soares (orgs.), *Out of the Ashes: Destruction and Reconstruction of East Timor* (Canberra: Australian National University Press, 2003), p. 133.

4. Cerca de 230 mil fugiram ou foram deportados para campos de refugiados no Timor Oeste controlado pela Indonésia, e mais centenas de milhares foram internamente deslocados.

5. Ian Martin, "Commission for Reception, Truth and Reconciliation in East Timor", Audiência Pública, 15-17 de março de 2004.

6. Sandy Berger, "Special White House Briefing, Subject: President Clinton's Trip to Apec Meeting in New Zealand", 8 de setembro de 1999.

7. Rupert Cornwell, "East Timor in Turmoil", *Independent* (Londres), 6 de setembro de 1999, p. 3.

8. André Glucksmann, "Impardonnable ONU", *L'Express*, 23 de setembro de 1999.

9. "Le bloc-notes de Bernard-Henri Lévy", *Le Point*, 24 de setembro de 1999.

10. SVDM, "Réplique à deux intellectuels cabotins", *Le Monde*, 17 de outubro de 1999.

11. Ibid.

12. Kofi Annan, entrevista coletiva, Nova York, 10 de setembro de 1999.

13. Ibid.

14. Ibid.

15. Geoffrey Robinson, "'If You Leave Us, We Will Die'", *Dissent*, inverno de 2002, p. 97.

16. Em 9 de setembro, o governo australiano anunciou que indivíduos fugindo do Timor Leste poderiam solicitar vistos humanitários especiais ao chegarem à Austrália (e não antes da entrada). Os vistos de permanência humanitários eram para aqueles que haviam "sido, ou provavelmente serão, deslocados de seus locais de residência" e constituíam uma versão mais geral de uma categoria especial de visto que o governo australiano criara para refugiados kosovares em abril daquele ano. Os vistos não deveriam ser válidos por mais do que três meses, e o ministro da Imigração australiano informou à rádio ABC: "Não são para ser usados num grande número

de casos". "Government Change to Humanitarian Visa Arrangements", Australian Associated Press, setembro de 1999.

17. Seth Mydans, "Cry from Besieged City: Don't Forget East Timor", *New York Times*, 12 de setembro de 1999, p. A14.

18. Manfred Becker (diretor), *The Siege*, telefilme, Canadá, 2004.

19. Oficialmente, a língua é conhecida como Bahasa Indonésia. O Timor Leste é conhecido em tétum como Timor Lorosa'e e em indonésio como Timor Timur.

20. Robinson, "'If You Leave Us'", p. 94.

21. Becker, *The Siege*.

22. SVDM, "Note for Mr. Prendergast: Re: IDPs in UN Compound", 9 de setembro de 1999.

23. Ibid.

24. Ibid.

25. Michael Carey, "Unamet's Final Humiliation", ABC Australia, 9 de setembro de 1999.

26. Kofi Annan, entrevista coletiva, Nova York, 10 de setembro de 1999.

27. Keith Richburg, "Indonesia Softening on Peacekeepers", *Washington Post*, 12 de setembro de 1999, p. A1.

28. Bill Clinton, entrevista coletiva sobre o Timor Leste, Washington D.C., 9 de setembro de 1999.

29. Seth Mydans, "Indonesia Invites a UN Force to Timor", *New York Times*, 13 de setembro de 1999, p. A1.

30. Doug Struck, "'The Militias Will Eat Your Crying Babies'; Terrified Refugees Describe Harrowing Escape from Dili", *Washington Post*, 16 de setembro de 1999, p. A17.

31. Em 30 de abril de 1975, quando os Estados Unidos se retiraram de Saigon capturada, vietnamitas desesperados se reuniram na embaixada norte-americana e outros pontos através da cidade. Nas duas semanas anteriores, 50 mil sul-vietnamitas que haviam apoiado os Estados Unidos na guerra tinham sido evacuados, junto com 6 mil norte-americanos. Ao saberem que os norte-vietnamitas tomariam Saigon ao romper do dia, o secretário de Estado Henry Kissinger e o presidente Gerald Ford ordenaram que helicópteros norte-americanos evacuassem a embaixada no meio da noite. Após descobrirem que 129 marines haviam sido deixados para trás, enviaram outro helicóptero, agora à luz do dia. Quando o helicóptero subiu, cerca de quatrocentos vietnamitas aos quais se prometera a evacuação foram abandonados e sobre eles os marines atiraram granadas de gás lacrimogêneo.

32. Seth Mydans, "Refugees Are Joyful in a Dili of Ashes", *New York Times*, 21 de setembro de 1999, p. A10.

33. SVDM, anotações de um discurso, cerimônia de entrega do poder ao general Cosgrove, 23 de fevereiro de 2000. E ele prosseguiu: "Se uma força como a Interfet tivesse sido mobilizada na primavera de 1994 em Ruanda, centenas de milhares de vidas teriam sido salvas".

34. Laura King, "Thousands Cheer East Timor Leader", Associated Press, 22 de outubro de 1999.

35. Terry McCarthy e Jason Tedjasukmana, "The Cult of Gusmão", *Time Europe*, 20 de março de 2000, p. 30.

36. Resolução 1272 do Conselho de Segurança da ONU, 25 de outubro de 1999.

37. Francesc Vendrell, o enviado veterano da ONU que milagrosamente persuadira os indo-

nésios a permitir o referendo e vinha trabalhando no Timor Leste desde 1976, foi avisado que não se intrometesse e tratado pela sede da ONU, nas palavras de um funcionário da Organização, "como um criminoso comum".

38. Falintil são as Forças Armadas de Libertação Nacional do Timor Leste.

39. Conflict Security and Development Group, King's College, Londres, "A Review of Peace Operations: A Case for Change, East Timor", 10 de março de 2003, pp. 18-21.

40. O índice de membros do quadro profissional por operação subiu desde então para dois ou três. Mas o coeficiente entre o quadro profissional na Sede e o pessoal da ONU em campo permanece em cerca de 1:149. Assembleia Geral da ONU, Comitê Administrativo e Orçamentário, Observações Introdutórias do Subsecretário-Geral para o Departamento de Administração, "Comprehensive Report on Strengthening the Capacity of the Organization to Manage and Sustain Peace Operations", 5 de junho de 2007.

41. Somente em dezembro de 2000, treze meses após a partida de Vieira de Mello, um quase-motim no escritório convenceu Annan a substituir formalmente Vieira de Mello por Kenzo Oshima, um diplomata de carreira japonês.

42. Resolução 1272 do Conselho de Segurança da ONU. Jarat Chopra descreveu quatro categorias de autoridade transitória: assistência, em que o Estado continuava intacto e funcionando e a ONU dava aconselhamento técnico, mas sem exercer nenhuma autoridade direta sobre o governo; controle, como no Camboja, para onde a ONU enviou um pessoal transitório para exercer o "controle direto" sobre certas funções do governo; parceria, como na Namíbia, onde a ONU e a África do Sul inicialmente colaboraram; e governo direto, como no Timor Leste, onde a ONU exerceu a autoridade governamental direta. Jarat Chopra, "Introducing Peace Maintenance", *Global Governance* 4 (janeiro-março de 1998), p. 7.

43. SVDM, discurso ao Conselho Nacional, 28 de junho de 2001.

15. ACÚMULO DE PODER E DE CULPA (pp. 335-355)

1. Rajiv Chandrasekaran, "Saved from Ruin: The Reincarnation of East Timor; U.N. Handing Over Sovereignty After Nation-Building Effort", *Washington Post*, 19 de maio de 2002, p. A1.

2. SVDM, "The Future of UN State-Building", conferência na International Peace Academy, 18-19 de outubro de 2002. Disponível em: <www.ipacademy.org/pdfs/YOU-THE-PEOPLE.pdf>.

3. Ibid.

4. Banco Mundial, "Report of the Joint Assessment Mission to East Timor", 8 de dezembro de 1999. Disponível em: <http://pascal.iseg.utl.pt/~cesa/jamsummarytablefinal.pdf>.

5. SVDM, palestra na Universidade de Sydney, 13 de junho de 2001.

6. SVDM, "How Not to Run a Country: Lessons for the UN from Kosovo and East Timor", 2000, inédito.

7. De fato, a bandeira do partido de resistência de Gusmão, que se tornaria a bandeira do Timor Leste, figurara nas cédulas do referendo como o símbolo do voto pró-independência.

8. Os sete assentos correspondiam aos sete partidos pró-independência dentro do Con-

gresso Nacional pela Reconstrução do Timor Leste, a coalizão de partidos de resistência liderada por Gusmão.

9. James Traub, "Inventing East Timor", *Foreign Affairs*, vol. 79, nº 4 (julho-agosto de 2000), p. 82.

10. Abilio Araujo, "To Be or Not to Be a X(B)anana Republic", *Jakarta Post*, 26 de janeiro de 2001.

11. SVDM, "Notes from November 27 Brainstorming Session with Hedi Annabi", 2 de dezembro de 1999.

12. Embora a maioria dos líderes políticos timorenses falasse português, os cidadãos timorenses comuns raramente falavam. A língua predominante era o tétum, mas os líderes do Timor consideravam o português uma língua mais versátil para os jovens timorenses e conseguiram convencer Vieira de Mello a torná-la a língua oficial do país.

13. Relatório do Milênio do secretário-geral da ONU, 3 de abril de 2000, p. 224.

14. Chandrasekaran, "Saved from Ruin", p. A1.

15. Mark Riley, "Time for the UN to Go", *Sydney Morning Herald*, 24 de maio de 2000.

16. SVDM para Paul Grossrieder (diretor-geral do Comitê Internacional da Cruz Vermelha), 18 de fevereiro de 2002, em resposta a um ensaio de Jarat Chopra, que pedira demissão da Untaet.

17. Alguns dos líderes timorenses, como Ramos-Horta, haviam defendido a dissolução total das Forças Armadas. Citaram o modelo de Costa Rica, que iniciou uma nova era ao eliminar o exército, após um acordo de paz em 1948 que encerrou a guerra civil no país.

18. Carmel Egan e Paul Toohey, "Timor Riviera Meets Hell's Kitchen", *Weekend Australian*, 15 de janeiro de 2000, p. 11.

19. "East Timor Out of the Woods? Not Quite", *Straits Times* (Cingapura), 12 de fevereiro de 2000.

20. Ibid.

21. SVDM, "The Situation in East Timor", apresentação ao Conselho de Segurança, 27 de junho de 2000.

22. SVDM, "How Not to Run a Country".

23. Ibid.

24. O Fundo Fiduciário para Timor Leste (TFET) foi criado na Reunião de Doadores em Tóquio em dezembro de 1999. Em 15 de junho de 2000, um total de cerca de 165 milhões de dólares havia sido prometido ao TFET: por Portugal (50 milhões), pela Comissão Europeia (48,7 milhões), pelo Japão (28 milhões) e pelos Estados Unidos (0,5 milhão). Dessa soma apenas 41,4 milhões foram recebidos e meros 2,6 milhões, distribuídos. TFET, Relatório nº 1, agosto de 2000. Disponível em: <http://siteresources.worldbank.org/INTTIMORLESTE/Resources/TFET+Update1.pdf>.

25. Hansjörg Strohmeyer, "Collapse and Reconstruction of a Judicial System: The UN Missions in Kosovo and East Timor", *American Journal of International Law* 95, nº 1 (janeiro de 2000).

26. SVDM, entrevistado por Fabien Curto Millet, "East Timor: The Building of a Nation", novembro de 2001, no site de Millet na Universidade de Oxford: <http://users.ox.ac.uk/~ball1024/sergioVDM_interview.pdf>.

27. Hansjörg Strohmeyer, "Making Multilateral Interventions Work: The U.N. and the Creation of Transitional Justice Systems in Kosovo and East Timor", *Fletcher Forum of World Affairs Journal* (verão de 2001), pp. 107-24.

28. Strohmeyer, "Collapse and Reconstruction".

29. Dois anos depois, em fevereiro de 2002, a polícia da ONU dispunha de apenas 299 veículos para mais de 1400 policiais. Grupo de Segurança e Desenvolvimento de Conflitos, King's College, Londres, "A Review of Peace Operations: A Case for Change, East Timor", 10 de março de 2003, p. 75.

30. SVDM, entrevista coletiva, 5 de abril de 2000. Isso se mostrou um problema constante, já que os países ricos eram caracteristicamente relutantes em financiar prisões.

31. Untaet Human Rights Report, março de 2001, citado em Joel C. Beauvais, "Benevolent Despotism: A Critique of U.N. State-Building in East Timor", *International Law and Politics* 33 (2001), p. 1155.

32. SVDM para Annick Stevenson, 12 de agosto de 2001.

33. Stevenson para SVDM, 13 de agosto de 2001.

34. SVDM para Stevenson, 17 de agosto de 2001.

35. Fabrizio Hochschild, "'It Is Better to Leave, We Can't Protect You': Flight in the First Months of United Nations Transitional Administrations in Kosovo and East Timor", *Journal of Refugee Studies* 17, nº 3 (setembro de 2004), pp. 286-300.

16. "UM SERGIO NOVO" (pp. 356-377)

1. SVDM, anotações de um discurso, cerimônia de entrega do poder ao general Cosgrove, 23 de fevereiro de 2000.

2. Manning foi a primeira baixa neozelandesa em batalha desde 1971. Em 10 de agosto de 2001, o soldado raso Devi Ram Jaishi, de 26 anos, do Nepal, foi atingido na mesma área quando milicianos atacaram sua unidade. Jaishi morreu dos ferimentos quando era levado para Dili para tratamento. Quatro outros foram feridos. Eugene Bingham, "Ambush on a Timor Jungle Trail", *New Zealand Herald*, 7 de setembro de 2002.

3. Rajiv Chandrasekaran, "Saved from Ruin: The Reincarnation of East Timor; U.N. Handing Over Sovereignty After Nation-Building Effort", *Washington Post*, 19 de maio de 2002, p. A1.

4. "UN Confident: East Timor Border Secure", Deutsche Presse Agentur, 18 de maio de 2002.

5. Lakhan Mehrotra para SVDM, 11 de janeiro de 2001.

6. "Three UNHCR Staff Killed in West Timor", UN News Service, 6 de setembro de 2000; Tom McCawley, "Four UN Staff Killed in East Timor Riots", *Financial Times*, 7 de setembro de 2000, p. 6. O relatório do inspetor-geral do Acnur após os assassinatos constatou que as milícias "viram o Acnur não como uma organização humanitária imparcial, mas indistinguível da ONU e da força militar internacional (Interfet), percebidas como tendo roubado o Timor Leste da Indonésia. O relatório constatou que o chefe do escritório e o chefe da segurança de campo em Atambua cometeram um "erro grave de julgamento ao não insistirem na evacuação". Escritório do inspetor-geral, Acnur, "Report of the Inquiry into the Deaths of Three UNCHR Staff Members in Atambua, Indonesia, on 6 September 2000", 8 de dezembro de 2000, para. 10.

7. Relatório do inspetor-geral, para. 67.

8. Em maio de 2001, depois que um promotor indonésio acusou seis pistoleiros do crime brando de "agressão", os suspeitos receberam sentenças entre dez e vinte meses. Antes dos assas-

sinatos, cerca de 170 mil refugiados leste-timorenses haviam deixado o Timor-Oeste e retornado para casa, com a assistência do Acnur, mas após o ataque e a evacuação da ONU, somente 29 mil o fizeram. Conflict Security and Development Group, King's College, Londres, "A Review of Peace Operations: A Case for Change, East Timor", 10 de março de 2003, nota 157.

9. King's College, "Review of Peace Operations", p. 78.

10. "Report of the Secretary-General on Justice and Reconciliation for Timor Leste", 26 de julho de 2006.

11. SVDM, discurso ao Conselho Nacional, 28 de junho de 2001.

12. "UN Mission in East Timor Suggests Power Sharing Arrangements", *Untaet News*, 30 de maio de 2000. SVDM informou o Conselho de Segurança em 27 de junho de 2000.

13. SVDM, pronunciamento na primeira sessão do Congresso Nacional para a Reconstrução de Timor Leste, transcrição, 21 de agosto de 2000.

14. Alguns reclamaram por motivos opostos. Os treze administradores distritais da ONU foram unânimes em reclamar que os timorenses não estavam realmente sendo trazidos para o processo e que aquela medida paliativa parecia apenas um gesto simbólico. Mark Dodd, "UN Peace Mission at War with Itself", *Sydney Morning Herald*, 13 de maio de 2000, p. 19.

15. Em dezembro de 2000, os timorenses ocupavam menos de 10% de todos os cargos administrativos, apenas três em cada treze cargos de administrador de distrito e seis cargos de vice-administrador de distrito. Joel C. Beuvais, "Benevolent Despotism, a Critique of UN State-Building in East Timor", *International Law and Politics* 33, nº 101 (12 de dezembro de 2001), p. 1144.

16. Simon Chesterman, "East Timor in Transition", *International Peacekeeping* (primavera de 2002), p. 70.

17. "East Timor: Transition Calendar Is Priority — Xanana Gusmão", *Lusa News*, 23 de agosto de 2000.

18. SVDM para Jean-Marie Guéhenno, "Taxation of Profits from UN Contracts", 26 de março de 2001.

19. SVDM para Guéhenno, "Transfer of UN Assets", 25 de novembro de 2000.

20. Os regulamentos financeiros da ONU geralmente exigem que equipamentos em boas condições sejam enviados a outras missões da Organização, reservados para missões futuras da ONU ou vendidos a outras agências das Nações Unidas, ONGs ou governos. Quando a Untaet encerrou suas atividades, em 2002, o valor total do inventário de seus ativos era de 72,4 milhões de dólares. Seguindo os procedimentos de liquidação de missões da ONU, 79% daqueles ativos foram redistribuídos a outras missões de pacificação (inclusive a missão de continuação em Timor Leste) ou para a Base de Logística da ONU em Brindisi, Itália, para armazenamento temporário. Mas 8,1 milhões de dólares em ativos foram excepcionalmente doados (nas palavras do relatório do secretário-geral) porque, à luz da destruição completa de Timor Leste, a "remoção ou retirada do país de todos os ativos da Untaet terá um efeito catastrófico sobre o funcionamento do governo após a independência". "Report of the Secretary-General: Financing of the United Nations Transitional Administration in East Timor", 27 de março de 2002. Quando a pequena missão de continuação da ONU em Timor Leste partiu, em maio de 2005, doou a colossal porcentagem de 41% de seus ativos (no valor de 23 milhões de dólares) ao governo timorense.

21. "Dollars Flowing from Passports", revista *Tempo*, 30 de outubro-5 de novembro de 2001.

22. Frei Betto, "Intervenção branca no Timor Leste", *O Globo*, 16 de fevereiro de 2001.

23. SVDM, "Difamação é crime", *O Globo*, 9 de abril de 2001.

24. SVDM para Bernard Miyet, "Local Staff Members Who Died While Serving Unamet", 20 de setembro de 2000.

25. SVDM para Guéhenno, "Payment of Compensation to Next of Kin of Unamet Staff Killed in 99", 6 de julho de 2001.

26. Guéhenno para SVDM, "Payment of Compensation in Respect of Unamet SSA Contractors Killed in 99", 18 de julho de 2001.

27. SVDM para Guéhenno, Kieran Prendergast, "Timor Sea", 2 de abril de 2002.

28. Um campo ainda maior, Greater Sunrise (Nascer do Sol Maior), que se acreditava pudesse render 10 bilhões de dólares, estava apenas parcialmente na área conjunta, e as negociações em torno dele foram adiadas até 2003. A equipe de Galbraith (que àquela altura trabalhava diretamente para o governo do Timor Leste) assegurou uma divisão meio a meio das receitas numa área que originalmente teria sido 91% dos australianos.

29. Joanne Collins, "Former Guerrilla Hero Set for Landslide Win in East Timor Presidential Election", *Scotsman*, 15 de abril de 2002, p. 11.

30. SVDM para Carolina Larriera, 22 de outubro de 2001.

31. SVDM para Antonio Carlos Machado, 19 de novembro de 2001.

32. SVDM, entrevista coletiva, 13 de abril de 2002. Disponível em: <www.un.org/ peace/ etimor/DB/transcript.pdf>.

33. "UN Official: Timor Prospects Good", Associated Press Online, 18 de maio de 2002.

34. SVDM, "The Future of UN State-building", Conferência na International Peace Academy, 18-19 de outubro de 2002. Disponível em: <www.ipacademy.org/pdfs/YOU_THE_PEOPLE. pdf>.

35. Bronwyn Curran, "We Will Not Abandon Our Baby, UN East Timor Envoy Promises", Agence France-Presse, 17 de maio de 2002.

36. SVDM, "How Not to Run a Country: Lessons for the UN from Kosovo and East Timor", 2000, inédito.

17. "O MEDO É MAU CONSELHEIRO" (pp. 381-409)

1. Carola Hoyos, "UN Appoints Human Rights Chief", *Financial Times*, 23 de julho de 2002.

2. Em outubro de 2001, Mary Robinson solicitara uma suspensão dos bombardeios dos EUA no Afeganistão para que os trabalhadores de ajuda humanitária pudessem alcançar os civis famintos. Mais tarde, observando com razão que o Pentágono parecia pouco preocupado com a extensão e a origem das baixas civis, ela disse: "Não posso aceitar que se provoquem 'danos colaterais' em aldeias e nem se pergunte sobre o número e os nomes dos mortos". Posteriormente acrescentou: "Do meu ponto de vista, pessoas não são danos colaterais. São pessoas". Sameer Ahmed, "An Interview with Mary Robinson — U.S. Policy and UN Ethics", *Stanford Daily News*, 14 de fevereiro de 2003. Ver também "UN Critical of U.S. Action in Afghanistan", Associated Press, 6 de março de 2002.

3. Mary Robinson, "Protecting Human Rights: The United States, the United Nations, and the World", John F. Kennedy Library and Foundation: Responding to Terrorism Series, 6 de janeiro de 2002.

4. "The Global Politics of Human Rights", entrevista com Mary Robinson, *Politic* [Universidade de Yale], 7 de dezembro de 2002.

5. Colum Lynch, "UN Human Rights Commissioner Named", *Washington Post*, 23 de julho de 2002, p. A12.

6. SVDM para Carolina Larriera, 10 de setembro de 2002.

7. SVDM para Larriera, 13 de setembro de 2002.

8. SVDM para Marcia Luar Ibrahim, 13 de setembro de 2002.

9. SVDM para Larriera, 12 de outubro de 2002.

10. SVDM para Adrien e Laurent Vieira de Mello, 5 de novembro de 2002.

11. François d'Alançon, "Rencontre avec Sergio Vieira de Mello, le pompier de l'ONU", *La Croix*, 21 de junho de 2003.

12. SVDM ao guia no British Museum, 15 de novembro de 2002.

13. SVDM, declaração do alto-comissário das Nações Unidas para os Direitos Humanos, 20 de setembro de 2002.

14. Christopher Pratner, "UN's Vieira de Mello Sees U.S. Constitution as Human Rights Model", BBC Monitoring International Reports (de *Der Standard* on-line, de Viena), 11 de maio de 2003.

15. Harold Hongju Koh, "A Job Description for the un High Commissioner for Human Rights", *Columbia Human Rights Law Review* (verão de 2004), p. 493. O artigo se baseou num trabalho que Koh apresentou numa conferência na Universidade de Columbia em fevereiro de 2003.

16. SVDM, "Five Questions for the Human Rights Field", *Sur: International Journal on Human Rights*, 2004, p. 170.

17. SVDM, declaração para a Reunião Informal da Comissão de Direitos Humanos, 24 de setembro de 2002.

18. SVDM, Human Rights "Manifesto", Alto Comissariado das Nações Unidas para os Direitos Humanos, s. d.

19. Cerca de 270 pessoas tinham contratos permanentes em Genebra, enquanto outros 190 funcionários estavam baseados em vinte países ao redor do mundo.

20. SVDM, entrevista com Philip Gourevitch, 22 de novembro de 2002.

21. SVDM para Catherine Bertini, 15 de novembro de 2002.

22. Quarenta e três votos de apoio haviam sido prometidos aos Estados Unidos, mas apenas 29 nações acabaram apoiando a sua participação. França, Áustria e Suécia foram eleitos no grupo regional dos EUA. Eles se juntaram a Cuba, Líbia, Arábia Saudita, Sudão e Síria — cinco dos dez países considerados os "piores do mundo" na pesquisa anual de direitos políticos e liberdades civis da Freedom House.

23. SVDM, entrevista coletiva sobre "o novo alto-comissário de direitos humanos", Genebra, 20 de setembro de 2002.

24. "Commission on Human Rights Takes Up Debate on Situation in Occupied Arab Territories, Including Palestine", relatório de imprensa da ONU, 27 de março de 2003.

25. SVDM, declaração de encerramento à Comissão dos Direitos Humanos da ONU, 25 de abril de 2003.

26. Ibid.

27. D'Alançon, "Rencontre avec Sergio Vieira de Mello".

28. SVDM, "World Civilization: Barking Up the Wrong Tree?", Third Annual BP World Civilization Lecture, British Museum, 11 de novembro de 2002.

29. SVDM, "Holistic Democracy: The Human Rights Content of Legitimate Governance", Seminário sobre a Interdependência entre Democracia e Direitos Humanos, Genebra, 25 de novembro de 2002.

30. Ibid. Ele ofereceu uma variedade de modelos de consulta democrática, "do conselho da aldeia ao *diwaniya*, do *loya jirga* ao círculo de anciões".

31. *Human Rights Features* nº 6 (22-25 de abril de 2003), p. 60.

32. SVDM, entrevista, setembro-outubro de 2002, Alto Comissariado das Nações Unidas para os Direitos Humanos.

33. SVDM, declaração para a 59ª Sessão da Comissão dos Direitos Humanos da ONU, 21 de março de 2003.

34. SVDM, entrevistado em *BBC Talking Point*, 8 de dezembro de 2002.

35. James P. Lucier, "Just What Is a War Criminal?", *Insight*, 2 de agosto de 1999, p. 13.

36. John R. Bolton, "Why an International Criminal Court Won't Work", *Wall Street Journal*, 30 de março de 1998, p. A19.

37. Citação do "Wite-Out" de John R. Bolton, Discurso à Convenção Nacional de Advogados de 2003 da Federalist Society, 13 de novembro de 2003. Disponível em: <www.fed-soc.org/pdf/bolton.pdf>. Citação do "momento mais feliz" de Glenn Kessler e Colum Lynch, "Critic of U.N. Named Envoy; Bush's Choice of Bolton Is a Surprise; Democrats Plan to Contest Nomination", *Washington Post*, 8 de março de 2005, p. A1. A síntese mais memorável da exasperação de Bolton com as instituições internacionais veio em 2005 em discurso na Universidade de Yale, em que declarou: "Por que não deveríamos pagar pelo que queremos, em vez de pagarmos uma conta pelo que obtemos?". Richard Low, "Bolton's Undiplomatic Unilateralism", *Yale Daily News*, 6 de outubro de 2005.

38. SVDM, declaração para a Abertura da 59ª Sessão da Comissão dos Direitos Humanos da ONU, 17 de março de 2003.

39. Ibid.

40. "Mensagem de Bin Laden", transmissão pela Al-Jazeera, 12 de novembro de 2002. Disponível em: <http://news.bbc.co.uk/2/hi/middle_east/2455845.stm>.

41. "Bin Laden Lails Against Crusaders and UN", 3 de novembro de 2001. Disponível em: <http://news.bbc.co.uk/1/hi/world/monitoring/media_reports/1636782.stm>.

42. Ben Russell, "Straw Joins Row Over 'Torture Pictures'", *Independent*, 21 de janeiro de 2002, p. 1.

43. Rajiv Chandrasekaran e Peter Finn, "U.S. Behind Secret Transfer of Terror Suspects", *Washington Post*, 11 de março de 2002, p. A1.

44. Donald Rumsfeld, "Stakeout at the Pentagon", 12 de abril de 2003. Disponível em: <www.defenselink.mil/transcripts/transcript.aspx?transcriptid=3401>.

45. Committee on Select Intelligence, "Statement of Cofer Black, Former Chief, Counterterrorism Center", Investigation of September 11 Intelligence Failures, Hearing, 26 de setembro de 2002.

46. Dana Priest e Barton Gellman, "U.S. Decries Abuse but Defends Interrogations: 'Stress and Duress' Tactics Used on Terrorism Suspects Held in Secret Overseas Facilities", *Washington*

Post, 26 de dezembro de 2002, p. A1. A partir de meados da década de 1990, o governo Clinton também entregou suspeitos a outros países. A CIA defendeu a entrega, alegando que o acesso a um processo norte-americano adequado forçaria os agentes secretos a revelar fontes e métodos da CIA, ou permitiria que os terroristas suspeitos o fizessem. Inicialmente, o Egito (o segundo maior beneficiário da ajuda norte-americana, depois de Israel) foi a destinação principal de suspeitos entregues. Mas, após os ataques a bomba contra as embaixadas norte-americanas no Quênia e na Tanzânia em 1998, o governo Clinton começou a enviar suspeitos a outros países também. Jane Mayer,"Outsourcing Torture", *New Yorker*, 14 de fevereiro de 2005, p. 106.

47. Priest e Gellman, "U.S. Decries Abuse".

48. SVDM, declaração a uma reunião informal da Comissão dos Direitos Humanos da ONU, 24 de setembro de 2002.

49. Human Rights Watch, "Indefinite Detention Without Trial in the United Kingdom Under Part 4 of the Anti-Terrorism, Crime and Security Act 2001", 24 de junho de 2004. Disponível em: <http://hrw.org/backgrounder/eca/uk/3.htm#_ftn18>. Mesmo em períodos de emergência, a legislação dos direitos humanos não permitia aos governos desrespeito ao direito fundamental à vida ou o direito de estar livre de punições cruéis ou degradantes.

50. SVDM, declaração ao 11º Workshop sobre Cooperação Regional para a Promoção e Proteção dos Direitos Humanos na Região do Pacífico Asiático, Islamabad, 25-27 de fevereiro de 2003. Ele recomendou que os países da Assembleia Geral da ONU acrescentassem um instrumento novo, o Protocolo Opcional à Convenção Contra a Tortura, que teria instituído um sistema de inspeções independentes regulares às instalações de detenção, a fim de evitar a tortura. SVDM, discurso ao Terceiro Comitê da Assembleia Geral, 4 de novembro de 2002.

51. SVDM, entrevista, setembro-outubro de 2002; SVDM, discurso ao Terceiro Comitê da Assembleia Geral, 4 de novembro de 2002.

52. SVDM, declaração para a Abertura da 59ª Sessão da Comissão de Direitos Humanos, 17 de março de 2003.

53. SVDM para Annick Stevenson, 21 de maio de 2003.

54. Kofi Annan, "When Force Is Considered, There Is No Substitute for Legitimacy Provided by United Nations", Discurso para a Assembleia Geral das Nações Unidas, 12 de setembro de 2002. Disponível em: <www.un.org/News/Press/docs/2002/SGSM8378.doc.htm>.

55. Ibid.

56. George W. Bush, Observações para a Assembleia Geral da ONU, Nova York, 12 de setembro de 2002. Disponível em: <www.whitehouse.gov/news/releases/2002/09/20020912-1.html>.

57. Para as reflexões de Annan sobre essa sequência, ver Philip Gourevitch,"The Optimist", *New Yorker*, 3 de março de 2003, p. 55.

58. SVDM, entrevistado em *BBC Talking Points*, 8 de dezembro de 2002.

59. SVDM, "Equipe da ONU fará avaliação da segurança em Bagdá", *O Estado de S. Paulo*, 1º de junho de 2003.

60. Strobe Talbott, *The Great Experiment: From Tribes to Global Nation* (Nova York: Simon & Schuster, 2008), p. 364.

61. George Packer, *The Assassins' Gate: America in Iraq* (Nova York: Farrar, Straus & Giroux, 2006), p. 95.

62. Colin Powell, Discurso para o Conselho de Segurança da ONU, 5 de fevereiro de 2003, disponível na internet em www.whitehouse.gov/news/releases/2003/02/20030205-1.html.

63. O único alto funcionário da ONU, além do secretário-geral, que se encontrara com Bush foi o dirigente do World Food Programme (Programa de Alimentação Mundial), James Morris, mas ele era um nomeado político norte-americano apoiado pelos republicanos, enquanto Vieira de Mello era um funcionário de carreira da ONU nascido no Brasil.

64. Anotações sobre a reunião Armitage-SVDM, 5 de março de 2003.

65. Ibid.

66. Anotações sobre a reunião Bush-SVDM, 5 de março de 2003.

67. James Risen et al., "Harsh C.I.A. Methods Cited in Top Qaeda Interrogations", *New York Times*, 13 de maio de 2004, p.A1.

68. Anotações sobre a reunião Bush-SVDM, 5 de março de 2003.

69. Ibid. Vieira de Mello também se referiu ao sofrimento dos palestinos. Bush afirmou que foi o único presidente a dizer que deveria haver dois Estados. (Na verdade, o presidente Clinton foi o primeiro a endossar a solução dos dois Estados, o que ele fez em janeiro de 2001, pouco antes de Bush assumir o cargo.) Bush disse que os palestinos precisavam de um tratamento melhor. "Israel é o último, não o primeiro, culpado pela condição do povo palestino", declarou.

70. "President Bush: Monday 'Moment of Truth' for World in Iraq", relatório de imprensa da Casa Branca, 16 de março de 2003.

71. SVDM, "Making the UN Function".

72. Presidente Bush, Discurso à Nação, 19 de março de 2003, www.whitehouse.gov/news/releases/2003/03/20030319-17.html. A invasão inicial foi realizada por 250 mil soldados dos Estados Unidos, 45 mil do Reino Unido e 2 mil da Austrália. Polônia (duzentos), Albânia (setenta) e Romênia (278) forneceram soldados para funções que não fossem de combate. Imediatamente antes da invasão, Colin Powell anunciou que a Coalizão dos Voluntários compreendia trinta países: Afeganistão, Albânia, Austrália, Azerbaijão, Bulgária, Colômbia, República Checa, Dinamarca, El Salvador, Eritreia, Estônia, Etiópia, Geórgia, Hungria, Itália, Japão, Letônia, Lituânia, Macedônia, Holanda, Nicarágua, Filipinas, Polônia, Romênia, Eslováquia, Coreia do Sul, Espanha, Turquia, Reino Unido e Uzbequistão. Quinze países anônimos adicionais forneceram ajuda, mas não quiseram declarar apoio. Ver http://news.bbc.co.uk/2/hi/americas/ 2862343.stm. Em 27 de março de 2003, a Casa Branca anunciou uma lista de 49 membros. Entre eles seis países desarmados (sem exército formal): Palau, Costa Rica, Islândia, Ilhas Marshall, Micronésia e Ilhas Salomão. Ver Dana Milbank, "Many Willing, But Only a Few Are Able", *Washington Post*, 25 de março de 2003, p. A7.

73. SVDM, entrevistado por Tim Sebastian, *HARDtalk*, BBC, 14 de abril de 2003.

18. "NÃO PERGUNTE QUEM PROVOCOU O INCÊNDIO" (PP. 410-32)

1. SVDM, entrevista não publicada a Bill Spindle, *Wall Street Journal*. Disponível em: < www. unmikonline.org/pres/2003/wire/Aug/imm250803pm.htm>.

2. Resultados da Pesquisa de YouGov, "Iraq War Track Part 9", prepared for the *Daily*

Telegraph and ITVNews, 6 de abril de 2003. Disponível em: <www.yougov.com/archives/pdf/tem030101005.pdf>.

3. Colum Lynch, "Britain Offers Plan for U.N.'s Postwar Role", *Washington Post*, 5 de abril de 2003, p. A28.

4. James Blitz, "Blair Faces Challenge of Getting Consensus on UN Role", *Financial Times*, 21 de março de 2003, p. 9.

5. Ibid.

6. As autoridades norte-americanas estavam satisfeitas com o desempenho da ONU no Afeganistão, onde, em dezembro de 2001, Lakhdar Brahimi presidira a Conferência de Bonn, que resultou na nomeação de Hamid Karzai como presidente do Afeganistão. O secretário Rumsfeld aplaudiu o general Tommy Franks por manter "a presença de tropas da coalizão modesta" e por permitir que líderes locais chegassem a soluções locais. "Com o tempo", disse Rumsfeld, os afegãos seriam capazes de "assumir plena responsabilidade pela sua segurança e estabilidade, em vez de depender de forças estrangeiras". Donald Rumsfeld, "Beyond Nation Building", discurso no Intrepid Sea-Air-Space Museum, Nova York, 14 de fevereiro de 2003.

7. Ibid.

8. Ibid.

9. Don Melvin, "Bush, Blair Weigh Next Steps; U.N. Role in Iraq May Divide Allies", *Atlanta Journal-Constitution*, 8 de abril de 2003, p.A3.

10. George W. Bush e Tony Blair, "Joint Statement on Iraq's Future", 8 de abril de 2003.

11. "President Bush Meets with Prime Minister Blair in Northern Ireland", relatório de imprensa da Casa Branca, 8 de abril de 2003.

12. Eric Schmitt e Steven R. Weisman, "US to Recruit Iraqi Civilians to Interim Posts", *New York Times*, 11 de abril de 2003, p. A1.

13. Escritório do porta-voz do secretário-geral, "UN Secretary-General's Press Encounter Upon Arrival at UNHQ", 7 de abril de 2003.

14. SVDM para Peter Galbraith, 21 de dezembro de 2002.

15. SVDM, entrevistado por Philip Gourevitch, 22 de novembro de 2002.

16. SVDM para Carolina Larriera, 1º de abril de 2003. O artigo original, o primeiro a mencionar Vieira de Mello no contexto do Iraque, era de Philip Webster, James Bone, Rosemary Bennett e Greg Hurst, "Coalition to Stay in Charge for Task of Rebuilding", *Times* (Londres), 27 de março de 2003, p. 10.

17. SVDM para Larriera, 3 de abril de 2003.

18. "President Bush Announces Major Combat Operations in Iraq Have Ended", relatório de imprensa da Casa Branca, 1º de maio de 2003.

19. Donald Rumsfeld e general Tommy Franks, observações em uma reunião com soldados, Doha, Qatar, 28 de abril de 2003.

20. Anthony Zinni, Observações ao Fórum 2003 da Marine Corps Association e U.S. Naval Institute, Arlington, Virgínia, 4 de setembro de 2003.

21. Steven R.Weisman e Felicity Barringer, "Against France and Russia, Washington Tries to Curb U.N. Role in Postwar Iraq", *New York Times*, 27 de março de 2003, p. B10.

22. "President Bush Meets with Prime Minister Blair."

23. Anotações sobre a reunião SVDM-Rice.

24. Condoleezza Rice, observações sobre a reunião president Bush-PM Blair, 8 de abril de 2003.

25. "US Will Ask UN to Back Control by Allies in Iraq", *New York Times*, 9 de maio de 2003, p. A1.

26. Relato distribuído à imprensa da viagem de Garner a Bagdá, 21 de abril de 2003. Disponível em: <www.hq.usace.army.mil/history/enduring_freedom_saved_articles/ Garner_powerstation. htm>.

27. George Packer, *The Assassins' Gate: America in Iraq* (Nova York: Farrar, Straus & Giroux, 2006), p. 130.

28. A Unesco estima que cerca de 150 mil objetos tenham sido perdidos ou roubados.

29. Donald Rumsfeld e general Richard Myers, informe à imprensa do Departamento de Defesa norte-americano, 11 de abril de 2003.

30. A Autoridade Provisória da Coalizão acabaria estimando os danos dos saques em 12 bilhões de dólares. Os exilados (os maiores apoiadores da invasão da Coalizão) mais tarde atribuíram os saques à recusa do Departamento de Estado em treinar um exército de exilados iraquianos para constituírem as forças de segurança inaugurais (72 iraquianos receberam treinamento). Packer, *Assassins' Gate*, p. 139.

31. Nas semanas anteriores ao anúncio, o Pentágono vinha formulando planos de nomear um alto administrador civil, e Rumsfeld vinha examinando uma lista de nomes. Mas Garner esperava que a pessoa fosse nomeada no decorrer de agosto. A nomeação de Bremer foi apressada devido ao caos no país e à incapacidade de Garner de enfrentá-lo. Powell parece ter aprovado a nomeação de Bremer, que havia sido funcionário de carreira do Departamento de Estado, mas Bremer ficou diretamente subordinado a Rumsfeld.

32. John Negroponte e Jeremy Greenstock, "Letter from the Permanent Representation of the UK and the US to the UN addressed to the President of the Security Council", 8 de maio de 2003. Disponível em: <www.globalpolicy.org/security/issues/iraq/document/2003/0608usu-kletter.htm>.

33. Anthony Shadid, "Shiites Denounce Occupation", *Washington Post*, 19 de maio de 2003, p. A1.

34. A ordem (Ordem da APC nº 1) desbaathificou de duas maneiras: 1) "Membros veteranos do partido (os quatro níveis superiores) foram removidos do cargo e proibidos de exercer cargos públicos no futuro. Eles também foram avaliados por eventuais condutas criminosas. 2) Nos três escalões superiores do setor público, aqueles que eram membros plenos do partido Baath (incluindo os dois níveis inferiores) foram demitidos do emprego. A medida incluiu todos os indivíduos com emprego "nos três escalões superiores de gerência em todos os ministérios do governo nacional, empresas afiliadas e outras instituições do governo (por exemplo, universidades e hospitais)". Em janeiro de 2004, num esforço por sistematizar o processo, criou-se uma comissão de desbaathização dirigida por Ahmed Chalabi. Cerca de 30 mil baathistas já haviam perdido o emprego. Membros do quarto escalão de gerência poderiam contestar a dispensa se não tivessem cometido crimes e se tivessem feito carreira no partido graças a suas realizações profissionais. Ao perguntarem a Chalabi se a comissão nova facilitaria a reconciliação, ele descartou a ideia, dizendo que "reconciliação é um termo inadequado". "Quem se reconciliará com quem?", ele perguntou. "Aqueles enterrados em covas coletivas se reconciliarão com seus assassinos?" Sam Dagher, "Iraq

Governing Council Details Plan to Root Out Ba'ath Members", Agence France-Presse, 11 de janeiro de 2004.

35. Dan Senor, falando em nome de Bremer em agosto de 2004, disse: "Os xiitas poderiam ter sido um grande obstáculo à Coalizão se não tivessem cooperado. Se tivéssemos refreado a desbaathificação, alguns argumentaram que a insurgência sunita não teria sido tão grave, mas, no quadro geral, o fato de ela ter sido tão importante para os xiitas foi crucial". Jon Lee Anderson, "Out on the Street", *New Yorker*, 15 de novembro de 2004, pp. 73, 78.

36. Paul Hughes, o chefe do Estado-Maior de Garner que prometera aos soldados iraquianos empregos e salários, mais tarde contou a George Packer, de *The New Yorker*: "Do ponto de vista iraquiano, aquela ação simples retirou o único símbolo de soberania de que o povo iraquiano ainda dispunha". Packer, *Assassins' Gate*, p. 192.

37. Foi difícil conciliar o compromisso da Coalizão de reconstruir e reformar o Iraque com os termos da Quarta Conferência de Genebra de 1949, que supõe que qualquer ocupação será puramente temporária e que o ocupante não imporá nenhuma forma específica de governo nem alterará a situação de autoridades públicas/juízes ou de leis penais. A Convenção de Haia de 1907 também observa que as leis em vigor no país precisam ser respeitadas. Desse modo, a Resolução 1483 do Conselho, ao encorajar as potências de ocupação a ajudarem a criar "condições em que o povo iraquiano possa escolher livremente seu próprio futuro político", parecia contradizer essas cláusulas da legislação humanitária.

38. Felicity Barringer, "UN Vote on Iraq Authorization Is Due Next Week, US Says", *New York Times*, 15 de maio de 2003, p. A24.

39. Fonte da ONU, "Note to Mr. Riza: Special Coordinator for Iraq", 9 de maio de 2003.

40. SVDM para Galbraith, 16 de maio de 2003.

41. Steven Erlanger, "I Should Always Believe Journalists", *New York Times*, 24 de agosto de 2004.

42. Em 2007, várias cartas foram trocadas na *London Review of Books* sobre se Vieira de Mello se encontrou com Bush uma segunda vez. Tariq Ali escreveu que o subsecretário-geral Shashi Tharoor havia lhe contado sobre um segundo encontro, um comentário que Tharoor negou ter feito. Na verdade, Tharoor fez a mesma afirmação para mim, mas estava repetindo rumores, e não tinha nenhum conhecimento dos movimentos de Vieira de Mello. Um encontro entre os dois homens ocorreu: em 5 de março de 2003, dois meses e meio antes de Vieira de Mello ser nomeado representante especial da ONU no Iraque.

43. Felicity Barringer, "Security Council Almost Unanimously Approves Broad Mandate for Allies in Iraq", *New York Times*, 23 de maio de 2003, p. A12.

44. Ibid. Vários meses após o ataque de 19 de agosto de 2003 contra a sede da ONU em Bagdá, quando a Organização vinha sendo pressionada a retornar a Bagdá, Annan diria: "Más resoluções matam pessoas".

45. Ibid.

46. Colum Lynch, "France, Russia Back Lifting of Iraq Sanctions", *Washington Post*, 22 de maio de 2003, p.A1; Felicity Barringer, "US Wins Support to End Sanctions Imposed on Iraq", *New York Times*, 22 de maio de 2003, p. A1.

47. Barringer, "Security Council Almost Unanimously Approves".

48. Marcelo Musa Cavalleri, "Um brasileiro em busca da paz", *Época*, agosto de 2003.

49. Liana Melo e Rita Moraes, "Com a mesma intensidade que trabalhava, o diplomata reconstruía a vida afetiva", *IstoÉ*, 27 de agosto de 2003.

50. Colum Lynch, "Diplomat Will Oversee UN's Iraq Operations", *Washington Post*, 24 de maio de 2003, p. A18.

51. SVDM para Jane Holl Lute, 8 de julho de 2003.

52. SVDM, entrevistado por Spindle.

53. SVDM para Machado et. al, 29 de maio de 2003.

54. SVDM, entrevistado por Spindle.

55. Ibid.

19. "NÃO DÁ PARA AJUDAR AS PESSOAS A DISTÂNCIA" (pp. 433-58)

1. Notas sobre a reunião, 1º de junho de 2003.

2. SVDM, declaração no aeroporto, 2 de junho de 2003.

3. A mesma resolução do Conselho de Segurança que havia autorizado a ocupação pela Coalizão e criado o cargo de representante especial do secretário-geral da ONU para o Iraque também previu o fim das sanções contra civis e a retomada das exportações de petróleo (cuja receita seria depositada diretamente em um Fundo de Desenvolvimento para o Iraque). Ela também ordenou o encerramento do Programa de Petróleo por Alimentos dentro de seis meses. (O programa encerrou-se oficialmente em 21 de novembro de 2003.) Em janeiro de 2004, um jornal iraquiano publicou uma lista de 270 pessoas, de quarenta países, que haviam lucrado com a venda ilícita de petróleo iraquiano durante o Programa de Petróleo por Alimentos, e em abril o General Accounting Office norte-americano informou que "o regime iraquiano anterior obteve 10,1 bilhões de dólares em receita ilegal" com o programa. A ONU, o Senado norte-americano e o governo iraquiano iniciaram inquéritos, que levaram à renúncia e posterior indiciamento de Benon Sevan, o ex-dirigente do programa. O relatório do investigador independente Paul Volcker, divulgado em setembro de 2005, culpou o secretário-geral Kofi Annan por um conflito de interesses envolvendo seu filho Kojo (que recebeu um emprego de um beneficiário do programa) e pela má gestão, por parte da ONU, do Programa de Petróleo por Alimentos. Annan mais tarde consideraria todo aquele caso "profundamente constrangedor".

4. William Langeweische, "Welcome to the Green Zone," *Atlantic Monthly*, novembro de 2004, p. 64.

5. Ibid., p. 88. As camisetas foram uma alusão ao desafio do presidente Bush, em julho de 2003, àqueles que pudessem atacar as forças norte-americanas no Iraque. "Minha resposta é: Podem vir", Bush disse. "Dispomos da força necessária para lidar com a situação de segurança." Entrevista à imprensa, 2 de julho de 2003.

6. Langeweische, "Green Zone", p. 64.

7. Ibid., p. 62.

8. Atas da reunião do Grupo de Coordenação do Iraque, 3 de junho de 2003.

9. Ver Rajiv Chandrasekaran, *Imperial Life in the Emerald City* (Nova York: Knopf, 2006).

10. Um memorando de 28 de maio de 2003 do pessoal de segurança da ONU no Iraque descreveu a situação de segurança como de "pós-guerra", com "saques, roubo de carros, assaltos a

pedestres, tiroteios e outros crimes [...] generalizados e comuns nas cidades e ao longo das estradas principais". Relatório do Painel da Responsabilidade da Segurança no Iraque, 3 de março de 2004. Disponível em: <www.un.org/Name/dh/iraq/SIAP-report.pdf> (daqui para a frente, relatório Walzer), p. 22.

11. Como os visitantes podiam entrar e sair livremente do Cedar também, o pessoal da segurança começou a procurar uma casa particular que oferecesse a Vieira de Mello a facilidade de comunicação e a segurança de que precisava. O preço da casa que encontraram foi 12 mil dólares mensais, que ele considerou excessivo.

12. Relatório Walzer, p. 17.

13. As aquisições nas missões políticas e de pacificação não eram fáceis. Cada missão de campo tinha de criar um comitê de contratos local para examinar e recomendar a concessão de contratos. Esse comitê deveria se compor de quatro funcionários da missão: um assessor jurídico, o chefe da seção de finanças, o chefe de serviços gerais e o chefe dos serviços de transporte. As missões de campo não estavam autorizadas a fechar contratos superiores a 75 mil dólares sem a aprovação do superintendente administrativo e do comitê de contratos local. Os contratos acima de 200 mil dólares requeriam também a aprovação do comitê de contratos do quartel-general.

14. SVDM para Kieran Prendergast, "Meeting with Ambassadors Bremer and Sawers", 5 de junho de 2003, CZX 03.

15. Al-Hakim seria assassinado em 29 de agosto de 2003, numa onda de violência contra os clérigos xiitas em Najaf, supostamente comandada por Abu Mussab al-Zarqawi, da Al-Qaeda. O irmão de Al-Hakim, Abdul Aziz al-Hakim, que já era membro do Conselho Governante, assumiria então a liderança do SCIRI, o maior partido da coalizão Aliança Iraquiana Unida, conquistando a maioria dos assentos no Parlamento iraquiano nas eleições de dezembro de 2005.

16. Bill Spindle, "Identity Crisis", *Wall Street Journal*, 21 de agosto de 2003.

17. SVDM para Joseph Vernon Reed, 5 de julho de 2003.

18. Notas sobre a reunião com John Sawers, 5 de junho de 2003.

19. Cartas datadas do início de junho e 25 de junho de 2003, publicadas em Bernard Kouchner, *Les guerriers de la paix: du Kosovo à l'Irak* (Paris: Éditions Grasset & Fasquelle, 2004), p. 423.

20. Notas sobre a reunião com John Sawers, 5 de junho de 2003.

21. SVDM para Carina Perelli, 26 de junho de 2003.

22. SVDM para Perelli, 1º de julho de 2003.

23. SVDM para Prendergast, "Meetings with Ambassadors Bremer and Sawers: Comprehensive Update on Political Process", 1º de julho de 2003.

24. Entre os pesquisados, 92% aceitaram os advogados e juízes e 75% aceitaram os clérigos iraquianos, mas somente 36% aceitaram os ex-exilados políticos. Office of Research, Opinion Analysis, U.S. State Department, 21 de outubro de 2003.

25. SVDM, documento interno da ONU, 17 de agosto de 2003.

26. SVDM, observações, 13 de julho de 2003.

27. SVDM para Peter Galbraith, 4 de julho de 2003.

28. SVDM, entrevistado por George Packer, 13 de agosto de 2003.

29. SVDM, entrevistado por Tim Sebastian, *HARDtalk*, BBC, 14 de abril de 2003.

30. François d'Alançon, "Recontre avec Sergio Vieira de Mello, le pompier de l'ONU", *La Croix*, 21 de junho de 2003.

31. SVDM, observações à imprensa na apresentação do relatório do secretário-geral, 22 de julho de 2003.

32. Ibid.

20. REJEITADO (pp. 459-89)

1. SVDM, entrevistado por George Packer, 13 de agosto de 2003.

2. SVDM, minuta da ONU, 17 de agosto de 2003.

3. SVDM, entrevistado por Packer.

4. UN News Center, "Transcript of Press Conference by Sergio Vieria de Mello, Special Representative of the Secretary-General for Iraq in Cairo", 9 de agosto de 2003.

5. SVDM, editorial não publicado, agosto de 2003.

6. Office of Research, Opinion Analysis, U.S. State Department, 21 de outubro de 2003.

7. SVDM, entrevista com Packer.

8. Anthony Shadid, *Night Draws Near: Iraq's People in the Shadow of America's War* (Nova York: Henry Holt, 2005), pp. 258-9.

9. A DynCorp recebeu o contrato para treinamento de campo em junho de 2003. Numa entrevista em 2006 com David Rohde, Bremer culpou os contratados pelo fracasso da APC em assegurar o policiamento do país: "A DynCorp não estava trazendo ninguém. Vínhamos fazendo o melhor que podíamos". Michael Moss e David Rohde, "Misjudgments Marred U.S. Plans for Iraqi Police", *New York Times*, 21 de maio de 2006.

10. SVDM, entrevista com Packer.

11. Notas sobre a reunião com John Sawers, 18 de junho de 2003.

12. Relatório do Painel Independente sobre a Segurança do Pessoal da ONU no Iraque. Disponível em: <www.un.org/news/dh/iraq/safety-security-un-personnel-iraq.pdf, p. 13> (daqui para a frente, relatório Ahtisaari).

13. Robert Adolph para Ramiro Lopes da Silva, 18 de junho de 2003.

14. Donald Rumsfeld e general Richard Myers, informe à imprensa do Departamento de Defesa norte-americano, 30 de junho de 2003.

15. "Donald H. Rumsfeld Holds Defense Department News Briefing with Jay Garner", Departamento de Defesa norte-americano, 18 de junho de 2003.

16. Jon Lee Anderson, "Out on the Street", *New Yorker*, 15 de novembro de 2004, p. 74.

17. Brookings Institution, "Iraq Index: Number of Attacks by Insurgents and Militias", atualizado em 20 de julho de 2007.

18. Adolph para Lopes da Silva, Equipe de Gestão da Segurança e Unsecoord, Avaliação do Perigo, 29 de junho de 2003.

19. Kevin Kennedy para a sede da ONU, 4 de setembro de 2003.

20. SVDM para Bremer e Sawers, 6 de julho de 2003.

21. Robert Adolph, Chronology of Events (em posse do autor).

22. Fred Eckhard para Shashi Tharoor, "Iraq Briefings", 25 de julho de 2003.

23. Salim Lone para Eckhard, 12 de agosto de 2003.

24. Relatório Ahtisaari, p. 10.

25. Adolph, Chronology.

26. SVDM para André Simões, 1º de julho de 2003.

27. Jean-Sélim Kanaan, 1º de julho de 2003, publicado em Bernard Kouchner, *Les guerriers de la paix: du Kosovo à l'Irak* (Paris: Éditions Grasset & Fasquelle, 2004), pp. 436-8.

28. Relatório Ahtisaari, p. 17.

29. SVDM para Kieran Prendergast, 24 de julho de 2003.

30. Relatório do Painel da Responsabilidade da Segurança no Iraque, 3 de março de 2004. Disponível em: <www.un.org/news/dh/iraq/SIAP-report.pdf, p.13>.

31. Ibid., p. 18.

32. Ibid.

33. Robert F.Worth e John Tierney, "FBI Teams Sent to Investigate Bomb Attack on Embassy", *New York Times*, 9 de agosto de 2003, p. A6.

34. Vivienne Walt, "Jordanians Ask: Why Us?; Analysts Disagree on Reasons Behind Embassy Bombing", *Houston Chronicle*, 8 de agosto de 2003, p. A21.

35. Justin Huggler, "A Mercedes Was on a Roof, Blown by the Force of the Blast", *Independent*, 8 de agosto de 2003, p. 2.

36. Escritório do representante especial do secretário-geral, comunicado semanal à imprensa, 7 de agosto de 2003.

37. Helen Kennedy, "Daughters Talk of a 'Loving Dad'", *Daily News*, 2 de agosto de 2003, p. 3.

38. De início a Jordânia negou que forças norte-americanas estavam planejando entrar no Iraque. Elas não estavam "participando desta guerra", disse Marwan Muasher, ministro do Exterior da Jordânia. Estavam ali somente para treinar soldados jordanianos e defender a Jordânia contra ataques de mísseis do Iraque. Ian Cobain e Stephen Farrell, "Israeli Special Forces Join 'Secret Front' in Jordan", *Times* (Londres), 17 de março de 2003, p. 13.

39. Anthony Shadid, "Attacks Intensify in Western Iraq; Foreigners Suspected in Eight Assaults", *Washington Post*, 2 de agosto de 2003, p. A12.

40. Tamara Chalabi, "Jordan Slandered My Father at Saddam's Behest", *Wall Street Journal*, 7 de agosto de 2003, p. A10.

41. Dexter Filkins e Robert F. Worth, "11 Die in Baghdad as Car Bomb Hits Jordanian Embassy", *New York Times*, 9 de agosto de 2003, p. A1.

42. Rajiv Chandrasekaran, "Car Bomb Kills 11 in Baghdad", *Washington Post*, 8 de agosto de 2003, p. A1.

43. Filkins e Worth, "11 Die in Baghdad".

44. Thom Shanker, "Iraqis to Keep Responsibility for Guarding Embassies", *Washington Post*, 9 de agosto de 2003, p. A7.

45. Adolph, Chronology.

46. Salim Lone para SVDM, 13 de agosto de 2003.

47. SVDM para Martine Chergui, 7 de agosto de 2003.

48. SVDM, entrevistado por Irin news service, 14 de julho de 2003.

49. Office of the UN Humanitarian Coordinator in Iraq (Unochi) Centre Region, "Draft Paper on the UN Outreach Campaign in Mosul", em circulação em 17 de agosto de 2003.

50. SVDM, entrevistado por Irin.

51. SVDM, observações ao Conselho de Segurança antes da apresentação do relatório do secretário-geral, 22 de julho de 2003.

52. O Comitê para Proteger Jornalistas achou que os disparos não foram intencionais, mas que eram evitáveis. Culpou os altos oficiais norte-americanos, que sabiam que no hotel se hospedavam jornalistas, mas não transmitiram apropriadamente a informação ao comandante do tanque que disparou. A investigação militar norte-americana da morte do jornalista Mazen Dana acabaria chegando à mesma conclusão. A morte foi "lastimável", mas o soldado que atingiu Dana "agiu dentro das normas de fogos". Committee to Protect Journalists, "Iraq: CPJ Dismayed by US Investigation into Killing of Reuters Cameraman", 22 de setembro de 2003.

53. Anthony Shadid, "US Military Probes Cameraman's Death", *Washington Post*, 19 de agosto de 2003, p. A15.

54. Ibid.

55. Younes para SVDM, 18 de agosto de 2003.

56. Jamil Chade, "Ocupação é humilhante, diz Vieira de Mello", *O Estado de S. Paulo*, 18 de agosto de 2003.

57. SVDM, observações ao Conselho de Segurança antes da apresentação do relatório do secretário-geral, 22 de julho de 2003.

58. SVDM, entrevista com Packer.

59. Chade,"Ocupação é humilhante".

60. SVDM, editorial não publicado, agosto de 2003.

61. Chade, "Ocupação é humilhante".

62. Joshua Hammer, "I Saw Many Dying", *Newsweek*, 19 de agosto de 2003.

21. 19 DE AGOSTO DE 2003 (pp. 490-534)

1. Khaled Mansour para funcionários da ONU, 19 de agosto de 2003, 8h01.

2. Mansour para Veronique Taveau, 19 de agosto de 2003, 8h14.

3. A delegação do Congresso compunha-se de Maria Cantwell (D-WA), Harold Ford, Jr. (D-TN), Lindsey Graham (R-SC), Kay Bailey Hutchinson (R-TX), Jim Kolbe (R-AZ), John McCain (R-AZ) e John Sununu (R-NH).

4. Relatório do Painel Independente sobre a Segurança do Pessoal da ONU no Iraque. Disponível em: <www.un.org/news/dh/iraq/safety-security-un-personnel-iraq.pdf>, p. 14.

5. Ibid.

6. "Blast at UN Headquarters in Baghdad", CNN Breaking News, 19 de agosto de 2003, 9h01 (horário da costa leste americana).

7. Ibid.

8. Jeff Davie, "Search for the SRSG", relato interno por escrito, 11 de setembro de 2003.

9. Ibid.

10. Salim Lone, "Discussion with UN Baghdad Spokesman", CNN, 19 de agosto de 2003, 11h45 (horário da costa leste americana).

11. Salim Lone, "Interview with Spokesman for UN Special Envoy Sergio Vieira de Mello", CNN, 19 de agosto de 2003, 1h00 (horário da costa leste americana).

12. "Bagdhad UN Blast: What Future for the UN", BBC News, última atualização em 25 de agosto de 2003. Disponível em: <http://news.bbc.co.uk/2/hi/taking_point/3179795.stm>.

13. "Huge Explosion at U.N. Headquarters in Baghdad", CNN Breaking News, 19 de agosto de 2003, 12h01 (horário da costa leste americana).

14. Fred Eckhard, "United Nations Briefing Re: Bombing on U.N. Compound in Baghdad, Iraq", sede da ONU, 19 de agosto de 2003.

15. "Huge Explosion at UN Headquarters in Baghdad", CNN Breaking News, 19 de agosto de 2003, 12h03 (horário da costa leste americana).

16. Ibid.

17. Jimmy Breslin, "Dying Over Something That Never Was", *Newsday*, 22 de agosto de 2003.

18. "Huge Explosion at UN Headquarters in Baghdad", CNN Breaking News, 19 de agosto de 2003, 12h03 (horário da costa leste americana).

19. Larry Kaplow, "At a Soft Target, UN and Iraqis United by Shock", Cox News Service, 19 de agosto de 2003.

20. Jamie Wilson, "Baghdad Bombing: They Came to Bring Relief from War. Now They Are Asking: Why Us?" *Guardian*, 20 de agosto de 2003, p. 3.

21. Vários amigos e membros da família de Vieira de Mello contestam que o enviado da ONU tivesse invectivado daquela maneira. Embora ateu, eles dizem, ele era supersticioso. Além disso, estava numa posição altamente vulnerável, dependendo dos esforços de seu libertador dedicado. Eu confiei em Valentine, a única testemunha da cena, que afirma categoricamente que o diálogo foi como descrevi. Supondo que a memória de Valentine não o tenha traído, a explosão pode ser atribuída à dor que Vieira de Mello vinha sentindo, bem como à raiva com o que provavelmente viu como um proselitismo inaceitável.

22. Davie, "Search for the SRSG".

22. POST-MORTEM (pp. 535-56)

1. Secretário-geral Kofi Annan, entrevista coletiva no aeroporto de Arlanda, Estocolmo, 20 de agosto de 2003. Disponível em: <www.un.org/apps/sg/offthecuff.asp?nid=466>.

2. "UN Envoy Sergio Vieira de Mello Begins Final Journey Home", 22 de agosto de 2003. Disponível em: <www.un.org/apps/news/storyAr.asp?NewsID=8048&Cr=xxxx&Cr1=#>.

3. Kofi Annan, "Secretary-General Mourns Loss of 'Dear Friend' Sergio Vieira de Mello at Memorial Service in Rio de Janeiro", 23 de agosto de 2003. Disponível em: <www.un.org/ News/Press/docs/2003/sgsm8829.doc.htm>. O "último desejo" de Vieira de Mello, que rapidamente se popularizou, só foi mencionado na imprensa a partir do discurso de Sevan, na pista de decolagem, em 22 de agosto. No dia seguinte, o *Washington Post* publicou um artigo intitulado: "'Don't Let Them Pull the U.N. Out of Iraq'; Envoy's Final Words Related by Army Sergeant Who Tried to Free Him".

4. Kofi Annan, "Secretary-General's Press Encounter with the Ambassadors of Malaysia, Cuba and South Africa Regarding the Attack on the United Nations in Baghdad", 22 de agosto de 2003.

5. Liana Melo e Rita Moraes, "Energia e paixão: Com a mesma intensidade com que trabalhava, o diplomata reconstruía a vida afetiva", *IstoÉ*, 27 de agosto de 2003.

6. Em 21 de agosto, o FBI obteve uma confissão que deixou muito a desejar. Um grupo antes desconhecido, as Vanguardas Armadas do Segundo Exército de Maomé, reivindicou a responsabilidade: "Afirmamos com orgulho que não hesitamos sequer um momento em derramar sangue de cruzados", afirmou o grupo. Em declaração datilografada em árabe enviada ao canal de tevê por satélite de Dubai al-Arabiya, o grupo prometeu "continuar combatendo todos os estrangeiros [no Iraque] e realizar operações semelhantes". Brian Whitaker, "Mystery Group Says It Planted Baghdad Bomb", *Guardian*, 22 de agosto de 2003. Suspeitas também recaíram sobre o mulá Omar, o chefe do Talibã, que em 11 de agosto declarara à mídia árabe que os "inimigos do Islã" não eram apenas os Estados Unidos, o Reino Unido e os judeus, mas também "a ONU e outras organizações internacionais". Ramiro Lopes da Silva para a sede da ONU, 28 de agosto de 2003. A Associated Press informou sobre o teor da mensagem de duas páginas do mulá Omar, escrita em pachto, o idioma afegão, que dizia: "Ó muçulmanos, conhecei os inimigos de vossa religião — os judeus e cristãos, os Estados Unidos, a Grã-Bretanha, a ONU e todos os grupos de ajuda ocidentais são os maiores inimigos do Islã e da humanidade". Kathy Gannon, "Reclusive Taliban Leader Calls International Aid Groups 'Enemy of Islam'", Associated Press, 12 de agosto de 2003.

7. Reunião do Grupo de Coordenação do Iraque, 22 de agosto de 2003.

8. Ramiro Lopes da Silva à sede da ONU, 27 de agosto de 2003. Entre os 4233 funcionários iraquianos, 2830 trabalhavam nas províncias do norte, 157 no Iraque central, 935 em Bagdá e 311 no sul do Iraque. Kevin Kennedy para a sede da ONU, 23 de setembro de 2003.

9. Reunião do Grupo de Coordenação do Iraque, 25 de agosto de 2003.

10. Ibid.

11. Reunião do Grupo de Coordenação do Iraque, 28 de agosto de 2003.

12. Reunião do Grupo de Coordenação do Iraque, 11 de setembro de 2003.

13. Lopes da Silva à sede da ONU, 25 de agosto de 2003. Em 24 de agosto, a segurança da ONU examinou os dez hotéis usados pelo seu pessoal e reprovou cinco deles. Reunião do Grupo de Coordenação do Iraque, 25 de agosto de 2003.

14. Lopes da Silva à sede da ONU, 1º de setembro de 2003.

15. Lopes da Silva à sede da ONU, 2 de setembro de 2003.

16. Kevin Kennedy à sede da ONU, 10 de setembro de 2003.

17. Reunião do Grupo de Coordenação do Iraque, 8 de setembro de 2003.

18. Kennedy à sede da ONU, 3, 5 e 11 de setembro de 2003.

19. Kennedy à sede da ONU, 5 de setembro de 2003.

20. Kennedy à sede da ONU, 7 e 8 de setembro de 2003.

21. Kennedy à sede da ONU, 16 de setembro de 2003.

22. Relatório Ahtisaari. Disponível em: <www.un.org/news/dh/iraq/safety-security-un-personnel-iraq.pdf>.

23. Kevin Kennedy foi um dos raros funcionários da ONU que concordaram com Annan. Temendo colocar em dificuldade o pessoal iraquiano, ele escreveu a Nova York: "A ONU só deve partir se surgir uma ameaça direta e sustentada, indicadora de uma campanha organizada contra o pessoal, as instalações ou os programas da Organização". Kennedy à sede da ONU, 11 de setembro de 2003.

24. Observações do secretário-geral Kofi Annan na Cerimônia em Homenagem aos Colegas Mortos no Atentado à Missão das Nações Unidas em Bagdá, 19 de setembro de 2003.

25. Documento de Discussão Interna da ONU, Pressupostos de Planejamento, 19 de setembro de 2003.

26. Rajiv Chandrasekaran e Anthony Shadid, "Gunmen Injure U.S. Appointed Iraqi Official", *Washington Post*, 21 de setembro de 2003, p. A1.

27. David Filipov, "Rebuilding Iraq: New Strains after Iraq Blast; UN to Reconsider Staffing Levels", *Boston Globe*, 23 de setembro de 2003, p. A1.

28. Kevin Kennedy, "Baghdad Update #3: SMT Recommendations", 22 de setembro de 2003. Por sugestão de Kevin Kennedy, a Equipe de Gestão da Segurança (SMT) incluiu uma condição de que, se o secretário-geral julgasse necessário, uma pequena presença voluntária de funcionários estrangeiros poderia ser mantida em Bagdá para liderar a equipe nacional, fazer os contatos com a Autoridade Provisória da Coalizão e o Conselho Governante e reforçar a segurança no Hotel do Canal. SMT, "For Consideration of the Steering Group on Iraq, Concept of Operations for a Core Presence in Baghdad, 22 September 2003". Num memorando subsequente de 24 de setembro, Kennedy detalhou as funções dessa presença básica: "Uma presença internacional da ONU, independentemente do tamanho, é mais do que mero simbolismo; ela indica um compromisso e um envolvimento visíveis. As discussões em andamento sobre o papel futuro da Organização serão afetadas se a ONU retirar todo o pessoal internacional do Iraque, e mesmo uma presença pequena pode desempenhar um papel crucial". O abandono dos funcionários iraquianos o preocupava: "Os funcionários nacionais, independentemente da experiência e nível hierárquico, em casos de urgência, não terão o mesmo acesso à Coalizão, nem a mesma reação desta. Além disso, a retirada total do pessoal internacional pode prejudicar os programas das ONGs". Kennedy também citou a experiência da ONU com reconstrução e a ajuda do pessoal da Organização às empreiteiras civis e aos engenheiros da Coalizão. "Se todos os estrangeiros partirem, a maior parte daquele trabalho cessará, tornando um retorno maior mais difícil." A equipe básica proposta incluía dezenove funcionários da ONU. "Concept of Operations for Core International Presence in Iraq", 25 de setembro de 2003.

29. Kennedy, "Baghdad Update #3".

30. Em abril de 2004, Lopes da Silva foi nomeado diretor de país do World Food Programme (Programa de Alimentação Mundial) no Sudão.

31. Gil Loescher, diário on-line. Disponível em: <www.caringbridge.org/pa/gilloescher>.

32. O relatório de Annan ao Conselho de Segurança em agosto de 2004 dizia que a segurança do pessoal da ONU seria o "princípio diretor dominante" para todas as atividades da Organização no Iraque. Em dezembro de 2004, Annan anunciou a criação, na Sede, do Departamento de Segurança da ONU, para o qual a Assembleia Geral acrescentou 53,6 milhões de dólares ao orçamento normal da ONU. O Departamento de Segurança teria 383 cargos, 134 temporários. Ver: <www.un.org/News/Press/docs/2005/dsgsm242.doc.htm>.

33. Al-Kurdi contou que também esteve envolvido no ataque de 22 de setembro, deixando no local o carro usado pelo homem-bomba. Esteve envolvido num ataque, em 12 de novembro de 2003, à sede da polícia italiana em Nasiriyah, matando dezenove italianos, as primeiras baixas da Itália na Guerra do Iraque e a pior perda de vidas daquele país, num incidente individual, desde a Segunda Guerra Mundial. Vinte italianos foram feridos. Ao menos oito iraquianos foram mortos, e mais de cinquenta, feridos. Ele também confessou o assassinato de Izziden Salim, o antigo

presidente do Conselho Governante do Iraque. Al-Kurdi foi preso em 15 de janeiro de 2005 e depôs em 30 de março perante a Corte Criminal Central Iraquiana.

34. Todas as citações da confissão extraídas de Ashraf Jehengir Qazi para Ibrahim Gambari, "Meeting with Awraz Abd Al Aziz Mahmoud Sa'eed, aka Al Kurdi", Telegrama Codificado CZX--251, 3 de julho de 2006.

EPÍLOGO (pp. 557-76)

1. Felicity Barringer, "UN Chief Says New Force in Iraq Can Be Led by U.S.", *New York Times*, 23 de agosto de 2003, p. A2. "Desempenhamos um papel vital", Annan disse. "Mas o fizemos graças àquela personalidade. Por Sergio ser quem ele é. Da próxima vez, os mandatos precisam ser bem claros e definidos. Não posso depender de personalidades. Eu tinha apenas um Sergio."

2. SVDM, "The World's Conscience: The UN Facing the Irrational in History", aula inaugural no Graduate Institute of International Studies, Genebra, 2 de novembro de 2000, p. 11.

3. Ibid., p. 6.

4. SVDM, "Global Governance and the UN", discurso na reunião anual da Comissão Trilateral, Tóquio, 2000.

5. SVDM, "War and Politics: The Humanitarian Deceit" (escrito em 1998, inédito), p. 2.

6. Ibid., p. 4.

7. SVDM, "The World's Conscience", p. 11.

8. SVDM, "The Future of UN State-Building", conferência na International Peace Academy, 18-19 de outubro de 2002. Disponível em: <www.ipacademy.org/pdfs/YOU_THE_PEOPLE.pdf>.

9. Ibid.

10. Ibid.

11. Ibid.

12. SVDM, "War and Politics", p. 10.

13. SVDM, "Challenges in Peacekeeping: Past, Present and Future", Nova York, 29 de outubro de 2002.

14. SVDM, "Philosophical History and Real History: The Relevance of Kant's Political Thought in Current Times", Geneva International Peace Research Institute, 4 de dezembro de 1991.

15. SVDM, "The World's Conscience", p. 11.

Lista de entrevistas
(exceto fontes que pediram para não ser nomeadas)

Hamid Abdeljabar
Mort Abramowitz
Robert Adolph
Enrique Aguilar
Rafeeuddin Ahmed
Salman Ahmed
Jean-Claude Aimé
Yasushi Akashi
Marwan Ali
Mari Alkatiri
John Almstrom
Domingos Amaral
Victor Andreev
Hedi Annabi
Kofi Annan
Jamshid Anvar
Eduardo Arboleda
Louise Arbour
Ghassan Arnaout
Kofi Asomani
Jahanshah Assadi
Reginald Austin
Øivind Baekken

Omar Bakhet
Anthony Banbury
Maurice Baril
Romain Baron
Mark Baskin
Afsane Bassir-Pour
Elizabeth Becker
Jamal Benomar
Catherine Bertini
Nick Birnback
Anne-Wilhelm Bjeleveld
Barbara Bodine
Mieke Bos
Joel Boutroue
Lakhdar Brahimi
Rony Brauman
L. Paul Bremer
Sten Bronee
Scott Brown
Thomas Bryant
Patrick Burgess
Terry Burke
Adam Bye

Dawn Calabria
William Callaghan
Mark Calvert
Luciano Cappelletti
Fiorella Cappelli
Tim Carney
Chris Carpenter
J. Carter
Alexander "Sacha" Casella
Heidi Cervantes
Rajiv Chandrasekaran
Edwin Chaplin
Alain Chergui
David Chikvaidze
Raymond Chrétien
Christa Christensen
Sarah Cliffe
Pierre Coat
Dan Conway
Hans Correll
Nick Costello
Ryan Crocker
Jacques Cuénod

Mark Cutts
Guillermo Dacuhna
Nici Dahrendorf
Flavio da Silveira
John Dauth
Leon Davico
Jeff Davie
Graham Day
Virendra Dayal
Josette Delhomme
Daisy Dell
Staffan de Mistura
MChefike Desalegn
Leandro Despouy
Giuseppe de Vincentis
Eugene Dewey
Robert Dillon
Antonio Carlos Diegues
  Santana
Laura Dolci-Kanaan
Pat Dray
Frank Dutton
Fred Eckhard
Kai Eide
Jan Eliasson
Ralf Embro
Maria Therese Emery
Steve Erlanger
Gareth Evans
Caroll Faubert
Ahmad Fawzi
Alan Fellows
Sylvana Foa
François Fouinat
Helena Fraser
Louise Fréchette
Bill French
Thomas Fuentes
Don Gagliano
Peter Galbraith
Ejup Ganic
Timur Goksel
George Gordon-Lennox

Filippo Grandi
Jeremy Greenstock
Martin Griffiths
Robin Groves
Stuart Groves
Jean-Marie Guéhenno
Vladislav Guerassev
Iain Guest
Xanana Gusmão
Francisco Guterres
Richard Haass
David Haeri
Raymond Hall
Jean Halpérin
Don Hamilton
Josh Hammer
John Hansen
David Harland
Eric Hartman
Ingrid Hayden
Barbara Hendricks
Gavin Hewitt
Fabrizio Hochschild
Nicole Hochschild
Jean-Pierre Hocké
Richard Holbrooke
Dwaine Holland
Larry Hollingworth
Franz-Josef Homann-
  -Herimberg
Raymond Hunston
Zeid Raad Zeid al-Hussein
Gamal Ibrahim
Filomeno Jacob
Pierre Jambor
David Jamieson
Kris Janowski
Udo Janz
Carmela Javier
Søren Jessen-Petersen
Sidney Jones
Nils Kastberg
Kevin Kennedy

Patrick Kennedy
Randolph Kent
Rashid Khalikov
Irene Khan
Charles Kirudja
Lennart Kotsalainen
Bernard Kouchner
Robert Kroon
Andreas Kuhn
Vance Kuhner
Nina Lahoud
David Lambo
Carolina Larriera
Romano Lasker
Jean-David Levitte
Gil Loescher
Salvatore Lombardo
Salim Lone
Ramiro Lopes da Silva
Damien Loras
Shep Lowman
Ruud Lubbers
James Lynch
John MacInnis
Caroline McAskie
Dennis McNamara
Antonio Carlos Machado
Scott Malcomson
Mark Malloch Brown
David Malone
Richard Manlove
Marilyn "Lyn" Manuel
David Marshall
Harriet Martin
Ian Martin
Armando Martinez Valdes
Kati Marton
Amor Masovic
Brad May
José Marie Mendiluce
Claire Messina

Robert Misrahi (entrevista realizada por Michel Thieren)
Pervez Mita
Hiroko Miyamura
Darko Mocibob
Kevin Moley
Michael Moller
Jonathan Moore
Katie Moore
Luis Moreno Ocampo
Fabienne Morisset
Kamel Morjane
Nicholas Morris
Edward Mortimer
Ross Mountain
Nader Mousavizadeh
Sue Munch
Hasan Muratović
Thant Myint-U
Basilio do Nascimento
Izumi Nakamitsu-
-Lennartsson
Elisabeth Naucler
Aryeh Neier
Simon Niersz
Norah Niland
Ingrid Nordstrom-Ho
Sadako Ogata
Tadhg O'Neill
Robert Orr
Adnan Pachachi
George Packer
Maria Christina Penna
Agio Pereira
Carina Perelli
Genevieve Personnaz
Michel Personnaz
Ana Pessoa
Gaby Pichon
Paulo Sergio Pinheiro
John Pomfret
Jean-Claude Pomonti

Heidi Postlewait
Antonia Potter
Kieran Prendergast
Jonathan Prentice
Ashraf Jehangir Qazi
Mark Quarterman
Bertrand Ramcharan
José Ramos-Horta
Carole Ray
Ron Redmond
Kathleen Reen
Grover Joseph Rees
David Richmond
Mona Rishmaw
Paul Risley
Iqbal Riza
Courtland Robinson
Geoffrey Robinson
Michael Rose
Lionel Rosenblatt
Ken Roth
Stanley Roth
Taur Matan Ruak
John Ruggie
John Russell
Dennis Sabal
Luis Moreno Ocampo
Joe Sacco
Ghassan Salamé
Tamrat Samuel
Samir Sanbar
John Sanderson
Domingos Marie Sarmento
Micheline Saunders
John Sawers
Eric Schwartz
Simon Shadbolt
Anthony Shadid
Nadine Shamounki
Haris Silajdžić
André Simões
Renata Simões
Lamin Sise

Sichan Siv
Brad Smith
Richard Smyser
Bernabe Barreto Soares
Nancy Soderberg
Andrew Sokiri
George Soros
Andre Soubirou
Douglas Stafford
Max Stahl
Jonathan Steele
Donald Steinberg
Annick Stevenson
Colin Stewart
Pat Stogran
Ronnie Stokes
Thorvald Stoltenberg
Carl Strock
Hansjörg Strohmeyer
Paul Stromberg
Athar Sultan-Khan
Zoreh Tabatabai
Julia Taft
Shawbo Taher
Jeanetta Terry-Short
Shashi Tharoor
Nate Thayer
Andrew Thomson
Cedric Thornberry
Daniel Toole
Danilo Turk
Bob Turner
Jack Turner
Charlie Twining
Oliver Ulich
Sarah Uppard
Lola Urožević
Brian Urquhart
Andre Valentine
Olivier Van Bunnen
Stéphane Vandam
Wibo van de Line
Robert Van Leeuwen

Fransesc Vendrell
David Veness
Annie Vieira de Mello
Antonio Vieira de Mello
Gilda Vieira de Mello
Sonia Vieira de Mello

Jeff "Rand" Vollmer
William von Zehle
Gerald Walzer
Brad Ward
Judtya Wasowska
Pat White

Michael Williams
Guy Willoughby
David Wilmhurst
James Wolfensohn
Kirsten Young

Créditos das fotografias

IMAGENS INTERNAS

Páginas 33, 37, 47, 54: Cortesia de Gilda Vieira de Mello
Página 49: Foto do Acnur
Página 119: Foto da ONU/DPI
Página 125: Cortesia de Mieke Bos
Página 147: Acnur/I. Guest
Página 163: Francois Briquemont/Ediciones Tricorne
Página 195: Cortesia de Michael Rose
Página 218: Gilles Peress/Magnum Photos
Página 251: Hazir Reka/Reuters
Página 271: *The NewsHour with Jim Lehrer*, MacNeil-Lehrer Productions
Página 281: Ivan Miluntinovic/Reuters
Página 283: AP Images/Peter Kujundzic
Página 318, todas: AP Images/John Stanmeyer/VII
Página 322: AP Images/Jason Reed
Página 324: The New York Times Graphics
Página 346: Matthew Sleeth
Página 376: AP Images/Dita Alangkara
Página 379: Denis Balibouse/Reuters
Página 433: AP Images/Bullit Marquez
Página 448: AP Images/Samir Mezban
Página 459: Stan Honda/Getty Images

Página 472: Cortesia da ONU, fotógrafo desconhecido
Página 502: João Silva/ *The New York Times*
Página 508: Rob Gauthier/Reuters
Página 534: AP Images/Firdia Lisnawati
Página 540: Frederic Neema/Gamma/Eyedea Presse
Página 542: AP Images/Robert Sullivan

IMAGENS DO CADERNO DE FOTOS

Páginas 1-4, todas: cortesia de Gilda Vieira de Mello
Página 5, no alto: cortesia de Gilda Vieira de Mello; embaixo: cortesia de Timur Goskel
Página 6, no alto: Sylvana Foa, cortesia de Jamshid Anvar; embaixo: cortesia de Gilda Vieira de Mello
Página 7, todas: cortesia de Mieke Bos
Página 8, todas: cortesia de Michael Rose
Página 9, no alto: AP Images/Srdjan Suki; embaixo: Foto da ONU/DPI
Página 10, no alto: AP Images/Ruth Fremson; embaixo: cortesia de Gilda Vieira de Mello
Página 11, no alto: Commonwealth of Australia; embaixo à esquerda: Edy Purnomo/Getty Images; embaixo à direita: Nicole Hochschild
Página 12, no alto: cortesia de Dennis McNamara; no meio: Foto da ONU/DPI; embaixo: cortesia de Carolina Larriera
Página 13, no alto à esquerda: cortesia de Jonathan Prentice; no alto à direita: cortesia de Gilda Vieira de Mello; embaixo: Foto da Casa Branca de Eric Draper
Página 14, no alto: AP Images/Vahid Salemi; embaixo: cortesia de Carolina Larriera
Página 15, no alto: Stan Honda/Getty Images; embaixo: cortesia de Carolina Larriera
Página 16, no alto: AP Images/Victor R. Caivano; embaixo: Vania Laranjeira

Índice remissivo

Páginas em *itálico* referem-se a ilustrações.
"SVDM" refere-se a Sergio Vieira de Mello.

Abdullah, príncipe herdeiro, 460

Abona, Saad Hermiz, 536

Abu Ghraib, 398, 464, 485, 555

Abu Nidal, 63, 588

Abu Walid, 62

"ação afirmativa", 166, 171

ACNUDH *ver* alto-comissário das Nações Unidas para os Direitos Humanos (ACNUDH)

Acordo de Paz de Dayton, 216

acordo de paz de Paris: Akashi relutante em usar sua autoridade, 119; assinatura, 91, 96; criação do Conselho Nacional Supremo, 592; livre movimento concedido pela ONU, 129; mediação de Sihanouk, 104; negociação de SVDM com o Khmer Vermelho, 122; sobre o Khmer Vermelho como uma facção entre muitas, 105, 124

Adolph, Robert: Avaliação do Perigo de Junho, 470; como coordenador de segurança da missão da ONU, 445; na cidade de barracas após o ataque ao Hotel do Canal, 520; sobre o excesso de pessoal da ONU no Iraque, 468, 471; sobre o muro no perímetro do Hotel do Canal, 446

Afeganistão: Brahimi como enviado da ONU, 421; comparado por Rice com o Iraque, 416; Rumsfeld sobre a construção da nação, 625; SVDM e a armadilha humanitária, 259, 260, 261; Talibã, 259, 260, 261, 383, 397, 565, 634; tortura, 406

Aghadjanian, Paul, 468, 478, 547

Ahmed, Salman, 433, 434, 474, 481, 620, 626

Ahtisaari, Martti, 295, 296, 547, 630, 631, 634

aids/HIV, 140, 560

Aimé, Jean-Claude, 66, 146

Akashi, Yasushi, 592; chefe do Departamento de Assuntos Humanitários da ONU, 230, 249; chegada ao Camboja, 113; com Boutros Boutros-Ghali, *147*; como chefe da UNTAC, 97, 299; como representante especial na Iugoslávia, 173; crítica aos Estados Unidos, 198, 199, 602; críticas de SVDM, 152, 213; desafio do Khmer Vermelho, 129, 130, 131; desapontamento do Khmer Vermelho com, 120; e as tropas de paz da ONU escoltando tanques sérvios, 200; e bombardeios da OTAN na Bósnia, 179, 180, 192, 214; e o ataque sérvio ao enclave de Gorazde, 186, 188, 192, 197, 198; e o colapso da segurança no Camboja, 141; e o massacre no mercado de Sarajevo, 177; exclusão de SVDM da tomada de decisões, 148; marginalização do Khmer Vermelho, 126, 132; recusa do Khmer Vermelho de lidar com, 133; relações tensas com SVDM, 131; rompimento do contato de SilajdûiÊ com, 194; sobre a prostituição no Camboja, 140, 141; sobre a recusa do uso da força no Camboja, 130; sobre as eleições cambojanas, 150; sobre o retorno à vida normal na Bósnia, 183; sobre o tribunal de crimes de guerra da ONU, 203

Al-Assad, Bashar, 460

Albright, Madeleine, 199, 310, 602

Al-Faridhi, Mohammed, 449

Al-Farra, Reham, 536

Al-Hakim, Abdul Aziz, 455, 629

Al-Hakim, Mohammed Baqir, 449, 451, 629

Al-Hashimi, Aquila, 449, 455, 545

Al-Hussein, Zeid Raad Zeid, 384, 481

Ali, Marwan: e al-Sistani, 450; e as críticas de Bremer a SVDM, 488; e Hooper pouco antes da explosão, 494, 495; e SVDM mantendo as aparências com o pessoal da ONU, 474; férias na Jordânia, 493; sobre a descoberta do mundo do Iraque por SVDM, 450; sobre a falta de clareza da Resolução 1483 do Conselho de Segurança, 440; sobre a raiva dos iraquianos, 492; sobre a situação de segurança do Iraque, 483; sobre os ferimentos de Manuel, 501; sobre SVDM e a Coalizão, 456

Ali, Tariq, 627

Al-Jobory, Emaad Ahmed, 536

Alkatiri, Mari, 431, *534*

Al-Kurdi, Abd Al Aziz Mahmoud Sa'eed, 553, 554, 555, 556, 635, 636

Al-Mahdawi, Raid Skaker Mustafa, 536

Al-Massri, Abu Farid, 554

Almstrom, John, 188, 192, 193

Al-Orfali, Omar Kahtan Mohamed, 536

Al-Qadi, Leen Assad, 536

Al-Qaeda: ataques a embaixadas norte-americanas, 261, 481; Bin Laden, 261, 396, 482; Bush nega as proteções da Convenção de Genebra aos suspeitos da, 383; no Afeganistão, 261; no atentado ao Hotel do Canal, 553; no Iraque, 481, 482, 497; SVDM sobre a abordagem norte-americana à, 565

Al-Saadi, Haider Mansour, 546

Al-Sadr, Ismail, 488

Al-Sadr, Mohammed Baqir, 451

Al-Sadr, Moqtada, 418, 427, 449, 450, 462, 488

Al-Sistani, Ali, 449, 450, 451, 545

Alto Comissariado das Nações Unidas para os Direitos Humanos (ACNUDH): abordagem de SVDM, 390, 391, 392, 393; mudança da visão de direitos humanos de SVDM, 570; planos de reestruturação de SVDM, 488; retorno planejado por SVDM, 22, 428, 490; SVDM torna-se alto-comissário, 28, 382, 383, 384, 385

Alto Comissariado das Nações Unidas para os Refugiados (ACNUR): "fundamentalistas" dos direitos versus "pragmatistas", 254; atacado no Timor Leste, 358, 359, 618; autonomia, 254; controvérsia de Dayal, 84; crescimento, 75, 76; críticas às políticas em Ruanda, 217, 248; defesa da FORPRONU, 211, 212; dependência em relação aos governos, 246; e conferência intergovernamental sobre a ex-União Soviética, 208, 209; e refugiados cambojanos, 91, 97-156; e refugiados curdos pós-Guerra do Golfo, 90; e refugiados kosovares, 270, 272; e refugiados ruandeses, 218-250; e refugiados vietnamitas, 86, 87, 88, 89, 210; Hocké como alto-comissário, 81, 82, 83; ingresso de SVDM, 42; Jamieson como mentor de SVDM, 42, 43, 44, 45, 46, 48, 49, 50, 51, 52, 53; Lubbers como alto-comissário, 353; no Timor Leste, 320; nos Bálcãs, 91; Ogata torna-se alto-comissário, 85; reputação, 45; saída de SVDM do Camboja, 150; saída definitiva de SVDM, 250; SVDM como diretor de relações externas, 91; SVDM como diretor do Escritório da Ásia, 86, 122; SVDM como representante regional para a América do Sul, 81; SVDM como subchefe de serviços de pessoal, 75; SVDM diretor de planejamento de políticas e operações, 208; SVDM tira férias para ir ao Líbano, 54; SVDM visto como substituto de Ogata, 154, 352, 353

Al-Zarqawi, Abu Mussab, 553, 629

Amal, 57

Amanpour, Christiane, 233, 291

Amaral, Domingos, 342, 343

Anderson, John Lee, 470

Andreev, Viktor, 208, 599, 601

Angola, 148, 149, 151, 291, 597, 610

Annan, Kofi: Bin Laden sobre, 396; decepção do pessoal da ONU com, 547; declaração sobre o ataque ao Hotel do Canal, 518, 519; divórcio, 386; e a administração do Kosovo pela ONU, 296, 297, 312; e a ameaça dos EUA de invadir o Iraque, 400, 403; e a crise humanitária no Timor Leste, 321, 323, 324, 327; e a intervenção da OTAN no Kosovo, 266, 268, 269, 273, 277; e a missão de SVDM por trás das linhas sérvias, 273, 275, 279; e as armas de Saddam Hussein, 253, 254; e o aumento da segurança do quartel-general da ONU em Bagdá, 544, 546, 634; e o papel da ONU no Iraque pós--invasão, 410, 413; e substituição de Ogata como alto-comissário da ONU para Refugiados, 352, 353; e SVDM como subchefe de serviços de pessoal do ACNUR, 75; escândalo do Programa de Petróleo por Alimentos, 628; escolha do administrador para o

Timor Leste, 331, 332; fase de segurança "V" para o Timor Leste, 359; homenagem às vítimas de Bagdá, 545, 558; investigações sobre a segurança do pessoal, 546, 547; na cerimônia da independência do Timor Leste, 376; no restabelecimento da presença da ONU no Iraque, 552, 635; planos de reforma da ONU, 254; prorrogação da licença de SVDM do ACNUR, 207; sobre a continuação da missão no Iraque, 537, 538, 539; sobre a ilegalidade da invasão da Coalizão, 474; sobre a intervenção humanitária, 268; sobre a Resolução 1483 do Conselho de Segurança, 426, 627; sobre o desejo de SVDM de estar na linha de frente, 81; sobre o lançamento de operações da ONU, 340; sobre SVDM merecendo férias, 489, 636; sobre SVDM tendo contraído o "vírus político", 95; SVDM nomeado alto-comissário das Nações Unidas para os Direitos Humanos, 382, 383; SVDM nomeado representante especial do secretário-geral para o Iraque, 421, 422, 424, 425, 427, 428, 429, 430, 431, 434; SVDM nomeado subsecretário-geral para assuntos humanitários, 249, 253; SVDM sobre o papel do secretário-geral, 384, 385; tornando-se secretário-geral, 247

Ansar al-Islam, 481

Anvar, Jamshid, 49, 51, 76, 101, 594

Aquino, Corazón, 383

Arafat, Yasser, 62, 65, 69, 466, 588, 589

Arboleda, Eduardo, 287, 304

Arbour, Louise, 275, 276, 291, 292, 551

Área de Desenvolvimento de Petróleo Conjunta, 370

Argov, Shlomo, 63, 588

Armitage, Richard, 405, 624

Arnaout, Ghassan, 52

Arraf, Jane, 504

Assadi, Jahanshah, 76, 77, 87, 110, 118, 123, 125, 126, 127, 128, 129, 132, 136, 154, 595

Austin, Reginald, 131, 150

Autoridade Provisória da Coalizão (APC): criação, 418; *ver também* Bremer, L. Paul

Ayun, Y-Pen, 143, 144, 596

Azerbaijão, 209, 624

Baath, partido, 21, 417, 419, 434, 438, 447, 455, 626

Baker, James, 460

Bakhet, Omar: e a paixão de SVDM pelas mulheres, 78; e o budismo, 389; e o encontro de SVDM com Prodi, 414; e SVDM sobre os inspetores de armas da ONU espionando para os EUA, 264; encontro com Kabila, 231, 232, 237; mostrando locais do genocídio ruandês a SVDM, 227; sobre a defesa da tese de SVDM, 92; sobre a missão de SVDM no Kosovo, 274, 283, 289, 290, 291, 292, 293; sobre o relacionamento de SVDM com Larriera, 386; sobre SVDM como futuro secretário--geral, 154; sobre SVDM no Iraque, 462; vida após o ataque ao Hotel do Canal, 550

Bali: atentado contra casa noturna em, 396, 397

Banbury, Anthony, 194, 195, 404, 405, 407

Bangladesh, 19, 33, 46, *47*, 51, 60, 68, 84, 96, 142, 146, 221, 366, 586

Baril, Maurice, 234, 235, 237, 238, 606

Baron, Romain, 533

Baskin, Mark, 195, 200

Becker, Elizabeth, 422, 423, 615

Begic, Hasan, 183

Belo, Felipe Ximenes, 389, 534

Ben Ali, Zine El Abidine, 424, 429

Benomar, Jamal, 433, 440, 442, 447

Berger, Sandy, 267, 320, 610, 614

Bertron, Jean-Marie, 139

Beye, Alioune Blondin, 597

Bin Laden, Osama, 261, 396, 622

Black, Cofer, 397, 622

Blair, Tony, 412, 413, 416, 625, 626

Blitzer, Wolf, 504, 532

Blix, Hans, 403

Bloch, Ernst, 93

Bolívar, Simón, 94

Bolton, John, 84, 85, 395, 622

Bondsteel, Camp, 310, 439

Bonino, Emma, 234, 239

Borges, Jorge Luis, 387, 540

Bos, Mieke: e a "História Filosófica" de SVDM, 93; no Camboja, 99, 100, 101, 105, 123, *125*, 127, 128, 129, 131, 132, 148

Bósnia, 158-204; ataque sérvio ao enclave de Gorazde, 23, 185-97, 201, 212; chegada de SVDM, 160, 161; concertos de Barbara Hendricks, 169, 312; e a missão da Somália, 162; envolvimento da OTAN, 177-81, 186-92, 201, 202, 212, 213, 214, 215, 600; escolta de tanques sérvios por tropas de paz da ONU, 199; imparcialidade da ONU, 170, 171, 172, 173, 174, 203, 206; investimento dos países doadores, 155; massacre do mercado, 175, 176; negociação da troca de prisioneiros, 202; nova ofensiva sérvia contra, 214; perda do espírito multiétnico, 573, 574; ponte aérea humanitária, 160, 168, 216, 598; população, 159; Resolução 836 do Conselho de Segurança, 25, 189, 212; retorno à vida normal, 180, 181, 182, 183; retorno de SVDM em 1996, 216; rotina de SVDM em Sarajevo, 162, 163, 164, 165; Srebrenica, 212, 213, 214, 566; SVDM como chefe do Departamento de Assuntos Civis, 172, 184, 185; SVDM evacuando civis de Sarajevo, 165, 166, 167, 168; tropas de paz da ONU, 159-60, 170-80, 187-97, 212-6, 352

Boutros-Ghali, Boutros: críticas dos bósnios a, 172, 176; e a nomeação de Akashi na Bósnia, 173, 599; e ataque sérvio ao enclave de Gorazde, 198; e o Camboja, 146, *147*, 151; escolha do enviado especial a Ruanda, 229; prorrogação da licença de SVDM do ACNUR, 207; sobre o poder aéreo, 178; sobre tropas para Ruanda, 220; tentativa fracassada de nomear SVDM representante especial em Angola, 148, 149, 153, 154; veto ao segundo mandato pelos EUA, 247, 608

Brahimi, Lakhdar, 332, 333, 413, 421, 433, 434, 604, 625

Bremer, L. Paul: assumindo o controle do Iraque, 418, 626; conselho de SVDM sobre o trabalho com, 493; diminuição da influência de SVDM sobre, 459, 485; e detentos sob custódia norte-americana, 20, 462, 463, 464; e eleições, 453, 465; e o ataque a granada ao escritório da OIM, 470; e o Conselho Governante, 440, 453, 454, 455; e tentativa de resgate no Hotel do Canal, 503, 521; entrevista coletiva na chegada de SVDM ao Iraque, 436; estilo de vestir, 443; extinção do Exército iraquiano, 21, 419, 447; informado da explosão no Hotel do Canal, 496, 497; ordem de desbaathização, 21, 418, 446, 449, 627; primeiro encontro com SVDM, 439, 440; programação do encontro de SVDM com, 20, 492, 493; recusa em compartilhar informações com a ONU, 476; relacionamento com SVDM, 449, 456, 487; resistência às sugestões da ONU, 21, 447, 457, 462; reunião com Loescher e Helton, 492; sobre a Constituição para o Iraque, 440, 450, 451; sobre a Resolução 1483 do Conselho de Segurança, 442; sobre o encontro de SVDM com Al-Sistani, 450

Briquemont, Francis, 162, 163, 166, 169, 172

Bronee, Sten, 101, 591

Brown, Mark Malloch, 78, 411, 426, 608

Brown, Scott, 493

Browning, Stephen, 419

Buenaventura, Ranillo, 494, 498, 499, 536, 550

Burgess, Patrick, 324, 325, 326, 328

Burke, Terry, 282, 288

Bush, George W.: ameaças de invasão do Iraque, 400, 401, 402, 403; crítica de Mary Robinson, 383; críticas de Larriera e Gilda Vieira de Mello, 552; declaração de "missão cumprida", 415; declaração sobre o ataque ao Hotel do Canal, 521; domínio norte-americano no Iraque, 416, 417; e a Corte Criminal Internacional, 394, 570; e a nomeação de SVDM no Iraque, 21, 424, 627; e a Resolução 1483 do Conselho de Segurança, 427; e tortura, 397, 398; encontro com SVDM, 404, 406, 407; ênfase na liberdade, 28; forças norte-americanas acusadas do ataque ao Hotel do Canal, 543; guerra ao terrorismo, 381; hostilidade à ONU, 398, 400, 401, 405, 412, 543; invasão do Iraque, 407, 408, 409; ponto de vista dicotômico, 575; sobre a Al-Qaeda e o Onze de Setembro, 482; sobre a solução dos dois Estados para o problema palestino, 624; sobre o papel da ONU no Iraque pós-invasão, 411, 412, 413; sobre o restabelecimento da presença da ONU no Iraque, 552; unilateralismo, 395

Butler, Richard, 265

Caceres, Carlos, 358, 359

"caixa-preta", 120, 441

Calabia, Dawn, 210

Callaghan, William: como comandante da UNIFIL, 56; e a invasão de 1982 do Líbano por Israel, 63, 65, 66, 67; encontros sem testemunhas, 103; oposição israelense a, 58, 68; sobre operações militares multinacionais, 60, 589; sobre os interesses militares de SVDM, 59

Calvert, Mark, 510, 544

Camboja, 96-156; acordo de paz de Paris, 91, 96, 104, 105, 119, 122, 124, 129, 592; aids, 140; amizade de SVDM com os poderosos, 103, 104, 105, 106; colapso da segurança, 141, 142; comparação dos refugiados com os de Ruanda, 223, 241; conclusão da repatriação dos refugiados, 145, 146; crítica de Courtland Robinson à operação de repatriação, 152; eleições, 147, 149, 150; evacuação dos Montagnards, 143, 144, 145; formação da equipe de SVDM, 99, 100, 101, 102, 103; guerra civil, 98; malária, 108, 112, 126, 127; minas terrestres, 108, 115, 133; morte de trabalhadores da ONU, 146, 147, 597; Norodom Ranariddh, 141, 150, 151;

Norodom Sihanouk, 103, 104, 106, 118, 141, 150, 382; ocupação vietnamita, 130; oferta de dinheiro, 110, 111, 112; plano de repatriação realista de SVDM, 106, 107, 108, 110, 111, 112, 113; policiamento da repatriação, 114, 115, 135; primeiro comboio de refugiados, 113, 114, 115, 116, 117, 118; prostituição, 140; reabertura da ferrovia, 113; tropas de paz, 97, 98, 114, 115, 116, 119, 128, 129, 139, 140, 141, 142, 143, 567; *ver também* Hun Sen; Khmer Vermelho

Camp Bondsteel, 310, 439

Cantwell, Maria, 632

captura extraordinária, 398, 623

Caputo, Dante, 85

Carter, Jimmy, 55, 591

Casella, Alexander "Sacha", 79, 80, 88, 89

Centro de Combate às Minas do Camboja, 108

Cervantes, Heidi, 80

Chade, Jamil, 487, 632

Chalabi, Ahmad, 21, 481, 626, 631

Chandrasekaran, Rajiv, 457, 616, 617, 618, 622, 628, 631, 635

Cheney, Dick, 20, 585

Chergui, Alain: férias do Iraque, 482, 483, 493; no Timor Leste, 350, 357, 374; notícia do ataque ao Hotel do Canal, 516; sobre a ameaça da Al-Qaeda à ONU, 482; sobre a equipe do Iraque, 434; sobre a segurança da ONU em Bagdá, 468, 469; sobre a segurança do hotel de SVDM em Bagdá, 445; sobre as tensões com as forças da Coalizão, 442, 443; sobre o escritório para SVDM em emergências, 484; vida após o ataque ao Hotel do Canal, 550

Chernomyrdin, Viktor, 295, 296

Chikvaidze, David, 283, 284, 288

China, 267, 336, 402, 561

Chopra, Jarat, 593, 596, 597, 616, 617

Chrétien, Raymond, 230, 231, 606

Churkin, Vitaly, 191

"cidade de barracas", 445, 503, 517, 520, 530

Civitas Maxima: Origens, Fundamentos e Significado Filosófico e Prático do Conceito de
Supranacionalidade (Vieira de Mello), 92, 592

Clapham, Andrew, 501

Clark, Gillian, 536, 602

Cliffe, Sarah, 347

Clinton, Bill: ameaça de bombardear o Iraque, 254; assinatura do tratado da Corte Criminal Internacional, 395; capturas de suspeitos, 623; e a Bósnia, 177, 178, 181, 188, 190; e o Kosovo, 266, 267, 268, 269, 272, 279, 295, 296, 310, 315, 402; e o Timor Leste, 320, 327, 328, 330, 332, 376; e Ruanda, 225, 229; e Somália, 156, 162; e veto ao segundo mandato de Boutros-Ghali, 608; ponto de vista de SVDM sobre o governo de, 210; sobre a solução dos dois Estados para o problema palestino, 624

CNN: aparição de Lone, 516; cobertura da morte de SVDM, 532; defesa da ONU por Annan na, 277; descredenciamento pelos sérvios, 189; filhas de Saddam Hussein na, 480; Rose sobre as pessoas aparecendo na, 174; sobre a evacuação do pessoal da ONU no Timor Leste, 324; sobre a explosão do Hotel do Canal, 497, 503, 504, 515, 529; sobre as conversações ONU-Kabila, 233; sobre o caminhão usado no ataque ao Hotel do Canal, 525; sobre o indiciamento de Milosˇevic´ por crimes de guerra, 291, 292; sobre os ataques de 11 de setembro de 2001, 372; uso pelas partes beligerantes na Iugoslávia, 177, 280

Coelho, Paulo, 474

Cohen, Elliot, 178

Comitê dos Advogados pelos Direitos Humanos, 384, 431

Congo, 56

Connor, Joe, 255

Conselho Governante: assassinato de al--Hashimi, 545; distanciamento em relação à ONU, 487; nome árabe, 454; plano de Bremer para comitê consultivo, 440, 454; promoção por SVDM, 459, 460; reunião inaugural, 455, *459*; SVDM na criação do, 454, 455

Conselho Nacional Supremo, 104, 105, 592

Conselho Supremo para a Revolução Islâmica no Iraque (CSRII), 451, 455

"construção da nação", 29, 412, 486, 573

Convenção de Genebra, 383, 420

Cook, Robin, 320

Cosgrove, Peter, 343, 344, 615, 618

Costello, Nick, 196, 197

Croácia, 91, 159, 160, 184, 281, 292, 368, 598, 599, 600, 602, 603

Crocker, Ryan: ao deixar Bagdá, 459; como consultor de Bremer, 439; na inauguração do Conselho Governante, 456; persuadido por SVDM, 62; sobre o nome árabe para o Conselho Governante, 454; sobre SVDM como o melhor da ONU, 439; visitas de SVDM a Beirute, 71

curdos: genocídio, 402; refugiados após a Guerra do Golfo, 90, 94, 591; sobre o Conselho Governante, 455

Curran, John, 507, 620

Dahrendorf, Nici, 112, 117, 121

Dallaire, Roméo, 234

Dana, Mazen, 485, 632

"Dar uma Chance à Guerra" (Luttwak), 262

Dauth, John, 329

Davie, Jeff: sobre as suspeitas mútuas entre a ONU e a Coalizão, 443, 477; sobre o atentado à embaixada jordaniana, 480; tentativa de resgate de SVDM, 496, 504, 505, 507, 508, 509, 514, 517, 528, 531

Dayal, Virendra, 67, 68, 84, 85

Desalegn, Chefike, 230

desbaathização, 21, 419, 446, 447, 448, 626

Di Rita, Larry, 481

direitos humanos: Comissão dos Direitos Humanos da ONU, 391, 392; concessões de SVDM à custa dos, 287, 559, 570; democracia versus dignidade humana, 31; diferença em relação à ação humanitária, 258; dile-

mas para sua obtenção, 571; e a nomeação de SVDM para o Iraque, 423, 431; e o acordo ONU-Talibã, 260; em Ruanda, 216, 218, 226, 227, 241; excepcionalidade norte-americana e, 394, 395, 397, 398, 399; intervenção para acabar com suas violações, 400; limpeza étnica e, 285, 286, 290, 293; no encontro de SVDM com George Bush, 404, 406, 407; no Iraque, 463, 464, 571; no Kosovo, 269; para a estabilidade entre os Estados, 393, 571; SVDM como não sendo um típico defensor dos, 383, 384; SVDM estudando a teoria e prática dos, 386; SVDM na ONU em defesa dos, 270; SVDM tornando-se defensor explícito dos, 569, 570, 571, 573; versus segurança no Timor Leste, 350; violações pelo Khmer Vermelho, 105, 119, 130; violações russas e chinesas, 267; *workshop* em Bagdá, 490, 492; *ver também* alto-comissário das Nações Unidas para os Direitos Humanos

dispositivos explosivos improvisados, 467

Dodson, Christine, 153, 597

Dolci-Kanaan, Laura, 452, 474

Dole, Bob, 200, 255, 603

Dray, Pat, 169

Duelfer, Charles, 263

Dutton, Frank, 276, 277, 292, 293, 569

DynCorp International, 630

Eckhard, Fred, 407, 431, 471, 472, 519, 521, 630, 633

Eitan, Rafael, 63, 65, 589

embaixada jordaniana, ataque à, 479, 480, 481, 553, 631

Embro, Ralf, 507, 509, 523, 525, 530

Emery, Maria Therese, 53

Erlanger, Steven, 423, 627

Esmeralda, Irmã, 324, 325, 328

Estados Unidos: Albright, 199, 310, 602; ameaça de invadir o Iraque, 400, 401, 402, 403; ataque ao alojamento dos marines no Líbano, 72, 73, 589; ataques da Al-Qaeda às embaixadas, 261, 481; contribuições atrasadas devidas à ONU, 253; domínio norte-americano no Iraque, 416, 417, 418, 419; erosão da influência, 561; excepcionalidade norte-americana, 394, 395, 397, 398, 399; George H. W. Bush, 23, 145, 159, 598; ignorando as Nações Unidas, 561; inspetores de armas da ONU espionando para os EUA, 263, 264; invasão do Iraque, 407, 408, 409, 624; negligência em relação à lei e ordem no Iraque, 568; Powell, 403, 412, 424, 431, 481, 624; Reagan, 70, 73, 590; Rice, 404, 406, 407, 518; vistos por SVDM como parceiros necessários, 565; *ver também* Bush, George W.; Clinton, Bill; Autoridade Provisória da Coalizão (APC); Rumsfeld, Donald

Eum Suem, 134

excepcionalidade norte-americana, 394, 395, 397, 398, 399

Exército de Libertação do Kosovo (ELK), 265, 286, 288, 300, 304, 343, 363

ex-Iugoslávia *ver* Iugoslávia

ex-União Soviética: reunião de cúpula intergovernamental, 208, 209; *ver também* Rússia

Faix, Felix, 175

Falintil, 332, 343, 348, 363

Faubert, Caroll, 220

Fawzi, Ahmad, *433*, 435

Feit, Douglas, 405

Fernández-Heredia, Manuel Martín-Oar, 536

"fim da história", tese do (Fukuyama), 93, 95

Foa, Sylvana, 103

Ford, Gerald, 74, 614, 615

Ford, Harold, Jr., 493

FORPRONU *ver* Bósnia

Fouinat, François, 110, 115

Fraser, Helena, 298, 301, 305, 306, 313

Fréchette, Louise, 431, 518, 547, 548

Frente Ampla, 38

Frente Popular de Libertação da Palestina, 57

Friedman, Thomas, 72, 590

Fuentes, Thomas, 482, 521, 522, 525, 526, 541

Fukuyama, Francis, 93

Fundo Fiduciário para Timor Leste (TFET), 347, 617

Fundo Monetário Internacional (FMI), 22, 365, 493

Galbraith, Peter, 368, 369, 370, 414, 423, 456, 620, 625, 627, 629

Gandhi, Indira, 46

Ganic, Ejup, 202

Garner, Jay, 416, 417, 418, 419, 446, 626, 627, 630

Gellman, Barton, 397, 398, 622, 623

Gemayel, Bashir, 69

Geneva International Peace Research Institute, 93, 94, 95, 594, 636

Geremek, Bronislaw, 383

globalização, 93

Glucksmann, André, 321, 614

Goksel, Timur, 57, 59, 66, 67, 68, 72, 461, 588

Gorazde, 23, 185, 186, 187, 188, 189, 190, 191, 192, 193, 194, 195, 196, 197, 200, 212

Goulart, João, 35, 36, 38

Gourevitch, Philip, 391, 590, 604, 621, 623, 625

Graham, Lindsey, 493, 632

Grandi, Filippo, 236, 237, 244, 245

Greenstock, Jeremy, 418, 421, 422, 626

Griffiths, Martin: centro de resolução de conflitos dirigido por, 387; como substituto de SVDM, 235, 257; família, 373; no acordo ONU-Talibã, 260; no Kosovo, 305; sobre a capacidade de trabalho de SVDM, 235; sobre a repatriação dos refugiados ruandeses, 240; vida após o ataque ao Hotel do Canal, 551; visão de SVDM do trabalho com refugiados, 248

Grupo de Coordenação do Iraque, 430, 541, 548, 628, 634

Grupo de Escritores de Sarajevo, 166

Grupo de Estudo do Iraque, 460

Guantánamo, 21, 383, 397, 399, 405, 406, 409

Guéhenno, Jean-Marie, 367, 368, 411, 619, 620

Guerassev, Vladislav, 205, 601, 602

Guerra do Golfo Pérsico (1991), 90, 91, 249, 254, 266, 267, 400, 410, 480, 553

Guest, Iain, 118

Gusmão, Xanana, 329; com a chave simbólica da Casa do Governador, *376*; com SVDM, 346; e o governo transitório da ONU para o Timor Leste, 329, 330, 331, 333; e tentativa de extinguir as FALINTIL, 343, 344; eleito presidente do Timor Leste, 370; falta de autoridade de SVDM para apoiar, 347; informando os timorenses da morte de SVDM, *534*; notícia do ataque ao Hotel do Canal, 529; popularidade, 332, 338; promoção da reconciliação, 335; relacionamento de SVDM com, 338, 339; sobre a normalização das relações com a Indonésia, 361; sobre a presença da ONU como ocupação, 345; sobre a reação indonésia à independência, 319; sobre a timorização, 362, 363; sobre o Conselho Consultivo Nacional, 339; sobre o estilo de vida luxuoso do pessoal da ONU, 342; sobre o referendo da independência, 318

Guterres, António, 327

Habibie, B. J., 328

Haddad, Saad, 58

HALO Trust, 108

Halpérin, Jean, 42

Hamilton, Lee, 460

Hammarskjöld, princípios de, 76

Hansen, John, 512, 527

Hariri, Rafiq, 548

Harland, David, 171, 192, 601

Hartman, Eric, 514

Helms, Jesse, 145, 255

Helton, Arthur: chegada a Bagdá, 491, 492; encontro com SVDM em 19 de agosto, 22, 493, 494; Loescher sobre, 549; morto no ataque ao Hotel do Canal, 536; sobre o Plano de Ação Abrangente, 88

Hendricks, Barbara, 169, 170, 312, 353, 377

Hezbollah, 56, 57, 565

Hill, Scott, 510

História filosófica e história real: a relevância do pensamento político de Kant nos tempos atuais" (Vieira de Mello), 93, 94, 95

Hochschild, Fabrizio: casamento, 371, 372; e missão no Timor Leste, 333, 336, 350, 354; e SVDM e a burocracia da ONU, 255, 314; e SVDM sobre o apaziguamento por Annan dos EUA, 269; formação da equipe para missão de avaliação no Kosovo, 298; no escritório de direitos humanos de SVDM em Genebra, 414; no Kosovo, 305, 307; sobre o relacionamento de SVDM com sua vida pessoal e profissional, 250, 257; sobre SVDM e o escândalo de espionagem do inspetor de armas da ONU, 265; sobre SVDM e os sérvios, 293; sobre SVDM ignorado como alto-comissário das Nações Unidas para os Refugiados, 353; vida após o ataque ao Hotel do Canal, 551

Hocké, Jean-Pierre, 81, 82, 83, 217

Holbrooke, Richard, 266, 352

Homann-Herimberg, Franz-Josef, 53

Hong Kong, 86, 88, 89, 122, 381, 591

Hooper, Rick: adiamento da partida do Hotel do Canal, 494, 495; Ali procurando por, 501; auxiliar especial de Prendergast, 411, 474, 542; busca da vantagem comparativa da ONU, 411, 542; como substituto de Prentice em Bagdá, 474, 494, 550; morte na explosão do Hotel do Canal, 499, 536; na formação da equipe do Iraque, 433

Hosseini, Reza, 536

Hotel do Canal, 438, 552, 572

Howard, John, 327

Human Rights Watch, 174, 244, 384, 603, 608, 623

Hun Sen: ataque ao Khmer Vermelho, 130; conservando o poder, 120, 131, 573; e a repatriação para áreas do Khmer Vermelho, 109, 593; e Norodom Ranariddh, 141, 151; e o acordo de paz de Paris, 104; e protestos contra o Khmer Vermelho, 106; golpe, 151; Ieng Sary sobre, 129; nas eleições cambojanas, 150; preocupação com seu tratamento dos refugiados, 116; sobre a missão da ONU no Timor Leste, 330, 338; SVDM sobre o governo de, 105; visto como títere vietnamita, 135; Yeah Ath atacado pelas forças de, 136

Husain, Ihssan Taha, 536

Hutchinson, Kay Bailey, 493, 632

Ibrahim, Gamal: no Iraque, *433*, 434, 442, 476; no Timor Leste, 342, 349, 350, 372; sobre SVDM assumindo a missão no Iraque, 428; vida após o ataque ao Hotel do Canal, 550

Ibrahim, Marcia Luar, 351, 387, 621

Ieng Sary, 121, 122, 128, 129, 132, 134, 164, 292, 382, 566

In retrospect (McNamara), 211

International Rescue Committee (IRC), 221

Iraque, 400-555; Abu Ghraib, 398, 464, 485, 555; administração de Garner, 416, 417, 446, 626; Al-Qaeda, 481, 482, 497; Al-Sistani, 449, 450, 451; ameaça de invasão pelos EUA, 400, 401, 402, 403; armas de Saddam Hussein, 253, 254; ataque à embaixada jordaniana, 479, 480, 481, 553; ataque ao quartel-general da ONU, 495, 496; ataque de 19 de agosto de 2003 ao quartel-general da ONU, 490-534; ataque de 22 de setembro de 2003 ao quartel-general da ONU, 546, 635; ataques a alvos civis, 479, 480, 481, 482, 483, 484, 485, 486, 487, 488, 489, 547; aumento do pessoal da ONU, 470, 471, 473; chegada de SVDM, *433*, 435; Conselho Governante, 440, 454, 455, *459*, 460, 461, 487, 545; desbaathização, 21, 418, 419, 446, 448, 626; desconfiança mútua entre os EUA e a ONU, 442, 443; domínio norte-americano, 416; eleições, 453, 465; equipe de SVDM, 433, 434; EUA completando a conquista do, 415; EUA não assumindo a responsabilidade pela lei e ordem, 568; extinção do Exército por Bremer, 21, 419, 447; homenagem às vítimas do atentado, *542*, 545; inspetores de armas da ONU espionando para os EUA, 263; invasão

norte-americana, 407, 408, 409, 624; justificativa de Bush da invasão, 406; lista dos mortos em 19 de agosto de 2003, 536; Mesquita do imã Ali, 450, 544; Moqtada al-Sadr, 418, 427, 450, 462, 488; morte de civis por forças norte-americanas, 485; nomeação do Representante Especial do Secretário-Geral das Nações Unidas para o Iraque, 421-432; papel da ONU após a invasão, 20, 405, 410, 411, 412, 413, 414, 415; permanência da ONU após o atentado, 542, 543, 544, 545, 546, 547, 548; pessoal iraquiano no quartel-general da ONU em Bagdá, 634; prisioneiros sob custódia norte-americana, 21, 462, 463, 464, 571; problema de lei e ordem, 443, 444, 445, 446, 447, 458, 468, 469, 470, 471, 473, 474, 475, 476, 477, 478, 568, 628; Programa de Petróleo por Alimentos, 233, 403, 410, 437, 445, 479, 493, 628; Projeto Futuro do Iraque, 405; protestos de oficiais do Exército contra os EUA, 447; quartel-general da ONU em Bagdá, 438, 446, 467, 468, 469, 470, 478; refugiados curdos após a Guerra do Golfo, 90, 94; restabelecimento da presença norte-americana, 552; saques, 20, 417, 445, 515, 626; suspeitas em relação à ONU, 437, 555; SVDM sobre o compartilhamento do poder e legitimidade, 452, 453, 454, 455, 456, 457; temor de ataques à ONU, 482, 483, 484; treinamento da polícia, 462; viagem de SVDM para conhecer o país, 448, 449, 450, 451; Zona Verde, 438, 439, 447, 543, 547, 552; *ver também* Autoridade Provisória da Coalizão (APC); Resolução 1483 do Conselho de Segurança

Israel: ataque aos acampamentos da OLP, 63; invasão do Líbano em 1978, 55; invasão do Líbano em 1982, 63, 64, 65, 66; massacres de Sabra e Shatila, 70, 589; oposição das forças xiitas, 70; resistência às tropas de paz da ONU, 56, 57, 58

Iugoslávia, ex-Iugoslávia: acordo de paz de Dayton, 216; envio de trabalhadores de ajuda humanitária e tropas de paz, 91; fundamentos da crise, 159; ressentimento de SVDM pelo investimento internacional desproporcional, 154; SVDM sobre o esquecimento da história, 203; SVDM torna-se consultor político de Stoltenberg, 154, 155; tribunal de crimes de guerra, 203, 275, 276; *ver também* Bósnia; Kosovo; sérvios

Izetbegović, Alija, 173, 180, 181, 205, 600, 603

Jackson, Michael (general), *251*, 300

Jacob, Filomeno, 345

Jaishi, Devi Ram, 618

Jambor, Pierre, 591

Jamieson, Thomas: concessão da ordem sudanesa, *49*; fotografia guardada por SVDM, 53, 211; morte, 51; sobre o fechamento de campos de refugiados quando possível, 43, 88, 209; sobre os refugiados para o planejamento de orientação, 111, 146

Jankélévitch, Vladimir, 39

Janz, Udo, 123, 126, 127

Jessen-Petersen, Søren, 234, 236, 606, 608

Jones, Sidney, 350

Jovanovic, Zivadin, 291

Kabaija, Ephraim, 226

Kabila, Laurent-Désiré, 228, 229, 231, 232, 233, 235, 237, 244, 245, 246, 608

Kagame, Paul: apoio dos EUA, 234; e a repatriação dos hutus, 225, 242; expulsão dos *génocidaires* de Ruanda, 218; sobre as mortes de civis hutus, 245; sobre os campos de refugiados no Zaire, 225, 226, 227, 606

Kaloush, Khalil, 72

Kanaan, Jean-Sélim, 434, 452, 453, 474, 488, 499, 536, 631

Kant, Immanuel, 39, 93, 94, 95, 120, 121, 213, 393, 592, 594, 636

Karadžić, Radovan: ainda à solta, 574; atribuição pela ONU de tendência pró-muçulmana, 202; comparado pelos bósnios com Boutros-Ghali, 176; e a entrada russa em Sarajevo, 600; e o ataque sérvio contra Gorazde, 188, 192, 201; e o fechamento das Rotas Azuis, 202; sobre os ataques mútuos dos bósnios, 177; SVDM cultivando o relacionamento com, 164, 566

Kastberg, Nils: deixando Belgrado, 292; e a entrevista coletiva de SVDM na BBC, 290, 291; ferido em acidente de automóvel, *283*; missão avançada em Belgrado, 275, 276; no hospital sérvio, 284, 286; sobre o suprimento de alimentos em Sarajevo, 289; SVDM pedindo aos sérvios que cuidassem de, 293

Kennedy, Kevin, 470, 475, 503, 537, 630, 634, 635

Kennedy, Patrick, 442, 497, 514, 520

Kent, Randolph, 303, 305

Khalikov, Rashid: deixando Belgrado, 292; e a entrevista coletiva de SVDM na BBC, 290, 291; ferido no acidente de automóvel, 283; no hospital sérvio, 284, 286; sobre a neutralidade aparente de SVDM quanto à intervenção da OTAN, 268; SVDM pedindo aos sérvios que cuidassem de, 293

Khan, Irene, 153, 425

Khatami, Mohammad, 460

Khieu Samphan, 96, 105, 121, 122, 134, 147

Khmer Vermelho: atacado por forças de Hun Sen, 114, 130; campos de refugiados, 106, 111, 122; desafio a Akashi, 129; desapontamento com a UNTAC, 119; devolução de refugiados por SVDM ao território do, 132, 133, 134, 135, 136, 595; disposição de SVDM de lidar com o, 565; e aldeia-modelo de Yeah Ath, 135, 136; e as eleições cambojanas, 150; e o acordo de Paris, 104, 105, 122, 124, 147; Ieng Sary, 120, 121, 128, 129, 132, 134, 382, 565; julgado por crimes de guerra, 382; Khieu Samphan, 105, 121, 122, 134, 147; malária nos territórios controlados pelo, 108; massacre de vietnamitas, 142; negociação de SVDM com o, 119, 120, 121, 122, 123, 124, 126, 127, 128, 129, 132, 140; Pol Pot,

653

96, 104, 121, 122; prisão de Sihanouk, 104; protestos contra sua volta, 106; refugiados executados, 133; temido pelos refugiados, 117; terror totalitário, 98, 102; tropas de paz da UNTAC tomadas como reféns, 142; violações dos direitos humanos, 105, 119, 130

Kirudja, Charles, 187

Kissinger, Henry, 614, 615

Klein-Beekman, Christopher, 536

Knežević, Gordana, 181

Koh, Harold, 390, 621

Kolbe, Jim, 632

Koljevic, Nikola, 192

Kolstrup, Henrik, 504, 505, 506

Kosovo, 265-316; ACNUR em, 270, 272; ataques de vingança em, 308, 309, 310, 568; Conselho Transitório de Kosovo, 312; críticas dos EUA ao papel da ONU em, 412; depoimento de SVDM no Conselho de Segurança sobre, 293, 294; eleições, 613; fim da guerra, 295, 296; formação da equipe para administrar, 298, 299; intervenção da OTAN em, 266, 267, 268, 269, 272, 273, 274, 275, 277, 280, 282, 284, 293, 294, 295, 296, 315, 316, 402; Kouchner torna-se administrador da ONU de, 312; missão de SVDM atrás das linhas sérvias, 273, 274, 275, 276, 277, 279, 280, 281, 282, 283, 284, 286, 287, 288, 289, 290, 291, 292, 293, 294; policiamento, 307, 308, 309, 310; regras da ONU atrapalhando a administração, 305, 306; Resolução 1244 do Conselho de Segurança, 296, 297, 299; SVDM como administrador temporário, 295, 296, 297, 298, 299, 300, 301, 302, 303, 304, 305, 306, 307, 308, 309, 310, 311, 312, 314, 315, 316; SVDM continuando a monitorar, 314, 315

Kouchner, Bernard, 312, 313, 433, 439, 613, 629, 631

Kuhner, Vance, 498, 501, 514, 515, 516, 517

Lacerda, Carlos, 38

Lake, Anthony, 189

Larriera, Carolina: assistindo à primeira entrevista coletiva de SVDM no Iraque, 436; com SVDM em 19 de agosto, 20, 490, 492; durante a permanência de SVDM em Genebra, 386, 387, 388, 389; e a nomeação de SVDM para o Iraque, 415, 427, 428, 429, 430, 431; e SVDM sobre o papel do secretário-geral, 385; evacuação para a Jordânia, 537, 538; iniciando o relacionamento com SVDM, 371, 372, 373, 374, 375, 376, 377; na explosão do quartel-general da ONU, 496; na homenagem fúnebre a SVDM, 540; na reunião do FMI, 493; no Iraque, 435, 466, 474, 475, 488; notícia da morte de SVDM, 533; notícia do atentado contra a casa noturna de Bali, 396, 397; tentativa de encontrar e ajudar a resgatar SVDM, 498, 499, 500, 501, 505, 506, 514, 516, 517, 518, 529, 530; viagem ao Sudeste da Ásia com SVDM, 381, 382; vida após o ataque ao Hotel do Canal, 551; visita ao necrotério, 533

Larriera, Pablo, 518

Lavrov, Sergei, 269, 274

Lawrence, Roger, 139

legitimidade: baseada no desempenho, 375, 563; no Iraque, 451, 452, 453, 454, 455, 456, 457; no Timor Leste, 375; SVDM sobre a importância da, 29, 563, 564

lei e ordem: no Camboja, 141, 142; no Iraque, 443, 444, 445, 446, 447, 458, 468, 469, 470, 471, 473, 474, 475, 476, 477, 478, 628; no Kosovo, 265, 267, 270, 296, 307, 308, 309, 310, 311, 312, 314, 316; no Timor Leste, 347, 348, 349; nos campos de refugiados ruandeses, 222; SVDM sobre a importância da, 31, 566, 567, 568, 569

Lévy, Bernard-Henri, 321, 585, 614

Líbano, 54-74; assassinato de Hariri, 548; ataque à embaixada norte-americana, 71; ataque ao alojamento dos marines norte-americanos, 72, 73, 589; ataque de Israel aos campos da OLP, 63; como um "capítulo negro" na vida de SVDM, 76; Força Multinacional, 69, 72; invasão israelense de 1978,

55; invasão israelense de 1982, 63, 64, 65, 66; massacres de Sabra e Shatila, 70, 589; oposição das forças xiitas a Israel, 70; perda do controle do sul pelo governo central, 587; saída das forças norte-americanas, 73

limpeza étnica, 181, 285, 286, 290, 293, 294, 319, 566, 568, 570, 599

Lindh, John Walker, 397

Loescher, Gil: chegada a Bagdá, 491, 492; chegada ao Hotel do Canal, 494; encontro com SVDM em 19 de agosto, 22, 493, 494; esforços para remover dos escombros, 508, 509, 511, 512, 522, 523, 524, 525, 526, 527, 528, 529, 530; sobre a explosão no quartel-general da ONU, 495; sobre a repatriação da Tanzânia, 243; vida após o ataque ao Hotel do Canal, 548, 549; visita de Larriera, 552

Lombardo, Salvatore, 78, 121

Lon Nol, 98

Lone, Salim, 471, 482, 516, 630, 631, 632

Lopes da Silva, Ramiro: ausência do escritório durante a explosão, 494, 502; coordenador humanitário da ONU no Iraque, 430, 437; e o excesso de pessoal da ONU no Iraque, 468; informando Larriera sobre a morte de SVDM, 533; reação à explosão, 503, 520; rebaixamento, 547; responsabilidade pela segurança da ONU no Iraque, 444, 445, 478; sobre a evacuação de Larriera para a Jordânia, 537; sobre o pessoal da ONU após o atentado, 542; sobre SVDM e a IOM, 473; sobre SVDM e o Conselho Governante, 461; sobre um quartel-general novo para a ONU em Bagdá, 543; solicitação de um contato de segurança com a Coalizão, 477

Loridon, Michel, 130, 131

Lubbers, Ruud, 353, 408

Luttwak, Edward, 262, 610

Lynch, James, 123, 151

MacArthur, Douglas, 120

Machado, Antonio Carlos, 373, 532

Makiya, Kanan, 403

malária, 108, 109, 127, 143, 341, 349, 358

Mandela, Nelson, 239, 330, 331, 393

Manning, Leonard, 357, 358, 376, 572, 618

Mansour, Khaled, 492, 546, 632

Manual, Susan, 305

Manuel, Lyn: dada como morta no ataque, 535, 536, 538; em 19 de agosto, 494, 498, 499, 500, 501, 506, 507; no Timor Leste, 350; telefonema à família, 538; vida após o ataque ao Hotel do Canal, 550

Marković, Mira, 281

Martin, Ian: e a crise humanitária após o referendo da independência, 323, 324, 326; ignorado pela sede da ONU, 331; sobre a falta de recursos de SVDM para governar o Timor Leste, 341; sobre o referendo da independência leste-timorense, 318

Martinez, Rosie, 325

Martins, Paulo, 377

marxismo, 52, 92, 93

Matan Rauk, Taur, 319, 377

McCain, John, 493, 632

McDonald, James G., 605

McLaughlin, Mary, 190

McNamara, Dennis: como "fundamentalista" dos direitos, 254; doutrina do "retorno imposto", 607; e a ameaça norte-americana de invadir o Iraque, 403; e a repatriação dos refugiados ruandeses da Tanzânia, 240, 242, 246; e Young na missão de SVDM no Kosovo, 287; no Camboja, 97, 111, 121, 130, 131, 134, 151; no Iraque, 434; no Kosovo, 301, 302, 304, 305, 314; no Timor Leste, 360, 361, 375; sobre a escrivaninha de SVDM no anexo do ACNUR, 151; sobre a missão de SVDM na Sérvia, 172; sobre a renúncia de Hocké, 83; sobre o alinhamento de SVDM com o poder, 559; vida após o ataque ao Hotel do Canal, 550

McNamara, Robert, 211

Mesquita do imã Ali, 450, 544

Messina, Claire, 208, 603

Mills, Alan, 323

Milošević, Slobodan: disposição de SVDM para lidar com, 566; e a Bósnia, 187, 192, 205; e o Kosovo, 265, 266, 267, 270, 272, 279, 280, 291, 295, 296, 570; indiciamento por crimes de guerra, 291, 292

Milovanovic, Manojlo, 179

minas terrestres, 98, 108, 115, 116, 133

Misrahi, Robert, 51, 52, 68, 69, 92, 93, 179, 586, 589

Mistura, Staffan de, 154, 302, 552

Miyet, Bernard, 308, 620

Mladić, Ratko: ainda à solta, 574; desejo de SVDM e Akashi de negociar com, 192; homens e meninos de Srebrenica levados por, 214; informação de Rose dos ataques aéreos da OTAN, 188; mostrando a SVDM túmulos de soldados sérvios, 197; promessa a SVDM de negociar um cessar-fogo em Gorazde, 185, 186

Mobutu Sese Seko: contratação de seus soldados por Ogata, 222; desejo de Kabila de derrubá-lo, 228, 229, 244, 245; e a visita de SVDM ao Zaire, 237; encontro com Chrétien, 230; pressão norte-americana sobre os refugiados ruandeses no Zaire, 234; sobre as conversações ONU — Kabila, 233

Moçambique, 19, 52, 60, 96, 148, 258, 329, 366, 562, 604, 607

Mocibob, Darko, 204

"Mogadíscio, linha de", 174, 192

Mohammed, Duraid Isa, 504

Mohammed, Khalid Sheikh, 406

Moley, Kevin, 424

Mona Khalil, 426

Moraes, Vinicius de, 41

Morina, Bratislava, 281

Morisset, Fabienne, 79, 83, 354, 371, 374, 386, 389, 390

Morjane, Kamel, 207, 220, 422, 423, 425, 429

Morris, James, 624

Morris, Nicholas, 254

Mortimer, Edward, 394, 430

Moruk, Olivio, 358

Mousa, Hamid Majeed, 455

Mousavizadeh, Nader, 279, 280, 376, 404

Moussa, Amr, 461

Mtango, Elly, 243

Mudima, Mavua, 222

Mukhlis, Hatem, 403

mulá Omar, 634

Munzihirwa, Christophe, 228

Myat, Tun, 473, 478, 503, 544, 547, 548

Nações Unidas: "apagando a chama", 557; algumas nações como mais iguais do que outras, 84; ataque de 19 de agosto de 2003 ao quartel-general da ONU no Hotel do Canal, 495, 496; ataque de 22 de setembro de 2003 ao quartel-general da ONU em Bagdá, 546, 635; Bin Laden sobre, 396; como a consciência do mundo, 558; como organização estatista, 57; compromisso de SVDM com a ONU, 75, 76, 77, 78, 79, 80; confiança de SVDM na ONU, 27; conserto do sistema internacional, 562, 563; críticas de Cheney, 20; críticas norte-americanas, 20, 199, 401, 404, 412; e a ameaça dos EUA de invadir o Iraque, 400, 401, 402, 403; e a crise humanitária no Timor Leste, 317, 318, 319, 320, 321, 322, 324, 326, 327, 328; falhas do sistema internacional, 27, 84, 476, 558, 559, 560, 561, 562; Grupo de Coordenação do Iraque, 430, 541, 548; hostilidade ao governo Bush, 398, 400, 401, 405, 412, 543; inspetores de armas espionando para os EUA, 263, 264; invasão norte-americana do Iraque sem autorização da ONU, 407, 408; lista dos mortos em 19 de agosto, 536; número crescente de pessoal no Iraque, 470, 471, 473; papel no Iraque pós-invasão, 20, 405, 410, 411, 412, 413, 414, 415; Pérez de Cuéllar, 81, 84, 384; pessoal iraquiano no quartel-general de Bagdá, 634; presença contínua no Iraque, 542, 543, 544, 545, 546, 547, 548; pretensão norte-americana de ignorar a ONU, 561; princípio de Hammarskjöld, 76; proeminência no final da década de 1980, 85; Programa de Petróleo por Alimentos, 233, 403, 410, 437, 445, 479, 493, 628; promoções, 248; quartel-general no Iraque, 438, 445, 446, 467, 468, 469, 470, 478; redução das contribuições dos EUA à ONU, 253, 609; resolução "sionismo equivale a racismo", 58; Resolução 1244 do Conselho de Segurança, 296, 297, 299; Resolução 1272 do Conselho de Segurança, 331, 333, 348; Resolução 836 do Conselho de Segurança, 25, 189, 212; resolução União pela Paz, 610; serviço em memória dos mortos no atentado em Bagdá, *542*, 545; suspeitas dos iraquianos, 437, 555; SVDM como secretário-geral auxiliar, 208; SVDM como subsecretário-geral para assuntos humanitários, 249, 250, 253, 254, 255, 256, 257, 258; SVDM sobre as fraquezas da ONU, 84; SVDM sobre o potencial da ONU, 85; SVDM visto como futuro secretário-geral, 27, 154, 384, 431; tribunais de crimes de guerra, 202, 275, 276, 291, 292; unidade no Conselho de Segurança, 91, 561; *ver também* Annan, Kofi; Boutros-Ghali, Boutros; tropas de paz; Resolução 1483 do Conselho de Segurança; alto-Comissário das Nações Unidas para os Direitos Humanos (ACNUDH); Alto Comissariado das Nações Unidas para os Refugiados (ACNUR)

Nagorno Karabakh, 209, 210

Nakamitsu, Izumi: com SVDM no Zaire, 220, 222, 223, 226; como auxiliar especial de SVDM, 209; discussão da FORPRONU e Srebrenica com SVDM, 211, 213, 214; e SVDM sobre *In Retrospect*, de McNamara, 211; sobre a fleuma de SVDM sob pressão, 198; sobre Akashi e os sérvios-bósnios, 192; sobre o emprego no Departamento de Assuntos Humanitários, 249

Namíbia, 594, 616

Naucler, Elisabeth, 184

Ndahiro, Emmanuel, 225

Negroponte, John, 418, 626

Neier, Aryeh, 174

Niland, Norah, 103, 111

Norodom Ranariddh, 96, 141, 150, 151

Norodom Sihanouk, 96, 103, 104, 105, 106, 118, 141, 142, 150, 151, 337, 382, 592

Ny Korn, 126, 127, 128, 133

O'Leary, Jeremiah, 73

Ogata, Sadako: alta-comissária das Nações Unidas para os Refugiados, 85; desocupando o cargo de alta-comissária, 352; e a proposta do livro de SVDM, 152; e a quase-nomeação de SVDM para Angola, 149, 151; e os refugiados kosovares, 270; envio de SVDM à Bósnia em 1996, 216; na repatriação dos refugiados cambojanos, 91; na repatriação dos refugiados curdos, 90; na repatriação dos refugiados ruandeses, 220, 221, 224, 226, 228, 229, 239, 242, 243, 244; relacionamento com SVDM, 206, 207, 208, 248; resistência à coordenação do Departamento de Assuntos Humanitários, 249; SVDM como enviado especial no Camboja, 113, 128; SVDM visto como seu sucessor, 154, 352, 353

Okwu, Michael, 532

OLP *ver* Organização para a Libertação da Palestina (OLP)

11 de setembro de 2001, ataques de, 71, 74, 372, 383, 384, 387, 396, 397, 406, 482, 497, 501, 519, 545, 566, 632, 634

Organização Internacional para a Migração (IOM), 458, 473

Organização para a Libertação da Palestina (OLP): acusações à ONU de ajudar Israel, 65; Arafat, 62, 65, 69; ataques a Israel com armas de longo alcance, 58; cercada em Beirute, 69; invasão israelense do Líbano para erradicá-la, 55, 63, 65; permanência no Líbano permitida por resolução da ONU, 56; tentativa da UNIFIL de impedir sua infiltração em Israel, 57, 62

Oshima, Okenzo, 616

OTAN: atitude russa, 179, 600; intervenção contra os sérvios na Bósnia, 177-81, 186-192, 201-2, 212-5, 266-9, 27-7, 280, 282, 284, 293-6, 315, 316, 402, 412, 600, 601; policiamento do Kosovo, 307, 308, 309

Pachachi, Adnan, 418

Packer, George, 462, 463, 623, 626, 627, 629, 630, 632

países petroautoritários, 561

palestinos: no Líbano, 55, 57, 69; solução dos dois Estados, 624; *ver também* Organização para a Libertação da Palestina

Pan Zhanlien, 273

Parameswaran, Nagalingam, 360, 361

"patrulhas das colheitas", 67

Pazhwak, Abdul Rahman, 394

Pearson, Lester, 55

Perelli, Carina: discutindo eleições com Bremer, 453; e a resistência do pessoal da ONU a deixar o Timor Leste, 325, 326; levando SVDM pela área sob cerco de Timor Leste, 337; sobre SVDM como "encantador de serpentes", 441; solicitação de SVDM de que venha ao Iraque, 453, 465; SVDM brinca com sua perícia com armas de fogo, 470

Pérez de Cuéllar, Javier, 81, 84, 85, 384

Perez, Lorenzo, 493

Perry, William, 234

Peschoux, Christophe, 132, 595

Phattiyakul, Winai, 382

Pichon, Gaby: acompanhando Loescher e Hilton, 549; lavando e vestindo o corpo de SVDM, 533; na explosão do Hotel do Canal, 495, 500; preparando o comboio para a reunião de 19 de agosto de SVDM, 494; sobre o treinamento necessário para o pessoal de segurança da ONU, 493; tentativa de resgatar SVDM, 507, 508, 510, 517, 529

Pickering, Thomas, 279, 280

Pitsuwan, Surin, 383

Plano de Ação Abrangente, 88, 89, 155, 491

"Plano de ação unificado para o Iraque pós--hostilidades", 417

Pol Pot, 96, 102, 104, 121, 122

Pomfret, John, 203, 213, 569, 603, 605, 608

Ponte da Fraternidade e Unidade (Sarajevo), 182, 601

Posner, Michael, 384, 431

Powell, Colin: apresentação na ONU do programa de armas do Iraque, 403; e o plano de ocupação do "dia seguinte" de Straw, 412; sobre a Coalizão dos Voluntários, 624; sobre a participação do Iraque em tarefas de segurança, 481; sobre a Resolução 1483 do Conselho de Segurança, 431; sobre o papel preponderante da Coalizão na ocupação, 413; sobre SVDM como representante de Annan no Iraque, 424

Prendergast, Kieran: Hooper como auxiliar de, 411, 474; opinião de SVDM, 257; sobre a política de pacificação da ONU, 411; sobre a questão do petróleo leste-timorense, 369; sobre a retirada norte-americana do Iraque, 542; sobre o papel da ONU no Iraque pós-invasão, 421; sobre o papel de SVDM no Iraque, 431, 460

Prentice, Jonathan: amizade com SVDM, 372, 373; com SVDM em Nova York, 385; como auxiliar especial de SVDM, 341, 350, 382; deixando Timor Leste, 377; e a nomeação de SVDM para o Iraque, 425, 430; e a reação de SVDM à invasão norte-americana do Iraque, 409; e o plano de direitos humanos de SVDM, 390; no Iraque, 433, 436, 438, 440, 441, 463, 476; notícia do ataque ao Hotel do Canal, 515; sobre a retirada do Iraque, 474, 493; sobre o desejo timorense de independência, 355; sobre o encontro de SVDM com Bush, 406; sobre os problemas de um governo da ONU do Timor Leste, 341; sobre SVDM e a independência timorense, 362, 369; sobre SVDM e paradas, 358; vida após o ataque ao Hotel do Canal, 550

Priest, Dana, 397, 398, 622, 623

prisioneiros, 21, 463, 464, 571

Prodi, Romano, 414

Programa de Petróleo por Alimentos, 233, 403, 410, 437, 445, 479, 493, 628

Projeto "Futuro do Iraque", 405

Projetos de Impacto Rápido, 139, 140

Protocolo Opcional à Convenção Contra a Tortura, 623

Qazi, Ashraf Jehangir, 552, 553, 636

Quarterman, Mark, 326

Ramcharan, Bertrand, 391

Ramos-Horta, José: e a timorização, 362; e o governo transitório da ONU para o Timor Leste, 330, 331; e protestos contra o domínio norte-americano, 345; sobre a normalização das relações com a Indonésia, 361; sobre a reação indonésia ao referendo da independência, 319, 320, 322; sobre as milícias pró-Indonésia, 350; sobre as qualificações do pessoal da ONU, 341; sobre o Conselho Consultivo Nacional, 339; sobre o estilo de vida luxuoso do pessoal da ONU, 342; visita a Loescher, 552

Ranariddh, Norodom ver Norodom Ranariddh

Ray, Carole: "Ode" a SVDM, 353; e rumores de que SVDM iria ao Iraque, 424; férias do Iraque, 493, 494; na equipe do Iraque, 425, 434; temores experimentados no Iraque, 475; vida após o ataque ao Hotel do Canal, 550

Raznatovic, Zeljko "Arkan", 291

Reagan, Ronald, 70, 73, 74, 82, 84, 162, 589, 590

Resolução 1244 do Conselho de Segurança, 296, 297, 299

Resolução 1272 do Conselho de Segurança, 331, 332, 333, 348, 615, 616

Resolução 1483 do Conselho de Segurança: aprovação, 426; e a Convenção de Genebra, 627; encerramento do Programa de Petróleo por Alimentos, 628; erosão da posição da ONU, 483; esperança de que SVDM a salvasse, 429; opinião de Annan, 426, 627; reação iraquiana, 426, 427; Salamé sobre, 449, 454, 458; SVDM buscando esclarecimentos, 430; vagueza, 426, 431, 435, 440, 442

Resolução 836 do Conselho de Segurança, 25, 189, 212

Rice, Condoleezza, 404, 416, 518, 626

Rieff, David, 212, 604, 611

Rifkind, Malcolm, 177, 600

Rishmawi, Mona: Bremer e, 464; Larriera indagando sobre SVDM, 505; localização do escritório, 468; na equipe do Iraque, 434; na explosão do Hotel do Canal, 496, 500, 501; no café da manhã com SVDM em 19 de agosto, 490; sobre a Al-Qaeda no Iraque, 482; sobre SVDM e direitos humanos, 463, 571; solicitando que Lopes da Silva ajudasse SVDM, 503

Riza, Iqbal, 423, 434, 518, 548

Robinson, Courtland, 121, 152, 591, 593, 595, 597

Robinson, Geoffrey, 324, 614

Robinson, Mary, 383, 384, 620, 621

Roosevelt, Franklin Delano, 393

Rose, Sir Michael: assumindo o comando das forças da ONU na Bósnia, 172; críticas às políticas de, 173, 216; desejando elogiar a franqueza de SVDM sobre a ocupação do Iraque, 531; informando SVDM sobre os eventos na Bósnia, 24; levando a pacificação o mais longe possível, 201; relacionamento de SVDM com, 173, 174; Silajdžić rompe contato com, 194; sobre a missão de SVDM em Gorazde, 193; sobre a viagem de inspeção a Gorazde, 185, 186; sobre o cerco de Sarajevo, 173, 599; sobre o cruzamento da "linha de Mogadíscio", 174; sobre os ataques aéreos da OTAN na Bósnia, 178, 180, 186, 188, 190, 600; SVDM escapa das críticas, 200

Rosenblatt, Lionel, 144, 145, 229, 596

Rotas Azuis, 182, 202
Roth, Ken, 384
Roulet (Stevenson), Annick, 149, 158, 159, 181, 354
Ruanda, 218-50; ajuda da Força Multinacional aos refugiados, 233, 234, 235, 236, 237, 238; ataques a campos de refugiados, 227, 228, 606; campos de refugiados no Zaire e na Tanzânia, 219, 223, 604, 606; comparação com a crise leste-timorense, 321, 322; desânimo de SVDM com a missão, 237, 238; *génocidaires* em campos de refugiados, 219; genocídio, 216, 218, 226, 227; nomeação de SVDM como coordenador humanitário da região, 229; repatriação dos refugiados da Tanzânia, 239, 240, 241, 243, 244; repatriação dos refugiados do Zaire, 229-38, 245; SVDM e Bakhet em, 226, 227; SVDM e o retorno dos refugiados a Ruanda, 229-44; SVDM entra furtivamente no leste do Zaire, 237; SVDM sobre os campos de refugiados na fronteira com o Zaire, 222, 223, 224, 225, 226; tropas de paz da ONU, 216, 227, 352, 604; uso de soldados zairenses nos campos de refugiados, 222, 224, 228
Ruggie, John, 256, 613
Rugova, Ibrahim, 312, 613
Rumsfeld, Donald: como enviado de Reagan ao Oriente Médio, 74; crítica à construção da nação, 412, 625; insuficiência das tropas enviadas ao Iraque por, 446; no governo do Iraque pós-invasão, 405, 443; sobre a rebelião iraquiana, 470; sobre a tortura, 397; sobre o sucesso da invasão norte-americana do Iraque, 415; sobre os saques no Iraque, 417
Russell, John, 166, 167
Rússia: como país petroautoritário, 561; e Sérvia, 179, 190, 191, 266, 267, 268, 273, 296, 402; sobre a independência leste-timorense, 336; sobre a invasão norte-americana do Iraque, 420; sobre a OTAN, 179, 600; violações dos direitos humanos, 267, 392

Sabal, Dennis, 497, 514, 521
Sabra e Shatila, massacres de, 70, 589
Sacirbey, Muhamed, 189, 601
Sadruddin Aga Khan, príncipe, 44, 46, *47, 49*
Sahir, Khidir Saleem, 536
Salamé, Ghassan: busca a SVDM após a explosão, 500, 507; chegada ao Iraque, 436; comunicação com SVDM nos destroços, 517; e SVDM no santuário do imã Ali, 450; identificação do corpo de SVDM, 532, 533; impedido de se reunir com Bremer para discutir a questão dos prisioneiros, 463; na equipe do Iraque, 434; sobre a extinção do Exército iraquiano, 447; sobre a ONU como uma instituição residual, 476; sobre a presença da Al-Qaeda no Iraque, 482; sobre a Resolução 1483 do Conselho de Segurança, 449, 454, 458; sobre al-Sistani, 449; sobre o ataque à embaixada jordaniana, 480; sobre o Conselho Governante, 454; sobre o dilema da ONU no Iraque, 542; sobre o pessoal da ONU ouvindo os iraquianos, 449; sobre SVDM como antissocial, 466, 467
Samuel, Tamrat, 337
Sanbar, Samir, 61
Sanchez, Ricardo, 464, 465, 477, 481, 517
Sanderson, John: carta de agradecimento de SVDM, 145; comboio barrado pelo Khmer Vermelho, 129; marginalizando o Khmer Vermelho, 126; ONU erra local de sua missão, 592; protestos contra ataques ao Khmer Vermelho, 106; relacionamento com SVDM, 131; sobre as tropas de paz da ONU como não impositivas, 114, 130; sobre o comportamento da força de paz, 140
Santana, Antonio Carlos Diegues, 77
saques no Iraque, 20, 417, 445, 515, 626
Sarmento, Domingos, 318, 328, 331, 348, 349
Savimbi, Jonas, 148, 149, 298
Sawers, John, 441, 442, 452, 456, 459, 463, 629, 630
Sebastian, Tim, 409, 624, 629
segurança *ver* lei e ordem

sérvios: ataque ao enclave de Gorazde, 185-97; intervenção da OTAN na Bósnia, 177-92, 203, 212-6, 600, 601; intervenção da OTAN no Kosovo, 266, 267, 268, 269, 272, 273, 274, 275, 277, 280, 282, 284, 293, 294, 295, 296, 315, 316, 402, 412; limpeza étnica praticada pelos, 270, 285, 286, 290, 293, 310; missão de SVDM atrás das linhas no Kosovo, 273-94; Mladić, 185, 186, 188, 192, 197, 214, 574; renovação da ofensiva na Bósnia, 214; *ver também* Karadžić, Radovan; Milošević, Slobodan, 19

Sevan, Benon, 233, 493, 494, 502, 520, 539, 606, 628, 633

Shadbolt, Simon, 179, 200

Shadid, Anthony, 427, 626, 630, 631, 632, 635

Shawcross, William, 121, 599

Shenon, Philip, 135, 592, 594, 595, 596

Sihanouk, Norodom *ver* Norodom Sihanouk

Silajdžić, Haris: despedida de SVDM, 205; e a missão de SVDM em Gorazde, 194; e Rose e o cerco a Sarajevo, 599; relacionamento de SVDM com, 164, 165; sobre a permissão de Akashi de que tropas de paz escoltassem tanques sérvios, 200; uso da CNN para defender seu ponto de vista, 177

Silveira, Flávio da, 39, 46, 48, 79

Simões, André, 474, 532, 540, 631

Simões, Renata, *540*

Simundza, Pero, 359

Síndrome do Carro Branco, 139

Sinyan, Pa Momodou, 547

"sionismo equivale a racismo", resolução, 58

Sise, Lamin, 486

Smith, Leighton, 189

Soderberg, Nancy, 268, 274

Solana, Javier, 266, 447, 610

Somália: aprovação da ação norte-americana pelo Conselho de Segurança, 267; críticas dos EUA à ONU, 199; derrubada do helicóptero norte-americano, 156; influência sobre a política de Ruanda, 221; reforço de Clinton pela retirada, 162; retirada do governo

George H. W. Bush, 598; Rose sobre a "linha de Mogadíscio", 174; tropas de paz, 156, 199, 352, 598

Son Sen, 106, 133, 595

Soubirou, André, *195*

Sousa, Alya Ahmad, 536

Srebrenica, 212, 213, 214, 566

Stafford, Douglas, 122

Steele, Jonathan, 456, 488

Stevenson, Annick Roulet *ver* Roulet (Stevenson), Annick

Stewart, Colin, 324, 325

Stogran, Pat, 193

Stokes, Ronnie, 500, 504, 505, 506, 533

Stoltenberg, Thorvald: como alto-comissário da ONU para Refugiados, 84; contratação de noruegueses, 164; críticas dos bósnios, 172; SVDM como consultor político de, 155, 163, 172

Straw, Jack, 412, 622

Strohmeyer, Hansjörg: no Timor Leste, 348, 351; sobre a atitude dos albaneses do Kosovo em relação à ONU, 311; sobre a equipe do Kosovo, 298, 299; sobre a partida de SVDM do Kosovo, 313; sobre a primeira entrevista coletiva de SVDM no Kosovo, 304

Sudão, 19, 29, 47, 48, 49, 51, 60, 96, 366, 392, 441, 562, 573, 604, 609, 621, 635

Suharto, 362, 614

Suljić, Esad, 189

Sununu, John, 632

Taher, Shawbo, 475, 507

Talbott, Strobe, 274, 402, 623

Talibã, 259, 260, 261, 383, 393, 397, 565, 609, 634

Teas, Martha, 536

terrorismo: assassinato de Al-Hashimi, 545; ataque à embaixada jordaniana, 479, 480, 481, 553, 631; ataque de 19 de agosto de 2003 ao quartel-general da ONU no Hotel do Canal, 495, 496; ataque de 22 de setembro de 2003 ao quartel-general da ONU em

Bagdá, 546, 635; ataques a alvos civis no Iraque, 479, 480, 481, 482, 483, 484, 485, 486, 487, 488, 489, 547; ataques de 11 de setembro de 2001, 372, 396, 397, 406, 482, 519; atentado contra a casa noturna de Bali, 396, 397; aumento dos ataques após o atentado ao Hotel do Canal, 522, 526, 541, 634; denúncias de SVDM, 396; guerra antiterrorismo de Bush, 381; identidade dos autores do ataque ao Hotel do Canal, 553, 554, 555; no Líbano, 54, 72, 73, 590; reação "do nosso lado ou contra nós", 575; tortura como reação, 398; *ver também* Al-Qaeda

"teste do chofer de táxi", 390

Thaci, Hashim, 312

Tharoor, Shashi, 249, 425, 471, 627, 630

Thayer, Nate, 143, 592, 593, 595, 596

Thomson, Andrew, 101, 102, 108, 109, 115, 123, 124, 125, 127, 148

Tillett, Buddy, 504, 505

Timor Leste, 317-77; administração de SVDM, 26, 332-77; ameaça das milícias pró-Indonésia, 350, 356, 357; anúncio do governo transitório da ONU, 331, 332; Área de Desenvolvimento de Petróleo Conjunta, 370; atenção de SVDM ao simbolismo, 342, 343, 344, 345; Bin Laden sobre, 396; comparação com o Kosovo, 335, 336; criação do Conselho Consultivo Nacional, 339; crise humanitária após a independência, 317, 318, 319, 320, 321, 322, 324, 326, 327, 328; críticas dos EUA ao papel da ONU, 412; estratégia de policiamento, 359, 360; falta de desenvolvimento e distúrbios, 574; Força Multinacional, 328, 329, 348; Hun Sen sobre a ONU e, 330, 338; independência, 375, 376; lacuna de lei e ordem, 347, 348, 349, 356, 357, 358, 359, 360, 361; mapa, 324; na justificação dos terroristas do ataque ao Hotel do Canal, 553; novo sepultamento dos mortos na guerra da independência, 534; ONU vista como ocupante, 345, 356; política econômica, 364, 365, 366, 367, 368, 369; protestos contra o governo da ONU, 345, 346; realizações da ONU, 375; regras da ONU atrapalhando a administração, 345, 346, 347, 559; Resolução 1272 do Conselho de Segurança, 331, 333, 348; SVDM começando do zero, 336, 337; timorização, 362, 363, 364; treinamento dos timorenses pela ONU para o governo, 340, 341; tropas de paz da ONU, 348, 352, 356, 357; Unidade de Crimes Graves da ONU, 360; *ver também* Gusmão, Xanana; Ramos-Horta, José

Toole, Daniel, 231, 232

tortura, 397, 398, 406, 623

tribunais de crimes de guerra: apoio de SVDM, 394, 569; Corte Criminal Internacional (ICC), 262, 392, 394, 570; para a Iugoslávia, 203, 275, 276, 292; para o Khmer Vermelho, 382

Tribunal Criminal Internacional, 262, 392, 394, 395, 560, 570

tropas de paz, 55, 56; "tríplice fracasso" das, 352; contribuição japonesa, 97; dois tipos de intervenção da ONU, 138-83, 593; em Ruanda, 215, 216, 227, 352, 604; Forças Multinacionais em vez de tropas de paz da ONU, 71, 72, 73, 74, 328, 329, 348; imparcialidade como forma de tomar partido, 205; melhoria do apoio, 560; na Bósnia, 159-60, 170-97, 212-6, 352, 598; na Croácia, 91; na década de 1960, 587; na Namíbia, 594; na Somália, 156, 199, 352, 598; no Camboja, 97, 98, 114, 115, 116, 119, 128, 129, 139, 140, 141, 142, 143, 567; no Líbano, 56-74; no Timor Leste, 348, 352, 356, 357; primeiras missões da ONU, 587; projetando uma força convincente, 568; reação norte-americana aos fracassos, 199; repetindo seus erros, 567

Tudjman, Franjo, 204

Turajlic, Hakija, 167

Turner, Bob, 475, 483, 492, 503

Turner, Ted, 211

Twining, Charles, 110

Ulich, Oliver, 404

UN Foundation, 211

União pela Paz, resolução, 610

União Soviética *ver* ex-União Soviética

UNIFIL (Força Interina das Nações Unidas no Líbano), 54, 56, 57, 59, 60, 61, 63, 64, 65, 66, 67, 68, 70, 72, 74

UNTAC (Autoridade Transitória das Nações Unidas no Camboja) *ver* Khmer Vermelho; Camboja

UNTAET (Administração Transitória da ONU em Timor Leste) *ver* Timor Leste

Uppard, Sarah, 281, 288, 290

Urošević, Lola, 165

Urquhart, Brian: má impressão de SVDM, 70; sobre a dependência das tropas de paz em relação às partes beligerantes, 66; sobre a invasão israelense do Líbano, 64; sobre a ocupação israelense do Líbano, 70; sobre as forças norte-americanas em Beirute, 589; sobre as tropas de paz evitando o uso da força, 588; tropas de paz reunidas por, 59, 60

Utaiwi, Basim Mahmood, 536

Valentine, Andre: ida à cena da explosão no Hotel do Canal, 498, 506; nas ruínas do Hotel do Canal, 513, 520; resgate de Loescher, 522, 523, 524, 525, 526, 527, 528, 529, 530, 549; tentativa de resgatar SVDM, 524, 528, 529, 530

Vandam, Stéphane, 284, 288, 292

Vargas Llosa, Mario, 474

Vendrell, Francesc, 615

Vieira de Mello, Adrien: e morte de SVDM, 532, 538, 539; e SVDM no Iraque, 509, 529; relacionamento com SVDM, 100, 386, 388, 476; vida após o ataque ao Hotel do Canal, 551; vida de, 53, 256, 333

Vieira de Mello, Annie Personnaz: casa em Massongy, 52, 81; datilografia das dissertações de SVDM, 52, 92; e cargo de SVDM em Buenos Aires, 81; e morte de SVDM, 532, 538, 539, 540; e SVDM no Iraque, 509, 529;

no Líbano, 61, 64; relacionamento com SVDM, 47, 48, 50, 52, 78, 79, 81, 100, 170, 333, 373, 388, 423; vida após o ataque ao Hotel do Canal, 551

Vieira de Mello, Antonio, 532

Vieira de Mello, Arnaldo, 36, 37, 41, 586

Vieira de Mello, Gilda: ansiedade quanto à segurança de SVDM, 61, 349, 429, 532; casamento, 37; e cargo de SVDM em Buenos Aires, 81; e cargo de SVDM no Iraque, 429, 487; e morte de SVDM, 532, 539, *540*; organização das anotações do marido, 87; relacionamento próximo de SVDM com a mãe, 38, 39, 50; SVDM planeja uma visita após o Iraque, 489; vida após o ataque ao Hotel do Canal, 551

Vieira de Mello, Laurent: e morte de SVDM, 532, 538, 539; e SVDM no Iraque, 509, 529; relacionamento com SVDM, 100, 386, 388, 476; vida após o ataque ao Hotel do Canal, 551; vida de, 53, *54*, 81, 248, 256, 333, 476

Vieira de Mello, Sergio: após a morte de, 531, 532, 538, 539; cancelamento da missão em Angola, 147, 148, 149;

— CARACTERÍSTICAS PESSOAIS: atitude em relação aos EUA, 46, 564; desejo de que gostassem dele, 122, 205, 255, 464; fama de elegante, 305; fleuma sob pressão, 198; interesse pelo budismo, 388, 389; medo da morte prematura, 153; orgulho pelo Brasil, 77, 387, 388; pontos de vista religiosos, 388, 389, 488, 524; pontualidade obsessiva, 112;

— CARACTERÍSTICAS PROFISSIONAIS E INTERESSES: "cartas de Sergio", 145, 572; anotações em blocos de hotéis, 87; busca de emprego político, 247, 248, 249; combinação das vidas pessoal e profissional, 257; como solucionador de problemas, 208, 441; conquista da confiança de vilões, 441; contradições, 29; disposição em ir aonde preciso, 79; em contato constante com a Sede, 235;

interesse por negociações políticas, 95; interesses militares, 59, 76, 358; línguas faladas, 19, 42; persona mítica, 198, 284; popularidade em Washington, 210; pragmatismo, 29, 55, 75, 254, 565; recusa em fazer inimigos, 122; sobre "começar botando pra quebrar", 98; sobre a "caixa-preta", 120, 441; sobre o gerenciamento de expectativas, 574; tendências "wilsonianas", 395;

— CARREIRA NAS NAÇÕES UNIDAS (*ver também* como alto-comissário das Nações Unidas para os Direitos Humanos): amizade com Casella, 79; aspiração a ser secretário-geral, 80, 422, 423; como chefe de gabinete de Hocké, 82, 83; como diretor de planejamento de políticas e operações do ACNUR, 208; como diretor de relações externas do ACNUR, 91; como diretor do Escritório da Ásia do ACNUR, 86, 122; como representante regional para a América do Sul do ACNUR, 81; como secretário-geral auxiliar, 208; como subchefe de serviços de pessoal do ACNUR, 75; como subsecretário-geral para assuntos humanitários, 249, 250, 253, 254, 255, 256, 257, 258, 333; considerado por Annan como insubstituível, 545, 558; ingresso no ACNUR, 42; Jamieson como mentor, 43; ONU como sua família, 28, 75; ONU como sua nacionalidade, 77, 558; relacionamento com Ogata, 206, 207, 208, 248; saída do ACNUR, 249, 250; sobre a imparcialidade da ONU, 171, 172, 173, 174, 203, 206; sobre o potencial da ONU, 85; visto como futuro secretário-geral, 27, 154, 384, 431; visto como substituto de Ogata no ACNUR, 154, 352, 353;

— COMO ALTO-COMISSÁRIO DAS NAÇÕES UNIDAS PARA OS DIREITOS HUMANOS, 390, 391, 392, 393; Annan designa-o alto-comissário, 382, 383, 384, 385;

como o primeiro comissário a se encontrar com o presidente norte-americano, 28; insatisfação como alto-comissário, 414; planos de reestruturação, 488; planos de retorno após o Iraque, 22, 428, 490; como alvo do atentado ao Hotel do Canal, 554; e a conferência intergovernamental sobre a ex-União Soviética, 208, 209;

— E DIREITOS HUMANOS (*ver também* como alto-comissário das Nações Unidas para os Direitos Humanos): concessões aos governos à custa dos, 287, 383, 384, 559, 570; estudo da teoria e prática, 385; sobre a Comissão dos Direitos Humanos da ONU, 392; sobre a importância dos, 393; tornando-se um defensor mais sincero, 570, 571, 573;

— E O CONFLITO DO KOSOVO, 265-316; como administrador temporário, 295-316; continuação do monitoramento, 314, 315; criação do Conselho Transitório do Kosovo, 312; depoimento no Conselho de Segurança, 293, 294; e os refugiados kosovares, 271; formação da equipe, 267; missão de avaliação por trás das linhas sérvias, 273-94; policiamento do Kosovo, 307, 308, 309, 310; primeira entrevista coletiva, 304; recusa em falar português com Jovanovic, 291, 566; regras da ONU atrapalhando a administração, 306; sobre a intervenção da OTAN, 267, 268, 269, 315, 316, 401; substituição de Kouchner, 312, 314; viagem de despedida na ex-Iugoslávia, 205;

— E OS REFUGIADOS RUANDESES: 218-50; como coordenador humanitário, 229; críticas às políticas ruandesas de Vieira de Mello, 217, 245, 246; encontro com Baril em Entebe, 237; encontro com Kabila, 244, 245; entrada furtiva no leste do Zaire, 237; nos locais do genocídio com Bakhet, 227; repatriação de refugiados da Tanzânia, 239, 240, 241, 243, 244, 607; repatriação de refugiados de Ruanda, 229-44; repatriação de refugiados do Zaire, 229-38; sensação de fracasso da missão, 238, 239; sobre os campos de refugiados na fronteira com o Zaire, 222, 223, 224, 225, 226; voo fretado para Kigali, 230;

e os refugiados vietnamitas, 86, 87, 88, 89, 210, 491;

— EDUCAÇÃO: doutorado de Estado, 68, 92, 93; mestrado, 46; na Sorbonne, 24, 39, 40, 41, 46; na Universidade de Friburgo, 39; na Universidade Federal do Rio de Janeiro, 39; no Liceu Franco-Brasileiro, 38; tese de doutorado, 51;

em Bangladesh, 33, 46, 48; em Moçambique, 52;

— FILHOS *ver* Vieira de Mello, Adrien; Vieira de Mello, Laurent;

— JUVENTUDE: 35, 36, 37, 38, 39, 40, 41, 42; apoio a Lacerda, 38; como estudante revolucionário, 24, 39, 40, 115; nascimento, 37; sobre o golpe de 1964, 35, 36;

— LIÇÕES DA CARREIRA: envolvimento de todos os tipos, 31, 564, 565; sobre as falhas do sistema internacional, 84, 558, 559, 560, 561, 562; sobre complexidade, humildade e paciência, 573, 574, 575; sobre o conserto do sistema internacional, 563, 564, 565, 566, 567, 568, 569, 570, 571, 573, 574; sobre o primado da lei e segurança, 31, 566, 567, 568, 569;

— NA BÓSNIA, 158-204; amargura ao partir, 203; atitude amoral, 205; chegada, 160, 161; como chefe do Departamento de Assuntos Civis, 172, 184, 185; como consultor político de Stoltenberg, 155, 164; e ataque sérvio ao enclave de Gorazde, 185, 186, 187, 188, 189, 190, 191, 192, 193, 194, 195, 196, 197; e Karadžić, 164; e o massacre do mercado, 175, 176; e Rose, 172, 173, 174; e Sila-

jdžić, 164, 165; escapando das críticas, 199, 216; evacuação de civis de Sarajevo, 165, 166, 167, 168; negociação da troca de prisioneiros, 202, 203; quase-acidentes, 175; reflexões retrospectivas sobre a FORPRONU, 211, 212, 213, 214, 215, 216; retorno à vida normal, 180, 181, 182, 183; retorno em 1996, 216; reunião de escritores em Zagreb, 68; rotina em Sarajevo, 162, 163, 164, 165; sobre a solução política necessária para a ex-Iugoslávia, 200; sobre Akashi, 213; sobre as semelhanças entre Bósnia e Somália, 162; sobre as tropas de paz da ONU escoltando tanques sérvios, 199; sobre o esquecimento da história da Iugoslávia, 202; sobre os ataques aéreos da OTAN, 178, 179, 180, 196, 197, 215, 600;

no Afeganistão, 259, 260, 261;

— NO CAMBOJA, 96-156; amigo dos poderosos, 103, 104, 105, 106; e Boutros Boutros-Ghali, 146, *147*; e funcionários da ONU e mulheres cambojanas, 141; evacuação dos Montagnards, 142, 143, 144, 145; formação da equipe, 99, 100, 101, 102, 103; negociação com o Khmer Vermelho, 119, 120, 121, 122, 123, 124, 126, 127, 128, 129, 132, 140; proposta de livro, 152, 153; reabertura da ferrovia, 113; reflexões críticas de Courtland Robinson ao seu trabalho, 151, 152; relações tensas com Akashi, 131; repatriação de refugiados, 97, 106, 107, 108, 110, 111, 112, 113, 114, 115, 116, 117, 118; ressentimento pelo investimento na Iugoslávia, 154; retorno dos refugiados ao território do Khmer Vermelho, 132, 133, 134, 135, 136, 595; sobre a resistência do Khmer Vermelho a Akashi, 131; sobre os Projetos de Impacto Rápido, 139, 140; tensões com Sanderson, 131; ternos da sorte, 102;

— NO IRAQUE (*ver também* último dia):

ansiedade por deixar o Iraque, 488, 489; chegada a Bagdá, *433*, 435; com clérigos xiitas em Hillah, *472*; condenação da morte de Dana, 485; criação da equipe, 433, 434; desconhecimento da língua árabe, 442, 573; diminuição da influência, 459, 485; distanciamento em relação à Coalizão, 442; e a desconfiança mútua entre os EUA e a ONU, 442, 443; e a deterioração da situação de segurança, 467, 468, 470; e o domínio norte-americano no Iraque, 415, 416; e o problema da lei e ordem, 443, 444, 445, 446, 447, 458; encontro com Al-Sadr, 451; encontro com Al-Sistani, 449, 450, 451; encontro com Bush antes da partida, 21, 404, 406, 407; escritório, 467, 468, 478; especulação sobre o papel do Iraque, 413, 414, 415; na reunião do Fórum Econômico Mundial, 474; no santuário do imã Ali, 450; nomeação como representante especial do secretário-geral para o Iraque, 422-32; oposição à desbaathização, 447, 448; quartel-general da ONU em Bagdá, 438, 445, 446, 467, 468, 469, 470, 478; reação à invasão norte-americana, 409; recusa da Coalizão de compartilhar informações, 476; relacionamento com Bremer, 439, 440; residência em Bagdá, 445, 629; revista do carro pela Coalizão, 473; segurança pessoal, 467, 468, 469, 478, 484, 489; sobre a ameaça de invasão dos EUA, 400, 401, 402, 403; sobre a atitude iraquiana em relação à ONU, 483, 484; sobre a Zona Verde, 439; sobre as eleições, 453, 465; sobre o compartilhamento do poder e legitimidade, 452, 453, 454, 455, 456, 457; sobre o Conselho Governante, 453, 454, 455, *459*, 460, 461; sobre o fato da ocupação, 440, 441; sobre o fim da ocupação, 485, 486, 487, 488; sobre o papel da ONU no Iraque pós-invasão, 411, 413, 457; sobre os prisio-

neiros sob custódia norte-americana, 21, 462, 463, 464, 571; viagem ao norte do Iraque, 477; viagem de aprendizado, 448, 449, 450, 451; no Iraque *ver também* último dia, 19;

— NO LÍBANO: após invasão israelense de 1978, 54, 56, 57, 58, 59, 60, 61, 62, 63, 64; após invasão israelense de 1982, 65, 66, 67, 68, 69, 70, 71, 72, 73, 74; aprendendo a viver numa zona de guerra, 60, 61; como um "capítulo negro" na vida, 76; e a morte de Kaloush, 72; na embaixada norte-americana, 71; opinião de Urquhart, 70; partida, 72; no Sudão, 47, 48, 49, 50;

— NO TIMOR LESTE: 332-77; adaptabilidade, 356; começando do zero, 336, 337; criação do Conselho Consultivo Nacional, 339; e a lacuna de lei e ordem, 348, 349, 356, 357, 358, 359, 360, 361; estabelecimento de relações com Gusmão, 337, 338, 339; estudo da língua tétum, 342; importância do simbolismo, 341, 342, 343, 344, 345; partida, 377; política econômica, 364, 365, 366, 367, 368, 369; protestos timorenses contra o governo da ONU, 345, 346; regras da ONU atrapalhando a administração, 345, 346, 347, 559; relação com seu pessoal, 350, 351; rotina, 370; sobre a crise humanitária após o referendo da independência, 320, 321, 322, 326, 327; sobre a extinção das FALINTIL, 343; sobre a Força Multinacional, 329; sobre o orçamento da UNTAET, 346; timorização, 361, 362, 363, 364; treinamento de timorenses para o governo, 339, 340, 341; vontade de promover eleições, 340;

— PONTOS DE VISTA: apoio ao tribunal de crimes de guerra da ONU, 203, 569; crítica a "Dar uma Chance à Guerra" de Luttwak, 262; evolução das ideias, 29, 30; recomendação de lei e ordem, 316;

666

sobre "cair na real", 558; sobre a "ação afirmativa", 171; sobre a "nova ordem mundial" após o fim da Guerra Fria, 92; sobre a democracia, 393; sobre a força para fins humanitários, 568; sobre a inexistência de uma crise distante, 569; sobre a legitimidade, 29, 563, 564; sobre a reconstrução de Estados, 573; sobre a região dos Grandes Lagos da África, 218; sobre as crises humanitárias como crises políticas, 247; sobre o medo como mau conselheiro, 399; sobre o perigo ao pessoal de ajuda humanitária, 262; sobre o primado do Conselho de Segurança, 266; sobre os inspetores de armas da ONU espionando para os EUA, 263, 264; sobre os princípios de Hammarskjöld, 76;

— RELACIONAMENTOS COM MULHERES: 78, 79, 100, 101, 165; casamento com Annie Personnaz *ver* Vieira de Mello, Annie Personnaz; relacionamento com Carolina Larriera *ver* Larriera, Carolina; último dia na vida de, 19, 21, 22, 490-534; viagem ao Azerbaijão, 209, 210

Vieira de Mello, Sonia, 37, 38, 40, 50, 93, *540*
Vieira de Mello, Tarcilo, 38, 49, 586
vietnamitas, refugiados, 86, 95, 136, 155, 491, 559
Villanova, Jon, 462

Vincentis, Giuseppe de, 102, 103, 145
Vollmer, Rand, 496
Von Zehle, William: localizado por Larriera, 552; na operação de resgate no Hotel do Canal, 497, 509, 511, 512, 520, 523, 524, 525, 526, 527, 529; sobre a resistência de SVDM em retirar a missão, 538

Walzer, Gerald, 250, 547, 629
Watson, Fiona, 22, 434, 494, 536, 593, 596
Weinberger, Caspar, 73
Williams, Michael, 148, 173
Williams, Roy, 221
Wilson, Woodrow, 395
Wiranto, general, 360
Wirth, Tim, 211
Wolfowitz, Paul, 405, 413, 547
Woodruff, Judy, 277

Yeah Ath, 135, 136, 151
Yeltsin, Boris, 190, 191, 602
Younes, Nadia, 22, 433, 442, 477, 485, 486, 494, 496, 535, 536, 537, 632
Young, Kirsten, 277, 281, 284, 291, 305

Zinni, Anthony, 415, 625
Zona Verde, 20, 310, 438, 439, 440, 442, 443, 444, 447, *448*, 452, 463, 465, 468, 477, 492, 493, 496, 543, 547, 552, 553
Zona Vermelha, 444

1ª edição [2008] 1 reimpressão

ESTA OBRA FOI COMPOSTA PELA SPRESS EM MINION E IMPRESSA EM OFSETE
PELA GRÁFICA SANTA MARTA SOBRE PAPEL PÓLEN SOFT DA SUZANO S.A.
PARA A EDITORA SCHWARCZ EM ABRIL DE 2020

A marca FSC® é a garantia de que a madeira utilizada na fabricação do papel deste livro provém de florestas que foram gerenciadas de maneira ambientalmente correta, socialmente justa e economicamente viável, além de outras fontes de origem controlada.